rororo

Über den Verfasser

Prof. emerit. Dr. Manfred Brauneck, Jahrgang 1934, lehrte seit 1973 Neuere Deutsche Literaturwissenschaft und Theaterwissenschaft an der Universität Hamburg. Von 1986 bis 2003 Leiter des Zentrums für Theaterforschung, bis 2005 auch des Studiengangs Schauspieltheater-Regie. Seit 1973 zahlreiche Gastprofessuren in den USA, Polen und Bulgarien. Seine Forschungsschwerpunkte sind: Geschichte und Theorie des Theaters, Grenzbereiche zwischen Theater und bildender Kunst.

Wichtigste Veröffentlichungen: Wolfram von Eschenbach. Parzival. Einführung in die Problematik, 1967; Deutsche Literatur des 17. Jahrhunderts – Revision eines Epochenbildes. Forschungsbericht 1945–1970, 1971; Literatur und Öffentlichkeit im ausgehenden 19. Jahrhundert. Zur Rezeption des naturalistischen Theaters in Deutschland, 1974; Teatro come atteggiamento inscenatorio (La scuola degli attori), 1981; Theater im 20. Jahrhundert. Programmschriften, Stilperioden, Reformmodelle, 1982 u. ö.; Das Theaterfest als soziale Utopie. Richard Wagners Entwurf eines «Kunstwerks der Zukunft» (Neue Rundschau 4), 1983; Klassiker der Schauspielregie. Positionen und Kommentare zum Theater im 20. Jahrhundert, 1988; Die Welt als Bühne. Geschichte des europäischen Theaters. 6 Bde., 1993 ff. – *Herausgebertätigkeit*: Sixt Birck. Sämtliche Dramen. 3 Bde., 1969 ff.; Spieltexte der Wanderbühne des 17. Jahrhunderts. 4 Bde., 1970 ff.; Das deutsche Drama vom Expressionismus bis zur Gegenwart, 1970; Die Rote Fahne. Theorie, Kritik, Feuilleton 1918–1933, 1973; Film und Fernsehen. Materialien zur Theorie, Soziologie und Geschichte, 1980; Hanns Otto Münsterer. Mancher Mann. Gedichte, 1980 u. 1987; Weltliteratur im 20. Jahrhundert. 5 Bde., 1981; (mit Gérard Schneilin) Theaterlexikon 1, 1986 u. ö.; Autorenlexikon deutschsprachiger Literatur des 20. Jahrhunderts, 1984; (mit Christine Müller) Naturalismus. Manifeste und Dokumente zur deutschen Literatur 1880–1990, 1987; Theaterstadt Hamburg. Geschichte und Gegenwart. Hg. vom Zentrum für Theaterforschung der Universität Hamburg, 1989; Theaterlexikon. CD-ROM, 1999; (mit Michaela Giesing u. a.) 100 Jahre Deutsches Schauspielhaus, 1999; (mit Wolfgang Beck) Theaterlexikon 2, 2007.

Manfred Brauneck

Theater im 20. Jahrhundert

Programmschriften, Stilperioden, Kommentare

rowohlts enzyklopädie
im Rowohlt Taschenbuch Verlag

rowohlts enzyklopädie
Herausgegeben von Burghard König

Vollständig überarbeitete und erweiterte Neuausgabe Oktober 2009

Originalausgabe
Veröffentlicht im Rowohlt Taschenbuch Verlag,
Reinbek bei Hamburg, Dezember 1982
Copyright © 1982, 1986 und 2009 by Rowohlt Verlag GmbH,
Reinbek bei Hamburg
Umschlaggestaltung any.way, Walter Hellmann
(Foto: Nonstock/mauritius images)
Satz Proforma, TheSans (InDesign)
bei Pinkuin Satz und Datentechnik, Berlin
Druck und Bindung CPI – Clausen & Bosse, Leck
Printed in Germany
ISBN 978 3 499 55679 1

Für Hildegard

Inhalt

> Vorwort   15

I «Schauspieler-Theater»: Einfühlung, Verwandlung, Darstellung

> Vorbemerkung   23

Dokumentation   27

> **Konstantin S. Stanislavskij**
> Die Arbeit des Schauspielers an der Rolle
> (Fragmente seit 1909 ff.)   27
> Das Geheimnis des schauspielerischen Erfolges (1938)   35
>
> **Evgenij B. Vachtangov**
> Aufzeichnungen zur Regiearbeit an
> Henrik Ibsens *Rosmersholm* (1918)   46
> Unterhaltungen mit Xenia Ivanova Kotlobai
> und Boris Sachawa (1922)   47
>
> **Max Reinhardt**
> Rede über den Schauspieler (1929)   51
>
> **Aleksandr J. Tairov**
> Das entfesselte Theater (1923)   57
>
> **Louis Jouvet**
> Ecoute, mon ami (1952)   65
>
> **Jean-Louis Barrault**
> Erste Lehrjahre: das Studium des Körpers (1949)   70

Theatergeschichtliche Kommentare 77

Konstantin Sergeevič Stanislavskij.
Das «System» – seine Bewahrer und seine Kritiker:
Michail Čechov, Lee Strasberg, Bertolt Brecht 77

Evgenij Bogratjonovič Vachtangov:
«Der Naturalismus auf dem Theater muß sterben» 110

Max Reinhardt: «Der Schauspieler ist der
natürliche Mittelpunkt des Theaters» 119

Aleksandr Jakovlevič Tairov:
Für die «Theatralisierung des Theaters» 131

Louis Jouvet und die Theaterreform von Jacques Copeau 137

Jean-Louis Barrault:
«Objektives Mimen» – «subjektives Mimen» 147

II «Theater der Zukunft»: Vom Ende der Psychologie – oder: die Faszination des Mechanischen

Vorbemerkung 153

Dokumentation 157

Edward Gordon Craig
Der Schauspieler und die Übermarionette (1908) 157

Vsevolod E. Mejerchol'd
Das stilisierte Theater (1907) 163
Der Schauspieler der Zukunft und die Biomechanik (1922) 166

Lothar Schreyer
Das Bühnenkunstwerk (1916)   170

Friedrich Kiesler
Das Railway-Theater (1924)   174
Debacle des Theaters. Die Gesetze der G.-K.-Bühne (1924)   174

László Moholy-Nagy
Das kommende Theater: Theater der Totalität (1924)   179

Oskar Schlemmer
Mensch und Kunstfigur (1925)   184

Tadeusz Kantor
Das Manifest: «Die PUPPEN tauchen auf» (1975)   190

Robert Wilson
«In der Aufführung ist alles sehr rational,
nicht emotional» (1976)   196
«Die Struktur kommt vor der Handlung» (1980)   200
«Es ist nicht unsere Aufgabe, Antworten zu geben,
sondern Fragen möglich zu machen» (1987)   201
«Die Architektur des theatralischen Raumes» (1992)   207

Theatergeschichtliche Kommentare   209

Edward Gordon Craigs Theatervision:
Die Apotheose des Tänzers   209

Vsevolod Emil'evič Mejerchol'd: «In der Kunst geht es immer
um die Organisation des Materials»   231
Ästhetische Abstraktion und die neue Ordnung
der Wirklichkeit im expressionistischen Theater   244

Friedrich Kieslers «Raumbühne»   259

Theaterarbeit am Bauhaus:
Oskar Schlemmer und László Moholy-Nagys
Experimente mit dem Raum und dem Licht   265

Tadeusz Kantors «Theater des Todes»   288

Robert Wilsons «Raum-Zeit-Konstruktionen»   300

III Revolte als Experiment.
Von der Kunst ins Leben und beider Vermischung

Vorbemerkung   315

Dokumentation   319

Filippo Tommaso Marinetti
Das Varieté (1913)   319

Hugo Ball
Cabaret Voltaire (1916):
«Bildungs- und Kunstideale als Varietéprogramm»   324

Kurt Schwitters
An die Bühnen der Welt (1919)   330

Fernand Léger
Das Schauspiel: Licht, Farbe, bewegliches Bild
und Gegenstandsszene (1924)   333

Wolf Vostell
«in ulm, um ulm und um ulm herum» – Was ich will:
Zum Happening aus 24 verwischten Ereignissen (1964)   339
Happening   340

Hermann Nitsch
Das orgien-mysterien theater in prinzendorf (1983)   347

Theatergeschichtliche Kommentare   351

Das Theater der Futuristen   351

DADA Zürich und Berlin:
Die dadaistische Theatralisierung von
Kulturkritik und Kriegsverweigerung   373

Kurt Schwitters und die Merz-Bühne   382

Fernand Légers Maschinenästhetik und
das Theater der Gegenstände   389

Happening und Aktionskunst –
oder: Das Eindringen des Realen in die Kunst.
George Maciunas, Wolf Vostell, Hermann Nitsch   393

IV «Theater der Erfahrung»: Grenzüberschreitungen in alle Richtungen

Vorbemerkung   411

Dokumentation   414

Antonin Artaud
Das Theater der Grausamkeit. Erstes Manifest (1932)   414
Schluß mit den Meisterwerken (1933)   417

Jerzy Grotowski
Für ein armes Theater   422

Julian Beck
Ein «Theater der totalen Erfahrung» (1968)   429

Joe Chaikin und Roberta Sklar
Die «sicheren Grenzen überschreiten und Abenteurer» werden.
Ein Interview über die Arbeit des Open Theatre (um 1970)   434

Peter Schumann
«Wir sind nicht so sehr daran interessiert, das Theater
zu revolutionieren.» Über die Arbeitsweise
des Bread and Puppet Theatre (um 1970)   439

Peter Brook
Das «heilige Theater» (1968)   443

Eugenio Barba
Über orientalische und abendländische Schauspielkunst
(1980)   451

Jango Edwards
«Der Clown ist der totale Schauspieler» (1980)   456

Ariane Mnouchkine
«Die zweite Haut des Schauspielers».
Josette Féral im Gespräch mit
Ariane Mnouchkine (1998/99)   461

Theatergeschichtliche Kommentare   469

Antonin Artaud:
«Theater der Grausamkeit» oder:
Grenzgängerei auf Leben und Tod   469

Jerzy Grotowskis «armes Theater»   480

«Theater der Erfahrung»:
unabhängig, subversiv und politisch.
Eine kritische Gegen-Kultur in den USA
der sechziger und siebziger Jahre   489

Peter Brooks Erforschung der interkulturellen Grundlagen
der Schauspielkunst   506

Eugenio Barbas Plädoyer für ein
«Theater der schwimmenden Inseln»   513

Jango Edwards' «Clown-Power»   520

Ariane Mnouchkine:
Interkulturalismus im Theater – oder:
Die Entdeckung des Orients   524

V Politisches Theater:
Agitation, Aufklärung, Widerspruch

Vorbemerkung   533

Dokumentation   540

Erwin Piscator
Grundlinien der soziologischen Dramaturgie (1929)   540
Politisches Theater heute.
Wo die ganze Nation betroffen ist,
darf das Theater nicht hintanstehen (1965)   547

Bertolt Brecht
Über experimentelles Theater (1939)   551

Peter Weiss
Notizen zum dokumentarischen Theater (1968)   557

Dario Fo
«Wir von der COMUNE sind keine seriösen Marxisten,
… wir sind Flegel»   562
«Die Farce erlaubt die offenste,
schonungsloseste Anklage»   565

Giorgio Strehler
Meine Lehrer (1975)   568
Shakespeare, Goldoni, Brecht.
Die wichtigsten Orientierungspunkte meiner Arbeit (1984)   572

Theatergeschichtliche Kommentare   576

Erwin Piscators politisches Theater   576

Bertolt Brecht   587

Peter Weiss und das politische Dokumentartheater
der sechziger Jahre   600

Das politische Volkstheater des Dario Fo   608

Giorgio Strehler:
Politisches Theater ist «menschlicheres» Theater   615

Chronologie des Theaters im 20. Jahrhundert   624

Vorwort

Dokumentation und Kommentierung der ästhetischen und kulturellen Innovationen, die das Theater im 20. Jahrhundert geprägt, vorangebracht, mitunter auch grundlegend verändert haben, stehen im Zentrum dieses Buchs. Eine abschließende Chronik dieses Theaterjahrhunderts informiert – von Jahr zu Jahr fortschreitend – über die herausragenden künstlerischen Ereignisse, über bemerkenswerte Personalien, Veränderungen und Neuerungen im Theaterwesen.

Das 20. Jahrhundert war ein Jahrhundert der Ideologien und der totalitären Diktaturen, es war erschüttert von zwei Weltkriegen und deren materiellen und moralischen Verwüstungen, wurde aufgerüttelt von Revolutionen und weltweiten Protestbewegungen. Am Beginn dieses Jahrhunderts, um 1900, wurden große Utopien entworfen, eine «neue Zeit», der «neue Mensch» und ein «Theater der Zukunft» verheißen. Am Ende aber schlitterten die europäischen Gesellschaften in Ost und West in eine Orientierungskrise von epochalem Ausmaß. Die politische und ideologische Konfrontation von Kapitalismus und Kommunismus, die in der zweiten Jahrhunderthälfte Europa gespalten hatte, war nach dem Zusammenbruch des kommunistischen Staatenverbunds Mitte der 1990er Jahre obsolet geworden. Gleichzeitig wurden jene Konfliktpotentiale erkennbar, die die Globalisierung der ökonomischen Sphäre offenbar zwangsläufig ausgelöst hatte. Das Theater reagierte auf diese Irritationen und Herausforderungen, die auch die tradierten Vorstellungen von Kultur und Bildung ins Wanken brachten, mit seismographischer Genauigkeit. Infolgedessen bot es ein Erscheinungsbild von größter Widersprüchlichkeit, ein Neben- und Gegeneinander unterschiedlichster Richtungen, Tendenzen und Positionen. Seine stärkste Wirkung bezog es zumeist aus dem Widerspruch gegen das Verharren, gegen den Stillstand, aber auch gegen den allzu radikalen Bruch mit der Tradition.

So war das erste Drittel dieses Jahrhunderts geprägt von einer außerordentlichen experimentellen Dynamik, der nahezu das gesamte traditionelle Normengefüge zum Opfer fiel, welches für die Konventionen und Spielregeln der künstlerischen Produktion und ihrer gesellschaftlichen

Wahrnehmung so lange scheinbar unumstößliche Geltung beansprucht hatte. Dagegen positionierten sich aber auch die leidenschaftlichen Traditionsbewahrer, die die Kunst aus allen Veränderungen heraushalten wollten, die der forcierte Modernisierungsprozess des Jahrhundertbeginns in den meisten europäischen Gesellschaften in Gang gesetzt hatte: ein Umbruchsprozess, der eine weitgehende Neustrukturierung der ökonomischen, politischen und gesellschaftlichen Ordnungssysteme samt deren weltanschaulichen Begründungen erzwang. Die konservative Kulturkritik brachte dies auf die gängigen Formeln vom «Aufstand der Massen» oder dem «Verlust der Mitte». Das Theater schlug sich auf die eine wie auf die andere Seite; es vermochte die widersprüchlichen Zeitströmungen, die alten und die neuen Ideologien, das programmatische Bewahren wie den alle Regeln sprengenden Fortschritt künstlerisch produktiv zu machen. Dies galt für die Apologeten der Reformbühne, die sich mit Stilisierung und Abstraktion dem Zeitgeist widersetzten, es galt für die Festspielpropagandisten samt deren diffuser, zum Völkisch-Bodenständigen hin tendierenden Ideologie und auch für jene Traditionalisten, die – mitunter auf hohem künstlerischen Niveau – die realistische Menschengestaltung als zeitlos gültig – Brecht nannte dies «immrig» – ansahen. Es galt dies aber ebenso für die «Antikünstler», jene Tabubrecher und avantgardistischen Grenzgänger aus dem Lager der Futuristen, der Dadaisten und für die Anhängerschaft der surrealistischen Bewegung. Auch die Bauhäusler und die Konstruktivisten wollten nicht nur den Raum und die Welt der Dinge neu ordnen und neu sehen lehren, sondern auch das Theater neu erfinden, indem sie es den Gesetzen des Mechanischen unterwarfen. Und auch der für das Theater um die Mitte des 20. Jahrhunderts am meisten charakteristische Zug, dessen Politisierung, war eine Entwicklung, die dicht an den realgeschichtlichen Konstellationen und im Dunstkreis von deren Ideologien stattfand. Das Theater von Bertolt Brecht, von Piscator oder Mejerchol'd stand im Brennpunkt der politischen Auseinandersetzungen ihrer Zeit, entwickelte daraus seine ästhetische Form und die faszinierendsten künstlerischen Effekte. Es definierte daraufhin seine Wirkungsabsichten und reagierte mit seinen Botschaften: aufklärerisch, agitatorisch, aber auch propagandistisch dienstbar. In der Sowjetunion trieb das «Große Experiment», das die totalitäre Neugestaltung von Staat und Gesellschaft sein sollte, das Theater für einige Jahre in einen ebenso radikalen wie turbulent-kreativen Neubeginn, wie ihn die Geschichte dieser Kunstform bis dahin wohl nicht gekannt hatte. Im Rückgriff auf dieses breite Spektrum politischen Theaters formierte sich Jahrzehnte später, ausgehend von den USA, eine «unabhängige», von einer jungen Generation getragene Theaterbewegung. Bald war es eine weltweite Protestbewegung gegen Krieg und Rassismus, die ihre Vision eines freien Lebens theatralisierte, eine «andere» Ästhetik kreierte und «alternative» Arbeitsweisen erprobte. In Westeuropa entstanden zahllose Zentren eines «freien» Theaters, das den Protest gegen eine als repressiv wahrgenommene Gesellschaft in einer rebellischen Kunst, auch einer «Kunst der Straße», artikulierte, die Fronten zuspitzte und sich an griffigen, ideologisch vorgeformten Feindbildern ebenso phantasievoll wie aggressiv abarbeitete.

Von der Leidenschaftlichkeit und dem experimentellen Elan dieses politischen Theaters, auch vom Glauben, mit diesen Mitteln die Welt verbessern zu können, war am Ende des Jahrhunderts nichts mehr übrig geblieben. In Robert Wilsons schweigendem Bildertheater, in dem sich weder Sinn noch Bedeutung verbergen, mag sich das ideologische Vakuum dieses Jahrhundertendes widerspiegeln.

So stellt sich das Theater im 20. Jahrhundert in einer kaum noch überschaubaren Vielfalt theatraler Formen, neuer Genres und experimenteller Versuche dar. War das Theater in seinem Repertoire, den künstlerischen Trends und Moden, auch im personellen Austausch während seiner gesamten Geschichte immer schon grenzüberschreitend, so kamen im 20. Jahrhundert einige für den Zeitgeist der zweiten Jahrhunderthälfte typische Entwicklungen hinzu, insbesondere eine qualitativ neue, das Verständnis von Theater erweiternde Annäherung von Theater und bildender Kunst, so etwa im Happening, der Performance Art und dem Fluxus. Auch erhielt das Theater europäischer Tradition und Prägung wesentliche innovative Impulse durch die Auseinandersetzung mit einem außereuropäischen Verständnis von Theater, mit dessen Formensprache und dessen «fremden» Geisteswelten. «Interkulturalität» war dafür das Stichwort. Schließlich wurde – zumindest für einige Jahrzehnte in der zweiten Hälfte des Jahrhunderts – das Verhältnis von

Theater und Erfahrung radikal neu interpretiert, die Konventionen von Spielen und Zuschauen außer Kraft gesetzt.

In diesem Buch sind in fünf Teilen die Schwerpunkte dieser Entwicklungen dokumentiert und theatergeschichtlich kommentiert. Dabei mag es zu Überschneidungen kommen bei der Zuordnung einzelner Positionen, dennoch werden die großen Innovationslinien, auch wo sie sich überlagern, sichtbar. Die Überschriften der Teile benennen diese Schwerpunkte: I «Schauspieler-Theater». Einfühlung, Verwandlung, Darstellung; II «Theater der Zukunft»: vom Ende der Psychologie – oder: die Faszination des Mechanischen; III Revolte als Experiment. Von der Kunst ins Leben und beider Vermischung; IV «Theater der Erfahrung»: Grenzüberschreitungen in alle Richtungen; V Politisches Theater: Agitation, Aufklärung, Widerspruch.

Eines allerdings verbindet alle diese Positionen und ist als das wohl prägendste Merkmal des Theaters im 20. Jahrhundert anzusehen. Es ist dies die neue Rolle, die der Regisseur als der letztlich entscheidende Gestalter des Kunstwerks Theater einnimmt. Dieser Sachverhalt ist keineswegs mit der Rede vom «Regie-Theater» angemessen beschrieben. Die innovativen Entwicklungen des Theaters wurden in diesem Jahrhundert überwiegend von der Regie her konzipiert und durchgesetzt, auch auf Kosten der Autoren. In diesem Sinn ist die neue Bedeutung des Regisseurs wohl die nachhaltigste Neuerung. Welche Folgen dies für die Stellung des Theaters im kulturellen Verständnis der Gesellschaften haben wird, bleibt eine noch offene Frage.

Diese Neuausgabe führt die zentralen Kapitel zweier Bücher zusammen: *Theater im 20. Jahrhundert*, das 1982 erstmals erschienen ist und sich seitdem in mehreren Ausgaben und Nachdrucken als Standardwerk vornehmlich für die Theateravantgarde durchgesetzt hat, und *Klassiker der Schauspielregie* von 1988, das das Theater in diesem Jahrhundert aus dem Blickwinkel der Regie-Innovationen behandelt. Hinzugekommen sind Dokumentationen und ausführliche Kommentierungen von Positionen und Entwicklungen, die das Theater in der zweiten Hälfte des 20. Jahrhunderts geprägt haben, mit denen auch neue theaterkulturelle

Akzente ins Spiel gebracht wurden. Frühere Kommentare, die aus den Publikationen von 1982 und 1988 übernommen worden sind, wurden grundlegend überarbeitet, zumeist auch wesentlich erweitert und im Hinblick auf die Akzentuierung exemplarischer Entwicklungslinien in aktuelle Zusammenhänge gebracht. Gänzlich neu gestaltet wurde die Bilddokumentation, die die Textdokumente und ihre theatergeschichtliche Kommentierung begleitet. Auf das Wesentliche reduziert wurden die Bibliographien, die heute über andere Medien leicht zugänglich sind. Dagegen wurde die «Chronik des Theaters im 20. Jahrhundert» gegenüber den früheren Fassungen wesentlich erweitert und ist in dieser weitergehenden Form der wohl umfassendste Überblick über das Theater im 20. Jahrhundert.

Hamburg, im März 2009

Manfred Brauneck

I «Schauspieler-Theater»:
Einfühlung, Verwandlung, Darstellung

Vorbemerkung

Der Begriff «Schauspieler-Theater» mag irritieren. Begriffe wie «Regie-Theater» oder «Autoren-Theater» sind geläufiger, wenngleich nicht uneingeschränkt positiv besetzt. Der Schauspieler scheint letztlich doch selbstverständlicher zum Theater zu gehören als der Regisseur oder auch als der Autor. Es geht also um Akzentsetzungen. Dennoch: Das Avantgardetheater des frühen 20. Jahrhunderts kannte durchaus ein Theater ohne den Schauspieler, ein Theater der Gegenstände, des Lichts oder der Klänge. Gordon Craig, der große englische Theaterreformer, sah gar in der Vertreibung der Schauspieler von der Bühne die einzige Möglichkeit, das Theater für die Kunst noch zu retten. Für Robert Wilson, den Regiestar der Postmoderne, galt auch das Licht «als Schauspieler». Tadeusz Kantor, der Metaphysiker unter den Regisseuren am Ende des 20. Jahrhunderts, glaubte, den Schauspieler erst dann in ein Kunstwerk integrieren zu können, wenn dieser – der Puppe gleich – jedwede Psychologie hinter sich gelassen hatte. Sie alle meinten, das Psychologische, das Persönlich-Emotionale stehe ihrer Kunst im Weg.

Der Schauspieler jedoch stand am Beginn, am Ursprung des europäischen Theaters. Dessen erster Auftritt, sein «Gegenübertreten», die Konfrontation mit der Chorgemeinschaft, prägte die westliche Vorstellung von Theater in einem grundsätzlichen Sinn. Dabei ist die Spannweite dieser Tradition beträchtlich. Sie reicht von der Charakterdarstellung in den großen klassischen Rollen bis zu den Auftritten der Mimen und der Clowns, die allein mit ihrem Körperspiel das Publikum faszinieren. Stets aber ist es die Menschdarstellung, die das Wesen solchen Theaters ausmacht; seien dies realistische Abbilder oder psychologische, die subtilsten Regungen der Seele auslotende Charakterstudien; seien diese Bilder vom Menschen «verfremdet» oder typenhaft überzeichnet vorgeführt. Bertolt Brecht widmete in seinen schauspieltheoretischen Diskursen dieser Differenzierung eine aufschlussreiche Bemerkung. In seinen *Schriften zum Theater* (3, 186) heißt es:

«Mitunter wird die Frage gestellt, was eigentlich einen Schauspieler ausmache, dieses merkwürdige Tier, das von Scheinwerfern beleuchtet vor einem schweigenden und im Dunklen sitzenden Publikum mit allerhand Künsten vortäuscht, ein König oder ein Bettler zu sein. Gewöhnlich ist die Antwort, es folge einem mächtigen Drang, sich eben vor allem Volk auszustellen. Es sei die Leidenschaftlichkeit, der Schwung und die tiefe Empfindung bei diesem Unterfangen, das den wahren Schauspieler ausmache. Ich bin nicht dieser Ansicht. Nach meiner Meinung hat der wahre Schauspieler den Wunsch, andere Menschen auszustellen; Menschen, die ganz anders sind als er selber, dem Publikum vorzuführen, und es ist der Wunsch und die Fähigkeit, Menschen zu beobachten, was den wahren Schauspieler ausmacht.»

Diese Deutung mag zugespitzt sein auf Brechts aufklärerische Intentionen, die er mit seinem Theater verfolgte. Das Interesse am Menschen aber ist es letztlich, das zum Spielen auf der Bühne und auch zum Zuschauen motiviert, das beide Seiten antreibt. Immer wieder spricht Brecht in diesem Zusammenhang auch von der «Neugier», die sich nicht nur auf die Verästelungen subjektiven, emotionalen Erlebens richtet, sondern auch auf die sozialen Prägungen, die die Menschen in ihrem Handeln leiten. Andere – von Shakespeare bis Schiller – drücken dieses Interesse am Menschen und seiner Gesellschaft mit der Spiegelmetapher aus, oder sie deuten gar in einem universellen Sinn: die Welt als Bühne.

Aus diesem Blickwinkel ist die vorliegende Differenzierung der theatertheoretischen Reflexionen, die das Theater des 20. Jahrhunderts begleiten, ein Versuch, exemplarische Positionen von wirkungsgeschichtlicher oder hoher zeitsymptomatischer Bedeutung zu beschreiben, dabei nicht aber das eine gegen das andere strikt abzugrenzen. Nur in wenigen Fällen sind die Standpunkte, die die Praktiker des Theaters für sich beanspruchen, wirkliche Alternativen. Zumeist sind es Auseinandersetzungen mit «ihrem» Theater, mitunter bekenntnishaft vorgetragen, Darlegungen der Leidenschaften und der Visionen, die diese Bühnenkünstler, die ihr Leben dem Theater verschrieben haben, bewegten. Die Texte vermitteln etwas von dem inneren Feuer, auch von der Moral, die diese Autoren – als solche sind sie hier präsent – veranlassten, nicht nur Theater zu inszenieren, sondern auch über das Theater oder ein «Theater der Zukunft» zu schreiben.

So behandelt dieses erste Kapitel, in dem es um «Schauspieler-Theater» geht, eine Richtung, die die Überzeugungskraft des Theaters nicht in erster Linie aus einer aufklärerischen Argumentation oder bedrängenden Aktualität herleitet, sondern aus der Faszination, die die Schauspielerpersönlichkeit auslöst, deren Rollenspiel, deren Menschengestaltung. Der Begriff der Glaubwürdigkeit, der so viele ästhetische Möglichkeiten zulässt, wird in diesem Zusammenhang vielfach gebraucht. Bei aller Offenheit für das Experiment aber ist «Schauspieler-Theater» der klassischen Theatertradition, auch der dramatischen Dichtung verpflichtet. Dort nämlich finden sich jene großen Theaterrollen, die über die Jahrhunderte hin die Menschen bewegen; in denen sich der Geist einer Zeit, mitunter einer Generation Ausdruck verschafft. Es stellen diese Rollen für den Schauspieler jene Herausforderung dar, die ihm die Demonstration höchster Könnerschaft ermöglicht, die ihn durchaus aber auch daran scheitern lassen kann. Eben jene Gratwanderung ist ein Faszinosum auch für den Zuschauer.

Die Ästhetik dieses Theaters leitet sich deswegen auch aus der Reflexion über das Wesen des Theaterspielens ab, aus den Grundregeln der Schauspielkunst. Theaterästhetik wird hier im Zusammenhang mit den physischen und psychischen Grundlagen des theatralen Handelns entwickelt, stellt sich oftmals auch in Verbindung mit Schauspieltheorie dar. Soweit es ein Theater ist, das sich auf die Rollenangebote der dramatischen Dichtung einlässt, ist es interpretierendes Theater, wahrt aber die Eigenständigkeit der Kunstform Theater und kommt in dieser spannungsreichen Auseinandersetzung erst voll zur Geltung. Mehr als in anderen theaterästhetischen Richtungen geht es dabei auch um die Schauspielpädagogik. Fast alle bedeutenden Regisseure dieses «Schauspieler-Theaters» waren innovative Schauspielpädagogen. Stanislavskij und dessen Nachfolger Michail Čechov oder Lee Strasberg gelten als die einflussreichsten Methodiker auf diesem Gebiet. Max Reinhardt war der pragmatischste Organisator der Nachwuchsausbildung für sein «Theater der Schauspieler». Auch Brechts «episches Theater» bedarf einer eigenen Schauspieltechnik, deren Erprobung und Begründung ein wesentlicher Teil von Brechts praktischer und theoretischer Theaterarbeit ist.

Einen anderen Ansatz für die kreative Arbeit des Schauspielers verfolgten einige Regisseure jenes Theateraufbruchs der sechziger und siebziger Jahre, dem unter dem Begriff «Theater der Erfahrung» ein eigenes Kapitel gewidmet ist. Auch dabei steht der Schauspieler im Mittelpunkt. Mit ihm werden neue, erweiterte Ausdrucksmittel entwickelt, die sich nicht mehr über die Rollenvorgaben der dramatischen Dichtung erschließen. «Grenzüberschreitung» war für dieses Theater ein programmatisches Schlagwort, und dies in alle Richtungen. Theatertraditionen anderer Kulturen und ein offeneres Verhältnis zum Tanz und zur Musik vermittelten dabei neue inspirierende Anstöße. Vor allem rückte dieses Theater näher an sein Publikum heran, und dies mitunter in ganz wörtlichem Sinn.

Dokumentation

Konstantin S. Stanislavskij
**Die Arbeit des Schauspielers an der Rolle
(Fragmente seit 1909 ff.)**

1. Der Weg zum «körperlichen Leben der Rolle»

[...]
Meine Methode beruht darauf, die *inneren* und *äußeren* Vorgänge miteinander zu verbinden und das Gefühl für die Rolle durch das *physische Leben des menschlichen Körpers* hervorzurufen.

[...]
Bemühen Sie sich, aus dem, was wir uns soeben in der Praxis angeeignet haben, die theoretische Seite abzuleiten, zu erkennen. Das Grundprinzip ist verständlich und nicht neu: Wenn die Rolle sich nicht von selbst, aus dem Innern und aus der Seele heraus *einlebt*, so gehen Sie vom Äußeren, also vom Körper aus an sie heran.

[...]
Das Wissen um das *Leben des Körpers* ist ein herrlicher fruchtbarer Boden, auf dem alles eine fühlbare materielle Begründung findet. Die auf diesem Boden begründeten Handlungen fixieren die Rolle am besten, denn es ist leicht, hier die kleine oder große Wahrheit zu finden, die auch den Glauben an alles, was wir auf der Bühne tun, hervorruft.

Ich erinnere Sie daran, daß das *körperliche Leben* der Rollengestalt auch noch deshalb wichtig ist, weil es mit der Linie des Gefühls unzertrennlich verbunden ist. Wenn der Künstler sich physisch richtig einge-

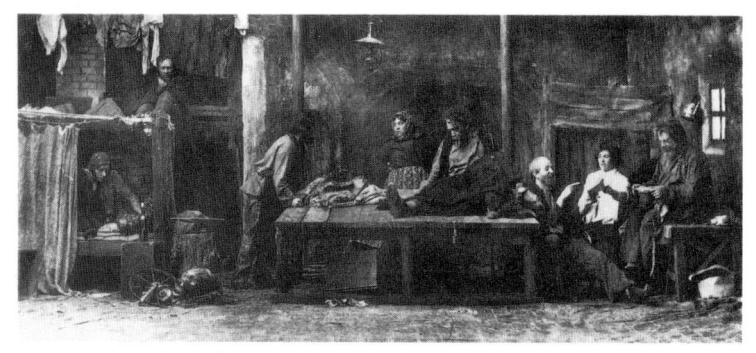

M. Gor'kij: Nachtasyl. Regie: K. S. Stanislavskij. Bühne: V. Simov. Moskauer Künstlertheater 1902 (UA)

lebt hat, muß das Gefühl in geringerem oder stärkerem Grade darauf reagieren. Wie das Wasser die Niederungen und Gruben ausfüllt, so strömt auch Gefühl in die physische Handlung, da es ja darin die lebendige organische Wahrheit findet, an die man glauben kann.

Prüfen Sie selbst, ob Ihr Gefühl unbewegt bleibt, wenn Sie das Leben Ihres Körpers vermittels seiner physischen Handlungen wirklich echt leben. Wenn Sie in diesen Prozeß tiefer eindringen und beobachten, was gleichzeitig in Ihrer Seele vorgeht, dann werden Sie sehen, daß, wenn Sie sich selbst Ihr physisches Leben auf der Bühne glauben, Sie auch die Gefühle empfinden, die ihm entsprechen und einen logischen Zusammenhang damit haben. Und demnach ruft das *körperliche Leben*, das aus der Rolle entnommen ist, ein analoges *seelisches Leben* dieser Rolle hervor.

Die Folgerung ist, daß das *körperliche Leben* der Rolle wesentlich dazu beiträgt, ihr geistiges (seelisches) Leben herauszubilden. Wie Ihnen bekannt ist, spiegelt sich das Leben des Geistes im Leben des Körpers wider, umgekehrt: Auch das Leben des Körpers kann sich im Leben des Geistes widerspiegeln. Würdigen Sie gebührend diese Voraussetzung, die für unsere Kunst außerordentlich wichtig ist! Die direkte Einwirkung auf den launenhaften inneren schöpferischen Apparat des Künstlers ist schwieriger, unfaßbarer und weniger fühlbar als die unmittelbare Einwirkung auf den physischen Apparat, der einem Befehl williger folgt. Es

M. Gor'kij: Nachtasyl. Regie: K. S. Stanislavskij. Bühne: V. Simov. Moskauer Künstlertheater 1902 (UA)

ist leichter, über den Körper zu gebieten als über das Gefühl. Wenn daher das *geistige Leben* der Rolle nicht von selbst entsteht, dann schaffen Sie ihr das *körperliche Leben*.

Das *körperliche Leben* der darzustellenden Person zu schaffen, ist die Hälfte der Arbeit an der Rolle, da die Rolle zwei Seiten hat, eine physische und eine geistige. Man kann einwenden, daß das Hauptziel unserer Kunst nicht im Äußerlichen besteht, sondern darin, das *geistige Leben* der Menschen aus dem Stück widerzuspiegeln, das auf der Bühne dargestellt werden soll. Einverstanden – und gerade deswegen beginne ich die Arbeit damit, das *körperliche Leben* zu schaffen.

Und diesmal mache ich es so. Sie haben Ihre Rolle nicht intuitiv erfühlt, und darum habe ich mit dem *körperlichen Leben* der Rolle begonnen. Der Körper ist materiell fühlbar, er läßt sich durch Befehle, Gewohnheiten, Disziplin und Übungen beeinflussen; mit ihm kann man eher fertig werden als mit dem nicht greifbaren, unbeständigen und kapriziösen Gefühl, das sich so leicht verflüchtigt.

Aber das genügt noch nicht, denn meiner Methode liegen noch weit wichtigere Erfahrungen zugrunde. Sie bestehen darin, daß das körperliche Leben nicht umhinkann, auf das geistige Leben zu reagieren: natürlich unter der Bedingung, daß der Schauspieler auf der Bühne wahr, zweckdienlich und produktiv handelt.

Und diese Voraussetzung ist deshalb so ganz besonders wichtig, weil in der Rolle, mehr wie im Leben selbst, beide Linien – die innere und die äußere – übereinstimmen und zusammen zum gemeinsamen schöpferischen Ziel hinstreben müssen. Nun wird ja beides, das körperliche und das geistige Leben der Rolle, aus der gleichen Quelle – dem Stück – gespeist. Dieser Umstand schafft günstige Voraussetzungen für das Gelingen unserer Arbeit, denn beide Erscheinungsformen des Lebens der Rolle sind natürlicherweise nahe miteinander verwandt.

Die Bedeutung des *körperlichen Lebens* der Rolle beruht außerdem noch darauf, daß es für das schöpferische Gefühl zu einer Art Akkumulator werden kann. Das innere Erleben ist der Elektrizität vergleichbar. Wenn man es in den Raum hinausschleudert, fliegt es auseinander und verschwindet; aber wenn man das *körperliche Leben* der Rolle damit sättigt, wie einen Akkumulator mit Elektrizität, dann verstärken sich die durch die Rolle hervorgerufenen Emotionen in der gut empfundenen physischen Handlung. Sie zieht und saugt die Gefühle, die mit jedem Moment des körperlichen Lebens verbunden sind, in sich hinein und fixiert dadurch die unbeständigen, sich leicht verflüchtigenden Erlebnisse und schöpferischen Emotionen des Künstlers. Dank dieser Behandlung werden die fertigen, kalten Formen des *körperlichen Lebens* der Rolle mit innerem Gehalt erfüllt. Bei dieser Verschmelzung kommen die beiden Seiten der Rolle, die physische und die psychische, einander näher.

Die äußere Handlung und das *körperliche Leben* erhalten dabei vom inneren Erleben her Sinn und Wärme, und das innere Erleben findet im *körperlichen Leben* seine äußere Verkörperung. Diese natürliche Verbindung beider Seiten der Rolle müssen wir für die Fixierung der unfaßbaren und sich verändernden schöpferischen Erlebnisse klug benutzen lernen. Sodann ist da noch ein praktisch nicht weniger wichtiger Grund vorhanden, warum ich die Arbeit an der Rolle mit dem Schaffen ihres *körperlichen Lebens* begonnen habe: Eine der unwiderstehlichsten *Lockungen* für unser Gefühl ist verborgen in *Wahrheit und Glauben*. Es lohnt sich für den Schauspieler, wenigstens an eine der allerkleinsten physischen Wahrheiten seiner Handlung oder seines allgemeinen Zustandes zu glauben, denn sofort wird sich sein Gefühl aus diesem Glauben an die Echtheit der physischen Handlung ergeben. Es lohnt sich für den Schauspieler, an sich selbst zu glauben, denn sofort öffnet sich seine Seele für die Aufnahme der inneren Aufgaben und Empfindungen der Rolle. Der Schauspieler soll alles tun, um sich selbst zu glauben, denn dann stellt sich auch das Gefühl ein. Wenn er aber gewaltsam fühlen will, wird er nie an sich selbst glauben, und ohne Glauben kann es kein Erleben geben. Diesen Umstand muß man unbedingt für die Sättigung der äußeren Handlung mit dem inneren Wesen der Rolle und mit dem Leben ihres Geistes nutzen. Dazu ist entsprechendes Material nötig. Dieses finden wir im Stück und in der Rolle.

[...]

2. Die Stück- und Rollenanalyse

[...]

Gewöhnlich versteht man unter *Analyse* nur verstandesmäßige Untersuchung: Auf dem Gebiet des künstlerischen Schaffens jedoch ist solch eine einseitige Auffassung der Analyse schädlich, und zwar aus folgenden Gründen: Der Zweck der Analyse besteht darin, die Erreger der künstlerischen Begeisterung zu suchen, ohne die man sich der Rolle nicht schöpferisch nähern kann. Der Zweck der Analyse besteht außerdem darin, sich eindringlich *in die Seele der Rolle zu vertiefen*, um ihre einzelnen Elemente, ihre Natur, ihre ganze innere Welt und das ihr innewohnende *geistige Leben* zu studieren.

Der Zweck der Analyse besteht ferner darin, die äußeren Lebensverhältnisse und Ereignisse des Stückes zu studieren, soweit sie auf das innere Leben der Rolle einwirken. Endlich besteht der Zweck der Analyse darin, in der eigenen Seele die gemeinsamen und der Rolle verwandten Gefühle, Empfindungen, Erlebnisse und Elemente für die Annäherung zu suchen, kurz, das für unser Schaffen erforderliche Material auszuwählen.

[...]

Die verstandesgemäße Analyse ist bei unserer Arbeit sehr wichtig, aber wenn man sie gesondert als Selbstzweck und unabhängig von den grundlegenden Erkenntniszielen vornimmt, so ist sie für das Schaffen schädlich. Denn dann hemmt sie nicht selten den unmittelbaren Ausbruch der schöpferischen Empfindungen und verdrängt das Unterbewußte, das beim Schaffen so wichtig ist. Der Verstand durchsucht wie ein Aufklärer alle Gebiete, alle Richtungen und alle Bestandteile des Stückes und der Rolle; er bereitet wie ein Vortrupp die neuen Wege für das weitere Suchen nach der Empfindung vor. Das schöpferische Gefühl geht auf den vom Verstand vorbereiteten Wegen, und wenn es seine Forschungen beendet hat, tritt der Verstand wieder hervor, aber schon in einer neuen Rolle: Er schließt wie eine Nachhut das siegreiche Vordringen des schöpferischen Gefühls und befestigt seine Eroberungen.

Bei unserer Art der Analyse muß man also dem schöpferischen Gefühl weiten Spielraum lassen, und nur dann, wenn es sich durch nichts erregen läßt, soll man den Verstand zur Aufklärung losschicken. Nur die Empfindung ist imstande, in alle Schlupfwinkel der Rolle und der Seele des Künstlers einzudringen, wo man das, was tief in den Seelen der Menschen verborgen ruht, finden, erforschen und erraten muß.

Die Analyse ist ein Mittel zur Erkenntnis, und in **unserer Kunst heißt erkennen: empfinden.**

[...]

Die allgemeine Analyse zerlegt Stück und Rolle in kleine und große Bestandteile, oder, mit anderen Worten, sie teilt das Stück in große und kleine Abschnitte ein und sucht die in ihnen steckenden Aufgaben. Auf diese Weise wird die allgemeine Struktur des Stückes und der Rolle erkannt, die der Künstler sehr gut kennen und empfinden muß. Die Hauptanalyse definiert letzten Endes die Hauptidee oder die Überaufgabe des dichterischen Werkes und die zu ihr führende durchgehende Handlung.

3. Die Bewertung und Rechtfertigung der Handlung

Die erste allgemeine Analyse aller dem Bewußtsein zugänglichen Schichten des Stückes und der Rolle ergibt ein reiches Material.

Das ist schon etwas, was man bei seiner weiteren schöpferischen Arbeit benutzen kann. Das Schlimme ist aber, daß das so gewonnene Material noch zu trocken und unfruchtbar ist, um das *geistige Leben der Rolle* wirklich lebensecht schaffen zu können. Vorläufig ist dieses Material nur eine Aufzählung von Tatsachen der Vergangenheit, Gegenwart und Zukunft, ein Protokoll der äußeren Umstände des Stückes und der Rolle. Bei solch einer rein verstandesmäßigen Erkenntnis des Stückes haben die Ereignisse und Tatsachen noch keine echte, lebendige, reale Bedeutung; sie bleiben «Theaterereignisse», und die Einstellung zu ihnen ist oberflächlich. Es fehlt der Glaube an ihre Wirklichkeit, es fehlt die ihnen gebührende Bewertung und der Widerhall in den Empfindungen.

[...]

Um ihr lebendiges, geistiges Wesen zu erkennen und das gewonnene Material für das Schaffen nutzbar zu machen, müssen wir die theatergebundenen Tatsachen und Umstände zu lebendigen, das heißt lebensspendenden, machen; wir müssen die theaterhafte Einstellung zu ihnen in eine menschliche verwandeln: wir müssen dem trockenen Protokoll der Tatsachen und Ereignisse Leben einhauchen, da nur das Leben das Lebendige schafft, nämlich das *geistige* Leben. Wir müssen die aus dem Stück gewonnenen Materialien beleben, um aus ihnen lebendige, glaubwürdige Umstände zu schaffen.

Damit kommt ein neues, schöpferisches Moment zu dem Prozeß der Rollenanalyse und der Rollenerkenntnis hinzu: **der Prozeß der Bewertung der Tatsachen.**

Es gibt Stücke (schlechte Komödien, Melodramen, billige Vaudevilles, Schwänke), bei denen die äußere Fabel die Hauptstärke der Aufführung ist. In solchen Stücken werden einfache Tatsachen – beispielsweise ein Mord, ein Todesfall, eine Hochzeit – oder Vorgänge (jemand wird mit Mehl bestreut, oder ihm wird Wasser auf den Kopf gegossen, oder er verliert ein Beinkleid, oder jemand gerät versehentlich in eine fremde Wohnung, wo Gäste den friedlichen Mann für einen Banditen halten) zu entscheidenden, führenden Handlungsmomenten. Solche Tatsachen zu bewerten wäre überflüssig; sie werden von allen sofort verstanden und aufgenommen.

Aber in vielen anderen Werken hat die bloße Fabel mit ihren Fakten oft keine so große Bedeutung. Die Fakten allein können nicht die führende Linie einer Aufführung schaffen, die der Zuschauer mit angehaltenem Atem verfolgt. In diesen Stücken werden nicht die Tatsachen, sondern die Einstellung der handelnden Personen zu ihnen zum Mittelpunkt der Aufführung. – Hier aber sind die Tatsachen nur insoweit wichtig, als sie Anlaß und Raum dafür geben, sie mit innerem Gehalt zu füllen; die Tatsachen und die aus ihnen geschaffene Fabel sind nur die Form, in die der Inhalt hineinfließt. Solcherart sind beispielsweise die Stücke von Tschechow. Am besten ist es, wenn Form und Inhalt in einem unlösbaren Zusammenhang stehen. In solchen Werken ist das geistige Leben der Rolle von den Tatsachen und der Fabel untrennbar.

[...]

Die Aufgabe der Schauspieler besteht darin, sich zu besinnen, zu begreifen und sich zu entschließen, was sie in diesem Augenblick tun müssen, um das Gleichgewicht wiederzugewinnen und ihr Leben so weiterzuführen, als ob das in dem Stück Geschilderte ihnen selbst, also lebendigen Menschen, zugestoßen wäre und nicht einfach nur der Rolle, die vorläufig noch ein totes Schema und die abstrakte Idee eines Menschen ist. Mit anderen Worten:

Der Schauspieler soll nie vergessen, vor allem nicht in einer dramatischen Szene, daß man immer von seinem eigenen Wesen und nicht von der Rolle aus leben muß und von dieser nur die gegebenen Umstände nimmt. Auf diese Weise ergibt sich folgende Aufgabe: Der Schauspieler soll mit gutem Gewissen antworten, was er physisch tun wird, das heißt, wie er unter den gegebenen Umständen handeln wird, die vom Dichter, vom Regisseur, vom Bühnenbildner, vom Beleuchter, von vielen anderen und vom Schauspieler selbst in seiner Phantasie geschaffen worden sind. Er soll keineswegs «erleben» wollen und um Gottes willen in diesem Augenblick nicht an das Gefühl denken.

Wenn die physischen Handlungen klar definiert werden, braucht der Schauspieler sie nur physisch auszuführen.

In: Konstantin S. Stanislawski: Die Arbeit des Schauspielers an der Rolle. Fragment eines Buches, zusammengestellt von J. N. Semjanowskaja. Redigiert, kommentiert und eingeleitet von G. W. Kristi. Berlin 1981 (Das europäische Buch), S. 49, 71 ff., 76 ff., 81, 125 f., 148 f.

Das Geheimnis des schauspielerischen Erfolges (1938)

«Als ob» und «vorgeschlagene Situationen»

[...]
Fangen wir mit dem ‹Als ob› an.

Vor allem ist es dadurch bewunderswert, daß mit ihm jedes Schaffen beginnt», erklärte Arkadij Nikolajewitsch. «‹Als ob› erscheint für den Schauspieler als der Hebel, der uns aus der Wirklichkeit in die Welt versetzt, in der nur das Schaffen vollbracht wird.

Es gibt einige ‹Als ob›, die nur den Anstoß für die weitere, allmähliche, logische Entwicklung des Schaffens geben, so zum Beispiel (...)»

Torzow streckte die Hand in der Richtung zu Schustow und wartete auf irgend etwas. Beide sahen sich verwundert an.

«Wie Sie sehen», sagte Arkadij Nikolajewitsch, «haben wir mit Ihnen keine Handlung. Deswegen führe ich das ‹Als ob› ein und sage: Das ‹Als ob› besteht darin, daß das, was ich Ihnen gebe, kein Nichts, sondern ein Brief war. Was hätten Sie getan?»

«Ich hätte ihn genommen und nachgesehen, an wen er adressiert ist.»

«*Wenn* an mich, so hätte ich ihn mit Ihrer Erlaubnis geöffnet und zu lesen begonnen. Doch weil er vertraulich ist und ich meine Erregung beim Lesen verraten könnte ...»

«*Weil* es vernünftiger ist herauszugehen, um das zu vermeiden», unterstützte ihn Torzow.

«... so wäre ich in das andere Zimmer gegangen und hätte dort den Brief gelesen.»

«Sehen Sie, wie viele bewußte und aufeinanderfolgende Gedanken, logische Stufen – *wenn, weil, so* – und verschiedene Handlungen das Wörtchen ‹Als ob› verursachte. So offenbart es sich gewöhnlich.

Aber es kommt vor, daß das ‹Als ob› seine Rolle allein erfüllt, sofort, ohne Verlangen nach Ergänzung und Hilfe. So zum Beispiel ...»

Arkadij Nikolajewitsch gab mit der einen Hand an Maloletkowa den metallenen Aschbecher und mit der anderen der Weljaminowa den wildledernen Handschuh, wobei er sagte:

«Für Sie – einen kalten Frosch und für Sie – eine weiche Maus.»

Er konnte den Satz nicht beenden, als beide Frauen mit Widerwillen zurückwichen.

«Dymkowa, trinken Sie Wasser!» befahl Arkadij Nikolajewitsch.

Sie hob das Glas an die Lippen.

«Dort ist Gift!» unterbrach sie Torzow.

Dymkowa erstarrte instinktiv.

«Sehen Sie!» triumphierte Arkadij Nikolajewitsch.

«Alles das ist nicht mehr das einfache, sondern das ‹magische Als ob›, das im Augenblick instinktiv die Handlung selbst erregt ...»

Bei sich fortsetzender Untersuchung der Qualitäten und Eigenschaften des ‹Als ob› ist es notwendig, darauf aufmerksam zu werden, daß sozusagen *einstöckige und vielstöckige ‹Als ob›* existieren. Zum Beispiel haben wir jetzt in der Erfahrung mit dem Aschbecher und dem Handschuh das einstöckige ‹Als ob› benutzt. Es brauchte nur gesagt zu sein: als ob der Aschbecher ein Frosch und der Handschuh eine Maus wäre, und sofort war die Gegenwirkung in der Handlung da.

Aber in den komplizierten Schauspielen verflicht sich eine große Zahl vom Dichter geschaffener und anderer möglicher ‹Als ob›, die dieses oder jenes Verhalten, diese oder jene Taten des Helden rechtfertigen. Dort haben wir es mit den einstöckigen und mehrstöckigen ‹Als ob› zu tun, das heißt mit einer großen Zahl von Vorschlägen und sie ergänzenden Erfindungen, geschickt zwischeneinander verflochten. Dort sagt der Dichter, der das Schauspiel schafft: ‹Als ob die Handlung in solcher Epoche, in solchem Staate, an solchem Platze oder in solchem Hause geschähe, als ob dort solche Menschen lebten, mit solcher seelischen Struktur, mit solchen Gedanken und Gefühlen, als ob sie miteinander unter solchen Umständen zu tun hätten› usw.

Der Regisseur, der das Schauspiel inszeniert, ergänzt die wahrscheinliche Erfindung des Dichters mit seinen ‹Als ob› und sagt: ‹Als ob zwischen den handelnden Personen solche Beziehungen zueinander wären, als ob sie solche typische Gewohnheit hätten, als ob sie in solcher Umwelt lebten usw. Wie hätte unter all diesen Umständen der an ihrer Stelle auftretende Schauspieler gehandelt?›

Von sich aus ergänzt auch der Bühnenbildner, der den Ort der Schau-

A. Čechov: Onkel Wanja. Regie: K. S. Stanislavskij. Moskauer Künstlertheater 1899

spielhandlung abbildet, der Bühnentechniker, der diese oder jene Beleuchtung gibt, und die anderen Mitarbeiter an der Vorstellung die Lebensbedingungen des Stückes mit ihren künstlerischen Erfindungen.

Schätzen Sie ferner das, daß in dem Wort ‹Als ob› irgendeine Eigenschaft versteckt ist, irgendeine Kraft ... Diese Eigenschaften und Kraft des ‹Als ob› haben in Ihrem Inneren eine augenblickliche Umstellung – Umschwung – verursacht.»

[...]

«Das Geheimnis der Wirkungskraft des ‹Als ob› liegt auch darin, daß es nicht über die wirkliche Tatsache spricht, nicht darüber, was ist, sondern nur darüber, was ‹als ob› sein könnte. Dieses Wort bestätigt nichts. Es nimmt nur an, es stellt die Frage nach der Lösung. Auf sie zu antworten, bemüht sich der Schauspieler.

Deswegen erreicht man den Umschwung und den Entschluß ohne Gewalt und Übung. In der Tat: Ich überzeugte Sie nicht, daß hinter der Tür der Wahnsinnige stand. Ich habe nicht gelogen, sondern im Gegen-

teil mit dem Wort ‹Als ob› selbst offen erklärt, daß von mir die Annahme nur vorgeschlagen war, und daß in Wirklichkeit niemand hinter der Tür ist. Ich wünschte nur, daß Sie mir getreu antworteten, wie hätten Sie gehandelt, wenn die Annahme des Wahnsinnigen Wirklichkeit geworden wäre. Ich habe Ihnen auch nicht vorgeschlagen, etwas vorzutäuschen, und drängte nicht meine Gefühle auf, sondern gab allen volle Freiheit, das zu erleben, was von jedem von Ihnen natürlich, von sich selbst aus ‹erlebt wurde›. Und Sie, Ihrerseits, taten sich keinen Zwang an und nötigten sich nicht, meine Erfindungen mit dem Wahnsinnigen für reale Wirklichkeit hinzunehmen, sondern nur als Annahme. Ich zwang Sie nicht, an die Wirklichkeit des ausgedachten Geschehnisses mit dem Wahnsinnigen zu glauben. Sie selbst nahmen freiwillig die Möglichkeit der Existenz dieser Faktoren im Leben an.»
[...]
«Das ist die Fabel des Stückes, seine Tatsachen, Ereignisse, Epoche, Zeit und Ort der Handlung, Lebensbedingungen, unsere schauspielerische und regieliche Auffassung des Stückes, Ergänzungen von uns selbst, dramaturgische Bearbeitung, Inszenierung, Dekorationen und Kostüme des Bühnenbildners, Requisiten, Beleuchtung, Geräusche und Laute und anderes mehr, das den Schauspielern vorgeschlagen wird, und auf das sie bei ihrem Schaffen achten müssen.

‹Vorgeschlagene Situationen› wie auch selbst das ‹Als ob› erscheinen als Annahme, ‹Erfindung der Vorstellung›. Sie sind von einer Herkunft: ‹Vorgeschlagene Situationen› sind dasselbe wie ‹Als ob›, und ‹Als ob› ist dasselbe wie ‹Vorgeschlagene Situationen›. Das eine – Annahme (‹als ob›) und das andere – Ergänzung zu ihm (‹Vorgeschlagene Situationen›). Das ‹Als ob› beginnt immer das Schaffen, die ‹vorgeschlagenen Situationen› entwickeln es. Das eine kann ohne das andere nicht existieren und nicht die notwendige erregende Kraft erhalten. Aber ihre Funktionen sind etwas verschieden: Das ‹Als ob› gibt der schlummernden Vorstellung den Anstoß, und die ‹vorgeschlagenen Situationen› begründen selbst das ‹Als ob›. Sie, zusammen und getrennt, tragen dazu bei, den inneren Anstoß zu geben.»

Einbildungskraft

[...]

«Die Aufgabe des Schauspielers und seiner Schaffenstechnik besteht darin, die Erfindung des Schauspiels in die künstlerische szenische ‹wahre Geschichte› zu verwandeln. In diesem Vorgang spielt unsere Einbildungskraft eine angenehme Rolle. Deswegen verweilen wir länger bei ihm und betrachten genau seine Funktion im Schaffen.»

[...]

«Und wofür braucht nach Ihrer Meinung der Schauspieler die Einbildungskraft?» stellte Arkadij Nikolajewitsch die Gegenfrage.

«Wieso wofür? Um das magische ‹Als ob›, die ‹vorgeschlagenen Situationen› zu schaffen», antwortete Schustow.

«Sie schuf schon ohne uns der Autor. Sein Schauspiel ist Erfindung.»
Schustow schwieg.

«Gibt der Schauspieldichter den Schauspielern alles, was man über das Schauspiel wissen muß?» fragte Torzow.

«Ist es möglich, auf hundert Seiten das Leben aller auftretenden Personen ausführlich zu enthüllen? Oder bleibt vieles ungesagt? So zum Beispiel: Spricht der Autor immer genügend und ausführlich davon, was bis zum Anfang des Schauspiels gewesen ist? Spricht er erschöpfend darüber, was nach seiner Beendigung sein wird, darüber, was hinter den Kulissen geschieht, woher die auftretende Person kommt, wohin sie geht? Der Autor ist in solcher Art von Kommentaren geizig. In seinem Text vermerkt er nur: ‹Diese und Petrow› oder: ‹Petrow geht ab›. Aber wir können nicht aus dem unbewußten Raum kommen und in ihn gehen, ohne an den Zweck einer solchen Ortsveränderung zu denken. Solcher Handlung ‹allgemein› zu glauben ist nicht möglich. Wir kennen auch die anderen Bemerkungen des Autors: ‹Er ist aufgestanden›, ‹geht in Erregung›, ‹lacht›, ‹stirbt›. Uns werden lakonische Charakteristiken der Rolle gegeben, ähnlich wie: ‹Der junge Mensch angenehme Erscheinung. Raucht viel.›

Ist das dafür genug, die ganze äußere Gestalt, Manieren, Gang, Gewohnheiten zu schaffen?

Aber der Text und die Worte der Rolle? Genügte es, sie nur einzupauken und auswendig zu sprechen?

Und alle Bemerkungen des Autors und Forderungen des Regisseurs, sein Entwurf und die ganze Inszenierung? Genügte es, sich nur an sie zu halten und dann formell sie auf der Bühne auszuführen?

Bezeichnet etwa das alles den Charakter der auftretenden Person, deutet es alle Nuancen seiner Gedanken, Gefühle, Motive und Taten?

Nein, das alles muß von dem Schauspieler selbst ausgefüllt, vertieft werden. Erst dann wird alles uns von dem Autor und von den anderen schaffenden Künstlern des Schauspiels Gegebene lebendig und erwärmt die verschiedenen Winkelchen der Seele des auf der Bühne Schaffenden und des Zuschauers im Parterre. Erst dann wird der Schauspieler selbst mit der ganzen Fülle des inneren Lebens der dargestellten Person aufleben und so handeln können, wie uns der Autor, Regisseur und unser eigenes lebendiges Gefühl befehlen.

In dieser ganzen Arbeit erscheint als unser nächster Gehilfe die Einbildungskraft mit seinem magischen ‹Als ob› und den ‹vorgeschlagenen Situationen›. Sie ergänzt nicht nur das, was der Autor, Regisseur und die anderen nicht ausgesprochen haben, sondern belebt die Arbeit aller am Schauspiel Schaffenden, deren Schaffenskraft vor allem durch den Erfolg der Schauspieler selbst bis zu den Zuschauern dringt.

Begreifen Sie jetzt, wie wichtig es für den Schauspieler ist, über eine starke und grelle Einbildungskraft zu verfügen? Sie ist ihm in jedem Augenblick seiner künstlerischen Arbeit und Lebens auf der Bühne, wie bei der Erlernung und Wiedergabe der Rolle unentbehrlich.

In dem Schaffensprozeß erscheint die Einbildungskraft als die Führerin, die hinter sich den Schauspieler selbst leitet.»

[...]

Das Ende der Stunde widmete Torzow der Gesamtbetrachtung unserer Arbeit an der Entwicklung der schaffenden Einbildungskraft. An einzelne Stufen dieser Arbeit erinnernd, schloß er die Rede so: «Jede Erfindung der Einbildungskraft muß genau begründet und fest aufgestellt sein. Die Fragen: *wer, wann, wo, warum, wofür, wie*, die wir uns stellen, um die Einbildungskraft zu lockern, helfen uns, ein mehr und mehr bestimmtes Bild des eingebildeten illusorischen Lebens zu schaffen.»

[...]

Wahrheitsgefühl und Glaube

[...]

Arkadij Nikolajewitsch sagte:

«Wissen Sie, daß die kleinen physischen Handlungen, die kleinen physischen Wahrheiten und Augenblicke des Glaubens an sie auf der Bühne die große Bedeutung nicht nur an den einfachen Stellen der Rolle, sondern auch an den ganz großen Höhepunkten beim Erleben der Tragödie und des Dramas bekommen? So zum Beispiel: [...]

Womit beschäftigt sich Lady Macbeth in dem Höhepunkt der Tragödie? Mit einfachen physischen Handlungen: sich mit der Hand den Blutfleck abzuwischen.»

«Entschuldigen Sie, bitte», eilte Goworkow für Shakespeare einzutreten, «hat wirklich der große Dichter seine Meisterwerke dafür geschaffen, verstehen Sie, daß seine Helden sich die Hände waschen und andere naturalistische Handlungen machen?»

«Nicht wahr, was für eine Enttäuschung!» ironisierte Torzow. «Nicht an das ‹Tragische› denken, auf die von Ihnen so geliebten spannendsten, schauspielerischen Geburtswehen, auf das schmierenhafte Spiel, auf das ‹Pathos› und die ‹Eingebung› in Klammern verzichten! Den Zuschauer vergessen und den auf ihn ausgeübten Eindruck und statt aller ähnlicher schauspielerischer Reize sich auf die kleinen physischen, realistischen Handlungen begrenzen, auf die kleinen physischen Wahrheiten und den aufrichtigen Glauben an ihre Echtheit!

Mit der Zeit werden Sie verstehen, daß dieses nicht nötig ist für den Naturalismus, sondern für die Wahrheit des Gefühls, für den Glauben an seine Echtheit, daß im Leben selbst die erhabenen Erlebnisse nicht selten sich in den gewöhnlichsten kleinen naturalistischen Handlungen offenbaren.

Uns Schauspielern ist es nötig, in vollem Umfange dahin zu streben, daß diese physischen Handlungen, die zwischen die richtigen, vorgeschlagenen Situationen eingeschoben sind, eine große Kraft bekommen. Unter diesen Bedingungen entsteht die Wechselwirkung von Körper und Seele, Handlung und Gefühl, wodurch das Äußere dem Inneren hilft, und das Innere das Äußere hervorruft: Das Abwischen des Blutflecks hilft der Erfüllung der ehrgeizigen Absichten der Lady Macbeth, und die ehrgeizigen Absichten zwingen, den Blutfleck abzuwischen. Nicht ohne Grund wechselt in dem Monolog der Lady Macbeth die ganze Zeit die Sorge um den Fleck mit den Erinnerungen an die einzelnen Momente der Ermordung Bankos. Die kleine, reale, physische Handlung des Fleckabwischens gewinnt große Bedeutung in dem weiteren Leben der Lady Macbeth, und der große innere Drang (die ehrgeizigen Absichten) benötigt die Hilfe der kleinen physischen Handlung.

[...]

Es gibt noch eine außerordentlich wichtige Bedingung, die noch größere Kraft und Bedeutung der einfachen, kleinen physischen Handlung verleiht.

Die Bedingung besteht in folgendem: Sagen Sie dem Schauspieler, daß seine Rolle, Aufgabe, Handlung psychologisch, tief, tragisch ist, und sofort wird er beginnen sich anzustrengen, die Leidenschaft selbst im schmierenhaften Spiel auszudrücken, sie in Fetzen zu zerreißen oder in seiner Seele zu wühlen und umsonst das Gefühl zu zwingen. Aber wenn Sie dem Schauspieler die einfachste physische Aufgabe geben und sie mit interessanten, aufregenden vorgeschlagenen Situationen umhüllen, dann fängt er an, die Handlungen auszuführen, ohne sich daran zu erschrecken und ohne daran zu denken, ob in dem, was er macht, Psychologie, Tragödie oder Drama verborgen ist.

Dann tritt das Gefühl der Wahrheit in seine Rechte, und das ist eines der wichtigsten Schaffensmomente, zu dem die schauspielerische Psychotechnik führt. Durch solche Einstellung entgeht das Gefühl dem Zwange und entwickelt sich natürlich, vollständig.

[...]

Wir lieben die physischen Handlungen deswegen, weil sie uns leicht und unauffällig in das Leben der Rolle selbst, in ihre Gefühle führen. Wir lieben die physischen Handlungen auch deswegen, weil sie uns helfen, die Aufmerksamkeit des Schauspielers in dem Gebiet der Szene, des Schauspiels, der Rolle festzuhalten und seine Aufmerksamkeit auf die stete, fest und wahrhaft gezogene Linie der Rolle zu lenken.»

[...]

L. Andreev: Anafema. Regie: V. J. Nemirovič-Dančenko. Bühnenbild: V. A. Simov. Moskauer Künstlertheater 1909. Prolog

Emotionales Gedächtnis

Die heutige Stunde begann mit der Prüfung meines emotionalen Gedächtnisses.

«Erinnern Sie sich», sagte Arkadij Nikolajewitsch, «Sie haben mir im Schauspieler-Foyer über den großen Eindruck erzählt, den Moskwin auf Sie gemacht hatte, als er als Gastspieler nach *** gekommen war? Ist es nicht möglich, daß Sie sich noch jetzt an seine Vorstellungen so klar erinnern, daß bei einem einzigen Gedanken an sie sich Ihrer derselbe begeisterte Zustand bemächtigt, den Sie damals vor fünf oder sechs Jahren erlebten?»

«Vielleicht, daß er sich jetzt nicht mit der früheren Deutlichkeit wiederholt, aber ich lebe von diesen Erinnerungen sehr auf.»

«So stark, daß, wenn Sie an diese Erinnerungen denken, Ihr Herz schneller schlägt?»

«Wahrscheinlich, wenn ich mich ihnen sehr hingebe.»

«Und was fühlen Sie seelisch und physisch, wenn Sie sich an den tragischen Tod Ihres Freundes erinnern, von dem Sie mir damals im Foyer erzählten?»

«Ich vermeide diese schweren Erinnerungen, weil sie auf mich bis heute niederdrückend wirken.»

«Gerade dieses Gedächtnis, das hilft, alle bekannten, früher von Ihnen erlebten Gefühle, die Sie bei dem Gastspiel Moskwins und bei dem Tod des Freundes empfanden, zu wiederholen, ist das emotionale Gedächtnis.

Ebenso wie in dem visuellen Gedächtnis vor Ihrem inneren Blick eine lang vergessene Sache, Landschaft oder Gestalt eines Menschen aufersteht, genau so leben in dem emotionalen Gedächtnis früher erlebte Gefühle wieder auf. Sie schienen ganz vergessen zu sein. Aber plötzlich ist irgendeine Anspielung, Gedanke, bekannte Gestalt da, und wieder erfassen die Erlebnisse Sie, manchmal genau so stark wie beim ersten Male, manchmal etwas schwächer, manchmal stärker, genau dieselben oder in etwas verändertem Aussehen.

Wenn Sie veranlagt sind, allein bei der Erinnerung an das Erlebte blaß, rot zu werden, wenn Sie sich fürchten, an längst erlebtes Unglück zu denken, dann haben Sie das Gedächtnis für Gefühle oder das emotionale Gedächtnis.»

[...] «Der Schauspieler kann nur seine eigenen Emotionen erleben. Oder wünschen Sie, daß der Schauspieler von irgendwo alle neuen und neuen fremden Gefühle und sogar die Seele für jede von ihm dargestellte Rolle nehme? Ist denn das möglich? Wieviel Seelen muß er doch in sich tragen? Es ist doch unmöglich, aus sich selbst die eigene Seele zu reißen und für sie eine leihweise zu nehmen, die mehr für die Rolle paßt. Woher sie nehmen? Von einer selbst toten, noch nicht aufgelebten Rolle? Aber sie selbst wartet, daß man ihr eine Seele gibt. Man kann zum Gebrauch ein Kleid, eine Uhr nehmen, aber man kann nicht bei einem anderen Menschen oder bei einer Rolle Gefühle nehmen. Man soll mir sagen, wie das gemacht wird! Mein Gefühl gehört untrennbar mir, und Ihres – Ihnen. Man kann verstehen, mit der Rolle mitzuempfinden, sich an ihre Stelle zu setzen und genau so wie die dargestellte Person zu handeln zu beginnen. Diese schöpferische Handlung erweckt auch in dem Schauspieler selbst mit der Rolle übereinstimmende Gefühle. Aber diese Gefühle gehören nicht der dargestellten Person, die von dem Dichter geschaffen ist, sondern dem Schauspieler selbst.

Was Sie nicht ausdichteten, was Sie nicht in der Wirklichkeit oder in der Einbildungskraft erlebten, Sie bleiben immer derselbe. Verlieren Sie niemals sich selbst auf der Bühne! Sie handeln immer aus Ihrer Person des Schauspieler-Menschen. Sich selbst kann man nirgends entgehen. Wenn man sich aber von sich selbst lossagt, dann wird man den Boden verlieren, und das ist das Fürchterlichste. Der Verlust seiner selbst auf der Bühne ist der Augenblick, nach dem auf einmal das Erleben endet und das Schmierenspiel beginnt. Deswegen, wieviel Sie nicht spielten, was Sie nicht darstellten, immer werden Sie ohne jegliche Ausnahme Ihr eigenes Gefühl gebrauchen müssen! Der Bruch dieses Gesetzes ist gleich dem Morde, den der Schauspieler an der von ihm ausgeführten Gestalt verübt, gleich dem Verlust seiner zitternden, lebendigen, menschlichen Seele, die allein Leben der toten Rolle verleiht.»

[...]

«Diejenigen Rollen, die nicht aufgenommen werden, spielen Sie auch niemals gut. Sie sind nicht aus Ihrem Repertoire. Nicht nach dem Rollenfach soll man die Schauspieler unterscheiden, sondern nach ihrem inneren Wesen. (...)

Auf diese Weise wird die Seele der auf der Bühne verkörperten Gestalt durch den Schauspieler aus lebenden menschlichen Elementen der eigenen Seele, aus seinen emotionalen Erinnerungen u. a. geformt und verdichtet.»

In: Konstantin Sergejewitsch Stanislawski: Das Geheimnis des schauspielerischen Erfolges (1938). Übersetzung aus dem Russischen von A. Meyenburg. Zürich o. J. (Scientia), S. 55 ff., 58 ff., 69 ff., 197 ff., 240 ff.

Evgenij B. Vachtangov
Aufzeichnungen zur Regiearbeit an Ibsens *Rosmersholm* (1918)

[...]
Für das Wichtigste halte ich, solche Bedingungen zu schaffen, unter denen der Schauspieler im vollen Maße «sein Gesicht» bewahren kann, Bedingungen, unter denen der Schauspieler, der die Bühne betritt, sich überhaupt nicht dafür interessiert, wie heute diese oder jene Phrase, diese oder jene Stelle klingen wird. Nicht mal annähernd. Er muß davon überzeugt sein, daß er bis ins letzte, bis in seine Gedanken, bis in sein Innerstes er selbst bleibt und nach Möglichkeit sogar sein Gesicht ungeschminkt zeigen kann. Er muß lediglich die wichtigsten Züge in seinem Gesicht ein wenig hervorheben und das wegnehmen, was stört. [...] Der Schauspieler muß sich durch inneren Antrieb verwandeln. Zur wichtigsten Bedingung wird der *«Glauben»* daß er, der Schauspieler, *in Bedingungen und Beziehungen* gesetzt ist, die vom Autor gefordert werden, daß er *das braucht*, was die Figuren des Stückes benötigen. Wenn der Schauspieler die Figur gut begreift, die er zu spielen hat, und *begreift*, daß die vom Autor angegebenen Schritte logisch sind und nicht anders sein können, wenn danach der Schauspieler von dem Gedanken *verführt* wird, selbst in diese Bedingungen gestellt zu sein, wenn er etwas im Stück und an der Rolle *liebgewinnt* (kein Mitleid), wenn er schließlich und endlich davon *überzeugt* ist, wovon die entsprechende Figur im Stück überzeugt ist, und das *Bedürfnis* verspürt, einige Stunden in der Atmosphäre von Rosmersholm zu verbringen, und sich auf das *Fest* vorbereitet, das das Schöpferische in der Kunst ist, dann wird er bereits verwandelt sein und wird sich in nichts mehr verlieren.

Ich will nicht, daß ein Schauspieler immer gleich schwach oder stark eine bestimmte Stelle seiner Rolle spielt. Ich will, daß beim Schauspieler heute jenes Gefühl und jener Erregungsgrad natürlich, wie von selbst, entsteht, in dem er heute wahrhaftig ist. Selbst wenn heute eine Stelle im Vergleich zu gestern schwach sein wird. Dafür wird es die Wahrheit sein, wird es unbewußt logisch sein. Und im gesamten, wahrhaftigen Fluß der Ereignisse wird diese Stelle nicht untergehen. [...]

Ich wollte, daß die Schauspieler die ganze Vorstellung über improvisieren.

Sie wissen doch, wer sie sind und in welcher Beziehung sie zu den anderen handelnden Personen stehen. Sie haben gleiche Gedanken und ein gleiches Streben. Sie wollen das gleiche. Warum sollen sie dann nicht leben, das heißt nicht handeln können. Nichts zum Klischee werden lassen. Jede Probe ist eine neue Probe. Jede Aufführung ist eine neue Aufführung.

In: Jewgeni B. Wachtangow: Schriften. Hrsg. v. D. Wardetzki. Berlin 1982 (Henschel), S. 60 ff.

Unterhaltungen mit Xenia Ivanova Kotlobai und Boris Sachawa (1922)

[...]

Indem Konstantin Sergeevič [Stanislavskij] von der wirklichen Wahrheit begeistert war, brachte er die Wahrheit des Lebens auf die Bühne. Er suchte die theatergemäße Wahrheit in der Wahrheit des Lebens. Mejerchol'd dagegen kam über das stilisierte Theater, das er jetzt ablehnt, zum wirklichen Theater. Doch indem Mejerchol'd sich für die theatergemäße Wahrheit begeisterte, beseitigte er die Wahrheit der Gefühle. Diese Wahrheit aber muß es im Mejerchol'd-Theater wie im Stanislavskij-Theater geben.

[...]

Das Gefühl ist auf dem Theater wie im Leben das gleiche. Nur die Mittel, oder die Methoden, diese Gefühle herzustellen, sind unterschiedlich. Das Rebhuhn ist zu Hause wie im Restaurant das gleiche. Es wird nur im Restaurant so gerichtet und zubereitet, daß es theatergemäß wirkt. Zu Hause hingegen wird es nach Hausmacherart, nicht theatergemäß, zubereitet. Konstantin Sergeevič verabreicht die Wahrheit als Wahrheit, Wasser als Wasser, ein Rebhuhn als Rebhuhn. Mejerchol'd hingegen beseitigte völlig die Wahrheit. Es blieb das Gericht, die Art und Weise der

C. Gozzi: Prinzessin Turandot. Regie: E. Vachtangov. Moskauer Künstlertheater 1922

Zubereitung, doch es wurde kein Rebhuhn gekocht, sondern Papier. Es entstand ein papierenes Gefühl. Mejerchol'd ist ein Könner. Er serviert meisterhaft. Wie im Restaurant. Man kann es nur nicht essen.

[...]

Eine vollkommene Schöpfung der Kunst ist ewig. Als Schöpfung der Kunst bezeichnen wir ein Werk, in dem Inhalt, Form und Material harmonisieren. Konstantin Sergeevič fand sich lediglich in Harmonie mit den Stimmungen der russischen Gesellschaft jener Zeit. Doch nicht alles, was zeitgenössisch ist, ist ewig. Mejerchol'd hatte nie ein Gespür für das ‹Heute›. Doch er fühlte das ‹Morgen›. Konstantin Sergeevič hatte nie ein Gespür für das ‹Morgen›. Er fühlte nur das ‹Heute›. Man muß jedoch das ‹Heute› im morgigen Tag und das ‹Morgen› im heutigen Tag aufspüren.

Als die Revolution begann, ahnten wir, daß es in der Kunst nicht mehr so weitergehen durfte wie früher. Wir kannten noch nicht die Form, wie sie wirklich sein sollte, und deshalb hatte sie in *Antonius* gewissermaßen einen Übergangscharakter. Die nächste Etappe ist das Suchen der ewigen Form. In Čechovs Stücken stimmten die Mittel des Lebens mit den Mitteln des Theaters überein. Die theatergemäßen Mittel, die wir im *Antonius* verwandt haben, um ‹den Bourgeois anzuprangern›, stimmten mit den Anforderungen des Lebens, mit den Anforderungen der Gegenwart überein. Doch diese Zeit wird vorübergehen. Wir werden aufhören können anzuprangern. Denn der Sozialismus ist nicht die Gesellschaft von Proletariern, er ist die Gesellschaft gleichberechtigter zufriedener Menschen, die satt zu essen haben. Wenn die Not und jeder Begriff von Not verschwunden sein werden, wird es keine Notwendigkeit mehr geben, die Bourgeoisie anzuprangern. Dann werden die Mittel, die wir gewählt haben, aufhören, theatergemäß zu sein. Man muß wirklich theatergemäße Mittel finden. Man muß die ewige Maske finden.

[...]

Sachawa: «Ich denke, wir sollten heute über das Theatergemäße, über das wirklich Theatergemäße reden.»

Vachtangov: «Gut. Ich suche auf dem Theater nach zeitgenössischen

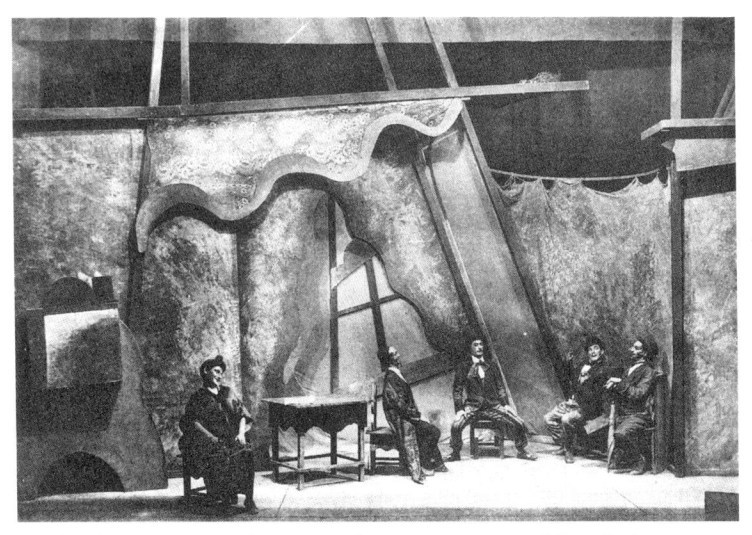

S. Aleijchem: Zwei Hundert Tausend. Regie: A. Granovskij. Jüdisches Nationaltheater Moskau 1926

Methoden, um der Inszenierung eine Form zu geben, die theatergemäß empfunden wird. Nehmen wir zum Beispiel alltägliche Lebensumstände: Ich werde sie zu gestalten versuchen. Jedoch nicht so, wie sie das Künstlerische Theater gestaltet, durch Darstellung der alltäglichen Lebensgewohnheiten auf der Bühne durch die Wahrheit des Lebens. Ich will eine ausdrucksstarke Form finden, die theatergemäß ist und, weil sie theatergemäß ist, ein künstlerisches Werk darstellt. Auf die Art und Weise, wie alltägliche Lebensumstände vom Künstlerischen Theater dargestellt werden, entsteht kein künstlerisches Werk. Das hat nichts mit künstlerischem Schaffen zu tun. Es ist lediglich eine feinfühlige und gekonnt gemachte, scharfe Wiedergabe von Lebensbeobachtungen. Das, was ich mache, möchte ich als ‹phantastischen Realismus› bezeichnen.»

In: Jewgeni B. Wachtangow: Schriften. Hrsg. v. D. Wardetzki. Berlin 1982 (Henschel), S. 152 ff.

Max Reinhardt
Rede über den Schauspieler (1929)

Das Theater ringt heute um sein Leben. Nicht so sehr aus wirtschaftlicher Not, die allgemein ist. Es krankt vielmehr an der Armut des eigenen Blutes. Weder durch die literarische Nahrung, die ihm lange fast ausschließlich zugeführt wurde, noch durch rein theatralische Rohkost ist ihm aufzuhelfen.

Die Gegenwart hat eine verschwenderische Fülle starker Schauspieler auf den Sand geworfen. Noch stehen sie in wunderbarer Blüte. Aber das einzig belebende Element theatralischer Dichtung sickert dünn, und unsere wahrhaft dramatische Zeit spiegelt sich nur schwach in ihr. Die menschliche Schöpferkraft strömt jetzt durch andere Betten. Im Augenblick. Aber wir leben in diesem Augenblick.

Das Heil kann nur vom Schauspieler kommen, denn ihm und keinem anderen gehört das Theater. Alle großen Dramatiker waren geborene Schauspieler, gleichviel, ob sie diesen Beruf auch tatsächlich ausübten. Shakespeare ist der größte und ganz unvergleichliche Glücksfall des Theaters. Er war Dichter, Schauspieler und Direktor zugleich. Er malte Landschaften und baute Architekturen mit seinen Worten. Er hat es dem Schöpfer am nächsten getan. Er hat eine zauberhafte, vollkommene Welt geschaffen: die Erde mit allen Blumen, das Meer mit allen Stürmen, das Licht der Sonne, des Mondes, der Sterne; das Feuer mit allen Schrecken und die Luft mit allen Geistern, und dazwischen Menschen. Menschen mit allen Leidenschaften, Menschen von elementarer Großartigkeit und zugleich von lebendigster Wahrheit. Shakespeares Allmacht ist unendlich, unfaßbar. Er war Hamlet und König Claudius, Ophelia und Polonius in einer Person. Othello und Jago, Falstaff und Prinz Heinz, Shylock und Antonio, Zettel und Titania und das ganze Gefolge von lustigen und traurigen Narren lebte in seinem Innern. Sie sind alle Teile seines unerforschlichen Wesens. Er selbst schwebt wie eine Gottheit darüber.

Das Theater kann, von allen guten Geistern verlassen, das traurigste Gewerbe, die armseligste Prostitution sein. Aber die Leidenschaft, Theater zu schauen, Theater zu spielen, ist ein Elementartrieb des Menschen.

Und dieser Trieb wird Schauspieler und Zuschauer immer wieder zum Spiel zusammenführen und jenes höchste, alleinseligmachende Theater schaffen. Denn in jedem Menschen lebt, mehr oder weniger bewußt, die Sehnsucht nach Verwandlung.

Wir alle tragen die Möglichkeiten zu allen Leidenschaften, zu allen Schicksalen, zu allen Lebensformen in uns. «Nichts Menschliches ist uns fremd.» Wäre das nicht so, wir könnten andere Menschen nicht verstehen, weder im Leben noch in der Kunst. Aber Vererbung, Erziehung, individuelle Erlebnisse befruchten und entwickeln nur wenige von den tausend Keimen in uns. Die anderen verkümmern allmählich und sterben ab.

Das bürgerliche Leben ist engbegrenzt und arm an Gefühlsinhalten. Es hat aus seiner Armut lauter Tugenden gemacht, zwischen denen es sich recht und schlecht durchzwängt.

[...]

Der gesellschaftliche Kodex hat selbst den Schauspieler, also den berufsmäßigen Gefühlsmenschen, korrumpiert. Wenn man Generationen zur Unterdrückung der Gemütsbewegungen erzieht, bleibt schließlich nichts mehr, was zu unterdrücken oder gar zu erlösen wäre.

Die Natur verleiht jedem Menschen ein besonderes Gesicht. Es gibt ebensowenig zwei Menschen, die einander vollkommen gleichen, wie es an einem Baum zwei Blätter von absoluter Kongruenz gibt. Aber im schmalen Flußbett des bürgerlichen Lebens, vom Alltag hin und her gestoßen, werden die Menschen schließlich so abgeschliffen wie runde Kieselsteine. Einer sieht wie der andere aus. Sie bezahlen diesen Schliff mit ihrer persönlichen Physiognomie.

In den Kindern spiegelt sich das Wesen des Schauspielers am reinsten wider. Ihre Aufnahmefähigkeit ist beispiellos, und der Drang zu gestalten, der sich in ihren Spielen kundgibt, ist unbezähmbar und wahrhaft schöpferisch. Sie wollen die Welt noch einmal selbst entdecken, selbst erschaffen. Sie sträuben sich instinktiv dagegen, die Welt durch Belehrung in sich aufzunehmen. Sie wollen sich nicht mit den Erfahrungen anderer vollstopfen. Sie verwandeln sich blitzschnell in alles, was sie sehen, und verwandeln alles in das, was sie wünschen. Ihre Einbildungskraft ist zwingend. Das Sofa hier? Eisenbahn: Schon knattert,

*L. Pirandello: Sechs Personen suchen einen Autor. Regie: M. Reinhardt.
Komödie am Kurfürstendamm Berlin 1924*

zischt und pfeift die Lokomotive, schon sieht jemand beglückt durch das Coupéfenster die zauberhaftesten Landschaften vorbeifliegen, schon kontrolliert ein strenger Beamter die Fahrkarten, und schon ist man am Ziel; ein Gepäckträger schleppt keuchend ein Kissen ins Hotel, und da

Aischylos: Die Orestie. Regie: M. Reinhardt. Musikfesthalle München 1911

saust bereits der nächste Sessel als Automobil geräuschlos dahin, und die Fußbank schwebt als Flugzeug durch alle sieben Himmel.

Was ist das? Theater, idealstes Theater und vorbildliche Schauspielkunst. Und dabei das klare, immer gegenwärtige Bewußtsein, daß alles nur Spiel ist, ein Spiel, das mit heiligem Ernst geführt wird, das Zuschauer fordert, Zuschauer, die stumm ergeben und andächtig mitspielen. Dasselbe ist beim Schauspieler der Fall. Es ist ein Märchen, daß der Schauspieler je den Zuschauer vergessen könnte. Gerade im Augen-

K. G. Vollmoeller: Das Mirakel. Regie: M. Reinhardt. Century Theatre New York 1923/24

blick der höchsten Erregung stößt das Bewußtsein, daß Tausende ihm mit atemloser, zitternder Spannung folgen, die letzten Türen zu seinem Inneren auf.

In der frühesten Kindheit des Menschen ist die Schauspielkunst entstanden. Der Mensch, in ein kurzes Dasein gesetzt, in eine dicht gedrängte Fülle verschiedenartigster Menschen, die ihm so nahe und doch so unfaßbar fern sind, hat eine unwiderstehliche Lust, sich im Spiel seiner Phantasie von einer Gestalt in die andere, von einem Schicksal ins andere, von einem Affekt in den anderen zu stürzen. Die ihm eingeborenen, aber vom Leben nicht befruchteten Möglichkeiten entfalten dabei ihre dunklen Schwingen und tragen ihn weit über sein Wissen hinaus in den Mittelpunkt wildfremder Geschehnisse. Er erlebt alle Entzückungen der Verwandlung, alle Ekstasen der Leidenschaft, das ganze unbegreifliche Leben im Traum.

Wenn wir nach dem Ebenbilde Gottes erschaffen sind, dann haben wir auch etwas von dem göttlichen Schöpferdrang in uns. Deshalb erschaffen wir die ganze Welt noch einmal in der Kunst, mit allen Elementen, und am ersten Schöpfungstage, als Krone der Schöpfung, erschaffen wir den Menschen nach unserem Ebenbilde.

Ich glaube an die Unsterblichkeit des Theaters. Es ist der seligste Schlupfwinkel für diejenigen, die ihre Kindheit heimlich in die Tasche gesteckt und sich damit auf und davon gemacht haben, um bis an ihr Lebensende weiterzuspielen.

[...]

In: Max Reinhardt: Schriften. Hrsg. v. H. Fetting. Berlin 1974 (Henschel), S. 324–326.

Aleksandr J. Tairov
Das entfesselte Theater (1923)

[...]

Das szenische Gebilde ist eine aus der schöpferischen Phantasie des Schauspielers geborene Synthese von Emotion und Form.

Die gesättigte Form eines szenischen Gebildes kann nur durch ein neues, synthetisches Theater geschaffen werden, da das naturalistische Theater nur eine ungeformte physiologische Emotion und die Stilbühne nur eine unerfüllte äußere Form geboten hat.

Das erste Element, das Element des Suchens nach dem szenischen Gebilde, unterliegt keinen bestimmten Regeln und läßt sich in kein System fassen. Es ist ein tief individualistisches Element, das sich bei jedem Schauspieler anders kundtut. Das Geheimnis des ersten Aufkeimens eines szenischen Gebildes ist ebenso wunderbar und unmitteilbar wie das Geheimnis des Lebens und des Todes.

Gelänge es, dieses Geheimnis aufzudecken, analytisch zu zergliedern und wieder zusammenzusetzen, so stürbe die Kunst: Sie würde aus einem schöpferischen Akt zu einem analytischen. Doch wie es niemals gelingen kann, in den Retorten der Chemiker einen Menschen zu erzeugen, ebensowenig vermag ein chemischer mechanischer Prozeß jemals den schöpferischen Vorgang zu ersetzen.

Natürlich kann und soll der Spielleiter dem Schauspieler bei diesem Prozeß behilflich sein. Er muß aber mit der äußersten Vorsicht vorgehen und sich feinfühlig der Individualität des Schauspielers anpassen. Denn nicht nur, daß verschiedene Schauspieler diesen Prozeß auf verschiedene Weise durchmachen – auch ein und derselbe Schauspieler schlägt auf der Suche nach verschiedenen szenischen Gebilden oft diametral entgegengesetzte Wege ein. Und wenn ihm in einem Falle eine pantomimische Inangriffnahme behilflich sein kann, das Gesuchte zu finden, so entzündet er sich.

Wir wissen, daß die Blütezeiten des Theaters dann eintraten, wenn das Theater auf geschriebene Stücke verzichtete und sich seine eigenen Szenarien schuf.

*Ch. Lecocq: Tag und Nacht. Regie: A. I. Tairov. Ausstattung:
V. und G. Stenberg. Kammertheater Moskau 1926*

Zweifellos wird das von uns ersehnte Theater, an dessen Verwirklichung wir arbeiten, früher oder später ebenfalls dazu gelangen.

Schon jetzt läßt sich das durch einige von uns angestellte Versuche, von denen ich später erzählen werde, beweisen.

Doch damit das Theater seine eigenen Szenarien schaffen und verwirklichen kann, muß der neue Typus des Meisterschauspielers entstehen, der seine Kunst bis zur Vollendung beherrscht; denn dann geht das ganze Schwergewichtszentrum auf ihn und auf seine in sich selbst ruhende Kunst über; es ist notwendig, daß die ganze Schauspielergenossenschaft aus solchen Meisterschauspielern besteht, die durch eine gemeinsame Schule und eine einheitliche Theaterkultur schöpferisch miteinander verbunden sind.

[...]

Das Verhältnis des Theaters zur Literatur besteht also darin, daß es sie auf seiner gegenwärtigen Entwicklungsstufe als *Material* benutzt.

Nur ein derartiges Verhältnis zur Literatur ist ein echt theatralisches, denn sonst hört das Theater unweigerlich auf, als auf sich selbst gestellte Kunst zu existieren, und verwandelt sich in einen besseren oder schlechteren Diener der Literatur, in eine Grammophonplatte, die die Ideen des Autors wiedergibt.

[...]

Wir müssen indessen daran festhalten, daß die Wege des Theaters als einer autonomen Kunst auf einer anderen Ebene liegen und anderen Zielen zustreben.

Es sind die Wege der *Theatralisierung des Theaters.*

Das sollten die Ideologen der kultischen Verbundenheit, die von einer falschen Anschauung des Theaters ausgehen, endlich begreifen.

Die Rolle des Zuschauers im Theater ist allerdings eine andere, als er sie in den anderen Künsten spielt: in jeder anderen Kunst empfängt der Zuschauer das schon vollendete Werk, nachdem der schöpferische Prozeß bereits abgeschlossen ist und das Werk sich von seinem Schöpfer losgelöst hat, um als selbständiger künstlerischer Organismus weiterzuleben.

In der Malerei steht der Zuschauer einem fertigen Bilde gegenüber, und der Maler und sein schöpferischer Prozeß gehen ihn im Grunde genommen nichts an. In der Bildhauerei hat er es mit dem fertigen Bildwerk zu tun, in der Architektur mit dem vollendeten Dom oder Schloß usw. Nur im Theater wohnt der Zuschauer dem unmittelbaren Schöpfungsprozeß des Schauspielers gleichsam als Zeuge bei.

Und gerade dieser Umstand, daß die Werke des Theaters mit dem Aufgehen des Vorhanges gleichsam erst zu entstehen und mit seinem Fallen wieder zu vergehen scheinen, daß der Zuschauer dem Schöpfungsprozeß beiwohnen muß und nicht erst seine Vollendung abwarten kann – gerade dieser Umstand ist es, der dem Zuschauer im Theater eine andere Rolle zuweist als in den anderen Künsten.

Hier verbirgt sich aber auch zweifellos ein Mißverständnis, das erst dann zutage tritt, wenn man tiefer unter die trügerische Oberfläche des äußeren Anscheins dieser Tatsache eindringt.

Denn trotz alledem muß, wenn die Aufführung vor den Zuschauer gelangt, die ganze schöpferische Arbeit des Theaters ihrem Wesen nach längst abgeschlossen sein.

Der schöpferische Prozeß des Theaters besteht ja bekanntlich in allen jenen vorbereitenden Arbeiten – dem Entwurf des Szenariums, dem Schaffen der szenischen Gebilde und Gestalten, dem Auffinden des besonderen Rhythmus der jeweiligen Aufführung, der Gestaltung ihrer szenischen Atmosphäre, den zahllosen Schmink-, Kostüm-, Beleuchtungs-, Dekorations- und Bühnenproben, die so lange andauern, bis das ganze kollektive Werk vollendet ist.

Wenn also die Aufführung vor den Zuschauer gelangt, so ist sie ein fertiges, abgeschlossenes, selbständiges Theaterkunstwerk (was natürlich nicht heißen soll, daß der Schauspieler das von ihm geschaffene Gebilde nur mechanisch wiedergibt: Nein, die Freude und der Fluch seiner Kunst liegt darin, daß er in jeder Vorstellung die allzu vergänglichen Formen neu zu bauen hat; das aber ist kein Produktionsprozeß mehr, sondern ein schöpferischer Reproduktionsprozeß).

Der Unterschied zu den übrigen Künsten besteht bloß darin, daß die Theaterkunst – ihrem Material und ihrer dynamischen Wesenheit zufolge – nicht statisch, sondern nur dynamisch aufgenommen werden kann, daß jede im Handlungsfeuer einer Aufführung verbrannte Form immer eine neue Form aus sich entstehen läßt, die ihrerseits ebenfalls unterzugehen bestimmt ist usw. *Um in Erscheinung treten zu können, erfordert sie die Anwesenheit des Zuschauers im Augenblick ihrer dynamischen Selbstoffenbarung – und nicht später.*

Es ist aber fehlerhaft, anzunehmen, daß die Theaterkunst ohne den Zuschauer undenkbar sei, daß nur der Zuschauer dem Schauspieler den notwendigen Impuls verleihe.

Wir alle wissen, daß es während des Arbeitsprozesses zu so begeisterten Proben kommt, daß keine spätere Aufführung sich mit ihnen messen kann.

Und auch die Aufführung selbst hört durchaus nicht auf, ein Kunstwerk zu sein, wenn der Zuschauer fehlt, ebenso wie auch eine schöne Statue ein Kunstwerk bleibt, auch wenn ihr Schöpfer sie verschlossen hält.

Nur die besonderen Eigenschaften des *Materials* der Theaterkunst, die Hinfälligkeit und rasche Vergänglichkeit des menschlichen Körpers, setzen ihr gewisse zeitliche Grenzen, so daß ein vollendetes Bühnenkunstwerk, wenn es nicht unbekannt bleiben will, sofort vor den Zuschauer treten muß und nicht erst nach Jahren. Des Zuschauers bedarf es aber durchaus nicht als eines aktiven, sondern nur als eines empfangenden Elementes.

Wenn dem aber so ist, so muß dem Zuschauer im Theater die gleiche Rolle zugewiesen werden wie auch in den anderen eigenwertigen Künsten.

Er muß Zuschauer bleiben und darf nicht mitwirken.

Deshalb gilt es, ein für allemal auf all jene Restaurierungsversuche zu verzichten, die die Herren Neuerer in der letzten Zeit mit dem heutigen Theater angestellt haben.

Wenn Brücken über das Orchester gebaut werden, geschminkte Schauspieler durch das Parkett stürmen oder von der Bühne sich ins Parkett begeben, so wird dadurch keine kultische Handlung, sondern nur Chaos und Unsinn geschaffen. Der Zuschauer bleibt dabei, zum Glück, taktisch immer noch Zuschauer; aber geschminkte und kostümierte Statisten, die inmitten des Publikums auftauchen, beleidigen das Theater und verwandeln es in eine widerkünstlerische Singspielhalle.

E. T. A. Hoffmann: Prinzessin Brambilla. Regie: A. J. Tairov. Kammertheater Moskau 1920

Und deshalb: Es lebe die Rampe!

Es lebe die Rampe, die die Bühne vom Zuschauerraum trennt, denn die Bühne ist eine komplizierte und schwierige Klaviatur, die nur der Meisterschauspieler zu beherrschen versteht – und der Zuschauerraum ist *das für den aufnehmenden Zuschauer bestimmte Amphitheater.*

Dem Zuschauer einen anderen Platz zuzuweisen, die Bühne in ein «niederes, altarartiges Podest» zu verwandeln, «das man in der Ekstase leicht erstürmen kann, um am Kult teilzunehmen», wie Meyerhold schreibt – das heißt, sich dem Theater gegenüber reaktionär verhalten, das heißt, den Versuch machen, es vom Niveau einer autonomen Kunst, das es im Laufe seiner langen Entwicklung erreicht hat, wieder zurückzubringen.

[...]

Welche Rolle weise ich nun aber nach alledem dem Zuschauer im Theater zu?

Ich wünsche natürlich nicht, daß er sich zum Theater wie zum

G. B. Shaw: Die heilige Johanna. Regie: A. J. Tairov. Kammertheater Moskau o. J.

wirklichen Leben verhalte. Ich wünsche aber ebenfalls nicht, daß der Zuschauer, wie Meyerhold im Widerspruche zu sich selbst schreibt, «keinen Augenblick vergessen dürfe, ob es ein Schauspieler sei, der vor ihm spiele». (Wie könnte der Zuschauer dann «in der Ekstase zum Altar stürmen, um am Kult teilzunehmen»?)

Nein, ich verspüre nicht die geringste Neigung, jenem Hoffmannschen vervollkommneten Maschinisten zu gleichen, der den Zuschauer unweigerlich auf den Kopf schlägt, sobald er vergißt, daß er im Theater ist.

Der Zuschauer soll zwar keinen aktiven Anteil am Bühnenkunstwerk haben, er soll es aber *schöpferisch* aufnehmen. Und wenn er auf den Flügeln der durch die Theaterkunst erregten Phantasie die Wände durchbricht und in das Wunderland Urdar getragen wird, so wünsche ich ihm beseligt eine glückliche Reise.

Ich wünschte nur, daß der Zauberteppich, der ihm zu dieser Reise dient, die *schöne Kunst des Schauspielers* sei – und nicht der Illusionierung einer Ausstattungsfeerie oder einer *Laterna magica*, die dem Theater ebenso wesensfremd sind wie die Illusionen der Wirklichkeit. [...]

Theater ist Theater.

Diese einfache Wahrheit sollte endlich eingesehen werden.

Die Stärke des Theaters liegt im Dynamismus der szenischen Handlung.

Der Handelnde ist der Schauspieler.

Seine Stärke ist seine Meisterschaft.

Die Meisterschaft des Schauspielers ist der höchste, echte Inhalt des Theaters.

Die emotionelle Erfülltheit der Meisterschaft ist der Schlüssel zu ihrem Dynamismus.

Das szenische Gebilde ist Form und Wesenheit ihres Ausdrucks.

Der Rhythmus ist ihr organisches Prinzip.

Und noch einmal: Theater ist Theater.

Der einzige Weg, der dahin führt, daß diese scheinbare Selbstverständlichkeit einst eine frohe Erfüllung finde, ist – die *Theatralisierung des Theaters*.

In: Alexander J. Tairow: Das entfesselte Theater (Neudruck der Ausgabe von 1923). Köln u. Berlin 1964 (Kiepenheuer & Witsch), S. 98 ff., 124, 173 ff. *Aktuell in:* Alexander Verlag Berlin 1989.

Louis Jouvet
Ecoute, mon ami (1952)

Hör zu, mein Freund.
Ich selber bin es, an den ich mich wende.
«Man muß seine Gefühle gedanklich erfassen.» Nachdem man sie ausgesondert, gesiebt, erprobt, geeicht und kritisch beobachtet hat, muß man sie in der Folge durchdenken, festlegen, mit Mienenspiel oder Stimmfall niederschreiben. Blind folgt das Gedächtnis diesem Vorgang, und der Körper erhellt, durchlichtet sich, erwärmt sich und kühlt ab, zieht sich zusammen in dieser besessenen Hitze. Dann klart in dieser Durchleuchtung, in diesem Licht das Gehirn auf; Ausgangspunkt aber ist das Gefühl.
Das ist unser Beruf.
[...]
Durch die Anderen wurde ich mir selbst klar.
Darf ich meinerseits ihnen Auskunft geben?
Unbeständig, bewegt von allem, was um uns ist, den leichtesten, den geringsten Einflüssen stark unterworfen, zugänglich *allem, was besonders oberflächlich, was Außenseite ist, Wesen des Reagierens*, trifft uns das Oberflächliche am meisten und erregt uns am stärksten.
Das Oberflächliche ist es, was uns in der Tiefe erregt.
Nur mit der Oberfläche rührt uns die Tiefe an; aber, richtig ausgedrückt, gut gezeichnet, ist die Oberfläche auch fruchtbar, auch wirksam durch die Wirkungen, die sie erzeugt. Das ist das Theater, und dieses Oberflächige ergibt den Eindruck der Tiefe.

Das Dramatische ist tiefe und dunkle Unruhe. Es ist Ergebnis und Ursache dieses Richtung-Suchens, dieses Wesens der Leute vom Theater.
Wir sind in Erregung, gedrängt, begierig nach Unruhe, nach Reiz; und erliegen wir nicht der Wirkung solchen Zustandes, solchen Aufruhrs in unsrem Innern, so fallen wir einer neuen, einer anderen Unbeständigkeit anheim.
[...]

Will der Schauspieler in die Tiefe steigen, so wird er schwer und ertrinkt. Er muß, *bei aller Anteilnahme*, an der Oberfläche bleiben. Dort hat er die meisten Chancen und Möglichkeiten, auf Herz und Geist des Zuschauers mit vollem Gewicht zu wirken.

Das ist die **Spielregel**, welche Diderot als Rätsel aufgegeben hat.

Als *gewandter Herausforderer* ist es weder seine Natur noch sein Handwerk, tiefgründig zu sein.

[...]

Für den Komödianten ist es ein Bedürfnis, *sich* zur Schau zu stellen.

Anfangs ist das eine Lust der reinen Eitelkeit und des verwegenen Dünkels.

Sie dauert (manchmal) bis zum Tod.

Wirst Du Dir aber eines Tages darüber klar, dann hast Du das Entscheidende unseres Berufes entdeckt; vielleicht ist das sein wesentliches Ziel, sein Endzweck.

Denn dann wirst Du verstehen, dann wirst Du auf dem Wege des Begreifens sein, daß das Entscheidende zur Ausübung dieses Berufes darin liegt:

Sich selbst aufzugeben,
um zu sich selbst durchzustoßen.

Dann wirst Du begreifen, daß die alberne Narrheit eines «Namens» und Deines lästigen «Ich» Dich beherrscht, und daß Du, um eine Persönlichkeit zu werden, erst Dich entpersönlichen mußt. Und daß die höchste Persönlichkeit aus Unpersönlichkeit kommt, aus Destillierung und Sublimierung des eigenen Selbst.

Quer durch den gewundenen Pfad des dramatischen Geschehens.

Ich bin von der Auslegung besessen.

Man muß sich beschränken und auch seine Erkenntnisse begrenzen. Eine Umgrenzung des eigenen Selbst muß gefunden werden, eine Abgrenzung gezogen werden um sich selbst.

In endlosem Forschen verliert man sich.

Ein Weg muß gefunden werden, keine Fragen zu stellen, sich selber keine zu stellen. Damit diese *Leere* erreicht wird, *dieser Zustand, der dem Dramatischen Voraussetzung ist*, wo man in sich den inneren Sinn eines

J. Romain: Knock, oder der Triumph der Medizin. Regie und Titelrolle: L. Jouvet. Comédie des Champs-Élysées Paris 1923

Satzes, einer Szene heraufsteigen fühlt, den innerlichen, den innersten Sinn, den ein gesprochener Satz, eine gespielte Szene einem bringt.

[...]

Um Theater zu spielen, ist zunächst eine Konvention vonnöten; sie ist zu jedem Zeitabschnitt verschieden – es sind die Spielregeln, und die ändern sich je nach den Beteiligten.

Autor, Schauspieler und Publikum bedürfen einer gemeinsamen Konvention, müssen sich gemeinsam klar werden über die Regeln oder das Verfahren auf dieser Suche nach der *Illusion*.

Ecoute, mon ami

Diese Konvention schafft eine *Tradition*, eine Gewohnheit, ein geistiges Klima, das seinerseits das Ausführungs-Verfahren ordnet und je nach Umständen, Örtlichkeit und Publikum abwandelt.

Die Tradition (nicht Traditionen) ist ein geistiger Status; die Traditionen sind die Ergebnisse daraus; ihre Wirksamkeit ist relativ.

Das Große Theater, das Klassische, berührt mich durch seine menschliche, seine dramatische *Tradition*, diese Fülle, die es ohne Ende, ewig sich angleichend, zugänglich und wirksam macht – wie immer auch die *Traditionen* sein mögen, denen man es anpaßt, die *Konventionen*, in die es gezwängt wird.

[...]

Es geht darum, vom Abstrakten ab und zur Empfindung hin zu kommen. – «Sich inkarnieren»; in diesem Sinne kann das Wort aufgefaßt werden. Ein Schauspieler inkarniert niemals einen Helden, er kann allenfalls «sich inkarnieren», mit den Zügen und in der Art, ein «*Charakter*», eine «*Rolle*» zu sein oder darüber auszusagen; – seltener schon ist das bei einer *herausragenden Gestaltung*.

Und dann muß man vom «*Persönlichen*» zu einer Art «*Unpersönlichkeit*» kommen, die mehr und mehr notwendig wird in dem Maße, als man zur dramatischen Wesenheit gelangen will.

Man kann auch sagen – seltsamer Widerspruch in sich –: je mehr eine Rolle abstrakt ist, je mehr sie sich zur Wesenheit des Dramas erhebt – Held oder Hauptfigur –, desto verschiedenartiger kann man sie besetzen, desto mehr unterliegt sie der Mannigfaltigkeit der Schauspieler.

[...]

Denn wissen kann man nichts über das Theater, viel weniger noch als über irgend etwas sonst.

Es gibt nichts Falscheres und es gibt nichts Wahreres als das Theater.

Das ist sehr kompliziert.

Aber es ist das einzige wohltätige Rätsel im Leben der Menschen, das einzige wirksame.

Alles am Theater ist verwirrt und verwickelt.

Alles ist Spiegelung.

Und der Schauspieler vermag nicht zu denken.
Das ist seine Stärke.
Denken ist das Gegenteil seines Berufes, seiner Exerzitien.
[...]
Geltung hat nichts, als daß man sich ganz verausgabt. Es ist ein sportlicher, ein körperlicher Beruf.
Alles ist verdächtig, bis auf den Körper und seine Empfindungen.
Man soll nichts zergliedern.
Das Theater ist ein Kreuzweg, ein Zusammenfluß, eine Kloake, und es ist auch eine gegenseitige Durchdringung von Elementen.
[...]

In: Louis Jouvet: Ecoute, mon ami. Das Rätsel Theater. Ins Deutsche übertragen von A. Schoenhals. Hamburg o. J. (Kurt Wesemeyer), S. 5, 10, 11, 12–13, 15–16, 17, 22, 40.

Jean-Louis Barrault
Erste Lehrjahre: das Studium des Körpers (1949)

Die Technik des Schauspielers begann für mich beim Studium des Körpers.

Étienne Decroux gehörte zur Truppe des «Atelier» und kam vom «Vieux Colombier». Seine Kameraden liebten ihn, sprachen aber immer mit leisem Lächeln von ihm. Für sie war Decroux ein Original. Mich schüchterte er immer sehr ein.

Als er mich das erste Mal eines Wortes würdigte, war es, um mich schmerzhaft zu verletzen. Ich habe die Worte nicht behalten, weiß aber, daß sie sehr unangenehm, ja, grausam waren.

Einige Tage danach fragte er mich, und seine Stimme klang schon im voraus enttäuscht und hoffnungslos, ob ich mich für den «körperlichen Ausdruck» interessiere. Zweifellos rechnete er mit einer ausweichenden Antwort ... wie er sie von den anderen bekommen hatte. Viele hatten sich ihm schon entzogen! Ich sagte, ich interessiere mich sehr dafür.

Am nächsten Tag bekam ich bei Decroux meinen ersten Mimenunterricht.

[...]

Wir waren wie entfesselt. Unsere nimmermüden Sprünge erschütterten gefährlich die Bretter des Theaters. Drei Wochen lang übten wir nichts als Gehen, das sogenannte «Gehen auf der Stelle», das wir seitdem so oft gemimt haben. Abwechselnd führte der eine es dem anderen vor und wurde kritisiert. Wir ergänzten uns gut. Decroux mit seinem sicheren analytischen Verstand und seiner ungewöhnlichen schöpferischen Intelligenz verstand meine spontanen improvisierten Variationen zu fixieren.

Das Problem des Gehens an sich beschäftigte uns leidenschaftlich.

Es gibt nichts Schwierigeres als Gehen, und der Gang verrät den Menschen.

Das intensive Studium des Gehens hatte mich so geprägt, daß ich wohl zehn Jahre gebraucht habe, um wieder einigermaßen natürlich gehen zu können ... (Und noch heute falle ich manchmal zurück ...)

J.-L. Barrault und J. Dasté in «Autour d'une mère» nach einem Roman von W. Faulkner. Théâtre de l'Atelier Paris 1935

[...]
Gehen können!

Es gibt Menschen, die gehen, als warteten sie, daß ihre Füße sie trügen. Sie bleiben senkrecht und warten. Ihre Füße tappen einer nach dem anderen wie Blinde vorwärts und setzen auf der Ferse auf. Und erst, wenn sie sich ganz «sicher» auf ihrer Ferse fühlen, wagen sie den nächsten Schritt. Diese Menschen gehen nicht. Sie lassen sich von ihren Füßen spazierentragen.

Andere wieder schielen mit den Füßen, das heißt, sie gehen nach innen. Wieder andere verrenken die Beine, wie beispielsweise die Tänzer. Die Beine von Tänzern scheinen ein unbändiges Vergnügen daran zu finden, sich zu bewegen, so daß es aussieht, als wirbelten sie allein in der Luft herum. Der Mensch auf ihnen muß hinterher.

Ein Mensch, der geht, ist aber ein sich vorwärts bewegendes **Ganzes**. Der Impuls des Gehenwollens geht nicht von den Fußspitzen, auch nicht von den Fersen, sondern von der Brusthöhe aus.

Die Brust, getragen von der elastischen Wirbelsäule, muß den Willen, sich vorwärts zu bewegen, ausdrücken. Und diesem Willen, sich vorwärts zu bewegen, müssen die Beine Folge leisten.

Man muß wissen, daß jeder Körperteil, auf den man sich konzentriert (wenn man sich nur genügend auf ihn konzentriert), die Aufmerksamkeit des Beobachters auf sich zieht, als ginge von diesem Teil ein Leuchten aus.

Wenn ein Mensch geht, muß er die Aufmerksamkeit weder auf seine Füße noch auf seine Knie, sondern auf seine vordere Brust lenken; es ist sozusagen die Brust, die den ersten Schritt tut. Ein Mensch, der geht, will vorwärts kommen; und was vorwärts kommen will, ist das Zentrum seiner selbst; dieser magische hohle Korb, mit dem er atmet und der wie ein Banner des Lebens von der elastischen Fahnenstange der Welt getragen wird: von der Wirbelsäule.

Der Mensch also ist die treibende Kraft; er vertraut auf sich; er strebt vorwärts, auf den Reflex seiner Beine vertrauend. Und die Beine folgen ihm, dienen ihm, sie balancieren ihn. Ein Mensch ist es, der sich vorwärts bewegt, nicht die Füße sind es, die einen Menschen vorwärts bewegen. Die äußerste Wölbung seiner Brust sollte niemals von der Spitze seines ausschreitenden Fußes überholt werden.

Dies zumindest ist Gehen in seiner reinsten Form.

Hat man sich das klargemacht, sind alle Gangarten erlaubt. Jeder Mensch hat seinen eigenen Gang, der ihn, ob er will oder nicht, charakterisiert. Es ist Aufgabe des Schauspielers, den Gang seiner Personen zu erarbeiten. Aber es ist mit dem reinen Gehen wie mit dem Lesenkönnen, dem Schreibenkönnen, wie mit dem Spiegelei: nichts ist schwieriger als das.

Hätte man mich damals über die Kunst des Mimens befragt, ich hätte, glaube ich, folgendes gesagt:

Die Kunst des Mimens ist die Kunst der **Stille**. Sie ist einer der beiden Angelpunkte – der andere ist die echte Diktion – des reinen Theaters.

Man muß sie nackt betreiben, das Gesicht nach Möglichkeiten hinter einer unpersönlichen Maske verborgen. Sie, deren Elemente die **Stille** und deren Musikalität im wesentlichen visuell ist, darf von keinem Klang, keinem Geräusch begleitet werden. Jede musikalische Untermalung ist für den Mimen ein Sakrileg.

Der dem nackten Körper unentbehrliche Slip muß die besonders ausdrucksfähigen Bauchmuskeln und, an den Seiten, die Beine bis hinauf zum Becken frei lassen.

Der Blick bestimmt sich durch den Hals. Ausdrucksbereich ist allein der Rumpf. Ein Mime verfügt über zwei Blickarten: die Augen und die Brustspitzen. Zwischen diesen beiden gibt es ein ganzes Spiel aus Übereinstimmung und Widerspruch. Alle Gesten gehen von der Wirbelsäule aus. Die erste Aufgabe eines Mimen heißt demnach, sich seiner Wirbelsäule, Wirbel für Wirbel bewußt zu werden. Arme und Beine gehen in ihrer Bewegung auf die Ansatzpunkte an den Wirbeln zurück. Dieses Zurückführen auf die Wirbelsäule verleiht den Gesten ihre Dimension: ihren Stil. Alle menschlichen Gesten lassen sich in zwei hauptsächliche Bewegungsarten zusammenfassen:

Ziehen.

Stoßen.

Der Zielpunkt liegt im Bauchzentrum: der Nabel.

Leben heißt, an sich ziehen

oder von sich stoßen,

und Sich: das ist der Nabel.

Auch wenn man Arme und Beine wegdenkt, verliert der Rumpf nichts von seiner Ausdruckskraft.

Die Glieder bezeichnen die Handlung.

Ich: das *Subjekt*, ist das Banner aus Wirbelsäule und Brustkorb, ist der Rumpf, das Sich, der Umriß, die *Haltung*.

Das *Verb* ist das Wesen in *Bewegung*, ist eben dieser Rumpf in Aktion.

«Der Prozeß» nach F. Kafka. Bühnenfassung: A. Gide. Regie: J.-L. Barrault.
Théâtre Marigny Paris 1947

Das *Objekt*, vertreten durch die Glieder (Arme oder Beine), gibt die Richtung an.

So beschreibt mein Körper einen Satz der Stille im Raum: Subjekt gleich Haltung; Verb gleich Bewegung im eigentlichen Sinn; Objekt gleich Richtung.

Alles, was man zu diesem körperlichen Ausdruck noch hinzufügt, kann dieser wesentlich poetischen und in sich selbst gültigen Kunst nur von ihrer Reinheit nehmen.

Objektives Mimen.

In der Kunst des Mimens sind die Gegenstände imaginär. Die vorgestellte Existenz eines Gegenstandes gewinnt in dem Maße Realität, wie der Körper des Mimen folgerichtig die Muskelreaktion ausdrückt, die der Gegenstand hervorruft. *Studium des «Gegengewichts»*.

Ein Beispiel: Mein Arm trägt einen Wassereimer. Dieser Wassereimer wird an meinem Arm nur dann existieren, wenn mein Körper das Gegengewicht des Eimers mimt, das heißt, wenn er die Gegenbewegung mimt, die ich normalerweise machen würde, um mich trotz des Gewichtes des Wassereimers an meinem Arm im Gleichgewicht zu halten. Da die Gegenstände nur imaginär sind, bringt das Studium des Gegengewichts den Mimen in eine Haltung außerhalb des Gleichgewichts. Er muß darum den ausdruckslosen Teilen seines Körpers die notwendige Balance übertragen, um diesen offenbaren Gleichgewichtsmangel zu beheben. Das Studium des Gegengewichts ist spannend; es ist der Schlüssel für das sogenannte objektive Mimen.

Subjektives Mimen.

Oder Studium von Seelenzuständen, denen durch den Körper Ausdruck verliehen werden soll. Metaphysische Haltung des Menschen im Raum.

Berauschendes Studium, das auf die Höhe religiöser Kunst erhebt. Indem wir immer tiefer in die Kunst des subjektiven Mimens eindrangen, fühlten wir, wie wir den orientalischen Schauspielern nahekamen; uns war, als seien wir dabei, die Plastizität der griechischen Tragödie wiederzuentdecken.

Den Hauptgegenstand des subjektiven Mimens bildet das Studium des Todes. Zunächst der Kampf des Körpers mit der Krankheit; dann, nach einem gewissen Abbruch, die mühselige und langwierige Reise ins Abstrakte und ganz plötzlich der endgültige Schlag, der eine Verwandlung sowohl des Inhalts wie der Form bewirkt, in deren Verlauf sich das Todesproblem in einer feierlichen Geste löst, symbolisch und einzigartig, absolut wie ein poetischer Satz, eine reine lyrische Geste.

Dem Mimen stehen zwei Arten von Ausdrucksmaterial zur Verfügung: einmal die Geste, die einfach einer Handlung dient, zum anderen die Geste, die in sich ein Ganzes bildet, den Rezitativteilen der Tragödie vergleichbar. Die Geste, die als solche poetisches Material ist. Die Geste, die Poesie schafft.

Der Übergang von einer Gattung zur anderen ist vergleichbar dem Übergang von Prosa zum Alexandriner.

Je tiefer wir in das Mimen vordrangen, desto mehr Möglichkeiten erschlossen sich.

In: Jean-Louis Barrault: Mein Leben mit dem Theater. Köln 1967 (Kiepenheuer & Witsch), S. 44 ff., 50 f.

# Theatergeschichtliche Kommentare

Konstantin Sergeevič Stanislavskij.
Das «System» – seine Bewahrer und seine Kritiker:
Michail Čechov, Lee Strasberg, Bertolt Brecht

«Die Arbeit der Regie und der Schauspieler mag realistisch, abstrakt, links- oder rechtsgerichtet, impressionistisch oder futuristisch sein – ganz gleich, Hauptsache, sie ist überzeugend …»
K. S. Stanislavskij, 1925

«Der Schauspieler soll nie vergessen, vor allem nicht in einer dramatischen Szene, daß man immer von seinem eigenen Wesen und nicht von der Rolle aus *leben* muß und von dieser nur die gegebenen Umstände nimmt.»
K. S. Stanislavskij

Mit dem Namen Stanislavskij verbunden ist in erster Linie eine schauspielpädagogische Methode, das sogenannte Stanislavskij-System, aber auch dessen künstlerisches Lebenswerk, das Moskauer Künstlertheater: auch MChT oder MChAT, aus: Moskovskij chudočestvennyj teatr; 1920 kam der Zusatz akademičeskij hinzu. Das Künstlertheater ist noch heute die renommierteste Schauspielbühne der Sowjetunion. Ihr Emblem ist die Silhouette einer fliegenden Möwe: Die Inszenierung von Anton Čechovs Stück *Die Möwe* am 17. Dezember 1898 war der künstlerische Durchbruch Stanislavskijs und dieser Bühne.

Stanislavskij hat seine Schauspieltheorie in zahlreichen Schriften veröffentlicht, von denen die wichtigsten auch in deutscher Übersetzung vorliegen. Sie beruht – auf den knappsten Nenner gebracht – auf dem Prinzip der Einfühlung des Schauspielers in die Rolle und der Identifizierung des Publikums mit der Bühnenfigur. Das Sich-Einfühlen des Schauspielers will Stanislavskij durch eine Reihe von Techniken erreichen, die diesen Vorgang in eine klare Form bringen, die erlernbar und wiederholbar ist. Er spricht dabei von zwei Phasen, der *Arbeit des Schauspielers an sich selbst* und der *Arbeit des Schauspielers an der Rolle*. So auch lauten die Titel zweier Grundlagentexte von Stanislavskijs Schauspieltheorie. Damit war zu Beginn des 20. Jahrhunderts der entscheidende Schritt vollzogen, dem schöpferischen Prozess in der Rollengestaltung eine dem Geist der Zeit entsprechende wissenschaftliche Grundlage zu verschaffen, ihm letztlich ein methodisches «System» zu unterlegen. Stanislavskij hat sich zwar stets gegen den Begriff «System» gewehrt und seine Schauspieltheorie in seiner Inszenierungsarbeit am Künstlertheater permanent überprüft und weiterentwickelt. Heute ist diese Theorie – wenngleich in manchem modifiziert – eine der wesentlichen Grundlagen der Schauspielausbildung. Mehr oder weniger offen ist dabei die Frage, inwieweit diese Arbeitsweise gewissermaßen zwangsläufig mit einem realistischen Inszenierungsstil verbunden ist.

Konstantin Sergeevič Stanislavskij wurde – mit dem bürgerlichen Namen Aleksejev – am 5. Januar 1863 in Moskau geboren. Dort auch starb er am 7. August 1938. Das großbürgerliche Milieu, in dem er aufwuchs, sein Vater war Fabrikant, brachte ihn schon früh mit Kunst, Literatur und Theater in Verbindung. In der von ihm zusammen mit einem Komponisten und einem Regisseur 1888 gegründeten «Gesellschaft für Kunst und Literatur» wurden auch Theaterstücke aufgeführt; Stanislavskij trat auf dieser Bühne auf (z. B. als Ferdinand in Schillers *Kabale und Liebe*) und führte Regie. Seine Biographin Elena Ivanovna Poljakova schreibt: «Der Kreis der Aleksejevs war ohne Zweifel der beste Theater-Liebhaberkreis Moskaus, sein Hauptdarsteller ohne Zweifel der beste Laienspieler im Moskau der achtziger Jahre. Er besaß alles, wovon sogar Berufsschauspieler nur träumen können. Zu seiner Verfügung standen zwei ausgezeichnete Bühnen und viel Geld.» Die Truppe machte sich bald einen Namen in Moskau; gespielt wurden u. a. Ostrovskij, Tolstoj, Molière, Shakespeare, Hauptmann, Dostoevskij und Schiller. Stanislavskij betrieb, wie die anderen Mitglieder der Truppe auch, diese Theaterarbeit in seiner Freizeit. Er war in die Firma seines Vaters eingetreten und führte als Direktor die Geschäfte der Aleksejev'schen Handelsgesellschaft. Dennoch wurden die Aufführungen dieser Laienspieler von der Moskauer Kritik sehr bald als denen der Kaiserlichen Bühnen überlegen herausgestellt. Bewundert wurden vor allem die Geschlossenheit der Ensemblearbeit, die Präzision der Spielweise und der Bühnengestaltung, beides Kennzeichen des Stanislavskij-Theaters auch in den Jahren seiner späteren künstlerischen Entfaltung.

1896 wurde Stanislavskij erstmals zu einer Arbeit mit professionellen Schauspielern eingeladen; er inszenierte *Hanneles Himmelfahrt* von Gerhart Hauptmann. Die Aufführung wurde ein sensationeller Erfolg: «Sogar die Statisten des Theaters, die sonst nur gleichgültig an die abendliche Entlohnung dachten, vergossen bei der Himmelfahrt der sterbenden Hannele echte Tränen» (Poljakova). Stanislavskij träumte nun von einem Theater mit großem moralischen und künstlerischen Anspruch und plante die Gründung einer eigenen Bühne. Bei seiner zweiten Inszenierung (1896) eines Stücks von Hauptmann *(Die versunkene Glocke)* lernte er den Maler Viktor Andrejevič Simov (1858–1935) kennen, der als Bühnenbildner einer seiner wichtigsten Mitarbeiter am Künstlertheater wurde.

Von entscheidender Bedeutung für Stanislavskijs weitere Entwicklung wurde die Begegnung mit dem im Moskauer Theaterleben hochgeachteten Autor, Dramaturgen, Regisseur und Theaterlehrer Vladimir Ivanovič Nemirovič-Dančenko (1858–1943) am 2. Juni 1897. Erörtert wurden bei diesem ersten Treffen «Fragen der reinen Kunst, unsere künstlerischen Ideale, die Bühnenethik, Technik, Organisationspläne, Projekte für das zukünftige Repertoire und unsere gegenseitigen Beziehungen» (K. S. Stanislavskij).

Das neue Theater, um dessen Gründung es den beiden gleichgesinnten Reformern ging, sollte «Künstlertheater für alle» heißen. Zu seiner Finanzierung – geplant war zunächst ein von Amateuren betriebenes Theater – wurde die «(Aktien)Gesellschaft auf Treu und Glauben zur Gründung eines für alle zugänglichen Moskauer Theaters» ins Leben gerufen. Geldgeber waren Moskauer Kaufleute. Eine beantragte Unterstützung durch den Staat war abgelehnt worden. Am 14. Oktober 1898 wurde das in der Eremitage gelegene Theater mit *Zar Fjodor Ivannovič* von A. K. Tolstoj eröffnet. Der entscheidende künstlerische Durchbruch kam jedoch erst mit der Inszenierung von Anton Čechovs (1860–1904) Stück *Die Möwe* am 17. Dezember 1898, das zwei Jahre zuvor bei der Uraufführung in St. Petersburg durchgefallen war. Die Aufführung am Künstlertheater, zu dessen Ensemble von Beginn an Vsevolod Mejerchol'd gehörte, wurde zu einer «Theaterlegende» (Poljakova) und begründete die enge Zusammenarbeit Čechovs (bis zu dessen Tod 1904) mit dieser Bühne. In der Auseinandersetzung mit dem nuancierten psychologischen Realismus der Čechov'schen Stücke entwickelte Stanislavskij den Realismus seiner Schauspielästhetik. Dabei kam es freilich immer wieder auch zu Spannungen zwischen beiden, gerade diese aber waren von Bedeutung für die Weiterentwicklung von Stanislavskijs Schauspielkunst. Čechov nämlich war es, der den oftmals exzessiven Aufwand in der akribischen äußeren Milieurekonstruktion auf der Bühne des Künstlertheaters kritisierte. So etwa klagte er, Stanislavskij habe sein Stück – gemeint war *Der Kirschgarten* – «ruiniert». Čechov ging es in erster Linie um die Klarheit des analytischen Blicks auf das Leben der Protagonisten seiner Stücke, nicht um Mitleiden an deren fatalem Schicksal, schon gar nicht um Rührseligkeit, wie dies der von Stanislavskij erzeugte Stimmungsnaturalismus beim Publikum mitunter bewirkte. Stanislavskij reagierte durchaus auf diese Einwände und nahm in späteren Inszenierungen den von Čechov nicht sonderlich geschätzten Ausstattungsaufwand (Čechov: «Man muß das Überflüssige hinauswerfen.») allmählich zurück. (Vgl. M. Brauneck: Die Welt als Bühne. 3, S. 914)

Eine neue künstlerische Etappe wurde eingeleitet durch die Inszenierungen der Stücke von Maksim Gor'kij (1868–1936), dem großen kritischen Realisten der russischen Dramatik. 1902 bereitete Stanislavskij die Inszenierung der *Kleinbürger* vor; er war Gor'kij im Frühjahr 1900 begegnet. Ebenfalls 1902 begannen seine Vorbereitungen für *Nachtasyl*.

Im gleichen Jahr konnte das Künstlertheater in ein neues Haus übersiedeln, das vor allem eine technisch verbesserte Bühnenausstattung hatte. Auch wirtschaftlich war das Unternehmen inzwischen ein Erfolg. Der Industrielle Morosov brachte 1902 zusätzlich Kapital ein und wurde neben Stanislavskij und Nemirovič-Dančenko einer der Direktoren.

Seit 1901 reiste das Künstlertheater jährlich zu Gastspielen nach St. Petersburg. In den Folgejahren wurden zahlreiche Tourneen ins Ausland unternommen, u. a. 1906 nach Deutschland (Aufführungen in Berlin, Düsseldorf, Wiesbaden, Frankfurt, Köln) und nach Polen (Warschau).

1904 begann für den Regisseur eine Zeit der Verunsicherung. Der künstlerische Weg Stanislavskijs schien in eine Sackgasse geraten zu sein, die Gefahr der Wiederholung und einer gewissen kunstgewerblichen Sterilität drohte seiner Arbeit am Künstlertheater. Stanislavskij suchte nach Auswegen und wandte sich den Stücken des belgischen Symbolisten Maurice Maeterlinck (1862–1949) zu. Auch richtete er eine Experimentierbühne ein (1904), deren Ziel die Entwicklung eines Schauspielstils für das symbolistische Theater sein sollte, das als Überwindung des Naturalismus europaweit gefeiert wurde. Zum Leiter dieses Studios berief er 1905 Mejerchol'd, der sich 1902 von Stanislavskij getrennt hatte. Mejerchol'd bereitete zwar eine Inszenierung – Maeterlincks *Tod des Tintagiles* – vor, die aber nicht zur öffentlichen Aufführung kam. Auch die weiteren Arbeiten Mejerchol'ds (u. a. an Hauptmanns *Schluck und Jau*) entsprachen nicht den Erwartungen Stanislavskijs, der ein Jahr später das Studio wieder schloss. Mejerchol'd ging nach St. Petersburg an das Theater der Vera Komissarshevskaja.

1905 war das Jahr der russischen Februar-Revolution. Die Theatersaison musste in St. Petersburg und Moskau abgebrochen werden: «Die Lage war katastrophal» (Poljakova).

Auch die Spielzeit 1906/07 war für Stanislavskij noch eine Zeit der Suche und des Experimentierens. Die wichtigste Inszenierung dieser Phase war *Der blaue Vogel* (1908) von Maeterlinck. Stanislavskij und seinen Ko-Regisseur Suleržickij faszinierte vor allem der Märchencharakter dieses Stücks.

Die neue Periode des Künstlertheaters, die Stanislavskij 1908 anlässlich des zehnjährigen Bestehens der Bühne einzuleiten bestrebt war, war in der Konzeption zunächst noch offen. *Der Blaue Vogel* galt als «Versuchsstück». Es ging Stanislavskij, wie er in einem Brief an Aleksandr Blok schreibt, um einen «verfeinerten, veredelten und geläuterten Realismus». 1908 lud er den englischen Theaterreformer und Vorreiter einer programmatisch antirealistischen Theaterbewegung Gordon Craig ein. Dieser sollte am Künstlertheater Shakespeares *Hamlet* inszenieren. Erst im Dezember 1911 wurde das Stück schließlich aufgeführt. Zu einer künstlerischen Annäherung der beiden so unterschiedlichen Regisseure kam es jedoch nicht. Craigs Desinteresse an der Arbeit mit den Schauspielern irritierte das prominente Ensemble des Künstlertheaters aufs schwerste.

1912 gründete Stanislavskij das Erste Studio am Künstlertheater. Dessen Leiter wurde der Regisseur Leopold Antonovič Suleržickij (1872–1916). Es war eine Einrichtung, die die experimentelle Weiterentwicklung von Stanislavskijs «System» zum Ziel hatte. 1913 wurde dieses Studio, an dem auch Vachtangov arbeitete, eröffnet. Ein Zweites Studio wurde 1916 gegründet, das Dritte Studio 1920. Dessen Leitung übernahm Vachtangov. Als Viertes Studio wurde 1922 die 1917 gegründete jüdische Theatertruppe Habima mit dem Künstlertheater assoziiert.

Der Oktoberrevolution schloss sich Stanislavskij nur zögernd an. Sein Künstlertheater galt als Hort bürgerlicher, vorrevolutionärer Kulturpflege und sollte im Furor der ersten Revolutionsjahre geschlossen werden. Sein Antipode Mejerchol'd war inzwischen zur Leitfigur der revolutionären Theaterbewegung geworden.

Eine längere Auslandstournee, 1922 bis 1924 nach Deutschland, Frankreich, in die USA, in die Tschechoslowakei und nach Jugoslawien, brachte das Ensemble vor vandalierenden Kulturrevolutionären in Sicherheit. 1924 erschien Stanislavskijs Buch – sein künstlerisches Credo – *My Life in Art* auf Englisch in Boston, erst 1926 erschien es auf Russisch in einem Moskauer Verlag.

Nach der Oktoberrevolution inszenierte Stanislavskij nur noch selten im Schauspieltheater: neben den Autoren des vorrevolutionären Repertoires – 1926 *Ein heißes Herz* von Ostrovskij, 1927 *Der tolle Tag oder Figaros Hochzeit* von Beaumarchais (Ko-Regisseur: A. J. Golovin) – gelegentlich auch Stücke der neuen Sowjetdramatik, so etwa 1926 *Die Tage der Tur-*

bins von M. Bulgakov und 1927 zum 10. Jahrestag der Oktoberrevolution *Panzerzug 14-69* von V. Ivanov (Ko-Regisseur: I. J. Sudakov). Stanislavskijs neuer Arbeitsschwerpunkt wurde nun aber die Opernregie. Er übernahm die Leitung des im Dezember 1918 gegründeten Opernstudios des Staatlichen Bol'šoj-Teatr. 1924 löste sich das Studio von dieser Bühne und wurde umbenannt in Opern-Studio Stanislavskij. 1926 wurde daraus das Staatliche Opern-Studio-Theater; 1928 unter dem Namen Stanislavskij-Opern-Theater.

Ein erstes noch behelfsmäßig ausgestattetes Opernstudio hatte Stanislavskij in zwei Räumen seines Wohnhauses eingerichtet. Am 15. Juni 1922 wurde dort die erste Produktion einer ganzen Oper gezeigt: Čajkovskijs *Eugen Onegin.* Zuvor waren in konzertanter Form jeweils nur Szenen aus Verdis *Rigoletto,* Massenets *Werther* und Rimskij-Korsakovs *Das Märchen vom Zaren Saltan* öffentlich aufgeführt worden. In die Frühphase seiner Studioarbeit fällt auch die Einstudierung von Cimarosas Buffo-Oper *Die heimliche Ehe* (1924). Ein neuer Abschnitt setzte 1926 mit der Inszenierung von Rimskij-Korsakovs *Die Zarenbraut* ein. Zugleich wurde Puccinis *La Bohème* einstudiert; diese Oper kam im April 1927 zur Aufführung. Es folgten weitere Inszenierungen: von Rimskij-Korsakov *Die Mai-Nacht* (1928), von Musorgskij *Boris Godunov* (1928/29), von Čajkovskij *Pique Dame* (1928/29) und wieder von Rimskij-Korsakov *Der goldene Hahn* (1932). Einen genauen Bericht der jeweiligen Inszenierungskonzepte gibt Stanislavskijs langjähriger Mitarbeiter im Opernstudio Pavel J. Rumyantsev.

1937 reiste das Künstlertheater zu einem Gastspiel nach Paris. Ein halbes Jahr vor seinem Tod, am 7. August 1938, wurde Stanislavskij mit dem Lenin-Orden ausgezeichnet. Sein pädagogisches Werk wurde von Evgenij Vachtangov weitergeführt, aber auch weiterentwickelt.

In seinen Anfängen stand Stanislavskij, das mag aus den Daten des Gründungszusammenhangs des Künstlertheaters schon erkennbar sein, ganz im Bann der Ideologie der russischen Gründerjahre, die ähnlich wie im Westen Europas den technischen Fortschritt und die wissenschaftliche Durchdringung aller Lebensbereiche zu ihren Leitwerten erhoben hatte. Das Theater, das sich im Umkreis dieser Ideologie und unter der Trägerschaft des russischen Großbürgertums ausbildete, trat dementsprechend mit dem Programm auf, die Theaterkunst auf die Höhe der Ansprüche der als «wissenschaftliches Zeitalter» empfundenen Gegenwart zu bringen. In diesem Kontext entwickelte sich das theoretische Konzept von Stanislavskijs Theaterarbeit in der Anfangsphase. Seine Vision einer umfassenden Reform der Schauspielkunst brachte er auf die Formel: «Meine Arbeit ist nicht die eines Erfinders, sondern die des Forschers.» (Vgl. M. Brauneck: Die Welt als Bühne. 4, S. 818 ff.) Dieses Reformkonzept hatte größte Ähnlichkeit mit dem deutschen und französischen Naturalismus und entstammte demselben Geist der Wissenschafts- und Fortschrittsgläubigkeit. Das Pariser Théâtre libre und die Freie Bühne Berlin waren für Stanislavskij und seinen Kreis die unmittelbaren Vorbilder. An deren naturalistischer Inszenierungstechnik schulten sich Stanislavskij selbst und die Regisseure seines Theaters. Die detailgetreue, konsequent illusionistische Reproduktion der Lebenswirklichkeit auf der Bühne war das Prinzip der Inszenierungen am Künstlertheater. So schickte Stanislavskij die Regisseure für eine Aufführung von Shakespeares *Julius Caesar* nach Rom und den Bühnenbildner einer *Othello*-Inszenierung nach Zypern, um dort Lokalstudien zu betreiben, die die Lebensechtheit oder – wie es hieß – die «Wahrheit» des Bühnenereignisses garantieren sollten. Für Ibsen-Inszenierungen wurden Möbelstücke und anderes Interieur für die Bühnenausstattung aus Norwegen importiert. Jedes Zimmer wurde auf der Bühne originalgetreu nachgebaut. Stanislavskij ließ gelegentlich sogar jene Räume, die an den Bühnenraum angrenzten und hinter der Bühne lagen, die der Zuschauer nie zu sehen bekam, ebenso originalgetreu aufbauen wie die Bühne selbst, damit sich die Schauspieler unmittelbar vor ihrem Auftritt auf der Bühne bereits in der richtigen Atmosphäre bewegen und sich psychisch einstimmen konnten. Er selbst ließ sich einmal während der Einstudierung einer Ritterrolle im Keller eines Schlosses einsperren, um sich in die rechte Stimmung zu versetzen. Stanislavskijs Künstlertheater erreichte mit derartigen naturalistischen Inszenierungen einen Grad an illusionistischer Perfektion, wie er bis dahin an keinem anderen Theater erreicht worden war. Zu diesem Eindruck trug vor allem auch die Geschlossenheit der Ensembleleistung bei, die für Stanislavskij zum wichtigsten Prinzip seiner Theaterarbeit wurde. Neben den herausragenden Bühnen in Paris und Berlin war anfangs auch das Ensemble des Hoftheaters von Meiningen ein Vorbild, das mit seinem perfektionistischen Bühnenhistorismus in ganz Europa Furore gemacht hatte.

Von Anfang an hatte Stanislavskij sein Theater als eine Art Programmbühne verstanden. 1898 legte er ein gesellschaftspolitisches Konzept vor, das den Ideen der deutschen Volksbühnenbewegung nahekam. Er erklärte: «Wir haben eine Aufgabe übernommen, die keinen einfachen, privaten, sondern einen gesellschaftlichen Charakter hat. Vergessen Sie nicht, daß wir bestrebt sind, das dunkle Leben einer armen Klasse zu erleuchten, ihr glückliche ästhetische Minuten inmitten jenes Dunkels zu geben, das sie umgibt. Wir streben danach, das erste vernunftvolle, sittliche, allen zugängliche Theater zu schaffen.»

In dieser ersten Periode seiner Entwicklung versuchte Stanislavskij, die theatralische Illusionskunst mit den Mitteln der wissenschaftlichen Psychologie systematisch auszubauen und zu perfektionieren. Der Schauspieler sollte so «schaffen, wie es die Naturgesetze fordern». An den Inszenierungen der Stücke von Čechov und Gor'kij entwickelte er diese Theorie, vor allem einen Schauspielstil der «produktiven Einfühlung». Dieses Vorgehen beschrieb er folgendermaßen: «Der Schauspieler gestaltet seine Rolle nicht nur durch zufällige Inspiration, wie das fälschlicherweise Theoretiker glauben, sondern durch eine ganze Reihe von Inspirationen, die auf den Proben hervorgerufen und fixiert und im Moment des Schaffens dank der affektiven Erinnerung wiederholt werden.» Stanislavskij berief sich bei dieser Theorie des «affektiven Gedächtnisses», die zum Kernstück seiner Schauspielpädagogik wurde, auf den französischen Psychologen Théodule Ribot (1839–1916). Ziel dieser Methode war es, dass der Schauspieler die Bühnengestalt einerseits im Reproduzieren von Empfindungen und Emotionen entwickelte, die er selbst einmal durchlebt hatte, aus dem Gedächtnis der eigenen Lebenserfahrung also, andererseits aber auch kraft seiner schöpferischen Phantasie und aus einer genauen Kenntnis der sozialen Umwelt der Rollenfigur. Die möglichst vollständige Einfühlung in die Rolle sollte durch die exakte Reproduktion der Handlungsorte auf der Bühne, durch Bühnenbau und originalgetreue Kostüme unterstützt werden. Weiter

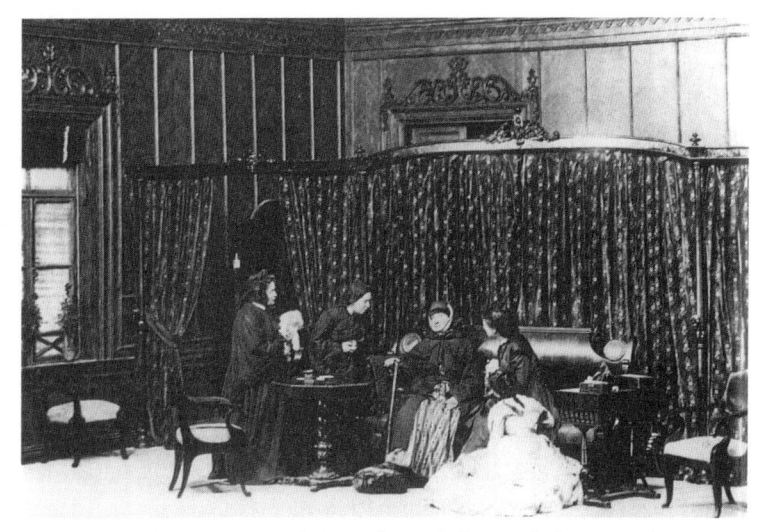

A. N. Ostrovskij: Eine Dummheit macht auch der Gescheiteste. Regie: K. S. Stanislavskij. Moskauer Künstlertheater 1910

hin entwickelte Stanislavskij ein System von Konzentrationsübungen zum Zweck der Sensibilisierung der schöpferischen Imagination. Dazu schrieb er:

«Die Wahrheit außerhalb von mir ist nicht wichtig, wichtig ist die Wahrheit in meinem Inneren, die Echtheit meines Verhaltens zu dieser oder jener Erscheinung auf der Bühne, zu Gegenstand, zur Dekoration, zu den Partnern, zu ihren Gedanken und Gefühlen. (...) Der Darsteller sagt sich: Alle diese Dekorationen, Gegenstände, Masken, Kostüme, das öffentliche Schaffen und anderes sind durch und durch Lüge. Ich weiß das und kehre mich nicht daran. Mir sind die Dinge nicht wichtig, sondern das, was ich tun, wie ich mich in dieser oder jener Erscheinung verhalten würde – wenn alles, was mich auf der Bühne umgibt, Wahrheit wäre. Ich begriff, daß die schöpferische Arbeit in dem Augenblick beginnt, wenn in der Seele und Phantasie des Schauspielers das magische **schöpferische ‹wenn-wäre›** auftaucht.»

Diese Theorie des «wenn-wäre» bezieht sich jedoch nicht nur auf den schöpferischen Akt des Schauspielers und auf dessen Rollenbewusstsein, das er für sich aufgebaut und angenommen hat, sondern gleichermaßen auf die Haltung des Rezipienten. Stanislavskij:

«Der gute Zuschauer möchte vor allem an alles im Theater glauben, möchte, daß die szenische Dichtung ihn überzeugt (...) Es erfüllt ihn mit Vergnügen, der Bühnenwahrheit Glauben zu schenken, zu vergessen, daß im Theater nur Spiel und kein echtes Leben gezeigt wird.»

Bei Stanislavskij erhielt das Ensemble als künstlerische Produktionsgemeinschaft eine neue Bedeutung: «Ausnahmslos alle Mitarbeiter des Theaters sind Mitgestalter der Aufführung». Eben dafür galt es, einen neuen Typus von Schauspieler und Bühnenkünstler heranzuziehen, einen Schauspieler, von dem Stanislavskij verlangte, dass er die «unerläßliche Ausdauer, Ethik und Disziplin eines gesellschaftlich tätigen Menschen» habe. Zur Verwirklichung seiner theaterpädagogischen Ideen wurden 1904 bis 1912 die sogenannten Studios des Künstlertheaters eingerichtet, die der Entwicklung und der Einübung dieser neuen Schauspielkunst dienen sollten.

Die erste Phase von Stanislavskijs Theaterarbeit geriet um 1905/06 in eine Krise. Die Konzeption des psychologischen, illusionistischen Einfühlungstheaters erwies sich als Sackgasse, nachdem dessen äußerste Perfektion erreicht war. Vor allem wirkte sich die Entwicklung der allgemeinen historischen Situation in Russland auf die kulturelle Atmosphäre aus: die Niederlage im Krieg gegen Japan, die Niederschlagung der Revolution im Inneren und das Einsetzen einer höchst repressiven Politik des zaristischen Systems. Hinzu kam, dass Čechov starb und Maksim Gor'kij ins Exil ging. Beide Dramatiker aber hatten wesentlichen Einfluss auf Stanislavskijs Arbeit gehabt.

Dieser beschäftigte sich nun intensiver mit den unterschiedlichen Richtungen der westeuropäischen Theaterentwicklung. Er lud Edward Gordon Craig für eine *Hamlet*-Inszenierung ans Künstlertheater ein. Auch nahm er wieder Verbindung mit Mejerchol'd, seinem bedeutendsten Schüler, auf, der sich von ihm 1902 getrennt hatte. Als 1917 die Oktoberrevolution ausbrach, erklärte Stanislavskij dem neuen Sowjetsystem gegenüber zwar seine Loyalität, stand der Revolution aber innerlich distanziert gegenüber. Zu Recht galt er als der exponierteste Repräsentant einer «bürgerlich-subjektivistischen» Kunstauffassung. Die Schließung seines Künstlertheaters konnte nur durch unmittelbares Eingreifen Lenins verhindert werden. Dieser trat für Stanislavskij ein, da dessen Theater in aller Welt als die bedeutendste russische Kultureinrichtung gefeiert wurde. Der für das Theater zuständige Kommissar für Volksbildung Lunačarskij schickte Stanislavskij mit seinem Ensemble für zwei Jahre auf Tournee nach Westeuropa und in die USA. Diese Maßnahme diente zwar auch dem Schutz des Ensembles vor kulturrevolutionären Aktionen; sicher aber war sie auch von der politischen Absicht geleitet, dem Ausland die Kulturfreundlichkeit des neuen Sowjetstaats zu demonstrieren, dessen Bereitschaft, bürgerliche Traditionen zu erhalten, wo sie erhaltenswert schienen.

Nach seiner Rückkehr in die Sowjetunion waren Stanislavskijs theoretische Bemühungen darauf gerichtet, für sein System der «schöpferischen Phantasie» eine materialistische Grundlage zu erarbeiten. Er entwickelte deswegen gegen Ende der zwanziger Jahre ein in wesentlichen Aspekten neues Theoriekonzept, in dem zwei Begriffe eine entscheidende Rolle spielten, die «physische Handlung» und die sogenannte «Überaufgabe». Mit diesen Ideen, die er zu einer Art «System» ausbaute, entsprach er weitgehend den Richtlinien der neuen sowjetischen Kulturpolitik, wie sie sich nach der Auflösung der Proletkultbewegung und der Unterdrückung der avantgardistischen Revolutionskunst durchgesetzt hatte. Es war nun vor allem Stalin, der Stanislavskijs Theaterarbeit nachdrücklich protegierte. Dessen Inszenierungen galten seitdem als der vollendete Ausdruck des seit 1933/34 in der sowjetischen Kulturpolitik zur Doktrin erklärten sozialistischen Realismus auf dem Theater.

Diese neue Fassung von Stanislavskijs Schauspieltheorie stellte zwei Schlüsselbegriffe ins Zentrum, die «physische Handlung» und die «Überaufgabe». Während Stanislavskij in den Anfängen seiner Theaterarbeit die psychologische Einfühlung in die Bühnenfiguren, eine «Logik der Gefühle», gefordert hatte und auf diesem Weg zu einer Theaterkunst kam, in der vor allem Stimmungsmomente im Mittelpunkt standen (eben dies wurde vornehmlich durch die Stücke Čechovs gefördert, wenngleich der Autor sich dabei missverstanden fühlte), ging es ihm nun um die «Logik der Handlung». Stanislavskij verlangte dabei vom Schauspieler die Erarbeitung einer konkreten Vorstellung der darzustellenden Rollengestalt, genaueste Kenntnisse von deren Lebensumständen und den vollständigen Ausdruck von deren Biographie in allen seinen Gesten. Aus der Einfühlung in die Psyche der Bühnenfigur und deren Lebensumstände resultiere, so lautete Stanislavskijs Hypothese, von selbst die richtige «physische Handlung», und dies sei entscheidend für die «Wahrheit» der Figur. Stellte sich der Schauspieler die reale Situation seiner Rollenfigur also nur genau genug vor, könnte er unter den gegebenen Umständen der jeweiligen Bühnensituation physisch gar nicht anders als «richtig» handeln. In gewissem Sinn hieß dies – der Marx'schen Grundidee des menschlichen Wesens folgend –, dass das «Sein» der Figur dessen «Bewusstsein» bestimme. Der Gegensatz von Psychischem und Physischem schien ihm in diesem Konzept aufgehoben. Stanislavskij schrieb: «Wie der Reisende das Eisenbahngleis, so brauchen wir eine sich wie ein Schienenweg ununterbrochen hinziehende Linie der physischen Handlungen.» Vermittels dieser «Linie» bewege sich der Schauspieler dann durch das Stück. Und auch der Zuschauer könne die «Wahrheit der Bühnenhandlung» am ehesten glaubhaft erfahren, wenn sie ihm in der «physischen Handlung» vermittelt würde. Darum gelte es, die Rolle über die «physische Handlung» aufzubauen: «Sobald der Schauspieler die Wahrheit der äußeren Linie der Handlung zu fühlen beginnt, stellt sich bei ihm auch todsicher die innere Linie ein (…). So beginnen wir bewußt mit der Schaffung des äußeren Lebens und gehen allmählich intuitiv auf das Innere über.» Es war nun ein Weg, der von «außen» nach «innen» führte. Das «Innere» der Figuren herauszuarbeiten, blieb letztlich jedoch das Ziel der schauspielerischen Rollenarbeit.

Die «physische Handlung» aber war eingebunden in die «Überaufgabe» als der leitenden Idee der Inszenierung, die alle einzelnen Spielvorgänge organisierte und vor allem die künstlerische Geschlossenheit der Inszenierung sicherstellte.

Stanislavskijs schauspieltheoretisches «System», dessen tragende Idee und schöpferische Kraft die «Wahrheit des Erlebens» ist, wurde sehr bald schon zur wissenschaftlichen Grundlage des Theaters des sozialistischen Realismus erklärt, wie er seit Anfang der dreißiger Jahre in der Sowjetunion verbindlich wurde. Stanislavskijs Vorstellungen über den schöpferischen Prozess der Theaterhandlung verfielen dabei zunehmend einer dogmatischen Verengung und dienten in erster Linie zur theoretischen Legitimation dieser theater- und kulturpolitischen Doktrin. Erst die vom 17. bis 19. Oktober 1953 in Berlin (DDR) durchgeführte Stanislavskij-Konferenz vollzog gegenüber dieser Sicht gewisse Korrekturen.

Die Auseinandersetzung mit Stanislavskijs Schauspieltheorie begleitete die theatertheoretischen und schauspielpädagogischen Diskurse beinahe das gesamte 20. Jahrhundert hindurch. Daran wird deutlich, dass Stanislavskij erstmals einige grundlegende Vorstellungen hinsichtlich des kreativen Aspekts bei der Arbeit des Schauspielers an der Rolle zu systematisieren versucht hatte. Zudem erhielt dessen Arbeitsweise eine starke Legitimation durch die überzeugenden Ergebnisse, die deren Anwendung im Moskauer Künstlertheater hervorgebracht hatte. Zugleich jedoch lief eine wesentliche Tendenz der theaterästhetischen Entwicklung im 20. Jahrhundert in eine andere Richtung, als Stanislavskij sie vertrat. Diese andere Richtung war gekennzeichnet durch eine programmatische Zurückdrängung realistischer oder gar naturalistischer Positionen zugunsten eines nach allen Seiten hin offenen ästhetischen Spektrums. In den Ländern des Ostblocks war Stanislavskijs «System» allerdings seit Anfang der dreißiger Jahre als Grundlage der Schauspielkunst weitgehend kanonisiert worden. Hinzu kam, dass der ästhetische Diskurs zunehmend politisiert wurde, was Stanislavskij durchaus fern lag. Für diese Politisierung stand vor allem das Werk von Bertolt Brecht. Aus dessen Sicht freilich galt Stanislavskijs Theater als Inbegriff, sicher aber auch als «Höhepunkt» bürgerlicher Theaterkultur.

Es war vor allem die Kategorie der Einfühlung, die fundamentale Idee von Stanislavskijs Schauspielpädagogik, die in die Kritik geriet und vor allem von den westlichen Avantgarden radikal abgelehnt wurde. Stets ging es auch um die Frage, ob eine auf der Einfühlung beruhende schauspielerische Arbeit nicht zwingend realistisches Illusionstheater hervorbringen würde. Dieses aber galt von Standpunkt der Theatermoderne aus als überholt. Eine Reaktion darauf war die, dass die Anhänger der Stanislavskij-Schule argumentierten, dass eine solche Bindung keineswegs existieren würde. Am deutlichsten hatte dies bereits Evgenij Vachtangov vorgetragen, der in einem dem Moskauer Künstlertheater angeschlossenen Studio selbständig arbeitete (vgl. Kap. Vachtangov) und nach Stanislavskijs Tod als dessen eigentlicher Nachfolger angesehen wurde. Auch die Einladung Stanislavskijs an Edward Gordon Craig, den Initiator der anti-realistischen und anti-illusionistischen Theaterbewegung, diente offenbar auch dem Zweck, das Stanislavskij-Theater für diese Entwicklungen zu öffnen. Im gleichen Sinn zu bewerten sind die Bemühungen Stanislavskijs, seinen einstigen Schüler Mejerchol'd, der bald schon sein prominentester künstlerischer Antipode geworden war, immer wieder zu umwerben, um ihn an ein Studio am MCHAT zurückzuholen. Bereits im engsten Arbeitsumfeld Stanislavskijs also setzte eine Diskussion um den Zusammenhang von Einfühlung und Realismus ein. Weitergeführt aber wurde sein «System» von zwei Schauspiellehrern, deren Einfluss auf die Schauspielerausbildung in der zweiten Hälfte des 20. Jahrhunderts kaum zu überschätzen ist, von Michail Čechov (1891–1955) und dem Amerikaner Lee Strasberg (1901–1982).

Čechov, der Neffe des Autors Anton Čechov, hatte am Malyi Teatr in St. Petersburg als Schauspieler debütiert und war ab 1913 an Stanislavskijs Moskau Künstlertheater engagiert. 1922 übernahm er dort die Leitung des Ersten Studios und arbeitete als Regisseur und Schauspiellehrer. 1928 verließ Čechov die Sowjetunion. Wichtige Stationen seiner Emigration waren Wien, Berlin, Paris, Riga und Kaunas. Mehrfach versuchte Čechov, ein russisches Emigrantenensemble aufzubauen. In England gründete er schließlich eine eigene Schauspielschule. 1938 übersiedelte er in die USA und eröffnete dort eine Ausbildungsstätte, dem ein Ensemble angeschlossen war, das sich Chekkov-Players nannte. Auch während seines Engagements als Schauspieler beim Film in Hollywood war Michail Čechov stets als Schauspiellehrer tätig. Ingrid Bergman, Marilyn Monroe, Yul Brynner, Anthony Quinn, Gary Cooper, Gregory Peck und Clint Eastwood waren seine prominentesten Schüler. In mehreren Büchern hat Čechov seine Arbeitsweise erläutert. Davon ist *Die Kunst des Schauspielers* (entstanden 1945/46, dt. 1990) die am klarsten ausgearbeitete Darstellung seines Schulungsprogramms. Stanislavskij selbst habe einmal gesagt – so ist im Klappentext zu *Die Kunst des Schauspielers* zitiert –: «Wenn Sie mein System studieren wollen, dann beobachten sie die schöpferische Arbeit von Michail Čechov.»

Wie bei seinem großen Vorbild stehen auch bei Čechov die Erlebnisfähigkeit des Schauspielers und dessen Kreativität im Zentrum aller schauspieltheoretischen Reflexionen. Vor allem darauf war Čechovs hochdifferenziertes Schulungsprogramm angelegt. Dieses jedoch erhielt eine besondere Richtung durch Čechovs Auseinandersetzung mit der Anthroposophie Rudolf Steiners (1861–1925). Diese wurde neben der Vorstellungswelt Stanislavskijs zur wichtigsten Einflusssphäre für dessen künstlerische Arbeit.

Vermittelt durch Steiners Anthroposophie werden in Čechovs Schauspiel- und Kunsttheorie Schönheit und vor allem das Ethische zu zentralen, ja, existentiellen Forderungen, die Čechov an den Schauspieler stellt. Das Ästhetische und das Ethische verbinden sich ihm in der «wahren Künstlernatur» zu einer unauflösbaren Einheit. Čechov ist hier dem ganzheitlichen Denken Rudolf Steiners verpflichtet. Diese Vorstellung von Ganzheitlichkeit liegt auch seinem Schulungsprogramm zugrunde. So verlangt er vom Schauspieler, dass dieser in der «psychologischen Gebärde» den schöpferischen Zugang zu seiner Rollenfigur findet. Ganzheitlichkeit fordert er auch für die «Atmosphäre» der Aufführung. Diesen zentralen Begriff versteht er «nicht als Zustand», sondern als «Prozess», als «Akt»: Die «Atmosphäre» sei die «Seele», das «Herz» jeglichen Kunstwerks also auch des Schauspiels. In diesem Sinn spricht Čechov von einer «Mission der Atmosphäre». Diese bestehe darin, das «Theater der Zukunft vor der Mechanisierung zu retten.» (Die Kunst des Schauspielers. 1998, S. 33 f.) Ästhetik erhält in dieser komplexen Inanspruchnahme eine kulturkritische Dimension. Die negativen Gegenbegriffe sind für ihn das «Mechanische», auch die «Maschine» als vermeintlicher Verursacher aller Entfremdung. Was bei Stanislavskij der Begriff der «Lebensechtheit» zu leisten hat, leistet bei Čechov also die «Atmosphäre»: nämlich die für ein Theater, das seinem Wesen nach auf der Einfühlung beruht, wesentliche Verbindung von Bühne und Publikum. Für Čechov ist das Theatererlebnis zudem ein einheitsstiftender, ganzheitlicher Akt, der Schauspieler und Publikum als Gemeinschaft zusammenführt. In der *Kunst des Schauspielers* heißt es:

«Ein Schauspieler, der sich das Gefühl für Atmosphäre bewahrt oder wieder gewonnen hat, weiß wohl um das untrennbare Band, das ihn mit dem Zuschauer verknüpft, wenn beide von derselben Atmosphäre ergriffen sind. Der Zuschauer fängt dabei von sich aus an, mit dem Schauspieler mitzuspielen. Er schickt ihm über die Rampe Wellen des Mitgefühls, des Vertrauens und der Liebe. Ohne eine von der Bühne ausgehende Atmosphäre könnte er das nicht leisten.» (S. 26)

Was sich durch alle programmatischen Statements von Čechovs Schauspielpädagogik zieht, ist die Tendenz, die künstlerische Arbeit mit einem hohen ethischen Anspruch zu verbinden, der immer wieder auch im Zusammenhang von Zeitkritik vorgetragen wird. Dies war im Ensemblegeist des Moskauer Künstlertheaters bereits angelegt. Schon Vachtangov überhöhte die Arbeit in seinem Studio im Sinne eines quasi religiös-ethischen Gemeinschaftsideals, das er allen Formen materialistischer Verflachung des Kunstbetriebs entgegenstellte. An diese Tradition knüpft Michail Čechov an und führt sie durch seine Anleihen an die anthroposophische Gedankenwelt Rudolfs Steiners in eine spirituelle Richtung weiter.

Der Einfluss Steiners schlägt sich auch nieder in dem, was Čechov das «doppelte Bewusstsein» nennt. Er beschreibt damit die Bewusstseinslage des Schauspielers, der in einem schöpferischen Darstellungsprozess eine Distanz zu sich selbst gewinnen, auf sich schauen soll, «so objektiv, wie auf einen Außenstehenden». Der Schauspieler solle «die Fähigkeit zur distanzierten, objektiv-unpersönlichen Selbstbeobachtung» besitzen, heißt es. Die von Čechov für die schauspielerische Realisation der Bühnengestalt beanspruchte Vorstellung der «drei Bewusstseinsstufen» ist unmittelbar der Steiner'schen Psychologie entlehnt. Čechov erläutert dies folgendermaßen:

«Nicht selten wird Ihre schöpferische Individualität bei der Gestaltung einer Bühnenfigur und der gleichzeitigen Distanz dazu angesichts der eigenen Entdeckungen und Erfindungen in Staunen versetzt. Ihr ganzes Tun auf der Bühne ist für Sie selbst neu und überraschend, da Ihr höheres ‹ICH› ständig improvisiert. Es will und kann auch gar nicht zu alten Theaterklischees und Gewohnheiten zurück. Diese treten in Ihrem Spiel nur dann wieder hervor, wenn Ihr gewöhnliches ‹Ich› über die ihm zugewiesenen Schranken des gesunden Menschenverstandes hinweg versucht, in den schöpferischen Prozess einzugreifen. Auch hier können

M. Čechov / N. Remizov (Zeichnung): expressive Grundübung «Wachsende Anspannung. Ballung»

Sie sich selbst helfen, indem Sie durch einfache Übungen ihre ‹Bildkraft› und ‹Originalität› entwickeln.» (Die Kunst des Schauspielers. 1998, S. 125 ff.)

Michail Čechov modifiziert hier deutlich jenen Vorgang, den Stanislavskij bei der Arbeit an der Rolle durch das emotionale Sich-Erinnern, durch das «emotionale Gedächtnis» anstrebt. Für ihn sind in diesem Prozess drei Stufen des Ich-Bewusstseins beteiligt: das Ich des «gesunden Menschenverstandes», das die Kontrolle über den künstlerischen Dar-

M. Čechov / N. Remizov (Zeichnung): expressive Grundübung «Explodierende Spannung»

stellungsprozess behalten muss; das «höhere Ich», das im Zustand der schöpferischen Inspiration den eigenen Körper als «Material» gebraucht und damit auch: «außerhalb des Leibes und außerhalb der schöpferischen Emotionen (steht). Sie stehen ‹über sich›.» Schließlich eine dritte Bewusstseinsebene: die in diesem Prozess entstandene «Seele» der Bühnengestalt. Dabei tragen ganz wesentlich – dies aber ist wieder eine Hinwendung zu Stanislavskijs Vorstellungen – die «vergessenen Gefühle» bei, die «in einer neuen, verwandelten Form wieder geschenkt» werden.

«Unvergessene Gefühle» hingegen zu nutzen, führe zu flachen, klischeehaften, unoriginellen Ergebnissen (Die Kunst des Schauspielers. 1998, S. 124).

Das von Čechov entwickelte Übungsprogramm ist in allen seinen Phasen darauf ausgerichtet, dem Schauspieler den Einstieg in diese Bewusstseinsebenen, vor allem in die Ebene des «höheren Ichs» zu ermöglichen; ihn im Umgang mit seinem Körper zu sensibilisieren, stets aber auch mit dem Ziel, die für den schöpferischen Umgang mit diesem «Material» notwendige Distanz zu gewinnen. Dabei ist das Wissen um die «Wechselwirkung von Körper und Seele» der Ansatzpunkt aller Übungen. Körper und Seele in ein Gleichgewicht zu bringen, gilt als Voraussetzung für eine schöpferische Arbeit, für die Fähigkeit des Körpers, alle schöpferischen Impulse aufzunehmen. Čechov schreibt: «Der Körper muss von seelischen Impulsen derart erfüllt und durchdrungen sein, dass er zu einer empfindsamen Membrane, einem Empfänger und Sender der inneren Bilder und Empfindungen wird.» (Werkgeheimnisse der Schauspielkunst. 1979, S. 18) In diesem Sinn entwickelt er eine Folge von Bewegungsübungen, die diesen psycho-physischen Prozess thematisieren. Er nennt diese Übungen: «formende Bewegungen», «fließende Bewegungen», «schwebende Bewegungen» und «ausstrahlende Bewegungen». Diese Bewegungen zu erzeugen ist die entscheidende Aufgabe des Schauspielers. Hilfsmittel dazu findet Čechov in Rudolf Steiners Übungen zur Eurythmie, und auch für ihn ist bei allen praktischen Übungen stets ein Bezug zu einer spirituellen Dimension gegenwärtig: «In der Theaterkunst», schreibt Čechov in *Die Kunst des Schauspielers*, «finden dieselben Gesetze Anwendung, denen die kosmischen Erscheinungen, das Erden- und Menschenleben gehorchen und den Künsten der Musik, Poesie und Architektur Harmonie und Rhythmus verleihen» (S. 131). Das Lebensgesetz der «Polarität» sei die Voraussetzung auch für die ästhetische Qualität des Kunstwerks Theater. Wesentlich deutlicher also als bei Stanislavskij wird bei Čechov der Prozess der künstlerischen Rollengestaltung als ein «ganzheitlicher», über Rudolf Steiners Vermittlung gar als ein «kosmischer» verstanden. Was Čechov in seinen Übungen für die Schauspieler entwickelt hat, ist nicht nur ein Training für die Bühne, sondern – «ganzheitlich» gedacht – auch eine Schulung für ein «richtiges» Leben.

Dieser komplexe Zugriff auf die Schauspielerpersönlichkeit kennzeichnet in gewissem Sinn auch die Arbeit von Lee Strasberg. Dessen Familie war 1908 von Ungarn in die USA ausgewandert. Schon der Fünfzehnjährige hatte Schauspielunterricht bei den Stanislavskij-Schülern Richard Boleslavski und Maria Ouspenskaya erhalten. Das erste professionelle Engagement erhielt Strasberg bei der Theatre Guild. Einflüsse von Brecht und Max Reinhardt wurden für seine Entwicklung zum Regisseur prägend. Strasbergs zweite Station war das seit 1940 bestehende New Yorker Group Theatre, ein auf sozialkritische Dramatik spezialisiertes professionelles Ensemble. Die Arbeit am Group Theatre war politisch ausgerichtet, übernahm Elemente des proletarischen Theaters und der sowjetrussischen Agitprop-Bewegung. Es sollte ein «dritter Weg» gefunden werden, der das «System» Stanislavskijs mit der Praxis politischen Agitationstheaters verbinden ließ. Strasberg verließ 1947 dieses Ensemble und arbeitete zunächst überwiegend in Hollywood beim Film, inszenierte aber auch am Broadway. 1949 trat er dem zwei Jahre zuvor von Elia Kazan, Cheryl Crawford und Robert Lewis gegründeten Actors Studio bei und war von 1952 bis 1982 dessen Leiter. Dort entwickelte Strasberg seine unter dem Begriff «The Method» bekannt gewordene Schauspielpädagogik und prägte eine ganze Generation amerikanischer Schauspieler, die ganz klar die «Handschrift» der Ausbildung am Actors Studio erkennen ließen. Zu den bekanntesten Schülern des Studios zählen Marlon Brando, James Dean, Paul Newman, Julie Harris, Kim Stanley, Al Pacino, Shelley Winters und Marilyn Monroe. Kennzeichen dieser Ausbildung war eine verblüffende Lebensechtheit und mimisch-gestische Subtilität, die insbesondere beim Film durch die Möglichkeiten der Großaufnahme zu eindrucksvollen Leistungen führte und weltweit Eingang in die Schauspielerausbildung fand.

Strasbergs Ausbildungskonzept – «The Method» – stellte entsprechend den Stanislavskij'schen Vorgaben die Erlebnisfähigkeit des Schauspielers in den Mittelpunkt; stets mit dem Ziel, dieses Erleben in einem adäquaten Ausdrucksverhalten umzusetzen. «The Method» stand insofern auf dem Fundament der Stanislavskij'schen Grundregeln, den vier Fragen, den W-Fragen, die sich ein Schauspieler für seine Arbeit an der Rolle und für die szenische Situation zu stellen habe: «1. Wer er ist

(Figur), 2. Wo er sich befindet (Ort), 3. Was er dort macht (Handlungsvorgang und Handlungsabsicht), 4. Was passiert ist, bevor er dorthin kam (gegebene Umstände)». (Schauspielen und das Training des Schauspielers. 1988, S. 140) So sehr Strasberg sich auf Stanislavskijs «System» zwar berief, so beanspruchte er doch auch, dieses weiterentwickelt und konsolidiert zu haben. Auch für ihn ist das Prinzip der Einfühlung und die damit verbundene Technik der Aktivierung des «affektiven» bzw. «emotionalen Gedächtnisses» die zentrale Idee seiner Auffassung von Schauspielkunst. Auch für Strasberg ist das Außergewöhnliche am Schauspielen – gegenüber allen anderen Künsten –, «dass das Leben selbst benutzt wird, um künstlerische Ergebnisse zu erzielen (...). Der Schauspieler benutzt wirkliche Empfindungen und wirkliches Verhalten. Die tatsächliche Wirklichkeit ist das Material unseres Handwerks.» (Schauspielen und das Training des Schauspielers. 1988, S. 104) Darin aber läge – so Strasberg – eben «der Ursprung der Probleme» des Schauspielers. Einerseits nämlich muss dieser seinen Körper und seine Emotionalität als «Material» gebrauchen, andererseits darf er darüber nicht die Kontrolle verlieren. Strasberg zitiert in diesem Zusammenhang aus einem Essay des berühmte französischen Schauspielers François-Joseph Talma (1763–1826), der diesen Widerspruch folgendermaßen auf den Punkt brachte: «Empfindsamkeit nenne ich die Fähigkeit der leidenschaftlichen Erregung, die einen Schauspieler antreibt, von allen seinen Sinnen Besitz ergreift, seine Seele aufwühlt und es ihm so ermöglicht, sich auf die tragischsten Situationen einzulassen und die schrecklichsten Leidenschaften zu fühlen, als ob es seine eigenen wären. Die Intelligenz, die diese Empfindsamkeit begleitet, beurteilt die Eindrücke, die letztere uns fühlen macht, wählt aus, ordnet sie und unterwirft sie dem Kalkül» (nach: Schauspielen und das Training des Schauspielers. 1988, S. 126 f.). An diesem «Paradox», so nannte Diderot diesen Widerspruch in seinem bekannten Aufsatz von 1778, *Paradox über den Schauspieler*, setzte Strasberg mit seiner pädagogischen Arbeit an. «The Method» ist ein komplexes Übungsprogramm, das sowohl die Sensibilisierung des Schauspielers trainiert, aber auch das Kontrollieren der Gefühle, ebenso den Wechsel von Entspannung und Konzentration, Letzteres durchaus also im Sinne von Stanislavskij.

In Strasbergs Weiterentwicklung dieses Konzepts rückte jedoch der Aspekt der Expressivität zunehmend an die erste Stelle. Dabei ging es um den Abbau von Formen eines Ausdrucksverhaltens, das die Schauspieler im «wirklichen Leben» entwickelt haben, das aus seiner Sicht die Gefahr der Routine oder gar des Klischees birgt. Was Strasberg in diesem Zusammenhang einführt, ist die Entwicklung des sogenannten «privaten Moments» (Ein Traum der Leidenschaft. 1988, S. 171). Ausgangspunkt war wieder Stanislavskijs Wort von der «öffentlichen Einsamkeit» und die Beobachtung, dass Menschen Verhaltensweisen besitzen, die sie nur in ihrer privaten Sphäre, in einem Moment der Intimität einsetzen, keineswegs aber in der Öffentlichkeit. Strasberg erläutert dies an einem Beispiel: «Ich hatte Selbstgespräche, ohne ihren Realitätsgehalt zu berücksichtigen, immer nur für einen theatralischen Kunstgriff gehalten, was sie ja unter technischen Gesichtspunkten sind. Ich war jedoch verblüfft, als ich erkannte, wie viele Menschen im wirklichen Leben Selbstgespräche führen; wie oft sie sich auf imaginäre Konfrontationen mit anderen Menschen einlassen, und zwar mit einer Hingabe und Lebhaftigkeit, die sie ‹in Wirklichkeit›, in der Anwesenheit anderer nicht aufbringen könnten.» (Ein Traum der Leidenschaft. 1988, S. 173) Dabei ist zumeist nicht das Inhaltliche, das Handeln, das für die Privatheit entscheidende Moment, sondern das «spezifische Gefühl von Privatheit» in diesen Situationen: «Man kann sogar für sich sein, wenn man gar nicht allein ist.» (Lee Strasberg) Und es ist eben dieses Ausdrucksverhalten in solchen als privat oder intim «gefühlten» Situationen, die der Schauspieler auch für den öffentlichen Auftritt auf der Bühne trainieren soll. Resultat dieses Trainings im Actors Studio war eine enorme Anhäufung von Erlebnis- und Spielmaterial, das letztlich für die Ausgestaltung der Rolle benutzt werden konnte. Es entstand ein außerordentlich reicher Subtext, dessen kontrollierter Gebrauch letztlich die entscheidende Aufgabe des Darstellers war. Dieses «Material» in die Rolle einzuarbeiten, gelang im Medium des Films jedoch überzeugender als auf der Bühne. Dort konnten allein wegen der weitaus größeren Distanz zum Zuschauer die über diesen komplexen Subtext abrufbaren Subtilitäten im Ausdrucksverhalten kaum «rüberkommen». Unstrittig aber bleibt das Verdienst von Strasbergs «Method», neben der forcierten Vertiefung der Erlebnisfähigkeit, dem

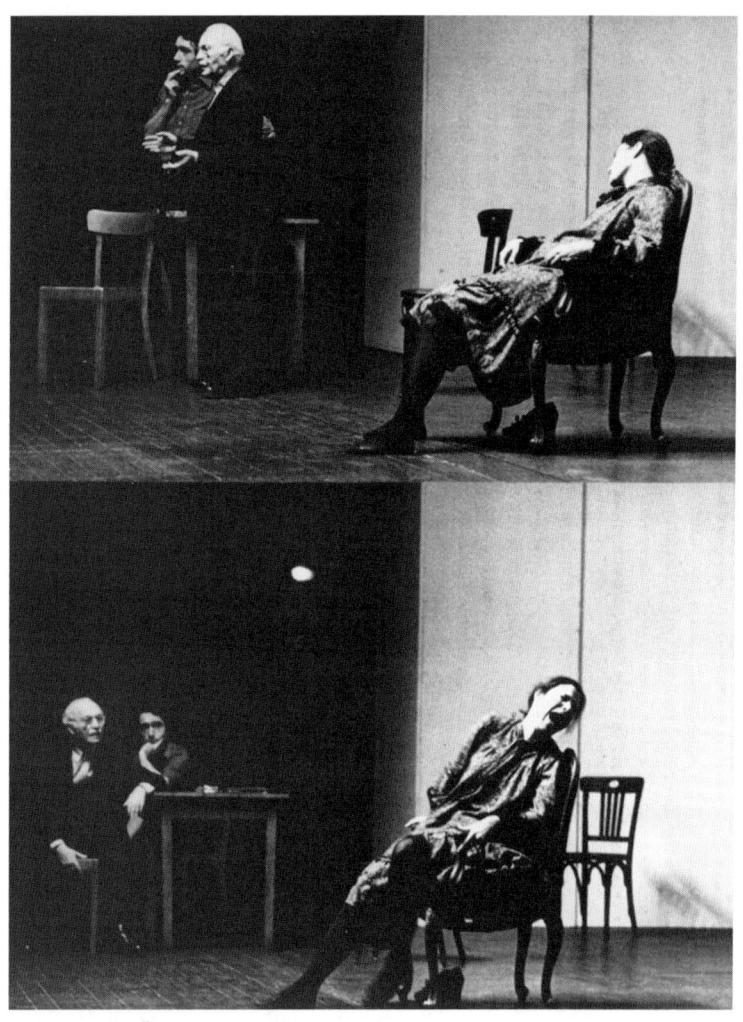

L. Strasberg: Übung zum emotionalen Gedächtnis. Schauspielhaus Bochum 1979

Erforschen und dem Training der Expressivität der Schauspieler noch größeren Raum gegeben zu haben, als dies bei Stanislavskij der Fall war.

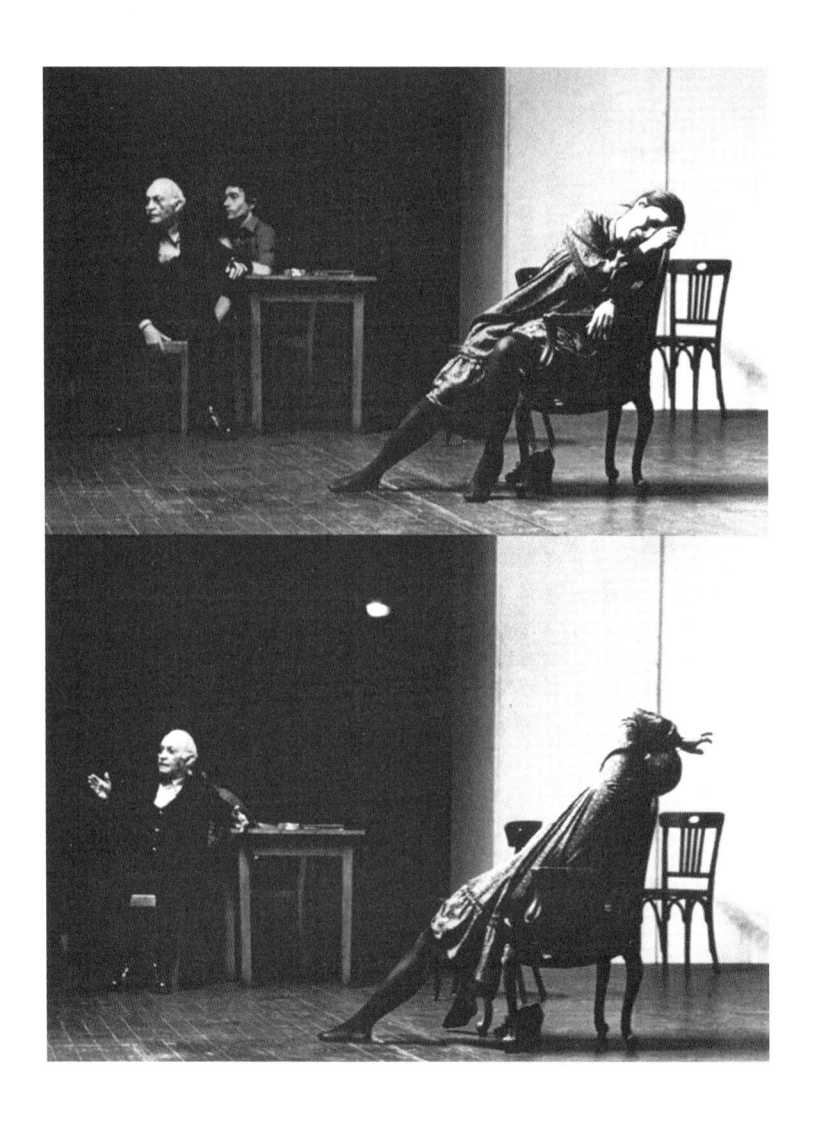

Lee Strasberg setzte sich auch dezidiert mit den Schauspieltheorien und der praktischen Arbeit von Antonin Artaud, Jerzy Grotowski und vor allem mit Bertolt Brecht auseinander, zumeist im Zusammenhang mit einer Kritik, die an sein «Method-Konzept» herangetragen wurde.

Während er in Artauds «Theater der Grausamkeit» ein Theater sieht, das auf einer «Sprache des Körpers» beruht, letztlich aber auch in einem quasi-rituellen, «feudal-religiösen» Lebensverständnis, das heute nicht mehr der Lebensrealität entspricht («wie das Verlangen, in einen mystischen Mutterleib zurückzukehren»), so anerkennt er in Grotowskis experimenteller Theaterarbeit die unerhörte Disziplin, mit der in dieser Ausbildung die Schauspieler ihren Körper als total verfügbares Instrument schulen und damit in die Lage versetzt sind, aus dem «eigenen biologischen Impuls» heraus eine enorme Kreativität zu entwickeln. Als Resultat dieses Trainings sah Strasberg bei den Aufführungen in Grotowskis Theater-Laboratorium – wie er diese kommentierte – allerdings nur «Gesten und Bewegungen, die kein tiefes persönliches Engagement zum Ausdruck brachten; (er sah) dass sie Bilder oder eine Sprache, die neuartig, spontan, individuell wirkte, gar nicht erreichten; sie wirkten konventionell.» (Ein Traum der Leidenschaft. 1988, S. 208f.) Strasberg nannte das Ausdrucksverhalten, zu dem Grotowskis Schauspieler so virtuos fähig waren, «generelle Emotionen» im Gegensatz zu dem in seiner Arbeitsweise angestrebten Ausdruck der «wirklichen Emotionen», und er meint damit «individuell geprägte» Emotionen. Diese seien etwas «Leichtes, Spontanes und (erfordern) wenig Kraftanstrengung, auch wenn der biomechanische Antrieb sehr stark ist.»

Größte Hochschätzung empfand Strasberg für die Theaterarbeit von Bertolt Brecht. Er vermochte aber den oft betonten Gegensatz von Brecht und Stanislavskij nicht zu sehen. So glaubte er, dass selbst der zentrale Begriff in Brechts Theatertheorie, die Verfremdung, bei Stanislavskij vorgeprägt sei; insofern nämlich als dieser den Schauspieler immer wieder anhielt, auch «nach dem Gegenteil», nach «entgegengesetzten Elementen» zu suchen, um eine «spezifische Realität» für seine Rolle zu schaffen. Auch Brechts positive Bewertung von Strasbergs Arbeit am Group Theatre, die Brecht bei einem Probenbesuch kennengelernt hatte, bestärkte Strasberg in dieser Auffassung.

Es war offenbar Strasbergs Anliegen, in seinen Auseinandersetzungen mit neueren, seiner Methode offensichtlich (seiner Meinung oft nur scheinbar) entgegengesetzten Schauspieltheorien klarzustellen, dass seine schauspielpädagogische Arbeit keineswegs auf einen realistischen

Inszenierungsstil festgelegt sei. «The Method» – so Strasberg – sei vielmehr die Grundlage jedweder Kreativität des Schauspielens, erforsche und trainiere diese. Der Vorwurf, die «Stanislavskij-Schule» erzwinge geradezu einen realistischen Schauspiel- und Inszenierungsstil, ist offenbar ein Trauma aller Anhänger dieser Richtung.

Gänzlich anders gerichtet ist die Auseinandersetzung Bertolt Brechts mit dem Werk Stanislavskijs. Brecht vertritt unstrittig eine Gegenposition zu den zentralen Vorstellungen des Stanislavskij-Theaters. Ihm geht es um ein Alternativmodell für die schauspielerische Arbeit, das sich notwendigerweise auch mit einer anderen Bühnenästhetik verbindet. Brecht ging es keinesfalls um eine Vertiefung oder Verfeinerung des Einfühlungsprozesses, wie dies von Čechov und von Strasberg intendiert ist, sondern um eine grundsätzliche Problematisierung dieser Kategorie; allerdings nicht um deren vollständige Abschaffung. Brecht kritisierte vor allem das dem Stanislavskij-«System» vermeintlich inhärente Gesellschaftsbild und dessen Kunstbegriff. Letztlich war es Ideologiekritik, die er betrieb. So entwickelte Brecht seine Stanislavskij-Auseinandersetzung auch in einer Konfrontation von dessen Einfühlungstheater und seiner «epischen», verfremdenden Spielweise. Dazu schreibt er:

«Stanislavskij und sein System studierend, konnte man sehen, dass Schwierigkeiten nicht geringer Art bei der Herbeizwingung der Einfühlung aufgetreten waren: der betreffende psychische Akt war schwerer und schwerer herbeizuführen. Eine ingeniöse Pädagogik musste erfunden werden, damit der Schauspieler nicht ‹aus der Rolle fiel› und der suggestive Kontakt zwischen ihm und dem Zuschauer nicht Störungen ausgesetzt wurde. Stanislavskij behandelte diese Störungserscheinungen ganz naiv nur als rein negative, vorübergehende Schwächezustände, die unbedingt behoben werden konnten. Die Kunst wurde ganz deutlich immer mehr zur Kunst, die Einfühlung herbeizuzwingen. Der Gedanke, die Störungen könnten von nicht mehr abstellbaren Veränderungen im Bewusstsein des modernen Menschen herrühren, tauchte nicht auf, und war umso weniger zu erwarten, je mehr die Bemühungen zunahmen und zu aussichtsreich erschienen, welche die Herbeiführung der Einfühlung garantieren sollten. Das andere Verhalten angesichts solcher Unstimmigkeiten wäre gewesen, die Frage aufzuwerfen, ob überhaupt die Herbeiführung der totalen Einfühlung noch wünschbar war. Die Theorie des epischen Theaters stellte diese Frage. Es nahm die Störungen ernst, führte sie auf gesellschaftliche Veränderungen historischer Art zurück und bemühte sich, eine Spielweise zu finden, welche auf die totale Einfühlung verzichten konnte. Der Kontakt zwischen Schauspieler und Zuschauer musste aus der Hypnose entlassen, der Schauspieler der Aufgabe entbürdet werden, sich total in die darzustellende Figur zu verwandeln. In seiner Spielweise musste, auf irgendeine Art, eine gewisse Distanz zu der darzustellenden Figur eingebaut werden. Er musste Kritik üben können. Neben dem Handeln seiner Figur, musste sichtbar gemacht werden können ein anderes Handeln, so dass Auswahl und eben Kritik möglich war.» (Schriften zum Theater 3. Frankfurt a. M. 1963, S. 207 f.)

Brecht ließ in seiner Argumentation dennoch einen gewissen Spielraum offen, wenn es darum ging, das Problem der «Verwandlung» des Schauspielers in die Rollenfigur zu beschreiben. Er nahm hier Stanislavskijs Begriff der «restlosen Verwandlung» auf, der im Kern von dessen Theorie steht und den Brecht von einem wirkungsästhetischen Aspekt aus problematisiert. Bei Stanislavskij habe diese «restlose Verwandlung» – so Brecht – ausschließlich den Zweck, «die Identifizierung des Zuschauers mit dieser Figur oder die Identifizierung mit der Gegenfigur möglichst restlos herbeizuführen.» Und er fährt fort: «Selbstverständlich weiß auch Stanislavskij, dass vom zivilisierten Theater erst gesprochen werden kann, wenn die Identifizierung nicht restlos ist: der Zuschauer bleibt sich immer bewusst, dass er im Theater ist. Die Illusion, die er genießt, ist ihm als solche bewusst.» Dazu heißt es weiter in einer Fußnote «Wenn Stanislavskij es nicht weiß, dann weiß es sein Schüler Vachtangov, der gegen Stanislavskijs Satz ‹Der Zuschauer muss vergessen gemacht werden, dass er im Theater sitzt› den Satz aufstellt: ‹Der Zuschauer wird im Theater sitzen und nicht eine Minute vergessen, dass er im Theater sitzt›. Solche Meinungsgegensätze können in ein und derselben Kunstrichtung sein.» Und Brecht fährt fort:

«Die Ideologie der Tragödie lebt von diesem gewollten Widerspruch. (Der Zuschauer soll Höhen und Tiefen durchlaufen, ohne reales Risiko, teilnehmen an Gedanken, Stimmungen, Taten hochgestellter Personen wenigstens im Theater, seine Triebe ausleben im Theater und so weiter.) Auch eine Spielweise, welche die Identifizierung des Zuschauers mit dem Schauspieler nicht anstrebt und welche wir eine ‹epische› (nennen), ist ihrerseits nicht interessiert an der völligen Ausschließung der Identifizierung. Es handelt sich nicht um ‹reine› Kategorien, wie die Metaphysik sie kennt, wenn die beiden Spielweisen unterschieden werden

B. Brecht: Mutter Courage. H. Weigel in der Titelrolle. Regie: B. Brecht / E. Engel. Bühne: T. Otto. Deutsches Theater Berlin 1949

sollen. Da es jedoch darauf ankommt, die Unterschiede herauszuarbeiten, ist im folgenden bei der üblichen Spielweise die immer bleibende Reservatio des

Zuschauers der Verwandlung gegenüber und bei der epischen Spielweise das bleibende Moment der Verwandlung vernachlässigt. Die Bezeichnung ‹restlose› gilt der Tendenz der kritisierten üblichen Spielweise.» (Schriften zum Theater 3. Frankfurt a. M. 1963, S. 214f.)

Die «Fortschrittlichkeit» und die «Ehrlichkeit» dieser Schule erkennt Brecht also durchaus an und bezeichnet Stanislavskijs Theater als den «Höhepunkt des bürgerlichen Theaters». Dessen Fortschrittlichkeit sieht er darin, dass es ein Arbeiten «nach Methode» sei, dass diesem Theater eine «intimere Kenntnis des Menschen», des «Privaten», zugrunde läge, dass es die Darstellung von Widersprüchlichkeiten der Psyche ermögliche und das moralische Schema aufgegeben sei, die Bühnenfiguren in «Gute» und «Böse» aufzuteilen. Brecht lobt die «Natürlichkeit der Darstellung» und die Offenheit dieses Theaters, auch die «Einflüsse des Milieus» zu berücksichtigen. Was er dem Theater Stanislavskijs jedoch abspricht, ist eine angemessene, das heißt eine realistische Analyse des gesellschaftlichen Handelns der Menschen. Dies sei letztlich ein Mangel an Dialektik, der aus seiner Sicht dem bürgerlichen Theater generell anhaften würde.

Für Brecht war diese Differenzierung in der Beurteilung von Stanislavskijs Theaterästhetik und Schauspielpädagogik auch deswegen notwendig geworden, weil dessen Theater als vorbildlich galt für den sozialistischen Realismus, der seit 1934 als offizielle kunsttheoretische und kunstpolitische Doktrin für alle Kunstschaffenden in den Ländern des Ostblocks eingeführt worden war. (Vgl. M. Brauneck: Die Welt als Bühne. 4, S. 793 ff.) Mehrfach äußerte sich Brecht zu dieser kulturpolitisch hochgespielten Grundsatzfrage, so auch im Zusammenhang mit der in der Akademie der Künste in Ostberlin vom 17. bis 19. April 1953 stattgefundenen Ersten Stanislavskij-Tagung. Brecht nahm daran zwar nicht teil, jedoch seine Frau Helene Weigel. Seine *Stanislavskij-Studien* hatte er nicht zuletzt auch im Hinblick auf diese Konferenz, die eigentlich eine «Anti-Brecht-Konferenz» werden sollte, zusammengefasst und veröffentlicht. Kritisiert werden sollte auf dieser Konferenz die vermeintliche «Abstraktheit» des Brecht-Theaters gegenüber dem positiven Realismuskonzept der Stanislavskij-Methode. (Vgl. M. Brauneck: Die Welt als Bühne. 5,

S. 414 ff.) Bei dieser Diskussion wurde der Unterschied zwischen beiden Positionen nach außen hin allerdings heruntergespielt, offensichtlich aus propagandistischen Gründen. Schließlich war Brechts weltweit gefeiertes Berliner Ensemble ein kulturpolitisches Aushängeschild der DDR.

In einem Text von 1951 *(Aus einem Brief an einen Schauspieler)* hatte Brecht seine Position gerade auch im Hinblick auf das Problem der realistischen Menschengestaltung erläutert und den Vorwurf zurückgewiesen, es gehe ihm um leidenschaftsloses, «kaltes» Spiel auf der Bühne, um bloße «Vernünftelei». In diesem Text heißt es:

«Wir werden formalistisches, leeres, äußerliches, mechanisches Spiel bekommen, wenn wir bei der artistischen Ausbildung auch nur einen Augenblick außer acht lassen, dass es die Aufgabe des Schauspielers ist, lebendige Menschen darzustellen. Ich komme damit auch zu Ihrer Frage, ob denn meine Forderung, der Darsteller solle sich nicht völlig in die Stückfigur verwandeln, sondern sozusagen neben ihr stehenbleiben, als Kritiker oder Lober, sein Spiel nicht zu einer rein artistischen, mehr oder weniger unmenschlichen Angelegenheit mache. Nach meiner Meinung ist das nicht der Fall. Es muss meine Schreibweise, die zuviel für selbstverständlich hält, sein, dass ein solcher Eindruck entsteht. Sie sei verflucht! Natürlich müssen auf der Bühne eines realistischen Theaters lebendige, runde, widerspruchsvolle Menschen stehen, mit allen ihren Leidenschaften, unmittelbaren Äußerungen und Handlungen. Die Bühne ist kein Herbarium oder zoologisches Museum mit ausgestopften Tieren. Der Schauspieler muss diese Menschen schaffen können (und wenn Sie unsere Aufführungen sehen könnten, würden Sie solche Menschen sehen, und sie sind Menschen nicht trotz, sondern dank unserer Prinzipien!). Wir, die wir die menschliche Natur nicht weniger als die übrige zu verändern bestrebt sind, müssen Wege finden, den Menschen ‹von der Seite aus zu zeigen›, wo er änderbar durch den Eingriff der Gesellschaft erscheint. Dafür ist bei dem Schauspieler eine gewaltige Umstellung nötig, denn die bisherige Schauspielkunst begründet sich auf die Anschauung, dass der Mensch eben ist, wie er ist und zu der Gesellschaft Schaden oder zu seinem Schaden auch so bleibt ‹ewig menschlich›, ‹von Natur aus so und nicht anders›, usw. Er hat geistig und gefühlsmäßig Stellung zu seiner Figur und seiner Szene zu nehmen. Die nötige Umstellung des Schauspielers ist keine kalte, mechanische Operation; nichts Kaltes, Mechanisches hat mit der Kunst zu tun und diese Umstellung ist eine künstlerische. Ohne echte Verbindung mit seinem neuen Publikum, ohne leidenschaftliches Interesse am menschlichen Fortschritt kann die Umstellung nicht erfolgen.» (Schriften zum Theater 6. Frankfurt a. M. 1964, S. 185 f.)

Es sind die ersten beiden Abschnitte dieses *Briefes*, die Strasberg zitiert, um seine Nähe zu Brecht zu belegen. Die folgenden Passagen zitiert er nicht, denn darin erläutert Brecht unmissverständlich die Unterschiede zu dem, was er das «alte Theater» nennt. Bei der Spielweise seines «neuen Theaters», des «epischen», stellt er die «Leichtigkeit» an die erste Stelle, eine Kategorie, die dem System Stanislavskijs und den Arbeitsweisen seiner Nachfolger eher fremd ist.

Literatur

Acting. A Handbook of the Stanislawski-Method. Hrsg. v. P. Cole. London u. New York 1955

Adams, C.: Lee Strasberg. The Imperfect Genius of the Actors Studio. New York 1980

Amiard-Chevrel, C.: Le Théâtre artistique de Moscou (1898–1917). Paris 1979

Antarowa, K.: Studioarbeit mit Stanislawski. Berlin 1950

Black, L. C.: Mikhail Chekkov as Actor, Director and Teacher. Ann Arbor 1987

Blank, R.: Schauspielkunst in Theater und Film: Strasberg, Brecht, Stanislawski. Berlin (2. Aufl.) 2005

Bonner, G.: Hommage an Michael Tschechow. Zürich u. Stuttgart 1994

Brecht, B.: Schriften zum Theater 3. Frankfurt a. M. 1963

Čechov, M. A.: Die Kunst des Schauspielens. Moskauer Ausgabe mit einem Beitrag von Marija O. Knebel. Stuttgart 1990

Ders.: To the Director and Playwright. New York 1963

Ders.: Lessons for the Professional Actor. New York 1985

Ders.: On the Technique of Acting. New York 1991

Ders.: Leben und Begegnungen. Stuttgart 1992

Ders.: Lessons for Teachers of his Acting Technique. Ottawa 2000

Dusigne, J. F.: Le Théâtre d'Art. Aventure européenne du XXe siècle. Paris 1997

Evreinow, N. N.: Histoire du théâtre russe. Paris 1947

Fiebach, J.: Von Craig bis Brecht. Studien zu Künstlertheorien in der ersten Hälfte des 20. Jahrhunderts. Berlin 1975

Garfield, D. A.: A Player's Place. The Story of the Actors Studio. New York 1980

Gregor, J. u. R. Fülop-Miller: Das russische Theater. Zürich 1928

Hentschel, J. u. a. (Hrsg.): Brecht & Stanislawski – und die Folgen. Berlin 1997

Hethmon, R. H.: Strasberg at the Actors Studio. New York 1991

Hoffmeier, D.: Das literarische Spätwerk Stanislawskis. In: Theater hier und heute. Berlin 1968, S. 52–108

Ders.: Stanislawski. Stuttgart 1993

Protokolle der Stanislawski-Konferenz von 17.–19. April 1953 in Berlin. Hrsg. Deutsche Akademie der Künste zu Berlin. Berlin (DDR) 1953

Rellstab, F.: Stanislawski-Buch. Theorie und Praxis der Schauspielkunst nach dem «System» K. S. Stanislawski. Wädenswill 1976
Rülicke, K.: Die Arbeitsweisen Stanislawskis und Brechts. T. 1. u. 2. In: Theater der Zeit. 1962, Heft 11, S. 54 ff., u. Heft 12, S. 53 ff.
Schauspielhaus Bochum (Hrsg.): Lee Strasberg. Schauspieler-Seminar 9.–22. Januar 1978. Bochum 1979
Simhandl: Konzeptionelle Grundlagen des heutigen Theaters. Berlin 1985
Stanislavskij, K. S.: Das Geheimnis des schauspielerischen Erfolges. Zürich 1938
Ders.: Ethik. Berlin (DDR) 1950
Ders.: Mein Leben in der Kunst. Berlin (DDR) 1951
Ders.: Die Arbeit des Schauspielers an der Rolle. Berlin (DDR) 1955
Ders.: Die Arbeit des Schauspielers an sich selbst. 2 Bde. Berlin 1961 u. 1963
Ders.: Theater, Regie und Schauspieler. Hamburg 1958
Ders. u. a.: Der schauspielerische Weg zur Rolle. Berlin (DDR) 1952
Strasberg, L.: Ein Traum der Leidenschaft. Mit einem Vorwort zur dt. Ausgabe von Georg Tabori. München 1988
Ders.: Schauspieler und das Training des Schauspielers. Beiträge zu «The Method». Hrsg. v. W. Wermelskirch. Berlin 1988
Tschechow, M.: Werkgeheimnisse der Schauspielkunst. Zürich u. Stuttgart 1979
Veinberg, S.: Method Actors. New York 1991

Evgenij Bogratjonovič Vachtangov:
«Der Naturalismus auf dem Theater muß sterben»

«Ich bin endgültig davon überzeugt, daß das Stanislavskij-System etwas Großartiges ist.»
Evgenij B. Vachtangov, 1911

«Deshalb sage ich phantastischer Realismus. Der phantastische Realismus existiert. Es muß ihn jetzt in jeder Kunstgattung geben.»
Evgenij B. Vachtangov, 1922

Wenige Wochen vor seinem Tod am 31. Mai 1922 – Vachtangov starb bereits mit 39 Jahren – nannte ihn Stanislavskij den «zukünftigen Führer des russischen Theaters». Der zweite große Regisseur des Moskauer Künstlertheaters, Nemirovič-Dančenko, sagte in einer Gedenkrede auf den Verstorbenen: «Er war im Begriff, ein neues Theater zu schaffen. Mit einer erstaunlichen Sensibilität hat er Züge des neuen Theaters aufgespürt. Er versuchte sie zu synthetisieren und mit dem Besten, was das Moskauer Künstlerische Theater hervorgebracht hat, zu vereinigen (...) Hier war eine Hand am Werk, die die Wege des morgigen Theaters großartig vorausgeahnt hat.»

Waren Stanislavskij und Mejerchol'd die großen künstlerischen Antipoden des russischen Theaters in den beiden Jahrzehnten um die Oktoberrevolution, so stellte das Theater Vachtangovs die Synthese beider Richtungen dar. Er verband die grundlegenden Einsichten Stanislavskijs in das Wesen der schauspielerischen Arbeit mit der Idee eines «bedingten», das heißt die Theaterhaftigkeit des Theaters konsequent ausspielenden Theaters, wie dies Mejerchol'd seit 1906 – im Gegensatz zu Stanislavskijs Bühnennaturalismus – vertrat.

1919 notierte Vachtangov in seinen Aufzeichnungen: «Mit einer roten Linie zerteilte die Revolution die Welt in ein ‹Altes› und in ein ‹Neues›. Es gibt keinen Winkel im menschlichen Leben, den diese Linie nicht durchzogen hat.» Diese historische Erfahrung ist der Schlüssel für das künstlerische Werk Vachtangovs. Jene Welt des «Alten» verkörperte sich für ihn, den Theaterkünstler, im künstlerischen und vor allem theaterpädagogischen Lebenswerk seines Lehrers Stanislavskij, dem sich Vachtangov zeit seines Lebens zwar tief verbunden wusste; zugleich aber arbeitete er auf das Theater einer «neuen Zeit» hin, das von der geschichtlichen Erfahrung der Kollektivität ausging. Aus dieser Erfahrung wurden auch die Grundlagen der Stanislavskij'schen Schauspielpädagogik überprüft und neu interpretiert. Dieser Impuls bestimmte Vachtangovs künstlerischen Lebensweg in jeder Phase.

Evgenij Vachtangov wurde am 1. Februar 1883 in Vladikavkas geboren. Sein Vater besaß eine kleine Tabakwarenfabrik in Tiflis. Dort besuchte Vachtangov von 1894 bis 1903 das Klassische Gymnasium. Schon als Schüler beteiligte er sich an Theateraufführungen. Nach der Reifeprüfung begann er ein naturwissenschaftliches Studium an der Moskauer Universität, wechselte aber bald an die juristische Fakultät über. 1904/05 spielte er bei verschiedenen Laientheatergruppen, übernahm hier auch erstmals eine Regie (Gerhart Hauptmanns Stück *Das Friedensfest*). 1906 gründete Vachtangov an der Moskauer Universität eine Studentenbühne und inszenierte dort als erste Aufführung am 15. Dezember Maksim Gor'kijs *Sommergäste*. Bald darauf begann er auch zu schreiben, vorwiegend Theaterkritiken.

1909 fiel die Entscheidung für eine professionelle Theaterlaufbahn. Vachtangov nahm Schauspielunterricht an der Dramatischen Schule von Aleksander J. Adažev. Sein wichtigster Lehrer war dort der Regisseur Leopold A. Suleržickij (1872–1916), der, wie Adažev auch, seit 1908 an Stanislavskijs MChT engagiert war. An Adaževs Schauspielschule wurde konsequent nach Stanislavskijs pädagogischem «System» gearbeitet. Vachtangov begleitete Suleržickij 1911 zu einer Regiearbeit (Maeterlincks *Der blaue Vogel*) nach Paris. In sein Tagebuch notierte er am 10. Januar 1911:

«Zweite Probe. Suleržickij wird gelobt. Wenn er bei uns so vorspielen würde, hätte man ihn gewiß nicht gelobt. Ich bin endgültig davon überzeugt, daß das Stanislavskij-System etwas Großartiges ist. Niemand nimmt mich zur Kenntnis. Das ist aber auch nicht verwunderlich. Abends waren wir im Moulin Rouge. Grenzenlos ekelhaft.» (Vgl. Jewgeni B. Wachtangow: Schriften. Berlin 1982, S. 26)

Die kleine Notiz lässt zwei wesentliche Züge im Persönlichkeitsbild Vachtangovs erkennen: sein Verhältnis zu seinen Lehrern, das stets durch einen sicheren Blick für das Wesentliche ihrer Arbeit, vor allem durch die Bereitschaft, das für richtig Erkannte zu übernehmen und weiterzuentwickeln, aber auch durch Eigenständigkeit und unbeirrbare Kritikfähigkeit geprägt war; und: Vachtangovs rigorosen Moralismus, der durch die christlich-humanistische Philosophie Lev Tolstojs beeinflusst war und den er später auch in der fast sektenhaften Führung seines Studios in Form eines strengen Gemeinschaftsethos durchzusetzen versuchte: «Wenn wir uns mit Kunst beschäftigen, müssen wir selber besser werden.» Auch für Vachtangovs Lehrer Suleržickij war die «sittliche Veredelung der Lebensweise» die Voraussetzung jeder wahren Künstlerschaft: «Das Theater ist das Fest aller guten Gefühle.»

1911 war ein Jahr wichtiger Begegnungen und Vachtangovs Eintritt in das Moskauer Theaterleben. Im März lernte er W. I. Nemirovič-Dančenko und K. S. Stanislavskij kennen, die beiden einflussreichsten Moskauer Theaterpersönlichkeiten dieser Zeit, die mit ihrer Arbeit auch das künstlerische Profil des MChT bestimmten. Stanislavskij engagierte Vachtangov an diese Bühne, wo dieser bald auch als Schauspieler auftrat, erstmals in einer Inszenierung von Tolstojs Stück *Der lebende Leichnam* (Regie: Nemirovič-Dančenko und Stanislavskij).

Einen Monat nach dem Engagement an Stanislavskijs Bühne schrieb der Absolvent der Schauspielschule in sein Tagebuch:

«Ich möchte ein Studio gründen, wo wir alle lernen können. Das Prinzip: Alles selbst erlangen. Der Leiter ist alles. K. S. Stanislavskijs System an sich selbst überprüfen. Das System aufnehmen oder verwerfen! Verbessern! Vervollständigen! Oder die Lüge beseitigen. Alle, die dem Studio beitreten wollen, müssen die Künste und vor allem die Theaterkunst lieben. Freude am Schöpferischen! Das Publikum vergessen! Für sich schöpferisch arbeiten! Für sich genießen. Sich selbst Richter sein. Ich würde vom ersten Tag an Unterricht in szenischer Bewegung, Sprecherziehung und Fechten einführen. Kunstgeschichte und Kostümgeschichte müßten gelehrt werden. Einmal in der Woche Musik hören. (Musiker einladen.) Alles zusammentragen, was im Kopf geboren wird. Alles Interessante, was gefunden wird, zusammentragen: Scherze, musikalische Skizzen, kleine Stücke.» (Vgl. Jewgeni B. Wachtangow: Schriften. Berlin 1982, S. 28)

Diese Träume Vachtangovs sollten sehr bald Wirklichkeit werden. Im August desselben Jahres beauftragte Stanislavskij ihn mit der Bildung einer Arbeitsgruppe, die den Zweck der Überprüfung seiner schauspielpädagogischen Arbeitsweise haben sollte. Aber auch außerhalb des MChT arbeitete Vachtangov nun als Theaterlehrer und inszenierte kleinere Stücke. Ein Jahrzehnt rastloser Arbeit begann.

Wenngleich die wesentlichen Grundlagen der pädagogischen und künstlerischen Auffassung der Theaterarbeit Stanislavskijs von Vachtangov nie in Frage gestellt wurden, so zeichneten sich doch relativ bald eigenständige Züge ab, die Akzentverschiebungen erkennen ließen und auf eine neue ästhetische Orientierung hinzielten, die sich den Ideen Mejerchol'ds, der sich 1902 von seinem Lehrer Stanislavskij getrennt hatte, annäherten. Auch der Einfluss von Nemirovič-Dančenko, der Stanislavskijs Idee eines «Theaters des Lebens» stets skeptisch gegenüberstand, spielte in diesem Zusammenhang eine entscheidende Rolle.

Wieder vertraute Vachtangov dem Tagebuch (Notiz vom 14. April 1916) die ersten Zweifel an der Methode seines Lehrers an.

«Bei uns im Theater, im Studio und unter meinen Schülern ist die Sehnsucht nach etwas Erhabenem zu verspüren. Ein Unbefriedigtsein mit der naturalistischen ‹Lebens-Darstellung›. Auch wenn sie Gutes bezweckt. Vielleicht ist das der erste Schritt zum Romantischen. Eine Wende. Mir schwebt auch so etwas vor. Irgendein Fest oder eine Feier der Gefühle, Erhabenes abbildend. Nicht die guten alten christlichen Gefühle. Man muß sich über die Erde erheben. Wenigstens eine halbe Elle. Vorläufig.» (Vgl. Jewgeni B. Wachtangow: Schriften. Berlin 1982, S. 53)

Der Bühnennaturalismus Stanislavskijs wurde von Vachtangov als Beengung empfunden – vergleichbar der Kontroverse zwischen Otto Brahm und Max Reinhardt –, die die schöpferische Kraft des Theaters nicht zur Entfaltung kommen lassen würde. 1921 formulierte Vachtangov diese Kritik weitaus schärfer, nun freilich auch auf der Höhe seiner theaterpolitischen Wirkungsmöglichkeiten:

«Das Theater des Lebens muß sterben. ‹Charakter›-Darsteller werden nicht mehr gebraucht. Alle, die zur Charakterdarstellung befähigt sind, müssen die Tragik (sogar die Komik) in jeder Charakterrolle aufspüren, und sie müssen lernen, auch grotesk gestalten zu können.

*S. An-Ski: Der Dybbuk. Regie: E. Vachtangov. Bühne und Kostüme:
N. Altman. Habima Theater Moskau 1922*

Der Stil der Moderne ist abgeschmackt.
Werden die Säle Versailles', die antiken Terrassen der griechischen und römischen Theater je als Plattheit und Abgeschmacktheit empfunden werden?
Der Saal des Bol'šoj-Theaters, reich, theatergemäß und ganz in Samt und Gold ausgestattet, wird er in den Augen künftiger Generationen jemals als abgeschmackt empfunden werden? Niemals.
Der Naturalismus auf dem Theater muß sterben!
Oh, wie könnte man Ostrovskij, Gogol, Čechov inszenieren!
Ich möchte aufspringen und losrennen und herausrufen, was in mir entstanden ist. Ich will *Die Möwe* inszenieren.
Theatergemäß. Wie es bei Čechov steht.»
(Vgl. Jevgeni B. Wachtangov: Schriften. Berlin 1982, S. 134)

«Theatergemäßes Theater» – dies war Vachtangovs neues, eigenes Programm: das Theater, das seine Theaterhaftigkeit nicht verbirgt – wie Stanislavskijs oftmals exzessiver Bühnenillusionismus –, sondern ausstellt: nicht «Theater des Lebens», sondern das «Leben als Theater», das heißt verfremdet, kritisch reflektiert im ästhetischen Medium, das die gängigen, die erwarteten, vorgestellten Bilder von der Wirklichkeit aufbricht, das den Zuschauer aktiviert, das ihn zur Stellungnahme befähigt.

Die Entwicklung Vachtangovs bis hin zu dieser Position vollzog sich in nur wenigen Jahren. Am 15. Januar 1913 war das Erste Studio des MChT mit einer Inszenierung von Herman Heijermans Stück *In der Hoffnung auf Segen* eröffnet worden. Vachtangov, dessen schauspielpädagogische Experimentiergruppe (seit 1911) die wesentliche Vorarbeit geleistet hatte, wurde neben Stanislavskij und Suleržickij einer der Leiter dieses Studios. Ziel war in erster Linie die Erprobung und Weiterentwicklung der schauspielpädagogischen Ideen Stanislavskijs, der später immer wieder betonte, dass Vachtangov sein «System» am besten verstanden habe und dieses auch am effektivsten vermitteln könne.

Am 17. März 1914 trat Vachtangov mit seinem eigenen Studio, dem Studentischen Dramatischen Studio, mit einer Inszenierung von Boris K. Saizevs *Gut der Lanins* an die Öffentlichkeit. Die Aufführung wurde ein totaler Misserfolg. Von der Leitung des MChT wurde daraufhin Vachtangov verboten, diese Arbeit fortzusetzen. Sein weiteres Engagement an diesem Studio musste deswegen eine Zeit lang geheim gehalten werden. Inszenierungen meist kleinerer Stücke folgten im Rahmen von Vorspielabenden, an denen das Studio, stets in kleinerem Kreis, die Ergebnisse seiner Arbeit vorstellte. Ab Juni 1916 wurde das Studentische Dramatische Studio in Mansurov-Studio umbenannt; seit März 1917 nannte es sich Moskauer Dramatisches Studio. Vachtangov übernahm 1918 nun auch offiziell wieder die Leitung dieses Studios, nachdem dessen Arbeit durch die Mitglieder des MChT anerkannt wurde. Im September 1920 schließlich wurde es als Drittes Studio dem MChT angegliedert. Seit 1926 war es ein selbständiges Theater unter dem Namen Vachtangov-Theater.

Bertolt Brecht (Schriften zum Theater 3. Frankfurt a. M. 1963, S. 213) bringt die «Fortschrittlichkeit der Vachtangov-Methode» lapidar auf die Formel: «1. Theater ist Theater. 2. Das ‹Wie› statt des ‹Was›. 3. Mehr Komposition. 4. Mehr Erfindung und Phantasie.»

1918 inszenierte Vachtangov Ibsens *Rosmersholm* (23. April) am Ersten Studio des MChT und am 15. September in seinem Studio Maeterlincks *Das Wunder des heiligen Antonius*. Auf Vorschlag Stanislavskijs übernahm er auch die künstlerische Leitung des 1917 in Moskau gegründeten jüdischen Theaterstudios Habima, das 1928 nach Tel Aviv übersiedelte. Im Oktober 1918 gründete Vachtangov im Auftrag des Rats der

Arbeiterdeputierten Moskaus das Moskauer Künstlerische Volkstheater. Dieses wurde am 17. Dezember mit drei Inszenierungen des Vachtangov-Studios eröffnet. Das Künstlerische Volkstheater hatte kein eigenes Ensemble, es verfolgte ähnliche Ziele wie die Freie Volksbühnen-Bewegung in Deutschland in ihrer Gründungsphase: Theater «ausschließlich für Werktätige», wie Vachtangov in einem Brief an Stanislavskij erläutert, der sich wegen der Bezeichnung «künstlerisch», die auch seine Bühne trug, irritiert zeigte.

Vachtangovs Arbeit war in den Jahren 1918/19 immer wieder durch schwere Krankheit erheblich behindert, er litt an Magenkrebs und musste mehrfach operiert werden. Hinzu kamen Spannungen im politischen Rat seines Studios und der immer schwieriger werdende Umgang mit Stanislavskij. Trotz dieser Belastungen übernahm Vachtangov weitere Funktionen im Moskauer Theaterwesen. Im Februar 1919 wurde er Leiter der Sektion Regie der Theaterabteilung des Volkskommissariats für Bildung. An mehreren Schauspielschulen Moskaus hielt er Vorlesungen über Schauspielmethodik.

In dieser Zeit vollzog sich die Annäherung Vachtangovs an Mejerchol'd, dem er anlässlich der Premiere von *Das Wunder des heiligen Antonius* am Vachtangov-Studio erstmals begegnet war. Im Tagebuch schrieb er: «Heute las ich Mejerchol'ds Buch ‹Über Theater› und ... fiel beinahe in Ohnmacht: diese Gedanken und Worte (...)»

In den Jahren 1920/22 standen weitere Regiearbeiten im Mittelpunkt. Vachtangov inszenierte in seinem Studio Čechovs Einakter *Die Hochzeit* (September 1920); im Januar 1921 eine Variante von Maeterlincks *Das Wunder des heiligen Antonius*; im Ersten Studio des MChT Strindbergs *Erik XIV.*; im September eine Variante von Čechovs *Hochzeit* und am 31. Januar 1922 Scholem An-Skis (1863–1920) *Der Dybbuk* im Theaterstudio Habima. Am 28. Februar 1922, drei Monate vor seinem Tod, kam seine bedeutendste Inszenierung heraus: Carlos Gozzis (1720–1806) *Prinzessin Turandot* am Dritten Studio des MChT. Vachtangov konnte die Premiere selbst nicht mehr erleben. Diese letzte Arbeit wurde sein größter künstlerischer Triumph. Stanislavskij und Nemirovič-Dančenko waren uneingeschränkt begeistert. Vachtangovs «phantastischer Realismus» hatte seine glanzvollste, eine überzeugende Form gefunden.

Das Zeigen der Figur, ihres Gestus, ihrer Emotionalität, das war es, worauf Vachtangov seine Arbeit mit den Schauspielern angelegt hatte. Die Schauspieler sollten nicht die Rollen des Stücks darstellen, sondern «wie italienische Schauspieler, die ihre Rollen spielen und untereinander keine Verabredung getroffen haben, die auf der Bühne völlig unerwartet einen Text zu improvisieren beginnen» (Boris Sachawa). Die Improvisationstechnik der Commedia dell'Arte wurde eingesetzt, um Brechungen der Figuren zu erzeugen, die die aktuelle historische Erfahrung der Schauspieler auch in die Märchengeschichte des Stücks, in ihre Tragik und ihre Komik, einbringen ließ und die Figuren für die Empfindungen des zeitgenössischen Publikums öffnete. Das Grundmuster dieser Ästhetik war das der poetischen Verfremdung. Das «Theater des Erlebens», wie Stanislavskij es in seiner Schauspielästhetik vertrat, hatte dadurch eine neue Dimension gewonnen: Die «Wahrheit der Empfindung» war theatergemäß gestaltet. Vachtangov selbst prägte dafür den Begriff des «phantastischen Realismus». Dabei ist freilich unstritten, dass Vachtangov diesen «phantastischen Realismus» auf jenen theaterpädagogischen Grundlagen aufbaute, die Stanislavskij erarbeitet hatte. Was Vachtangov als die «eigene Welt der Theater-Figuren», «das Neue Theater», das «Ewige» im Theater bezeichnete, beruhte letztlich auf diesem Fundament. Es war vor allem der amerikanische Schauspielpädagoge Lee Strasberg, der die Ästhetik des Vachtangov-Theaters als Beleg dafür anführte, dass Stanislavskijs «System» – ähnlich wie Strasbergs «Method» –, diejenigen, die danach arbeiten, keineswegs auf einen Bühnenrealismus festlegen würde.

Literatur
Brauneck, M.: Die Welt als Bühne 4. Stuttgart u. Weimar 2003, S. 826–831
Gorchakov, N. M.: Vakhtangov, metteur en scène. Moskau 1959
Mennemeier, F. N. u. E. Fischer-Lichte (Hrsg.): Drama und Theater der europäischen Avantgarde. Tübingen 1994
Paech, J.: Das Theater der russischen Revolution. Kronberg 1974
Wachtangow, J. B.: Schriften. Hrsg. v. D. Wardetzky. Berlin 1982
Worrall, N.: Modernism to realism on the Soviet stage: Tairov, Vakhtangov, Okholpkov. Cambridge u. a. 1989

Ders.: The Moscow Art Theatre. New York 1996
Wsewolod E. Meyerhold, Alexander I. Tairow, Jewgeni B. Wachtangow. Theateroktober. Hrsg. v. L. Hoffmann u. D. Wardetzky. Frankfurt a. M. 1972

Max Reinhardt: «Der Schauspieler ist der natürliche Mittelpunkt des Theaters»

«Ich glaube an die Unsterblichkeit des Theaters. Es ist der seligste Schlupfwinkel für diejenigen, die ihre Kindheit heimlich in die Tasche gesteckt und sich damit auf und davon gemacht haben, um bis an ihr Lebensende weiterzuspielen.»
Max Reinhardt, 1929

«Ich habe in meinem ganzen Leben nichts anderes getan, als meine Träume verwirklicht. Nicht restlos glücklich und mit dem wechselnden Glück, das sterblichen Menschen eben beschieden ist. Aber wenn Träume so stark und lebendig sind, daß sie andere Menschen in ihren Bann ziehen und zum Mitträumen verführen können, so entsteht jene zauberhafte Wirklichkeit, die für mich Theater heißt.» Dieses Bekenntnis, das Max Reinhardt 1929 in einer Rede zur Eröffnung seiner Schauspiel- und Regieschule in Schönbrunn bei Wien abgab, könnte als Programm seiner Theaterarbeit über alle Stationen seines Lebens hin angesehen werden. Für Reinhardt war Theater ein Fest des Lebens, ganz im Sinne barocker tiefgründiger Veräußerlichung; aber es war zugleich das Intimste, das völlige Bei-sich-Sein des Menschen, das Leben in einer Traum- und Phantasiewelt jenseits des Alltags und aller Entfremdungsleiden. Dennoch war Reinhardts Theater nicht nur «Flucht in den schönen Schein». Eine Kritik dieser Art würde die Utopiedimension dieser Theateridee verkennen, die bei aller Verstrickung in die Kommerzialität die Theaterarbeit Max Reinhardts stets geleitet hat. (Vgl. M. Brauneck: Die Welt als Bühne. 3, S. 684 ff., u. 4, 250 ff.)

Theater und Lebensgeschichte bilden bei Reinhardt eine Einheit von beeindruckender Konsequenz. Er wurde am 9. September 1873 in Baden bei Wien – als Max Goldmann – geboren. Erste schauspielerische Erfahrungen machte er in den Jahren 1890 bis 1892 am Sulkowsky'schen Eleventheater in Matzleinsdorf; dort erhielt er auch den ersten Schauspielunterricht. Er nahm nun auch den Künstlernamen Reinhardt an nach der

Hauptfigur in Theodor Storms Novelle *Immensee*. Die Namensänderung war offensichtlich auch eine Reaktion auf den zu dieser Zeit in Wien hochbrandenden Antisemitismus. 1892 bis 1894 folgten Engagements in Rudolfsheim (Neues Volkstheater), in Pressburg und am Stadttheater in Salzburg. Es war eine kurze Phase intensivster Theatererfahrungen. Reinhardt trat insgesamt in 49 Rollen auf. 1893 kam es zu der für Reinhardts Entwicklung entscheidenden Begegnung mit Otto Brahm, der ihn 1894 ans Deutsche Theater nach Berlin holte, wo Reinhardt bis 1902 engagiert war. Am Deutschen Theater lernte Reinhardt die Arbeitsweise Otto Brahms kennen. Grundlage jeder von Brahm geleiteten Inszenierung war die genaue dramaturgische Analyse und die Konzentration auf eine zentrale Idee des aufzuführenden Werks. Diese wurde zum leitenden Prinzip aller Elemente der Inszenierung, von Bühnengestaltung, Dialog- und Bewegungsregie etc. Äußerste Treue gegenüber der dichterischen Vorlage war einer der wesentlichsten Grundsätze der Brahm'schen Theaterarbeit. Dessen Engagement für die Gegenwartsdramatik, insbesondere für das Werk Gerhart Hauptmanns, führten Brahm zu einem Schauspielstil, der durch das ästhetische Programm des Naturalismus bestimmt war: Natürlichkeit und Wahrhaftigkeit waren dessen erstrangige Prinzipien. Der einzelne Schauspieler hatte sich dem Ensemble konsequent einzufügen; die Ensembleleistung galt als entscheidend für den in der Regiekonzeption festgelegten «Grundklang» des Stücks. Resultat dieser Arbeitsweise waren Aufführungen von unerhörter «Lebensechtheit» und größter künstlerischer Geschlossenheit. Brahm formulierte die Prinzipien dieser Arbeitsweise in seinem Essay *Von alter und neuer Schauspielkunst* (1892).

Mit dem Engagement im Brahm-Ensemble war der entscheidende Schritt für Reinhardts weitere Laufbahn vollzogen. Zunächst auf Episodenrollen spezialisiert, vornehmlich auf alte Männer und Greise, avancierte er bald durch seine außerordentlich präzise Rollengestaltung zum «Lieblingsschauspieler Brahms» (Max Epstein) und wurde auch in großen Rollen eingesetzt. Seinen Durchbruch hatte Reinhardt 1897 in der Rolle des Wilhelm Foldal in Ibsens Stück *John Gabriel Borkmann*.

Am 9. März 1895 schreibt Reinhardt an seinen Jugendfreund Berthold Held, der wenige Jahre später einer seiner wichtigsten Mitarbeiter werden sollte, über die Berliner Theaterverhältnisse freilich schon mit einigem Sarkasmus:

«Das ist übrigens auch merkwürdig. Früher gab es gute und schlechte Schauspieler. Heute gibt es pathetische, naturalistische, deklamatorische, moderne, realistische, ideale, pathologische, äußerliche und innerliche Schauspieler, Stimmungsschauspieler, Gefühlsschauspieler u. Vernunftschauspieler etc. etc. etc. etc. Früher gab's Menschendarsteller. Heute existieren Ibsen-Darsteller, Hauptmann-Darsteller, Stilschauspieler u.s.w. (...) So gibt es hier beispielsweise Spezies von Idioten- und Kretindarstellern. Menschen, die im Leben tatsächlich beschränkt sind und den Stempel dieser Eigenschaft in ihrem Gesichte auffallend ausgeprägt tragen. Sie stehen als Darsteller von Kretins und Idioten, wie sie z.B. in Halbes ‹Jugend› vorkommen, hoch in Ansehen. Individualitäten!!! – Das ist wohl eine der possierlichsten Blüten des Verismus! Es ist z.B. Tatsache, daß Dr. Brahm ausschließlich für die ‹Weber› Leute engagiert hat, die entweder in andern Stücken gar nicht beschäftigt sind oder wenn ihre totale Unfähigkeit erwiesen. Aber in den ‹Webern› sind sie vorzüglich. – Welch' glänzende und verheißungsvolle Perspektive eröffnet sich da vor unsern Augen. Freut euch, ihr Stiefkinder der Natur, ihr alle, die ihr mit leiblichen oder geistigen Schäden behaftet seid. Freut euch der Zukunft! Ihr seid allein berufen, unsere hypermoderne Literatur zu interpretieren.»
(Ausgewählte Briefe, Reden und Szenen aus Regiebüchern. Wien 1963, S. 19 f.)

Neben seiner Arbeit als Schauspieler betätigte sich Max Reinhardt auch als Theaterorganisator, bald auch als Regisseur. Mit einer Gruppe junger Schauspieler unternahm er – außerhalb der Spielzeiten am Deutschen Theater – Gastspielreisen, unter anderem nach Prag, Wien, Budapest und Salzburg. 1901 schließlich gründete er mit dieser Gruppe ein eigenes Unternehmen, das Kabarett «Schall und Rauch», das ein Jahr später schon erweitert und umbenannt wurde in «Kleines Theater». Neben Reinhardt arbeitete dort auch Richard Vallentin als Regisseur, der 1903 mit einer Inszenierung von Maksim Gor'kijs *Nachtasyl* der Bühne einen durchschlagenden Erfolg verschaffte. Reinhardt selbst spielte in dieser Inszenierung den Luka.

Letztlich aber führte Reinhardts eigene Theaterkonzeption zu einer Lösung vom Naturalismus Brahm'scher Prägung. 1903 wurde die Trennung offiziell. Reinhardt übernahm als Direktor das Kleine Theater und

R. Rolland: Danton. Regie: M. Reinhardt. Großes Schauspielhaus Berlin 1920

dazu noch die Leitung des Neuen Theaters am Schiffbauerdamm. Erstmals führte er dort auch selbst Regie. Er inszenierte Maeterlincks *Pelleas und Melisande* und Hofmannsthals *Elektra*, beides exemplarische Stücke der Neuromantik. Inszenierungen deutscher Klassiker folgten (1904 Lessings *Minna von Barnhelm* und Schillers *Kabale und Liebe*). 1905 war Reinhardts Inszenierung von Shakespeares *Sommernachtstraum* das Theaterereignis des Jahres. Auch hatte er das Neue Theater umbauen und auf den neuesten technischen Standard bringen lassen. Eingebaut wurde vor allem eine Drehbühne, die von Max Kruse im Hinblick auf spektakuläre Illusions- und Beleuchtungseffekte perfektioniert worden war («Kruse-Effekt»). Gustav Knina hatte für diese *Sommernachtstraum*-Inszenierung eine überaus eindrucksvolle Waldszenerie entworfen. Gertrud Eysoldt, die bereits 1902 und 1903 in den Titelrollen von Oscar Wildes *Salome* und in *Elektra* von Hugo von Hofmannsthal brilliert hatte, spielte den Puck. Noch im selben Jahr gründete Reinhardt die «Schauspielschule des Deutschen Theaters zu Berlin». Ende des Jahres kaufte er dieses Theater, das zum künstlerischen Zentrum seines Theaterimperiums wurde, das er in den folgenden Jahrzehnten zügig aufbaute. Das Deutsche Theater kostete rund 2,5 Millionen Mark. Die Finanzierung erfolgte zu zwei Fünftel über ein Konsortium, das, nach den künstlerischen und geschäftlichen Erfolgen am Kleinen Theater und am Neuen Theater, Reinhardt vollstes

Vertrauen entgegenbrachte. Etwa zu dieser Zeit erläuterte Reinhardt die Idee seines Theaters in einem Gespräch mit dem Dramaturgen Arthur Kahane folgendermaßen: «Was mir vorschwebt, ist ein Theater, das den Menschen wieder Freude gibt. Das sie aus der grauen Alltagsmisere über sich selbst hinausführt, in eine heitere und reine Luft der Schönheit. Ich fühle es, wie die Menschen es satt haben, im Theater immer wieder das eigene Elend wiederzufinden und wie sie sich nach helleren Farben und einem erhöhten Leben sehnen» (nach H. Braulich 1969, S. 66).

Im April 1906 war Stanislavskij mit dem Moskauer Künstlertheater zu einem Gastspiel am Deutschen Theater gekommen. Gleich nach dessen Übernahme hatte Reinhardt eine kleine Bühne – nach Strindbergs Vorgabe eines «intimen Theaters» – an das große Haus anbauen lassen: die «Kammerspiele des Deutschen Theaters», eine elegant ausgestattete Studiobühne. Zu deren Eröffnung im November 1908 inszenierte er Ibsens *Gespenster*. Edvard Munch hatte das Bühnenbild geschaffen. Agnes Sorma spielte die Frau Alving, Alexander Moissi den Oswald. Wenige Tage später brachte Max Reinhardt an dieser Bühne die Uraufführung von Frank Wedekinds Skandalstück *Frühlings Erwachen* heraus.

Im Mittelpunkt von Max Reinhardts Arbeiten im großen Haus stand in den folgenden Jahren Shakespeare: 1907 *Romeo und Julia*, *Was ihr wollt*; 1908 *König Lear;* 1909 *Hamlet, Der Widerspenstigen Zähmung;* 1910 *Othello;* 1911 *Viel Lärm um nichts;* 1912 *König Heinrich IV*.; von November 1913 bis Mai 1914 ein Shakespeare-Zyklus, für den *Der Kaufmann von Venedig* hinzukam. Von Goethes *Faust* inszenierte er 1909 den ersten Teil (Friedrich Kayßler als Faust, Rudolf Schildkraut als Mephisto, Lucie Höflich als Margarethe, Bühnengestaltung: Alfred Roller). 1911 folgte der zweite Teil, eine spektakuläre Aufführung, die von zwei Uhr mittags bis ein Uhr nachts dauerte. Die Inszenierung von Schillers *Räuber* (1908) zeigte Reinhardts perfekte Beherrschung der modernen Massenregie. Als Gastregisseur arbeitete er zwischen 1910 und 1912 mehrfach in München, Dresden und Stuttgart.

Das Münchner Künstlertheater pachtete Max Reinhardt für die Spielzeit 1909/1910. In einer Münchner Ausstellungshalle unternahm er auch seine ersten Versuche mit dem Arenatheater; im September 1910 führte er dort Hofmannsthals *König Ödipus* auf. Die Titelrolle spielte Paul Wegener. Tilla Durieux trat als Jokaste auf. Diese Inszenierung wurde nur wenig später auch in Wien und im Zirkus Schumann in Berlin gezeigt, ging dann auf Tournee nach Russland, Polen, Schweden und England.

Reinhardts Beschäftigung mit der Form und der Idee des Arenatheaters leitete eine neue Entwicklungsphase seiner Arbeit ein. Der bisherige Rahmen der an den Klassikern der Weltliteratur orientierten und an die architektonischen Möglichkeiten des konventionellen Theaterbaus gebundenen Inszenierungen wurde damit gesprengt. Das Arenatheater sollte eine neue, zeitgemäße Form von «Volksfestspielen» werden.

Einer der spektakulärsten Erfolge Reinhardts, der in den Zusammenhang der Versuche mit dem Arenatheater gehört, war die Großinszenierung des *Mirakels* von Karl Gustav Vollmoeller, eines Mysterienspiels, das in der Londoner Olympia Hall am 23. Dezember 1912 erstmals aufgeführt wurde. Die außergewöhnlichen Dimensionen dieser Produktion beschreibt Heinrich Braulich in seinem Buch *Max Reinhardt – Theater zwischen Traum und Wirklichkeit* (1969):

«Die Dramaturgie des Hallenspiels verlangt nach Übertreibungen; in letzter Instanz waren alle Maße und Gewichte der Inszenierung von der Dramaturgie des Schautheaters bestimmt: 1800 Mitwirkende, darunter allein 150 Nonnendarstellerinnen, dazu einige Dutzend Ritter zu Pferde, lebende Hunde als Jagdmeute, Auftritte im Zentrum des Kirchenschiffes aus einer 200 Fuß tiefen Versenkung heraus, Scheinwerfer verteilt und auch gebündelt hoch oben am Deckengewölbe, die ihre Lichtkegel in das Kirchenschiff warfen, die Darsteller punktartig erfaßten und verfolgten, Sensationen über Sensationen. Hier war Bewegung. Leben, Tanz, Musik, Zweikampf, Tod und Verderben; hier lebte fromme Andacht neben ausschweifender Orgie. Das war Zirkussensation und seelenschwangere Rührseligkeit zugleich.» (S. 133)

Im Mai 1913 inszenierte Max Reinhardt das *Festspiel in deutschen Reimen* von Gerhart Hauptmann in der Jahrhunderthalle in Breslau. Zuvor noch waren weitere Inszenierungen (Aischylos, Hofmannsthal) im Berliner Zirkus Schumann herausgekommen. Das theatralische Großspektakel trieb die Theatersuggestion so weit, dass für den Zuschauer eine Situation entstand, in der er sich emotional restlos gefangen sah, wo sich für ihn die Grenze von Realität und Theater scheinbar aufhob. Zu seinen späteren Salzburger Inszenierungen, bei denen das Theater unmittelbar in der Stadtlandschaft stattfand (Kollegienkirche, Domplatz, Felsenreitschule), ging Reinhardt diesen Weg konsequent weiter.

Von 1915 bis 1918 übernahm Reinhardt neben seinen eigenen Bühnen noch die Berliner Volksbühne am Bülowplatz in Pacht. Sein Arbeitsfeld war in diesen Jahren künstlerisch außerordentlich vielseitig. Neben den Versuchen mit dem Massentheater brachte er eine Reihe großer Shakespeare-Inszenierungen und die ersten Aufführungen der expressionistischen Dramatik (Sorge, Goering, Hasenclever, Lasker-Schüler, Kokoschka, Stramm, Kaiser) heraus. Dem zeitgenössischen Drama widmete sich vor allem das «Junge Deutschland» (1917–1920), eine Experimentierbühne, die er am Deutschen Theater eingerichtet hatte. Zur gleichen Zeit betrieb Reinhardt den Umbau des Zirkus Schumann. Dieses neue Theater wurde als Großes Schauspielhaus am 29. November 1919 mit einer Inszenierung der *Orestie* von Aischylos eröffnet. Als Architekt hatte Hans Poelzig den Umbau nach Reinhardts Plänen geleitet. Zur Finanzierung der Unternehmung war die Deutsche Nationaltheater AG, der Reinhardts Bruder Edmund vorstand, gegründet worden.

Die Idee der Volksgemeinschaft, die der gesamten Theaterreformbewegung des Jahrhundertbeginns zugrunde lag, wurde mit diesem Monumentalbau und den begleitenden Kommentaren Reinhardts nun auch als ideologisch-programmatischer Überbau zum Theatergeschäft beansprucht. Die Theaterwelt wurde durch die Raumsuggestion zur Welt an sich stilisiert. Die durch 1200 kleine Lämpchen, die an den Enden der Stalaktiten der Deckendekoration montiert und in der Form der Sternbilder angeordnet waren, erleuchtete Kuppel vermittelte die Illusion des Sternenhimmels. Insgesamt stellte dieser Theaterbau mit seiner perfekten apparativen Ausstattung einen Höhepunkt in der damaligen theatertechnischen Entwicklung dar. Bei Inszenierungen wie der von Romain Rollands *Danton* (1920) durch Reinhardt selbst oder Piscators politischer Großrevue *Trotz alledem!* (1925) wurden die Spielmöglichkeiten dieses außergewöhnlichen Baus optimal genutzt. Sehr bald aber zeigte sich, dass die Konzeption dieses Theaterbaus den Inszenierungen eine Ästhetik aufzwang, die über verblüffende Effekte hinaus eine substanzielle Auseinandersetzung mit den Problemen der Zeit eher verhinderte als för-

Calderón / Hofmannsthal: Dame Kobold. Regie: M. Reinhardt. Redoutensaal Wien 1922

derte. So war der Weg vorgezeichnet, dass das Große Schauspielhaus bald zum beliebtesten (und lukrativsten) Theater des Berliner Revue- und Operettenbetriebs wurde.

Max Reinhardt, den diese Entwicklung zweifellos enttäuscht haben mochte, legte im Oktober 1920 die Leitung seiner Berliner Theater nieder und ging nach Salzburg, wo er inzwischen das nahe gelegene Schloss Leopoldskron erworben hatte. Bereits 1916 war dort die Salzburger Festspielhausgemeinde gegründet worden. Das Präsidium bildeten Reinhardt zusammen mit Hugo von Hofmannsthal, Richard Strauss, Franz Schalk, Alfred Roller und einigen Repräsentanten der österreichischen Regierung. Am 22. August 1920 wurden die Salzburger Festspiele eröffnet; Reinhardt inszenierte dafür Hofmannsthals Mysterienstück *Jedermann*.

Ihren Höhepunkt fand Reinhardts Auseinandersetzung mit der christlich-barocken Theatertradition schließlich in der Inszenierung von Calderóns *Großem Welttheater* in einer Fassung von Hugo von Hofmannsthal in der Salzburger Kollegienkirche im Oktober 1922. Ein besonderes Ereignis unter seinen Festspielhausinszenierungen in Salzburg war 1933 die Aufführung von Goethes *Faust* (Erster Teil), für die er in der Felsenreitschule eine 33 Meter breite und circa 30 Meter hohe mittelalterliche Stadt als Spielplatz aufbauen ließ. Durch raffinierte perspektivische Staffelungen des Bühnenbildes wurde die Illusion erzeugt, als wären Theaterstadt, die «Fauststadt», und das reale Stadtbild Salzburgs im Hintergrund dieser Freilichtbühne ein zusammenhängender Raum.

In Wien hatte man Reinhardts Theaterarbeit lange Zeit nur von Gastspielen her kennengelernt. 1923 jedoch erwarb Reinhardt das Theater in der Josefstadt, das er am 1. April 1924 mit Goldonis Komödie *Diener zweier Herren* eröffnete. Zuvor hatte er in New York Vollmoellers *Mirakel* neu inszeniert. An dem neuen Wiener Theater kam Reinhardts ganz auf den Schauspieler orientierte Theaterästhetik nicht nur in der praktischen Inszenierungsarbeit zum Ausdruck, die mit dem Eröffnungsstück an die Tradition der Commedia dell'Arte anknüpfte; dieses Theater nannte sich geradezu programmatisch «Die Schauspieler im Theater in der Josefstadt unter der Führung von Max Reinhardt». 1928 übernahm Reinhardt auch das Schönbrunner Schlosstheater, wo er ein Schauspiel- und Regieseminar eröffnete (April 1929), in dem vornehmlich der Nachwuchs für die Reinhardt-Bühnen in Berlin und Wien ausgebildet wurde.

Nach Berlin war Reinhardt erst wieder im Oktober 1924 zurückgekehrt; er hatte dort ein weiteres Theater erworben, die Komödie am Kurfürstendamm, und gliederte dieses den Reinhardt-Betrieben ein. 1929 übernahm er erneut die Leitung seiner Berliner Bühnen. Reinhardt stand in diesen Jahren auf dem Höhepunkt seiner Laufbahn als Theaterunternehmer. Zu seinem 25-jährigen Jubiläum im Deutschen Theater (1930) wurde er von den Universitäten Kiel und Frankfurt zum Ehrendoktor ernannt und in aller Welt gefeiert. Zugleich aber bereitete sich das Ende dieser einzigartigen Theaterkarriere in Deutschland vor. Es waren wirtschaftliche Schwierigkeiten des Reinhardt-Konzerns (2,5 Millionen Mark Schulden), die zunehmend prekärer werdende Wirtschaftslage in Deutschland (Massenarbeitslosigkeit) und die sich krisenhaft zuspitzenden politischen Verhältnisse, samt dem aufkommenden NS-Terror gegen den jüdischen Künstler und Unternehmer Reinhardt, all dies ließ den Spielbetrieb kaum noch aufrechterhalten. Es kam – wie in anderen

Berliner Theatern auch – zu Massenentlassungen bei den Ensembles. Reinhardt trennte sich von seinen beiden Bühnen am Kurfürstendamm. Das Deutsche Theater verpachtete er 1932 an Rudolf Beer und den Regisseur Karlheinz Martin. Reinhardts Inszenierung von Kleists Stück *Der Prinz von Homburg* am Deutschen Theater wurde am 29. November 1932 als Rundfunkaufzeichnung einem Millionenpublikum übermittelt. Es war das erste Ereignis dieser Art in Deutschland. Im Januar 1933 kam es während einer Aufführung im Deutschen Theater zu antisemitischen Krawallen. Daraufhin wurde das Theater geschlossen, und seine Direktoren traten zurück. Reinhardt übersiedelte Anfang 1933 nach Österreich. In einem Brief vom 16. Juni 1933 an die Reichsregierung übereignete er sein geistiges und materielles Lebenswerk «dem deutschen Volke».

Nach Jahren der Arbeit als Gastregisseur (London, Paris, Florenz, Venedig, Hollywood, San Francisco, Chicago, New York u. a.) emigrierte Max Reinhardt 1937 in die USA. Zwei Jahre zuvor hatte sein *Sommernachtstraum*-Film in New York Premiere gehabt. In den USA gelang es Reinhardt jedoch nicht mehr, im Theaterbetrieb wirklich Fuß zu fassen. 1938 gründete er in Hollywood eine Schauspielschule («Workshop for Stage, Screen and Radio»). Im gleichen Jahre kam es zu einer *Faust*-Inszenierung, die er bei einem Theaterfestspielunternehmen in Kalifornien herausbrachte. In den folgenden Jahren inszenierte Reinhardt in New York; allein eine *Fledermaus*-Inszenierung (1942) wurde noch einmal ein Publikumserfolg. Versuche, ein Ensembletheater mit einem eigenen Haus aufzubauen, scheiterten, da sich keine Geldgeber fanden. Reinhardt kam vor allem auch mit den Praktiken der amerikanischen Entertainment-Industry nicht zurecht. Letztlich hatte sich wohl auch seine Auffassung vom Theater überlebt. Perfekter als es das Theater je vermocht hätte, hatte sich das Kino als «Traumfabrik» etabliert.

Nach kurzer Erkrankung starb Max Reinhardt am 31. Oktober 1943 in New York, zurückgezogen vom Theaterbetrieb, in großen finanziellen Schwierigkeiten, resigniert und verbittert. Seine Lebensgeschichte reflektiert in geradezu exemplarischer Weise Glanz und Elend einer spätbürgerlichen Theaterkultur, die sich auch auf das große Geschäft mit der Kunst eingelassen hatte.

H. v. Hofmannsthal: Jedermann. Regie: M. Reinhardt. Domplatz Salzburg 1920

Literatur

Adler, G.: Max Reinhardt – Sein Leben. Salzburg 1964

Ders.: ... aber vergessen Sie nicht die chinesischen Nachtigallen – Erinnerungen an Max Reinhardt. München 1981

Braulich, H.: Max Reinhardt – Theater zwischen Traum und Wirklichkeit. Berlin 1969

Brauneck, M.: Die Welt als Bühne 4. Stuttgart u. Weimar 2003, S. 256–299

Fiedler, L. M.: Max Reinhardt in Selbstzeugnissen und Bilddokumenten. Reinbek 1975

Fuhrich-Leisler, E. u. G. Prossnitz (Hrsg.): Max Reinhardt und die Welt der Commedia dell'Arte. Salzburg 1970

Hadamowsky, F.: Reinhardt und Salzburg. Salzburg o. J.
Huesmann, H.: Welttheater Reinhardt. Bauten – Spielstätten – Inszenierungen. Mit einem Beitrag «Max Reinhardts amerikanische Spielpläne» v. L. M. Fiedler. München 1983
Ihering, H.: Reinhardt, Jessner, Piscator oder Klassikertod? Berlin 1929
Kindermann, H.: Max Reinhardts Weltwirkung. Wien 1969
Max Reinhardt – sein Theater in Bildern (Einführung v. S. Melchinger). Hrsg. v. Max-Reinhardt-Forschungsstätte Salzburg. Velber u. Wien 1968
Reinhardt, M.: Ausgewählte Briefe, Reden, Schriften und Szenen aus Regiebüchern. Hrsg. v. F. Hadamowsky. Wien 1963
Ders.: «Ich bin nichts als ein Theatermann.» Briefe, Reden, Aufzeichnungen, Interviews, Gespräche, Auszüge aus Regiebüchern. Hrsg. v. H. Fetting. Berlin 1989

Aleksandr Jakovlevič Tairov:
Für die «Theatralisierung des Theaters»

«Es lebe die Rampe!»
Das entfesselte Theater, 1929

Die Befreiung des Theaters von der «Fessel an die Literatur» hat keiner der großen Theaterreformer der ersten Hälfte des 20. Jahrhunderts so apodiktisch gefordert wie Aleksandr Tairov. Der Titel seines Buchs *Das entfesselte Theater* (1922/23) weist programmatisch auf diesen Autonomieanspruch des Theaters hin.

Tairov wurde am 24. Juni 1885 unter dem Namen Kornblit in Romny geboren. Sein Vater war Lehrer. 1904 begann er mit dem Studium der Rechtswissenschaften in Kiew, wo er auch erste Kontakte zu Theatergruppen aufnahm. 1906 war er bereits am Dramatischen Theater der Vera F. Komissarshevskaja (1864–1910) in Petersburg engagiert, wo er den Regisseur Mejerchol'd kennenlernte, der im selben Jahr an diese Bühne (bis 1907) engagiert wurde. Tairov trat in Mejerchol'ds Inszenierungen von M. Maeterlincks *Schwester Beatrix* (22. November 1906) und von A. Bloks *Balagantschik* (30. Dezember 1906) als Schauspieler auf. Kurze Zeit (1907/08) arbeitete Tairov bei einer Wandertruppe, wo er auch Regie führte. Nachdem er 1912 sein Studium abgeschlossen hatte, ließ er sich in Moskau als Anwalt nieder und hielt seine Theaterlaufbahn an sich für beendet. Als er jedoch dem Regisseur Konstantin Aleksandrovič Mardshanov (1872–1933) begegnete, schloss er sich spontan dessen 1913 gegründetem Freien Theater an. Tairov inszenierte an dieser Bühne die Pantomime *Der Schleier der Pierette* (nach A. Schnitzlers Stück *Der Schleier der Beatrice*). Mardshanovs Idee eines «synthetischen Theaters» entsprach in vielem den Vorstellungen Tairovs, der nur ein Jahr später, 1914, zusammen mit seiner Lebensgefährtin, der Schauspielerin Alisa Koonen (1889–1974), ein eigenes Theater gründete, das Moskauer Kammertheater. Er kommentierte die Intention dieses Unternehmens folgendermaßen:

«Wir wollten in unserer Arbeit vom durchschnittlichen Zuschauer unabhängig sein, von diesem Kleinbürger, der sich in den Theatersälen eingenistet hatte, wir wollten ein kleines Kammerauditorium eigener Zuschauer, die ebenso unbefriedigt und unruhig waren und ebenso suchten wie wir, wir wollten den immer zahlreicher werdenden Theaterspießern von vornherein klarmachen, daß wir nach ihrer Freundschaft und ihren Nachmittagsbesuchen nicht verlangten. Darum nannten wir unser Theater Kammertheater. Natürlich dachten wir keinen Augenblick daran, uns und unsere Arbeit durch diesen Namen in irgendeiner Weise festzulegen.» (Theateroktober. Frankfurt a. M. 1972, S. 276)

Das «Kammertheater» wurde am 12. Dezember 1914 mit dem altindischen Mysterienspiel *Sakuntala* von dem Sanskritdichter Kālīdāsa eröffnet. Tairov realisierte hier einen Inszenierungsstil, der sich programmatisch gegen den psychologisierenden Naturalismus Stanislavskijs wandte. «Synthetisches Theater», wie es schon Mardshanov gefordert hatte, war auch sein Ziel, allein auf den Schauspieler, «der Tänzer, Artist, Clown, Sänger, Mime und Darsteller in einem sein sollte» (Theateroktober, S. 229), vertrauend: «Denn das Wesen des Theaters ist immer die Handlung, die einzig und allein vom aktiv handelnden Menschen, d. h. vom Schauspieler getragen wird.» Tairov lehnte deswegen das Marionetten-Vorbild Gordon Craigs ebenso ab wie die bühnentechnischen Experimente Mejerchol'ds. Seine Vorbilder lagen vielmehr im Bereich des Volkstheaters, der Commedia dell'Arte und der Mysterienspiele. Gleich die erste Inszenierung des Kammertheaters, *Sakuntala*, machte deutlich, in welche Richtung Tairov seine Theaterideen entwickeln würde. Er arbeitete dabei mit der Malerin Aleksandra A. Exter (1882–1949) zusammen, die äußerst phantastische Kostüme entwarf. Hatte Tairov zuvor in einigen Experimenten statt der herkömmlichen Kostüme den nackten Körper der Schauspieler bemalt, entwickelte er nun das «Kostüm als Maske der Rolle»; er schrieb:

«Das wahre Theaterkostüm ist kein Gewand, bestimmt, den Schauspieler zu schmücken, ist kein Modellkostüm für den Stil dieser oder jener Epoche, ist kein Modenbild aus einer alten Zeitschrift. Und der Schauspieler ist keine Puppe und kein Mannequin, dessen Hauptzweck es ist, das Kostüm so vorteilhaft wie nur möglich vorzuführen. Nein, das Kostüm ist die zweite Haut des Schauspielers, etwas untrennbar mit ihm Verbundenes; es ist die sichtbare Maske seines szenischen

W. Shakespeare: Romeo und Julia (Balkonszene). Regie: A. Tairov. Bühne: A. Exter. Kammertheater Moskau 1921

Gebildes, die so vollkommen mit ihm verwachsen sein muß, das man, gleichwie man aus einem Gedicht kein Wort entfernen kann, ebenfalls nicht imstande sein dürfte, auch nur das geringste an ihr zu ändern, ohne das ganze Gebilde zu entstellen. Das Kostüm ist ein neues Mittel zur Bereicherung der Ausdruckskraft der schauspielerischen Gebärde, die mit Hilfe eines richtigen Kostüms eine ganz besondere Prägnanz und Schärfe oder auch Weichheit und Geschmeidigkeit erhalten muß, je nachdem der schöpferische Grundplan es erfordert. Das Kostüm ist das Mittel, den ganzen Körper, die ganze Gestalt des Schauspielers noch beredter und klingender zu machen, ihr Schlankheit und Leichtigkeit oder Starrheit und Schwere zu verleihen.» (Das entfesselte Theater. Köln u. Berlin 1964, S. 158 f.)

Diese Ideen nahm Aleksandra Exter in ihren Kostümentwürfen kongenial auf.

«Sie versuchte mit rein malerischen Mitteln die Überschreitung der Fläche zur dritten Dimension und die Dynamisierung der simultanen Farbgebung durch rhythmische Figuration. Sie verwendete die verschiedensten Materialien für ihre Kostüme, die in erster Linie der Intensivierung der Geste zu dienen hatten. Sie schuf ‹bewegte Bühnenbilder›, in denen die Kostüme wie lebendige farbige Plastiken wirkten. Sie malte Musik.» (P. Pörtner, in A. Tairov: Das entfesselte Theater, S. 31 f.)

Nach der Eröffnungspremiere waren die wichtigsten Inszenierungen Tairovs am Moskauer Kammertheater: 1916 *Thamyra Kitharedes* von Annensky (Bühne: A. Exter); 1917 *Salome* von O. Wilde (Bühne: A. Exter) und *König Arlecchino* von R. Lothar; 1918 *Der Tausch* von P. Claudel; 1919 *Adrienne Lecouvreur* von Scribe und Legouvé (Bühne: B. Ferdinandov); 1920 *Maria Verkündigung* von P. Claudel (Bühne: A. Vesnin) und *Prinzessin Brambilla* von E. T. A. Hoffmann (Bühne: G. Jakulov); 1921 *Romeo und Julia* von Shakespeare (Bühne: A. Exter) und *Phädra* von Racine (Bühne: A. Vesnin); 1922 *Giroflé – Giroflà* von Lecocq (Bühne: G. Jakulov); 1923 *Der Mann der Donnerstag war* von Krischanowsky (nach G. K. Chesterton; Bühne: A. Vesnin); 1924 *Die heilige Johanna* von G. B. Shaw (Bühne: W. und G. Stenberg) und *Gewitter* von A. N. Ostrovskij (Bühne: W. und G. Stenberg und K. Medunetsky); 1925 *Kukirol* von einem Autorenkollektiv; 1926 *Der haarige Affe* (Bühne: A. Tairov) und *Gier unter Ulmen* von O'Neill, *Der Tag und die Nacht* von Lecocq, *Sirocco* von V. Zak/N. Dantsiger; 1927

Ch. Lecocq: Giroflé – Giroflà. Regie: A. Tairov. Bühne: G. Jakulov.
Kammertheater Moskau 1922

Othello von Shakespeare (Bühne: A. Exter) und *Antigone* von W. Hasenclever; 1928 *Die Purpurinsel* von M. Bulgakov; 1930 *Die Dreigroschenoper* von B. Brecht; 1933 *Die Optimistische Tragödie* von V. V. Višnevskij; 1940 *Madame Bovary* nach dem Roman von G. Flaubert (mit A. Koonen als Emma); 1944 *Vor den Mauern Leningrads* von Višnevskij. Nach 1945 inszeniert Tairov u. a. von Gor'kij *Der Alte* und Čechovs *Die Möwe*.

Das Ensemble des Kammertheaters machte 1923, 1925 und 1930 Tourneen nach Westeuropa und Lateinamerika. Am Deutschen Theater Berlin gastierte Tairovs Kammertheater am 7. April 1923 mit *Salome*, am 9. April mit *Prinzessin Brambilla*, am 10. April mit *Giroflé – Giroflà* (unter dem Titel *Die Zwillingsschwestern*), am 14. April mit *Phädra* und am 17. April mit *Adrienne Lecouvreur* (unter dem Titel *Moritz von Sachsen*). Tairov leitete das Moskauer Kammertheater bis zu seiner Schließung 1949. In der Folge der Durchsetzung der kulturpolitischen Doktrin des sozialistischen Realismus unter Stalin änderte sich seit etwa Mitte der dreißiger Jahre auch das Programm dieser Bühne; es wurden nun vorwiegend Stücke zeitgenössischer Autoren der linientreuen Richtung inszeniert. (Vgl. M. Brauneck: Die Welt als Bühne. 4, S. 831 ff.)

Auf den Ende der zwanziger Jahre von den kulturpolitischen Instanzen verschärft vorgetragenen Vorwurf, sein Theater sei zu abstrakt und trage zum Aufbau der sozialistischen Gesellschaft nichts bei, entgegnete Tairov im Vorwort zur zweiten Auflage seiner «Aufzeichnungen» 1927. Er übte darin eine Form der Selbstkritik, wie sie in diesen Jahren bei zahlreichen Künstlern üblich, zumeist in Schauprozessen erzwungen war, um einem totalen Arbeitsverbot zu entgehen. Er kritisierte die «Abstraktheit» seiner bisherigen Arbeit und plädierte für «neuen, konzentrierten, konkreten Realismus, der einzig und allein den Anspruch erheben darf, der echte Stil unserer Zeit zu werden».

Aleksandr Tairov starb am 25. September 1950 in Moskau, vom Sowjetstaat – wie Konstantin Stanislavskij auch – mit den höchsten Auszeichnungen geehrt.

Literatur

Brauneck, M.: Die Welt als Bühne 4. Stuttgart u. Weimar 2003, S. 831–843

Efros, A.: Das Kammertheater und seine Künstler 1914–1934. Moskau 1934

Gray, C.: Das große Experiment. Die russische Kunst 1863–1922. Köln 1974

Nakov, A. B.: Alexandra Exter. Ausstellungskatalog. Galerie Jean Chauvelin. Paris 1972

Tairow, A.: Das entfesselte Theater. Leipzig u. Weimar (2. Aufl.) 1980

Theateroktober. Wsewolod E. Meyerhold, Alexander J. Tairow, Jewgeni B. Wachtangow. Beiträge zur Entwicklung des sowjetischen Theaters. Hrsg. v. L. Hoffmann u. D. Wardetzki. Frankfurt a. M. 1972

Torda, Th. J.: Alexander Tairov and the scenic artist of the Moscow Kamerny Theater, 1914–1935. Diss. Univ. of Denver 1977

Louis Jouvet und die Theaterreform von Jacques Copeau

«Und der Schauspieler vermag nicht zu denken.
Das ist seine Stärke. Denken ist das Gegenteil seines Berufes,
seiner Exerzitien.»
Louis Jouvet

Louis Jouvet wurde am 24. Dezember 1887 in Crozon in der Finistère geboren; sein Vater war Bauingenieur. Bereits mit acht Jahren las der Knabe Molière und zitierte Molière'sche Wendungen in den Spielen mit seinen Freunden. 1902 starb der Vater, und die Familie übersiedelte nach Rethel in den Ardennen, wo die Familie der Mutter lebte. Mit 15 Jahren trat Louis erstmals bei einer Schultheateraufführung als Schauspieler auf. Von da an wurde die Schauspielerei für den unsicheren, zumeist mit sich selbst beschäftigten Jungen ein Mittel der Selbstbestätigung, und bald träumte er von einer Laufbahn am Theater.

1905 begann Jouvet auf Drängen seines Onkels eine Lehre als Apotheker, die er 1909 abschloss. Er zog nun aus der Provinz nach Paris, wo er ein Studium der Pharmazie begann (bis 1913) und gleichzeitig Schauspielunterricht nahm. In Paris wurde Jouvet mit dem Theaterleben der Metropole bekannt, insbesondere mit André Antoines (1858–1943) Théâtre Libre (gegründet 1887) und Aurélien-François-Marie Lugné-Poës (1869–1940) Théâtre de l'Œuvre (gegründet 1893), den beiden Hauptvertretern der Theatermoderne, des naturalistischen und des symbolistischen Theaters. Jouvet schloss sich einer kleinen Theatergruppe an. Zugleich sammelte er einen Kreis gleichgesinnter junger Leute um sich, mit denen er 1907 die Zeitschrift «La Foire aux Chimères» herausgab, die in ihrer ersten Nummer einen Aufruf zur Gründung eines Theaters abdruckte, dessen weit gestecktes Ziel eine neue jugendbewegte Lebensform war. Das Unternehmen kam tatsächlich zustande und erhielt den Namen Groupe (seit 1909 Théâtre) d'Action d'Art. Eine Tournee in die Provinz wurde unternommen. Die «freie» Theatergruppe arbeitete unter dem Protektorat der Université Populaire du Faubourg-Saint-Antoine.

1910 machte Jouvet die Bekanntschaft des Regisseurs Léon Noël, an dessen Schauspielkursen er teilnahm. Schließlich wurde er im Sommer 1910 von Noël fest engagiert und spielte bald eine Reihe kleinerer Rollen in Theatern am Stadtrand von Paris. In dieser Zeit entdeckte er sein Interesse an der Regiearbeit, studierte Theatertechnik, Theatergeschichte, belegte Kurse an der Ecole Nationale des Arts Décoratifs und erweiterte sein Kunstverständnis durch häufige Museumsbesuche.

Im Juli 1910 schließlich wurde er von Jacques Rouché an dessen berühmtes Théâtre des Arts engagiert. Jouvet lernte hier Jacques Copeau (1879–1949) kennen, eine für seine weitere künstlerische Entwicklung entscheidende Begegnung. Copeau engagierte ihn im Frühjahr 1913 an seine neu gegründete Reformbühne, das Théâtre du Vieux-Colombier. Beiden ging es um ein «theatralisches Theater», das sich von den Zwängen des Kommerz ebenso wie von dem Geschmack des Publikums frei hielt; es ging beiden vor allem um eine Erneuerung des künstlerischen Ethos der Schauspielkunst. Copeau hatte in der zeitgenössischen Kunstszene bereits einen Namen als Reformer. 1909 hatte er zusammen mit André Gide, Jean Schlumberger, André Ruyters und Henri Ghéon die Zeitschrift «Nouvelle Revue Française» gegründet, die zum wichtigsten publizistischen Forum dieser Reformbewegung wurde.

Der zentrale Gedanke von Copeaus Theaterreform war die «Retheatralisierung» des Theaters. Gemeint ist die Erneuerung des Theaters aus seinen ursprünglichen, einfachsten Mitteln und bezeichnet eine Gegenposition zum naturalistischen Illusionstheater, dem die unkünstlerische Verdoppelung der Wirklichkeit vorgeworfen wurde. Radikal abgelehnt wurde auch ein Ausstattungstheater, bei dem aufwendige Kostüme und spektakuläre Bühnenaufbauten die Aufmerksamkeit der Zuschauer auf sich ziehen. Zudem galt diese Art des Theaters wegen seiner hohen Kosten als der Inbegriff eines kommerzialisierten, letztlich künstlerisch korrumpierten Theaterbetriebs, gegen den alle Theaterreformer dieser Jahre mit Vehemenz ankämpften. Copeau vertrat einen formstrengen Theatersymbolismus in der schauspielerischen Technik, in Dekorationen und Bühnenbau. Ziel seiner Arbeit war die getreue Interpretation der Klassiker der dramatischen Literatur. Aus dieser idealistischen Tradition bezog er auch die geistige Inspiration für seine Theaterreform.

J. Giraudoux: L'Apollon de Marsac. Regie und Titelrolle: L. Jouvet.
Théâtre de l'Athénée Paris 1947

Copeau entwickelte eine Einheitsbühne, eine Art Synthese aus den Bestrebungen der Stilbühnenbewegung und der Commedia dell'Arte. Eine zentrale Rolle spielte für ihn die Ausbildung seiner Schauspieler.

Copeaus Truppe lebte in einem dem Théâtre du Vieux-Colombier angegliederten Studio als Arbeitskollektiv zusammen. Bei seiner pädagogischen Arbeit ging es ihm um die Ausbildung des «ganzen Menschen». Die Nähe seiner Theaterreform zur Lebensreformbewegung dieser Jahrzehnte wurde auch hier wieder deutlich. Theaterarbeit war für Copeau stets mehr als nur die Ausübung einer Profession, sie war immer auch ein ethisches Lebensprogramm. Diesen Anspruch vertrat er mit unerhörtem Pathos. Das Théâtre du Vieux-Colombier, mit dem Copeau zahlreiche Gastspielreisen ins Ausland – unter anderem in die USA – unternahm, leitete er bis 1924. 1923 kam es in Paris zur Zusammenarbeit mit Stanislavskij. Schließlich zog sich Copeau aus gesundheitlichen Gründen (bis 1930) nach Pernand-Vergelesses zurück und betrieb nur noch Studioarbeit mit seiner Truppe, die sich «Les Copeaux» nannte. Einige Gastspiele wurden in den Niederlanden, der Schweiz, Belgien und England gegeben. 1930 gründete er die «Compagnie des Quinze», mit der er bei Volksfesten und auf Jahrmärkten auftrat. Es war Theater im Stil der Commedia dell'Arte. Mit dieser Truppe veranstaltete Copeau nun Tourneen durch Frankreich und Italien. Gelegentlich inszenierte er an der Comédie-Française, deren Direktor er 1940 war.

Programmatisch formulierte Jacques Copeau seine Reformideen in der Schrift *Die Erneuerung des Theaters* von 1913. Jouvets Vorstellungen von einem «neuen Theater» entsprachen den darin formulierten Grundsätzen weitgehend. Es heißt dort:

«Unter Inszenierung verstehen wir: den Entwurf einer dramatischen Aktion. Das ist das Zusammenwirken der Bewegungen, der Gesten und Haltungen, der Einklang von Gesichtsausdruck, Sprechen und Schweigen; es ist die Totalität des szenischen Spektakels, die ausgeht von einem einzigen Gedanken, der sie entwirft, ordnet und mit sich in Einklang bringt. Der Regisseur entwickelt unter den Spielern jenes verborgene aber sichtbare Band, jene wechselseitige Sensibilität und geheimnisvolle Korrespondenz der Beziehungen, deren Fehlen bewirkt, daß ein Drama, selbst wenn es von ausgezeichneten Schauspielern aufgeführt wird, das Wesentliche seines Ausdrucks verliert. Dies alles zu erreichen, ist die Aufgabe des Regisseurs (...).
Es ist aber nicht so, daß wir unempfindlich wären gegenüber der Kunst, mittels Farbe, Form und Licht eine dramatische Atmosphäre zu schaffen. Drei Jahre ist es

jetzt her, daß wir der glücklichen Initiative M. Jacques Rouchés Beifall gespendet haben, der sich bemüht hatte, mit Hilfe vorzüglicher Maler das Bühnenbild mit einer neuen ästhetischen Qualität auszustatten. Wir haben um diese Bemühungen gewußt, wir haben die Projekte und Inszenierungen **Mejerchol'ds, Stanislavskijs, Dančenkos** in Rußland verfolgt; Max Reinhardts, Littmanns, Fuchs' und Erlers in Deutschland; Gordon Craigs und Granville-Barkers in England. Sicher, es scheint unzweifelhaft, daß sich zur Stunde in ganz Europa alle Theaterkünstler in einem einig sind: in der Verdammung des realistischen Bühnenbildes, das dazu neigt, die Illusion der Dinge selbst herzustellen; und: in der Schwärmerei für ein stilisiertes oder synthetisiertes Bühnenbild, das darauf abzielt, die Illusion (beim Zuschauer) anzuregen. Die neuen Methoden stellen aber zu hohe Ansprüche, (...) als daß man sie heute noch uneingeschränkt vertreten könnte, ohne sich der Lächerlichkeit auszusetzen. (...) Wir sind Gegner jener übertriebenen Stilisierung und haben nicht die Absicht, irgend etwas gegen den Verstand und den guten Geschmack zu unternehmen. Folglich, das sei eingestanden, haben uns die Ideen der Meister, die ich weiter oben erwähnte, manchmal durch ihre Pedanterie und Schwerfälligkeit geradezu schockiert (...) Es mit dieser oder jener attraktiven Formel zu halten, heißt immer, sich für das Theater eigentlich nur nebenbei zu interessieren. Sich für die Erfindungen der Ingenieure und Elektriker zu begeistern, heißt (...), in welcher Form auch immer mit Tricks zu arbeiten. Alte oder neue, wir lehnen sie alle ab! Gut oder schlecht, rudimentär nur oder vervollkommnet (...), wir verneinen die Bedeutung jedweder Maschinerie (für das Theater)! Man mag die Erklärung solcher Prinzipien verdächtig finden: man wird uns vorhalten, daß wir auf der kleinen Bühne des Théâtre du Vieux-Colombier ja gezwungen sind, auf die Vorteile einer reichen Dekoration zu verzichten. Wir können aber freimütig erwidern, daß wir uns freuen, uns mit einem solchen Mangel an Hilfsmittel zufrieden geben zu müssen. Wir würden ihren Gebrauch verweigern, auch wenn sie uns angeboten würden, denn wir haben die tiefe Überzeugung, daß es verheerend für die dramatische Kunst ist, von einem großen Aufgebot (an Maschinerie) Gebrauch zu machen. Es macht nervös, verbraucht alle Kraft, begünstigt die Bequemlichkeit und das Malerische und läßt das Drama als Ausstattungsstück enden. Wir glauben nicht, daß man, ‹um den ganzen Menschen in seinem Leben darzustellen›, ein Theater benötigt, ‹wo die Dekorationen von unten auftauchen können und blitzschnelle Szenenwechsel erfolgen›, noch, daß schließlich die Zukunft unserer Kunst an ‹eine Frage des Mechanismus› gebunden sein soll. Hüten wir uns davor, von irgend etwas Abstriche zu machen! Man darf nicht die szenischen Konventionen mit den dramatischen Konventionen verwechseln. Die einen zerstören, heißt nicht, die anderen zu befreien. Ganz im Gegenteil! Die Zwänge der Bühne und ihre Künstlichkeit werden uns disziplinieren und zwingen, die ganze Wahrheit in den Gefühlen und Handlungen unserer Personen zu konzentrieren. Mögen die anderen Richtungen vergehen; uns aber lasse man für das Neue Theater ein nacktes Brett!» (Nach M. Brauneck: Theater im 20. Jahrhundert, S. 61 f.)

An Copeaus Theater arbeitete Jouvet bis Oktober 1922. Einer seiner engen Freunde in der Truppe wurde Charles Dullin (1885–1949), der wie er als Schauspieler engagiert war. Die Eröffnungspremiere des Vieux-Colombier fand am 22. Oktober 1913 statt. Jouvet entwickelte sich an dieser Bühne zum ausgesprochenen Molière-Spezialisten. Für zahlreiche Inszenierungen von Copeau entwarf Jouvet auch das Bühnenbild und war bei Aufgaben der Theaterleitung Copeaus «rechte Hand».

Im Oktober 1922 trennte sich Jouvet von Copeau und übernahm – auf Einladung von Jacques Hébertot – die Technische Direktion des Théâtre des Champs-Elysées. Das Haus hatte zwei Bühnen, ursprünglich auch eine bedeutende Kunstgalerie, in der die Avantgarde der Zeit, Picasso, Braque u. a., ausstellte. Als Jouvet an dieses Haus kam, wurde aus der Galerie eine Studiobühne. Jouvet war dort zeitweilig für den Spielbetrieb von drei Bühnen verantwortlich.

Seine erste Inszenierung an der Comédie des Champs-Elysées war *Monsieur Le Trouhadec saisi par la débauche* von Jules Romains am 12. März 1923. Jouvet entwarf das Bühnenbild und spielte die Titelrolle. Am 14. Dezember 1923 war die Premiere seines größten Bühnenerfolgs (1298 Aufführungen), von Jules Romains' *Knock oder Der Triumph der Medizin*. Wieder spielte Jouvet die Titelrolle.

Für den Betrieb des Theaters übernahm Jouvet von Copeau die Praxis der verbilligten Eintrittspreise für Abonnenten, eine Regelung, die Copeau an seinem Theater ebenfalls eingeführt hatte.

Zur Durchsetzung jener von Copeau inspirierten künstlerischen Theaterreform schlossen sich am 6. Juli 1927 die vier führenden (fast gleichaltrigen) Pariser Regisseure und Theaterleiter zu einer Allianz zusammen. Die Gruppe nannte sich «Cartel des quatre». Es waren Gaston Baty (1885–1952) mit dem Studio des Champs-Elysées, Charles Dullin mit dem Théâtre de l'Atelier, Louis Jouvet mit der Comédie des Champs-Elysées und Georges Pitoëff (1884–1939) mit dem Théâtre des Mathurins. In Jouvets Büro wurde eine Grundsatzerklärung für alle Fragen des Berufstheaters unterzeichnet, in der sich die vier – bei strikter Wahrung ihrer Selbständigkeit – auf gemeinsame künstlerisch-moralische Prinzipien und ein gemeinsames Vertreten dieser Prinzipien in der Öffentlichkeit verpflichteten. Vereinbart wurde auch die gegenseitige finanzielle Unterstützung, sollte eine der Bühnen dieser vier in Schwierigkeiten geraten. Das Cartel war als eine Art Syndikat für alle Fragen des Theaterwesens konzipiert.

1928 wurde für Jouvets Theaterlaufbahn ein entscheidendes Jahr; am 3. Mai inszenierte er *Siegfried* von Jean Giraudoux (1882–1944). Der Autor hatte Jouvet bereits 1926 kennengelernt; ihre Zusammenarbeit sollte sich über Jahre hin als außerordentlich produktiv erweisen (vgl. M. Brauneck: Die Welt als Bühne. 4, S. 104 ff.). Giraudoux' dramatischer Stil brachte Jouvets Schauspielkunst zur pointiertesten Entfaltung. Auch arbeitete Jouvet zusammen mit Giraudoux an der Dramaturgie von dessen Stücken, deren unverbindliche, verspielt-ironische Modernität dem Zeitgeist der späten zwanziger und der dreißiger Jahre offenbar besonders entgegenkamen. Von dessen Stücken inszenierte Jouvet an der Comédie des Champs-Elysées *Amphitryon 38* (1929, Jouvet als Mercure) und *Intermezzo* (1933, Jouvet als Le Contrôleur); am Théâtre Pigalle inszenierte er *Judith* (Jouvet als Le Garde). Alle Aufführungen waren große Publikumserfolge.

1932 ging Jouvet mit der Comédie des Champs-Elysées auf eine zweimonatige Tournee durch Frankreich, Italien, Belgien und in die Schweiz. Das Ensemble und sein Starschauspieler wurden triumphal gefeiert.

1934 trennte sich Jouvet von der Comédie des Champs-Elysées und übernahm das zentraler gelegene Athénée Théâtre, das er – als Athénée Théâtre Louis Jouvet – am 8. Oktober mit *Amphitryon 38* eröffnete. Die Serie der Giraudoux-Uraufführungen setzte sich bis 1945 fort; die erfolgreichsten waren *Der Trojanische Krieg findet nicht statt* (22. November 1935 mit Jouvet als Hector), *Undine* (1939, Jouvet als Chevallier Hans), schließlich im Dezember 1945 *Die Irre von Chaillot* (Jouvet als Chiffonnier). Von Molière inszenierte er 1936 *Die Schule der Frauen* (Jouvet als Arnolphe, seine – neben Dr. Knock – erfolgreichste Rolle mit 446 Aufführungen); 1947 *Dom Juan oder Der steinerne Gast* (Jouvet als Dom Juan) und 1950 *Tartuffe*

Molière: L'école des femmes. Regie: L. Jouvet. Comédie des Champs-Elysées Paris 1936

(Jouvet in der Titelrolle). – An der Comédie-Française inszenierte Jouvet u. a. 1937 *L'Illusion* von Corneille und am Théâtre Marigny mit Jean-Louis Barrault 1949 *Scapins Schelmenstreiche* von Molière (Jouvet als Géronte).

Von Mai 1941 bis Februar 1945, der Zeit der Besetzung Frankreichs durch die deutsche Armee, ging Louis Jouvet mit seinem Ensemble auf Südamerika-Tournee. 1945 veröffentlichte er den Bericht *Prestige et Perspectives du Théâtre Français: Quatre Années de Tournée en Amérique Latine.* In den fünfziger Jahren erschienen *Réflexions du Comédien* (1951) und posthum *Écoute, Mon Ami* (1952) und *Témoignages sur le Théâtre* (1952).

Nach seiner Rückkehr aus Südamerika eröffnete Jouvet im Herbst 1945 erneut das Athénée. Als Erstes zeigte er seinen größten Vorkriegserfolg, Molières *Die Schule der Frauen*. Seine erste Neuproduktion war Giraudoux' *Die Irre von Chaillot* am 19. Dezember 1945. Diese Inszenierung war sein eigentlicher Neuanfang. Die Aufführung wurde ein sensationeller Erfolg. Jouvets führende Stellung im Pariser Theaterleben der Nachkriegszeit, das bereits von einer neuen Generation von Schauspielern und Regisseuren geprägt war, schien eindrucksvoll bestätigt. Dennoch spürte er in den folgenden Jahren eine zunehmende Distanz zwischen seinem Theater und dem Pariser Publikum. So war seine Konzentration in seinen letzten Arbeitsjahren auf die Klassik, auf Molière insbesondere, eine programmatische Entscheidung für die Bewahrung einer kulturellen Tradition und eines künstlerischen Ethos des Theaters, das Jouvet durch mannigfaltige Tendenzen jener Zeit gefährdet sah. Diese Haltung war verbunden mit einer Hinwendung zum Religiösen. Jouvet reagierte damit wohl auch auf die Erfahrung von persönlicher Vereinsamung und Krankheit. Er starb am 16. August 1951 in seinem Theater. Über 30 000 Menschen nahmen an der Begräbnisfeier teil.

Literatur

Arnoux, A.: Charles Dullin. Paris 1951
Bablet, D.: Copeau et le Théâtre théâtrale. In: Maske u. Kothurn 15/1969, S. 74–81
Brauneck, M.: Theater im 20. Jahrhundert. Reinbek 1993
Ders.: Die Welt als Bühne 4. Stuttgart u. Weimar 2003, S. 16–42 u. 104–114
Christout, M. F., N. Guibert u. D. Pauly: Théâtre du Vieux-Colombier 1913–1993. Paris 1993
Copeau, J.: Impromptu du Vieux-Colombier. Paris 1917
Ders.: Souvenirs du Vieux-Colombier. Paris 1931
Ders.: Le Théâtre populaire. Paris 1941
Gagneré, G.: Permanence artistique et pratique théâtrale. Diss. Paris 2001

Jouvet, L.: Hommage à Jacques Copeau. In: Les Nouvelles Littéraires, 10. Feb. 1949
Ders.: Reflexions du Comédien. Paris 1951
Ders.: Témoignages sur le théâtre. Paris 1987
Ders.: Molière et la comédie classique. Paris 1997
Ders.: Écoute mon Ami. (dt.) Hamburg 1955
Jouvet, Dullin, Baty, Pitoëf: le cartel. Ausstellungskatalog. Paris 1987
Liebowitz Knapp, B.: Louis Jouvet. Préface de Jean-Louis Barrault. Paris 1986
Mignon, P.-L.: Charles Dullin. Lyon 1990
Rouché, L.: L'Art théâtrale moderne. Paris 1986
Schlocker, G.: Das «Vieux-Colombier» oder die Schule des reinen Theaters.
   In: Antares 7/1959, S. 241–243

Jean-Louis Barrault: «Objektives Mimen» – «subjektives Mimen»

«(...) das Theaterspielen gehört zu jedem Lebewesen».
Jean-Louis Barrault

Jean-Louis Barrault (1910–1994) hat die Idee von einem «totalen Theater» als dem «einzig wahrhaftigen Theater» zum künstlerischen Credo seiner Arbeit erklärt. In seinen Lebenserinnerungen schreibt er, diese Idee erläuternd:

«Das Theater ist eine Kunst, die das Leben in all ihrer Vielfalt, Gleichzeitigkeit und Gegenwärtigkeit, das hcißt in etwas ungeheuer Zartem neu erstehen läßt, und zwar mit dem menschlichen Wesen, das im Raum dem Kampf ausgesetzt wird, als seinem Hauptmittel. Der Raum ist die Leinwand des Malers; das menschliche Wesen ist der Pinsel, die Farben; der Autor ist der Künstler. Das menschliche Wesen ist also das notwendige und ausreichende Mittel, über das der Künstler, der Autor verfügt. Es entsteht dann Gesamttheater, wenn der Autor die Quellen dieses menschlichen Wesens voll und ganz ausschöpft. Man könnte also sagen, das totale Theater verwende die ganze Palette des menschlichen Wesens. Es ist, im Vergleich mit dem spezialisierten (psychologischen) Theater, das an eine Grau-in-Grau-Malerei erinnert, ein farbiges Theater. Es versucht, wärmer, lebendiger (...) menschlicher zu sein. (...)
Und wenn es auf dem Brettergestell nichts anderes gibt als diesen Menschen, der alle seine Ausdrucksmittel spielen läßt, ist es bereits totales Theater. Das ist, wie gesagt, die Forderung des antiken Theaters, des elisabethanischen Theaters, des klassischen Theaters, des echten Theaters aller Zeiten. Aber auch des echten Theaters aller Herren Länder, vor allem des fernöstlichen Theaters, das in bezug auf die Verwendung aller Ausdrucksmittel des menschlichen Wesens viel weiter ist als unser westliches.» (Betrachtungen über das Theater. Zürich 1962, S. 89 f.)

Barrault ging im Winter 1931 als Schauspielschüler zu Charles Dullin (1885–1950) an dessen Théâtre de l'Atelier. Dort lernte er den Pantomimen Étienne Decroux (1898–1911) kennen, der seit 1926 zur Truppe Dullins gehörte. Von ihm wurde Barrault in der Kunst der Pantomime ausgebildet. Die Zusammenarbeit der beiden setzte sich auch in den Jahren 1947 bis 1951 an der Comédie-Française fort.

Orientiert an der klassischen Pantomimentradition wurde die totale Entfaltung aller körpersprachlichen Ausdrucksmittel (mein «Körper bekam ein Gesicht») das bestimmende Stilelement des Theaters von Barrault. Seit seiner Rolle als Baptiste in Carnés Film *Kinder des Olymp* (1945) gilt er geradezu als «Klassiker» pantomimischer Schauspielpoesie.

1935 führte Barrault erstmals auch Regie und gründete ein eigenes Theater, das Studio «Grenier des Augustines», wo er mit Breton, Artaud und Prévert zusammenarbeitete. 1937 übernahm er die Leitung des Théâtre Antoine. 1940 verpflichtete ihn Jacques Copeau «lebenslänglich» an die Comédie-Française. Dort lernte Barrault auch die Schauspielerin Madeleine Renaud (1900–1994) kennen; die beiden heirateten und blieben bis 1946 an Frankreichs renommiertester Staatsbühne. Madeleine Renaud war eine Schauspielerin mit einer außergewöhnlichen «Anpassungsfähigkeit und Flexibilität. Sie kann jede Rolle übernehmen:» – so Jean-Louis Barrault – «Sozialhelferin oder Kokotte. Sie ist Zikade und Ameise zugleich.» Die Rolle der Winnie in Samuel Becketts Stück *Glückliche Tage* (1963 in der Regie von Roger Blin) machte sie weit über die Landesgrenzen hinaus bekannt. Für Barrault war sie eine «Schauspielernatur» par excellence.

Im September 1946 lösten Barrault und Renaud ihre Verträge mit der Comédie. Sie gründeten nur wenige Wochen später ihre eigene Truppe, die «Compagnie Madeleine Renaud-Jean-Louis-Barrault», und eröffneten ihre erste Spielzeit am Théâtre Marigny. Die Inszenierungen, die die Compagnie dort in den folgenden Jahren herausbrachte – darunter *Hamlet* (1946), Kafkas *Der Prozeß* (1947), von Claudel *Mittagswende* (1948) und *Christophe Colomb* (1953) und von Aischylos *Orestie* (1955) –, waren herausragende Ereignisse. Barrault avancierte zum weltweit bekanntesten französischen Bühnenkünstler. In 13 Spielzeiten brachte er 45 Stücke heraus mit einem deutlichen Schwerpunkt auf französischen Autoren, darunter Anouilh, Camus, Sarraute, Duras und Schéhadé.

Eine der wesentlichsten geistigen Prägungen erfuhr Barrault neben seiner Freundschaft mit Artaud durch die Zusammenarbeit (seit 1937) mit dem 42 Jahre älteren Paul Claudel (1868–1955), dessen schwer zu in-

S. Beckett: Glückliche Tage. Regie: R. Blin. J.-L. Barrault als Willi, M. Renaud als Winnie. L'Odéon Théâtre de France Paris 1963

szenierende Stücke er immer wieder in bedeutenden Aufführungen auf die Bühne brachte.

1959 wurde Barrault Direktor des Odéon, das er als zweites Staatstheater (Théâtre de France) übernahm. Aus dieser Stelle wurde er 1968 wegen seiner zu konzilianten Haltung gegenüber den studentischen Besetzern des Odéon während der Mai-Revolten entlassen. (Vgl. M. Brauneck: Die Welt als Bühne. 5, S. 39) Die Compagnie Renaud-Barrault spielte daraufhin in einigen kleineren Pariser Theatern, zeitweilig auch in einem Saal, der vornehmlich für Box- und Ringkämpfe genutzt wurde, und in dem stillgelegten Gare d'Orsay. Nach einigen Jahren, in denen Gastspielreisen und Gastinszenierungen im Mittelpunkt von Barraults Arbeit standen, erhielt die Compagnie Renaud-Barrault 1981 wieder ein neues Haus, das Théâtre du Rond-Point auf den Champs-Elysées.

Auch an dieser Bühne setzte Barrault die Serie seiner Erfolge fort, ging mit seiner Compagnie auf Welttourneen und wurde zum «Aushängeschild» der französischen Kulturpolitik. Auch jungen Regisseuren bot er die Möglichkeit, am Rond-Point zu inszenieren; darunter war auch Roger Blin (1907–1984), der mit seinen Beckett- und Genet-Inszenierungen berühmt wurde. Barraults Experimentierfreudigkeit war noch in den letzten Arbeitsjahren ungebrochen. In einem Interview 1981 nannte er die «Schauspielkunst die Poesie des menschlichen Körpers». So stand der Schauspieler auch stets im Zentrum seiner Idee eines «théâtre total», im Zusammenspiel mit Dekoration, Licht- und Klangeffekten. 1994 starben Jean-Louis Barrault und seine kongeniale Partnerin Madelaine Renaud. Die Compagnie war schon 1991 aufgelöst worden. Nach dem Tod der beiden wurde das Théâtre du Rond-Point unter anderer Leitung, aber seitdem unter dem Namen des legendären Künstlerpaars weitergeführt.

Literatur
Barrault, J.-L.: Réflexions sur le théâtre. Paris 1949 (dt. Zürich 1962)
Ders.: Nouvelles réflexions sur le théâtre. Paris 1962
Ders.: Bühnenarbeit mit Paul Claudel. Zürich 1962
Ders.: Mein Leben mit dem Theater. Köln 1967
Ders.: Three Early Essays (on Stanislavskij and Brecht, Total Theatre and the Ideal
    Spectator). In: Theatre Quaterly 3/1973, Heft 10, S. 2 ff.
Ders.: Erinnerungen für morgen. Frankfurt a. M. 1973
Bonal, G.: Les Renaud-Barrault. Paris 2000
Brauneck, M.: Die Welt als Bühne 5. Stuttgart u. Weimar 2007, S. 329.
Cahiers de la Compagnie Renaud-Barrault. Nr. 1 ff. Paris 1953 ff.
Dullin, Ch.: Souvenirs et notes de travail d'un acteur. Paris 1940
Frank, A.: J.-L. Barrault. Paris 1971
Germain, A.: Renaud-Barrault: les feux de la rampe et de l'amour. Paris 1992
Greinert, W.: Die Pariser Theaterarbeit von Barrault 1946–59. Diss. Wien 1969
Innes, Ch.: Avant-Garde Theatre, 1892–1992. London u. New York 1993
Renaud, M.: Le déclaration d'amour. Rencontres avec André Coutin. Paris 2000
Renaud-Barrault. Exposition à la Bibliothèque Nationale de France. Red. N. Giret.
    Paris 1999

II «Theater der Zukunft»:
Vom Ende der Psychologie – oder:
die Faszination des Mechanischen

Vorbemerkung

Bei allen Unterschieden in den theoretischen und weltanschaulichen Ansätzen gibt es eine Reihe von Positionen, die die ästhetischen Entwürfe der Reformer und Theatervisionäre um 1900 als verhältnismäßig einheitliche Bewegung erscheinen lassen.

1. Die Orientierung an Friedrich Nietzsches Vision einer neuen Ästhetik war ein gemeinsamer Ausgangspunkt der Reformer des frühen 20. Jahrhunderts. Nietzsches Formel vom Theater aus «dem Geiste der Musik» kennzeichnet die Richtung, in die diese Entwicklung ging. Die Musik wurde zum neuen ästhetischen Paradigma, in dem sich ein programmatischer Antirationalismus manifestierte. Die Theaterutopien der Jahrhundertwende setzten auf die Erneuerung der mythischen Dimension des Theaters als «Fest des Lebens» (Peter Behrens). Von dieser Nietzsche-Orientierung her leitete sich auch die kulturkritische Komponente aller theaterästhetischen Entwürfe dieser Zeit ab. Das Gesamtkunstwerk, als Festspiel realisiert, imaginierte zudem die Utopie einer neuen «Volksgemeinschaft». «Theater der Zukunft» lautete die visionäre Formel.

2. Daraus folgte als weitere Gemeinsamkeit die Kritik am naturalistischen Theater, am Psychologismus und den aufklärerisch-rationalistischen Tendenzen des Naturalismus und aller späteren Spielarten des Realismus. Die Erneuerung des Kunstcharakters des Theaters entgegen der naturalistischen Verdoppelung der Alltagsrealität auf der Bühne war das gemeinsame Ziel. Das Theater befreite sich von der «Fessel» an die Literatur und konstituierte sich als autonome Kunstform. Insbesondere in dieser Naturalismuskritik lag ein sehr zeitbedingtes Moment dieser Reformbewegung, die die gesamte etablierte Theaterkultur in Frage stellte.

3. Verbunden mit der Entliterarisierung des Theaters war die neue Stellung, die dem Regisseur eingeräumt wurde. Er galt seitdem als der eigentliche Schöpfer des Theaterkunstwerks, nicht mehr der Dramatiker. Das Theater entwickelte seinen sozialen Sinn und seine ästhetische Qualität aus der Produktivität seiner spezifischen Mittel, es verstand sich nicht mehr als Institution der Vermittlung oder Interpretation ei-

ner literarischen Vorlage. Am Ende dieser Entwicklung verschwanden die Inhalte in der Inszenierung. Das Theater bot sich nur noch als Theater dar, als selbstreferenzielles Spiel- und Zeichensystem. Für diese Entwicklung spielte anfangs das Musiktheater eine entscheidende Rolle, insbesondere die Auseinandersetzung mit dem Werk Richard Wagners. Neue Akzente wurden auch für die Schauspielkunst gesetzt. Dem neuen schauspielerischen Ideal kamen der Tänzer oder die Marionette am nächsten. Schauspielkunst war in erster Linie die «Kunst, den Körper zu bewegen». In Analogie zu Zuständen des Rausches, der Trance oder des Träumens wurde die Aktion des Spielers immer wieder als ein aus dem Unbewussten geleitetes Agieren beschrieben. Dieses Theater ließ für den klassischen Charakterdarsteller keinen Raum mehr. Die Beschäftigung mit der Commedia dell'Arte, mit dem Marionetten- und Maskentheater erhielt eine hervorragende Bedeutung bei der Suche nach Vorbildern. Mechanische Bewegungsmuster, exakt choreographierbar, Archetypisches jenseits sozialer oder historischer «Verortung» faszinierten die Vertreter dieser Theaterrichtung.

4. Kennzeichnend war am Beginn dieser Bewegung um 1900 die Auffassung der neuen Theaterkultur als Ästhetisierung des Lebens, als neue Lebenskultur. Dabei wurden wesentliche Ideen der Lebensreformbewegung der Jahrhundertwende in die Theaterprogrammatik übernommen. Eine für diese Zeit äußerst charakteristische Erscheinung, die Projektierung von Theaterfestspielen, stand ihrer Idee nach in diesem Zusammenhang. Das Festspiel verstand sich als Alternative zum kommerzialisierten Theaterbetrieb, dem jeder soziale und moralische Sinn abgesprochen wurde. Stattdessen stellte sich das Festspiel in den Dienst einer ideologischen Aufrüstung der Nation im Sinne der Erneuerung konservativer Wertvorstellungen mit einer deutlich antimodernistischen, antikapitalistischen, kulturkritischen Perspektive. So wurden Festspiele zumeist als Erneuerung feudaler Theaterpraxis organisiert, in aller Regel auch von feudalen Obrigkeiten mitgetragen; ihr völkischnationaler Charakter gehörte vielfach zu ihrem ideologischen Profil. Im Zusammenhang mit dieser Festspielidee kam ein besonderes Interesse an Formen des Massentheaters auf. Die Führung großer Statistenheere auf der Bühne wurde eine der zentralen Regieaufgaben im ersten Drittel

des 20. Jahrhunderts. Im massenhaften Aufgebot von Akteuren schienen das für das Festspiel postulierte neue Gemeinschaftserlebnis und die Einheit von Kunst und Leben augenfällig und suggestiv vermittelt. In dem Gründungsmanifest für die Salzburger Festspiele ist diese Intention am klarsten ausgedrückt.

5. Charakteristisch für diese Theaterentwicklung war auch, dass an ihr nicht nur Theaterleute im engeren Sinn beteiligt waren, sondern auch bildende Künstler, vor allem Architekten. Dies hatte zwei Ursachen. Es war offensichtlich, dass das neue Theater gemäß seinen frühesten Manifestationen – als nationales Fest und Gemeinschaftsfeier – nicht im baulichen Rahmen der traditionellen Hof- und Stadttheater mit ihren Guckkastenbühnen realisiert werden konnte. Der neue Theaterraum wurde als Gemeinschaftsraum konzipiert. Statt des Guckkastentheaters und der Konfrontation von Bühne und Publikum wurde das Arena- oder Rundtheater postuliert. Die Rampe als wichtigstes äußeres Indiz des naturalistischen Illusionstheaters, als architektonische Verfestigung der Trennung von Bühne (Kunst) und Publikum (Leben), wurde tendenziell abgeschafft. Zum anderen resultierte die konzeptionelle Beteiligung von Architekten an der Theaterreform auch aus deren Einbindung in komplexere Formen der Erneuerung der allgemeinen Lebenskultur, wie sie zu Beginn des 20. Jahrhunderts von Peter Behrens (Darmstadt), Henry van der Velde (Weimar) und der Werkbundbewegung konzipiert wurden. In derselben Tradition standen die Theaterarbeit am Bauhaus, insbesondere die um Oskar Schlemmer betriebene theatrale Grundlagenforschung oder die monumentalen Theaterentwürfe von Frederick J. Kiesler. Noch Robert Wilsons minimalistische Bilderwelten sind streng durchkomponierte Raum/Zeit-Systeme: «architektonisches», nicht dramatisches Theater.

Im Zusammenhang vieler dieser experimentellen Projekte war die Auseinandersetzung mit dem antiken Theater und der Theatertradition Japans ein durchgängiges Element der theaterästhetischen Diskussion. Was gerade das japanische Theater für diese (wie für spätere) Reformer so interessant machte, war die Raumanlage dieses Theaters, das durch ein Stegesystem die Trennung von Bühne und Zuschauerraum überbrückt;

aber auch die hohe Stilisierung der japanischen Schauspielkunst, die von allen antinaturalistischen Richtungen des europäischen Theaters immer wieder zum Vorbild genommen wurde; schließlich die Dramaturgie des traditionellen japanischen Theaters, die nicht im Sinne eines psychologischen Theaters Handlungsdramaturgie ist, sondern von einer weitgehenden Gleichwertigkeit aller an der Inszenierung beteiligten Elemente ausgeht und als Rezeptionshaltung eher die Kontemplation als das emotionale Engagement des Zuschauers an der Handlungsmotivation eines Protagonisten erfordert. Eine besondere Rolle wurde bei vielen dieser theaterästhetischen Konzepte dem Licht als erstrangigem Gestaltungsmittel zugewiesen.

So ist es letztlich eine Theaterbewegung, hier in exemplarischen Positionen dokumentiert, die im Vorfeld der Moderne einsetzt und als «Reformbewegung um 1900» Grundlagen erarbeitet hat, von denen aus im Laufe des 20. Jahrhunderts sich die unterschiedlichsten Richtungen entfalten konnten, sich mehr und mehr aber auch aus den frühen weltanschaulichen Bindungen dieser Reformbewegung frei spielend. Statt «Theater der Zukunft» heißt es dann: «Theater der Totalität» (L. Moholy-Nagy) oder «Theater unserer Zeit» (F. Kiesler). Es ist eine Bewegung, die tendenziell die Kunst der Inszenierung über die Vermittlung von Inhalten stellt: ein Theater der symbolisch schwergewichtigen, aber auch eines der leichten, der verspielten Bilder.

Dokumentation

Edward Gordon Craig
Der Schauspieler und die Übermarionette (1908)

[...]
Die schauspielkunst ist keine echte kunst. Es ist deshalb unrichtig, vom schauspieler als von einem künstler zu sprechen. Denn alles zufällige ist feind des künstlers. Kunst ist das genaue gegenteil des chaotischen, und chaos entsteht aus dem zusammenprall vieler zufälle. Kunst beruht auf plan. Es versteht sich daher von selbst, dass zur erschaffung eines kunstwerks nur mit den materialien gearbeitet werden darf, über die man planend verfügen kann. Der mensch gehört nicht zu diesen materialien.

Die menschliche natur ist ganz auf freiheit gerichtet; so erbringt der mensch mit seiner eigenen person den beweis, dass er als *material* für das theater untauglich ist. Da im heutigen theater der menschliche körper als *material* verwendet wird, trägt alles, was dort geboten wird, den charakter des zufälligen. Die bewegungen des schauspielers, der ausdruck seines gesichts und der klang seiner stimme sind den strömen seines gefühls unterworfen, diesen lebendigen strömen, die immer den künstler bewegen müssen, ohne ihn aber je mit sich fortreissen zu dürfen. Der schauspieler ist seinen gefühlen *preisgegeben*, sie bemächtigen sich seiner glieder und lenken sie nach ihrem willen. Er tanzt nach ihrer pfeife, bewegt sich wie in einem bösen traum, hin und her taumelnd, wie einer, der von sinnen ist. Sein kopf, seine arme und beine sind, wenn auch nicht gänzlich außer kontrolle, doch so schwach gegen den anprall des leidenschaftlichen gefühls, dass sie ihn jeden augenblick im stich lassen

E. G. Craig: Bühnenentwurf zu W. Shakespeares Hamlet, 1912

können. Es nützt ihm nichts, seinen verstand zu rate zu ziehen. Die gelassenen anweisungen Hamlets an die schauspieler (nebenbei gesagt die anweisungen des träumers, nicht des logikers Hamlet) sind in den wind gesprochen.
[...]
Wir sind also zu der feststellung gelangt, dass das gefühl zuerst eine schöpferische und dann eine zerstörerische kraft ist. Kunst darf, wie wir gesagt haben, keine zufälle dulden. Was der schauspieler darbietet, ist also kein kunstwerk; es ist eine folge vom zufall gelenkter bekenntnisse. Ursprünglich wurde der menschliche körper nicht als material für die theaterkunst verwendet. Ursprünglich galt es als unschicklich, die privaten menschlichen gefühle vor einer menge öffentlich zur schau zu stellen. Ein elefant und ein tiger passten besser für einen geschmack, der nach aufregung verlangt. Der erbitterte kampf zwischen elefant und tiger vermittelt die ganze erregung, die wir vom heutigen theater empfangen, und gibt sie uns unverfälscht. Ein solches schauspiel ist nicht grausamer, im gegenteil, es ist anständiger und menschenwürdiger; denn es gibt nichts schamloseres, als wenn menschen auf einem podium auftreten und bekennen, was ein wirklicher künstler nur verschleiert, nur in vergeistigter form zeigen würde.

[...]

Der menschliche körper ist also, aus dem angeführten grunde, *von natur aus* als material für eine kunst untauglich. Ich bin mir des radikalen charakters dieser behauptung vollkommen bewusst, und da sie lebendige männer und frauen betrifft, die als ein besonderer menschenschlag immer liebenswert sein werden, will ich mich näher erklären, damit ich nicht, ganz gegen meinen willen, beleidigend wirke. Ich weiss sehr wohl, dass alles, was ich hier sage, nicht sofort den auszug aller schauspieler aus allen theatern der welt bewirken und sie nicht in traurige klöster treiben wird, wo sie dann den rest ihres lebens mit lachen und vergnügten unterhaltungen, vorwiegend über die kunst des theaters, verbringen würden. Wie ich an anderer stelle geschrieben habe, wird das theater weiter fortschreiten, und die schauspieler werden es noch einige jahre lang in seiner entwicklung hemmen. Aber ich sehe einen ausweg, wie die schauspieler ihrer jetzigen knechtschaft entfliehen können. Sie müssen sich selbst eine neue schauspielform schaffen, die im wesentlichen in einer neuen symbolischen gebärdensprache besteht. Heutzutage interpretieren sie etwas, indem sie es *verkörpern*; morgen

E. G. Craig: Bühnenbild zu «Hamlet», 1912

müssen sie es interpretieren, indem sie es *szenisch vorführen*; und dann schliesslich müssen sie etwas *schöpferisch produzieren*. Nur auf diese weise kann wieder stil erreicht werden. Heutzutage verkörpert der Schauspieler einen bestimmten charakter. Er ruft seinem publikum zu: «Seht her, jetzt tue ich so, als ob ich der und der wäre; ich stelle mich, als täte ich das und das», und dann beginnt er nicht, wie er doch versprochen hat, etwas *auszudeuten*, sondern er fängt an, etwas so genau wie möglich *nachzuahmen*.

Ein beliebter ausdruck für die arbeit des schauspielers ist: in seine rolle hineinschlüpfen. Ein besserer ausdruck wäre: aus seiner rolle herausschlüpfen. «Wie denn», ruft der heissblütig aufbrausende schauspieler, «soll ihre theaterkunst nicht aus fleisch und blut sein? Ohne leben?» Es kommt darauf an, was sie leben nennen, mein herr, wenn sie das wort im zusammenhang mit der idee der kunst gebrauchen. Wenn der maler in seiner kunst von leben spricht, dann versteht er darunter etwas ganz anderes als die wirklichkeit, und auch die anderen künstler bezeichnen damit im allgemeinen etwas wesentlich geistiges; nur der schauspieler, der bauchredner oder der tierbändiger meinen eine rohe, wirklichkeitsnahe und lebensechte reproduktion, wenn sie davon sprechen, ihr werk zu beleben. Und deswegen sage ich, der schauspieler sollte am besten aus seiner rolle herausschlüpfen.

[...]

Es ist ein vernünftiger entschluss: weg mit den echten bäumen, weg mit der geburtszangen-realität, beseitigt das lebensnahe spiel, – und ihr seid auf dem richtigen wege, den schauspieler zu beseitigen. Das ist es, was in zukunft geschehen muss, und ich sehe mit vergnügen, dass einige theaterleiter diesen gedanken schon unterstützen. Schafft den schauspieler ab, und ihr schafft die mittel ab, durch die ein unechter bühnenrealismus entstanden und in blüte gekommen ist. Und nicht länger wird es auf der bühne lebendige wesen geben, die uns verwirren, indem sie kunst und realität vermischen, nicht länger wirkliche lebewesen, an denen die schwachheit und das zittern des fleisches sichtbar sind.

Der schauspieler muss das theater räumen, und seinen platz wird die unbelebte figur einnehmen – wir nennen sie die über-marionette, bis sie sich selbst einen besseren namen erworben hat. Viel ist über die marionette geschrieben worden, einige ausgezeichnete bücher, und kunstwerke sind durch sie inspiriert worden. Heute, in ihrer unglücklichsten zeit, betrachten die meisten leute sie als eine bessere art von puppe, und denken, sie habe sich auch aus der puppe entwickelt. Das ist nicht richtig. Sie ist ein abkömmling der steinbilder in den alten tempeln: das heute recht degenerierte abbild eines gottes.

[...]

In der marionette liegt mehr als ein genialer einfall, mehr als das flüchtige aufblitzen der sich entfaltenden großen persönlichkeit. Die marionette ist für mich der letzte abglanz einer edlen und schönen kunst vergangener kulturen. Aber wie jede kunst, wenn sie in grobe und niedrige hände gerät, so ist auch die marionette mit schande bedeckt worden. Heute sind die marionetten nur noch erbärmliche komödianten.

Wer weiss, ob nicht die marionette eines tages wieder das treue medium für die schönheitsvorstellungen des künstlers sein wird. Sollen wir nicht hoffnungsvoll dem tag entgegenschauen, der uns die kunstfigur, das symbolische geschöpf durch die geschicklichkeit des künstlers wiederbringt, auf dass wir erneut die «edle künstlichkeit» erreichen, von der der alte schriftsteller spricht? Denn dann werden wir nicht länger unter dem verderblichen einfluss jener emotionalen bekenntnisse menschlicher schwächen stehen, denen die menschen allabendlich beiwohnen und die doch nur im zuschauer wiederum die schwächen hervorrufen, die auf der bühne gezeigt werden. Wir müssen uns daher um die wiederherstellung jener götterbilder bemühen, und wir müssen – nicht zufrieden mit den marionettenpuppen – die über-marionette schaffen. Die über-marionette wird nicht mit dem leben wetteifern, sie wird über das leben hinausgehen. Ihr vorbild wird nicht der mensch aus fleisch und blut, sondern der körper in trance sein; sie wird sich in eine schönheit hüllen, die dem tode ähnlich ist, und doch lebendigen geist ausstrahlen. Mehrere male im laufe dieses aufsatzes haben einige worte über den tod den weg auf mein papier gefunden, hervorgerufen durch das ständige geschrei der realisten: «Leben! Leben! Leben!» und das mag fälschlich für überspanntheit gehalten werden, vor allem von denen, die an dem mächtigen und geheimnisvollen zauber, welcher in leidenschaftslosen kunstwerken liegt, keinen anteil nehmen und keine freude haben.

[...]

Und auch die vergessenen meister in Asien, die die tempel und alles, was in ihnen ist, schufen, haben jeden gedanken, jedes zeichen ihres werks mit dem geist der stillen bewegung durchdrungen, die dem tode verwandt ist, ihn feiernd und grüßend. Auch in Afrika (viele denken, dort würde erst jetzt mit unserer hilfe eine kultur entstehen) wohnte dieser geist, der die wesentliche substanz jeder vollkommenen kultur ist. Auch dort waren große meister zu hause, nicht individuelle künstler, die von der idee der selbstdarstellung besessen waren, als gäbe es nichts wertvolleres und imposanteres als ihre persönlichkeit, sondern künstler, die mit einer art heiliger geduld damit zufrieden waren, ihre gedanken und ihre hände in der richtung arbeiten zu lassen, die ihnen das gesetz wies, im dienste der einfachen wahrheiten.

[...]

In: Edward Gordon Craig: Über die Kunst des Theaters. Hrsg. v. D. Kreidt. Berlin 1969, S. 52 f., 54 ff., 64 ff., 67 f.

Vsevolod E. Mejerchol'd
Das stilisierte Theater (1907)

[...]

Das stilisierte Theater befreit den Schauspieler von der Dekoration, indem es ihm den dreidimensionalen Raum schafft und ihm die Möglichkeit natürlicher körperlicher Bewegung gibt.

Durch die stilisierten Mittel der Technik erübrigt sich die komplizierte Theatermaschinerie, die Inszenierungen werden so einfach, daß der Schauspieler auf einen Marktplatz gehen und sein Werk unabhängig von Dekorationen und Dingen, die speziell fürs Theater eingerichtet wurden, frei von allem Äußerlich-Zufälligen vorführen könnte.

In Griechenland führte während der Sophokles-Euripides-Zeit der Wettbewerb der Tragödien zur **selbständigen schöpferischen Tätigkeit des Schauspielers**. Später wurden durch die Entwicklung der szenischen Technik die schöpferischen Kräfte des Schauspielers geringer. Durch die komplizierter werdende Technik sank natürlich bei uns die Eigeninitiative der Schauspieler. Daher hat Tschechow recht, wenn er sagt: «Große Begabungen gibt es jetzt wenig, das ist wahr, aber der Durchschnittsschauspieler ist jetzt besser.» Indem der Schauspieler vom zufälligen, überflüssigen Beiwerk befreit und die Technik auf ein mögliches Minimum beschränkt wird, stellt das stilisierte Theater die schöpferische Eigeninitiative des Schauspielers wieder in den Vordergrund. Das stilisierte Theater tut alles für die Wiedergeburt der Tragödie und der Komödie (wobei es das Schicksal bzw. die Satire in den Vordergrund stellt) und vermeidet dadurch die «szenischen Stimmungen» des Tschechow-Theaters, das den Schauspieler zum passiven Erleben verleitet und ihn weniger schöpferisch sein läßt.

Durch den Wegfall der Rampe bringt das stilisierte Theater die Bühnenfläche auf die Höhe des Parterres und indem es Diktion und Bewegung der Schauspieler auf den Rhythmus aufbaut, kommt es dem **tänzerischen Element** wieder näher, während das Wort hier leicht in melodisches Schreien und Schweigen übergehen kann.

Der Regisseur des stilisierten Theaters macht es sich zur Aufgabe, den

N. Gogol: Der Revisor. Regie: V. Mejerchol'd. Mejerchol'd-Theater Moskau 1926

Schauspieler nur zu führen, nicht aber zu regieren (im Gegensatz zum Meininger Regisseur). Er ist nur eine Brücke, die Autor und Schauspieler verbindet. Hat der Schauspieler die künstlerischen Vorstellungen des Regisseurs in sich umgesetzt, steht er dem Publikum **allein** gegenüber, und aus der Reibung zweier freier Elemente – dem Schaffen des Schauspielers und der schöpferischen Phantasie des Zuschauers – entsteht eine echte Flamme.

So wie der Schauspieler frei vom Regisseur ist, ist es der Regisseur vom Autor. Regiebemerkungen des Autors sind für den Regisseur nur eine Notwendigkeit, die durch die Technik jener Zeit, in der das Stück geschrieben wurde, entstanden ist. Hat der Regisseur den inneren Dialog erfaßt, bringt er ihn im Rhythmus der Diktion und in der körperlichen Bewegung des Schauspielers zum Ausdruck und berücksichtigt nur Regieanweisungen des Autors, die sich nicht aus technischen Notwendigkeiten ergeben.

Die Stilisierung verlangt schließlich neben Autor, Regisseur und Schauspieler noch nach einem vierten **Schöpfer** – dem **Zuschauer**. Das stilisierte Theater schafft Inszenierungen, in denen der Zuschauer mit seiner Vorstellungskraft **schöpferisch beendet**, was die Bühne nur **andeutet**.

Es will, daß der Zuschauer «nicht einen Augenblick vergißt, daß vor ihm ein Schauspieler steht, der nur spielt, und der Schauspieler nicht vergessen soll, daß er den Zuschauerraum vor, die Bühne unter und die Dekorationen neben sich hat. Wie bei einem Bild: Während man es betrachtet, vergißt man doch nicht einen Augenblick, daß dazu Farben, Leinwand und Pinsel nötig sind, empfindet jedoch höchstes und erhabenes Lebensgefühl. Oft ist es sogar so, ‹je mehr es **Bild** ist, um so stärker ist das **Lebensgefühl**.» Die Stilisierung bekämpfte die Illusion. Es braucht die Illusion nicht wie apollinische Träumerei. Das stilisierte Theater fixiert den skulpturhaften körperlichen Ausdruck und festigt dadurch im Gedächtnis des Zuschauers einzelne Gruppierungen, damit neben den Worten das Schicksalhafte der Tragödie zur Wirkung kommt.

Das stilisierte Theater sucht nicht nach Verschiedenartigkeit der Arrangements, wie es das naturalistische Theater immer tut, bei dem eine Vielzahl von Gruppierungen ein Kaleidoskop sich schnell verändernder Haltungen schafft. Es erstrebt eine geschickte Beherrschung von Linien, Gruppenaufbau und Kostümkolorit und gibt in seiner Starrheit tausendmal mehr Bewegung als das naturalistische Theater. Bewegung auf der Bühne entsteht nicht durch Bewegung im buchstäblichen Sinne des Wortes, sondern durch Verteilung von Linie und Farbe und dadurch, inwieweit sich diese Farben und Linien leicht und kunstvoll kreuzen und vibrieren.

Wenn das stilisierte Theater die Abschaffung der Dekoration, die gleichrangig neben Schauspieler und Requisiten steht, verlangt, wenn es die Rampe ablehnt, das Spiel des Schauspielers dem Rhythmus der Diktion und der körperlichen Bewegung unterordnet, wenn es die Wiedergeburt des Tanzes will und den Zuschauer zur aktiven Teilnahme an der Handlung heranzieht, führt das dann nicht zur Wiedergeburt des antiken Theaters?

Ja.

Das antike Theater ist in seiner Architektur genau das Theater, das alles hat, was unser heutiges Theater braucht.

Der Schauspieler der Zukunft und die Biomechanik (1922)

[...]

In der Kunst geht es immer um die Organisation von Material.

Der Konstruktivismus hat vom Künstler gefordert, daß er auch zum Ingenieur wird. Die Kunst muß auf wissenschaftlicher Grundlage basieren, das gesamte Schaffen des Künstlers muß ein bewußter Prozeß sein. Die Kunst des Schauspielers besteht in der Organisation seines Materials, d.h. in der Fähigkeit, die Ausdrucksmittel seines Körpers richtig auszunützen.

In der Person des Schauspielers kongruieren der Organisator und das, was organisiert werden soll (d.h. der Künstler und sein Material). In einer Formel ausgedrückt sieht das so aus: $N = A^1 + A^2$, wobei N der Schauspieler ist, A^1 der Konstrukteur, der eine bestimmte Absicht hat und Anweisungen zur Realisierung dieser Absicht gibt, A^2 ist der Körper des Schauspielers, der die Aufgaben des Konstrukteurs (des ersten A) ausführt und realisiert.

Der Schauspieler muß sein Material – den Körper – so trainieren, daß er die von außen (vom Schauspieler bzw. vom Regisseur) aufgetragenen Aufgaben augenblicklich ausführen kann.

Da das Spiel des Schauspielers die Realisierung eines bestimmten Auftrages zur Aufgabe hat, wird von ihm ein ökonomischer Einsatz seiner Ausdrucksmittel gefordert, was die *Genauigkeit der Bewegungen garantiert, die zur schnellstmöglichen Realisierung der Aufgabe* beiträgt.

Die Methode der Taylorisierung ist auf die Arbeit des Schauspielers genauso anwendbar wie auch auf jede andere Arbeit, bei der man maximale Produktivität zu erreichen trachtet.

Unsere Thesen – 1. Die Erholung wird in Form von Pausen in den Arbeitsprozeß einbezogen, und 2. die Kunst erfüllt eine bestimmte lebensnotwendige Funktion und dient nicht nur zur Zerstreuung – verpflichten den Schauspieler zur größtmöglichen *Ökonomie der Zeit*, denn einer Kunst, die in die allgemeine Zeiteinteilung des Arbeiters einbezogen ist, sind eine bestimmte Anzahl von Zeiteinheiten zugewiesen, die maximal genutzt werden müssen. Das bedeutet, daß man nicht $1^1/_2$–2 Stunden

F. Crommelynck: Der großmütige Hahnrei. Regie: V. Mejerchol'd. Bühne:
L. Popova. Moskau 1922

unproduktiv mit Schminken und Kostümieren vergeuden kann. Der Schauspieler der Zukunft wird ohne Maske und in einer Produktionskleidung arbeiten, d. h. in einer Kleidung, die so konstruiert ist, daß sie dem Schauspieler als Alltagsanzug dient und gleichzeitig ideal jenen Bewegungen und Absichten angepaßt ist, die der Schauspieler auf der Bühne im Prozeß seines Spiels realisiert.

Die Taylorisierung des Theaters wird es möglich machen, in einer Stunde soviel zu spielen, wie wir heute in vier Stunden bieten können.

Dafür muß der Schauspieler: 1. die natürliche *Fähigkeit zur reflektorischen Erregbarkeit* besitzen. Ein Mensch, der diese Fähigkeit beherrscht, kann sich entsprechend seinen physischen Gegebenheiten um ganz verschiedene Rollenfächer bewerben; 2. der Schauspieler muß «physisch in Ordnung» sein, d. h. er muß gutes Augenmaß haben, Ausdauer besitzen, in jedem Moment den Schwerpunkt seines Körpers kennen.

Weil das Schaffen des Schauspielers im Schaffen plastischer Formen im Raum besteht, muß er die Mechanik seines Körpers studieren. Das ist deshalb für ihn wichtig, weil jedes Auftreten von Kraft (auch im lebendigen Organismus) den gleichen Gesetzen der Mechanik unterworfen ist (und das Schaffen von plastischen Formen im Raum der Bühne durch den Schauspieler ist natürlich eine Erscheinungsform der Kraft des menschlichen Organismus).

Der Hauptmangel des heutigen Schauspielers ist seine absolute Unkenntnis der Gesetze der *Biomechanik*.

Es ist ganz natürlich, daß innerhalb der bis zum heutigen Tag bestehenden Systeme des Schauspielens («Spontanspiel», «Erlebnisspiel», welche ihrem Wesen nach gleich sind und sich nur in den Methoden, mit denen sie erreicht werden, unterscheiden: das erste mittels Narkose, das zweite durch Hypnose) der Schauspieler immer so von Emotionen überflutet wurde, daß er auf keine Weise mehr für seine Bewegungen und seine Stimme einstehen konnte; es fehlte die Kontrolle, und für Erfolg oder Mißerfolg seines Spiels konnte der Schauspieler natürlich nicht bürgen. Nur einige ganz große Schauspieler errieten intuitiv die richtige Spielmethode, d. h. das Prinzip des Herangehens an die Rolle nicht vom Inneren zum Äußeren, sondern umgekehrt, vom Äußeren zum Inneren, was natürlich die Entfaltung ihrer enormen technischen Meisterschaft unterstützte; das waren die Duse, Sarah Bernhardt, Grasso, Šaljapin, Coquelin und andere.

Die Psychologie kann bei einer ganzen Reihe von Fragen nicht zu einer sicheren Lösung kommen. Das Gebäude des Theaters auf den Grundsätzen der Psychologie aufbauen ist genauso, als ob man ein Haus auf Sand baut: Es wird unausweichlich einstürzen. Jeder psychische Zustand wird durch bestimmte physiologische Prozesse hervorgerufen. Indem der Schauspieler die richtige Lösung seines physischen Zustands herausfindet, erreicht er die Ausgangsstellung, wo bei ihm die *«Erregbarkeit»* aufkommt, die die Zuschauer ansteckt, sie ins Spiel des Schauspielers einbezieht (das, was wir früher «Erobern des Zuschauers» nannten) und was das Wesen seines Spiels ausmacht. Aus einer ganzen Reihe von physischen Ausgangsstellungen und Zuständen entstehen jene *«Punkte der Erregbarkeit»*, aus denen dieses oder jenes Gefühl erwächst.

Bei einem solchen System des *«Aufkommens von Gefühl»* hat der Schauspieler immer ein gesichertes Fundament – die physische Voraus-

Biomechanische Übungen, Moskau 1922

setzung. Gymnastik, Akrobatik, Tanz, Rhythmik, Boxen und Fechten sind nützliche Fächer, aber sie können nur dann Nutzen bringen, wenn sie als unterstützende Hilfsfächer in den Kurs der «*Biomechanik*» einbezogen werden, das unentbehrliche Hauptfach für jeden Schauspieler.

In: Wsewolod Meyerhold: Theaterarbeit 1917–1930. Hrsg. von Rosemarie Tietze. Reihe Hanser Band 158. © Carl Hanser Verlag, München 1974, S. 72–76.

Lothar Schreyer
Das Bühnenkunstwerk (1916)

[...]

Das Bühnenkunstwerk ist ein selbständiges Kunstwerk.

Das Bühnenkunstwerk ist künstlerische Schöpfung. Es ist keine Nachahmung der Naturgestalt oder Kulturgestalt. Es ist die Gestalt, die der Bühnenkünstler seiner Vision gibt. Es ist Kunstgestalt.

Das Bühnenkunstwerk ist nicht dramatische Dichtung, nicht schauspielerische Schöpfung, nicht ein Anordnen der in einer Dichtung mittelbar und unmittelbar enthaltenen tatsächlichen Verhältnisse. Es ist keine Nachschöpfung der Dichtung, kein Werk der bildenden Künste oder des Kunstgewerbes, keine Verbindung verschiedener in Raum und Zeit wirkender Künste.

Das Bühnenkunstwerk ist eine künstlerische Einheit. Es ist durch Intuition empfangen, in Konzentration gereift, als Organismus geboren. Es ist gebildet aus den künstlerischen Ausdrucksmitteln Form, Farbe, Bewegung und Ton. Es ist ein selbständiges Kunstwerk, wirkend in Raum und Zeit.

Die Bühnenkunst ist eine selbständige Kunst.

Die Gestalt des Bühnenwerkes ist Kunstgestalt. Die Gestalt ist nur abhängig von dem Künstler, dem die Offenbarung wurde. Der Künstler gestaltet aus Notwendigkeit. Einen Vorwand der Gestaltung kennt er nicht. Er bildet nicht die ungreifbare, unbegreifbare Vision. Er verkündet sie. Er verkündet sie mit Zeichen, denen die Macht eigen ist, Gefühle auszudrücken. Diese Zeichen sind die künstlerischen Mittel.

Die bühnenkünstlerischen Mittel sind aus den Grundformen, Grundfarben, Grundbewegungen und Grundtönen gestaltet.

Wie die Gestaltung vor sich geht, weiß niemand. Es ist das Geheimnis der Weltschöpfung und der Geburt.

Die Grundformen sind die mathematischen Körper und Flächen. Die Grundfarben sind schwarz, blau, grün, rot, gelb, weiß.

Die Grundbewegungen sind die waagerechte und senkrechte, die aufsteigende und absteigende Bewegung, die sich öffnende und sich schließende Spiralbewegung.

Die Grundtöne sind die reinen Töne.

Die Verbindungen der Grundgestalten im Kunstwerk sind eine künstlerische Gesamtheit und Einheit.

Die Einheit ist eine Einheit in Raum und Zeit.

Aus den Grundformen und Grundfarben sind die Elemente des Bühnenkunstwerkes geschaffen, die den Raum bilden und gliedern.

[...]

Die Grundformen bilden den Raum; sie öffnen und schließen ihn. Sie geben der Bühnenöffnung, dem Grundriß und den anderen räumlichen Begrenzungen des Bühnenkunstwerkes die Gestalt.

Die Grundformen gliedern den Raum. Jede Raumbildung ist schon Raumgliederung. Die Körper gliedern den geschaffenen Raum. Die Körper haben Kunstgestalt und nicht Naturgestalt. Die Körpergestalt wirkt nur durch ihre Form und nicht durch ihre Materie. Der einzige natürliche und echte Körper auf der Bühne scheint der Mensch zu sein. Er scheint es nur zu sein. Denn im Bühnenkunstwerk ist er kein Mensch mehr. Der Künstler verwandelt. Der Körper, der Träger der Form, ist Träger der Ausdrucksmittel der Verwandlung.

Die Form trägt die Farbe. Auch die Farbe bildet und gliedert den Raum. Die Kunstmacht der Farbe ist abhängig von dem Helligkeitsgrad und der Flächenausdehnung des einzelnen Farbelementes. Meist sind es mehr als zwei Grundfarben, die das Kunstwerk gestalten. Das Farbkunstwerk ergibt sich dann aus einer Mischung oder einem Nebeneinander der Grundfarben.

Jede von der Form getragene Farbe ist eine Mischung von Farbe und Lichtfarbe. Die Lichtfarbe wandelt und bestimmt die Farbe der Form. Das Licht ist Farbbildner.

Das Licht trägt die Farbe. Die Lichtfarbe selbst ist Ausdrucksmittel. Das Licht des Bühnenkunstwerkes ist Grundlicht oder Beleuchtung. Die Beleuchtung ist direktes, das Grundlicht indirektes Licht. Das Licht ist das einfachste Mittel, Körperlichkeit in Geistigkeit zu wandeln.

Das Licht und seine Farbe sind Träger der Bewegung.

Die Bewegung wirkt in der Zeit. Sie ist Mittel der Entwicklung. Sie kündet von dem Werden, Wachsen und Vergehen der Vision. Sie verkündet die geistige Handlung.

Die Kunstmacht der Bewegung ist bestimmt durch Richtung und Geschwindigkeit der Bewegung.

Die Bewegung ist Grundbewegung und Einzelbewegung. Die Grundbewegung trägt das Gesamtwerk, die Einzelbewegung seinen einzelnen Bestandteil.

Das bewegte Licht ist wandelndes Grundlicht oder wandelnde Beleuchtung. Die wandelnde Beleuchtung kann das Grundlicht wandeln. Bewegte Farbe ist bewegtes Licht oder bewegter Körper.

Bewegter Körper ist bewegte Form. Bewegung der Körper wandelt den Raum.

Bewegter Körper ist meist der menschliche. Der Einzelmensch, die Menschengruppe, die Menschenmasse tragen die Bewegung. Die bewegte Gruppe umfaßt drei oder mehr Einzelmenschen. Jede Gruppe ist eine Bewegungseinheit mit untergeordneten Eigenbewegungen der Einzelmenschen. Haben die Einzelglieder der Gruppe keine Eigenbewegung mehr, bilden sie ausschließlich eine Bewegungseinheit, so ist die Gruppe Masse geworden.

Der bewegte Körper ist Teil der Form des Bühnenkunstwerkes, also von der Raumgestalt abhängig.

Der bewegte ist auch der tönende Körper.

Der Ton ist Einzelton oder Tonverbindung. Seine Kunstmacht ist abhängig von Höhe, Stärke, Geschwindigkeit und Klang des Tones.

Der menschliche Ton als Sprache gibt die Melodie des Einzelmenschen, der Gruppe oder Masse, aufgebaut auf der Melodie des Gesamtwerkes. Zwischen beiden steht die Vokalmusik als Übergang.

Die Sprache formt Worte und Wortverbindungen. Die Wortverbindung kann in ein selbständiges Kunstwerk, ein Wortkunstwerk, eine Dichtung verwandelt werden.

Jeder Teil des Bühnenkunstwerkes wird von seinem Rhythmus getragen. Alle Teile werden von dem Grundrhythmus des Gesamtwerkes zusammengehalten.

Wassily Kandinsky: Rekonstruktion der Figuren zu «Der gelbe Klang», 1982

Diese Leitsätze einer Bühnenkunst vernichten die bestehende Theaterkunst.

Abgetan ist das Starsystem. Abgetan sind die psychologischen Studien. Abgetan ist die Natur auf der Bühne. Abgetan ist die Bogenbühne und ihre Malerei, die künstliche Perspektive und ihr Beleuchtungssystem. Abgetan ist die Illusionsbühne. Abgetan ist die Bühne als Museum für Geschichtsanschauung und Trachtenkunde. Abgetan ist die Bühne als Museum für Literaturgeschichte. Die Bühne ist Kunststätte geworden.

Diese Leitsätze schaffen eine Bühnenkunst.

In: Der Sturm. 7. Jg. (August 1916). Heft 5, S. 50–51.

Friedrich Kiesler
Das Railway-Theater (1924)

Die Raumbühne des Railway-Theaters, des Theaters der Zeit, schwebt im Raum. Sie benützt den Boden nur mehr als Stütze für ihre offene Konstruktion. Der Zuschauerraum kreist in schleifenförmigen elektromotorischen Bewegungen um den sphärischen Bühnenkern.

Die von alters her gebräuchliche Form einer zentralen Lagerung der Szene hat mit dem modernen Problem der Raumbühne nichts zu tun. Eine Zentralbühne oder ein Zentraltheater ist keine Raumbühne oder ein Theater der Zeit.

Der Sportplatz schafft, was Architektonik und Spiel betrifft, die Impulse für die bauliche Anlage unseres Theaters. Das Theater der Zeit ist ein Theater der Geschwindigkeiten. Deshalb ist seine konstruktive Form und das Spiel der Bewegung poly-dimensional, das heißt: sphärisch.

Der individualistische Schauspieler verschwindet vollständig in einer übernatürlichen Typenform.

Kulissen fallen gänzlich weg.

Milieu-Suggestion schafft die Filmprojektion.

Plastische Formen entstehen aus glasartigem Ballonstoff. Die Dichtung unserer Zeit ist weder Versequilibristik noch Stegreifspiel.

Der Dichter unserer Zeit ist Ingenieur der mit höchster mathematischer Präzision berechneten optophonetischen Spielsymphonie.

**Debacle des Theaters.
Die Gesetze der G.-K.-Bühne (1924)**

Die Elemente der neuen schauspielerischen Gestaltung sind ungeklärt: Sie müssen erarbeitet werden. Die Stegreifbühne kann Weg, aber nicht Ziel sein. Durch das Fronverhältnis des Spielers zur Dichtung ist eine schleimige Verschmelzung beider entstanden. Die freundlichen Gegner müssen getrennt, die Grenzen ihrer Reiche neu abgesteckt werden. Die Macht, die dem Schauspieler innerhalb der Gesellschaft gegeben ist, muß wieder schöpferisch werden. Er wird sie im Sinne seiner Zeit und ihrer treibenden Idee manifestieren. Er wird die Klassen zu einer Masse formen. Er wird von ihr getragen werden. Diese Verschmelzung wird beglückend, befreiend sein: für Zuschauer und Spieler. Heute ist sie eine Qual für beide: animierte Geld- und Zeitabtreibung.

Schauspiel, Dichtung, szenische Gestaltung haben kein natürliches Milieu. Publikum, Raum, Spieler sind künstlich vereinigt. Die Kraft einer neuen, tragenden Anschauung hat noch keinen einheitlichen Block geschaffen. Die Gemeinschaft hat Zwei-Stundendauer. Die Pausen sind das gesellschaftliche Ereignis.

Wir haben kein Theater der Zeit. Ein agitatorisches Theater, ein Tribunal, eine Macht, die nicht das Leben illustriert, sondern gestaltet.

Unsere Theater sind Kopien abgestorbener Architekturen. Systeme veralteter Kopien. Kopien von Kopien. Barockokotheater. Der Schauspieler arbeitet beziehungslos zur Umgebung. Ideell und körperlich. Er ist hineingestellt, direktorial verpflichtet; von der Regie für den Part aufgezogen. Er soll ein Grab lebendig machen, über das ein Mauerwerk aus Rot, Gold, Weiß gestülpt ist, ein Parkett befrackter Mumien, dekolletierter Gallerten, antiquarter Jugend.

Der Szenengestalter steht vor einer schwierigen Aufgabe, wenn er die Guckkastenbühne für ein zeitgenössisches Spiel einrichten und nicht die Arbeit eines Posamentiers leisten soll. Die elektro-mechanische Arena mit ihren elektro-mechanisierten Spielern steht ihm noch nicht zur Verfügung. Er muß sich mit Übergangstheatern abfinden.

Die G.-K.-Bühne ist ein Kasten, der an den Zuschauerraum angehängt ist. Die Form dieses Kastens ist das Resultat technischer Rücksichten, nicht künstlerischer Zweckgestaltung. Die Beziehung zwischen Spieler, Bühne, Zuschauer muß für jedes Stück, für jede Szene neu geschaffen werden. Künstlich. Aus Elementen des Bühnenspiels. Die Bindung durch den Inhalt eines Stückes genügt nicht. Solchen Kontakt erfüllt das gedruckte Buch besser. Das Schöpfungsgesetz des Bühnenwerks ist die optophonetische Gestaltung. Partituren für solches Spiel sind nicht dialogisierte Romane, Historien, Novellen, Gedichte. Die Bühne hat ihre eigenen Gesetze, sie ist nicht in Aftermiete bei Buchmachern und Direktoren. Die Formkräfte ihrer Dichtung sind elementar: Der Raum, das Wort, die Farbe. Die Exaktheit räumlicher, zeitlicher Dimensionen organisiert die Bewegung. Das Melos der Idee ist der Atem der Gestaltung.

[...]

Die Dynamik, die sich solchem Spiel ergäbe, brauchte nur eine rhythmische Überleitung auf die Umgebung des Spielers, die räumlichen Begrenzungen des szenischen Grundrisses hätten diese Bewegungen vorzubereiten, aufzunehmen, zu kontrastieren, hätten mitzuschwingen wie die Resonanzwände eines Toninstruments. Dann erst könnten wir mit der Möglichkeit absoluter Spieleinheit rechnen. Diese Spieleinheit bleibt aber unerreichbar auf einer Bildbühne. Und Bildbühnen bieten alle unsere heutigen Theater. Der Widersinn: Bild – Bühne ist im allgemeinen unentdeckt geblieben. Denn Bühne ist Raum, Bild Fläche. Ein räumlicher Zusammenschluß von Bühne und Bild ergibt jenes verlogene Kompromiß: Bühnen-Bild, auf dessen Wirkung alles heutige Theaterspiel eingestellt ist.

Vor bildmäßig komponierten Prospekten und Kulissen, aus entzückenden Entwürfen in Riesendimensionen übertragen, um Sitzgelegenheiten gruppiert, treten unvermittelt Schauspieler auf, absolute Fremdkörper vor diesen geschlossenen Malereien. Die Ruhe des Hauptprospekts ist heroisch angesichts des Drängens der Schauspieler und Einander-Ausweichens um nur gut gesehen zu werden, wie es die Regie, das Publikum verlangt. Versatzstücke ängstigen sich um ihre Spreizen und stellen den Schauspielern hinterrücks ein Bein. Sie negieren einander: Kulisse und Spieler. Jeder organische Zusammenhang wird hinfällig. Der Regisseur schlichtet die Rivalität, versöhnt. Der Maler protestiert; der Schauspieler wendet sich ans Publikum und kehrt der Bühne den Rücken. Das Spiel fällt zwischen Natur und Kunst durch.

Der Hauptprospekt, bemalt oder nicht bemalt, plan oder rund, schließt die Bühne als Hintergrund ab. Die Szenerie ist Textdraperie, das Spiel frontal entwickelt. Rechts oder links vom Kastenversteck des Souffleurs, ihm gegenüber, rasch, langsam, treten die Schauspieler auf, sprechen, stellen dar, gehen ab; Seitenabdeckungen verschlucken sie. Der Schnürboden ist Schallfänger, der Mantel des Bühnenrahmens Schallbrecher. Maskierte Fußrampen leuchten von unten, verflachen jede Plastik, Soffittenrampen, ängstlich geborgen, leuchten von oben, gute Schattenvertilger. Scheinwerfer, geheimnisvoll postiert, verfolgen die Prominenten. Ein Rundhorizont eröffnet ungeahnte Perspektiven. Der Vorhang ist Paravent für die Umkleidung der Szene. Wenn er sinkt, wird der Zuschauerraum erhellt. Oder auch nicht; es bleibt dunkel. Hokuspokus. Es wird verwandelt. Musik. Gong oder Klingel. Alle Augen klappen für die neue Gruppenaufnahme auf; der Vorhang ist hochgeflogen. Wieder treten Schauspieler auf, ab. Text wird gesprochen, gespielt, gesungen. Schwarze Magie der Geräusche ...

Daß dieses Spiel für gewisse Zeiten Schönheiten und Berechtigung gehabt hat, will ich nicht bestreiten: **für uns ist das Illusions- und Illustrationstheater zu Ende. Die Zeit ist fürs offene Spiel reif geworden.** Buchillustrationen mittels Wort, Farbe, Geste auf der Bühne sind überflüssig. Kein Mensch glaubt mehr dran. Es ist Vogel-Strauß-Politik der Schauspieler, Dichter, Maler, Direktoren.

Das heutige Theater verlangt eine Vitalität, wie sie das Leben hat, und diese Vitalität mit der Kraft und dem Tempo der Zeit. Die Spannkraft solcher Spiellebendigkeit hat an der Rampe nicht genug und nicht an Ecken, dem Da und Dort, ihr Atem saugt den Bühnenraum voll, sie verlangt nach Weite, Unbändigkeit der Bewegung, nach Raum im wahrsten Sinne des Wortes. Das kann ihr eine Bildbühne, deren Spiel und Szenerie auf dekorative Frontalwirkung eingestellt ist, nicht geben. Der neue Wille sprengt die Bildbühne, um sie in Raum aufzulösen, wie es das Spiel verlangt. Er schafft die Raumbühne, die nicht nur a priori Raum ist, sondern auch als Raum erscheint. Der Bühnenrahmen als Guckloch der Guckkastenbühne ist panoramatischer Schlitzverschluß. Der Aufmarsch der Kulissen, Spieler, Gegenstände im Bühnenraum wird als Relief, nicht als Dreidimensionalität wahrgenommen. Starrer Raum kann optisch niemals kubisch exakt ausgewertet werden, es sei, daß er bereits vom Beschauer durchmessen wurde, so daß er, wiedergesehen, mit Hilfe der Erfahrung rekonstruiert wird. Jede individuelle Rekonstruktion aus dem Erleben anderer Räume ist unpräzise und für die Spielwirkung ungenügend. Raum ist nur für denjenigen Raum, der sich in ihm bewegt. Für den Schauspieler; für den Zuschauer nicht. Es gibt nur eine Möglichkeit, das Raumerlebnis optisch exakt zu vermitteln: Die Bewegung, die sich in Raum umsetzt.

Die Aufgabe der Regie besteht darin, die Dreidimensionalität durch Elemente des Bühnenspiels optophonetisch zu verlebendigen; Aufgabe des Baumeisters ist es, die Konstruktion der Bühne so zu gestalten, daß das Raumspiel von allen Zuschauern unzweideutig gesehen werden kann. Die Bühne muß für diesen Zweck jeweilig neu eingerichtet werden. [...] Die Bühne wartet darauf, durch Spiel verlebendigt zu werden. Alles ist jetzt aufs Spiel angelegt. Träger der Bewegung sind: Der Klang, die Gestalt, Gegenstände, die Mechanik der gesamten Bühnenmaschinerie; das Licht. Die Organisation der Spielelemente aus Stabilität und Bewegung zur Einheit ergibt die Aufführung. Ein Element bedingt das andere. Ihre eingeborenen Gegensätze werden nicht verschleiert, sondern vertieft. Eines kann ohne das Andere nicht zur Wirkung kommen. Nichts ist Staffage, alles Ergänzung, Folgerung, Entwicklung, Schluß. Die Energien der Komponenten steigern einander, wachsen, kristallisieren sich vor den Augen des Publikums. Kein Mysterium. Die Bühnengestaltung entwickelt sich sukzessiv; Simultaneität der Bildbühne ist aufgelöst. Es gibt weder einen Vorhang noch eine Verdunkelung als Vorhangersatz. Das Spiel ist orchestral. Die Führung der Bewegung gleitet von einem Element zum andern. Mit Beginn schnellen die Bewegungen ab, akzeleriert, retardiert, ununterbrochen bis zum Endschlag des Spiels.

Die neue Schönheit liegt nicht in der Textdekoration durch Schauspielen und Malerei. [...] Das Raumspiel ist die Wirkungskraft des Theaters.

[...]

In: Internationale Ausstellung neuer Theaterkritik. Katalog, Programm, Almanach. Hrsg. v. F. Kiesler. Wien 1924 (Würthle & Sohn), S. VI, 43–56.

László Moholy-Nagy
Das kommende Theater:Theater der Totalität (1924)

[...]
Die eine heute noch wichtige Auffassung besagt, daß das Theater Aktionskonzentration von Ton, Licht (Farbe), Raum, Form und Bewegung ist. Hier ist der Mensch als Mitaktor nicht nötig, da in unserer Zeit viel fähigere Apparate konstruiert werden können, welche **die nur mechanische** Rolle des Menschen vollkommener ausführen können als der Mensch selbst.

Die andere, breitere Auffassung will auf den Menschen als auf ein großartiges Instrument nicht verzichten, obwohl in der letzten Zeit niemand die Aufgabe, den Menschen als Gestaltungsmittel auf der Bühne zu verwenden, gelöst hat.

Ist es aber möglich, in einer heutigen Aktionskonzentration auf der Bühne die menschlich-logischen Funktionen einzubeziehen, ohne der Gefahr einer Naturkopie zu verfallen und ohne einem dadaistischen oder Merz-Charakter von überall hergeholten und zusammengeklebten, wenn auch geordnet erscheinenden Zufälligkeiten zu erliegen?

Die bildenden Künste haben die reinen Mittel ihrer Gestaltung, die primären Farben-, Massen-, Material- usw. Beziehungen gefunden. Aber wie lassen sich menschliche Bewegungs- und Gedankenfolgen in den Zusammenhang von beherrschten, «absoluten» Ton-, Licht- (Farbe), Form- und Bewegungselementen gleichwertig einordnen? Man kann dem neuen Theatergestalter in dieser Hinsicht nur summarische Vorschläge machen. So kann die WIEDERHOLUNG eines Gedankens mit denselben Worten, in gleichem oder verschiedenem Tonfall durch viele Darsteller als Mittel synthetischer Theatergestaltung wirken. (CHÖRE – aber nicht der begleitende, passive, antike Chor!) Oder die durch Spiegelvorrichtungen ungeheuer vergrößerten Gesichter, Gesten der Schauspieler und ihre der VERGRÖSSERUNG entsprechend verstärkten Stimmen. Ebenso wirkt die SIMULTANE, SYNOPTISCHE, SYNAKUSTISCHE (optisch- oder phonetisch-mechanische) Wiedergabe von Gedanken (Kino, Grammophon, Lautsprecher) oder eine ZAHNRADARTIG INEINANDERGREIFENDE Gedankengestaltung.

Die zukünftige Literatur wird – unabhängig von dem Musikalisch-Akustischen – zuerst **nur ihren primären Mitteln eigene** (assoziativ weitverzweigte) «Klänge» gestalten. Dies wird sicherlich auch einen Einfluß auf die Wort- und Gedankengestaltung der Bühne ausüben.

Das bedeutet u. a., daß die bisher in den Mittelpunkt der sogenannten «KAMMERSPIELE» gestellten Phänomene unterbewußten Seelenlebens oder phantastischer und realer Träume kein Übergewicht mehr haben dürfen. Und wenn auch die Konflikte heutiger sozialer Gliederung, weltumspannender technischer Organisation, pazifistisch-utopischer und anderweitig revolutionärer Bestrebungen in der Bühnengestaltung Raum haben können, werden sie nur in einer Übergangsperiode Bedeutung gewinnen, da ihre zentrale Behandlung eigentlich der Literatur, Politik und Philosophie zukommt.

Als GESAMTBÜHNENAKTION vorstellbar ist ein großer, dynamisch-rhythmischer Gestaltungsvorgang, welcher die größten miteinander zusammenprallenden Massen (Häufung) von Mitteln – Spannungen von Qualität und Quantität – in elementar gedrängter Form zusammenfaßt. Dabei kämen als gleichzeitig durchdringender Kontrast Beziehungsgestaltungen von geringerem Eigenwert in Betracht (komisch-tragisch; grotesk-ernst; kleinlich-monumental; wiedererstehende Wasserkünste; akustische und andere Späße usw.). Der heutige ZIRKUS, die OPERETTE, VARIETÉ, amerikanische und andere CLOWNERIE (Chaplin, Fratellini) haben in dieser Hinsicht und in der Ausschaltung des Subjektiven – wenn auch noch naiv, äußerlich – Bestes geleistet, und es wäre oberflächlich, die großen Schaustellungen und Aktionen dieser Gattung mit dem Worte «Kitsch» abzutun. Es ist gut, ein für allemal festzustellen, daß die so verachtete Masse – trotz ihrer «akademischen Rückständigkeit» – oft die gesundesten Instinkte und Wünsche äußert. Unsere Aufgabe bleibt immer das schöpferische Erfassen der wahren und nicht der vorgestellten (scheinbaren) Bedürfnisse.

[...]

Jede Gestaltung soll ein uns überraschender neuer Organismus sein, und es liegt nahe, die Mittel zu diesen Überraschungen aus unserem heutigen Leben zu nehmen. Nichts kann durchschlagender sein als die Wirkung der neuen Spannungsmöglichkeiten, die von den uns bekannten und doch nicht richtig bemessenen Elementen (Eigenschaften) modernen Lebens (Gliederung, Mechanisierung) hervorgebracht werden. Unter diesem Gesichtspunkt wird man zur richtigen Erfassung einer Bühnengestaltung kommen können, wenn **außer** dem Aktor **Mensch** auch die anderen dazu nötigen Gestaltungsmittel einzeln untersucht werden.

Die TONGESTALTUNG wird sich in Zukunft der verschiedenen Schallapparate mit **elektrischem** und anderem mechanischen Betrieb bedienen. An unerwarteten Stellen auftretende Schallwellen – z. B. eine sprechende oder singende Bogenlampe, unter den Sitzplätzen oder unter dem Theaterboden ertönende Lautsprecher, Schallverstärker – werden u. a. das akustische Überraschungsniveau des Publikums so heben, daß eine auf anderen Gebieten nicht gleichwertige Leistung enttäuschen muß.

Die FARBE (LICHT) hat in dieser Hinsicht noch größere Wandlungen durchzumachen als der Ton.

Die Entwicklung der Malerei der letzten Jahrzehnte hat die absolute Farbengestaltung geschaffen und dadurch auch die Herrschaft der klarleuchtenden Töne. Die Monumentalität, die kristallene Ausgeglichenheit ihrer Harmonien wird natürlich auch nicht einen verwischt-geschminkten, durch die Mißverständnisse des Kubismus, Expressionismus usw. zerrissenen kostümierten Schauspieler dulden. Die Verwendung von metallenen oder aus exakten künstlichen Materialien hergestellten Masken und Kostümen wird auf diese Weise selbstverständlich; die bisherige Blässe des Gesichts, die Subjektivität der Mimik und Geste des Schauspielers auf einer farbigen Bühne ist damit ausgeschaltet, ohne die Kontrastwirkungen zwischen dem menschlichen Körper und irgendeiner mechanischen Konstruktion zu schädigen. Dazu gesellt sich die Verwendbarkeit von reflektorischen Projektionen zu Flächenfilmen und Raumlichtspielen, die AKTION DES LICHTES als höchst gesteigerter Kontrast und die durch die heutige Technik gegebene Gleichwertigkeit auch dieses Mittels (Licht) neben allen anderen. Es ist noch verwendbar als unerwartete Blendung, als Aufleuchten, Phosphoreszieren, ganz In-

Licht-Tauchen des Zuschauerraumes mit der gleichzeitigen Steigerung oder dem vollkommenen Erlöschen aller Lichter der Bühne. All das natürlich durchaus verschieden von den jetzigen überlieferten Bühnengewohnheiten.

Mit der Tatsache, daß auf der Bühne Gegenstände mechanisch bewegbar wurden, ist die bisher im allgemeinen horizontal gegliederte Bewegungsorganisation im Raum um die Möglichkeit vertikaler Bewegungssteigerung bereichert worden. Der Verwendung von komplizierten APPARATEN, wie Film, Auto, Lift, Flugzeug und anderen Maschinen, auch optischen Instrumenten, Spiegelvorrichtungen usw., steht nichts im Wege. Dem Verlangen unserer Zeit nach dynamischer Gestaltung wird in dieser Hinsicht, wenn vorläufig auch in Anfängen, Genüge getan.

Eine weitere Bereicherung wäre es, wenn die Isolation der Bühne aufgehoben würde. Im heutigen Theater sind BÜHNE UND ZUSCHAUER zu sehr voneinander getrennt, zu sehr in Aktives und Passives geteilt, um schöpferisch Beziehungen und Spannungen zwischen den beiden zu erzeugen.

Es muß endlich eine Aktivität entstehen, welche die Masse nicht stumm zuschauen läßt, sich nicht nur im Innern erregt, sondern sie zugreifen, mittun und auf der höchsten Stufe einer erlösenden Ekstase mit der Aktion der Bühne zusammenfließen läßt.

Daß ein solcher Vorgang nicht chaotisch, sondern mit Beherrschtheit und Organisation vor sich geht, das gehört zu den Aufgaben des tausendäugigen, mit allen modernen Verständigungs- und Verbindungsmitteln ausgerüsteten NEUEN SPIELLEITERS.

Selbstverständlich ist zu einer solchen Bewegungsorganisation die heutige GUCKKASTENBÜHNE nicht geeignet.

Die nächste Form des entstehenden Theaters wird auf diese Forderungen – in Verbindung mit den kommenden Autoren – wahrscheinlich mit schwebenden HÄNGE- UND ZUGBRÜCKEN kreuz und quer, aufwärts und abwärts, mit einer in dem Zuschauerraum vorgebauten Tribüne usw. antworten. Außer einer Drehvorrichtung wird die Bühne von hinten nach vorn und von oben nach unten verschiebbare Raumbauten und PLATTEN haben, um Geschehnisteile (Aktionsmomente) der Bühne in ihren Einzelheiten – wie die **Großaufnahme** des Films – beherrschend hervorzuheben. Es könnte an die Stelle des heutigen Parterrelogenkreises eine mit der Bühne verbundene Laufbahn angebracht werden, um die Verbindung mit dem Publikum (etwa in zangenartiger Umklammerung) zu ermöglichen.

Die auf der neuen Bühne entstehenden und möglichen NIVEAUUNTERSCHIEDE VON BEWEGLICHEN FLÄCHEN würden zu einer wirklichen Raumorganisation beitragen. Der Raum besteht dann nicht mehr aus Bindungen der Fläche in dem alten Sinne, der eine architektonische Raumvorstellung nur bei geschlossenen Flächenbindungen kannte; der neue Raum entsteht auch durch lose Flächen oder durch lineare Flächenbegrenzungen (DRAHTRAHMEN, ANTENNEN), so daß die Flächen unter Umständen nur in ganz lockerer Beziehung zueinander stehen, ohne daß sie einander zu berühren brauchen.

In dem Moment, da eine eindringliche und hohe Aktionskonzentration sich funktionell verwirklichen läßt, entsteht zugleich die entsprechende ARCHITEKTUR des Vorstellungsraumes. Ferner entstehen einerseits die exakten, die Funktion betonenden KOSTÜME, andererseits die Kostüme, welche nur einem Aktionsmoment untergeordnet, plötzliche Wandlungen möglich machen. Es entsteht eine gesteigerte **Beherrschung** aller Gestaltungsmittel, zusammengefaßt in eine Einheit ihrer Wirkung, aufgebaut zu einem Organismus völliger Gleichgewichtigkeit.

In: Oskar Schlemmer, Laszlo Moholy-Nagy u. Farkas Molnár: Die Bühne im Bauhaus. Nachwort von Walter Gropius. Mainz u. Berlin 1965, S. 46–56 (Neue Bauhausbücher). *Aktuell in:* Gebr. Mann Verlag. Berlin.

Oskar Schlemmer
Mensch und Kunstfigur (1925)

Die Geschichte des Theaters ist die Geschichte des Gestaltwandels des Menschen: **der Mensch** als Darsteller körperlicher und seelischer Geschehnisse im Wechsel von Naivität und Reflexion, von Natürlichkeit und Künstlichkeit.

Hilfsmittel der Gestaltverwandlung sind **Form** und **Farbe**, die Mittel des Malers und Plastikers. Der Schauplatz der Gestaltverwandlung ist das konstruktive Formgefüge des **Raums** und der **Architektur**, das Werk des Baumeisters. – Hierdurch wird die Rolle des bildenden Künstlers, des Synthetikers dieser Elemente, im Bereich der Bühne bestimmt.

Zeichen unserer Zeit ist die **Abstraktion**, die einerseits wirkt als Loslösung der Teile von einem bestehenden Ganzen, um diese für sich ad absurdum zu führen oder aber zu ihrem Höchstmaß zu steigern, die sich andererseits auswirkt in Verallgemeinerung und Zusammenfassung, um in großem Umriß ein neues Ganzes zu bilden.

Zeichen unserer Zeit ist ferner die **Mechanisierung**, der unaufhaltsame Prozeß, der alle Gebiete des Lebens und der Kunst ergreift. Alles Mechanisierbare wird mechanisiert. Resultat: die Erkenntnis des Unmechanisierbaren.

Und nicht zuletzt sind Zeichen unserer Zeit die neuen Möglichkeiten, gegeben durch Technik und Erfindung, die oft völlig neue Voraussetzungen schaffen und die Verwirklichung der kühnsten Phantasien erlauben oder hoffen lassen.

Die Bühne, die Zeitbild sein sollte und besonders zeitbedingte Kunst ist, darf an diesen Zeichen nicht vorübergehen.

[...]

Die Bühne als Stätte zeitlichen Geschehens bietet hingegen die **Bewegung von Form und Farbe**; zunächst in ihrer primären Gestalt als bewegliche, farbige oder unfarbige, lineare, flächige oder plastische Einzelformen, desgleichen veränderlicher beweglicher Raum und verwandelbare architektonische Gebilde. Solches kaleidoskopisches Spiel, unendlich variabel, geordnet in gesetzmäßigem Verlauf, wäre – in der Theorie – die **absolute** Schaubühne. Der Mensch, der Beseelte, wäre aus dem Gesichtsfeld dieses Organismus der Mechanik verbannt. Er stünde als ‹der vollkommene Maschinist› am Schaltbrett der Zentrale, von wo aus er das Fest des Auges regiert.

Indessen sucht der Mensch den **Sinn**. Sei es das faustische Problem, das sich die Erschaffung des Homunkulus zum Ziele setzt; sei es der Personifikationsdrang im Menschen, der sich Götter und Götzen schuf: Der Mensch sucht immerdar Seinesgleichen oder sein Gleichnis oder das Unvergleichliche. Er sucht sein Ebenbild, den Übermenschen oder die Phantasiegestalt.

Der Organismus Mensch steht in einem kubischen, abstrakten Raum der Bühne. Mensch und Raum sind gesetzerfüllt. Wessen Gesetz soll gelten? Entweder wird der abstrakte Raum in Rücksicht auf den natürlichen Menschen diesem angepaßt und in Natur oder deren Illusion rückverwandelt. Dies geschieht auf der naturillusionistischen Bühne.

Oder der natürliche Mensch wird in Rücksicht auf den abstrakten Raum diesem gemäß umgebildet. Dies geschieht auf der abstrakten Bühne. Die Gesetze des kubischen Raums sind das unsichtbare Liniennetz der planimetrischen und stereometrischen Beziehungen.

Dieser Mathematik entspricht die dem menschlichen Körper innewohnende Mathematik und schafft den Ausgleich durch Bewegungen, die ihrem Wesen nach **mechanisch und vom Verstand** bestimmt sind. Es ist die Geometrie der Leibesübungen, Rhythmik und Gymnastik. Es sind die **körperlichen Effekte** (dazu die Stereotypie des Gesichts), die in dem exakten Equilibristen und in den Massenriegen des Stadions, wiewohl hier ohne Bewußtsein der Raumbeziehungen, zum Ausdruck kommen.

Die Gesetze des organischen Menschen hingegen liegen in den unsichtbaren Funktionen seines Innern: Herzschlag, Blutlauf, Atmung, Hirn- und Nerventätigkeit. Sind diese bestimmend, so ist das Zentrum der Mensch, dessen Bewegungen und Ausstrahlungen einen imaginären Raum schaffen. Der kubisch-abstrakte Raum ist dann nur das horizontal-vertikale Gerüst dieses Fluidums. Diese Bewegungen sind **organisch**

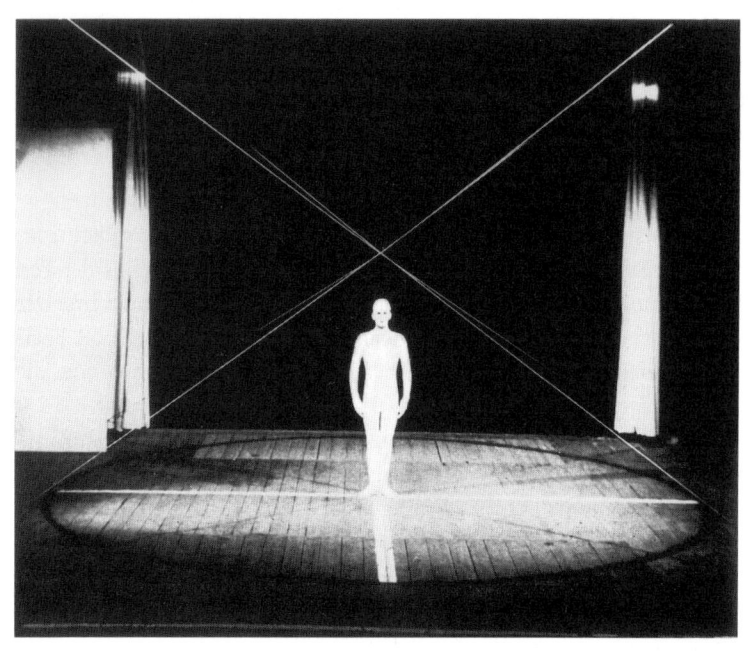

O. Schlemmer: Mensch im Raum. Bauhausbühne Dessau 1924

und gefühlsbestimmt. Es sind die **seelischen Affekte** (dazu die Mimik des Gesichts), die in dem großen Schauspieler und den Massenszenen der großen Tragödie zum Ausdruck kommen.

In alle diese Gesetze unsichtbar verwoben ist der Tänzermensch. Er folgt sowohl dem Gesetz des Körpers als dem Gesetz des Raums; er folgt sowohl dem Gefühl seiner selbst wie dem Gefühl vom Raum. Indem er alles Folgende aus sich selbst gebiert – ob er in freier abstrakter Bewegung oder sinndeutender Pantomime sich äußert; ob auf der einfachen Bühnenebene oder in einer um ihn erbauten Umwelt; ob er dahin gelangt zu sprechen oder zu singen; ob nackt oder vermummt – er leitet über in das große theatralische Geschehen, von dem hier nur das Teilgebiet der Umwandlung der menschlichen Gestalt und ihrer Abstraktion umrissen werden soll.

Die Umbildung des menschlichen Körpers, seine Verwandlung, wird ermöglicht durch das **Kostüm**, die Verkleidung. Kostüm und Maske unterstützen die Erscheinung oder verändern sie, bringen das Wesen zum Ausdruck oder täuschen über dasselbe, verstärken seine organische oder mechanische Gesetzmäßigkeit oder heben sie auf.

Aber alle Kostüme sind nicht imstande, die Bedingtheit der menschlichen Gestalt, das Gesetz der Schwere, dem sie unterworfen ist, aufzuheben. Ein Schritt ist nicht viel länger als ein Meter, ein Sprung nicht höher als zwei. Der Schwerpunkt darf nur für den Augenblick verlassen werden. Er vermag eine wesentlich andere als natürliche Lage z. B. horizontal schwebend nur für Sekunden einzunehmen.

Teilweise Überwindung des Körperlichen, jedoch nur im Bereich des Organischen, ermöglicht die **Akrobatik**; der ‹Schlangenmensch› der gebrochenen Glieder, die lebende Luftgeometrie am Trapez, die Pyramiden aus Körpern.

Das Bestreben, den Menschen aus seiner Gebundenheit zu lösen und seine Bewegungsfreiheit über das natürliche Maß zu steigern, setzte an Stelle des Organismus die mechanische Kunstfigur: **Automat und Marionette**. Dieser hat Heinrich v. Kleist, jenem E. T. A. Hoffmann Hymnen gesungen.

Der englische Bühnenreformer Gordon Craig fordert: «Der Schauspieler muß das Theater räumen, und seinen Platz wird ein unbelebtes Wesen – wir nennen es Über-Marionette – einnehmen» und der Russe Brjussow fordert «die Schauspieler durch Sprungfederpuppen zu ersetzen, in deren jeder ein Grammophon steckt.»

In der Tat gelangt der auf Bild und Umbildung, auf Gestalt und Gestaltung gerichtete Sinn des Bildgestalters der Bühne gegenüber zu solchen Folgerungen. Für die Bühne ist hierbei weniger die paradoxe Ausschließlichkeit als die Bereicherung ihrer Ausdrucksformen von Wert.

Die Möglichkeiten sind außerordentlich angesichts der heutigen Fortschritte in der Technik: die Präzisionsmaschinen, die wissenschaftlichen Apparate aus Glas und Metall, die künstlichen Glieder der Chirurgie, die phantastischen Taucher- und militärischen Kostüme usw.

Infolgedessen sind auch die Gestaltungsmöglichkeiten nach der metaphysischen Seite hin außerordentlich.

Die Kunstfigur erlaubt jegliche Bewegung, jegliche Lage in beliebiger Zeitdauer, sie erlaubt – ein bildkünstlerisches Mittel aus Zeiten bester Kunst – die verschiedenartigen Größenverhältnisse der Figuren: Bedeutende groß, Unbedeutende klein.

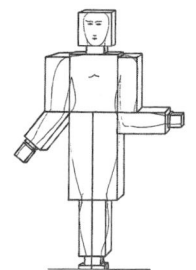

Für die Umwandlung des menschlichen Körpers im Sinne dieses Bühnenkostüms können grundsätzlich bestimmend sein:
Die Gesetze des umgebenden kubischen Raums; hier werden die kubischen Formen auf die menschlichen Körperformen übertragen: Kopf, Leib, Arme, Beine in räumlich-kubische Gebilde verwandelt.
Ergebnis: Wandelnde Architektur.

Die Funktionsgesetze des menschlichen Körpers in Beziehung zum Raum; diese bedeuten Typisierung der Körperformen: die Eiform des Kopfes, Vasenform des Leibes, die Keulenform der Arme und Beine, die Kugelform der Gelenke. Ergebnis: Die Gliederpuppe.

Die Bewegungsgesetze des menschlichen Körpers im Raum; hier sind es die Formen der Rotation, Richtung, Durchschneidung des Raums: Kreisel, Schnecke, Spirale, Scheibe. Ergebnis: Ein technischer Organismus.

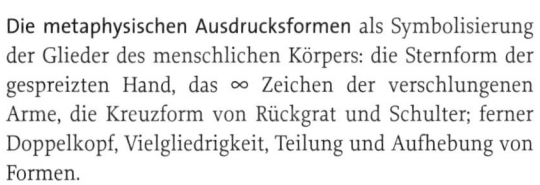

Die metaphysischen Ausdrucksformen als Symbolisierung der Glieder des menschlichen Körpers: die Sternform der gespreizten Hand, das ∞ Zeichen der verschlungenen Arme, die Kreuzform von Rückgrat und Schulter; ferner Doppelkopf, Vielgliedrigkeit, Teilung und Aufhebung von Formen.
Ergebnis: Entmaterialisierung.

Ein ähnliches sehr gewichtiges Phänomen bedeutet das In-Beziehung-setzen des natürlichen ‹nackten› Menschen zur abstrakten Figur, die beide aus dieser Gegenüberstellung eine Steigerung der Besonderheit ihres Wesens erfahren.

Dem Übersinnlichen wie dem Unsinn, dem Pathetischen wie dem Komischen eröffnen sich ungekannte Perspektiven. Vorläufer sind im Pathetischen die durch Maske, Kothurn und Stelzen monumentalisierten Sprecher der antiken Tragödie, im Komischen die Riesenfiguren von Karneval und Jahrmarkt.

Wunderfiguren dieser Art, Personifikationen höchster Vorstellungen und Begriffe, ausgeführt in edelstem Material, werden auch einem neuen Glauben wertvolles Sinnbild zu sein vermögen.

In dieser Perspektive kann es sogar sein, daß das Verhältnis sich umkehrt: Dann ist vom Bildgestalter das optische Phänomen gegeben, und gesucht ist der Dichter der Wort- und Tonideen, der ihnen die adäquate Sprache leiht.

Sonach bleibt – Idee, Stil und Technik entsprechend – zu schaffen

das Abstrakt-Formale und Farbige	
das Statische, Dynamische und Tektonische das Mechanische, Automatische und Elektrische	
das Gymnastische, Akrobatische und Equilibristische	Theater
das Komische, Groteske und Burleske	
das Seriöse, Pathetische und Monumentale	
das Politische, Philosophische und Metaphysische	

In: Oskar Schlemmer, Laszlo Moholy-Nagy u. Farkas Molnár: Die Bühne im Bauhaus. Nachwort von Walter Gropius. Mainz u. Berlin 1965, S. 7–19 (Neue Bauhausbücher). *Aktuell in:* Gebr. Mann Verlag. Berlin.

Tadeusz Kantor
Das Manifest: «Die PUPPEN tauchen auf» (1975)

[...]
Die PUPPEN tauchen auf.
[...]
7. Meine standhafte Weigerung, die Lösungen des Konzeptualismus zu akzeptieren – obwohl sie den Anschein hatten, den einzigen Unterschlupf auf dem von mir eingeschlagenen Wege zu bieten – bewirkte, daß ich meine oben erwähnten jüngsten künstlerischen Entwicklungsperioden sowie die Versuche, sie zu erfassen, auf Seitenwege verlegt habe, weil sie mir mehr Chancen boten, das UNBEKANNTE kennenzulernen!

Einer solchen Situation gegenüber bin ich weniger mißtrauisch. Jede neue Schaffensperiode geht immer aus wenig bedeutenden, kaum wahrnehmbaren Handlungen hervor, aus «Neben-Handlungen», die nicht viel Gemeinsames mit einer bereits akzeptierten Richtung haben. Dieses Tun ist privat, intim – ich würde sogar sagen: schamhaft.

Unklar, mühselig ist dieses Tun! Und trotzdem – dies sind die faszinierendsten und wesentlichsten Augenblicke des Schaffens.

Mir nichts dir nichts fange ich an, mich für das Wesen der PUPPEN zu interessieren. Die Puppe in meiner Inszenierung von «Wasserhuhn» (1967), die Puppen in «Die Schuster» (1970) hatten eine ganz besondere Funktion: Sie waren wie eine immaterielle Verlängerung, wie ein ZUSÄTZLICHES ORGAN des Schauspielers, der ihr «Besitzer» war. Die Puppen, die ich schon massenweise in meiner Inszenierung der «Balladyna» von Slowacki eingesetzt hatte, stellten die DUBLETTEN der lebendigen Personen dar. Als wären sie mit einem höheren BEWUSSTSEIN ausgestattet worden, das man «nach einem erfüllten Leben» erreichen könnte. Jene Puppen waren schon deutlich mit dem Stigma des TODES gezeichnet.

Die Puppe als Ausdruck der «REALITÄT DES NIEDRIGSTEN RANGES».

DIE PUPPE – die Frucht des VERGEHENS:
DIE PUPPE – ein HOHLES Objekt, eine ATTRAPPE.
Die Botschaft des TODES. Ein Modell für den Schauspieler.

8. DIE PUPPE, die ich 1967 im Theater «Cricot 2» («Das Wasserhuhn») verwendet habe, war – nach «Der Ewige Wanderer» und «Menschliche Emballagen» – die nächste Figur, die auf eine ganz natürliche Weise in meiner «Sammlung» aufgetaucht ist. Ein weiteres Phänomen, das meiner seit langem andauernden Überzeugung entsprach, ausschließlich die Realität des niedrigsten Ranges, die armseligsten, jeglichen Prestiges beraubten Gegenstände seien imstande, in einem Kunstwerk ihre vollkommene Gegenständlichkeit zu offenbaren.

Die Puppen und Wachsfiguren existierten immer an der Peripherie der sanktionierten Kultur. Weiter durften sie nicht. In JAHRMARKT-BUDEN waren sie zu Hause, in zwielichtigen GAUKLER-KABINETTEN, weit entfernt von den glänzenden Tempeln der Kunst, von oben herab betrachtet als KURIOSA, die den Geschmack des Pöbels befriedigen. Allerdings gerade aus diesem Grunde sind sie es – und nicht etwa die akademischen Museumsstücke – die einen Augenblick lang den Schleier zu lüften vermochten.

Auch die PUPPEN haben ihr Stigma des VERGEHENS. Die Existenz jener Kreaturen – geschaffen als Abbild des Menschen, beinahe «gotteslästerlich» auf eine nicht sanktionierte Weise – ist die Folge eines ketzerischen Tuns, ein Zeichen jener dunklen, nächtlichen, rebellischen Seite menschlichen Handelns. Aus dem Vergehen, aus dem Tod als Erkenntnisquelle sind sie hervorgetreten. Jenes unklare und unerklärbare Gefühl, daß mittels dieses Geschöpfes mit dem trügerischen Zeichen des Lebens, ohne Bewußtsein und ohne Schicksal uns der TOD und das NICHTS ihre bedrohliche Botschaft übermitteln – dies ruft in uns dieses Gefühl des Vergehens hervor; gleichzeitig aber auch die Anziehung und die Ablehnung, Verbannung und Faszination.

In der Anklage hat man alle Argumente ausgeschöpft. Der Mechanismus des Handelns selbst war vor allem anderen den Angriffen ausgesetzt. Unüberlegt für das ZIEL jenes Handelns gehalten, konnte er leicht zu den **niedrigeren Formen des künstlerischen Schaffens** gezählt werden:

T. Kantor: Die tote Klasse. Teatr Cricot 2. Krakau 1974

wie Imitation, trügerische Illusion, die sich im nachhinein als FALLE (um den Zuschauer in den Jahrmarktbuden zu täuschen) entpuppen, wie Anwendung von «groben» Kunstgriffen, die sich den Maßstäben der Ästhetik entziehen, wie der Mißbrauch vom betrügerischen SCHEIN, wie das Tun der Scharlatanerie!

Hinzu kamen noch die Angriffe seitens jener philosophischen Richtung, die seit Plato bis oft in den heutigen Tag hinein den Zweck der Kunst darin sieht, das Sein und den Sinn geistigen Daseins zu offenbaren, und nicht darin, sich mit der sinnlich wahrnehmbaren Hülle der Wirklichkeit zu befassen, mit jenem Betrug-Spiel des Scheins also, der die unterste Stufe des Seins darstellt.

Ich bin nicht der Meinung, daß die PUPPE (oder die WACHSFIGUR) einen lebendigen Schauspieler ersetzen könnte, wie Kleist und Craig es forderten. Dies wäre doch zu leicht und zu naiv. Ich bemühe mich, die Motive und die Bestimmung dieses ungewöhnlichen Geschöpfes zu erforschen, das plötzlich in meinen Gedanken und Ideen auftauchte. Sein

Erscheinen unterstreicht meine immer festere Überzeugung, daß das Leben ausschließlich durch das Nicht-Leben, durch das Sich-Berufen auf den Tod in der Kunst ausgedrückt werden kann, durch den ANSCHEIN, die LEERE und die BOTSCHAFTSLOSIGKEIT.

In meinem Theater muß die PUPPE zu einem Modell werden. Dadurch kann die erschütternde Empfindung des TODES und die Situation der Toten übermittelt werden. Die Puppe als Modell für den lebendigen SCHAUSPIELER.

Und jetzt mein Kommentar zu der von Craig beschriebenen Situation:

Das Auftreten des LEBENDIGEN SCHAUSPIELERS als ein revolutionärer Augenblick.

Die Entdeckung des MENSCHENBILDES.

9. Meine Überlegungen leite ich zwar vom Theater-Bereich ab, sie beziehen sich jedoch auf die gesamte Kunst der Gegenwart. Es darf angenommen werden, daß Craigs suggestiv anklagende Beschreibung jenes verhängnisvollen Augenblicks, in dem der Schauspieler auftrat, für seine eigenen Zwecke «zusammengedichtet» worden ist, und zwar als Ausgangspunkt für seine Idee der «ÜBERMARIONETTE». Obgleich ich mich zu den Bewunderern der prachtvollen Verachtung und leidenschaftlichen Anklagen von Craig zähle (insbesondere wenn ich den totalen Niedergang des heutigen Theaters vor Augen habe), und obwohl ich mit dem ersten Teil seines Credos – in dem er dem institutionellen Theater jegliche Art künstlerischer Daseinsberechtigung abspricht – völlig einverstanden bin, muß ich mich jedoch von seinen bekannten Vorstellungen von der Rolle eines SCHAUSPIELERS trennen.

Der Augenblick nämlich, in dem der SCHAUSPIELER zum ersten Mal vor einem PUBLIKUM (um das heutige Vokabular zu verwenden) auftrat, erscheint mir – im Gegenteil zu ihm – als ein revolutionärer und avantgardistischer Augenblick. Ich werde sogar versuchen, ein diametral entgegengesetztes Bild zu entwerfen und es «der Geschichte zuzuschreiben». In diesem Bild wird der Ablauf der Ereignisse einen geradezu umgekehrten Sinn haben!

(...) Aus dem gemeinsamen Kreis der Alltagssitten und religiösen

Rituale, der gemeinsamen Zeremonien und gemeinsamen Spiele trat EINER hervor, der den kühnen Entschluß faßte, sich von der Kult-Gemeinschaft LOSZULÖSEN. Nicht der Übermut hat ihn geleitet (wie bei Craig), um im Mittelpunkt der Aufmerksamkeit aller dazustehen. Dies wäre eine Vereinfachung. Es muß ein eher rebellischer, anfechtender, ein ketzerischer Geist gewesen sein, frei und tragisch, denn er wagte es, mit seinem Los und Schicksal alleine zurechtzukommen. Wenn wir dem noch hinzufügen würden: «mit seiner Rolle», werden wir den SCHAUSPIELER vor unseren Augen haben. Jene Revolte fand im Bereich der Kunst statt. Der oben beschriebene Fall, oder besser: diese Manifestation, hat wahrscheinlich die Geister sehr verwirrt und widersprüchliche Meinungen hervorgerufen. Mit Sicherheit hätte man jenen AKT für einen Verrat an all den alten Kultbräuchen und Praktiken gehalten – für eine profane Anmaßung, für Atheismus, für gefährliche, aufwieglerische Tendenzen, für einen Skandal, für Immoralität und Schamlosigkeit. Man mußte darin clowneske Züge gesehen haben, die Merkmale eines Schmierenkomödianten, den Exhibitionismus und die Perversität. Der Auslöser jener Reaktionen, der Schauspieler selbst also – obwohl außerhalb der Gesellschaft gestellt – gewann nicht nur unerbittliche Feinde, sondern auch fanatische Bewunderer; gleichermaßen Schande und Ruhm.

Es wäre doch ein lächerlicher und platter Formalismus, zu versuchen, jenen Bruch (RUPTURE) mit Egoismus, mit Ruhmsucht oder mit versteckten Fähigkeiten zur Verstellung zu erklären. Es muß sich doch dabei um etwas viel Wichtigeres gehandelt haben, um eine BOTSCHAFT außerordentlichen Gewichtes.

Versuchen wir, uns folgende faszinierende Situation zu vergegenwärtigen: GEGENÜBER jenen, die diesseits geblieben waren, trat EIN MENSCH auf, der ihnen TÄUSCHEND ÄHNLICH sah, und trotzdem (durch irgend eine mysteriöse und geniale «Verwandlung») ungreifbar weit, erschütternd FREMD, wie ein TOTER vorkam, als ob er durch eine unsichtbare BARRIERE von ihnen getrennt wäre – durch eine Barriere, die gerade deswegen so furchtbar und unvorstellbar erscheint, weil sich uns ihr wahrer Sinn und SCHRECKEN lediglich im TRAUM offenbart. Wie vom Blitz geblendet haben sie plötzlich ein grelles, clownhaft-tragisches ABBILD DES MENSCHEN gesehen, als ob sie ihn zum ERSTEN

MAL gesehen, als ob SIE SICH SELBST wiedererkannt hätten. Dies war sicherlich – man könnte es so sagen – eine metaphysische ERSCHÜTTERUNG. Jenes lebendige Abbild des MENSCHEN, der aus dem Dunkel hervortritt, so als ob er rastlos auf seinem eigenen Wege voranschritte, war eine erschütternde BOTSCHAFT seiner neuen MENSCHLICHEN SITUATION, nur MENSCHLICHEN, mit aller VERANTWORTUNG und ihrem tragischen BEWUSSTSEIN, das sein LOS mit einem unerbittlichen und endgültigen Maßstab mißt, mit dem Maßstab des TODES. Diese einmalige BOTSCHAFT war aus dem Bereich des TODES gesendet worden; sie hatte beim PUBLIKUM (nennen wir es schon so, nach dem heutigen Sprachgebrauch) den metaphysischen Schock hervorgerufen. Die Mittel und die ganze Kunst jenes SCHAUSPIELERS (noch einmal: nach unserer Terminologie) bezogen sich ebenfalls auf den TOD, auf seine tragische und SCHRECKENSVOLLE, süßliche Schönheit.

Nun gilt es, den wesentlichen Sinn der Theaterkunst zurückzufordern, nämlich das Verhältnis zwischen ZUSCHAUER und SCHAUSPIELER.

ES GILT, DIE UR-KRAFT DIESES AUGENBLICKES, IN DEM ZUM ERSTEN MAL EIN MENSCH (DER SCHAUSPIELER) EINEM ANDEREN MENSCHEN (DEM ZUSCHAUER) GEGENÜBERTRAT – IHM TÄUSCHEND ÄHNLICH, UND DOCH UNGREIFBAR FREMD, JENSEITS, HINTER EINER BARRIERE, DIE NICHT ZU ÜBERSCHREITEN IST – WIEDERZUFINDEN.

In: Tadeusz Kantor. Ein Reisender – seine Texte und Manifeste. Verlag für moderne Kunst Nürnberg. Nürnberg 1988, S. 252–254.

Robert Wilson
«In der Aufführung ist alles sehr rational, nicht emotional» (1976)

ROBERT WILSON: «Einstein» besteht aus vier Akten und fünf kneeplays (Interludien). Es gibt drei visuelle Themen, die je dreimal wiederkehren: ein Zug, ein Gerichtshof und eine Raum-Zeit-Maschine über einem Feld. Beim erstenmal sieht man den Zug perspektivisch von vorne, beim zweitenmal sieht man ihn von hinten, er entfernt sich, und es ist Nacht, es ist eine andere Zeit und ein anderer Raum. Bei der dritten Wiederholung ist der Zug ein Haus, das dieselben Perspektivlinien hat wie der Zug, als man ihn zuletzt sah. Das zweite Thema ist ein Gerichtshof, in dessen Mitte ein großes Bett steht. Bei der Wiederholung gibt es nur noch einen halben Gerichtshof und ein halbes Bett, die andere Hälfte der Bühne ist ein Gefängnis – also wiederum eine andere Zeit und ein anderer Raum. Beim drittenmal gibt es nur noch das Bett, und das Bett fliegt davon. Das dritte Thema ist ein Feld mit Tänzern, und über den Tänzern schwebt eine Raum-Zeit-Maschine, es ist eine Uhr. Beim zweitenmal ist die Maschine größer, und beim drittenmal sind wir im Innern dieser Maschine.

Was ist der Inhalt von «Einstein»?
WILSON: Man sieht Verhaltensweisen. In der traditionellen Oper singt man, drückt Gefühle aus. Wir gehen anders vor. Man singt die Noten so, wie sie geschrieben sind, man singt Tonleitern, singt Zahlen, man führt die Aufgabe aus, die man sich gestellt hat, sonst nichts. Wenn jemand einen Bleistift hochhält oder geht, so wollen wir nicht einen Schauspieler zeigen, der einen Bleistift hochhält oder geht, sondern diese gestellte Aufgabe erfüllt, und das mit einem möglichst geringen Energieaufwand. Der Zuschauer sieht das Verhalten; sieht, daß Einstein Kalkulationen machte, daß er sich mit Zeit und Raum beschäftigte, sieht die Uhren. Er sieht, daß Einstein Pfeife rauchte, daß er schöne Gesten mit seinen Händen machte und so weiter. Er sieht Verhalten, nicht Schauspieler, die Emotionen ausdrücken.

Was hat Sie am Thema Einstein interessiert?
WILSON: Nicht so sehr seine wissenschaftliche Arbeit als vielmehr seine Person. Ich mag diese Person. Ich mag seine Kleidung, er war immer in Hellgrau und Braun gekleidet, alles sehr hell, man hat ihn fast nie in dunkler, formeller Kleidung gesehen. Besonders als er älter wurde, war er sehr lässig und sehr einfach. Er war ein einfacher Mann; es ist leicht, sich mit ihm zu identifizieren. Er war populär, die Zeitungen waren immer voll von ihm. Er war offen, jovial, jeder konnte mit ihm sprechen, er hat sich nie für etwas Besonderes gehalten. Als er alt war, hat er gesagt: «Wenn ich das alles noch einmal machen müßte, dann würde ich lieber Installateur werden.» Und er hatte immer so schöne Gesten mit seinen Händen, das sieht man schon auf den ganz frühen Photos, die ihn als Kind zeigen. Einstein war ein Träumer, und das war sehr revolutionär für einen Wissenschaftler seiner Zeit. Und er segelte gern. Er war ein Träumer und ein Segler.

Was bedeutet der Titel? Warum ist Einstein am Strand?
WILSON: Der Titel war das erste, was wir fanden. Ich finde ihn sehr poetisch, er gefällt mir. Ich hatte damals gerade den Film «On the Beach» gesehen, mit Anthony Perkins und Ava Gardner. Das ist ein Film über die Vernichtung der Menschheit durch die Atombombe. Und ich dachte an Newton, der als alter Mann am Strand war und Steine sammelte. Aber das sind nicht die eigentlichen Gründe. Der Titel fiel mir ein, und ich fand ihn schön, und ich mochte ihn einfach, das ist alles.

Und wie ging es dann weiter, wie entstand «Einstein»?
WILSON: Phil Glass und ich haben uns Ende 1973 in New York kennengelernt und wollten zusammen eine Oper machen: «The Life and Times of …» Ich dachte an drei Personen, die dafür in Frage kamen: Einstein, Chaplin und Hitler.

Warum gerade diese drei?
WILSON: Es sind Personen, die sehr bekannt sind, über die das Publikum schon ein Vorwissen hat, das erleichtert die Kommunikation. Chaplin ist eine Figur, die jeder versteht und jeder liebt. An Hitler interessieren

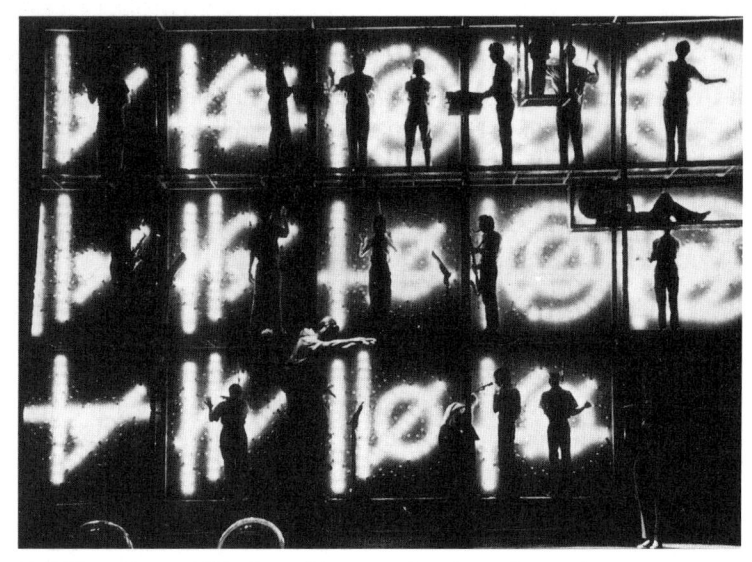

R. Wilson: Szenenbild «Spaceship» aus Einstein on the Beach, 1976

mich dieser lächerliche Schnurrbart und diese Gesten, die er hatte. Alle drei haben ihre Zeit verändert, jeder auf seine Weise. Wir entschieden uns also für «Einstein on the Beach». Als wir den Titel hatten, machten wir eine Zeit-Raum-Konstruktion, legten fest, daß es eine Oper von vier bis fünf Stunden Länge sein solle, mit vier Akten und drei Themen, die sich dreimal wiederholen und mit fünf kneeplays, jeweils vor und nach jedem Akt. Wir legten die Zeitdauer jeder Sequenz fest, und dann fing ich an, Skizzen für das Bühnenbild zu machen, und Phil schrieb die Musik. Wir arbeiteten drei Monate lang in New York, sehr hart, bis zu vierzehn Stunden pro Tag, alles ohne Dekor und Kostüme. Die Bühnenbilder wurden nach meinen Skizzen in Mailand gebaut.

Wie sahen die Proben aus? Haben Sie eine spezielle Probenmethode?
WILSON: Dieses Stück besteht ganz aus mathematischen Berechnungen. Jede Geste ist ausgezählt, und die Schauspieler wiederholten es so oft, daß sie es schließlich ganz mechanisch machten. Die Musik, der Takt,

ist bei «Einstein» so etwas wie eine Uhr. Die Schauspieler machen ihre Gesten im Taktmaß. Sie wissen: ich muß meinen Finger bei 32 hochhalten und ihn bei 16 senken. Oder die Bewegung mit den Bleistiften, die machen sie genau 64mal.

Welches Maß an Freiheit bleibt dann den Schauspielern bei den Proben?
WILSON: Die meisten Bewegungen kamen von ihnen. Ich sagte: macht das, wozu ihr Lust habt, und dann suchten wir aus. Das, was wir behielten, wiederholten sie so oft, zählten dabei die Takte, daß sie es ganz automatisch machen konnten, ohne viel Energie, ohne Anstrengung. Ich mag nicht die Anstrengung der Schauspieler sehen. Das meiste Theater besteht darin, daß man zeigt, wie schwierig das ist, was man macht. Ich möchte das Publikum nicht mit der Anstrengung der Schauspieler langweilen.

Gab es während der Proben viele Diskussionen über Grundsätzliches, über Theoretisches, über Ästhetik, über Formprobleme?
WILSON: Nein, wir haben immer nur darüber gesprochen, wie wir das Stück machen können, nie über abstrakte Ideen, immer nur über die praktischen Probleme. Das ist alles nicht so geheimnisvoll. Wir haben gesagt: Das und das wollen wir machen, und dann haben wir es gemacht, das ist alles. In der Aufführung ist alles sehr rational, nicht emotional.

Aber die Wirkung der Aufführung ist doch sehr emotional, oder?
WILSON: Der Zuschauer erlebt Raum-Zeit-Strukturen, das ist eine unemotionale Sache. Aber er hat natürlich die Freiheit, darauf emotional zu reagieren.

Wie sind Ihre Erfahrungen mit den verschiedenen Zuschauern? Sie haben Ihre Stücke, bei denen es ja keine Sprachschwierigkeiten gibt, vor sehr unterschiedlichem Publikum gespielt, in sehr unterschiedlichen Ländern. Worin unterscheiden sich die Reaktionen?
WILSON: In Paris ist das Publikum sehr ernsthaft, formell, aufmerksam, voller Respekt. Sie gehen nicht rein und raus, es ist sehr ruhig. In Belgrad sind sie mehr wie in Amerika. Sie haben einen naiveren Bezug, sie kom-

men und gehen, sind viel lässiger, unterhalten sich. Es stört mich nicht, wenn jemand zwischendurch mal eine Zigarette rauchen geht.

Können Sie mir zum Schluß noch sagen, was das Theater für Sie bedeutet, was Sie am Theater interessiert?
WILSON: Theater ist eine Entschuldigung für alles. Für mich war es lange eine Erlaubnis für einen gewissen Wahnsinn. Es ist ein Weg, alle Künste zusammenzubringen, Malerei, Sprache, Tanz, Architektur.

Gespräch mit Renate Klett anlässlich der Inszenierung von *Einstein on the Beach*. *In:* DIE ZEIT, 15. Oktober 1976.

«Die Struktur kommt vor der Handlung» (1980)

Ich glaube vor allem anderen an ein formelles Theater. Ich habe schon gesagt, daß die Figur Edisons mich weniger interessiert hat als die von Hess, aber ich möchte noch einmal betonen, daß für mich die Struktur vor der Handlung kommt. In *Edison* besteht die Handlung aus dem Verhältnis des Lichtes zur Dunkelheit, des Tones zur Stille.

[...]

Meine Texte wollen keine Geschichte erzählen, sondern werden wie richtiggehende musikalische Partituren konstruiert. Alle Gesten der Figuren haben eine Numerierung, alle Rhythmen der Beleuchtung und der Handlungen sind auf die Sekunde genau kalkuliert, wie in einer Partitur, in der Licht, Ton und Aktion zusammenfallen.

Edison entsteht nicht aus einer Geschichte, sondern aus einer Struktur; und aus einer Feststellung heraus: daß nämlich jeder immer die Möglichkeit hat, gleichzeitig und unabhängig voneinander zu sehen und zu hören. Während du sprichst, kannst du zuhören, und während du etwas siehst, kannst du etwas anderes hören. Das Schauspiel ist vor allen Dingen der Versuch, diese Diskrepanz zwischen Sehen und Hören auf die Spitze zu treiben: das heißt also die Diskrepanz zwischen Licht und Ton.

Aufgezeichnet von Franco Quadri 1980. *In:* Franco Quadri, Franco Bertoni u. Robert Stearns: Robert Wilson. DACO-VERLAG Stuttgart 1997, S. 36 u. 37.

«Es ist nicht unsere Aufgabe, Antworten zu geben, sondern Fragen möglich zu machen» (1987)

[...]
SPIEGEL: Als Sie Ende der sechziger Jahre in New York Ihre ersten Theaterarbeiten präsentierten – wortlose, oft zeitlupenhaft langsame Bilder-Schauspiele –, wirkte das völlig fremdartig und neu. Man hatte den Eindruck, Sie hätten sich ohne Vorbilder Ihr eigenes Theater erfunden. War es so?
WILSON: Ich bin in einer Kleinstadt aufgewachsen, in Waco/Texas. Da gab es keine Möglichkeit, Theater kennenzulernen. Und als ich dann als Student in New York ins Theater kam, hat es mich nicht interessiert. Es hat mir mißfallen.

SPIEGEL: Wieso?
WILSON: Mir kamen die Schauspieler so aufdringlich vor wie schlechte High-School-Lehrer, immer mit Druck, immer belehrend. Ich fand das beleidigend und unangenehm. Erst viele, viele Jahre später habe ich eine Theaterform kennengelernt, die meinem ästhetischen Empfinden entspricht, das klassische No-Theater in Japan: Das hat Respekt vor dem Zuschauer, es bedrängt und attackiert ihn nicht, sondern läßt ihm Raum.

SPIEGEL: *Da gibt es aber doch einen großen Unterschied: Die Formen und Inhalte des No-Theaters sind dem japanischen Publikum seit Jahrhunderten vertraut, Ihr Theater hingegen wirkte völlig unerwartet, fremdartig, neu.*
WILSON: Das stimmt. Übrigens denke ich heute, daß es doch einen Einfluß gab, der mir damals gar nicht bewußt war: Ich bin als Student oft in die Ballett-Aufführungen von George Balanchine gegangen. Ich hatte auch von Ballett keine Ahnung, aber diesem Fluß von abstrakten, von geometrischen oder architektonischen Mustern in einem gegebenen

R. Wilson: Szenenbild aus the CIVIL warS (UA). Rotterdam 1983

Raum zuzusehen und dazu Musik zu hören, das gefiel mir, da fühlte ich mich frei.

SPIEGEL: War dieser Einfluß vielleicht nicht zu erkennen, weil Sie in Ihren ersten Produktionen nicht mit gelernten Schauspielern gearbeitet haben, sondern mit Laien, die Sie sich zusammensuchten?
WILSON: Ja, das kann sein. Ich war an dem besonderen Können von Schauspielern nicht interessiert, ich fand das nicht nötig, diese Schaustellung von Fertigkeiten. Meine Einstellung dazu hat sich sehr geändert, aber es quält mich immer noch, daß Schauspieler so viel tun, um dem Publikum zu gefallen. Wenn ich ins Theater gehe, will ich einen Menschen sehen und hören, aber nicht, daß er mir etwas vormacht. Gestern nacht habe ich stundenlang alte Platten von Kainz und Moissi gehört, bis sechs Uhr früh. König Lear zum Beispiel (*mit bibberndem Tremolo*): «Cordelia, Cordelia, bleib einen Augenblick!» Wunderbar, aber ich denke dabei immer: Wovon redet der eigentlich?

SPIEGEL: Als Sie vor acht Jahren nach Berlin kamen, um an der Schaubühne «Death Destruction & Detroit» zu inszenieren, war es da zum erstenmal, daß Sie Ihre Darsteller nicht selbst ausgesucht hatten, sondern mit einem festen Ensemble arbeiteten?
WILSON: Ja, und ich bin dem Theater, ich bin Peter Stein sehr dankbar für diese Erfahrung.

SPIEGEL: Hatten Sie keine Angst vor den Fertigkeiten der Schauspieler?
WILSON: Wahrscheinlich habe ich immer Angst.

SPIEGEL: Ihre ersten Stücke kamen ohne Worte aus, und auch als Sie dann Sprache hinzufügten, haben Sie sie als rein rhythmische, musikalische Struktur eingesetzt, ohne Interesse für die Bedeutung. Der Komponist Philip Glass, von dem die Musik zu «Einstein on the Beach» und zu Teilen von «the CIVIL warS» stammt, hat einmal gesagt, das Schöne an Ihrer Art von Theater sei das vollkommen Unliterarische …
WILSON: Nein, nein, das ist nicht richtig. Oder besser, das stimmt nicht mehr, das hat sich bei mir geändert. Mir liegt an literarischen Texten, nur die Art, wie sie üblicherweise auf der Bühne dargeboten werden, finde ich nach wie vor furchtbar.

SPIEGEL: Woran liegt das?
WILSON: Zu Hause für mich kann ich ein Stück wieder und wieder lesen, zum Beispiel «Hamlet», mit großem Vergnügen, ich entdecke darin eine immer neue Vielfalt von Möglichkeiten, von Bedeutungen. Im Theater jedoch, in der Regel, finde ich von diesem Reichtum nichts wieder. Die Schauspieler interpretieren den Text, sie treten auf, als wüßten sie alles und hätten alles verstanden, und das ist eine Lüge, ein Schwindel, das beleidigt mich. Ich glaube nicht, daß Shakespeare «Hamlet» verstanden hat. Theater soll nicht interpretieren, sondern uns die Möglichkeit geben, ein Werk zu betrachten und darüber nachzudenken. Wenn man so tut, als hätte man alles begriffen, ist das Werk erledigt. Und «Hamlet» ist nicht erledigt, er lebt, er lebt durch die Vielschichtigkeit der Formen und Bedeutungen. Ich sage meinen Schauspielern immer: Es ist nicht unsere Aufgabe, Antworten zu geben, sondern Fragen möglich zu machen. Wir

müssen fragen, dann öffnet der Text sich, und dann entsteht ein Dialog mit dem Publikum.
[...]

SPIEGEL: Sie sagen, man soll auf der Bühne jede Interpretation vermeiden: nicht antworten, sondern fragen. Aber wie geht das? Man kann doch nicht jeden Satz wie mit einem Fragezeichen am Ende sprechen.
WILSON: Ich weiß. Deshalb wirft man mir vor, mein Theater sei schauspielerfeindlich, mechanisch, maschinenhaft. Aber das scheint nur so, weil wir im Westen nicht mit einer so formalen Darstellungsweise vertraut sind, wie sie etwa das No-Theater entwickelt hat. Ich sage den Schauspielern: Drängt eure Gefühle nicht dem Publikum auf, laßt alles, was ihr euch dabei gedacht habt, in der Garderobe zurück, und geht ganz frisch auf die Bühne, als wüßtet ihr nichts.

SPIEGEL: Was machen denn normalerweise unsere Schauspieler falsch?
WILSON: Es sind diese Abruptheit der Gestik und diese vorgefaßte Satzmelodie, die immer auf einen Punkt zusteuert, dieses Stoppen. Dabei müßte doch alles eine ständige Bewegung sein, ein Kontinuum. Einstein wurde einmal von einem Studenten gebeten, einen Satz zu wiederholen, weil der ihn nicht verstanden hatte. Da sagte Einstein: Ich muß es nicht wiederholen, weil ich immer dasselbe sage, es ist alles ein Gedanke, ein Kontinuum (...) Das ist es.

SPIEGEL: Sie haben in Köln beim deutschen Teil von «the CIVIL warS» mit Heiner Müller zusammengearbeitet, Sie haben in Frankreich, Amerika und Deutschland Texte von ihm inszeniert, Sie haben sich jetzt an der Berliner Schaubühne für «Death Destruction & Detroit II» wieder ihn als Partner geholt – was verbindet Sie mit Heiner Müller?
WILSON: Oh, wir sind sehr verschieden. Aber wir haben auch manches gemeinsam. Heiner weigert sich, seine Texte zu interpretieren, das gefällt mir. Und ich kenne heute kaum einen Autor, der dem, der ihn aufführt, soviel Freiheit gibt. Bei ihm ist oft offen, ob eine Szene auf dem Mond oder in einem Kellerloch spielt, und was Fragen sind und was Antworten.

SPIEGEL: Dennoch, er ist ein Schriftsteller, der in historischen und politischen Kategorien denkt, das ist bei ihm die Voraussetzung für alles – Sie hingegen scheint dergleichen überhaupt nicht zu interessieren.
WILSON: Aber nein, nein, das ist ein riesiges Mißverständnis meiner Arbeit. Es ist alles viel komplexer. Ein Text ist doch nur eine Oberfläche, gewissermaßen die Haut, darunter ist das Fleisch, und noch darunter sind die Knochen. In einem einzigen Wort, sagen wir «Hamlet», oder in einem einzigen Buchstaben davon, in diesem H – darin ist alles enthalten, was je ein Mensch gefühlt, erfahren, erlitten hat. Es ist so komplex.

Als ich anfing, 1967, hat mich die Arbeit eines Psychologen von der Columbia University sehr beeindruckt, er heißt Daniel Stern. Er hat über 300 Filmaufnahmen gemacht von Müttern, die ihr schreiendes Baby auf den Arm nehmen, um es zu trösten. Dann hat er sich diese Filme ganz langsam in Zeitlupe angeschaut, Bild für Bild. Und in acht von zehn Fällen sah man auf den ersten drei oder vier Bildern – also einen sonst unsichtbaren Sekunden-Bruchteil lang –, wie die Mutter sich mit einer grimmigen Fratze auf das Kind stürzte, und man sah das Erschrecken des Kindes. Die Mütter, wenn man ihnen das zeigte, waren entsetzt und riefen: «Aber ich liebe mein Kind!» So komplex ist das, und so komplex muß man auch auf der Bühne den einfachen Satz «Aber ich liebe mein Kind!» darzustellen versuchen – die Haut, darunter das Fleisch und darunter die Knochen.

[…]

SPIEGEL: Ihr Theater enthält architektonische Strukturen, Bilder, Sprache, Tanz, Musik; es will, mit einem sehr deutschen Begriff, ein «Gesamtkunstwerk» sein. Aber was ist das Ursprüngliche, Erste? Die Bilder?
WILSON: Ich denke, es sollte alles gleichwertig sein. Es wundert mich immer, wenn man meine Arbeit als «Bilder-Theater» charakterisiert, denn das Hören ist mir ebenso wichtig. Hören und Sehen sind unsere hauptsächlichen Mittel der Wahrnehmung, der Kommunikation. Im Theater herrscht gemeinhin die Sprache vor, was man dazu sieht, ist bloß Zutat, Verdoppelung, Illustration. Ich möchte, daß beides zu seinem Recht kommt, Hören und Sehen.

SPIEGEL: Unabhängig voneinander?
WILSON: Nein, wechselseitig soll das eine das andere verstärken. Nehmen wir ein Beispiel. Wir sehen auf dem Fernsehschirm einen Nachrichtensprecher, und er sagt: Gaddafi hat soeben Bomben auf Washington/D.C. und New York City geworfen, es gab elf Millionen Tote, ganz Washington steht in Flammen (...) Dann werden wir mit aller Wahrscheinlichkeit diesen Nachrichtensprecher überhaupt nicht wahrnehmen, seine Gestik, seine Mimik, seine Kleidung, weil wir bloß hören. Wenn wir aber den Fernsehton wegdrehen und eine Mozart-Platte auflegen, dann erst *sehen* wir diesen Mann wirklich, und dann *hören* wir auch die Mozart-Musik deutlicher als ohne das Bild.

SPIEGEL: Allerdings verpassen wir dabei den Ausbruch des dritten Weltkriegs ...
WILSON: Gut, gut. Aber Sie wissen, worum es mir geht: Die besonderen Kunstmittel, die nötig sind, damit Sehen *und* Hören möglich wird.

SPIEGEL: Sie haben inzwischen Geschmack an den besonderen Fertigkeiten von Schauspielern gefunden, aber Sie haben einmal gesagt: Die besten Schauspieler spielen nur für sich selbst. Wie ist das bei Ihnen? Für wen tun Sie es?
WILSON: Das ist doch klar: Wir alle – Schauspieler, Regisseure, Bühnenbildner, Autoren, Komponisten – wollen mit dem, was wir tun, ein Publikum erreichen. Aber zuerst und zuletzt tun wir es doch für uns selbst.

SPIEGEL: Früher haben Sie sich Ihre Stücke selbst ausgedacht, neuerdings inszenieren Sie auch vorgegebene Werke, und nicht nur von Heiner Müller. Sie haben Opern von Charpentier, Gluck und Richard Strauss gemacht, Ihr nächstes Projekt ist die «Alkestis» von Euripides in Stuttgart, dann soll «König Lear» kommen, dann Wagners «Parsifal». Denken Sie, es ist zwangsläufig, daß jeder Avantgardist zum Traditionalisten wird?
WILSON: Nein, umgekehrt, ich denke, es ist die Aufgabe der Avantgarde, die Klassiker neu zu entdecken. Darauf kommt es an. Sokrates, glaube ich, hat einmal gesagt: Der Mensch wird mit allem Wissen geboren, die Schwierigkeit ist nur, es wiederzufinden.

Franz Kafka meets Rudolf Heß. Spiegel-Gespräch mit Robert Wilson über Hören, Sehen und Spielen mit Hellmuth Karasek und Urs Jenny. *In:* DER SPIEGEL 10/1987, S. 204–214.

«Die Architektur des theatralischen Raumes» (1992)

Fast alle, die in den 60er Jahren am Theater arbeiteten, wollten die Theatertechnik des 19. Jahrhunderts auslöschen. Sie wollten keine gemalten Kulissen benutzen, um Wälder, Tempel oder einen viktorianischen Salon vorzustellen, dieser Darstellungsstil war aus der Mode. Im Gegensatz jedoch zu den meisten Künstlern damals, fühlte ich mich sehr wohl dabei, Rahmen direkt vor die Bühnenmaschinerie zu stellen. Ich glaube, diese machen es für ein Publikum viel einfacher zu sehen und zu hören.

Der theatralische Raum unterscheidet sich vom alltäglichen Raum, weil sich das Theater in einer Weise auf die Zeit bezieht, wie es unser normales Leben nicht tut. Alles auf meiner Bühne ist sorgfältig konstruiert. Sogar wenn die Grenzen streng sind, gibt es innerhalb von ihnen eine unendliche Freiheit zur Improvisation. So wie die Natur fähig ist, sich innerhalb bestimmter biologischer Grenzen zu erneuern, glaube ich, daß sich meine Stücke kontinuierlich innerhalb ihrer festgelegten Bühnendimensionen verändern.

Der Raum des Theaters ist deshalb architektonisch. Zuerst gibt es da eine vertikale Linie, die vom Mittelpunkt der Erde aufsteigt und durch das Universum läuft. Diese zeitliche Linie wird von einer zweiten Linie gekreuzt, die den Raum schafft. Die Spannung zwischen diesen beiden Linien interessiert mich: zeitliche und räumliche Linien können sich kreuzen, sich gegenseitig unterstützen oder sogar parallel laufen. Egal ob ich einen Stuhl entwerfe oder eine Geste mache, denke ich immer über das Gleichgewicht zwischen Zeit und Raum nach.

Ich ermutige das Publikum immer, sich seine eigenen Interpretationen von den Objekten und Aktivitäten auf der Bühne zu machen. Rahmen sind wichtig für mich, weil sie mir erlauben, die Zuschauer von dem, was sie sehen und hören, zu distanzieren. Die zeitlichen und räumlichen Linien dieser Rahmen werden zu meiner Bühnensprache. Sobald diese Sprache selbstverständlich wird, muß sie ersetzt werden.

Wenn man einen Cassettenrecorder auf eine Barockkommode stellt, gibt es einen Kontrast zwischen dem, was man sieht und dem, was man hört. Mein Problem mit den meisten Vorstellungen ist, daß die Rahmen die Distanz zwischen dem, was man sieht und hört, aufheben. Wenn man einen Stummfilm sieht, hat man die Freiheit, sich eine Tonspur vorzustellen, so wie man, wenn man ein Hörspiel hört, die Freiheit hat, sich die Bilder bis zu einem gewissen Grad vorzustellen. In den meisten Theaterstücken hat das Publikum keinen Raum, sich jenseits der Grenzen dessen, was es sieht und hört, etwas vorzustellen, weil die Tonspur und das Bild nicht kontrastiert sind.

Lange Zeit dachte ich, daß ich ein Minimalist bin, das war, bevor ich Marlene Dietrich in einer Vorstellung in Paris sah. Ich sah ihr Konzert siebzehn Mal. Sie wußte, ihre Erscheinung mit ihrer Stimme auszubalancieren und sagte einmal, daß man eine Stimme finden müsse, die zur Erscheinung deines Gesichts paßt. Wenn sie sprach, konnte ihre Stimme erotisch sein, während ihre Ausstrahlung etwas ganz anderes war – kalt. Ich erinnere mich an die Dietrich, wie sie in einem großen Auditorium sang. Zuerst bewegte sie ihre Arme überhaupt nicht, aber das war nichts, was die Leute bemerkt hätten. Sie beendete das erste Lied und sang ein zweites Lied, unbeweglich. Und dann ein drittes Lied, unbeweglich. In der Mitte des dritten Liedes hob sie ihre rechte Hand und machte eine einzelne Geste. Ich habe niemals etwas so Einfaches gesehen. Ich lernte eine Menge von ihr – das war Minimalismus.

Das Gespräch führten Bettina Masuch und Tom Stromberg in Frankfurt am 29. Mai 1992. *In:* Theaterschrift. Nr. 2, Frankfurt a. M. 1992, S. 2–6 (Theater am Turm).

Theatergeschichtliche Kommentare

Edward Gordon Craigs Theatervision: Die Apotheose des Tänzers

«Mit lässigen Muskeln stehn und mit abgeschirrtem Willen:
das ist das Schwerste euch allen, ihr Erhabenen!»
Friedrich Nietzsche: Also sprach Zarathustra, 1887

«Um das Theater zu retten, muß das Theater zerstört werden; alle
Schauspieler und Schauspielerinnen müssen an der Pest sterben ...
Sie richten die Kunst zugrunde.»
Eleonora Duse, 1900

«Die Übermarionette, das ist der Schauspieler plus Feuer
minus Egoismus – mit dem Feuer der Götter und Dämonen,
ohne den Rauch und den Qualm der Sterblichkeit.»
Edward Gordon Craig, 1924

Am 16. Januar 1872 wurde Edward Gordon Craig in Stevenage in der englischen Grafschaft Herfordshire geboren. Sein Vater, der Bühnenbildner und Regisseur Edward William Godwin, hatte eine Reihe von Studien zur Theaterarchitektur (1875) und Kostümgeschichte veröffentlicht. Seine Mutter Ellen Terry (1847–1928) war eine der berühmtesten Schauspielerinnen ihrer Zeit. In dem Buch *Ellen Terry and her Secret Self* (1931) beschrieb Craig das Leben dieser außergewöhnlichen Frau, von der George Bernard Shaw (1856–1950) behauptete, das ganze Zeitalter sei in sie verliebt gewesen.

Es war das viktorianische England, das in der zweiten Hälfte des 19. Jahrhunderts auf dem Höhepunkt seiner Macht stand und den lebensgeschichtlichen Hintergrund dieser Biographien bildete. Politische Expansion und eine rasante industrielle Entwicklung prägten diese Jahrzehnte. (Vgl. M. Brauneck: Die Welt als Bühne. 3, S. 847 ff.) Fortschrittsdenken, Wissenschaftsgläubigkeit und jene für den Viktorianismus typische Verbindung von Modernität und Puritanismus schufen ein kulturelles Klima, in dem die Kunst zur Staffage des saturierten Großbürgertums verfiel. Als Reaktion darauf kamen Tendenzen auf, die für eine Erneuerung der Kunst plädierten und daraus die Erneuerung der gesellschaftlichen Moral erhofften. William Morris (1834–1896) entwickelte vor diesem zeitgeschichtlichen Hintergrund seine Reformideen: einen ästhetischen Kollektivismus, der, als Kunst- und Kulturkritik ansetzend, zunehmend zu einem sozialreformerischen Programm weiterentwickelt wurde. Morris war zugleich einer der wichtigsten Wegbereiter des Jugendstils.

Im Zuge der Kommerzialisierung des gesamten Kunstbetriebs kam es vornehmlich in London im letzten Drittel des 19. Jahrhunderts zur Gründung zahlreicher Theater. Der Inszenierungsstil dieser Bühnen war geprägt durch das Vorherrschen des Naturalismus, der die Herstellung eines perfekten Bühnenillusionismus zum Ziel hatte. Seit den siebziger Jahren war Henry Irving (1838–1905), der als Schauspieler und Regisseur am Lyceum Theatre, einem der künstlerisch anspruchsvollsten Londoner Privattheater arbeitete, die bestimmende Persönlichkeit im Theaterleben Englands.

Schon seine Kindheit verbrachte Craig im Theatermilieu. 1887 hielt er sich in einem englischen Internat in Heidelberg auf, wo er mit der deutschen Sprache in Berührung kam. Bereits in jungen Jahren las er mit Begeisterung Shakespeare; erste Theatereindrücke gewann er am Londoner Globe und am Lyceum Theatre. 1884 war er Statist bei einer *Hamlet*-Aufführung während einer Tournee seiner Mutter in den USA; 1885 übernahm er in Chicago seine erste Sprechrolle. Dies war der Beginn einer außergewöhnlichen Theaterkarriere. Craig schrieb später über diese

Jahre: «Das Lyceum Theatre und Henry Irving – sie waren meine wahre Schule und meine wahren Lehrmeister ... Ich wurde Schauspieler. Die einfache Tatsache, in einem Theater, dem besten in England, mit dem größten Schauspieler in Europa und meiner Mutter, der Schauspielerin, aufzutreten – das genügte. Es war ein Anfang. Ich verstand noch nicht viel. Ich war ein aufnahmefähiger Organismus. Das ist alles» (nach D. Bablet: Edward Gordon Craig.1965).

Am Lyceum Theatre blieb Craig von 1889 bis 1897. Er spielte in diesen Jahren – gelegentlich auch bei kleineren Truppen – zahlreiche Rollen; 1896 erstmals den Hamlet. Es wurde die Schlüsselrolle seines Lebens. Als Regisseur war Henry Irving Craigs großes Vorbild, dessen Inszenierungen durch ihren Realismus, akribische Genauigkeit im szenischen Detail und künstlerische Geschlossenheit – ganz an den Reformen (seit 1866) der Truppe des Herzogs Georg II. von Sachsen-Meiningen orientiert – das Londoner Publikum faszinierten.

Das Meininger Hoftheater hatte einen auf wissenschaftlichen Grundlagen aufgebauten, mit spektakulären Massenszenen gespickten Regiestil zu hoher professioneller Perfektion entwickelt, den das Ensemble in Gastspielen in 38 europäischen Städten, darunter auch in London, demonstrierte.

Nachdem sich Craig vom Lyceum gelöst hatte, trat die Schauspielerei für eine Zeit lang in den Hintergrund. Er widmete sich dem Zeichnen, besuchte Museen, trieb kunsttheoretische und philosophische Studien; las Goethe, Tolstoj, Wagner, Nietzsche, Ruskin und Coleridge. Doch schon 1899 gründete er die Purcell Operatic Society, einen Amateurtheaterverein zur Pflege des traditionellen Musiktheaters. Damit begann seine Laufbahn als Regisseur. Craigs erste Inszenierung war *Dido und Äneas* von Purcell, im Mai 1900. Bereits in dieser ersten Arbeit machte er sich frei von dem Bühnenrealismus, wie ihn noch sein Vorbild Irving praktizierte. Entsprechend seiner umfassenden künstlerischen Begabung gestaltete Craig die Aufführung in allen ihren Elementen, führte Regie, entwarf die Dekoration und die Kostüme und konstruierte die Beleuchtungsanlagen. Seine nächste Inszenierung (1901) war *The Masque of Love*.

Während der Arbeit an diesen beiden Aufführungen wuchs zugleich sein zeichnerisches Werk. Craig entwarf Bühnenskizzen, manche für bestimmte Stücke, andere unabhängig von einer literarischen Vorlage. «Szenische Hinweise», «szenische Visionen» nannte er sie. Es waren Entwürfe szenischer Räume von gänzlich neuartiger Lichtchoreographie.

1902 folgte die Inszenierung von Georg Friedrich Händels Pastorale *Acis und Galathea*, im gleichen Jahr noch das Weihnachtsspiel *Bethlehem* (Text: von Laurence Housman, Musik: Joseph Moorat). Ein Jahr später mietete Ellen Terry das Imperial Theatre in London. Ihr Sohn arbeitete hier erstmals als Regisseur an einem professionellen Theater. Am 15. April 1903 fand die Premiere von Ibsens Nibelungen-Stück *Nordische Heerfahrt* statt. Die Inszenierung zeigte deutliche Bezüge zu Wagners *Parsifal*, wurde aber kommerziell kein Erfolg und bald wieder abgesetzt.

Craig studierte nun in nur 25 Tagen Shakespeares Komödie *Viel Lärm um nichts* ein. Es war seine letzte Inszenierung in England. Ein Kritiker schrieb in der *Modern Society* über die Kirchenszene in diesem Stück:

«Bühne und Zuschauerraum sind zunächst in völliges Dunkel getaucht. Aus den Tiefen der Bühne schwillt Orgelmusik an. Plötzlich erhellt ein Lichtstrahl das Kreuz (...) und eine geheimnisvolle, dunstige, gleichsam transparente Helle, ähnlich dem bläulichen Licht der Atmosphäre, taucht aus dem Dunkel hinter dem Altar: Dann durchflutet ein noch wärmeres Leuchten die ganze Bühne. Die verschwommenen Silhouetten der Gläubigen gewinnen Form und Farbe. Zu beiden Seiten werden mosaikgeschmückte Säulen sichtbar. Und so entwächst der Dunkelheit allmählich – mit dem Kreuz, dem Altar, dem Priester, Claudio und Hero als Mittelgruppe – eine Szene von byzantinischer Pracht. Alles spielt sich so ab, als befänden wir uns in einem unendlichen Raum. Die Szene ist ein Triumph, auf den Craig stolz sein kann.» (Nach D. Bablet: Edward Gordon Craig. 1965)

Craig hatte nun seinen Stil gefunden. Die Lösung von der illusionistischen Bühnenästhetik war endgültig vollzogen. Die Bühne gewann ihre Imagination aus der Bewegung des Lichts, aus der choreographischen Führung der Figuren, aus einer Raumarchitektur, die die Szene entgrenzte und in einen imaginären Ort verwandelte.

Craigs Bühnen- und Kostümentwürfe wurden in zahlreichen Ausstellungen in England, später auch in einer Reihe von Städten des Kontinents gezeigt. Er experimentierte (schon 1902) mit Formen des Renaissancetheaters, den Masques. Dies waren kleine symbolische Spielformen, die Tanz, Schauspiel und Musik im Sinne von Richard Wagners Idee des Gesamtkunstwerks zusammenführten. Der zeichnerische Entwurf ersetzte ihm dabei immer mehr das szenische Experiment. Im Reflexionsmedium der Skizze befreite sich Craig von allen Begrenztheiten, die ihm eine Bühnenrealisation abverlangt hätte. In der Schrift *The Art of the Theatre* (1905) formulierte er erstmals eine Theorie dieses neuen Theaters. (Vgl. M. Brauneck: Die Welt als Bühne. 3, S. 855 ff.)

1904 besuchte Craig auf Vermittlung des Grafen Kessler den Weimarer Hof. Ein intensiver Gedankenaustausch mit dem Jugendstil-Architekten Henry van de Velde kam zustande, ebenso mit Joseph Hoffmann, dem Gründer der Wiener Werkstätten, der 1903 in Brüssel das Stoclet Palais gebaut hatte. Die Vorstellung von Theater und Architektur nicht nur als Kunstformen, sondern als Lebensszenarien verband die Geister. In Berlin lernte Craig Otto Brahm (1856–1912) kennen, für dessen Inszenierung des *Geretteten Venedig* von Hugo von Hofmannsthal (nach Thomas Otways Barockdrama *Venice Preserved*) am Lessingtheater Craig die Bühne gestalten sollte. Es gab «einige kleine Mißverständnisse» (Craig) zwischen den beiden. Brahm stand irritiert vor Craigs Bühnendekoration. «Brahm: ‹Es gibt keine Tür.› Craig: ‹Es gibt einen Eingang und einen Ausgang.› Brahm: ‹Ich sehe aber weder Türgriff noch Schloß. Es gibt keine Tür ohne Türgriff.›» Zu groß waren die künstlerischen Differenzen zwischen dem Bühnennaturalisten Brahm und dem Symbolisten Craig. Nur zwei Szenen in der endgültigen Inszenierung waren nach Craigs Entwürfen gestaltet, aber auch diese erheblich verändert. Es war alles in allem eine enttäuschende Erfahrung, die Craig in Berlin gemacht hatte. Im Dezember 1904 wurde dort jedoch eine umfassende Ausstellung seiner Bühnenentwürfe eröffnet. Als «Niederschriften eines in anderen Materialien erst auszuführenden Kunstwerks» charakterisierte sie Harry Graf Kessler, der in den 1905 in deutscher Übersetzung erscheinenden Dialogen *Die Kunst des Theaters* im Vorwort schreibt:

«Craig spricht bestimmt aus, daß er für das Theater im nächsten Jahrhundert eine völlig veränderte Rolle sieht. Er verachtet nicht den Dichter, aber er protestiert gegen die Art, wie die Männer des Theaters, Direktoren, Schauspieler, Theatermaler auf den Dichter sich verlassen. Er will die Bühne ihrer eigenen Kunst zurückgeben. Er hat die Bedingungen dieser von so vielen erhofften reinen Kunst der Bühne klar erkannt und in seiner Person, wie es scheint, verwirklicht. Das Gesamtkunstwerk, das Wagner von Musik und Dichtung aus in Angriff nahm, wird von ihm, oder durch ihn angeregt, vielleicht heute von Malerei, Tanz und Gebärde aus neu verwirklicht werden.» (Vgl. E. G. Craig: Die Kunst des Theaters)

Wenige Tage nach der Eröffnung der Ausstellung, am 3. Dezember 1904 in Berlin, begegnete Craig der amerikanischen Tänzerin Isadora Duncan (1877–1927). Zwischen beiden entwickelte sich eine von tiefer Leidenschaft und kongenialer künstlerischer Partnerschaft geprägte Lebensgemeinschaft. Craig begleitete die Tänzerin 1905 und 1906 auf ihren Tourneen durch Europa. Ihre Tanzkunst inspirierte ihn zu seiner Vision einer neuen Schauspielkunst: Der Tänzer erschien ihm nun als der ideale Akteur eines «Theaters der Zukunft» (1907). Die «Übermarionette» (1907) war seitdem die programmatische Metapher, mit der Craigs Theaterideen verbunden sind.

Dieser Ansatz hatte durchaus Tradition und sollte weit ins 20. Jahrhundert hinein seine Wirkungsgeschichte entfalten. Der Tänzer als Kunstfigur war das Paradigma einer neuen Kunstphilosophie spätestens seit Richard Wagner. Heinrich von Kleist hatte bereits 1810 in seiner Schrift *Über das Marionettentheater* die Rückgewinnung des Paradieses, die Wiederkehr der Grazie in der Harmonie einer symbolischen Ordnung gefeiert; die Marionette, der Tänzer, wurde für Kleist zu einer heilsgeschichtlichen, grenzüberschreitenden Chiffre:

«Ich erkundigte mich nach dem Mechanismus dieser Figuren, und wie es möglich wäre, die einzelnen Glieder derselben und ihre Punkte, ohne Myriaden von Fäden an den Fingern zu haben, so zu regieren, als es der Rhythmus der Bewegungen, oder der Tanz, erfordere?
Er antwortete, daß ich mir nicht vorstellen müsse, als ob jedes Glied einzeln, während der verschiedenen Momente des Tanzes, von dem Maschinisten gestellt und gezogen würde.
Jede Bewegung, sagte er, hätte einen Schwerpunkt; es wäre genug, diesen in dem Inneren der Figur zu regieren; die Glieder, welche nichts als Pendel wären, folgten, ohne irgendein Zutun, auf eine mechanische Weise von selbst.
Er setzte hinzu, daß diese Bewegung sehr einfach wäre; daß jedesmal, wenn der

E. G. Craig: The Steps. Szenenentwurf, um 1905

Schwerpunkt in einer **graden Linie** bewegt wird, die Glieder schon **Kurven** beschrieben; und daß oft, auf eine bloß zufällige Weise erschüttert, das Ganze schon in eine Art von rhythmische Bewegung käme, die dem Tanz ähnlich wäre.»

Auch Richard Wagner formulierte 1850 in seiner Schrift *Das Kunstwerk der Zukunft* den utopischen Entwurf einer ästhetischen Lebensinszenierung im Gesamtkunstwerk: die Vision eines in seiner Sinnlichkeit befreiten Menschen, für den Kunst nicht mehr die Herstellung eines Artefakts ist, sondern die lebenspraktische Verwirklichung seiner «wahren Natur». Auch für Wagner war die Tanzkunst die «realste aller Kunstarten». Es sei der Rhythmus, der den Tanz zur Kunst werden lässt und der Tanzkunst und Tonkunst eint. Da sich im Rhythmus das Ordnungsprinzip des Maßes als Voraussetzung aller Kunst manifestiert, ist der Rhythmus auch «der Geist der Tanzkunst». So wird für Wagner der tanzende Mensch selbst zum Kunstwerk. Im Begriff des Tanzes sah Wagner den höchsten Ausdruck des Künstlerischen, indem Geistigkeit und Sinnlichkeit sich zur vollendeten Einheit zusammenfinden.

Friedrich Nietzsche veranschaulichte seine Philosophie des «neuen Menschen» und sein Bild vom Künstler ebenfalls im Bilde des Tänzers. Der dionysische Dithyrambos, als Medium der Verwandlung, ist Gesang und Tanz in einem. In der *Geburt der Tragödie aus dem Geiste der Musik* (1872) heißt es:

«Im dionysischen Dithyrambus wird der Mensch zur höchsten Steigerung aller seiner symbolischen Fähigkeiten gereizt; etwas Nieempfundenes drängt sich zur Äußerung, die Vernichtung des Schleiers der Maja, das Einssein als Genius der Gattung, ja der Natur. Jetzt soll sich das Wesen der Natur symbolisch ausdrücken; eine neue Welt der Symbole ist nötig, einmal die ganze leibliche Symbolik, nicht nur die Symbolik des Mundes, des Gesichts, des Wortes, sondern die volle, alle Glieder rhythmisch bewegende Tanzgebärde (...) Um diese Gesamtentfesselung aller symbolischen Kräfte zu fassen, muß der Mensch bereits auf jener Höhe der Selbstentäußerung angelangt sein, die in jenen Kräften sich symbolisch aussprechen will: der dithyrambische Dionysus wird somit nur von seinesgleichen verstanden! (...) denn in jenem Zustande ist er, wunderbarerweise, dem unheimlichen Bild des Märchens gleich, das die Augen drehn und sich selber anschaun kann; jetzt ist er zugleich Subjekt und Objekt, zugleich Richter, Schauspieler und Zuschauer.»

In der Kunstfigur des Tänzers verkörpert sich das Subjekt des Nietzsche'schen Weltentwurfs; Zarathustra tanzt in der Apotheose seiner seinsberauschten Existenz: «Es trägt mich dahin, meine Seele tanzt.»

Die Philosophie Nietzsches war von weit reichendem Einfluss auf das Werk von Gordon Craig. Als dieser 1905 in Weimar mit Nietzsches

Schwester bekannt wird, stiftet er 60 Pfund für ein geplantes Nietzsche-Denkmal.

Auch für Adolphe Appia (1862–1928), den großen Schweizer Bühnenreformer, dem Craig im Februar 1914 in Zürich begegnet war, versetzt die Tanzkunst den menschlichen Akteur in die Lage, zum wahrhaft künstlerischen Element in einem Bühnengesamtkunstwerk, dem «Wort-Tondrama» (Appia), zu werden. (Vgl. M. Brauneck: Theater im 20. Jahrhundert. 1963, S. 65 ff.) Im Tanz unterwerfe sich der Akteur der abstrakten Ordnung des Rhythmischen, entfalte seine Ausdrucksfähigkeiten um ihrer selbst willen «in ganz willkürlichen, fiktiven Verhältnissen», jenseits aller Nachahmung und äußeren Lebensbeobachtungen, die der Ausgangspunkt der Kunst des Schauspielers im Wortdrama ist. Im Tanz – so Appia – erreicht der Akteur den «höchstmöglichen Grad von Entpersönlichung (...), wenn sein Körper den allerverwickeltsten Führungen des Rhythmus, sein Vortrag den seinem Seelenleben am fremdartigsten gegenüberstehenden Zeitmaßen wie von selbst gehorcht, dann kann er zu seinen darstellerischen Mitarbeitern: der Aufstellung, der Beleuchtung, der Malerei, in Beziehung treten und Anteil nehmen an ihrem gemeinschaftlichen Leben». Mit der Wendung «Wie-von-selbst» umschreibt Appia den inneren Bewegungsimpuls des Bühnenakteurs in der gleichen Intention, wie Kleist es im Bilde der Marionette, die aus ihrem mechanischen Schwerpunkt heraus sich mit höchster Grazie bewegt, ausdrückt.

Craig **fasst** diesen mehrfach schon vorgeprägten Gedanken in der Metapher von der «Übermarionette» **zusammen**. Gemeint ist damit eine autonome Kunstfigur, die auch die Abbildhaftigkeit der (Kleist'schen) Marionette hinter sich gelassen hat: das autonome Zeichen, Element einer reinen Kunstwelt, die der Regisseur entwirft, die auch ihre Sinnkonstitution in sich trägt, ohne Verweisung auf ein anderes, ein Dahinter, ein Wesen, dessen bloße Erscheinung sie wäre. Craig schreibt: «Die Übermarionette wird nicht mit dem Leben wetteifern, sie wird über das Leben hinausgehen. Ihr Vorbild wird nicht der Mensch aus Fleisch und Blut, sondern der Körper in Trance sein; sie wird sich in eine Schönheit hüllen, die dem Tode ähnlich ist, und doch lebendigen Geist ausstrahlen.»

Mit dieser Ausgrenzung des menschlichen Körpers in seinem naturhaften Wesen (und damit der rollen- und charaktergestaltenden Schauspielkunst) aus dem Kunstbereich formuliert Craig eine fundamentale Kritik an jeder Form von Abbildästhetik und deren repräsentationistischem Zeichenverständnis, jeder «Wetteiferei» mit dem Leben. Nach Craig könne dies nur zur «armseligen Parodie» geraten.

In seinem theoretischen Hauptwerk *Die Musik und die Inszenierung* von 1899 definierte Adolphe Appia den Tanz als das «rhythmische Leben des Menschenkörpers» schlechthin:

«Im Tanz schafft sich der Körper ein fiktives Milieu. Um dies zu ermöglichen, opfert er dem musikalischen Zeitmaß die **begriffliche Bedeutung** seines persönlichen Lebens und gewinnt dafür den **lebendigen Ausdruck** seiner Formen. Was die reine Musik für unser Empfinden, das ist der Tanz für den Körper: eine fiktive, ohne Rücksicht auf den Verstand sich bekundende Form.»

Es liegt auf der Hand, welche weit reichenden Konsequenzen daraus für die Schauspielkunst resultieren. Der Schauspieler wird innerhalb dieses Theaterverständnisses nicht mehr als Rollengestalter beansprucht im Sinne der Brahm'schen «Menschendarsteller», jener Linie, die insbesondere von Stanislavskij aufgenommen und zu einem komplexen schauspielpädagogischen Konzept ausgebaut wurde: als «Arbeit des Schauspielers an sich selbst» und «Arbeit des Schauspielers an der Rolle». Hier dagegen wird der Bühnenakteur zur Kunstfigur, als reines Zeichen, verstanden, frei disponibles Material in der Hand des Gesamtgestalters, des Regisseurs; ein Spielelement – neben anderen (Licht, Raum, Bewegung, Musik etc.) – in einer autonomen Kunstsphäre.

Die von Craig und Appia aus dem geistigen Umfeld der Philosophie von Friedrich Nietzsche entworfene Vision eines «Theaters der Zukunft» wird vor allem von der neuen Tanzbewegung des frühen 20. Jahrhunderts zu einer weltanschaulich fundierten neuen künstlerischen Bewegungskultur weiterentwickelt, insbesondere von Isadora Duncan, Rudolf von Laban (1879–1958) und Mary Wigman (1886–1973).

Laban sieht im Rhythmus eine Grundkategorie allen Lebens und gar auch ein Gesetz in der Geschichte der Menschheit. Tanz wird ihm vor diesem lebensphilosophischen Hintergrund zur «Weltanschauungsform».

In der Ästhetik Mary Wigmans, vorbereitet in der Tanzphilosophie der Duncan, emanzipiert sich der Tanz von der Musik. Im «heutigen Tanz», schreibt Wigman 1921, seien Tänzer und Tänzerinnen nur «musikalische Instrumente, Ausdeuter einer fertig übernommenen Sprache». Der neue Tanz, wie er vor allem von Rudolf von Laban entwickelt worden sei, verstehe sich als «absolute Kunst»: «Sein Wesen ist Raum». Mithin ist die Raumlehre der Ausgangspunkt allen tänzerischen Schaffens, vergleichbar der Harmonielehre für die Musik. Eine ästhetische Raumlehre systematisiert und erforscht die Gesetze des Tanzes. Mary Wigman schreibt: «Raum heißt das Reich des Tänzers. Abbild des Unendlichen, Symbol des ewig flutenden Raumes wird dem Tänzer der Raum um sich. Herr über den Raum ist der Tänzer, Kämpfer im Raum um den Raum (...) Zerstörer des Raumes. Gestalter des Raumes, Schöpfer. Seele des Raumes wird der Tänzer. Empfänger der räumlichen Schwingung, die sich in ihm zu innerer Bewegtheit verdichtet und sich als Schwung vom Körper löst (...) Empfangen und Geben, der urewige Wechsel! Aus dem Nichts, das Raum ist, gestalten, schaffen, tanzen.» Das Bild der an dieser Stelle weitergeführten Raumvision gebraucht die Topoi des Kristallinen und der Strahlung, des in die Höhe schwingenden Tempels, Bilder, die die Utopiedimension dieses Entwurfs verdeutlichen und zugleich dessen Rückbindung an die Bildersprache Nietzsches erkennen lassen. Die Bewegung des «Tänzers wird Baustein der bewegten Architektur», der Raum des Tänzers erscheint transzendiert zum «Symbol des Allraums».

Alle Tanzkunst aber erhält ihren letzten Sinn in einer «Kultur der Festlichkeit». Wigman zitiert Rudolf von Laban: «Der Mensch braucht das Fest, nicht als Betäubung des Alltags, sondern als Prüfstein und Gradmesser seiner sittlichen Kräfte». Im Fest aber manifestiert sich, was Wigman als den «gemeinsamen Ton» allen fortschrittlichen Schaffens ihrer Zeit bezeichnet, als die «bewußte oder unbewußte Sehnsucht aller»: «das Werden des neuen Mythos».

Im Umfeld der Stilbühnenbewegung (vgl. M. Brauneck: Theater im 20. Jahrhundert. 1993, S. 70 ff.) manifestiert sich die Suche nach einem neuen Theater auch in einer Vielzahl von Architekturkonzepten, die den Theaterbau als Festspielhaus, vielfach von visionär monumentaler Dimension, die Bühne aber als eine Art Mysterienraum entwerfen, frei von allen Elementen konkreter Ortsbestimmung. *Fest des Lebens und der Kunst* (1900), diesen Titel gab der Architekt Peter Behrens (1868–1940), Mitbegründer auch der Malergruppe «Münchner Sezession», seiner Programmschrift, die ein umfassendes Lebensreformkonzept entwirft, in dem das Theater als Festspiel eine zentrale Funktion einnimmt. Auch der umtriebige Theaterreformer Georg Fuchs (1868–1949) entwickelte in der Schrift *Die Schaubühne der Zukunft* (1904), inspiriert von Nietzsches Vision eines ganzheitlichen dionysischen Lebensentwurfs, das Konzept einer geradezu umstürzlerischen, ideologisch aufgeblähten Theaterreform. Das 1908 eröffnete Münchner Künstlertheater war eine Zeit lang das Forum, auf dem Fuchs als Dramaturg einige seiner Ideen verwirklichen konnte. Für Max Reinhardt erkundete er Möglichkeiten der Festspielgründung in ganz Deutschland. Seine spätere Entwicklung führte ihn in eine fatale Nähe zu der mythisch verbrämten Vorstellungswelt einer Wiedergeburt des Großdeutschen Reichs und in die Nähe der Nationalsozialisten, die Hitler als den neuen Heilsbringer feierten.

Zurück zu Craig: Im ersten Jahrzehnt des 20. Jahrhunderts tritt die theoretische Arbeit stark ins Zentrum von dessen Theaterreform. 1902 entwirft er eine Reihe von Skizzen für imaginäre Szenen, abstraktes Raum-Licht-Bewegungs-Theater, das den Kunstraum der Bühne auf ein geistiges Raumgefüge hin transparent hält. Die Serie von 1902 trägt den Titel *The Steps*. Es sind szenische Konstellationen von Mensch, Raum und Licht als Grundideen eines «kinetischen Theaters». Die Schauspieler-Regie tritt hier zugunsten einer Raum-Licht-Regie zurück.

Auch beschäftigt er sich zu dieser Zeit mit den theoretischen Schriften (*Regole generali di Architettura*, 1545) des italienischen Renaissance-Architekten Sebastiano Serlio (1475–1554), die von größter Bedeutung für den Bühnenbau des Barocktheaters waren. Von Serlios idealtypischen Szenenkonstruktionen ausgehend, entwickelt Craig die Konzeption eines alle Raumdimensionen erschließenden Totaltheaters. Monumentale Architekturelemente – zwischen denen die menschliche Figur fast verschwindet – werden zu den eigentlichen Akteuren der Szene. Craigs Skizzen zeigen lichtdurchflutete Räume, die sich ins Unendliche zu weiten scheinen, mit Tiefen und Höhendimensionen, die die kosmischen Raumideen der Theaterphantasien von Paul Scheerbart

(1863–1915) und Bruno Taut (1880–1938) vorwegnehmen. Craig, der zu sehr Theaterpraktiker ist, als dass er sich nicht auch um die Realisierbarkeit seiner Entwürfe bemüht hätte, beschäftigt sich auch eingehend mit zeitgenössischen Architekturtheorien, insbesondere mit dem *Handbuch der Architektur* von Manfred Semper, das 1904 in Stuttgart erschienen war. Dort lernte er das sogenannte Asphaleia-System kennen, das eben in diesen Jahren an einer Reihe europäischer Theater als neueste bühnentechnische Errungenschaft installiert wurde. Dieses System ermöglichte es, mit Hilfe einer hydraulischen Hebemechanik einzelne Segmente des Bühnenbodens zu heben bzw. zu senken, so dass ein Ensemble unterschiedlich hoher und leicht variabler Spielplateaus eingerichtet werden konnte. Mit dieser Konstruktion schienen Craig nun Serlios idealtypische Bühnenräume realisierbar; das heißt, der Bühnenraum wurde auch in der Vertikalen – und damit eben erst wirklich als Raum, nicht nur als Fläche – bespielbar.

In dieser Zeit brachte ihm Isadora Duncan ihre vom antiken Theater abgeleiteten Tanzchoreographien nahe. Craig war seither klar, dass Bewegung als abstrakte Raumbewegung für das Theater als Ordnungsprinzip die gleiche Bedeutung haben würde wie die Musik für den Tanz. Die bewegte Szene erschien ihm als eine Art «visuelle Musik».

1907 entwarf Craig Skizzen für bewegte Szenen, die sogenannten «moving scenes», die den Regisseur in die Lage versetzen sollten, die architektonischen Elemente, Körper und Flächen vom Bühnenboden in die Höhe des Raums zu heben bzw. aus der Höhe herabzulassen, kurzum in jede beliebige Richtung zu bewegen. Craig entwickelte damit ein total disponibles, in jeder Geschwindigkeit und Richtung variables szenisches Environment. Farbiges Licht bzw. farbige Lichtprojektionen waren die wesentlichen Gestaltungsmomente. Erst in der Lichtgestaltung, in der Lichtbewegung, wurde der szenische Raum geschaffen. Diese Skizzen, «frozen moments of action» nannte er sie, entstanden in seiner Theaterwerkstatt in Florenz, der Arena Goldoni, einem nach antikem Vorbild gebauten Freilichttheater, das Craig seit September 1908 gemietet hatte.

Die Idee der total in Bewegung versetzten Bühnenarchitektur ließ sich technisch freilich zu der Zeit noch nicht realisieren. Als praktische Nutzanwendung entstanden stattdessen die sogenannten «screens» als eine Art Kompromissmodell. Dies waren paraventartige, beidseitig verwendbare und monochrom farbige Leinwandschirme, die bis zur Höhe des ganzen Bühnenraums reichten und mit denen die verschiedensten Raumkonstellationen gestellt werden konnten. Craig ließ sich dieses System im Januar 1910 patentieren. 1911 kamen die «screens» erstmals im Londoner Abbey Theatre auf der Bühne zur Anwendung. Die zeichnerischen Vorstudien dazu lassen die Verbindung zu den Raumutopien der «Scenes»-Skizzen noch deutlich erkennen. Craig löst sich in den Entwürfen völlig von der in der praktischen Ausführung eingeführten Rechteckform und entwirft nun die Stellwände in den unterschiedlichsten Formaten, in riesigen, steilen Hochformaten, in Quadratformen oder Kreisen, die der Raumerfindung kaum Grenzen setzten. Alle diese Überlegungen gehen ein in die Bühnengestaltung von Craigs Moskauer *Hamlet*-Inszenierung, für die er die Vorarbeiten seit Mai 1908 betrieb.

Kein Zweifel, das ideale Theater ist für Craig in diesen Jahren die perfekte Theatermaschine, und die technische Perfektionierung der Bühne ist eine wesentliche Voraussetzung seiner Theaterreform. In *Die Kunst des Theaters* schreibt er deswegen auch folgerichtig: «Wenn das Theater ein Meisterstück von Mechanismus geworden ist, wenn es eine Technik erfunden hat, wird es ohne jede Anstrengung eine schöpferische Kunst aus sich selbst entwickeln.»

Die Faszination an einer Ästhetik des Mechanischen bestimmte noch Anfang der zwanziger Jahre die Theaterexperimente der sowjetrussischen Avantgarde und die Theaterarbeit am Bauhaus, vor allem seit Oskar Schlemmer 1923 die Leitung der Bauhausbühne übernahm. Was alle diese Richtungen verbindet, ist die Vorstellung vom Regisseur als einem omnipotenten Spielleiter, einem Totalkünstler von geradezu barockem Welttheaterformat, aber auch von Nietzsche'scher Hypertrophie: perfekter Bühnentechniker und lebensphilosophischer Reformer in einem.

Einer der konzeptionell ausgearbeiteten Entwürfe, die in einem weiteren Zusammenhang damit stehen, ist das von Walter Gropius (1883–1969) zusammen mit Erwin Piscator 1928 entwickelte «Totaltheater». Gropius fordert dafür den «überragenden Spielleiter, dessen universelle Begabung alle künstlerischen Schaffensgebiete umspannen muß. Er muß ein umfassender Mensch sein. Die Totalität seiner Begabung und seines Könnens bleibt absolut entscheidend für die Größe seiner Gesamtleistung (...) Ich sehe die Aufgabe des heutigen Theaterarchitekten darin, diesem universellen Spielleiter das große Licht- und Raumklavier zu schaffen, so unpersönlich und veränderbar, daß es ihn nirgends festlegt und allen Visionen seiner Vorstellungskraft fügsam bleibt, ein Bauwerk also, das schon vom Raum her den Geist umbildet und erfrischt.» Im Prinzip ähnliche Vorstellungen leiteten den Ungarn László Moholy-Nagy (1895–1946), den neben Schlemmer bedeutendsten Theatertheoretiker und Experimentator am Bauhaus, bei der Konstruktion seines «Licht-Raum-Modulators» – oder dem, wie es auch heißt, «Lichtrequisit einer elektrischen Bühne» von 1922. Auch dieser Apparat stellte für den Regisseur praktisch uneingeschränkte Möglichkeiten der Licht-Raum-Gestaltung bereit, freilich für ein Theater ohne den Menschen als Schauspieler. Das humane Moment dieser mechanischen Theaterkunst ist gewissermaßen hinter die Kulissen zurückgenommen, verkörpert in der Person des Regie-Ingenieurs als eines entfernten Nachfahren des Kleist'schen Marionettenspielers.

Auch Friedrich Kieslers (1890–1965) Modell eines «Universal-Theaters» ist eine perfekte, multifunktionale Theatermaschine, eine Folgeentwicklung seines 1923 entwickelten Konzepts eines «endlosen Theaters». Kiesler spielte bereits mit der Vision einer Totalbespielung der Welt in einer für die damalige Zeit typischen Science-Fiction-Manier, nämlich durch eine TV-Satellitenübertragung.

Als 1920 in Moskau die Aufführung einer Neufassung der futuristischen Oper *Sieg über die Sonne* (von Aleksej Kručonych, 1913 in Petersburg uraufgeführt, mit Dekorationen von Kazimir Malevič) vorbereitet wird, entwirft der Konstruktivist El Lissitzky (1890–1941) dazu das gigantische Inszenierungskonzept einer «elektromechanischen Schau»:

«Wir bauen auf einem Platz, der von allen Seiten zugänglich und offen ist, ein Gerüst auf, das ist die Schaumaschinerie. Dieses Gerüst bietet den Spielkörpern alle Möglichkeiten der Bewegung. Darum müssen seine einzelnen Teile verschiebbar, drehbar, dehnbar usw. sein. Die verschiedenen Höhen müssen schnell ineinander übergehen. Alles ist Rippenkonstruktion, um die im Spiele laufenden Körper nicht zu verdecken. Die Spielkörper selbst sind je nach Bedarf und Wollen gestaltet. Sie gleiten, rollen, schweben auf, in und über dem Gerüst. Alle Teile des

Gerüstes und alle Spielkörper vermittels elektro-mechanischer Kräfte und Vorrichtungen werden in Bewegung gebracht, und diese Zentrale befindet sich in den Händen eines einzigen. Dies ist der Schaugestalter. Sein Platz ist im Mittelpunkt des Gerüstes an den Schalttafeln aller Energien. Er dirigiert die Bewegungen, den Schall und das Licht. Er schaltet das Radiomegaphon ein, und über den Platz tönt das Getöse der Bahnhöfe, des Rauschens des Niagara-Falles, das Gehämmer eines Walzwerkes. An Stelle der einzelnen Spielkörper spricht der Schaugestalter in ein Telefon, das mit einer Bogenlampe verbunden ist, oder in andere Apparate, die seine Stimme je nach dem Charakter der einzelnen Figuren verwandeln. Elektrische Sätze leuchten auf und erlöschen. Lichtstrahlen folgen den Bewegungen der Spielkörper, durch Prismen und Spiegelungen gebrochen. So bringt der Schaugestalter den elementarsten Vorgang zur höchsten Steigerung.»

Der Regisseur also als omnipotenter Schöpfer einer total technifizierten Kunstwelt. *Weltbaumeister* – so nennt Bruno Taut, einer der Wortführer der utopischen Architektur in Deutschland, 1920 sein «Architekturschauspiel», in dem der Vorgang des Weltentwurfs Thema des Spektakels ist.

In einer von Theo van Doesburg, dem Mitbegründer der holländischen De Stijl-Gruppe, von El Lissitzky und dem deutschen Experimentalfilmer Hans Richter unterzeichneten *Erklärung der internationalen Fraktion der Konstruktivisten* anlässlich des Düsseldorfer Konstruktivistenkongresses im Mai 1922 heißt es lapidar: «Die Kunst (...) ist eine Organisationsmethode des allgemeinen Lebens.» Dem hätten die Programmatiker der Theaterreform um 1900 nur zustimmen können.

Dieser hier zwischengeschobene Exkurs zum Umfeld und zu einigen Aspekten der Rezeption jener theaterästhetischen Vorstellungen, die im Werk Gordon Craigs ihre erste und reinste Ausformung gefunden haben, macht die Komplexität des Neuansatzes der Jahre um 1900 deutlich, der zum Bruch mit dem Illusionstheater jedweder Provenienz geführt hatte. Es wird zugleich die Sprengkraft deutlich, die im Werk von Gordon Craig angelegt war. Es wurde hier eine neue Idee der Schauspielkunst entworfen, die sich von der psychologischen Rollenverkörperung frei macht und die Bühnenfigur aus den Gesetzen von Raum und Bewegung als reine Kunstfigur begreift.

Im Mittelpunkt der Schauspieltheorie, wie Craig sie um 1907, dem

Jahr seiner Übersiedlung nach Florenz, konzipiert, steht der Begriff der Bewegung. Craig sieht darin den Ursprung der Musik und auch des Theaters, und er stellt Bewegung über das Wort als die wesentliche, die Kunst des Theaters konstituierende Kraft. Mit Bewegung ist eine elementare, universelle Ausdrucksform gemeint. Bewegung als Grundidee aller Schauspielkunst zielt auf abstrakte Bewegungsmuster. Er schreibt: «Ich glaube, es lassen sich zwei verschiedene Bereiche der Bewegung unterscheiden: die Bewegung von zwei und vier, das Quadrat; und die Bewegung von eins und drei, der Kreis. Im Quadrat herrscht immer mehr das Element des Männlichen vor, im Kreis das Element des Weiblichen. Und erst wenn der weibliche Geist sich selbst aufgibt, um dem männlichen in der Suche nach diesem unendlichen Reichtum zu folgen, erst dann ist die vollkommene Bewegung entdeckt.» Es geht Craig um eine archetypische Deutung von Grundformen der Bewegung im Sinne elementarer Lebenserscheinungen, zum Beispiel von Männlichkeit und Weiblichkeit, um die Vergegenwärtigung dieser Lebensmuster in der Kunst, um das Erfahrbarmachen ihres Sinns. Bewegung wird zum Symbol des unmittelbaren, vitalistischen Lebensvollzugs. Der Theaterbegriff wird damit freilich an seine Grenze gebracht. Craig: «Sie werden nicht das Theater revolutionieren, sie werden sich über das Theater erheben und einen neuen Bereich jenseits des Theaters entdecken.» Er formuliert hier die Utopie eines ästhetischen Daseins jenseits der Antagonismen des alltäglichen Lebens und jenseits des geschichtlichen Raums: die Befreiung des Menschen aus seinem entfremdeten Dasein als ästhetische Fiktion. Es ist dies freilich auch eine Verabschiedung der Geschichte als eine das Wesen des Menschen bestimmende Dimension.

Bewegung ist für Craig – ähnlich wie dies für die Tanzphilosophie von Isadora Duncan gilt – die Manifestation eines metaphysischen Lebensbegriffs. Manifestationen dieses Lebensbegriffs sind jene archetypischen, die Persönlichkeit transzendierenden Konfigurationen des Lebens, wie Craig sie etwa in Bewegungsmustern, wie sie oben beschrieben sind, zu erkennen vermeint: «Ich glaube nicht an eine Magie der Persönlichkeit, aber ich glaube an die Magie des Unpersönlichen im Menschen.» So ist auch der Craig'sche Begriff der Übermarionette nur in diesem philosophischen Umfeld angemessen zu interpretieren. Der Begriff verweist auf den Ursprung der Kunst, wie ihn Craig in der Ordnung der Natur begründet sieht, einer Ordnung, die der Künstler nur nachschaffe. Von dieser Position aus ist auch Craigs Kritik an der Zufälligkeit aller realistischen Kunst zu verstehen. Er schreibt: «Kunst darf (...) keine Zufälle dulden. Was der Schauspieler darbietet, ist also kein Kunstwerk; es ist eine Folge vom Zufall gelenkter Bekenntnisse; beseitigt das lebensnahe Spiel» und – mit Anspielung auf Gerhart Hauptmanns *Vor Sonnenaufgang* – den «Geburtszangenrealismus». Dagegen steht die Übermarionette als reine Kunstfigur und wird zur Metapher für eine neue Schauspielästhetik. Aber auch für das Zusammenspiel von Bühneninszenierung und dramatischer Dichtung war damit eine neue Dimension erschlossen.

Craigs bedeutendstes Inszenierungsprojekt war Shakespeares *Hamlet* am Moskauer Künstlertheater. Stanislavskij hatte ihn 1908 zu dieser Arbeit eingeladen. Nach dreijähriger intensiver Vorbereitung fand die Premiere am 23. Dezember 1911 statt. Zwischen Stanislavskij und Craig kam es zwar zu einem intensiven Gedankenaustausch; doch blieben sich die beiden im Grunde fremd, zu unterschiedlich waren die künstlerischen Ausgangspunkte. Bis zuletzt war die Premiere wegen heftiger Kontroversen Craigs mit dem als Ko-Regisseur fungierenden L. A. Suleržickij gefährdet.

Craig inszenierte den *Hamlet* als abstraktes, symbolisches Drama, als den Kampf der Elemente Feuer und Wasser. So versucht er die Deutung des Stücks in seiner Inszenierung über die Interpretation des Textes hinauszuführen. Eine eingehende Analyse der Moskauer Inszenierung gibt Denis Bablet in seiner Craig-Monographie. Die Bühnengestaltung hatte Craig ganz auf dem Einsatz seiner «screens» in den Farben Creme und Gold aufgebaut.

Für Craig hatte diese Inszenierung auch den Zweck, seine Theorie in der Praxis zu erproben. Gleich nach der *Hamlet*-Arbeit verstärkte er seine Bemühungen um die Finanzierung einer eigenen Theaterakademie. Am 27. Februar 1913 gab er schließlich die Eröffnung eines Experimentaltheaters in der Arena Goldoni in Florenz bekannt. Sein Ziel war die Erforschung der Gesetze der Bühnenkunst. Aufgenommen wurden etwa dreißig Schüler, die einen exklusiv-elitären Zirkel bildeten. Im Mittelpunkt des Schulungs- und Forschungsprogramms stand die Auseinan-

H. Purcell: Dido und Aeneas. Regie, Bühne und Kostüm: E. G. Craig, 1900

dersetzung mit allen Formen der Bewegung, nach Craigs Ansicht, dem Ursprung allen Theaters. Die Arena Goldoni hatte Craig schon im Jahre 1908 gemietet. Im selben Jahr war erstmals auch seine Zeitschrift *The Mask* erschienen, in der Craig unter verschiedenen Pseudonymen über seine Vision eines «Theaters der Zukunft» schrieb. Als der Erste Weltkrieg ausbrach, wurde es für ihn schwer, seine Theaterschule weiter zu finanzieren. Ende 1916 wurde die Arena Goldoni von der italienischen Armee beschlagnahmt.

In den folgenden Jahren konzentrierte sich Craig hauptsächlich auf seine publizistischen Arbeiten. Er begegnete Adolphe Appia 1914 in Zürich, hatte 1915 Kontakt mit Jacques Copeau (1879–1949). Den Schwerpunkt seiner Studien bildete die Erforschung der Marionetten, ihrer Ästhetik und der Geschichte des Marionettentheaters. Craig veröffentlichte in der Zeitschrift *The Mask* zahlreiche Aufsätze zu diesem Thema. 1922 wurden seine und Appias Bühnenentwürfe in einer großen internationalen Theaterausstellung im Stedelijk Museum in Amsterdam präsentiert. Erst 1926 arbeitete Craig wieder für das Theater. Er wird von Johannes Poulsen eingeladen, am Königlichen Theater zu Kopenhagen zu Ibsens *Kronprätendenten* die Bühnenausstattung zu entwerfen und sich an der Inszenierung zu beteiligen. Craig verwendete hier erstmals ausschließlich Lichtprojektionen als Bühnendekoration. Die Inszenierung wurde als bahnbrechendes Ereignis für die Entwicklung der modernen Theaterkunst gefeiert. 1928 entwarf er das Bühnenbild für eine Inszenierung von Shakespeares *Macbeth* am Knickerbocker Theatre in New York.

In einer 1919 in Boston erschienenen Essaysammlung schreibt Craig, die Intention aller seiner Arbeiten zusammenfassend: «Mein Platz auf dem Theater wäre besser definiert, wenn man es so ausdrücken würde, daß ich jemand bin, der Ordnung schafft. Ich weiß nicht, ob man wirklich versteht, daß die Aufgabe des Künstlers darin besteht, die Dinge zu ordnen, während der Reformer zu zerstören versucht; daß dieses Ordnungschaffen, das vor allem in der Eliminierung des Wertlosen besteht, die wesentliche Aufgabe des Künstlers ist.»

Aus heutiger Sicht ist die überragende Bedeutung von Edward Gordon Craig für die Entwicklung der Schauspielkunst im 20. Jahrhundert längst erkannt. Hatte er in den ersten Jahrzehnten des Jahrhunderts, in denen er seine theaterästhetischen Neuerungen entwickelte, kaum Gelegenheit, an größeren Bühnen zu inszenieren, so zog er sich in späteren Jahren weitgehend aus dem praktischen Theaterleben zurück. Jedoch hatte Craig bis zu seinem Tod am 29. Juli 1966 in Vence in Südfrankreich, wo er seit Mitte der vierziger Jahre sesshaft geworden war, regen Kontakt mit Theaterleuten aus aller Welt. Die letzten Jahrzehnte seines Lebens waren dem Schreiben und Forschen gewidmet, gelegentlich hielt er Vorträge auf internationalen Theaterkongressen. 1934 skizzierte er auf einem Kongress in Rom, wo er Tairov, Pirandello, Marinetti, Gropius, Yeats und Maeterlinck traf, das Konzept eines modernen Massentheaters, das sowohl der faschistischen wie der sowjetischen Massentheaterbewegung nahekam. 1935 reiste er für mehrere Wochen nach Moskau, wo er mit Ehrungen überhäuft wurde. Der beinahe neunzigjährige Craig war eine Legende geworden. Seine Ideen, seine Arbeitsmethode, insbesondere seine Vorstellungen von der Rolle des Regisseurs hatten sich über alle stilistischen Facetten der Theaterentwicklung hinweg durchgesetzt.

Literatur

Appia, A.: Die Musik und die Inszenierung. München 1899
Arnott, B.: Edward Gordon Craig & Hamlet. Towards a New Theatre. Ottawa 1975
Bablet, D.: Edward Gordon Craig. Köln u. Berlin 1965
Brauneck, M.: Die Welt als Bühne 3. Stuttgart u. Weimar 2003, S. 855–860
Craig, E. G.: Die Kunst des Theaters. Berlin u. Leipzig 1905
Ders.: On the Art of Theatre. London 1911
Ders.: Towards a New Theatre. Forty designs for the stage scenes. London u. Toronto 1913
Ders.: The Theatre Advancing. Boston 1919
Ders.: Ellen Terry and Her Secret Self. London 1931
Ders.: Hamlet in Moscow. Notes for a short adress to the actors of the Moscow Theatre. In: The Mask. Mai 1915, Bd. 7, Nr. 2
Ders. (Hrsg.): The Mask. Florenz 1908–1915, 1918–1919, 1923–1929
Duncan, I.: Der Tanz der Zukunft. Leipzig 1903
Gordon Craig et le renouvellement du théâtre. Ausstellungskatalog. Hrsg. v. Bibliothéque Nationale. Red. J. Cain. Paris 1962
Kreidt, D.: Kunsttheorie und Inszenierung. Zur Kritik der ästhetischen Konzeptionen Adolphe Appias und Edward Gordon Craigs. Diss. (FU) Berlin 1968

Löffler, M. P.: Gordon Craigs frühe Versuche zur Überwindung des Bühnenrealismus. Bern 1969

Marotti, F.: Edward Gordon Craig. Bologna 1961

Ders.: Appia e Craig. Le origins della Scena Moderna. Venedig 1963

Romstöck, W. H.: Die antimaterialistische Bewegung in der Szenengestaltung des europäischen Theaters zwischen 1890 und 1930. Diss. München 1956

Sang-Kyong Lee: Edward Gordon Craig und das spanische Theater. In: Deutsche Vierteljahresschrift für Literaturwissenschaft und Geistesgeschichte 55/1981, S. 216–237

Vsevolod E. Mejerchol'd: «In der Kunst geht es immer um die Organisation des Materials»

«Die Taylorisierung des Theaters wird es möglich machen, in einer Stunde soviel zu spielen, wie wir heute in vier Stunden bieten können.»
V. E. Mejerchol'd, 1922

Bertolt Brecht über die «Fortschrittlichkeit der Mejerchol'd-Methode:
1. Bekämpfung des Privaten.
2. Betonung des Artistischen.
3. Die Bewegung in ihrer Mechanik.
4. Das Milieu abstrakt.»
In: Schriften zum Theater 3, S. 386

Auf den ersten Blick scheinen Welten zu liegen zwischen Gordon Craig, dem idealistischen Theatervisionär, der sich der Öffentlichkeit eher verweigerte, als dass er sie suchte, und der Kultfigur des linken politischen Experimentiertheaters, Vsevolod E. Mejerchol'd, der nicht nur ein gefeierter Regisseur, Theaterleiter und Schauspielpädagoge war, sondern zwischen 1920 und 1926 auch der einflussreichste Theaterfunktionär in dem neuen Sowjetstaat. Mejerchol'd war einer der maßgeblichen Protagonisten in jenem «großen Experiment», als das sich dieser Staat in der Euphorie der ersten Jahre nach der Oktoberrevolution von 1917 verstand. Aber dennoch: Es verbindet beide die entschlossene Gegnerschaft gegen einen psychologisch ausgestalteten Realismus und dessen illusionistische Bühnenästhetik. Beide auch behaupten die uneingeschränkte Freiheit des Regisseurs gegenüber dem Autor als dem Schöpfer des literarischen dramatischen Werks. Für beide auch war der Schauspieler kein Seelenforscher. Vielmehr waren «Bewegung» und «Rhythmus» – dem Tänzerischen vergleichbar – die Grundlagen der Schauspielkunst; Regie war letztlich eine Form von Choreographie. Licht, Farbe und Strukturen von Raum und Bewegung galten mehr als das gesprochene Wort. «Skulpturenhaft» sollte der Schauspieler sich darstellen, einer «Körper-Architektur» gleich; nicht Charakterdarsteller sein: keine «Schauspielerei der Innerlichkeit». Mejerchol'd hatte Craigs theoretisches Werk offenbar eingehend studiert. Er sah in dem Engländer den eigentlichen Pionier der modernen Bühnenästhetik. 1929 beklagte er die Isolation, die unter den Kunstschaffenden in Moskau herrsche, und meinte, er könne sich eher mit Craig treffen als mit Stanislavskij. Auch 1934 schreibt er: «Ich wiederhole nochmal, es war Gordon Craig, der den ersten Schritt (in Richtung einer neuen Bühnenästhetik) machte. Den zweiten habe ich gemacht – mit wesentlichen Ergänzungen zu Craigs Bühnenreform.» (V. E. Mejerchol'd: Schriften II, S. 285) Bereits ein Jahr bevor Craig die Metapher von der Übermarionette zur Kennzeichnung seines «Theaters der Zukunft» in die Diskussion brachte, beschrieb Mejerchol'd seine Vorstellungen von einem Theateraufbruch mit dem Begriff vom «bedingten», auch vom «stilisierten» Theater (uslovniji teatr) und setzte sich damit programmatisch vom Realismus seines prominenten Lehrers Stanislavskij ab. Es war dies eine Position, die in die Richtung einer «Mechanisierung» der Schauspielkunst ging. In den zwanziger Jahren radikalisierte Mejerchol'd dieses Konzept noch durch eine Konkretisierung dessen, was er unter einer «Mechanik» der szenischen Abläufe verstand. Er benutzte dafür Begriffe wie «Taylorisierung des Theaters», vor allem aber den Begriff «Biomechanik». Darin sah er die Grundlagen einer neuen Schauspielkunst, eben seines «Theaters der Zukunft».

Vsevolod Emiljevič Mejerchol'd wurde am 10. Februar 1874 in Pensa geboren; er stammte aus einer Familie deutscher Herkunft, sein Vater war ein vermögender Fabrikant. Nach Abschluss des Gymnasiums begann Mejerchol'd an der Universität in Moskau mit dem Studium der Rechtswissenschaft, wechselte jedoch bald an die Dramatische Schule der Moskauer Philharmonischen Gesellschaft und absolvierte dort sein Schauspielstudium (1898). Schon als Schüler hatte er bei Laienaufführungen des Volkstheaters in Pensa mitgewirkt, als Schauspieler und als Helfer bei der Regie. 1898 ging er an Stanislavskijs «Künstlertheater», arbeitete dort vor allem als Schauspieler bis 1902. Der Naturalismus der Stanislavskij-Bühne wurde für ihn jedoch zum Anlass, sich von seinem Lehrer zu trennen. Mejerchol'd unternahm eine Reise nach Italien; übersetzte Gerhart

Hauptmanns Drama *Vor Sonnenaufgang* ins Russische und schrieb selbst einige Stücke. 1902 gründete er in Tiflis eine eigene Theatergruppe, die «Gesellschaft des Neuen Dramas», mit der er in den Jahren von 1902/03 bis 1904/05 zahlreiche Inszenierungen erarbeitete. (Vgl. M. Brauneck: Die Welt als Bühne. 4, S. 844 ff.)

1905 holte Stanislavskij seinen ehemaligen Schüler nach Moskau zurück. Eine Studiobühne sollte am «Künstlertheater» eingerichtet werden, auf der vornehmlich Mejerchol'd inszenieren sollte. Aus finanziellen Gründen aber kam das Projekt nicht zustande; Mejerchol'd ging deswegen (1906) nach St. Petersburg, arbeitete dort bis November 1907 als Chefregisseur am Theater der Komissarshevskaja. 1908 reiste er zeitweilig mit einer Wanderbühne durch den Süden und den Westen Russlands; schließlich wurde er Regisseur an der St. Petersburger Oper. In diesen Jahren (1906/07) begann Mejerchol'd auch mit seiner theaterpädagogischen Arbeit. 1913 wurde das Mejerchol'd-Studio gegründet, das bis 1918 existierte. Er selbst unterrichtete dort «Technik der Bühnenbewegung». Diese erste, vorrevolutionäre Phase seiner Theaterarbeit war von heftiger Polemik gegen den Naturalismus auf dem Theater bestimmt, mehr oder weniger offen vorgetragen als Kritik am Inszenierungsstil Stanislavskijs und dessen Anhängerschaft. Mejerchol'd hatte diese Kritik in dem Buch *Naturalistisches Theater und atmosphärisches Theater*, das 1906 erschienen war, zusammengefasst.

Seine eigene Theaterpraxis bezeichnete Mejerchol'd mit dem Begriff «bedingtes Theater» oder auch «stilisiertes Theater», und er stellte dafür folgende Merkmale auf:

1. Das «bedingte (stilisierte) Theater» hat eine einfache gestisch-mimische Technik; es befreit den Schauspieler von der Fixierung auf eine zweidimensionale, gemalte Dekoration und schafft durch einfache Bauelemente einen wirklichen Bühnenraum. Er schrieb: Aufgrund der «bedingten Technik wird die komplizierte Theatermaschinerie unnötig, die Inszenierungen werden zu einer solchen Einfachheit geführt, daß der Schauspieler auf die Szene gehen kann, sein Werk unabhängig von Dekoration und Dingen, die speziell für die Theaterrampe eingerichtet wurden, unabhängig von allem Äußerlich-Zufälligen vorführen kann». Mejerchol'd schätzte selbst die technifizierte Bühne als weit einfacher

und auch «natürlicher» ein als die aufwendig gemalten Kulissenarrangements oder die naturalistischen Nachbauten der Spielorte, wie sie für das Stanislavskij-Theater charakteristisch waren.

2. Die Rampe aufhebend, senkt das «bedingte Theater» die Spielfläche auf die Höhe des Bodens des Zuschauerraums. Es werden alle räumlichen Trennungen aufgehoben. Dazu dienen vor allem auch lange Laufstege, die von der Bühne aus weit in den Zuschauerraum hinein reichten. Mejerchol'd hatte diese Stege von der traditionellen japanischen Bühne übernommen. Dabei war auch beabsichtigt, die Fixierung des Publikums auf einen einzigen Blickwinkel aufzuheben.

3. Durch extreme Rhythmisierung der Bewegung rückte Mejerchol'd die Theateraktion in die Nähe des Tanzes. In dieses Bewegungsspiel fügt sich auch der Schauspieler perfekt ein, als «Akrobat», der die Bewegungsgesetze seines Körpers genau kennt. Nicht mehr eine «Schauspielerei der Innerlichkeit» ist das Ziel des «stilisierten» Theaters, sondern ein von der «Hypnose der Illusion» befreites Spiel innerhalb des dreidimensionalen Koordinatensystems des Raums. Material dieses Spiels ist der Körper des Schauspielers, der «Arbeitskraft» und letztlich auch «Maschine» ist. (Vgl. V. E. Mejerchol'd: Aufzeichnungen eines Regisseurs, 1921.)

4. «Die bedingte Methode verlangt schließlich noch einen vierten Schöpfer; das ist der Zuschauer.» Das «bedingte Theater» schafft Inszenierungen, in denen der Zuschauer mit seiner Vorstellungskraft «schöpferisch beendet», was in der Szene nur angedeutet wird.

5. In der Wahl der aufzuführenden Stücke wie in seinen Spieltechniken sucht das «bedingte Theater» Anschluss zu finden an die Tradition des Volkstheaters, vornehmlich an das traditionelle «Schaubuden-Theater» (Balagan), das vielfach auch Puppentheater ist, an die Mysterienspieltradition des späten Mittelalters und vor allem an die barocken Wanderbühnentruppen. In den Jahrmarktspektakeln des 17. Jahrhunderts sah Mejerchol'd das ideale Volkstheater verwirklicht, vor allem hinsichtlich der Einbeziehung vieler Menschen in das Spiel und der Nähe des Theaters zu den Themen und Interessen des Alltags der einfachen Leute. Insofern war für Mejerchol'd das «bedingte Theater» auch das einzig realistische Theater. Es war die Orientierung an diesen Traditionen, die auch Mejerchol'ds Hang zur Groteske wesentlich inspiriert hatte.

In dieser Phase seiner Theaterarbeit lehnte Mejerchol'd den Film als selbständiges Kunstmedium strikt ab. Eine Erneuerung des Theaters wurde von ihm im Rückgriff auf «ursprüngliche Traditionen» gesucht, die wiederum mit größter Virtuosität für das Theater der Gegenwart «erneuert» wurden. In diesem Ansatz lag eine für die Entwicklung des modernen Theaters äußerst positiv einzuschätzende Wiederbelebung auch von Spielformen, die durch die Theaterkonvention des 18. und 19. Jahrhunderts weitgehend verloren gegangen waren und das Theater in die Sackgasse des naturalistischen Illusionsperfektionismus geführt hatten.

Nach der Oktoberrevolution engagierte sich Mejerchol'd beim Volkskommissariat für Bildungswesen. Er arbeitete dort in der Theaterabteilung und richtete Lehrgänge für Bühnentechnik und für Regie ein. 1919 geriet er in Gefangenschaft der Weißgardisten. Nach seiner Befreiung wurde er im Herbst 1920 Leiter der Theaterabteilung im Volkskommissariat für Bildungswesen in Moskau (bis zum Frühjahr 1921) und schließlich Leiter des «Ersten Theaters der RSFSR».

Neben seiner pädagogischen und kulturpolitischen Arbeit inszenierte Mejerchol'd auch in diesen Jahren ständig, so zum ersten Jahrestag der Oktoberrevolution in Petrograd Majakovskijs *Mysterium buffo* (2. Fassung 1921 in Moskau). 1921 gründete er die «Staatlichen Höheren Regiewerkstätten», in denen die Technik der Biomechanik erarbeitet wurde. Diese Institution wurde 1922, zusammen mit der von einigen Schauspielern ins Leben gerufenen «Freien Mejerchol'd-Werkstatt», der neuen «Staatlichen Theaterhochschule» (GITIS) angegliedert. Kontroversen über deren kulturpolitischen Kurs veranlassten Mejerchol'd, diese Institution alsbald wieder zu verlassen. Er gründete 1922 ein eigenes Studio. 1923 entstand dort die Inszenierung von Tretjakovs Stück *Die Erde bäumt sich*. Das Mejerchol'd-Studio wurde zur «Staatlichen Experimentierwerkstatt für Theater V. E. Mejerchol'd» umbenannt und ausgebaut; es existierte bis 1938. 1922 bis 1924 leitete er neben seinem Theater auch das prominente «Moskauer Theater der Revolution».

Mit der Oktoberrevolution erhielt die Theaterpraxis Mejerchol'ds eine neue Zielsetzung. Von der ersten Stunde an hatte er sich der Bewegung vorbehaltlos angeschlossen. 1920 konzipierte er den «Theateroktober», die bis dahin sensationellste Schau revolutionären Polittheaters. Die Revolutionierung der Theaterkunst sollte der politischen Umwälzung folgen. Bereits 1919 schrieb er: «Wir wollen heraus aus dem Theatergebäude. Wir wollen im Leben spielen, am liebsten in Fabriken oder größeren Maschinenhallen, und daher suchen wir in unseren Dekorationen eben das Innere einer Fabrik mit ihren Eisenkonstruktionen nachzuahmen. Die Sache ist die, daß die Schauspieler nicht professionell einseitig ausgebildete Akteure, sondern Arbeiter sein sollen, die nach beendeter Arbeitszeit Theater spielen.» Mejerchol'd inszenierte nun nicht mehr in konventionellen Theaterhäusern mit Bühnenbauten, die die Konstruktionsstrukturen von Werkhallen nur nachahmten, sondern in Fabriken, selbst auf Straßen und in Bahnhöfen. Das Theater wurde zum Instrument der politischen Agitationsarbeit, zum massenwirksamen Vermittler der Idee vom Aufbau des neuen Sowjetstaats. (Vgl. M. Brauneck: Die Welt als Bühne. 4, S. 810 ff.)

Der Schauspieler hatte in diesem Konzept die Aufgabe, dazu beizutragen, die neue Gesellschaft zu organisieren; das Produktionsmodell des Mejerchol'd-Theaters hatte darin seine revolutionäre Funktion. Was Mejerchol'd in der Phase seiner vorrevolutionären Theaterarbeit zu entwickeln versucht hatte, nämlich die Beteiligung des Publikums am Spiel zu aktivieren, das «Zuendeschaffen» des Spiels durch die Phantasietätigkeit der Zuschauer zu ermöglichen, dieses Konzept erhielt nun eine konkrete politisch-programmatische Richtung. Das Massenpublikum wurde zum Mitakteur des Theaters, ihm sollte das Bewusstsein, selber Produzent zu sein, im Theater vermittelt werden. Dieses Produzentenbewusstsein in jedem einzelnen Individuum zu erwecken, war eine der zentralen Aufgaben der politischen Pädagogik der neuen Sowjetgesellschaft. Mejerchol'd schrieb, vom Elan der siegreichen Revolution beflügelt: «Die Revolution hat ein besseres Publikum geschaffen. Das will jetzt mitarbeiten, interessiert sich, fragt, lebt. Es erörtert die neuen Ideen, nimmt Stellung zu den großen Problemen.» Er sprach in diesem Zusammenhang von der totalen «Theatralisierung des Lebens». Dies war seine Vision eines «Theaters der Zukunft» als eines «totalen Theaters», das den Unterschied von Kunst und Leben, ebenso den von Politik und Ästhetik überspielt.

In der Folge dieses Programms entstanden in der UdSSR mehr als dreitausend Theater und Experimentierbühnen; 250 000 Menschen arbeiteten ständig aktiv am Theater und in den Theaterlaboratorien. In einem Monat des Jahrs 1927 kam es in der UdSSR zu 33 000 Theateraufführungen mit einem aktiven Publikum von nahezu sieben Millionen Menschen. Eine der größten Massentheateraktionen war das Spiel von der *Erstürmung des Winterpalais* am 7. November 1920, das zum dritten Jahrestag der Oktoberrevolution in Leningrad stattfand. An den Veranstaltungen waren fünfzehntausend Spieler mit festen Rollen beteiligt, Spielort war fast der ganze Stadtteil, der um das Palais gelegen war; aktives, das heißt voll in die Regiekonzeption durch Aufmärsche und Gesänge einbezogenes Publikum waren über hunderttausend Menschen, Einwohner der Stadt (Leningrad hatte zu jener Zeit 800 000 Einwohner). In einem authentischen Bericht über dieses Revolutionsspektakel heißt es:

«Nach dem von Jewreinow ausgearbeiteten Szenarium waren vor dem Schloß zwei große miteinander durch eine Brücke verbundene Estraden errichtet worden, auf denen sich die theatralische Handlung abspielte. Die eine, die Weiße Estrade, versinnbildlichte die Welt der Reaktion, die andere, die Rote Estrade, hingegen die der Revolution. Je nach dem Gang der Ereignisse wurde bald die eine, bald die andere beleuchtet oder verdunkelt, und auf ihnen spielten sich nun, teils in symbolistischer, teils in realistischer Darstellung die politischen Geschehnisse, vom Sturz des Zaren bis zum Siege des Bolschewismus, ab. Das Fest begann um zehn Uhr nachts mit einem Kanonenschuß und mit Fanfaren; dann flammten die Scheinwerfer auf und zeigten die auf der Weißen Bühne versammelten reaktionären Machthaber: die Provisorische Regierung mit Kerenski an der Spitze, Beamte des alten Regimes, Vertreter des Adels, Junker, Bankiers und ähnliche Gestalten aus der vorrevolutionären Welt, alle in sehr karikierter Darstellung. Zwischen diesen Leuten entwickelte sich nun ein ebenso geschäftiges wie sinnloses Treiben von gegenseitiger Liebdienerei, von Servilismus und Pathetik, bis dann auf der Roten Bühne das werktätige Proletariat sichtbar wurde, das sich bereits zum entscheidenden Kampf rüstete. Bald kam es zu einem Handgemenge auf der Verbindungsbrücke (...) Die weiße Regierung mußte flüchten und zog sich, entsprechend den wirklichen Vorgängen des Jahres 1917, in das Winterpalais zurück. Von jetzt an wurde die Handlung vollkommen realistisch: Militär drang in Schwarmlinien vor, Automobile mit Bewaffneten rasten heran, Kanonen fuhren auf, und es kam zu einer Schießerei, an welcher sich auch der auf der Newa liegende Panzerkreuzer Aurora eifrig beteiligte. Schließlich wurde auch das Winterpalais, der letzte Zufluchtsort der Reaktion, erstürmt. An der

Erstürmung des Winterpalais (Szenenbild). Petersburg 1920

Front des Gebäudes flammte das mächtige Transparent eines roten Sowjetsterns auf, die Musik stimmte die Internationale an, und es entwickelte sich ein großer Paradenmarsch der siegreichen Roten Truppen mit allgemeinem Chorgesang. Ein mächtiges Feuerwerk am Abendhimmel schloß die Veranstaltung.» (Nach J. Rühle: Theater der Revolution, 1963, S. 64 f.)

Ebenfalls im Jahr 1920 fand eine Massentheaterinszenierung statt, die das *Gericht über Wrangel* zum Thema hatte und an der 10 000 Rotarmisten aktiv als Spieler teilnahmen. Mejerchol'd selbst plante 1921 eine Revolutionsfeier in der Nähe von Moskau, bei der 2300 Mann Infanterie, 200 Reiter, 16 Geschütze, fünf Flugzeuge, mehrere Panzerzüge, zahlreiche Motorräder, Tanks, Musikkapellen und Chöre mitspielen sollten. 1923 spielten in der Stadt Ivanovo-Vosnesensk sämtliche Einwohner bei der Darstellung der großen Streiks von 1915 mit.

Aus solchen Massenveranstaltungen, die als «proletarische Dionysien» apostrophiert wurden, ergab sich die neue Dramaturgie des Sowjettheaters in den ersten Jahren nach der Oktoberrevolution. Der Regisseur wurde zum Dirigenten der Massen, er strukturierte das Gesamtarrangement und legte die Agitationsstrategie fest. Innerhalb dieses Rahmens bestimmte dann die spontane Improvisation den Verlauf; Texte waren nur skizzenhaft festgelegt.

Massenspiele dieser Art waren angewiesen auf Spiel- und Ausdruckstechniken, die von Laienspielern bewältigt werden konnten und von einem Massenpublikum spontan begriffen wurden. Deswegen wurden vor allem Elemente aus der Tradition des Volkstheaters, vornehmlich des Maskentheaters, der Pantomime und des Zirkus eingesetzt. Die Unterscheidung von Akteuren und Publikum war aufgehoben, jeder war beteiligt, freilich mit unterschiedlichen Aufgaben. Aufgehoben war weitgehend auch die Grenze zwischen einem speziellen Ort einer Kunstveranstaltung (Bühne) und dem alltäglichen Lebensraum. Wie in dem Spiel von der *Erstürmung des Winterpalais* wurden meist nur wenige künstliche Bauelemente verwendet, z. B. Podeste, Brücken, Laufstege, Gerüstanlagen, die klare dramatische Akzente setzen ließen. Aufgehoben waren ferner alle Grenzen zwischen den Kunstgattungen. Der Film wurde im Gegensatz zu Mejerchol'ds früherer Auffassung jetzt voll in die theatralischen Veranstaltungen integriert. Mejerchol'd sprach sogar von der Notwendigkeit, die Bühne zu «kinofizieren», und meinte damit die Einführung einer als «filmisch» geltenden Episodenstruktur für das Theater, bei der kurze Szenen in raschem Tempo wechselten. Er sah in dieser Technik die Möglichkeit, komplexere aktuelle Prozesse einem Massenpublikum zu veranschaulichen, ohne dabei das Publikum physisch zu ermüden.

Das politische Massentheater wurde in diesen Jahren zum Forum öffentlich-politischer Aktionen, wurde Teil von Demonstrationen, stand im Mittelpunkt von Feiern von Ereignissen aus der Revolutionsgeschichte, bei denen immer auch ein ausführliches Programm außerhalb des Theaters ablief: Reden, Massengesänge, Versammlungen u. a. Theater war zum Element einer proletarisch-revolutionären Öffentlichkeit geworden, die die Produktions- und Rezeptionsstrukturen der neuen Sowjetgesellschaft in den ästhetischen Aktionen antizipierte.

Von besonderer Bedeutung für die Entwicklung des modernen Theaters wurden neben Mejerchol'ds Regiepraxis vor allem seine theoretischen Vorarbeiten zu einem modernen Verfremdungstheater, wie er sie in der Theorie der *Biomechanik*, der Voraussetzung einer «physischen Theaterkultur», als Theorie des Schauspiels und der Schauspielpädagogik ausgeführt hat. Wenn Mejerchol'd davon sprach, dass Gordon Craigs Bühnenreform der erste Schritt zur Erneuerung des Theaters gewesen sei, und er den zweiten, den entscheidenden Schritt vollzogen hätte, dann war damit offenbar gemeint, dass die bei Craig noch abstrakt gedachte antinaturalistische Bühnenästhetik nun auf einer – gegenüber dem «alten», dem überkommenen Realismus – «höheren» Ebene wieder «realistisch» eingeholt werden konnte, da die Gesellschaft, deren ideologisches Grundverständnis sich in der Kunst letztlich abbilde, nun eine radikal andere war. Nur so konnte Mejerchol'd das «stilisierte Theater» als das wahre «realistische Theater» bezeichnen.

Bei dem biomechanischen System, bei dem mechanische Bewegungsgesetze auf die Bewegungen des lebendigen Körpers angewendet werden sollten, ging es Mejerchol'd in erster Linie um Trainingsanweisungen für Schauspieler, die diese in optimaler Weise auf die Spielaktion

V. Majakovskij: Die Wanze. Regie: V. Mejerchol'd. Moskau 1929

A. Sukhovo-Kobylin: Tarelkins Tod. Regie: V. Mejerchol'd. Moskau 1922

und das Publikum einstellen sollten. Mejerchol'd ging aus von der Doppelaufgabe des Schauspielers als Organisator eines vorgegebenen Materials (seines Körpers, eines Textes, einer Rolle, der Spielsituation) und – selbst – als organisiertes Objekt. Es war dies die radikalste Gegenposition zu einem realistisch-psychologischen «Innerlichkeitstheater». Diese Doppelaufgabe wurde besonders im Verhältnis des Spielers zu seiner Rolle deutlich. Dieses Verhältnis interpretierte Mejerchol'd als «Verfremdung».

Die Arbeit des Schauspielers sollte weitgehend «taylorisiert» werden; das heißt, sie sollte im Sinne exakt verplanter Produktions- und Pauseneinheiten ablaufen. Mejerchol'd übertrug hier Produktionsverfahren der industriellen Produktion, wie sie in Amerika von dem Betriebsorganisator Frederick Winslow Taylor propagiert wurde, auf die Kunstproduktion. Im Sinne utilitaristischer Vorstellungen wurden dabei auch Theaterkonzepte des Futurismus in die neue Produktionsideologie integriert.

Von Mejerchol'ds mehr als 300 Inszenierungen (vgl. W. E. Meyerhold: Schriften II. 1979, S. 597 ff.) waren *Der großmütige Hahnrei* (1922, nach einem Stück von Fernand Crommelynck), ebenso *Tarelkins Tod* (1922) von A. Sochovo-Kobylin, *Der Wald* (1924) von A. N. Ostrovskij und N. Gogols *Der Revisor* (1926) künstlerisch die herausragenden Ereignisse. Für die Inszenierung von *Der großmütige Hahnrei* hatte L. Sergejevna Popova (1889–1924) ein spektakuläres Spielgerüst entworfen. Dabei korrespondierten drei große unterschiedlich farbige Räder in ihrer Bewegung – in Tempo und Richtung – mit den Gemütsbewegungen der Akteure, die in artistischer Manier das Gerüst bespielten. Alle Konstruktionselemente der Bühne (Türen, Treppen, Fenster) waren als «Mitspieler» in den Spielrhythmus integriert. Auch *Tarelkins Tod* war in erster Linie eine Demonstration der Biomechanik. Mejerchol'd hatte das Stück als Groteske inszeniert, in der sich die Clown-Auftritte geradezu überschlugen. Bühne und Kostüme hatte Varvara Stepanova (1984–1958) entworfen. Die Ästhetik dieser Inszenierung war typisch für die sogenannte «Produktionskunst». Eine gewisse Zurücknahme konstruktivistischer Züge war in der Inszenierung von Ostrovskijs klassischem Schauspiel *Der Wald* erkennbar. Mejerchol'd übertrug darin Groteskelemente des Volkstheater auf dieses literarisch ambitionierte Stück. Dessen fünf Akte löste er in 33 rasch wechselnde Spielsequenzen auf. Auch im *Revisor* demonstrierte der Regisseur die Methode der Biomechanik. Die Handlung hatte er zum Absurden hin stilisiert. Eine besondere Rolle spielten Lichteffekte und Farbspiele, die die einzelnen Personengruppen charakterisieren sollten. In den Inszenierungen von V. V. Majakovskijs Stücken *Die Wanze* (1929) und *Das Schwitzbad* (1930) nahm der Regisseur kleinbürgerliche Verhaltensweisen aufs Korn, grell überzeichnet, wie sie sich inzwischen auch in der neuen Sowjetgesellschaft eingenistet hatten.

Zunehmend jedoch kam Mejerchol'd mit dem veränderten kulturpolitischen Kurs in Konflikt. Die von ihm vertretene Richtung wurde als «formalistisch» diskreditiert. 1938 wurde sein Theater geschlossen. Eine Zeit lang arbeitete er noch als Chefregisseur am Staatlichen Opernhaus. Am 20. Juni 1939 wurde Mejerchol'd verhaftet und fiel den stalinistischen Säuberungsaktionen zum Opfer. Er starb am 2. Februar 1940 im Gefängnis. Seine Theaterarbeit widersprach in grundsätzlicher Weise der

Doktrin des «sozialistischen Realismus», wie er seit den frühen dreißiger Jahren in der Sowjetunion mit aller Konsequenz durchgesetzt wurde.

Literatur
Brauneck, M.: Die Welt als Bühne 4. Stuttgart u. Weimar 2003, S. 844–860
Braun, E. (Hrsg.): Meyerhold on Theatre. London 1969
Bochow, J. (Hrsg.): Das Theater Meyerholds und die Biomechanik. Berlin 1997
Gordon, M.: Meyerhold's Biomechanic. In: The Drama Review 19/1974, S. 73–89
Hoover, M. L.: Meyerhold and his Set Designs. New York u. a. 1988
Leach, R.: Meyerhold and Biomechanic. In: Twentieth Century Actor Training. Hrsg. v. A. Hodge. London u. New York 2000
Ders.: Stanislawski and Meyerhold. Oxford 2003
Mailand-Hansen, C.: Mejerchol'ds Theaterästhetik in den 1920er Jahren. Kopenhagen 1980
Meyerhold, W. E.: Schriften in zwei Bänden. Berlin 1979
Michalec, S.: Zur Konzeption und Entwicklung des Uslovnyj-Theaters Meyerholds. Diss. Köln 1982
Picon-Vallin, B.: Meyerhold. Paris 1990
Vsevolod Meyerhold. Theaterarbeit 1917–30. Hrsg. v. R. Tietze. München 1974
Werkraum Meyerhold. Zur künstlerischen Anwendung seiner Biomechanik. Hrsg. v. D. Hoffmeier. Berlin 1995

Ästhetische Abstraktion und die neue Ordnung der Wirklichkeit im expressionistischen Theater

«Die Bühne werde Ausdruck, nicht Spiel!»
Walter Hasenclever: Das Theater von morgen, 1960

Alle Programmschriften des deutschen Expressionismus haben zumindest eines gemeinsam: eine vehement vorgetragene Gegnerschaft zur Psychologie und zum Realismus. So ist auch das expressionistische Theater zwar ein Plädoyer für nicht-psychologisches, jedoch für literarisches Theater. Dabei ging der Expressionismus zwei entgegengesetzte Wege: zum einen in Richtung einer strengen bildnerischen Stilisierung und Formalisierung, für die die Sturm-Bühne typisch war und für die Lothar Schreyer die konsequenteste Formulierung – theoretisch und in seiner experimentellen Spielpraxis – gefunden hatte; zum anderen die Befreiung von Psychologie durch die ekstatische, pathosgesättigte Verwandlung des Schauspielers zur archaisch-zeichenhaften Gestalt, zur Kunstfigur, inspiriert vom Geist der expressionistischen Dichtung. Diese wurde vor allem als «Klanggebärde», als «Rhythmus», als «Energie» wahrgenommen. In das Umfeld dieser Entwicklung gehören auch die abstrakten Theaterexperimente von Wassily Kandinsky.

Der Expressionismus verkündete die Utopie von Aufbruch und Neuerung. Darin war der Gegensatz von Theater und Wortkunst aufgehoben, und die neue Verbindung des Theaters mit der dramatischen Literatur der Zeit konnte sich bei völliger Wahrung der Eigenständigkeit des Theaters als Kunstform vollziehen. Diese Position hatten die Vertreter der Stilbühne erkämpft. Der Theater-Expressionismus kam zu seinen Höhepunkten aber immer wieder auch in Inszenierungen von Stücken der klassischen Literatur, die aus dem geistigen Pathos des Expressionismus heraus neu gedeutet wurden. Das expressionistische Theater unterschied sich durch sein weltanschauliches Engagement und seine inhaltliche Programmatik («neuer Mensch», «Wandlung», «Tat») deutlich von den avantgardistischen Theaterexperimenten des Futurismus und der Dadaisten.

Das strukturale Grundmuster des expressionistischen Theaters ist das Stationenmodell. Es wurde im westlichen vorgeformt in August Strindbergs (1849–1918) Dramaturgie der Traumspiele. Darunter fallen insbesondere dessen Stücke *Nach Damaskus*, eine Trilogie, die zwischen 1898 und 1904 entstanden ist, und *Ein Traumspiel* von 1901. Diese Dramaturgie ermöglichte eine Erweiterung des Realitätsverständnisses, vor allem dessen Lösung von allen bis dahin als realistisch geltenden Realitätskonstruktionen. Bereits der Bühnenreformer Adolphe Appia hatte in diesem Sinn den Traum als einen wesentlichen Faktor eines weitergefassten Realitätsbegriffs in die theaterästhetische Diskussion eingebracht. (Vgl. M. Brauneck: Theater im 20. Jahrhundert. 1993, S. 44 f.)

Dem Stationendrama liegt ein szenisches Strukturmodell zugrunde, das den Spielfortgang nicht im Sinne einer psychologisch motivierten Handlungskette entwickelt, sondern dieser entfaltet sich in einer Folge von «Stationen», die, in jeweils autonomen Spielkomplexen, den Protagonisten des Stücks in immer neue Begebenheiten, in neue Entscheidungs- und Handlungszusammenhänge verwickelt. Dabei wechselt oftmals auch die Realitätsebene: Traum, Phantasie, Märchenwelt und Realwirklichkeit stehen bruchlos nebeneinander, bilden eine äußerst komplexe, lediglich im Erlebniszentrum des Protagonisten konvergierende Spielwelt. Die Stationen folgen keinem kontinuierlichen Zeitablauf, sie sind leicht umzustellen; Vergangenes, Gegenwärtiges und Zukünftiges durchdringen sich.

In einer mit «Erinnerung» überschriebenen Vorbemerkung zu dem Stück *Ein Traumspiel* schreibt Strindberg:

«Der Verfasser hat in diesem Traumspiel mit Anschluß an sein früheres Stück ‹Nach Damaskus› versucht, die unzusammenhängende, aber scheinbar logische Form des Traumes nachzuahmen. Alles kann geschehen, alles ist möglich und wahrscheinlich. Zeit und Raum existieren nicht; auf einem unbedeutenden wirklichen Grunde spinnt die Einbildung weiter und webt neue Muster: eine Mischung von Erinnerungen, Erlebnissen, freien Einfällen, Ungereimtheiten und Improvisationen. Die Personen teilen sich, verdoppeln sich, dublieren sich, verdunsten, verdichten sich, zerfließen, sammeln sich. Aber ein Bewußtsein steht über allen, das ist das des Träumers; für dieses gibt es keine Geheimnisse, keine Inkonsequenz, keine Skrupel, kein Gesetz. Er richtet nicht, er spricht nicht frei,

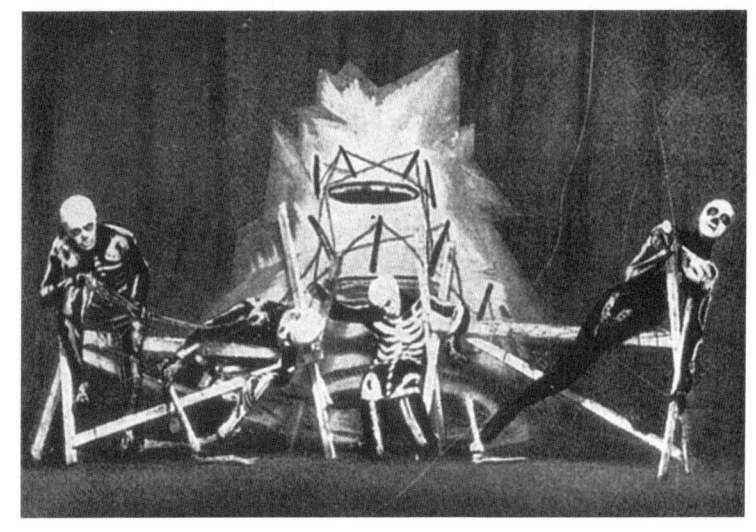

E. Toller: Die Wandlung. Regie: K. H. Martin. Die Tribüne Berlin 1919

referiert nur; und wie der Traum meist schmerzlich ist, weniger oft freudig, geht ein Ton von Wehmut und Mitleid mit allem Lebenden durch die schwindelnde Erzählung.»

Im Modell des Traums, das Strindberg seiner Dramaturgie zugrunde legt, fallen Reales und Irreales zusammen; als geträumte Wirklichkeit ist diese Wirklichkeit real, insofern sie rückbezogen ist auf ein träumendes Subjekt, in einer mehr oder weniger eindeutigen oder auch höchst verschlüsselten Weise mit dessen Biographie verknüpft. Sie erscheint jedoch unwirklich und phantastisch, bezogen auf die Gesetze der realen, bewusst erfahrenen Tagwelt. Diese besondere Vermittlung von Wachzustand und Traum lässt Strindberg folgern, dass in diesem Modell die Totalität des Lebens abgebildet sei: die bewusst erfahrene Tagwelt und jene unbewusst bleibende Wirklichkeit, die sich in den Traumbildern darstellt, die Wirklichkeit der Phantasien und der verdrängten Wünsche.

In der Übertragung des Traummodells auf die Dichtung erscheint der Dichter als jener Wachträumer, für den Dichtungswirklichkeit und

E. Toller: Masse Mensch. Regie: J. Fehling. Volksbühne Berlin 1921

Lebenswirklichkeit einander ergänzen und erklären, als jenes «referierende» Bewusstsein, das die «neuen Muster» des Traums als Strukturen und Sinnzusammenhänge der Wirklichkeit aufdeckt.

Die Dramaturgie der Traumspiele, die in wesentlichen Momenten auch die des expressionistischen Stationendramas ist, lässt sich also durch folgende Elemente kennzeichnen: 1. Verzicht auf Handlung im Sinne psychologisch kausaler Motivation der Geschehnisfolge. – 2. Raum und Zeit sind nicht mehr analog den Ordnungskategorien der realen Wirklichkeit strukturbestimmende Elemente des Bühnengeschehens, vielmehr sind alle Zeit- und Raumdimensionen vermischt. An der Manipulation mit der Zeitabfolge wird das «neue Muster» des Traums, von dem Strindberg gesprochen hatte, erkennbar. Die Zeit wird in den Traumspielen nicht aufgehoben, sondern vielmehr als Erscheinungsform des Lebens dargestellt, als erlebte Zeit. Nicht die abstrakte physikalische Zeit strukturiert die Handlungsabfolge, sondern die subjektive Zeit des erlebenden Protagonisten. Ähnliche Zeitverhältnisse strukturieren, wie die Psychoanalyse gezeigt hat, die Träume. – 3. Die Figuren sind in ihrer

Identität aufgelöst, sie werden zu Projektionen des Protagonisten, zu Auffächerungen von dessen innerer Wirklichkeit, in der Reflexion von Erinnerungen, Lebensentwürfen, von Wünschen und Träumen. Wieder auch stehen unter Aufgabe jeder abstrakten Zeitfolge Vergangenes, Gegenwärtiges und Zukünftiges simultan nebeneinander, erscheinen gleichzeitig im Erleben des Protagonisten. Thematisierte der Futurismus Simultaneität als Erfahrungsstruktur «modernen Lebens» noch als abstraktes Modell, so deckt Strindberg den Zusammenhang dieser Struktur mit den Gesetzmäßigkeiten des psychischen Lebens des Menschen, mit Traum und Phantasie auf und gewinnt gegenüber den Experimenten der Theateravantgarde («mechanisches Theater», «Theaterkonstruktivismus») und auch gegenüber den abstrakten symbolistischen Positionen der Stilbühne dem Theater die humane Dimension, jedoch in einer radikal subjektivistischen Fassung zurück.

Die Rezeption der Strindberg'schen Traumspieldramaturgie durch die deutschen Expressionisten setzt eben an diesem Punkt an. Den Deutschen diente das Stationendrama aber nun nicht mehr in erster Linie zur analytischen Verarbeitung der eigenen lebensgeschichtlichen Probleme. Das Stationendrama bot den Expressionisten vielmehr den szenisch-rhetorischen Rahmen für die Verkündigung ihrer utopistischen Programmatik, es diente der Propagierung einer emphatisch vorgetragenen Neuerungs- und Aufbruchsstimmung: der Revolte des «neuen Menschen», als dem kritischen Gegenentwurf zur Gesellschaft ihrer Zeit. Die Suche des sich selbst entfremdeten Ich, bei Strindberg noch ganz in den eigenen Lebensproblemen befangen, wird bei den deutschen Dramatikern im Anspruch absolut gesetzt, wird zur Suche nach dem «neuen Menschen» schlechthin. Aus diesem Verkündigungspathos heraus entwickelt sich die spezifisch expressionistische Theatralik: das «ekstatische Theater» (Felix Emmel) oder auch die «geistige Bühne» als das «Theater von morgen» (Walter Hasenclever).

In der für den deutschen Expressionismus wohl wichtigsten theoretischen Schrift, in Wilhelm Worringers Dissertation *Abstraktion und Einfühlung* von 1908, werden die philosophischen Grundlagen für dieses ästhetische Programm formuliert.

Worringer bezeichnet mit den Begriffen «Einfühlung» und «Abstraktion» die beiden von ihm als fundamental und antithetisch angesehenen Möglichkeiten künstlerischer Haltung der Wirklichkeit gegenüber. Voraussetzung für die Einfühlung des Subjekts in die Wirklichkeit ist für Worringer deren Überschaubarkeit und Vertrautheit; dagegen sei Einfühlung nicht möglich gegenüber einer Wirklichkeit, die als «fremd» und «bedrohlich» erfahren wird, zu der das Individuum, wie Worringer schreibt, sein «Vertraulichkeitsverhältnis» verloren habe.

Dieser als entfremdet erfahrenen Wirklichkeit begegnet der Expressionist – analog dem Künstler der «Naturvölker» – mit der ästhetischen Abstraktion als einem Ordnung schaffenden Akt. Durch diesen Gestaltungsakt soll das «Chaos» bewältigt werden, soll vor allem die Grunderfahrung der Angst, die das Individuum angesichts dieser entfremdeten Wirklichkeit erfährt, aufgehoben werden. Abstraktion aber heißt: «Das einzelne Ding der Außenwelt aus seiner Willkürlichkeit und scheinbaren Zufälligkeit herausnehmen, es durch Annäherung an abstrakte Formen zu verewigen und auf diese Weise einen Ruhepunkt in der Erscheinungen Flucht zu finden (…) stärkster Drang war, das Objekt der Außenwelt gleichsam aus dem Naturzusammenhang, aus dem unendlichen Wechselspiel des Seins herauszureißen, es von allem, was Lebensabhängigkeit, d. i. Willkür an ihm war, zu reinigen, es notwendig und unverrückbar zu machen, es seinem *absoluten* Werte zu nähern. Wo (…) das gelang, da empfanden sie (die Naturvölker – M. B.) jene Beglückung und Befriedigung, die uns die Schönheit der organisch-lebensvollen Form gewährt» (ebd., S. 50 f.).

Die bestehende Ordnung der realen Welt wird in einem Akt der ästhetischen Abstraktion aufgehoben, das heißt in der Programmsprache der Expressionisten: «zerschlagen», «überwunden», durch «Lebensausschließung» negiert. «Lebensausschließung» aber bedeutet, die Objekte aus ihren realen, den gesellschaftlichen und historischen Zusammenhängen zu lösen, den Gegenständen ihre «Lebendigkeit» zu nehmen und sie in der dann erreichten Isolation als «Ding an sich» anzuschauen. Der Begriff der «Stilisierung» (Craig, Mejerchol'd) erfährt damit eine erweiterte Bedeutung.

So wird die konkrete Entfremdungserfahrung, die in den realgeschichtlichen Verhältnissen des späten Wilhelminismus ihre tatsächlichen Ursachen hat, zum archetypischen Konflikt umgedeutet: als Kampf des Vaters gegen den Sohn oder des Mannes gegen das Weib. Worringer liefert auch die Rechtfertigung für dieses eskapistische Transformationsverfahren; er schreibt: «Das Leben als solches wird als Störung des ästhetischen Genusses empfunden.» Abstraktion ist in diesem Verständnis zwar ein geistiger, aber keineswegs ein rationaler Akt. Das Individuum folgt dabei vielmehr einem, wie Worringer es nennt, «instinktiven Drang», der sich darauf richtet, den Dingen einen rein subjektivistisch verstandenen «Notwendigkeitswert und Gesetzmäßigkeitswert» zu geben.

Die Ästhetik des expressionistischen Theaters ist weiterhin bestimmt durch die Adaption formaler Elemente der Stilbühne und avantgardistischer Theaterexperimente. Es ist eine neue Form von Literaturtheater, das seinen Protest gegen die Zeit radikal artikuliert. Darin lag seine zeitgeschichtliche Brisanz, aber auch seine Befangenheit im Geiste des «expressionistischen Jahrzehnts».

Für den Zeitraum von etwa drei Jahren waren Herwarth Waldens «Sturm-Bühne» (im September 1917 in Berlin gegründet) und Lothar Schreyers «Kampf-Bühne» (Anfang 1919 in Hamburg gegründet) die wichtigsten Einrichtungen des expressionistischen Experimentiertheaters, unmittelbar im Vorfeld der Theaterexperimente des Bauhauses. Lothar Schreyer, 1921 ans Bauhaus berufen, stellte die Verbindung beider Richtungen her.

Für die Durchsetzung der modernen bildenden Kunst und Literatur in Deutschland war Herwarth Walden (eigentlich Georg Levin, 1878–1941), vornehmlich in den Jahren 1910 bis 1920, einer der engagiertesten Publizisten. Er studierte Musik und absolvierte eine Ausbildung als Pianist. Bis 1911 war er mit Else Lasker-Schüler verheiratet, ab 1912 mit Nell Walden.

Im März 1910 gründete Walden, der zuvor in mehreren Zeitschriftenredaktionen gearbeitet hatte, eine eigene Zeitschrift, der er den programmatischen Namen «Der Sturm» gab und die zum wichtigsten publizistischen Forum des Frühexpressionismus und der europäischen Avantgarde (Kubismus, Futurismus) in Deutschland wurde. «Der Sturm»

G. Kaiser: Gas I. Regie: P. Legband. Volksbühne Berlin 1919

erschien bis 1932; Walden organisierte seine Arbeit auch über eine Reihe weiterer Einrichtungen. Es gab die «Sturm»-Abende, den «Sturm»-Verlag, die «Sturm»-Bühne, seit 1916 die Kunstschule «Der Sturm» und seit 1917 die «Sturm»-Galerie.

Zentrale Idee von Waldens «Wortkunsttheorie» – in diesem Begriff wurde die Ästhetik des «Sturm» zusammengefasst – war die Behauptung der Autonomie der Dichtung in ihrer lebendigen Verwirklichung, dem gesprochenen Wort, ihre Loslösung aus allen logisch-begrifflichen Bindungen («Die Kunst begreift das Unbegreifliche, nicht aber das Begriffliche») und jeder Abbildfunktion («Die Bilder der Wortkunst ... dienen nicht zur Aussage über die optische Erfahrungswelt, sie sind vielmehr Ausdruck eines Gefühls, als Gleichnis des Künstlers für dieses Gefühl»). In einer *Kritik der vorexpressionistischen Dichtung* schrieb Walden:

«Die Zusammenstellung der Wörter, ihre Komposition, ist das dichterische Kunstwerk. Wörter sind Klanggebärden. Die organische, das heißt optisch gegliederte Gestaltung der Gebärden ergibt das Kunstwerk Tanz. Die organische, das heißt phonetisch gegliederte Gestaltung der Klanggebärden ergibt das Kunstwerk Dichtung. Die seelische Auslösung des Kunstwerks hängt von dem Aufnehmenden ab. Sie ist also nicht eindeutig und vor allem nicht die Aufgabe eines Kunstwerks, deutbar zu sein oder bestimmte Gefühle auszulösen. Es ist die undeutbare Wirkung eines Kunstwerks, körperlich und seelisch zu bewegen. Bewegung wird nur durch Bewegung ausgelöst. Deshalb ist das Wesen jedes Kunstwerks sein Rhythmus. Die Auslösung dieser Bewegung in der Musik ist so sinnfällig, daß sie niemand bezweifelt und ihr niemand widersteht. Die Auslösung dieser Bewegung in den anderen Künsten ist ebenso sinnfällig. Sie wird weniger leicht aufgenommen, weil man sich gewöhnt hat, mit dem Verstand statt mit den Augen zu sehen, und weil man die Dichtung durch den Verstand und nicht durch das Ohr aufnimmt. Man sucht in der Dichtung etwas Kunstfremdes. Nämlich Übermittlung von Gedanken. Aber selbst die Übermittlung bestimmter Empfindungen ist kunstfremd, denn jede Empfindung wird von jedem Empfindenden anders aufgenommen. Und vor allem von dem Gebildeten, das heißt dem Menschen, der sich auf eine willkürliche Aufnahmefähigkeit bewußt einstellt.» (Der Sturm 12, 1920/21, Nr. 1)

Die Theateraktivitäten im Umkreis des «Sturm» wurden im Wesentlichen von Lothar Schreyer (1886–1966) getragen. Schreyer, der zuvor am Deutschen Schauspielhaus in Hamburg (1912–1918) gearbeitet hatte, schloss sich 1916 dem «Sturm»-Kreis an und arbeitete dort bis 1918 mit. 1921 wurde Schreyer ans Bauhaus nach Weimar berufen, wo er die Bühnenwerkstatt übernahm. Bald geriet er dort aber mit der programmatischen Ausrichtung des Bauhauses in Konflikt, sodass er 1923 seine Arbeit am Bauhaus wieder aufgab.

Im Rahmen der Entwicklung des Experimentiertheaters ist Schreyers Arbeit an der «Sturm-Bühne» und an der Anfang 1919 in Hamburg gegründeten «Kampf-Bühne» von beträchtlicher Bedeutung. Es ging Schreyer bei seinen Theaterexperimenten um die Entwicklung einer autonomen Bühnenkunst, die er als eine Art Gesamtkunstwerk aus dem Geiste der expressionistischen Dichtung konzipierte. Das Wort als Klanggestalt war für Schreyer das geistige Zentrum des «neuen Bühnenkunstwerks»; der Einfluss der futuristischen Sprachtheorie, insbesondere der Manifeste Marinettis, ist dabei unübersehbar.

Schreyer schrieb auch einige Dramen, in denen er seine theoretischen Vorstellungen zu verwirklichen versuchte; das interessanteste Stück davon ist sein «Spielgang» *Kreuzigung* (1920), der neben dem Text aus einer in allen Darstellungsebenen ausgeschriebenen Choreographie besteht, wie es sie auch zu Stücken bzw. Inszenierungen von Kandinsky und Oskar Schlemmer gibt. Schreyers gesamte Theaterarbeit war getragen von der Idee, das Theater aus der Erneuerung seiner kultischen Dimension zu reformieren. Seine Vorstellungswelt war deutlich von der Tradition der deutschen Mystik (Jakob Böhme) bestimmt. Theater zum meditativen Gemeinschaftserlebnis, zum visionär-ekstatischen Erfahrungsraum werden zu lassen, darum ging es ihm bei allen seinen Experimenten.

Ebenfalls von einem vorwiegend bildnerischen Ansatz ging Wassily Kandinsky bei seinen Bühnenexperimenten aus. «Abstrakte Bühnensynthesen» nannte er seine Projekte, in denen es in den Jahren um 1912 auch um eine Auseinandersetzung mit dem musikdramatischen Werk von Richard Wagner ging, insbesondere mit dessen Konzept eines «Gesamtkunstwerks», das weit über die Sphäre der Oper hinaus für die Theaterästhetik generell von Bedeutung wurde.

Wassily Kandinsky wurde am 5. Dezember 1866 in Moskau geboren. Nach der Schulzeit am Gymnasium in Odessa begann er 1886 in Moskau mit dem juristischen Studium, das er 1892 abschloss. 1889 und 1892 unternahm er Reisen nach Paris. Einen Ruf an die Universität (1896) lehnte der junge Jurist ab und begann stattdessen in München mit dem

Kunststudium; 1897/98 war er Schüler von Anton Ažbè, 1900 von Franz von Stuck. 1901 gründete er die Malschule und Galerie «Phalanx», die er 1904 wieder auflöste. 1902 lernte Kandinsky Gabriele Münter kennen, die von 1904 bis 1914 seine Lebensgefährtin wurde.

Nach Reisen nach Venedig, Moskau und Holland, nach Odessa, Paris, in die Schweiz und nach Berlin in den Jahren von 1903 bis 1908 kehrte Kandinsky nach München zurück. 1909 bezog er ein Haus in Murnau und wurde Präsident der «Neuen Künstlervereinigung München». 1910 malte er das erste abstrakte Bild. Im gleichen Jahr fand sich jener Malerkreis zusammen, der die Gruppe «Blauer Reiter» bildete, die Kandinsky zusammen mit Franz Marc aus Protest gegen die Jury-Entscheidungen bei der dritten Ausstellung der «Neuen Künstlervereinigung» im Jahre 1911 gegründet hatte. Neben Marc und Kandinsky gehörten dem Kreis an bzw. standen ihm nahe: Gabriele Münter, August Macke, Alfred Kubin, Alexej von Jawlensky, Paul Klee, Marianne von Werefkin, Heinrich Campendonk und der Komponist Arnold Schönberg. Die erste Ausstellung des «Blauen Reiter» wurde am 18. Dezember 1911 in der Galerie Thannhäuser in München eröffnet; im Herbst 1913 stelle die Gruppe in Berlin in der «Sturm-Galerie» (Erster Deutscher Herbstsalon) aus. Eine Wanderausstellung «Blauer Reiter» wurde 1914 von Herwarth Walden organisiert und ging in zahlreiche Städte Deutschlands und des Auslands. 1912 erschien im Piper Verlag die Programmschrift der Gruppe, der Almanach *Der Blaue Reiter*, herausgegeben von Kandinsky und Franz Marc.

1914 reiste Kandinsky nach Moskau; 1917 verheiratete er sich mit Nina von Andrevsky. Im Jahr darauf wurde er Mitglied der Abteilung Kunst im Kommissariat für Volksaufklärung, 1920 Professor an der Universität in Moskau. Als sich Anfang der zwanziger Jahre gravierende Richtungsänderungen in der sowjetrussischen Kunstpolitik abzeichneten und die Kommissariate aufgelöst wurden, ging Kandinsky im Dezember 1922 nach Deutschland zurück. Er folgte dabei einer Aufforderung von Walter Gropius, als Lehrer ans Bauhaus zu kommen, wo er bis 1933 tätig war. Nachdem sich das Institut, das inzwischen nach Berlin verlegt worden war, auf Druck der Nationalsozialisten selbst aufgelöst hatte, übersiedelten die Kandinskys nach Paris. In Deutschland fielen die Arbeiten des Künstlers der nationalsozialistischen Kunstpolitik zum Opfer. Am 13. Dezember 1944 starb Wassily Kandinsky in Neuilly-sur-Seine bei Paris.

Mit Theaterexperimenten beschäftigte sich Kandinsky seit etwa 1908. Die zentrale Idee, auf die alle seine Bühnenarbeiten ausgerichtet waren, war das «synthetische Gesamtkunstwerk», dessen Theorie er in kritischer Auseinandersetzung mit dem Konzept des additiv konzipierten Gesamtkunstwerks Richard Wagners in der Schrift *Über die abstrakte Bühnensynthese* (1927) formulierte. Nicht eine Verstärkung der Wirkung durch «Wiederholung einer und derselben äußeren Bewegung in zwei Substanzformen», wie eben bei Wagner ein bestimmter Stimmungs- oder Symbolwert in Musik, Sprache, Bild und Gestus gleichermaßen zum Ausdruck gebracht wird, ist das Prinzip von Kandinskys synthetischem Kunstwerk, sondern die Konstruktion einer autonomen Kunstrealität aus den zeichenhaften Grundelementen, der «eigenen Sprache» einer jeden Kunst, mit dem Ziel, einen «bestimmten Komplex der Vibrationen» entstehen zu lassen, der die Emotionen und die Phantasie der Rezipienten affiziert und an dem der Rezipient «weiter schaffen» würde.

Grundlegend für diese Ästhetik der «Synthese» war Kandinskys Vorstellung von der «Übersetzbarkeit» der verschiedenen Künste untereinander, wie es ihm aus seiner eigenen synästhetischen Begabung nahegelegt war: nämlich dass Farbempfindungen in ihm Klänge auslösten und umgekehrt, Musikhören sich ihm in malerische Eindrücke transformierte. Kandinsky versuchte in zahlreichen Experimenten, für solche Transformationen möglichst exakte Entsprechungen zu entdecken. Er arbeitete dabei mit dem russischen Komponisten Thomas von Hartmann (1885–1956) zusammen, der auch die Musik für Kandinskys wichtigste Bühnenkomposition *Der gelbe Klang* schrieb. Ein zweiter Mitarbeiter war der Ausdruckstänzer Alexander Sacharoff (1886–1963). Kandinsky setzte sich mit dem inneren verbindenden «Klang» der Künste in seinen theoretischen Arbeiten immer wieder auseinander. So heißt es in der Schrift *Über das Geistige in der Kunst*:

«In der Unmöglichkeit, das Wesentliche der Farbe durch das Wort und auch durch andere Mittel zu ersetzen, liegt die Möglichkeit der monumentalen Kunst.

Hier unter sehr reichen und verschiedenen Kombinationen ist eine zu finden, die gerade auf der eben festgestellten Tatsache ruht. Und nämlich: derselbe innere Klang kann hier in demselben Augenblicke durch verschiedene Künste gebracht werden, wobei jede Kunst außer diesem allgemeinen Klang noch das ihr geeignete wesentliche Plus zeigen wird und dadurch einen Reichtum und eine Gewalt dem allgemeinen inneren Klang hinzufügen wird, die durch eine Kunst nicht zu erreichen sind.»

Der Begriff «monumentale Kunst», den er hier einführt, tritt an die Stelle des Wagner'schen Begriffs «Gesamtkunstwerk». Dabei geht es Kandinsky um eine klare Abgrenzung einer Kunst von der anderen – etwa der Malerei gegenüber der Musik oder der Wortkunst – in der Konzentration auf ihre je spezifischen «Kräfte», doch eben auch um deren Zusammenführung in einem «inneren Streben». Insbesondere an solchen Argumentationen wird die spirituelle Vorstellungswelt Kandinskys deutlich, die das gesamte Werk dieses Künstlers durchdringt.

Über die praktischen synästhetischen Experimente, die Kandinsky mit von Hartmann und Sacharoff betrieb, berichtete Kandinsky im Jahre 1921: «Ich selbst habe im Ausland zusammen mit einem jungen Musiker und einem Tanzkünstler experimentiert. Der Musiker suchte aus einer Reihe meiner Aquarelle dasjenige aus, das ihm in musikalischer Hinsicht am klarsten erschien. In Abwesenheit des Tänzers spielte er dieses Aquarell. Dann kam der Tänzer dazu, ihm wurde das Musikwerk vorgespielt, er setzte es in Tanz um und erriet danach das Aquarell, das er getanzt hatte.» (Nach P. Weiss: Kandinsky in Munich, S. 191)

Eine wesentliche Rolle bei der Beschäftigung mit diesem Problem spielte für Kandinsky die Freundschaft (seit 1911) mit Arnold Schönberg (1874–1951), der in seinen eigenen Arbeiten ähnlichen Fragen nachging. Schönbergs *Harmonielehre* (1911) entsprach in ihren wesentlichen Voraussetzungen den theoretischen Ausgangspunkten, die Kandinsky in seinem Hauptwerk *Über das Geistige in der Kunst* (1912) entwickelt hatte. Kandinskys ausgeführteste Bühnenkomposition *Der gelbe Klang* ist Schönbergs «Drama mit Musik», *Die glückliche Hand* (1913), an die Seite zu stellen. In einem Brief an Schönberg vom 22. August 1912 erläuterte Kandinsky die Konstruktionsprinzipien seines *Gelben Klangs*, in dem er die Analogie der Bühnenkomposition zur Komposition seiner Bilder herausstellt. Mit Schönberg teilte Kandinsky die Neigung zu einem religiösen Mystizismus, der sich auch in der Symbolik seiner Arbeiten immer wieder niederschlägt.

Vor allem im Umkreis des Münchner Künstlertheaters fand Kandinsky zahlreiche Gleichgesinnte, die an der Entwicklung eines vom Tanz und von der Musik her bestimmten Bühnenkunstwerks arbeiteten; 1908 beschäftigte er sich mit Jaques-Dalcroze und der Eurythmie-Bewegung. Peg Weiss (S. 92 ff.) versuchte nachzuweisen, dass Kandinsky den *Gelben Klang* im Hinblick auf die ästhetischen Prinzipien und auch auf die Möglichkeiten der praktischen Verwirklichung am Münchner Künstlertheater hin geschrieben hat. Hinzu kamen weitere Anregungen aus der Münchner Theaterszene dieser Jahre: das Schwabinger Schattenspiel- und Marionettentheater, das in derselben Straße, in der Kandinsky seine Wohnung hatte, seine Aufführungen zeigte. Kandinskys Freund Karl Wolfskehl beteiligte sich aktiv an diesem Theater. Die Theaterpläne von Erich Mendelsohn und Hugo Ball (eines großen Verehrers von Kandinsky) wiesen in die gleich Richtung wie Kandinskys «Bühnensynthesen». 1914 war (von Hugo Ball geplant) im Piper Verlag, der schon den *Blauen Reiter* herausgebracht hatte, ein Buch mit dem Titel *Das neue Theater* in Vorbereitung, das programmatisch diese Bühnenentwürfe hätte zusammenfassen und der Öffentlichkeit präsentieren sollen. Der Ausbruch des Kriegs verhinderte dieses Unternehmen wie auch die Herausgabe eines zweiten Almanachs des *Blauen Reiters*, den Kandinsky geplant hatte. Ball erläuterte den Hintergrund dieses Theaterbuchs in Einträgen seines Tagebuchs: «Das expressionistische Theater, so lautete meine These, ist die Festspielidee und enthält eine neue Auffassung des Gesamtkunstwerks. (…) Kandinsky stellte mir Thomas von Hartmann vor. Der kam aus Moskau und erzählte so viel Neues von Stanislavskij: wie man dort unter dem Einfluß indischer Studien Andrejev und Čechov spielte.» Auch zu Peter Behrens hatte Kandinsky enge Beziehungen. Hinsichtlich der Theaterästhetik gab es zwischen beiden vornehmlich bei der Einschätzung des Lichts (bei Kandinsky eines der wesentlichsten Bühnenelemente) eine Reihe von Berührungspunkten.

Berücksichtigt man alle diese Umstände, so wird deutlich, dass Kandinsky eine Art Mittlerrolle einnahm zwischen Positionen, die den Gedanken des Bühnengesamtkunstwerks noch stark aus der von Wagner bestimmten Konzeption des 19. Jahrhunderts vertraten, und jenen neuen Ansätzen, die auf eine «abstrakte Bühnensynthese» hinarbeiteten. Dass eine neue künstlerische Ordnung der Wirklichkeit nur eine «abstrakte» sein könne, war eine Grundüberzeugung aller Künstler im Umfeld des Expressionismus. Für Kandinsky waren diese Vorstellungen auch noch bestimmend, als er 1928 am Friedrich-Theater in Dessau Musorgskijs *Bilder einer Ausstellung* inszenierte.

Literatur

Bablet, D. u. J. Jacquot (Hrsg.): L'Expressionisme dans le théâtre européen. Paris (2. Aufl.) 1989

Benson, R.: Deutsches expressionistisches Theater. Frankfurt a. M. u. a. 1987

Brauneck, M.: Die Welt als Bühne 4. Stuttgart u. Weimar 2003, S. 300–325

Denkler, H.: Drama des Expressionismus. München 1967

Der Blaue Reiter. Hrsg. W. Kandinsky u. F. Marc. Neuausgabe: K. Lankheit. München 1967

Jessner, L.: Schriften. Berlin 1979

Kandinsky, W.: Über das Geistige in der Kunst. Bern 1952

Les voies de la création théâtrale VII. Mise en scène années 20 et 30. Hrsg. v. D. Bablet. Paris 1979

Pirsich, V.: Der Sturm. Eine Monographie. Diss. Hamburg 1985

Pörtner, P.: Expressionismus und Theater. In: Expressionismus als Literatur. Hrsg. v. W. Rothe. Bern u. München 1969, S. 194–211

Stefaneck, P.: Zur Dramaturgie des Stationendramas. In: Beiträge zur Poetik des Dramas. Hrsg. v. W. Keller. Darmstadt 1976, S. 382–402

Schreyer, L.: Die jüngste Dichtkunst und die Bühne. In: Die Scene 1915, S. 171 f., u. 1916, S. 37 f. u. 101 f.

Ders.: Das Bühnenkunstwerk. In: Der Sturm 7 (1916/17), Heft 5, S. 50 ff.; 8 (1917/18), Heft 2, S. 18 ff., u. Heft 3, S. 36 ff.

Ders.: Expressionistisches Theater. Aus meinen Erinnerungen. Hamburg 1948

Strindberg, A.: Über Drama und Theater. Hrsg. v. M. Kesting u. V. Arpe. Köln 1966

Walden, H. (Hrsg.): Der Sturm. Berlin 1910–1932

Wasserka, J.: Die Sturm- und Kampfbühne. Kunsttheorie und szenische Wirklichkeit im expressionistischen Theater Lothar Schreyers. Diss. Wien 1965

Worringer, W.: Abstraktion und Einfühlung. München (Neuausgabe) 1959

Friedrich Kieslers «Raumbühne»

«Form folgt nicht der Funktion.
Form folgt der Vision.
Vision folgt der Wirklichkeit.»
Friedrich Kiesler

«Es war das erste Mal in der Theatergeschichte, daß Filmprojektionen anstelle gemalter Kulissen verwendet wurden und selbst Television – in dem Sinne, daß Kiesler in der Bühnenrückwand eine quadratische Öffnung anbrachte, die automatisch geöffnet werden konnte. Durch die Anordnung einer Reihe von Spiegeln hinter der Öffnung konnten die Zuschauer in der Öffnung Schauspieler wie auf einem Bildschirm sehen. Die Schauspieler erschienen in der Öffnung ungefähr 50 cm hoch, miteinander sprechend und sich bewegend. Es war eine ungeheure Illusion, besonders da eine Minute später dieselben Personen auf der Bühne erschienen» (F. St. Florian, in: Frederick Kiesler. Architekt, S. 3). Mit dieser Bühnenausstattung für Karel Čapiks Stück *R. U. R.* am Theater am Kurfürstendamm (1923) hatte sich der Architekt Friedrich Kiesler (1890–1965) schlagartig bei der Berliner Avantgarde, dem Kreis um Theo van Doesburg und Mies van der Rohe, Schwitters, Richter, Moholy-Nagy und El Lissitzky, bekannt gemacht.

Im gleichen Jahr noch entwickelte Kiesler in Wien eine seiner architektonischen Grundideen, die ihn über alle Werkphasen hin beschäftigte, das «Endlose Haus». 1923 auch entstand der erste Entwurf für ein «Endloses Theater». Kiesler bekam von der Stadt Wien den Auftrag, die Theater- und Musikfestspiele 1924 als verantwortlicher Architekt zu betreuen. Im Rahmen dieser Festspiele wurde auch die «Internationale Ausstellung neuer Theatertechnik» veranstaltet, deren Katalog Kiesler herausgab und gestaltete. Es wurde eine umfassende Dokumentation nahezu aller zu dieser Zeit erarbeiteten experimentellen Theaterprojekte und Theaterrichtungen.

Kiesler selbst arbeitete zu dieser Zeit an dem Entwurf eines Theaters mit einem Fassungsvermögen von 10 000 Zuschauern. Dabei legte er das Prinzip der («endlosen») Raumkontinuität als bestimmende architektonische Struktur erstmals einem Bauentwurf zugrunde. Dieses «Endlose Theater» war als Arenatheater konzipiert: Zwei Proszeniumsbühnen waren durch ein durch den gesamten Raum laufendes Rampensystem verbunden, eine riesige Doppelschale aus gegossenem Glas schuf einen praktisch unbegrenzten Spielraum. In seinen theoretischen Beiträgen im Katalog der Wiener Ausstellung von 1924 erläuterte Kiesler dieses Konzept als die dem technischen Zeitalter angemessene Theaterform: «Der Dichter unserer Zeit ist Ingenieur der mit höchster mathematischer Präzision berechneten optophonetischen Spielsymphonie.» Die Idee eines totalen Theaters ist in diesem architektonischen Entwurf konsequent realisiert. Kiesler entwickelte in den USA dieses Konzept weiter in seinem Entwurf des «Universal (Theater)» von 1961, für das er von der Ford Foundation den Auftrag erhalten hatte. Er beschreibt diesen durchaus visionären Entwurf, der das zu dieser Zeit vermeintlich technisch Mögliche in einer universellen Kommunikationsmaschine zur Anwendung bringt, in die auch das Theater integriert ist, folgendermaßen:

«Seit einiger Zeit ist mir sehr klar geworden, daß der neue Prototyp eines Theaters unserer Tage weder künstlerisch noch ökonomisch für sich allein existieren kann, gleichgültig, wie gut sein architektonischer Entwurf oder seine Ausstattung sein mögen. (...)
Ich habe das Haupttheater entworfen (mit einem Fassungsraum von 1600 Personen) und neben seiner Bühne das Foyer eines kleineren Theaters (Fassungsraum von 600 Personen), welches gleichzeitig zum Haupt-Wandelgang eines Wolkenkratzers wird (30 Stockwerke hoch), der wiederum eine Auswahl von kleineren Theatern umfaßt, mit je einem Fassungsraum von 120 bis 300 Personen. Außerdem wird der Wolkenkratzer große Fernseh-Studios erhalten, kleine Fernseh-Studios und Radio-Stationen, Mieträume für die Büros verschiedener Verleger, Platten- und Filmproduzenten und ebenso sieben Stockwerke für Industrie- oder Kunstausstellungsräume. Sie alle haben den Vorteil, gemeinsame Speise- und Lagereinrichtungen sowie gemeinsame Werkstätten zu besitzen. Es ist ein Geschäfts-, Unterhaltungs- und Kunstzentrum, wo jeder Teil, direkt oder indirekt, den anderen unterstützt.
Das ‹Universal› ist für viele Zwecke geplant. Es versucht nicht, den Dramatiker, den Schauspieler oder den Techniker in eine ferne Zukunft, in ein Traum-Haus

zu projizieren. Es versucht auch nicht, den Stil und die Ausstattung des gegenwärtigen Theaters nur zu modernisieren, sondern es versucht, eine Brücke aus den vergangenen Jahrhunderten in das kommende zu schlagen. Das Universal Theater stellt den griechischen Arena-Typ dar; es hat aber auch einen heutigen Proszenium-Raum. Zusätzlich bietet es zwei fortlaufende Stege, die man Randbühnen nennen könnte.

Die Decke fließt wie eine Muschel an die rechte und linke Seite vom Proszenium. Diese stark geneigte Haube dient dazu, uns an einen verbergenden Himmel zu erinnern, mit all den Möglichkeiten von durch Licht und Projektion erzeugten Unendlichkeiten. Tatsächlich ist das Universal, was Erscheinung und Ton betrifft, ein endloses Theater. Um alles zu koordinieren, hat es drei Kommunikations-Türme, einen links, einen rechts und einen im Hintergrund. Diese drei monumentalen Aufbauten werden auch als vertikale Kommunikationseinheit der Besucher zwischen den verschiedenen Balkon-Ebenen benutzt.

Alle drei Türme sind unter dem Auditorium in einem Kontroll-Pult verbunden, das beinahe in der Mitte des Auditoriums gelegen ist, und zwar niedrig genug, um das Publikum nicht zu behindern, aber doch in einer Weise untergebracht, daß es möglich ist, alle Projektionen im Auditorium ebenso wie auf der Bühne zu kontrollieren. Außerdem sind noch zwei Projektionspulte höher oben und in der Mitte des Zuschauerraums angebracht, um aus einer genauen Höhe Projektionen direkt auf die Bühnenöffnung und in die Runde zu werfen. Das ‹Universal› ist in der Tat geschaffen, um dem Publikum ebenso wie dem Schauspieler ein Instrument zu geben, das vom Bühnen-Direktor als ein Transformationszentrum von magischer Illusion und Tuchfühlungs-Realität manipuliert werden kann.

Wir dürfen nicht vergessen, daß wir in einer Zeit leben, in der Technik und Wissenschaften die menschliche Arbeit zu übernehmen versuchen, teils, um den alten Kampf fortzusetzen, die geheimen Feuer des Kosmos zu stehlen, und teils, um dem Menschen Arbeitsenergie zu ersparen und ihm mehr Freizeit und bessere Gesundheit zu geben.

In Wahrheit muß jeder Architekt, der heutige Strukturen entwirft, in seinem Entwurf seine Lebensphilosophie, nach der er lebt, offenbaren. Heute ist es der Architekt, der aus den weiten Gebieten der geschichtlichen Dokumentation und der gegenwärtigen technischen Entwicklung die gültigen Fakten auswählen muß, die sich erfolgreich mit einem Beitrag für eine schöpferische Art zu leben koordinieren lassen.

Nachdem ich 40 Jahre in der Welt des Theaters gearbeitet habe, habe ich einiges drastisch abgeschafft und einige neue Konzepte hinzugefügt. Ich habe den Schnürboden, zu dem die gemalte Szenerie hinauffliegt, abgeschafft, da ich weiß, daß die nächsten Jahrzehnte eher eine plastische als eine gemalte Szenerie

Die Raumbühne von F. Kiesler, Wien 1924

verwenden werden. Die gemalte Kulisse wird hauptsächlich durch Projektionen ersetzt werden. Dies ist viel wirtschaftlicher und phantasievoller. Wie auch immer, falls bemalte Vorhänge gewünscht werden, kann man sie provisorisch auf die Bühne und wieder weg rollen.

Ein wichtiger Faktor des ‹Universal› ist die automatische Umformung des unteren Teils des stadionartigen Zuschauerraumes, der ihn in eine Arena umwandelt, ohne die 300 Zuschauer dieses Abschnittes zu stören. Er kann in wenigen Sekunden, während die Handlung auf der Proszenium-Bühne weitergeht, in seine ursprüngliche Lage zurückgebracht werden. Dieser und andere solche Aspekte des ‹Universal›-Entwurfs bieten verschiedene Arten von Bühnenflächen für folgende Funktionen:

a. Das Universal erlaubt eine brennpunktartige Konzentration auf das gesprochene Drama.

b. Durch die Randbühnen (zusätzlich zur Proszeniumsfläche) bietet es verschiedene Möglichkeiten, Schauspiele wie Opern, Revuen und große Dramen aufzuführen.

c. Es bietet einen riesigen Ausdehnungsraum für Symphoniekonzerte und Chorwerke und im Gegensatz dazu eine Intimität in der Arenaabteilung für Kammermusik und Solo-Konzerte.

d. Indem es für die Schauspieler oder andere Personengruppen möglich ist, durch die Mitte des Zuschauerraumes auf verschiedene Ebenen des Saales zu promenie-

ren, bietet das ‹Universal› alle Einrichtungen für große öffentliche Treffen, etwa Empfänge.
e. Es erlaubt Filmvorführungen mit perfekter Sicht von allen Plätzen und mit der Möglichkeit, die Projektionsfläche, falls gewünscht, beinahe endlos zu erweitern.
f. Es hat die technischen und optischen Einrichtungen, um aktuelle Ereignisse über einen Satelliten dem wartenden Publikum sofort zu übertragen und mitzuteilen, während sie noch geschehen.
Es ist logisch, daß ein Gebäude für einen neuen Inhalt auch eine neue Form und ein neues Konstruktionsprinzip haben soll.» (Frederick J. Kiesler. Ausstellungskatalog. Wien o. J., S. 11 f.)

1925 gestaltete Kiesler den österreichischen Pavillon auf der «Exposition Internationale des Arts Décoratifs et Industriels Modernes» in Paris; er stellte dabei sein wohl bedeutendstes Projekt aus, den futuristischen Entwurf einer «Stadt im Raum». Es war eine vom Boden gelöste Superarchitektur, bei der die einzelnen Teile der Stadt auf unterschiedlichen Raumebenen platziert waren.

1926 übersiedelte Kiesler in die USA (seitdem Frederick Kiesler) und wurde amerikanischer Staatsbürger. Er folgte einer Einladung des Provincetown Playhouse und der Theater Guild nach New York und hatte den Auftrag, dort eine Theaterausstellung zu organisieren. In der 8. Straße von New York City baute er ein Kino; es war ein riesiger Raum mit vier Projektionsflächen, die sich über die Wände und die Decke ausbreiten ließen und ein totales Filmerlebnis vermittelten.

1931 entwarf Kiesler das «Space-Theater for Woodstock N. Y.», einen Bau für alle nur denkbaren Formen des Experimentaltheaters. 1933 bis 1934 war er Direktor für Bühnengestaltung an der Juilliard-Musikakademie, von 1936 bis 1942 Leiter des Designlaboratoriums an der Columbia Universität in New York. Der Bau der Guggenheim-Galerie «Kunst aus diesem Jahrhundert» 1942 und die Einrichtung der Surrealisten-Ausstellung 1947 waren jene Arbeiten Kieslers, die am stärksten in die Öffentlichkeit wirkten.

Literatur

Bogner, D. (Hrsg.): Friedrich Kiesler. Architekt. Maler. Bildhauer 1890–1965. Wien 1988

Bühnen-Architektur (= Daidalos. Berlin Architectural Journal. 15. Dezember 1984)

Brauneck, M.: Die Welt als Bühne 4. Stuttgart u. Weimar 2003, S. 586–590

Frederick Kiesler. Architekt 1890–1965. Ausstellungskatalog. Galerie nächst St. Stephan. Wien (1975)

Held, R.: Endless Innovations. The Theory and Scenic Design of Frederick Kiesler. Diss. Bowling Green State Univ. 1977

Kiesler, F. (Hrsg.): Internationale Ausstellung neuer Theatertechnik. Katalog, Programm, Almanach. Wien 1924

Lesák, B.: Die Kulisse explodiert. Friedrich Kieslers Theaterexperimente und Architekturprojekte 1923–1925. Wien 1988

Theaterarbeit am Bauhaus:
Oskar Schlemmer und László Moholy-Nagys
Experimente mit dem Raum und dem Licht

«Der heutige Theaterarchitekt sollte sich das Ziel setzen, eine
große Klaviatur für Licht und Raum zu schaffen, so sachlich und
anpassungsfähig, daß sie für jede nur vorstellbare Vision eines Regisseurs
empfänglich wäre; ein flexibles Bauwerk, das schon vom Raum her
den Geist umbildet und erfrischt.»
Walter Gropius, 1934

Die Politisierung der seit der Jahrhundertwende 1900 in vielen Facetten virulenten Reformmentalität durch die Revolution von 1918 bestimmte den Geist, aus dem heraus das Bauhaus im März 1919 in Weimar gegründet wurde. Das erste Bauhaus-Manifest bezeugt diesen Zusammenhang eindeutig.

Das Bauhaus war eine staatliche Lehrinstitution für alle Zweige des bildnerischen Gestaltens von der Architektur bis zu Theater und Film. Die Institution entstand aus der organisatorischen Zusammenlegung der Hochschule für Bildende Kunst mit der Kunstgewerbeschule in Weimar. Entscheidend geprägt wurde das Bauhaus durch Walter Gropius (1883 bis 1969), der am 12. April 1919 zum Direktor berufen wurde. Träger war der Freistaat Sachsen, ein republikanisches Staatsgebilde, das in der Folge der November-Revolution aus dem Großherzogtum Sachsen-Weimar hervorgegangen war. Die Regierung bildeten Sozialdemokraten, USPD, KPD und Vertreter der Arbeiter- und Soldatenräte. Die Gründung des Bauhauses wurde von den Fraktionen der SPD, USPD und der KPD getragen. In den folgenden Jahren gab es im Thüringischen Landtag immer wieder heftige Auseinandersetzungen um das Bauhaus, zumeist Angriffe auf die politische Ausrichtung der Kurse. 1924 erreichte diese Kampagne ihren Höhepunkt. Das Bauhaus sei «eindeutig kommunistisch-expressionistisch ausgestaltet», so lautete der pauschale Vorwurf der Deutsch-Nationalen Volkspartei, die die Stillegung des Instituts verlangte.

Im Dezember 1924 löste sich das Bauhaus in Weimar selbst auf. Im März 1925 jedoch beschloss der Gemeinderat von Dessau, das Bauhaus zu übernehmen. Sofort bildete sich auch dort ein «Bürgerverein zur Bekämpfung des Bauhauses». 1926 wurde das inzwischen in Dessau etablierte Institut als Hochschule für Gestaltung anerkannt, die Lehrer («Meister») erhielten Professoren-Status. 1928 trat Gropius als Direktor des Bauhauses zurück; sein Nachfolger wurde Hannes Meyer. Dieser wiederum wurde 1930 von Mies van der Rohe abgelöst. In Dessau arbeitete das Bauhaus bis 1932, dann erfolgte erneut seine Auflösung aus politischen Gründen. Mies van der Rohe versuchte noch eine Zeit lang, das Bauhaus in Berlin als private Einrichtung zu erhalten. Am 11. April 1933 besetzten SA und Polizei das Gebäude; den Nationalsozialisten galt das Institut als Exponent «entarteter Kunst» und «Brutstätte des Kulturbolschewismus». Obwohl die Möglichkeit der Wiederaufnahme des Lehrbetriebs in Aussicht gestellt worden war, beschloss das Professorenkollegium am 19. Juli 1933 die endgültige Auflösung des Bauhauses.

In der Emigration, in den USA, taten sich einige ehemalige Bauhauslehrer zusammen und gründeten 1937 in Chicago «The New Bauhaus». Dessen erster Direktor wurde László Moholy-Nagy (1895–1946), der ungarische Konstruktivist und Experimentalfilmer, der bereits in Dessau am Bauhaus gelehrt hatte. Ab 1938 wurde dieses Institut als «School of Design» weitergeführt.

Die Bauhausidee trug von Anfang an utopistische Züge und stand in der Tradition der Lebensreformideen, die seit der Jahrhundertwende in Deutschland wirksam waren. Mit der Bezeichnung «Bauhaus» wurde programmatisch auf eine vorkapitalistische Produktionsform angespielt, auf die Bauhütten des mittelalterlichen Dombaus. Im Bild der Kathedrale wurde in diesen Jahren vielfach die Idee einer neuen Gemeinschaft symbolisiert; 1905 schrieb Rilke sein Gedicht *Werkleute sind wir alle*. Mit der neuen Form der Arbeitsorganisation war die Hoffnung auf ein neues Gemeinschaftsleben verbunden. Gropius schrieb dazu: «Mir träumt von dem Versuch, aus der zersprengten Isoliertheit der Einzelnen hier, eine kleine Gemeinschaft zu sammeln (...)»; Ziel der Mitgliedschaft am Bauhaus sei es, «nicht nur werkgerechte Lampen zu entwerfen, sondern Teil einer Gemeinschaft zu sein, die den neuen Menschen in neuer Umgebung aufbaut.» In solchen Programmsätzen verband sich der expressionistische Traum vom «neuen Menschen» mit den Hoffnungen vom November 1918 auf die Schaffung eines neuen freiheitlichen deutschen Staatswesens. Der Architekt galt in den Kreisen der Bauhäusler als Gesamtkünstler, als «Ordner des ungetrennten Gesamtlebens» (Gropius). Architektur erschien als die Zusammenfassung aller Einzelkünste und Fertigkeiten zur Gestaltung einer neuen Lebenswelt; in der Programmsprache der Bauhaustheoretiker: einer «sozialen Utopie».

Die Arbeit der Bühnenwerkstatt war Teil des Lehr- und Forschungsprogramms des Bauhauses ab 1921, als Lothar Schreyer ans Bauhaus kam. Schreyer, der Mitbegründer der «Sturm-Bühne», versuchte am Bauhaus die expressionistische Theatertradition des «Sturm»-Kreises fortzusetzen. Damit geriet er aber bald in Konflikt mit den doch anders gerichteten Zielen der Institution; dies führte 1923 zu Schreyers Ablösung.

Dessen Nachfolge trat Oskar Schlemmer an, der in seiner Stuttgarter Zeit bereits Theaterexperimente betrieben hatte und die «Bühne im Bauhaus» zu einer Art Theaterlaboratorium ausbaute. In dessen Mittelpunkt stand die Erforschung (in Theorie und Praxis) des Verhältnisses von Mensch und Raum als dem zentralen Moment der theatralischen Inszenierung. Eine Art Mathematik des Theaters war es, die Schlemmer zu entwickeln versuchte, ausgehend von den fundamentalen Form- und Bewegungsstrukturen des menschlichen Körpers und dessen choreographischen Möglichkeiten im Raum. Theater als Raumproblem zu betrachten – und zu erforschen –, dies war der neue Ansatz, der durch die Bauhausbühne in die theaterästhetische Diskussion eingebracht wurde. Damit auch war die Theaterarbeit in das Bauhaus-Konzept integriert: «im Rahmen des Raumes und seiner Gestaltung am Aufbau des neuen Weltbildes, das sich zu unserer Zeit zu formen beginnt, schaffend mitzuwirken» (Walter Gropius). Es war der Raumbegriff des Architekten, der der Bühnenarbeit zugrunde gelegt wurde: Raum als Lebensraum aufgefasst, nach spezifischen Gesetzen entworfen, nicht als «Natur»-Raum vorgefunden. Die Konstitutionsmomente des Raums wurden aus der Dialektik von Mensch und Raum abgeleitet.

1925 erschien in der Reihe «Bauhausbücher» als Band 4 *Die Bühne im Bauhaus*, in dem das Spektrum dieser Theaterarbeit dokumentiert wurde. Neben den Essays von Schlemmer *(Mensch und Kunstfigur)* und Moholy-Nagy *(Theater, Zirkus, Varieté)* erschien darin der Beitrag des Ungarn Farkas Molnár, *U-Theater*, der sich mit Problemen der Bühnenarchitektur befasste.

Walter Gropius formulierte die Zielsetzung der Bauhausbühne folgendermaßen:

«Das Bühnenwerk ist als orchestrale Einheit dem Werk der Baukunst innerlich verwandt; beide empfangen und geben einander wechselseitig. Wie im Bauwerk alle Glieder ihr eigenes Ich verlassen zugunsten einer höheren gemeinsamen Lebendigkeit des Gesamtwerks, so sammelt sich auch im Bühnenwerk eine Vielheit künstlerischer Probleme, nach einem dieser übergeordneten eigenen Gesetze, zu einer neuen größeren Einheit.
In ihrem Urgrund entstammt die Bühne einer metaphysischen Sehnsucht, sie dient also dem Sinnfälligmachen einer übersinnlichen Idee. Die Kraft ihrer Wirkung auf die Seele des Zuschauers und Zuhörers ist also abhängig von dem Gelingen einer Umsetzung der Idee in sinnfällig-optisch und akustisch wahrnehmbaren Raum (...)»

Erneuerung des Theaters im Sinne seines Ursprungs, der in der religiösen Handlung, in Kult und Ritual gesehen wurde, war letztlich das Ziel der theaterästhetischen Reflexionen am Bauhaus, Erneuerung auch des Anspruchs auf metaphysische Sinngebung durch die Bühne. Diese Dimension des Bauhausprogramms scheint auf den ersten Blick im Widerspruch zu den Prinzipien konstruktivistischen und funktionalistischen Denkens zu stehen, das gemeinhin als typisch für das Bauhaus gilt. Reduziert man die Bauhausästhetik – insbesondere die der Anfangsphase – jedoch auf solche Positionen, wird der historische Ort dieser Institution, der gerade durch den emphatischen Reformwillen der Gründungszeit bestimmt ist und die Bauhausästhetik als eine Art konstruktivistischen Expressionismus erscheinen lässt, nicht hinreichend erfasst.

Zur institutionellen Entwicklung der Bauhausbühne schreibt Hans Wingler:

«Die Bühnen-Werkstatt, in Weimar noch ziemlich provisorisch, war im Dessauer Bauhaus-Gebäude mit allen Notwendigkeiten eingerichtet; technisch wie künstlerisch voll funktionsfähig war sie von der Vollendung des Baues im Spätjahr 1926 bis zu Schlemmers Weggang im Herbst 1929. Stetig wuchs in dieser Zeitspanne der Wirkungsradius der vom Bauhaus geleisteten Bühnenarbeit; den Höhepunkt an äußerer Anerkennung und kritischer Resonanz brachte ihr zu guter Letzt eine Tournee durch eine Reihe von Großstädten in ganz Deutschland und der Schweiz ein. Das Programm ist während der Dessauer Entwicklungsperiode Zug um Zug nüanciert, bereichert und erweitert worden. Trotzdem blieb die in Weimar 1923–1924 erarbeitete Konzeption stets fundamental» (Die Bühne im Bauhaus. Neue Bauhausbücher, S. 6).

Im Juni 1928 zeigte die Bauhausbühne ihre Arbeiten auf dem 2. Deutschen Tänzer-Kongress in Essen (zum Programm im Einzelnen vgl. Wingler: Das Bauhaus, S. 489 f.). In enger Verbindung mit der Bühnen-Werkstatt wurden auch die beliebten Feste (Kostümfeste, Laternenfeste) des Bauhauses arrangiert, bei der die Bauhauskapelle (Wingler: «im Deutschland der zwanziger Jahre in der Tat eine der phantasievollsten Jazzbands») aufspielte.

Neben Schlemmers vorrangig vom Tanz her entwickelten Figurinentheater, das zweifellos den Schwerpunkt der Bühnenarbeit des Bauhauses bildete, gab es weitere Ansätze zu Theaterexperimenten. 1923 war mit Schlemmer der Ungar László Moholy-Nagy ans Bauhaus gekommen, der sich neben seinen experimentellen Arbeiten mit Film und Fotografie auch mit dem Theater beschäftigte. Für Moholy-Nagy stand die Erforschung neuer Sehgewohnheiten in den Medien Film, Fotografie und Theater im Mittelpunkt seiner Experimente. 1922 vertrat er die These: «Der Konstruktivismus ist der Sozialismus des Sehens». Die Ästhetik des Konstruktivismus gründe sich demnach auf Gesetzmäßigkeiten und Erfahrungsdispositionen, die jedem Menschen ohne spezifische Vorbildung zugänglich seien. Moholy entwarf eine Reihe von Bühnenausstattungen, die alle im Experimentalfilm und in der experimentellen Fotografie erprobten Licht-Bewegungs-Effekte für die Theaterinszenierung einsetzten. Er entsprach damit dem auch von Gropius vertretenen Programm eines «Theaters der Totalität», «daß dem universalen Regisseur eine große Licht- und Raummaschinerie zur Verfügung stehen müßte, die so unpersönlich und beweglich sein müßte, daß sie ihn nirgendwo festlegte und allen seinen Visionen seiner Vorstellungskraft Ausdruck geben könnte. (...) Das Theater der Totalität muß eine Mobilisierung aller räumlichen Mittel sein, um den Zuschauer aus seiner intellektuellen Apathie zu reißen, ihn anzugreifen und zu überwältigen und ihn zur Teilnahme am Spielgeschehen zu zwingen» (Theaterbau, 1934).

Experimente, bei denen es um die Erprobung abstrakter kinetischer und luminaristischer Erscheinungen ging und die auch für szenographische Arbeiten genutzt wurden, unternahmen von 1922 bis 1925 auch Joseph Hartwig und Kurt Schwerdtfeger mit ihren «Reflektorischen Lichtspielen». Ausgangspunkt dieser Arbeiten war (ähnlich wie bei Wassily Kandinskys «Farbklängen») das Bedürfnis, «Farbformflächen, die im gemalten Bild in ihren Verhältnissen und Beziehungen zueinander Bewegungen und Spannungen illusionistisch vortäuschen, zu tatsächlichen Bewegungen zu steigern» (nach H. Wingler, ebd., S. 97). Angeregt wurden diese Experimente von einfachen Schattenspielen, die man bei einem vom Bauhaus veranstalteten Laternenfest beobachtet hatte und die zunächst spielerisch variiert wurden. Schließlich wurden diese Farblichtspiele strengen kompositorischen Regeln unterworfen, «fugenartig» gegliedert und auf bestimmte Farbformthemen hin gestaltet. Erfahrungen der Filmwahrnehmung wurden verarbeitet: Film als «bewegtes Licht, gefügt in einem zeitlich geordneten Rhythmus». Ludwig Hirschfeld-Mack schrieb 1925:

«Wir glauben, mit den Farbenlichtspielen einer neuen Kunstgattung näher zu kommen, die in ihrer starken physisch-psychischen Wirkung farbsinnliches und musikalisches Erleben in tiefen und reinen Spannungen auszulösen vermag. Weil die Farbenlichtspiele in gleicher Weise an die Untergründe des Gefühls wie an Farb- und Form-Instinkte rühren, glauben wir an ihre Bestimmung, zunächst Brücke des Verständnisses zu sein für die Vielen, die ratlos vor den abstrakten Bildern und den neuen Bestrebungen auf allen anderen Gebieten stehen – und damit auch der neuen Schaffensgesinnung, aus der sie entstanden sind. Darüber hinaus sehen wir Möglichkeiten einer fruchtbaren Einwirkung auf den Film in seiner heutigen Form. Für die Bühne können Farbenlichtspiele, als Handlungs- und Regieelement eingesetzt und in Einklang gebracht, von starker, neuartiger Wirkung sein, die dem Theater eine gleichzeitig bis zum Äußersten vereinfachte, im Wesen aber reichlich differenzierte Ausgestaltung der Bühnenwerke bedeuten würde.» (Nach H. Wingler, ebd., S. 98)

In eine andere Richtung gingen die Experimente von Schlemmers Mitarbeiter, dem Maler Alexander (Xanti) Schawinsky (1904–1979), der zwischen 1924 und 1926 als Student, 1927 bis 1929 als Assistent an der Bühnenwerkstatt am Bauhaus arbeitete. Angeregt von Schwerdtfegers «Reflektorischen Lichtspielen», entwickelte er das sogenannte «Spektodrama». Dies waren abstrakte, choreographisch aufgebaute Szenographien, bei denen die Spieler/Tänzer zusammen mit einfachen Formelementen (farbigen Dreiecken, Kuben, Rundscheiben, Bändern etc. aus den verschiedensten Materialien) agierten. Daneben inszenierte er eine Reihe von Sketchen (*Der Zirkus*, *Olga-Olga* u. a.). Schawinsky setzte seine Arbeit in der amerikanischen Emigration fort. Am Black Mountain College in North Carolina entwickelte er mit einer Theaterklasse das Spektodrama weiter und inszenierte dort zwischen 1936 und 1938 eine Reihe von Stücken.

Den Bauten von Science-Fiction-Inszenierungen ähnelt das «U-Theater» von Farkas Molnár:

«Molnár sah drei hintereinander angeordnete Bühnen mit Flächen von 12 × 12, 6 × 12 und 12 × 8 Meter vor, außerdem eine vierte Bühne, die hängend über der mittleren angebracht werden sollte. Die erste war proszeniumsartig in den Zuschauerraum hineingeschoben, so daß die Bühnenvorgänge (etwa Tanz und Akrobatik) von drei Seiten sichtbar waren. Die zweite Bühne war ähnlich wie die erste nach Höhe, Tiefe und Seiten variierbar geplant; sie war für reliefartige Darstellungen und Aufbauten (die jeweils, verborgen hinter einem Vorhang, auf der dritten Bühne vorbereitet werden konnten) bestimmt. Die dritte Bühne entsprach in etwa dem herkömmlichen Guckkastenprinzip. Molnárs technischer Perfektionismus gipfelte in allerlei komplizierten Vorrichtungen – einem zylinderartigen Hohlkörper über den vorderen Bühnen und dem Zuschauerraum, konstruiert zum Herunterlassen von Menschen und Gegenständen, Zugbrücken zwischen den Bühnen und Rängen, Hängeboden und Apparaturen zur Erzeugung von Spezialeffekten; ja es war sogar an Wasserapparate und einen Duftverbreiter gedacht.» (H. Wingler, ebd., S. 359)

Kurt Schmidt arbeitete vornehmlich an der Mechanisierung des Theaters und entwarf zusammen mit Friedrich Wilhelm Bogler und Georg Teltscher eine Reihe von Szenographien und Figurinen für ein *Mechanisches Ballett* (uraufgeführt im Staatstheater Jena 1923 während der Bauhauswoche) und für Marionettenspiele.

Heinz Loew entwarf ein «mechanisches Bühnenmodell», das die technische Apparatus des Theaters gleichsam als Selbstzweck ausstellt. Loew schrieb dazu:

«von einem falschen gefühl geleitet, versucht man heute jeden technischen vorgang auf der bühne ängstlich zu verbergen. deshalb ist für den modernen menschen die bühne von hinten oft das interessanteste schauspiel, zumal im zeitalter der technik und der maschine. – die meisten bühnen verfügen über einen technischen riesenapparat, der ungeheure energien darstellt, von denen der zuschauer aber keine ahnung hat. das gebot der zukunft wäre also, ein den akteuren ebenbürtiges technisches personal heranzubilden, das diesen apparat unverhüllt, ‹an sich›, als selbstzweck, in einer eigentümlichen neuartigen schönheit zur darstellung bringt.» («bauhaus» 3, 1927)

Das Bühnenmodell Loews sieht ein System von drei Schienen und zwei Drehscheiben zur Bewegung von «gradlinig statischen, exzentrisch dynamischen, transparenten flächigen und konstanten plastischen Elementen» vor.

Ein geradezu utopistisch anmutender Entwurf ist das «Kugeltheater» von Andreas Weininger. Es ist konzipiert als geschlossene Raumbühne:

«die raumbühne, das raumtheater als der ort des mechanischen schauspiels. die bewegung ausgangspunkt aller primären mittel, wie raum, körper, fläche, linie, punkt; farbe, licht; ton, geräusch; zu einer mechanischen synthese gestaltet (im gegensatz zur statischen synthese in der architektur). eine kugel als architektonisches gebilde an stelle des üblichen theaters. die zuschauer befinden sich auf dem inneren kugelrand in einem neuen raumverhältnis; sie befinden sich infolge übersicht des ganzen, infolge der zentripetalkraft in einem neuen, psychischen, optischen, akustischen verhältnis: sie befinden sich gegenüber neuen möglichkeiten konzentrischer, exzentrischer, richtungsbeliebiger, mechanischer raum-bühnenvorgänge. – das mechanische theater, um seine aufgaben ganz zu realisieren, beansprucht für sich die im dienste der zweckmäßigkeit befindliche, hochentwickelte technik. – zweck: die menschen durch gestaltung von neuen bewegungsrhythmen zu neuen betrachtungsweisen zu erziehen; elementare antworten auf elementare notwendigkeiten zu geben.» («bauhaus» 3, 1927)

Das von Walter Gropius für das Piscator-Theater entworfene «Totaltheater» von 1927, eine variationsfähige Baukonstruktion für 2000 Zuschauer, bei der eine Arena-, Proszeniums- oder eine dreiteilige Tiefenbühne je nach Bedarf eingerichtet werden konnte, war die Zusammenfassung und der Höhepunkt aller am Bauhaus entwickelten Ideen zur Theaterarchitektur.

Die stärkste Wirkung über die Grenzen der Bühnenwerkstatt des Bauhauses hinaus ging von der Theaterarbeit Oskar Schlemmers und den Licht-Raum-Experimenten von Moholy-Nagy aus.

Oskar Schlemmer wurde am 4. September 1888 in Stuttgart geboren. Nach einer Lehre als Entwurfzeichner und dem Besuch der Kunstgewerbeschule und der Akademie der bildenden Künste in Stuttgart ging Schlemmer im Herbst 1911 als freier Maler für ein Jahr nach Berlin, wo er Kontakt zu Herwarth Walden und dessen «Sturm»-Kreis aufnahm. Als Schlemmer im Herbst 1912 nach Stuttgart zurückkehrte, wurde er Meisterschüler bei Adolf Hölzel und erhielt an der Stuttgarter Akademie ein eigenes Atelier. Im Jahr darauf eröffnete er zusammen mit seinem Bruder den «Neuen Kunstsalon am Neckartor», in dem Arbeiten der neuesten Kunstrichtungen gezeigt wurden. Nur ein Jahr dauerte Schlemmers aktiver Militärdienst, zu dem er sich 1914 freiwillig gemeldet hatte; nach einer Verwundung kehrte er nach Stuttgart zurück.

Das Kriegsende und die Revolution erlebte Oskar Schlemmer wieder in Berlin. 1919 wurde er an der Stuttgarter Akademie als Studentenvertreter in den «Rat geistiger Arbeiter» gewählt. Von Walter Gropius erhielt er 1920 eine Einladung, als Lehrer an das Bauhaus nach Weimar zu kommen. Schlemmer schloss für drei Jahre einen Vertrag ab; er übernahm die Leitung der Steinbildhauerei und der Wandmalerei sowie eine Klasse im Aktzeichnen. Die Bühnenwerkstatt am Bauhaus leitete bis 1923 noch Lothar Schreyer.

Als das Bauhaus nach Dessau übersiedelte und Schreyer sich vom Bauhaus zurückgezogen hatte, konnte Schlemmer die neue Bühnenwerkstatt nach seinen Ideen einrichten. Von den Mitarbeitern aus der Weimarer Zeit begleiteten ihn Xanti Schawinsky und Andreas Weininger. Neuer Mitarbeiter wurde der Schauspieler und Tänzer Werner Siedhoff. 1926 inszenierte Schlemmer eines der beliebten Bauhausfeste, *Das weiße Fest*. Die Theaterarbeit stand in diesen Jahren im Mittelpunkt auch von Schlemmers Lehrtätigkeit am Bauhaus.

Divergenzen hinsichtlich der künstlerischen Ausrichtung der Bauhausbühne waren der Anlass, dass Schlemmer 1929 eine Berufung an die Akademie nach Breslau annahm. Im Sommer 1930 inszenierte er an der Kroll-Oper zu Berlin das Stück *Die glückliche Hand* von Arnold Schönberg. Bei der Internationalen Theaterausstellung 1931 in Zürich hielt er den Eröffnungsvortrag und stellte seine Bühnenentwürfe erstmals in einem internationalen Forum aus. Im Jahr darauf, am 4. Juli 1932, nachdem die Breslauer Akademie aufgrund der Notverordnungsgesetze vom 1. April 1932 geschlossen wurde, beteiligte er sich mit dem *Triadischen Ballett* bei einem internationalen Tanzwettbewerb in Paris. Dort lernte Fernand Léger Schlemmers Arbeiten kennen. Nach Hitlers Machtübernahme fiel das Werk Schlemmers unter das Verdikt der nationalsozialistischen Kulturpolitik. Schlemmer übersiedelte kurzfristig in die Schweiz. In Zürich war eine Aufführung seiner Ballette geplant, die jedoch nicht zustande kam. Ab 1938 verdiente Schlemmer seinen Lebensunterhalt als Mitarbeiter eines Malergeschäfts wieder in Stuttgart. Er bemalte Kasernen, Gaswerke etc. mit Tarnanstrichen. 1940 erhielt er eine Anstellung bei einer Wuppertaler Lackfabrik, in der er sich mit lacktechnischen Experimenten beschäftigte. 1941 inszenierte er zum 75-jährigen Bestehen der Firma einen *Reigen in Lack*. Am 4. April 1943 starb Oskar Schlemmer in Baden-Baden.

Bühne und Theater beschäftigten Schlemmer sein Leben lang, und er war sich selbst lange nicht sicher, ob er seinem Talent nach eher Maler oder Bühnengestalter werden sollte. Hinzu kam eine große Begabung zum Theaterspielen (als Pantomime, Tänzer und Clown), die ihn immer wieder motivierte, in seinen Stücken selbst aufzutreten.

1912 begann Schlemmer mit ersten praktischen Bühnenarbeiten. In einer dreiteiligen Tanzfolge wollte er die Idee eines «synästhetischen Totalkunstwerks» zur Anschauung bringen. Er suchte die Zusammenarbeit mit Arnold Schönberg, der die Musik zu dem Ballett schreiben sollte; mit dem Tänzer Albert Burger besprach er die Möglichkeiten einer Realisation auf der Bühne (Kostüme, Choreographie). Anregungen zu dieser Bühnenkomposition gab die Arbeit des russischen Komponisten Skrjabin, der mit seiner Komposition *Prometheus* (1911) mit Hilfe einer Beleuchtungsapparatur ähnliche synästhetische Bühneneffekte produziert hatte, wie sie Schlemmer offenbar vorschwebten. In dem Almanach *Der Blaue Reiter* wurde über die Arbeiten Skrjabins berichtet; sie hatten bereits Kandinsky zu seiner Komposition *Der gelbe Klang* angeregt.

Ein erster Versuch, seine Tanztheaterideen zu verwirklichen, gelang Schlemmer im Dezember 1916, als bei einer Wohltätigkeitsveranstaltung in Stuttgart eine Ballettstudie mit zwei Figurinen aufgeführt wurde (Tänzer waren Albert Burger und Elsa Hötzel). Das Stück war eine Art Vorstufe zum *Triadischen Ballett.* Mit den eigentlichen Arbeiten zu diesem seinem wichtigsten Bühnenwerk begann Schlemmer Ende 1919. Im Mai 1920 übersiedelte er von Stuttgart nach Bad Cannstatt, wo er zusammen mit seinem Bruder Carl und dem Tänzerpaar Burger/Hötzel die Figurinen für das *Triadische Ballett* entwickelte. Am 30. September 1922 kam es zur ersten Aufführung am Württembergischen Landestheater in Stuttgart.

Schlemmer realisierte in diesem Ballettstück seine Vorstellungen eines synthetischen Gesamtkunstwerks. Es war eine Form von tänzerischem Konstruktivismus, bei dem sich die Choreographie aus den mechanischen Bewegungsgesetzen der Figurinen ableitete, denen auch der Körper der Tänzer restlos unterworfen wurde. Schlemmers Figurinen sind raumplastische Kostüme, Ganzmasken, die durch ihre Struktur die natürlichen Bewegungsmöglichkeiten der Tänzer wesentlich verändern, aber auch durch ihre Mechanik und ihre Materialien (Gummi, Aluminium, Draht, Zelluloid, Glas und Leder) in besonderer Weise leiten. Der Körper des Tänzers wurde zur scheinbar mechanisch funktionierenden Kunstfigur umgeformt. Noch bevor Schlemmer seine Arbeit am Bauhaus in Weimar aufnahm, erhielt er den Auftrag, für die Tagung des «Deutschen Werkbundes» in Stuttgart die beiden Einakter *Mörder, Hoffnung der Frauen* von Kokoschka und *Nusch-Nuschi* von Franz Blei (vertont von Paul Hindemith) zu inszenieren. Am 4. Juni 1921 fanden diese Aufführungen am Württembergischen Landestheater statt. «Zu Kokoschkas expressionistisch-ekstatischer Dichtung aus dem Jahre 1907 hatte Schlemmer aus großen abstrakten Formen eine utopische Architektur aus wandelbaren Teilstücken aufgebaut, deren Rhythmus in der monumentalen Gesamtform wie in den teils kubischen, teils kurvigen Einzelformen sinnbildhaft als Thema des Kampfes zwischen Mann und Weib, Vereinigung und Trennung, Leben und Tod andeutete» (K. v. Maur: Oskar Schlemmer, S. 115).

Am Bauhaus nahm Schlemmer erstmals im Zusammenhang mit der Bauhaus-Ausstellung 1923 seine Bühnenarbeiten wieder auf. Am 16. August 1923 wurde das *Triadische Ballett* am Nationaltheater in Weimar aufgeführt. Neben dem Tänzerpaar Burger/Hötzel übernahm Schlemmer den dritten Tanzpart. Die Aufführung war ein sensationeller Erfolg. Man identifizierte sie weitgehend mit der ästhetischen Konzeption des Bauhauses, obwohl das Stück bereits lange vor Schlemmers Bauhauszeit entwickelt und auch außerhalb der Bauhausinstitution fertiggestellt worden war.

Schlemmer übernahm bald auch Inszenierungsaufträge von anderen Bühnen: 1923/24 für die Berliner Volksbühne (Zusammenarbeit mit Erwin Piscator) das Stück *Der abtrünnige Zar* von Carl Hauptmann, *König Hunger* von Leonid Andreev und *Der arme Vetter* von Friedrich Wolf (jeweils unter der Regie von Fritz Holl). Am Weimarer Nationaltheater inszenierte er im März 1925 Grabbes *Don Juan und Faust*. 1925 schrieb er den programmatischen Essay *Mensch und Kunstfigur*, den zentralen Beitrag in dem 4. Bauhausbuch *Die Bühne im Bauhaus*, in dem er eine Theorie des Tänzermenschen als «mobile Raumplastik» entwarf.

Nach der Übersiedlung des Bauhauses nach Dessau hatte Schlemmer im Herbst 1925 den Aufbau einer Versuchsbühne übernommen, die sich die Aufgabe machte – wie Schlemmer schreibt –:

«(...) die Gesetze der Architektur und des Raums, der Form und der Formen, der Farbe und des Lichts, der Bewegung und des Tons zu erforschen und anzuwenden. Der ungeheuren Stilverwirrung heutigen Theaters, dem durch Augenblicksmode und Sensation bestimmten Betrieb der Geschäftstheater gegenüber sucht die Versuchsbühne eine Grammatik der Bühnenelemente aufzustellen und, sozusagen vom ABC aller dazugehörigen Gebiete ausgehend, zu sowohl Ordnung als auch Erneuerung zu gelangen.»

Das Ergebnis dieser Arbeiten waren die Bauhaustänze *(Raumtanz, Formentanz, Gestentanz, Stäbetanz, Kulissentanz, Metalltanz, Baukastenspiel, Maskengesellschaft)*. Es handelt sich dabei um Choreographien, die aus den fundamentalen Körperbewegungen im Wechselspiel mit elementaren Spielelementen (Würfel, Stäbe, Bälle, Reifen, metallene Formelemente etc.) entwickelt wurden. Aus dem Zusammenspiel des Tänzers mit den mechanischen Eigenbewegungen der Spielrequisiten ergaben sich faszinierende Bewegungsarrangements. Schlemmer zeigte diese Tänze auf einer Tournee durch zahlreiche Städte. 1926 stellte er den deutschen Beitrag für die Internationale Theaterausstellung im Steinway Building in New York, die Friedrich Kiesler eingerichtet hatte, zusammen. 1927 gastierte die Bauhausbühne bei dem Internationalen Tänzerkongress in Magdeburg. Im gleichen Jahr widmete sich die Nr. 3 der Zeitschrift «bauhaus» ausschließlich der Bühnenarbeit; Schlemmer hatte das Heft bearbeitet.

1926 wurde Oskar Schlemmer eingeladen, das *Triadische Ballett* bei den Donaueschinger Musiktagen erneut aufzuführen, diesmal mit einer von Hindemith für mechanische Orgel komponierten Musik. Schlemmer schreibt über seine Arbeit im Programmheft dieser Aufführung. In dem Beitrag *Tänzerische Mathematik*, den er in der Zeitschrift «Vivos voco» veröffentlichte, heißt es:

«Nicht Jammer über Mechanisierung, sondern Freude über Mathematik! (...) Ich für mein Teil propagiere den körpermechanischen, den mathematischen Tanz. Und ich propagiere weiter, mit dem Einmaleins und Abc zu beginnen, weil ich in der Einfachheit eine Kraft sehe, in der jede wesenhafte Neuerung verwurzelt ist. Einfachheit, verstanden als das Elementare und Typische, daraus sich organisch das Vielfältige und Besondere entwickelt: Einfachheit, verstanden als die tabula rasa und Generalreinigung von allem eklektizistischen Beiwerk aller Stile und Zeiten, müßte einen Weg verbürgen, der Zukunft heißt. Sie verbürgt ihn, wenn der Träger der tänzerischen Idee ein Temperament, wenn er ein Mensch ist.
Der Mensch ist sowohl ein Organismus aus Fleisch und Blut, als auch ein Mechanismus aus Zahl und Maß. Er ist ein Wesen von Gefühl und Verstand und von

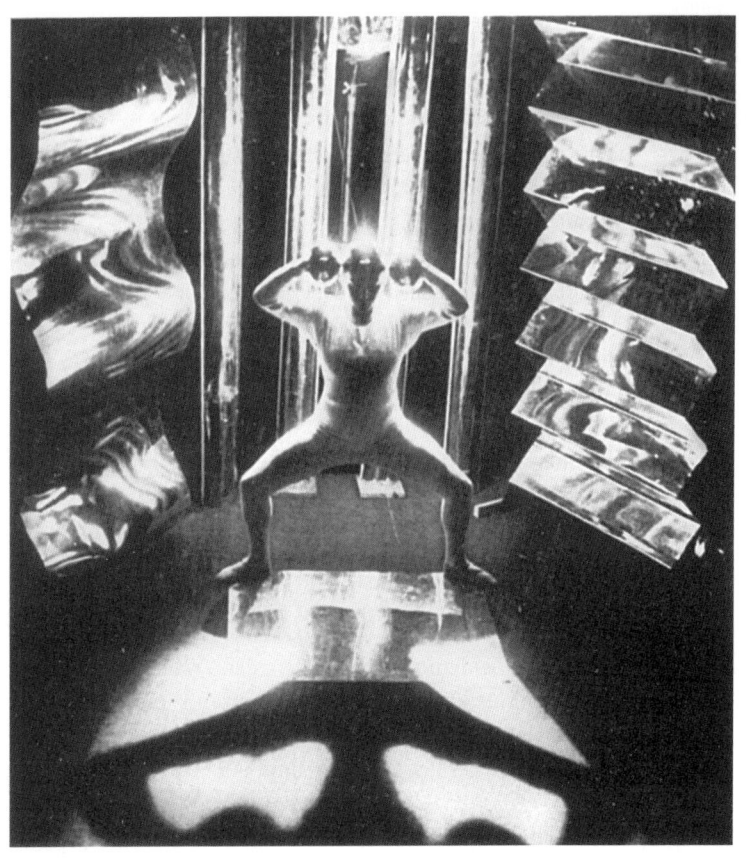

O. Schlemmer: Metalltanz. Bauhausbühne Dessau 1929

soundsoviel weiteren Dualismen. Er trägt sie alle in sich und vermag viel besser als in abstrakten Kunstgebilden außer ihm, diese polare Zweiheit fortwährend in sich selber zu versöhnen. (...)
Ich meine die im Bühnentanz aus der Räumlichkeit, aus dem Raumgefühl erwachsenden Schöpfungen. Der Raum, wie alle Architektur vornehmlich ein Gebilde aus Maß und Zahl, eine Abstraktion im Sinne des Gegensatzes, wo nicht Protestes gegen die Natur: der Raum, wird er als gesetzgebend angesehen für alles, was sich innerhalb seiner Grenzen ereignet, bestimmt auch das Gehaben

des Tänzers in ihm. Aus der Bodengeometrie, aus der Verfolgung der Geraden, der Diagonalen, des Kreises, der Kurve erwächst beinahe selbsttätig eine Stereometrie des Raumes durch die Vertikale der bewegten tänzerischen Figur. Stellt man sich den Raum mit einer weichen plastischen Masse gefüllt vor, in der die Stadien des tänzerischen Bewegungsablaufs sich als negative Formen verhärten, so erweist sich an diesem Exempel die unmittelbare Beziehung der Planimetrie der Bodenfläche zu der Stereometrie des Raums. Der Körper selbst kann seine Mathematik demonstrieren durch Entfesselung seiner körperlichen Mechanik, die dann in die Bezirke der Gymnastik und Akrobatik weist. Hilfsmittel wie Stangen (die horizontale Balancierstange) oder Stelzen (vertikales Element) vermögen als die ‹Verlängerungsstangen der Bewegungswerkzeuge› den Raum in gerüstmäßig-linearer Beziehung, Kugel-Kegel-Röhrenformen vermögen ihn in plastischer Beziehung zu verlebendigen. Es ist der Weg zum raumplastischen ‹Kostüm›, das so, von allen Stilreminiszenzen befreit, Sachlichkeit oder Gestaltung oder Stil in neuem absolutem Sinn zu nennen ist.

Bedenkt man dabei die durch die heutigen außerordentlichen technischen Fortschritte geschaffenen Möglichkeiten, wie sie in den Präzisionsmaschinen, den wissenschaftlichen Apparaten aus Glas und Metall, den künstlichen Gliedern der Chirurgie, den phantastischen Taucheranzügen und militärischen Uniformen zu Tage treten, und denkt man sich diese so vernünftigen Zwecken einer phantastisch-materialistischen Zeit dienenden Produkte auf das ach so unvernünftige, zwecklose Gebiet künstlerischer Gestaltung angewandt und übertragen: es entstünden Gebilde, neben denen die von dem Phantasten E.T.A. Hoffmann gedachten oder die des Mittelalters Kinderspiel blieben. Unsere so nüchtern praktischen Tage lassen keine Zeit zum Spielen oder haben den Sinn dafür verloren. Den Restbedarf hierin deckt man mit immer oberflächlicheren, immer schaleren Vergnügungen. In dieser Zeit zerfallender Religionen und zerfallender Volksgemeinschaft, die das Erhabene tötet, die das Spiel nur drastisch-erotisch oder artistisch-übertrieben zu genießen vermag, erscheinen alle tieferen künstlerischen Tendenzen mit dem Odium des Sektenhaften, Ausschließlichen behaftet. Sinnvoll und notwendig also, daß sich die Kunst einer neuen Zeit bediene, um sie als Form und Gefäß einem Inhalt dienstbar zu machen, der das Geistige, das Abstrakte, das Metaphysische, letzthin das Religiöse heißt.

Als ein Anfang und in jene Richtung weisend, entstand das Triadische Ballett. (...) ‹Triadisch› (von Trias) genannt wegen der Dreizahl der Tänzer und dem dreiteiligen symphonisch-architektonischen Aufbau des Ganzen und der Einheit von Tanz, Kostüm und Musik. Das Besondere des Balletts ist das farbig-formale raumplastische Kostüm, der mit elementar-mathematischen Formgebilden umkleidete menschliche Körper und dessen entsprechende Bewegung im Raum. Das Triadische Ballett, das das eigentlich Mechanische, das eigentlich Groteske und Pathetisch-Heroische vermeidet, indem es eine gewisse harmonische Mitte hält, ist Teil einer größer gedachten Einheit – einer ‹Metaphysischen Revue› – auf welche auch die theoretische und praktische Arbeit der Bühnenabteilung des Bauhauses in Dessau bezogen ist: einer Einheit, für die ein komisch-groteskes Ballett zu schaffen nächster Wunsch und Absicht ist.» («Das Bauhaus» 1919–1923, S. 128–130).

Schlemmers Position, wie sie sich in diesem Beitrag und in seiner praktischen Arbeit darstellt, blieb am Bauhaus nicht unangefochten. Im April 1927 hatte sich Erwin Piscator in Dessau die Bauhaustänze angesehen; er konnte offenbar mit Schlemmers metaphysisch ausgedeutetem Tanzkonstruktivismus wenig anfangen. Sein Konzept eines «politischen Theaters» stand dieser Bühnenarbeit diametral entgegen. Piscators Auffassung aber schlossen sich manche Mitglieder des Bauhauses an und forderten in der Bühnenwerkstatt eine stärkere Politisierung der künstlerischen Arbeit. Solchen Forderungen gegenüber aber verweigerte sich Schlemmer konsequent; er setzte sich in zwei Zeitschriftenbeiträgen (*Piscator und das moderne Theater* und *Das Totaltheater der Zukunft*) mit der Position Piscators kritisch auseinander. Er sah, ähnlich wie Gropius in seinem «Totaltheater» von 1928, in der äußersten technischen Weiterentwicklung des Theaterbaus und der Theaterapparatur die fundamentalen Voraussetzungen für die Weiterentwicklung des Theaters. Dennoch unterschied sich Schlemmer von der Konzeption Gropius/Piscator deutlich. Für ihn konnte ein «Totaltheater» nicht mit politischem Theater identifiziert werden; vielmehr musste es sich prinzipiell für das rein künstlerische Experiment offen halten. Schlemmer gab auch dem Druck des neuen Bauhausdirektors Hannes Meyer nicht nach, der sich, wie auch eine Gruppe sozialistischer Studenten, ebenfalls für eine Kursänderung der Bühnenarbeit im Sinne einer stärkeren politischen Ausrichtung der Bauhausbühne einsetzte.

So fiel Schlemmer im Herbst 1929 der Entschluss, das Bauhaus zu verlassen, nicht allzu schwer. Im Februar noch, zu Fastnacht, arrangierte er das *Metallische Fest*, eine der gelungensten und schönsten Inszenierungen in der Reihe der Bauhausfeste; Carla Grosch trug dabei Schlemmers *Metalltanz* vor.

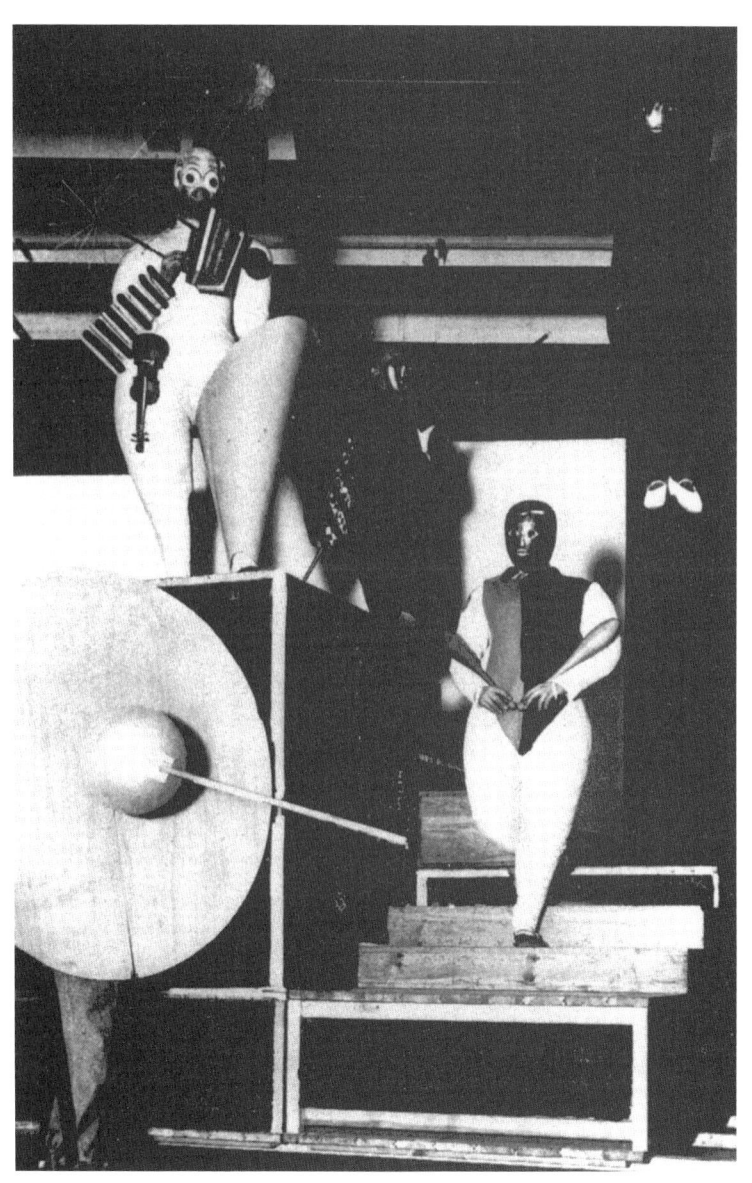

O. Schlemmer: Treppenwitz. Bauhausbühne Dessau 1927

Die Beschäftigung mit den unterhaltenden Theatergenres, mit Varieté und Revue, war Mitte der zwanziger Jahre für viele Künstler von besonderer Attraktivität, da sie hier die Atmosphäre der Zeit, ihre Tendenz zu Sachlichkeit, die Vorliebe für Kino und Körperkultur und das Bekenntnis zur absoluten Gegenwärtigkeit am unmittelbarsten wiedergegeben fanden. Das «Revue-Fieber» hatte nicht nur das großstädtische Theaterpublikum erfasst; auch das politische Agitationstheater nahm diese Form auf. Kritiker wie Walter Benjamin (1882–1940) entschieden sich in der Frage «Revue oder Theater?» eindeutig zugunsten der Revue, und bereits 1913 hatten die Futuristen im Varieté und der Revue das Vorbild eines neuen Theaters jenseits der überkommenen Kulturkonventionen gesehen.

Von März bis Mai 1929 ging Schlemmer mit der Bauhausbühne auf Tournee nach Berlin, Breslau, Frankfurt, Stuttgart und Basel. Neben den Aufführungen der Werkstatt hielt Schlemmer jeweils noch einen Vortrag mit dem Titel *Bühnenelemente*, der seine theoretische Konzeption und die Erfahrungen der praktischen Bühnenarbeit am Bauhaus zusammenfasste.

Stand der Raum im Mittelpunkt der Theaterarbeit von Oskar Schlemmer, dessen choreographischer Erforschung, so waren es die Licht-Experimente, denen sich László Moholy-Nagy in seiner Theaterarbeit verschrieben hatte. Beide einte die Faszination an der Dynamik des technischen Fortschritts und der Glaube an die geradezu utopisch ausgemalten Möglichkeiten einer künftigen Welt der Maschinen, die den Menschen ein Leben ohne Arbeit zu versprechen schienen.

Geboren wurde László Moholy-Nagy am 20. Juli 1895 in Bacsbaro/Ungarn. Am Ersten Weltkrieg nahm er als Artillerieoffizier teil. Erste Zeichnungen und zahlreiche Gedichte wurden in den Zeitschriften der ungarischen Avantgarde veröffentlicht. Moholy gehörte 1917 zum Kreis um Lajos Kassák (1887–1967) und dessen Zeitschrift «Ma», einer Gruppe dem Anarchismus nahestehender Künstler. Nach dem Krieg studierte er Rechtswissenschaft und begann zu malen. Anregungen erhielt er von der ungarischen Volkskunst; dann wurden Malevič und El Lissitzky seine großen Vorbilder.

Im März 1920 emigrierte Moholy nach Wien; im Januar 1921 übersiedelte er nach Berlin. Der Besuch der ersten Internationalen Dada-Messe am 20. September 1920 brachte ihn der Dada-Gruppe nahe. Moholy vertrat zu dieser Zeit einen radikalen Konstruktivismus wie vor ihm schon El Lissitzky. In Herwarth Waldens Zeitschrift «Der Sturm» veröffentlichte er 1922 im Heft 12 zusammen mit dem ungarischen Designer und Architekten Zoltán Kemény (1907–1965) ein Manifest mit dem Titel *Das dynamisch-konstruktive Kraftsystem;* dort heißt es:

«die konstruktivität als organisationsprinzip der menschlichen bestrebungen führte in der kunst der letzten zeit von der technik aus zu einer solchen statischen gestaltungsform, welche entweder zu einem technischen naturalismus ausartete oder zu solchen formvereinfachungen, die in der beschränkung auf die horizontale, vertikale und diagonale steckengeblieben sind. der beste fall war eine offene, exzentrische konstruktion, die wohl auf die spannungsverhältnisse der formen und des raumes hingewiesen hat, ohne aber die lösung zu finden. deshalb müssen wir an die stelle des statischen prinzips der klassischen kunst das dynamische des universellen lebens setzen. praktisch: statt der statischen materialkonstruktion (material- und form-verhältnisse) muß die dynamische konstruktion (vitale konstruktivität, kräfteverhältnisse) organisiert werden, wo das material nur als kraftträger verwendet wird. (...)
die dynamische einzelkonstruktion weitergeführt, ergibt das dynamisch-konstruktive kraftsystem, wobei der in der betrachtung bisheriger kunstwerke rezeptive mensch, in allen seinen potenzen mehr als je gesteigert, selbst zum aktiven faktor der sich entfaltenden kräfte wird.»

Moholy experimentierte in diesen Jahren mit unterschiedlichsten Materialien und Medien, erforschte die Eigendynamik von Farben und Formen und setzte sich auseinander mit den Konstruktionsprinzipien der Montage und der Simultandarstellung. Ein Resultat dieser Arbeiten war das Filmmanuskript von 1921/22 *Dynamik der Großstadt.* Im Oktober 1921 unterzeichnete er zusammen mit Raoul Hausmann, Hans Arp und Iwan Puni den *Aufruf zur elementaren Kunst,* ein Manifest, das eine Synthese von Dadaismus und Konstruktivismus forderte.

In Berlin musste sich Moholy-Nagy zunächst als Schrift- und Plakatmaler durchschlagen, zeitweilig lebte er von Quäkerspenden. 1921 entstanden die ersten Photogramme und Transparenz-Bilder. Ziel dieser

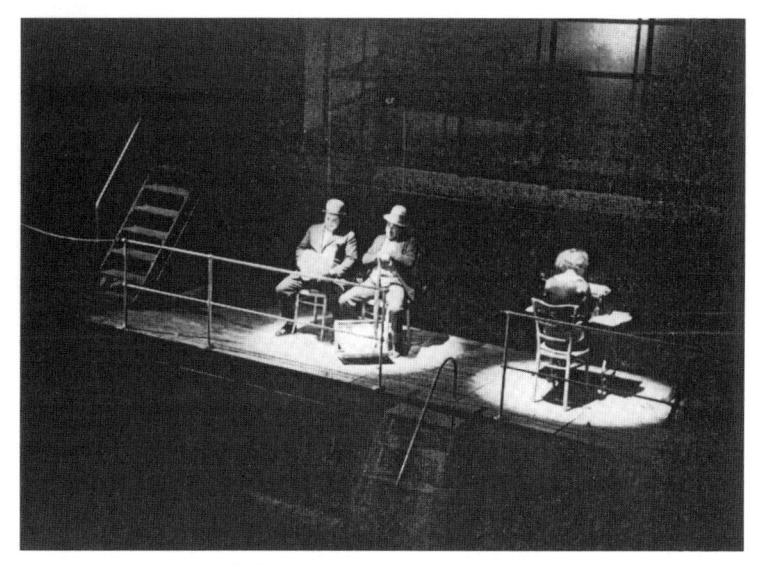

W. Mehring: Der Kaufmann von Berlin. Regie: E. Piscator. Bühne: L. Moholy-Nagy. Piscator-Bühne Berlin 1929

Versuche war die Analyse der reinen Farbbeziehungen. Immer aber zentrierten sich seine kunsttheoretischen Reflexionen auf das Problem der Maschine, die für den radikalen Sozialisten Moholy die fundamentale Voraussetzung für eine Umgestaltung der Gesellschaft darstellte. In der Zeitschrift «Ma» schrieb er 1922:

«Das ist unser Jahrhundert: die Technologie, die Maschine, der Sozialismus. Verweigere dich nicht, übernimm deine Aufgabe!
Denn es ist deine Aufgabe, die Revolution bis zur totalen Umgestaltung der Verhältnisse voranzutreiben, einen neuen Geist zu erschaffen, der die inhaltlosen Formen, die von der Maschine geliefert werden, füllen wird. Mechanisierung allein schafft noch kein besseres Leben. Sieh dich um: Trotz der Maschine sind die Menschen nicht glücklich. Glück entsteht durch den Geist, der die Technologie beseelt, es ist ein Sozialismus des Bewußtseins, Hingabe an das Kollektiv. Nur ein erwachtes Proletariat, das diese gemeinsamen Grundlagen erkannt hat, kann glücklich sein.
Wer wird den neuen Weg lehren? Worte sind starr und zweideutig. Ihre Bedeu-

J. Offenbach: Hoffmanns Erzählungen. Bühne: L. Moholy-Nagy. Dirigent: A. Zemlinsky. Regie: E. Legal. Kroll-Oper Berlin 1929

tung bleibt dem ungeübten Geist unklar. Die Traditionen der Vergangenheit klammern sich an ihre Inhalte. Aber es gibt die Kunst, die Sprache der Sinne. Kunst kristallisiert die Emotionen eines Jahrhunderts, Kunst ist Spiegel und Stimme. Die Kunst unserer Zeit muß elementar, präzise und allumfassend sein. Es ist die Kunst des Konstruktivismus.
Konstruktivismus ist weder proletarisch noch kapitalistisch. Konstruktivismus steht ganz am Anfang, ohne Klasse, ohne Vorläufer. In ihm findet die reine Form der Natur ihren Ausdruck – die ungebrochene Farbe, der Rhythmus des Raumes, das Gleichgewicht der Form.
Das neue Massenzeitalter braucht den Konstruktivismus, weil es Fundamente braucht, die nicht auf Täuschungen beruhen. Nur das ursprüngliche, natürliche, allen Sinnen zugängliche Element ist wahrhaft revolutionär. Die zivilisierten Menschen haben es noch nie besessen.
Im Konstruktivismus sind Form und Inhalt eins. Nicht Inhalt und Tendenz, die immer gleichgesetzt werden. Inhalt ist grundlegend, Tendenz jedoch ist Absicht. Konstruktivismus ist reiner Inhalt. Er ist unabhängig von Bilderrahmen und Sockel. Er erstreckt sich auf Industrie und Architektur, auf Gegenstände und Beziehungen. Konstruktivismus ist der Sozialismus des Sehens.»

Neben dem Kreis der Dadaisten und der «Sturm»-Mitarbeiter, die Moholy in Berlin kennenlernte, war Kurt Schwitters, mit dessen Collagen er sich eingehend befasste, für ihn von größter Bedeutung. Im Winter 1922 veranstaltete Herwarth Walden in seiner Galerie die erste Ausstellung der Arbeiten von Moholy-Nagy. Im Frühjahr 1923 folgte dieser einem Ruf an das Bauhaus nach Weimar, wo er bis 1928 als Lehrer tätig war. Ab 1925 gab Moholy zusammen mit Walter Gropius die Bauhausbücher heraus.

Seine ersten praktischen Theaterarbeiten (Bühnengestaltung) realisierte er (ab 1928) an der Kroll-Oper und an der Piscator-Bühne in Berlin. In dieser Zeit entstanden auch eine Reihe experimenteller Filme. Für ein «Total-Theater» entwarf er eine «Licht-Spiel-Maschine», die 1930 in Paris vorgeführt wurde.

Moholy-Nagy emigrierte 1934 nach Amsterdam, 1935 übersiedelte er nach London, 1937 in die USA, wo er in Chicago Leiter des Neuen Bauhauses wurde. Ab 1938 leitete er die «School of Design» in Chicago. Sein Buch *Vision in Motion* entstand in diesen Jahren. Am 24. November 1946 starb László Moholy-Nagy in Chicago.

Literatur

Bauhaus 3 Bühne. Dessau 1927

Beckmann, H.: Oskar Schlemmer and the Experimental Theatre of the Bauhaus. A Documentary. Diss. Univ. of Alberta, Edmonton 1977

Bossmann, A.: Theater und Technik. Theaterkonzeptionen des Bauhauses. Diss. Berlin 1988

Brauneck, M.: Die Welt als Bühne 4. Stuttgart u. Weimar 2003, S. 348–365

Curjel, H.: Moholy-Nagys Arbeiten für Berliner Bühnen. In: Bühnenbild und bildende Kunst. Ausstellungskatalog. Iserlohn 1959

Die Bühne im Bauhaus. Bauhausbuch Nr. 4. München 1925

Grohmann, W.: Wassily Kandinsky. Leben und Werk. Köln 1958

Gropius, W.: Das totale Theater. In: Reale Accademia d'Italia. Fondazione Volta. Convegno di lettere v. 8–14. Okt. 1934. Rom 1934

Ders.: Theaterbau. In: W. Gropius: Apollo in der Demokratie. Diss. Cambridge 1967, S. 115–121

Hirschfeld-Mack, L.: Farbenlichtspiele. Wesen – Ziele – Kritiken. Weimar 1925

Hüter, K. H.: Das Bauhaus in Weimar. Berlin 1976

Jaffé, H. L. C.: De Stijl. 1917–1927. Visions of Utopia. Amsterdam 1956

László Moholy-Nagy. Bearb. v. H. Weitermeier u. a. Stuttgart 1974

Lindsay, K.: An Examination of the Fundamental Theories of Wassily Kandinsky. Diss. Univ. of Wisconsin 1951

Maur, K. v.: Oskar Schlemmer. München 1979

Moholy-Nagy, L.: Lichtmodulator. Lichtrequisit einer elektrischen Bühne. In: Die Form Bd. 4 (1930), Nr. 11/12

Moholy-Nagy, S.: László Moholy-Nagy, ein Totalexperiment. Mainz u. Berlin 1972

Oskar Schlemmer und die abstrakte Bühne. Ausstellungskatalog Kunstgewerbemuseum Zürich. Zürich 1961

Oskar Schlemmer. Ausstellungskatalog. Staatsgalerie Stuttgart im Württembergischen Kunstverein. Bearb. v. K. v. Maur. Stuttgart 1977

Passuth, K.: Moholy-Nagy. Corvina 1982

Schawinsky, X.: Vom Bauhaus-Happening zum Spectodrama. In: Das Kunstwerk 19/1966, Nr. 7, S. 24–28

Ders.: From the Bauhaus to the Black Mountain. In: The Drama Review 15/1971

Scheper, D.: Oskar Schlemmer. Das triadische Ballett und die Bauhausbühne. Berlin 1988

Schreyer, L.: Erinnerungen an Sturm und Bauhaus. München 1956

Weitermeier, H.: Licht-Visionen. Ein Experiment von Mohly-Nagy. Berlin 1972

Ders.: Moholy-Nagy – Entwurf einer Wahrnehmungslehre. Diss. (FU) Berlin 1974

Wingler, H. M.: Das Bauhaus 1919–1933. Dessau, Berlin und die Nachfolge in Chicago. Köln (3. Aufl.) 1975

Tadeusz Kantors «Theater des Todes»

«Vergessen wir nicht, was wir dem Zirkus verdanken!»
Erik Satie

Die «offizielle Avantgarde» habe längst als «Massenbewegung» abgewirtschaftet. Die «konzeptualistische» oder die dadaistische «Entscheidung», samt der surrealistischen Grenzgängerei, sie alle seien ins Banale abgeglitten. Diese Kritik an der gesamten Moderne war der Ausgangspunkt für Tadeusz Kantors (1915–1990) Suche nach einem eigenen Standort in der zeitgenössischen Kunst, und er begab sich deswegen, wie er es nannte, auf die «Seitenwege» dieser «offiziellen Avantgarde». Sein Ort also war unbekanntes Terrain. Er nannte die Sphäre, in der er seine Kunst ansiedelte, die «Realität des niedrigsten Ranges». Diese sah er am faszinierendsten präsent in jenen Puppen, wie sie als Kuriosum in den Gauklerbuden auf den Jahrmärkten oder im Zirkus zu sehen waren. Die gaben so offenkundig einen «trügerischen Illusionismus» vor, dass kein Gedanke an eine «Offenbarung des Geistigen», wie dies seit Platon hoher Kunst stets unterstellt werde, aufkommen konnte: «Weit entfernt also von den glänzenden Tempeln der Kunst», womit Kantor in erster Linie die Theater seiner Zeit meinte.

Mit diesen Puppen jedoch verband er – geprägt von romantizistischer Metaphysik und einem in der polnischen Tradition verankerten Hang zur Groteske – eine ins Existenzielle hineinreichende Botschaft. Die Puppe nämlich schien ihm gezeichnet zu sein vom Stigma des Todes. Dem Menschen so «täuschend ähnlich und doch ungreifbar fremd», wird sie ihm zum Abbild seiner eigenen existentiellen Konstitution, seiner Todesverfallenheit. Die Puppen – so Kantor – gaukeln das «Betrugs-Spiel des Scheins» vor; eben deswegen aber werden sie zum «Modell für den lebendigen Schauspieler».

Der Weg in diese Gedankenkonstruktion, die ins Zentrum der Theaterarbeit von Tadeusz Kantor führt, lässt sich einigermaßen schlüssig rekonstruieren, nicht zuletzt dank der intensiven Kommentierung seiner weltanschaulichen und künstlerischen Vorstellungen durch Kantor selbst. Mit diesen Kommentaren begleitet er seine künstlerische Arbeit als Regisseur und bildender Künstler von Anfang an. Zumeist sind es poetisch anmutende Reflexionen und Manifeste, von denen die wichtigsten vom Institut für moderne Kunst in Nürnberg 1988 herausgegeben wurden. Kantor nimmt in diesen Texten zu nahezu allen Richtungen der «offiziellen Avantgarde» Stellung, der er zeitweise selbst angehört hatte, mit seinen Happenings, den Emballagen und seiner «metaphorischen Malerei».

Mit den kulturkritischen Positionen der Avantgarde übereinstimmend fällte Kantor ein vernichtendes Urteil über den herrschenden Kunst-, vor allem über den Theaterbetrieb. Dessen Einrichtungen seien von «öffentlicher Unbrauchbarkeit», «unerträglich in ihrer Prätention», letztlich «stumm und leer». (Tadeusz Kantor 1988, S. 30) Für den Niedergang der Bühnenkunst – auch da waren sich alle Theaterreformer seit der Jahrhundertwende (1900) einig – sah Kantor die Ursachen in der Zufälligkeit des Psychologischen und in einem vorgegaukelten Realismus. Nur in einer radikalen Verweigerung dieser beiden Prinzipien schien aus seiner Sicht dem Theater jene Kraft zurückzugewinnen zu sein, die es wieder zu einem Ort werden lasse, an dem «etwas geschehen kann, woran wir ohne Vorbehalte glauben werden». (Tadeusz Kantor 1988, S. 31)

Das für Kantors Gedankenwelt so typische Zusammenspiel der Idee der Todesverfallenheit und einer Faszination am Mechanischen vergegenständlicht sich ihm in idealer Weise in den Puppen, die sich allein nach den Gesetzen der Schwerkraft bewegen. Auch manifestiert sich in deren Bewegungen eine radikale Gegenposition zu allem Psychologischen, als dessen diffuse Bewegkräfte die «Seele» oder ein schwer fassbarer «Charakter» angenommen werden. Dieses Zusammenspiel fand Kantor vorgegeben im theoretischen Werk von Edward Gordon Craig. In dessen Leitbegriff der Übermarionette, deren Ursprung Craig im Ritual zu finden glaubte, in der Erfahrung eines Glücks des Daseins, das mit einer «göttlichen und fröhlichen Huldigung des Todes» in Einklang stand, sah Kantor seine Konzeption von einem «Theater des Todes», das für ihn eben auch ein Theater der Puppen war, vorgeprägt. Es war

T. Kantor: Die Künstler sollen krepieren. Teatr Cricot 2 Krakau / Nürnberg 1985

Kantors Akademielehrer, der Bühnenbildner Karol Frycz (1877–1963), ein Freund und Bewunderer Craigs, der dem Studenten Kantor in den dreißiger Jahren die Ideen dieses großen englischen Theatervisionärs nahegebracht hatte (vgl. U. Schorlemmer 2005, S. 26). Kantor führte in vielen seiner späteren Schriften die Auseinandersetzung mit Craig fort, zumal wenn er seine eigene Position differenzierend dagegenstellte. Craigs vermeintliche Forderung der Vertreibung der Schauspieler von der Bühne – hier mag er den Engländer freilich zu wörtlich verstanden haben – teilte Kantor allerdings nicht. Wenn Kantor davon sprach, dass die Puppe das «Modell für den lebendigen Schauspieler» sei, so verband er diesen Gedanken mit seiner Vorstellung vom Ursprung des antiken Theaters. Indem sich nämlich der «Erste Schauspieler» – als Maskenträger vergleichbar der Puppe – in einem rebellischen Akt – so Kantors Interpretation – aus der Ritualgemeinschaft des Chors löste, aus ihr «heraustrat», konfrontierte dieser den Chor – selbst nun gebrandmarkt «wie durch die Pest» – mit dem schlechthin Anderen, dem Fremden, das die Choreuten den Grund ihrer Existenz wahrnehmen ließ, eben ihre Todesverfallenheit. Es war die Konfrontation des Lebenden mit dem «Nicht-Leben». Es ging um das Begreifen, dass der Maßstab der Existenz der «Maßstab des Todes» (Tadeusz Kantor) sei. In diese Erfahrungszone sollte sein «Theater des Todes» führen. Es schien ihm dies ein «gefährliches Terrain» zu sein, in dem Spieler wie Zuschauer sich mit diesem Erinnern auseinanderzusetzen haben. Er selbst – dies war seine Obsession als Regisseur – blieb in diesem «Terrain» stets präsent, vom Rand aus beobachtend, grüblerisch räsonierend, gleichsam eine «Art Plastiker der Szene».

Die Erfahrung der unaufhebbaren Präsenz des Todes ist im gesamten Werk von Tadeusz Kantor ein mit faszinierender Beharrlichkeit durchgearbeitetes Thema. «Gebrandmarkt zu sein vom Zeichen des Todes» (Tadeusz Kantor 1975) war offenbar eine elementare persönliche Erfahrung Kantors. Sein künstlerisches Credo (nach M. Buscarino 1997, S. 153) formulierte er folgendermaßen: «Die einzige Wahrheit in der Kunst ist die Darstellung des eigenen Lebens, ohne Scham es frei zu legen, frei zu legen, das eigene Los, das eigene Schicksal.» So gehen zwar alle Theaterprojekte Kantors von diesem Erfahrungspotential aus, sind autobiographische Erinnerungsarbeit, verbleiben jedoch nie im Privaten, aus dem die bildnerischen Motive, Figuren und Themen zunächst abgeleitet sind. Kantors «Theater des Todes» untersucht als dessen eigentliches und einziges Thema die – so nannte er es – «universelle Identität» des Menschen (Tadeusz Kantor 1988, S. 39).

Craig war der eine große Anreger in Kantors künstlerische Entwicklung. Eine zweite Einflusslinie führt zum Bauhaus in Dessau, weist auf die experimentelle Theaterarbeit von Oskar Schlemmer. Auf dessen *Triadisches Ballett* bezieht sich Kantor ausdrücklich in einem seiner ersten Projekte, dem *Ephemerischen (und mechanischen) Marionettentheater* von 1938. In Schlemmers Tanzschöpfung sah er ein Bewegungsspiel, das in seiner strengen Choreographie gleichsam eine «reine Form» verwirklichte. Es war eine Gedankenwelt, der er in Schlemmers Essay *Mensch und Kunstfigur* – Kantor besaß offenbar das dem Theater gewidmete Bauhausbuch von 1925 – begegnete, in der die Idee einer metaphysischen Ordnung mit den Gesetzen des abstrakten Raums in Verbindung gebracht war: eine «gegenstandlose Welt, eine befreite Welt, die Welt der Abstraktion» (Tadeusz Kantor 1988, S. 13). Von Schlemmers *Stäbetanz* übernahm Kantor Anregungen für die Konstruktion seiner Gliederpuppen. Was dem polnischen Regisseur freilich fremd blieb, war die Farbigkeit, die Leichtigkeit und Verspieltheit der Schlemmer'schen Figurinen. Fremd war ihm auch der Aufbruchsoptimismus der Bauhäusler, die glaubten, eine schöne, bessere Welt erfinden zu können. Zu sehr stand Tadeusz Kantor in der Tradition jener polnischen Geisteswelt, wie sie Stanisław Ignacy Witkiewicz (1885–1939), dessen Werk Kantor kannte und verehrte, mit seiner katastrophisch-absurdistischen Deformationsästhetik verkörperte.

Vorbilder, die Kantor selbst benannte, waren für ihn auch die russischen Regisseure Mejerchol'd, Tairov und vor allem Vachtangov und dessen jüdisches Theater Habima. Von diesem Ensemble sah er 1938 in Krakau deren legendäre Aufführung von Scholem An-Skis *Dibbuk* (vgl. M. Brauneck: Die Welt als Bühne. 4, S. 369f.), die ihn tief beeindruckte. Dazu notierte er: «Ich begegnete einem Gefühl, wie es wahrscheinlich alle kennen, die je auf dem Markt vielleicht oder auf irgendeinem anderen Platz einer Wanderbühne zusahen und dort diese ruhmreichen,

S. I. Witkiewicz: Das Wasserhuhn. Regie: T. Kantor. Teatr Cricot 2 Krakau 1968

konstruierten Typen zu Gesicht bekamen, in denen eine Jahrhunderte alte Tradition zur Perfektion geführt wurde. Man hat von ihnen sagen können, dass sie ausgezeichnet spielten bis hin zu so etwas wie Rausch, Begeisterung, Extase.» (Nach U. Schorlemmer 2005, S. 28) Der Eindruck dieser Inszenierung mag Kantor veranlasst haben, das Stück *Die Schaubude* von Aleksandr Blok (1880–1921) ins Polnische zu übersetzen. Dieses Stück, ein Klassiker des russischen Symbolismus, war 1906 von Mejerchol'd in St. Petersburg uraufgeführt worden und ist beispielhaft für die Vermittlung der russischen Volkstheatertradition, des Balagan, an die frühe Avantgarde.

Die Inspiration, die vom Volkstheater und auch vom Zirkus für experimentelles, nicht-psychologisches und nicht-literarisches Theater ausging, nahm auch die Erste Krakauer Künstlergruppe auf, der Kantor in seinen Studienjahren 1934 bis 1938 an der Akademie der schönen

Künste nahestand. An der dortigen kabarettistischen Experimentierbühne Cricot erlebte er eine Form des unprätentiösen «musikalischen Bildertheaters» (U. Schorlemmer). Bereits der Name dieser Bühne – die Umkehr der Wendung «to cyrk» (was so viel heißt wie «das ist Zirkus») – wies auf das Programm der Bühne hin. Kantor benutzte diesen Namen später auch für sein eigenes Theater, das er 1956 als Cricot 2 gründete. Sein erstes eigenes Theaterprojekt brachte er vermutlich 1937 heraus. Es war das *Ephemerische Marionettentheater*. Seiner ästhetischen Form nach war es eine Kombination von konstruktivistischen Elementen, wie sie für Kantors Malerei dieser Jahre typisch war, und Elementen der Tradition der Szopkas. Dies war ein in Polen bis heute populäres Puppenspiel, das vor allem zur Weihnachtszeit aufgeführt wurde, von dem es aber auch eine politisch-satirische Variante gab, die vor allem in Studentenkreisen beliebt war. In einem Studentenclub brachte Kantor auch seine erste ambitioniertere Regiearbeit heraus. Es war der symbolistische Einakter *Der Tod des Tintagiles* des belgischen Autors Maurice Maeterlinck (vgl. M. Brauneck: Die Welt als Bühne. 3, S. 600), ein Stück, von dessen bizarrer Bilderwelt auch für die russische Avantgarde wesentliche Anregungen ausgegangen waren. Kantor nannte diese erste Arbeit ein «metaphysisches Abstraktum» (U. Schorlemmer). Diese Kennzeichnung sollte auch für seine spätere Entwicklung zutreffen.

Nach der Okkupation Polens durch deutsche Truppen arbeitete Kantor unter Gefahr für Leib und Leben in einer konspirativen Theatergruppe, die sich «Unabhängiges Theater» nannte. Wichtigste Inszenierung dort, in einer Privatwohnung aufgeführt, war das Märchendrama *Balladyna* des romantischen polnischen Dichters Juliusz Słowacki (1809–1849), von dem Kantor eine stark fragmentierte, abstrakt groteske Fassung hergestellt hatte. Ein zweites Projekt (1944) mit dem «Unabhängigen Theater», dessen Ensemble auch der spätere Papst Karol Wojtyla als Schauspieler angehörte, war *Die Rückkehr des Odysseus* von Stanisław Wyspiański, den Kantor auch als Maler bewunderte. Im Zusammenhang mit diesen Inszenierungen, die den Kontrast von Kunstrealität, dem Bühnengeschehen und der «Realität draußen» (die extrem gefährlich zugespitzte Situation der Arbeit im Untergrund) in Szene setzten, entstand quasi aus der Not geboren die «Idee des ‹armseeligen› oder ‹armen› Objekts …, die Kantor um 1961 als Idee der ‹Realität niedrigsten Ranges›» bezeichnete. Es ist dies ein von Kantor eigenständig entwickeltes ästhetisches Konzept, das in gewissem Bezug steht zu dem dadaistischen Prinzip des «objet trouvé» und auch des «ready-made». Von den Dadaisten setzte er sich jedoch dadurch ab, dass jene «Realität niedrigsten Ranges» durchaus menschliches Mitgefühl auslösen sollte (vgl. U. Schorlemmer 2005, S. 53 f.). Dass sich die künstlerische Avantgarde in den dreißiger Jahren nicht zureichend gegen die Ausbreitung des Faschismus in Europa und den sich ankündigenden Krieg engagiert hatte, war ein Teil von Kantors Kritik an der «offiziellen Avantgarde». Kantors Vater, der die Familie schon früh verlassen hatte, gehörte der polnischen Widerstandsbewegung an und wurde im Konzentrationslager Auschwitz erschossen.

In den Jahren von 1944/45 bis 1956 arbeitete Kantor überwiegend als Maler und Bühnenbildner. Erst 1956, nach dem Einsetzen des politischen «Tauwetters», rückte die eigene Inszenierungsarbeit wieder stärker ins Zentrum. Auch wurde die II. Krakauer Künstlergruppe gegründet, deren Präsident Kantor 1957 wurde. Zusammen mit Kazimiersz Mikulski und Maria Jarema hatte er im Jahr zuvor in Krakau das Cricot 2 als experimentelles «autonomes Theater» gegründet.

Bis Mitte der siebziger Jahre experimentierte Tadeusz Kantor als Maler und Bühnenkünstler in den unterschiedlichsten Richtungen (Informel, Zero) und avancierte zu einem der prominentesten polnischen Künstler dieser Jahre. Zudem wurde er auf allen großen europäischen Theaterfestivals zusammen mit seinem Cricot 2-Ensemble gefeiert. Seine bildnerischen Arbeiten wurden weltweit in Ausstellungen gezeigt (vgl. U. Schorlemmer 2005, S. 75 ff. u. 362 ff.). Die wichtigsten Theaterprojekte in dieser Periode waren *Der Tintenfisch* (1956) und *Das Wasserhuhn* (1967), beides nach Vorlagen von Witkiewicz. Diese Aufführungen manifestierten schlagartig Kantors «neuen Stil», der durch schauspielerischen Minimalismus und ein mechanisches Spiel mit Gegenständen gekennzeichnet war, Materialtheater also, auch ein Theater der Bilder, fast ganz ohne Text; in einer Atmosphäre des Schreckens und der Groteske. Vor allem perfektionierte Kantor nun seine Happening-Aktionen und entwickelte die für ihn so typischen Emballagen. Dies waren zunächst

T. Kantor: Die tote Klasse. Teatr Cricot 2 Krakau (UA 1974) / Paris 1980

zeichnerische Skizzen, in denen der menschliche Körper in grotesken Bündeln verschnürt war. Dieses Prinzip übernahm Kantor bald auch in seine szenischen Arbeiten. Durch ihre Verpackungen wurden die Objekte aus ihrer Alltagsfunktion herausgelöst und erhielten – so Kantor – jenen (unrealistischen) Status von Autonomie, der sie in ein Kunstwerk integrieren ließ. Es war ein Akt des Zerstörens, zugleich aber auch ein Akt der Befreiung. Von den Happenings waren die spektakulärsten: *Cricotage* (1965 in Warschau) und *Anatomiestunde nach Rembrandt* (1968 in der ersten Version in Nürnberg). Immer wieder waren es Reiseutensilien – Koffer, Pakete, Räder, Karren –, die als Objektmetaphern in diesen Szenarien auftauchten und das Motiv der Reise, ein Lebensthema Kantors und das der Künstlerexistenz generell, durchspielten. Unter Einsatz bizarrer Foltermaschinen setzte er das Thema Gewalt in Szene. Religiöse Bilder und Chiffren der polnischen Mythologie und Geschichte stellten Bezüge zur Gegenwart her; immer wieder aber auch zur Biographie Kantors, der nicht nur als Regisseur auf der Spielfläche präsent war, sondern auch als

*T. Kantor: Ich kehrte hierher nie mehr zurück. Teatr Cricot 2 Krakau /
Berlin 1988*

Bühnenfigur auftrat. Dessen Biographie war das Thema: Erinnerungsarbeit an Kantors «vergessene Kindheit».

Dieser autobiographische Bezug wurde zum Dreh- und Angelpunkt jener Gruppe von Inszenierungen, die er selbst mit dem Begriff «Theater des Todes» kennzeichnete. Es waren dies *Die tote Klasse* (1975), *Wielopole, Wielopole* (1980, nach dem Namen seines Geburtsorts, eines Dorfs in der Nähe von Krakau), *Die Künstler sollen krepieren* (1985), *Ich kehre hierher nie mehr zurück* (1988) und das posthum uraufgeführte Stück *Heute ist mein Geburtstag* (1991). Mit diesen Stücken betrieb Kantor eine geradezu obsessive Erforschung seines eigenen Lebens, stets «unter dem Maßstab des Todes» gesehen. Die verrätselten Bilderwelten dieser Stücke haben sich letztlich wohl nur ihm selbst in ihrem Sinn erschlossen. Es war in hohem Grad ein hermetisches Theater geworden. Begleitet hat Kantor diese «Partituren» mit zahlreichen poetischen Texten. In vielen Gastspielen gezeigt, war das am häufigsten aufgeführte Stück *Die tote Klasse*. Weltweit waren es mehr als 1500 Aufführungen von Krakau über Nürnberg, Mailand, London, Stockholm, Paris, Amsterdam, Tel Aviv bis New York, Mexiko City und Tokio in über 60 Städten. Beinahe ebenso oft gezeigt wurde *Wielopole, Wielopole*. Über *Die tote Klasse* schreibt W. Fenn (1983, S. 11): Es sei «ein Pandämonium verkalkter Greise, schamloser Dirnen mit weißen Haaren, apathischer Lemuren, die wie Becketts *Endspiel*-Greise alles Menschliche hinter sich gelassen» haben. Was Kantor in diesen Bildern inszenierte, war eine Situation totaler Gottesferne, vergegenwärtigt in clownesken Ritualen. Die einstigen Schüler, in den Bänken sitzend, bilden einen grotesken Gespensterreigen. Die lebendigen Schauspieler spielen in den Masken der Toten. Wirkliche Puppen baumeln an ihnen wie Gewissensballast. Im Zentrum der Szene ist eine Schauspielerin mit gespreizten Beinen an eine groteske Apparatur mit einem Klappmechanismus gefesselt, eine «Familienmaschine», und wird Opfer eines brutalen, von der Klasse veranstalteten «Witzes». Als «dramatischen Kern» dieses Spiels nannte Kantor das «geheime Einverständnis mit der Leere» (nach W. Fenn 1983, S. 18). Ein Soldat dirigiert diesen obszönen Totentanz mit seinem Bajonett. Zugrunde lag dem Stück ein Textfragment von Witkiewicz. Es war die künstlerisch überzeugendste Manifestation jener These Kantors, dass die Puppen die «erschütternde Empfindung des Todes und die Situation der Toten übermitteln» und eben zugleich «Modell für den lebendigen Schauspieler» seien. In dem Stück *Wielopole, Wielopole* imaginiert Kantor mit Hilfe von «Puppen-Doppelgängern» die «Welt (seiner) vergessenen Kindheit».

Kantors künstlerisches Werk ist in dem 1980 gegründeten Archiv Cricoteca in Krakau dokumentiert. Anlässlich eines Symposiums über das Werk Kantors im Centre Pompidou in Paris nannte Peter Brook den polnischen Regisseur einen «Leitstern» für das zeitgenössische Theater. Diesem hat Kantor zumindest in seiner Arbeit eine Erfahrungsqualität zurückgegeben, die das Theater am Ende des 20. Jahrhunderts weitgehend verloren hatte.

Literatur

Buscarini, M.: Zirkus des Todes. Bozen 1997
Brauneck, M.: Die Welt als Bühne 5. Stuttgart u. Weimar 2007, S. 737–746

Dermutz, K.: Totes Leben. Zur Anthropologie und Theologie in Tadeusz Kantors Theater des Todes und der Liebe. Graz 1994

Fenn, W.: Golgatha ist nicht das Ende. In: Tadeusz Kantor. Theater des Todes. Hrsg. v. Institut für moderne Kunst. Nürnberg 1983, S. 9–11

Kott, J.: Gedächtnis des Körpers. Berlin 1990

Schorlemmer, U.: Tadeusz Kantor. Er war sein Theater. Hrsg. v. Institut für moderne Kunst Nürnberg. Nürnberg 2005

Tadeusz Kantor. Ein Reisender – seine Texte und Manifeste. Hrsg. v. Institut für moderne Kunst Nürnberg. Nürnberg 1988

Robert Wilsons «Raum-Zeit-Konstruktionen»

«Theater ist eine Entschuldigung für alles. Für mich war es lange
eine Erlaubnis für einen gewissen Wahnsinn.»
R. Wilson in: Die Zeit, 15. Oktober 1976

«Watching Wilson's Theatre is like watching grass growing.»
Basil Langston in: The Drama Review 6. 1973, 57

Kaum ein Regisseur des 20. Jahrhunderts hat die Sehgewohnheiten im Theater so grundlegend attackiert wie der 1941 in Waco in Texas geborene Robert Wilson. Mehr noch als die rätselhaften Bilderwelten oder die Dekonstruktion der konventionellen Handlungs- und Figureneinheiten ist es der Umgang mit der Zeit, der Wilsons Theater so einzigartig, so irritierend befremdlich sein lässt. Dieses Theater scheint wegzuführen von «unserer Zeit», zu deren Zeitmaß die Beschleunigung geworden ist, eine geradezu hypertrophe Rastlosigkeit. In Wilsons Theater sind die Zeitabläufe aufs Äußerste gedehnt, sind «entschleunigt», sind verlangsamt bis zum scheinbaren Stillstand. Dennoch lässt der Regisseur das Bewegungskontinuum nie abbrechen, nahezu jeder Gegenstand auf Wilsons Bühne bleibt in Bewegung, und sei diese noch so minimalistisch. In *Einstein on the Beach* muss sich der Zuschauer mit seiner Wahrnehmung erst auf diese minimalistische Zeitdimension einspielen. Erst dann nämlich nimmt er wahr, dass die riesige Lokomotive im Hintergrund der Bühne tatsächlich vorankommt. Auch in anderen Stücken sind die Vorgänge extrem verlangsamt, etwa das Schälen einer roten Zwiebel in *KA MOUNTain and GUARDenia TERRACE*, das sich über mehr als zwei Stunden hinzieht. In *DD & D1* wird ein Fallschirmspringer in Zeitlupe vom Schnürboden heruntergelassen, in *I was sitting on my patio* dreht sich ein Schauspieler in sechs Minuten einmal um sich selbst. Nur scheinbar also sind diese Bilderwelten wie Stillleben eingefroren. Mit diesem Minimalismus der Bewegung korrespondiert ein «Gefühl der Leere» (F. Bertoni), von dem Wilsons Bühnenräume durchdrungen sind. «Diese Leere (...) ist stark mit versteckten Bezügen und Zeichen von verborgener Bedeutung durchsetzt und ist ein Ort, an dem jede menschliche Gestalt, jeder Gegenstand, jedes Licht wie eine noch nicht wahrgenommene, noch in der Luft schwebende Stimme wirkt. Jede Farbe, jede Handlung hat unzählige Echos und Resonanzen, als ob sie nach einer Zeit stumpfer Gefühllosigkeit zum ersten Mal gehört oder gesehen würde.» (F. Quadri u. a. 1997, S. 188) Erst «wenn wir ruhig sind», so erläutert Wilson seine Ästhetik des vermeintlichen Stillstands, «werden wir der Bewegung gewahr. Denn so lange wir leben, bewegen wir uns eigentlich immer –, ob man atmet, zu gehen anfängt, eine Geste macht. In gewissem Sinn ist die Stille eine Fortführung einer Bewegung, die schon da ist. Alles ist Bestandteil einer Bewegungslinie. Und diese Linie kann man weiterführen, wenn man sich der Bewegung in der Stille bewusst wird.» Dabei gehen Zeit und Raum ein scheinbar paradoxes Wechselspiel ein: Im Grenzwert des vermeintlichen Stillstands der «äußeren Zeit» erschließt sich die Stille eines «inneren Raumes» (Novalis). Das im äußeren Erscheinungsbild so formalistische Theater erhält in derartigen Reflexionen eine spirituelle Dimension.

So ist das Ineinandergehen von Zeit in Raum und von Raum in Zeit, das sich in einer äußersten Subjektivierung von beidem als qualitativ neue Erfahrung einstellt, auch ein Kerngedanke in Richard Wagners Oper *Parsifal*. Zu diesem Werk empfindet Wilson eine geradezu obsessive Nähe. Dort nämlich gibt Gurnemanz dem jungen Sinnsucher Parsifal das Resümee seiner Lebenserfahrung mit auf den Weg, wenn er sagt: «Ich schreite kaum, doch wähn' ich mich schon weit. Du siehst, mein Sohn, zum Raum wird hier die Zeit.» Weite, der Raum ist erschlossen, obwohl sich der Wanderer – in der Zeit – kaum bewegt hat. Eine Grundüberzeugung «westlicher» Realitätskonstruktion ist in diesem Paradoxon aufgehoben. Wilson selbst weist in diesem Zusammenhang darauf hin, wie sehr er von der «östlichen», der zenbuddhistischen Vorstellungswelt, der diese «westlichen» Antinomien fremd sind, beeinflusst ist. Diese Sichtweise prägt durchaus auch Wilsons Umgang mit den großen Werken der klassischen «westlichen» Literatur: «Man kann Shakespeare nehmen und frei assoziieren, betrachten, meditieren – mehr aus der Zen-Idee heraus. Es gibt so viele Möglichkeiten, ich muß Interpretationen nicht fest-

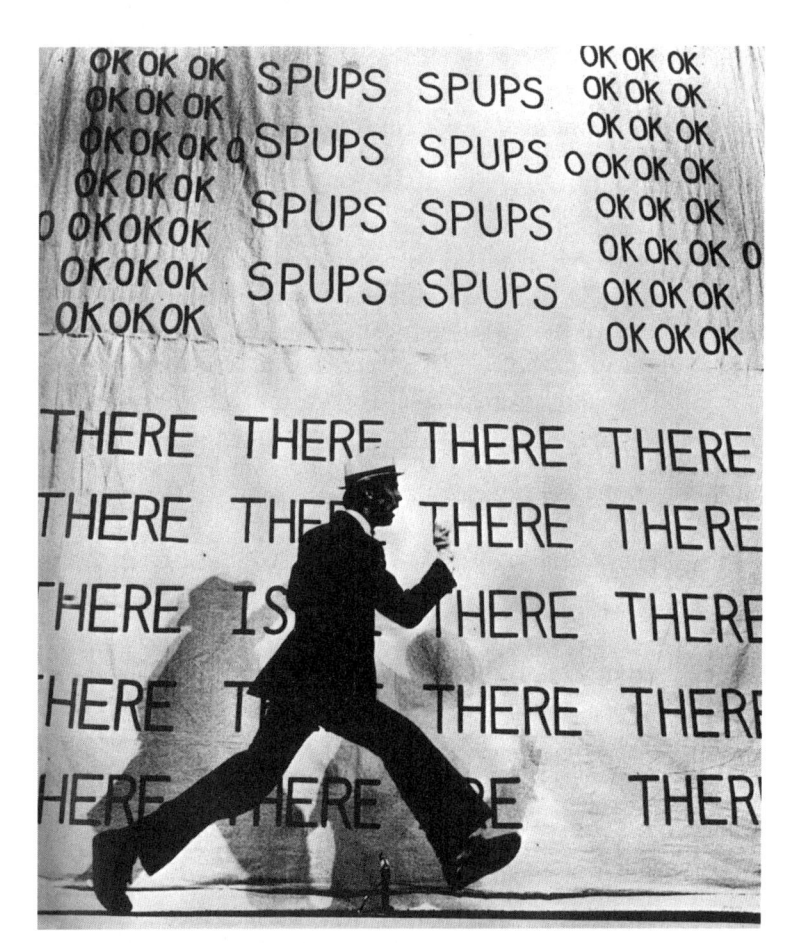

R. Wilson in «A Letter for Queen Victoria», 1974

legen.» (Süddt. Ztg., 9. Juli 1997) Gelegentlich fasst er diesen Sachverhalt auch als ein Problem der Abstraktion auf und meint damit die Notwendigkeit, sich frei zu machen von der Erwartung bestimmter Emotionen, Gedanken oder Gebärden, die einer vermeintlich logischen Abfolge von Ursache und Wirkung entsprechen. Es sei vor allem dieser Aspekt, der es deutschen Schauspielern, die durch «ein psychologisches, naturalistisch ausgebildetes Training geprägt seien, oftmals schwer macht, Zugang zu seinem Theater zu finden: «In Deutschland will man immer Bedeutung herausarbeiten.» In seinem Theater, dessen zentrales szenisches Gestaltungsmittel das Licht ist – «Licht ist wie ein Schauspieler» –, gehe es aber ausschließlich – so Wilson – «um Abstraktes»: «(...) die Bewegung um der Bewegung willen, Rhythmus, Timing, die Konstruktion (...), und das muß nicht immer mit dem Inhalt zu tun haben. Ich codiere ein Stück mit Nummern, Buchstaben, weil es sich mir auf diese Weise besser und schneller erschließt. Der Ausgangspunkt ist immer die Form.» (Süddt. Ztg., 23. März 1996) Dieses «formale Theater» (R. Wilson) ermöglicht es dem Regisseur letztlich aber auch, sich der Festlegung auf nur eine Wahrheit zu entziehen: «Was mich im Theater interessiert» – so Wilson in einem Interview mit Gabriele Henkel (Süddt. Ztg., 4. Oktober 2001) –, «ist der Widerspruch. Das Gegenteil muß genauso wahr sein wie das Ursprüngliche.» Voraussetzung für diese Offenheit ist ein sehr artifizielles Spielen auf der Bühne: «Ausdruck soll man nicht unbedingt zeigen.»

Für Wilson ist das forciert artifizielle Spielen die Voraussetzung dafür, dass der Zuschauer mit der größtmöglichen Freiheit auf sein Theater zu reagieren vermag. Das Insistieren auf «Form», «Struktur» und Interpretationsverweigerung hat den Zweck, den Betrachter weder emotional noch in seinem rationalen Verstehen zu konditionieren. Franco Bertoni sieht darin «die Wiederentdeckung einer gewaltfreien Dimension der Kunst. Der Zuschauer wird nicht mehr von einer Lawine übermächtiger, eindeutiger Botschaften überrollt.» (F. Quadri u.a. 1997, S. 193) Wilson nennt seine «Raum- Zeit-Strukturen» deswegen zu Recht «eine unemotionale Sache. (Der Zuschauer aber) hat die Freiheit, darauf emotional zu reagieren (...), in den Raum, den ihm der Schauspieler öffnet, hineinzugehen, ihn zu erfüllen. Wir verlangen kein bestimmtes Gefühl vom Zuschauer, keinen bestimmten Gedanken.» (Die Zeit, 15. Oktober 1976, und *Anmerkungen zu Alceste* in der Zeitschrift Bühnenkunst 1/1987, S. 5) Ein vergleichbarer Gedanke findet sich in den bühnenästhetischen Reflexionen von Wassily Kandinsky zum Theater. Offenbar verbindet beide die Nähe zu einer deutungsoffeneren Bildästhetik gegenüber einem mehr über das Wort als Sinnträger geprägten Theater. (R. Wilson: «Ich denke in Bildern», Süddt. Ztg., 4. Oktober 2001) Und auch für den Schau-

R. Wilson: *Death, Destruction & Detroit*. Schaubühne am Halleschen Ufer Berlin 1979

spieler bedeutet in Wilsons Theater die bedeutungsoffene Mechanisierung, die Automatisierung der Bewegungsabläufe die größtmögliche Freiheit, sich zu entfalten. Ziel sei eine Spielweise «ohne viel Energie, ohne Anstrengung»: «Die Schauspieler machen ihre Gesten im Taktmaß. Sie wissen: ich muss meinen Finger bei 32 hochhalten und ihn bei 16 senken. Oder die Bewegung mit den Bleistiften (in *Einstein*), die machen sie genau 64mal.» (Die Zeit, 15. Oktober 1976) Dem entspricht Wilsons immer wieder betontes Interesse am Tanz und an Choreographie. George Balanchine und Merce Cunningham nennt er als seine großen Anreger für ein Theater, in dem «Sprache, Tanz, Musik und Bühnenbilder nicht immer durcheinander gingen, und ich Schwierigkeiten hatte, mich auf alles zusammen oder nur auf eines zu konzentrieren», sondern bei dem beides zugleich möglich war: «Hören und Sehen». Die Aufgabe des Choreographen, dem Tänzer eine klare Struktur von Raum und Zeit vorzugeben, entspricht Wilsons Auffassung von Regiearbeit im Theater. An der Bauhausbühne, das sei in diesem Zusammenhang angemerkt, fasste Oskar Schlemmer seine theaterästhetischen Vorstellungen unter dem

Begriff *Tänzerische Mathematik* zusammen, so nämlich lautet der Titel eines Essays von 1926, der in der Zeitschrift *Vivos voco* erschienen ist. Es heißt dort als Kommentar Schlemmers zu seinem hochformalisierten Tanztheater: «(...) nicht Jammer über Mechanisierung, sondern Freude über Mathematik!» (Nach M. Brauneck: Theater im 20. Jahrhundert. 1998, S. 236)

Wilson wurde von einer Vielzahl von künstlerischen Positionen inspiriert, die durchweg in der Abstraktion die Erschließung einer neuen Freiheit für die Kunst sahen. Es waren Vorstellungen, wie sie Malevič, Kandinsky oder die Zeitgenossen John Cage oder Mark Rothko formuliert haben. Stets ging es darum, im Spiel mit elementaren, abstrakten Formen die Welt quasi neu zu erschaffen. Eine herausragende Bedeutung für Wilson hatte in diesem Zusammenhang auch Wilhelm Worringers Schrift *Abstraktion und Einfühlung* von 1907. Dort sind die Grundthesen dieser Richtung in der Kunst des frühen 20. Jahrhunderts erstmals programmatisch formuliert. (Vgl. M. Brauneck: Theater im 20. Jahrhundert. 1998, S. 209 f.)

Dass die Thematisierung der Zeiterfahrung in dem oben beschriebenen Sinn für Wilson ein zentraler Aspekt in nahezu allen seinen Inszenierungen ist, belegen die vielen szenischen Symbole, mit denen er darauf anspielt. Zumeist sind es Uhren, gelegentlich auch Wecker, die in dieser Funktion eingesetzt sind. In Wilsons Hamburger *Parsifal*-Inszenierung von 1987 waren es 18 Wecker, und am Ende des Stücks legt Parsifal demonstrativ seine Armbanduhr ab. In einem seiner frühesten Stücke, in *Einstein on the Beach*, ist das überdimensionale Ziffernblatt einer Uhr das beherrschende szenische Symbol: eine «Raum-Zeit-Maschine» (R. Wilson), die Räume und Zeiten von Bild zu Bild sich verändern und den Zuschauer an diesen sich wandelnden Raum-Zeit-Strukturen teilhaben lässt. Das Stück zeigt «Verhaltensweisen, ohne diese emotional zu interpretieren. Selbst der Titel dieses Stücks, einer mit Phil Glass (geb. 1937) gemeinsam konzipierten Oper, ist ohne Bedeutung, spielt auf nichts an.» Wilson: «(...) ich fand ihn schön, und ich mochte ihn einfach, das ist alles.» (Die Zeit, 15. Oktober 1976) So bleiben in Wilsons Inszenierungen die Inhalte durchweg vage. Louis Aragon, der französische Surrealist, verglich – anlässlich der gefeierten Aufführung von *Deafman Glance* 1970 beim Festival von Nancy, Wilsons Durchbruch in der internationalen Theaterwelt –, jene Vagheit der Wilsonischen Inszenierungen, mit der, wie wir die Wirklichkeit im Traum wahrnehmen: «(...) es ist gleichzeitig das erwachte Leben und das Leben mit geschlossenen Augen, die Verwirrung, die zwischen der Welt des Tags und der Welt jeder Nacht entsteht, die Realität vermischt mit dem Traum.» In einem seiner wichtigsten frühen Projekte, das im Titel bereits die gesamte «Handlung» nennt – *I was sitting on my patio this guy appeared I thought I was hallucinating* (1977) –, läutet ein Telefon auf der leeren Bühne zehn Minuten lang, ohne dass etwas geschieht. Der Kritiker Georg Hensel (FAZ, 25. Februar 1978) erinnert sich:

«Mir sind alte Telefongeschichten eingefallen und jedem anderen Zuschauer wird irgend etwas anderes eingefallen sein, und mehr ist wohl auch nicht beabsichtigt. Denn so geht es weiter: Was sich auf der Bühne entwickelt, scheint nur dazu da zu sein, dass sich in den Zuschauern etwas entwickelt. In jedem etwas anderes. In manchem der unwiderstehliche Drang: sie gehen, sie halten das nicht aus (...) nie jedoch ist mir das Bedürfnis nach Sinnzusammenhang und Dramatik so deutlich geworden wie hier, wo es auf die preziöseste, zerbrechlichste, kostbarste, betörendste Weise nicht gestillt wird.»

Aber nicht nur im internen Gefüge der quasi architektonisch durchgegliederten Inszenierungen herrschen eigene Zeitimaginationen, auch den «äußeren» Zeitablauf der Aufführung «überdehnt» Wilson über alle Theaterkonventionen hinaus. Er lässt dem Zuschauer, wie er selbst kommentiert, «Zeit zum Überlegen, zum Meditieren über andere Dinge als die, die auf der Bühne geschehen; ich gewähre ihm Raum und Zeit zum Denken.» (Nach F. Quadri u. a. 1997, S. 11) Das Theater der sechziger Jahre empfand er als viel zu «beschleunigt», um sich wirklich darauf einlassen zu können. So betrug etwa die Aufführungszeit von *Deafman Glance* (1970) sieben, von *Ouverture* (1972) 24 Stunden, von *KA MOUNTAIN AND GUARDenia TERRACE* (1972) beim Festival von Shiraz-Persepolis im Iran sieben Tage und sieben Nächte. *A Letter for Queen Victoria* (1974) dauerte dreieinhalb Stunden, *The Life and Times of Joseph Stalin* (1973) zwölf Stunden.

Seit Beginn der achtziger Jahre arbeitete Wilson zunehmend an festen Bühnen und mit deren Ensembles, vorwiegend in der Bundesrepublik Deutschland, deren Subventionspraxis ihm offenbar günstige Arbeitsbedingungen bot. Am Beginn stand dabei ein Projekt an der Berliner Schaubühne am Halleschen Ufer: *Death, Destruction & Detroit* (1979), zwei weitere Teile von *DD & D* folgten 1987 und 1999 (am Lincoln Center in New York). Die Berliner Aufführung von 1979 war eine mit Science-Fiction-Bildern durchsetzte, insbesondere in der Lichtführung äußerst präzise inszenierte «Liebesgeschichte in 16 Bildern». Letztlich aber handelte das Stück, wie Wilson selbst erläutert, von Rudolf Heß, dem Stellvertreter Hitlers, der zur Zeit der Aufführung noch im Gefängnis zu Spandau als der letzte in Nürnberg verurteilte NS-Verbrecher einsaß, von 380 Personen bewacht. Am Schauspiel Köln brachte Wilson 1981 *The Man in the Raincoat* und an den Münchner Kammerspielen (1982) *Die goldenen Fenster* heraus. Sein letztes Mammutprojekt war *the CIVIL warS: a tree is best measured when it is down*, das Wilson mit einer Gruppe internationaler Künstler in mehreren Workshops in vier Jahren erarbeitete und das in allen Teilen als Mega-Event beim Olympic Arts Festival in Los Angeles gezeigt werden sollte. 250 Schauspieler waren vorgesehen und eine Aufführungszeit von zwölf Stunden. Das Budget war auf fünf Millionen Dollar veranschlagt. Thematisch behandelte das Projekt die neuere politische Weltgeschichte, Kriege und Friedensschlüsse; es sollte die Grenzen zwischen den Nationen überwinden und am Ende in eine arkadische Utopie münden. Ein Sammelsurium historischer Personen trat auf, darunter Friedrich der Große, Heinrich IV., Garibaldi, Benjamin Franklin und Jules Verne, daneben Indianer, Samurais und Astronauten, Frauengestalten von Mata Hari bis Madame Curie. Sogenannte *Knee Plays* – eine Art Zwischenspiele – sollten «zivile Motive» zwischen den großen politischen Akten einspielen. Vollendet wurden freilich wurden nur die drei europäischen Episoden, die 1984 in Rotterdam, Köln und in Rom uraufgeführt wurden. Mit dem deutschen Teil begann Wilsons Zusammenarbeit mit dem Dramatiker Heiner Müller. Dessen Textbeiträge verschafften dem Projekt eine eigene Qualität, gerade aus der intellektuellen Spannung, die zwischen dem prominenten DDR-Schriftsteller und Wilson entstand. Dieser erklärte, dass Müller seine gesamte Auffassung von Theater verändert hätte, ohne dies freilich näher zu erläutern.

Müller wiederum schien die Präzision, mit der Wilson seine Texte bearbeitete, ohne diese zu interpretieren, fasziniert zu haben. Die Zusammenarbeit der beiden intensivierte sich noch in den folgenden Jahren. Herausragend waren Projekte wie *Alcestis* (1986), *Hamletmaschine* (1986), *Quartett* (eine Adaption von Choderlos de Laclos' *Les liaisons dangereuses*, 1987) und *The Forest* (1988).

In den neunziger Jahren war Wilson beinahe weltweit als Regiestar präsent und wurde mit Preisen überhäuft. Zentrum seiner Projektentwicklungen und einer ausgedehnten Forschung- und Lehrtätigkeit wurde das 1992 gegründete Watermill Center in Long Island (N.Y.). Präsent war Wilson längst auch in Museen und Galerien als bildender Künstler mit Zeichnungen, die im Zusammenhang seiner Bühnenprojekte entstanden waren, ebenso mit Architekturentwürfen und Designarbeiten. Die Idee vom Gesamtkunstwerk trieb ihn von Beginn seiner Laufbahn an um; auch die Vision von einer Welt, in der Kunst und Leben eine Einheit bilden würden.

Besondere Publikumserfolge von Wilsons späteren Arbeiten waren die in zahlreichen Gastspielen gezeigten und gefeierten Stücke *The Black Rider* (Uraufführung 1990 am Thalia Theater in Hamburg, Musik von Tom Waits, Texte von W. S. Burroughs), – ebenfalls am Thalia Theater in Hamburg uraufgeführt – *Alice* (1992, Musik: Tom Waits) und *Time Rocker* (1996, Musik: Lou Reed). Die drei Stücke sollten sich als eine Art Trilogie zusammenfügen, Vorbild war Richard Wagners *Ring*.

Eine gänzlich neue Richtung schlug Wilson mit seiner Shakespeare-Paraphrase *Hamlet. A monologue* (1995) ein. Er selbst spielte alle Rollen und ging mit der Inszenierung auf Welttournee. Er hatte das Stück auf 15 Szenen reduziert, angelegt als Erinnerung Hamlets an seine Lebensgeschichte, wenige Sekunden bevor dieser stirbt. Dessen Dialoge mit Ophelia und seiner Mutter, aus denen Wilson einen eigenen Text collagierte, in den er sein «Traumuniversum» (F. Quadri) hineinprojizierte, sind «die beiden Säulen, die das Ganze tragen.» (R. Wilson) Neu für Wilson – auch als Person – war dabei die Emotionalität, die er in dieser Performance zuließ. Es war seine bis dahin persönlichste, eine autobiographische Arbeit, die er in drei Jahren vorbereitet hatte. Das Stück, so Wilson, «reflektiert mein Leben»: zentrales Motiv sei die «Todesthematik», die sich wie ein «roter Faden» durch alle seine Arbeiten ziehen würde. Franco Quadri sieht in diesem *Hamlet*-Monolog einen künstlerischen Höhepunkt im Theater der neunziger Jahre:

«Wilson macht seine Darstellung zu einem außergewöhnlichen Ereignis, in dem er total und auf neue Weise von der Figur Besitz ergreift; die auf dem Proszenium dem Tode nahe ihr ‹To be or not to be› als einzigartiges Monument der Wahrheit an den Himmel richtet; die den Gedanken an die Taten wie einen epileptischen Anfall spielt; die der ersten Anwandlung des Wahnsinns den Aspekt provokativer Homosexualität verleiht und das Schwert wie einen Phallus hält; die kommt und geht und sich aus sich selbst heraus verwandelt, tanzend und mit einer Phantasie jonglierend, die vom Spaß bis zur Verzweiflung reicht.» (F. Quadri u. a. 1997, S. 64)

Robert Wilson ist in der texanischen Provinz aufgewachsen und war ein schwer verhaltensgestörtes Kind. Erst mit 17 Jahren konnte er mit Hilfe der Tänzerin und Bewegungstherapeutin Byrd («Baby») Hoffman von seinem Stottern und den permanenten Körperverspannungen geheilt werden. Die Therapie von Byrd Hoffman beruhte darauf, dass durch äußerst langsam und konzentriert ausgeführte «Grundbewegungen» des Kopfs und der Hand die gestörten Gehirnregionen aktiviert wurden. So konnte Wilson 1959 schließlich seine Schulausbildung, während der er bereits bei Theateraufführungen mitarbeitete, abschließen und ein Studium der Betriebswirtschaft – den Eltern zuliebe – an der University of Texas in Austin aufnehmen. 1962 aber zog er nach New York. Dort begann er am Pratt Institute mit einem Architekturstudium. Gleichzeitig beschäftigte er sich mit Design und Malerei und kam mit der New Yorker Tanzszene in Kontakt, mit Martha Graham, Merce Cunningham und Alwin Nikolais. Wilson betätigte sich nun auch als Bühnenbildner. Diese Tanzsphäre, das Studium der Malerei und seine Architekturentwürfe – darunter ein Projekt zusammen mit Paolo Soleri, einem Utopisten der Architekturszene – beeinflussten Wilsons Theaterauffassung wesentlich. Die entscheidenden Einflüsse jedoch, die seine künstlerische Arbeit und auch sein Weltbild prägten, waren unstrittig die Erfahrungen, die er selbst in seiner Therapie mit Byrd Hoffman gemacht hatte (vgl. R. Searns in: F. Quadri 1997, S. 208 ff.). Diese Erfahrungen führten dazu, dass Wil-

*T. Waits / W. S. Burroughs / R. Wilson: The Black Rider. Regie: R. Wilson.
Thalia Theater Hamburg / Paris 1990*

son begann, mit geistig behinderten Kindern nach der Methode seiner Therapeutin zu arbeiten und 1968 die Byrd Hoffman School of Byrds in New York gründete. Er versammelte dort eine Gruppe – die «Byrds» – um sich, Künstler, Therapeuten und Studenten unterschiedlichster Richtungen, die nach der Methode von Byrd Hoffman auf den verschiedensten künstlerischen Gebieten experimentierten. 1969 wurde die Byrd Hoffman Foundation gegründet, die auch das Produktionszentrum der ersten größeren Theaterprojekte von Robert Wilson wurde: von *King of Spain* (1969), *The Life and Times of Sigmund Freud* (1969), *Deafman Glance* (1970) bis *A Letter for Queen Victoria* (1974) und *Einstein on the Beach* (1976). *Deafman Glance*, ein «Werk des Schweigens», war das erste Stück, das Wilson auch in Europa zeigte und das ein Welterfolg wurde. Ein Schlüsselerlebnis für Wilsons Arbeit war 1973 die Begegnung mit dem damals 14-jährigen Christopher Knowles, einem autistischen, geistig behinderten Jungen, der sich freilich als eine Art Genie erwies. Knowles komponierte auf der Schreibmaschine komplizierteste Buchstabenspiele, deren verdeckte Logik sich nur schwer entschlüsseln ließ, eine Art Geheimsprache. Für

Einstein on the Beach verfasste Knowles die wichtigsten Texte. Mit diesem Stück begann auch Wilsons Zusammenarbeit mit dem Komponisten Phil Glass.

Am Ende des 20. Jahrhunderts war das Theater von Robert Wilson zum Inbegriff postmodernen «kulinarischen Theaters» geworden, das in den großen europäischen Theatermetropolen gefeiert wurde. Seit den neunziger Jahren standen immer wieder auch Opernaufführungen im Mittelpunkt seiner Arbeit. Wilsons bedeutungsfreie Bilderwelt und jene poetisch überhöhte Verlangsamung aller szenischen Bewegungen, dazu eine überaus delikate Lichtregie waren zum Markenzeichen dieses Regisseurs geworden. Eine Tendenz zum Kunsthandwerklichen war in diesen späten Arbeiten oft nicht zu übersehen. Die experimentelle Frische der Anfangszeit war Wilsons Theater zunehmend verlorengegangen.

Literatur

Beck, W.: Robert Wilson. In: M. Brauneck u. W. Beck (Hrsg.): Theaterlexikon 2. Reinbek 2007, S. 777–779

Brecht, St.: The theatre of visions: Robert Wilson. Frankfurt a. M. 1979

Graff, B.: Das Geheimnis der Oberfläche. Der Raum der Postmoderne und die Bühnenkunst Robert Wilsons. Tübingen 1994

Griffin, M. B.: Text and image in Heiner Müller's Theatre collaborations with Robert Wilson. Diss. New York 1999

Henkel, G.: Von der Schönheit des Augenblicks. Der kühle Paris aus Waco, Texas. In: Süddt. Ztg. 4. Okt. 2001

Hentschker, F.: Die Produktionsstrategie des amerikanischen Theaterkünstlers Robert Wilson. Diss. Gießen 1993

Holmberg, A.: The theatre of Robert Wilson. Cambridge 1997

Langston, B.: Journey to Ka Mountain. In: The Drama Review 6/1973, S. 57 ff.

Lavender, A.: Hamlet in Pieces. Shakespeare reworked by Peter Brook, Robert Lepage, Robert Wilson. London 2001

Lehmann, H.-Th.: Postdramatisches Theater. Frankfurt a. M. 1999

Linders, J. (Hrsg.): Nahaufnahme Robert Wilson. Berlin 2007

Keller, H.: Robert Wilson. Frankfurt a. M. 1997

Klett, R.: Träumer und Segler. Ein Interview mit Robert Wilson. In: Die Zeit, 15. Okt. 1976

Kronstein, J.: Spiegel-Gespräch mit Robert Wilson. «Das Hirn ist ein Muskel.» In: Der Spiegel 12/1996, S. 222–227

Moldoveanu, M.: Komposition, Licht und Farbe in Robert Wilsons neuem Theater. Stuttgart 2001
Quadri, F., F. Bertoni u. R. Stearns: Robert Wilson. Stuttgart 1997
Shyer, L.: Robert Wilson and his Collaborators. New York 1989
Theater: Robert Wilson, Genie in Zeitlupe. In: Der Spiegel 42/1976, S. 217–220
Veit, W. u. a.: Schwerpunkt: Robert Wilson. In: Bühnenästhetik 1/1987, S. 3–29
Wilson, R.: Civil Wars. Frankfurt a. M. 1984
Ders.: R.: The Theatre of images. New York 1984
Wilson, R. u. W. Veit: Theater als offene Form der Zwischen-Welt-Bezüge. Zur Bühnenästhetik von Robert Wilson. In: Bühnenkunst 1/1987, Schwerpunkt S. 4–10

III Revolte als Experiment. Von der Kunst ins Leben und beider Vermischung

Vorbemerkung

Die Erneuerungsbewegung, die das Theater in den beiden Jahrzehnten um 1900 ergriffen hatte, blieb bei aller Radikalität in der Projektierung eines «Theaters der Zukunft» letztlich doch der idealistischen Ästhetiktradition verhaftet. Es blieb eingebunden in den geistesgeschichtlichen Raum des ausgehenden 19. Jahrhunderts, wenngleich wirkungsgeschichtlich von größter Bedeutung für die Entwicklungen des Theaters im 20. Jahrhundert. Stilisierung und Abstraktion versus Psychologismus und Naturalismus waren die beiden Antithesen. Es ging den Reformern um einen «neuen Stil», um die «Stilbühne», nicht aber um die grundsätzliche Infragestellung aller bis dahin geltenden Kunstgesetze. Es ging vielmehr darum, diese Gesetze – letztlich ging es um Werte – entgegen dem materialistischen Zeitgeist wieder zur Geltung zu bringen. Richard Wagner hatte unter dem Stichwort «Gesamtkunstwerk» mit seiner Festspielvision für die meisten Reformer eine theaterästhetische, zugleich eine kulturkritische Orientierung vorgegeben.

Demgegenüber setzte mit dem Futurismus um 1910 und wenige Jahre später mit der Dada-Bewegung eine Entwicklung ein, die statt Reform oder Erneuerung den konsequenten Bruch mit der Tradition intendierte, die ein neues Kunstverständnis aus der Negation aller geltenden ästhetischen Normen postulierte. Die Protagonisten dieser Revolte waren angetreten, die Kunst ins Leben zu überführen, beide Sphären zu vermischen, letztlich die Unterscheidung beider aufzuheben. Anlass für diese radikale Forderung war die Erfahrung, dass sich – aus deren Sicht – die Kunst so weit von der Lebenswirklichkeit entfernt hatte, dass sie allenfalls noch deren falschen Schein wiedergab und der gesellschaftlichen Elite zur dekorativen Überhöhung ihres Lebens diente. Die neuen Bewegungen setzten sich mit großer Bereitschaft zum Skandal in Szene und inszenierten ihre kulturkritische Programmatik als Formen einer neuen Kunst, einer «Aktionskunst» oder «Anti-Kunst». Ganz überwiegend war es der öffentliche Raum, in dem diese Revolte stattfand. Das Publikum sollte außerstande sein, seine eingeübten Rezeptionsweisen ins Spiel zu bringen. Vor allem sollte es sich selbst als Teil, besser noch als

Mitgestalter der Aktionen begreifen; sollte in erster Linie «aktiv» sein, in welcher Weise auch immer. Inhaltlich ging es vielfach um Banalitäten des Alltags, wenn den Aktionen nur Pathos oder Sinnschwere ausgetrieben waren. Die Fluxus- und Happening-Bewegung der sechziger Jahre und der Neo-Dadaismus in den USA waren konsequente Fortsetzungen dieser Positionen der frühen Avantgarde.

Kennzeichnend für die gesamte Richtung ist auch die unmittelbare Verbindung theatraler Aktionen mit Entwicklungen in der bildenden Kunst. Dies trifft zu für Arbeiten von Schwitters, Léger, aber auch von Vostell und Nitsch. Kennzeichnend ist für diese Künstler freilich auch, dass sie der musealen Vereinnahmung, der sie sich zunächst so entschieden zu verweigern vorgaben, letztlich nicht entgehen konnten. Am Ende des 20. Jahrhunderts waren die Avantgarden der zehner und zwanziger Jahre ebenso wie die der sechziger und siebziger Jahre im Establishment des Kulturbetriebs angekommen.

Eine Vorstufe zu diesen Entwicklungen markierte bereits im letzten Jahrzehnt des 19. Jahrhunderts Alfred Jarry (1873–1907). Die Aufführung seines *Ubu Roi* am 10. Dezember 1896 am Théâtre de l'Œuvre in Paris war zwar kein Erfolg, wirkte aber wie ein Paukenschlag im Theaterbetrieb der Jahrhundertwende und löste einen beispiellosen Skandal aus. Jarry wurde dadurch zum Vorbild aller Dadaisten und der Surrealisten. André Gide beschrieb ihn in dem Roman *Die Falschmünzer*, wie er vom Fahrrad aus Passanten mit fingierten Pistolenschüssen und nicht durch Betätigung der Klingel warnte: «Jarry, mit knallrot geschminkten Lippen, war gekleidet wie der traditionelle dumme August aus dem Zirkus. Alles an ihm war absurd gekünstelt. Dies galt in Sonderheit auch von seiner Sprechweise, deren ausgeklügelten Idiotismus mehrere Argonauten eifrig nachzuahmen suchten, indem sie die Silben zerhackten, bizarre Worte erfanden, andere Worte bizarr verrenkten. Aber keiner vermochte den Meister zu erreichen in der Hervorbringung dieser Stimme ohne Klang, ohne Empfindung, ohne Betonung, ohne Sinn.» (Vgl. M. Brauneck: Die Welt als Bühne. 4, S. 93 f.)

Mit dem *Ubu* schrieb Jarry ein Stück, das sich nicht nur durch seinen Antinaturalismus gegen die um 1900 noch vorherrschende Theaterästhetik stellte, sondern darüber hinaus eine radikal neue ästhetische

Auffasung manifestierte. Wie für den Menschen Jarry Theaterfiktion und Alltagsrealität in einer spektakulär inszenierten und exzessiv gelebten Bohème-Existenz zu einer autonomen Kunstwelt synthetisiert erschienen, so war die *Ubu*-Farce synthetisches Theater: groteskes Maskenspiel, Clownerie, Grand-Guignol-Tradition und Historienspektakel; eine Kunstrealität, deren Elemente sich vornehmlich durch ihre Ambivalenz auszeichneten. So bleibt auch jede Deutung, die den *Ubu* festlegen will, gegenüber der irritierenden Komplexität und Widersprüchlichkeit des Stücks auf der Strecke. Jarry reflektiert die Struktur dieser synthetischen Realität, in der die Koordinaten und Gesetzmäßigkeiten von Physik und Metaphysik aufgehoben sind, in seinen Bemerkungen zur Pataphysik *(Heldentaten und Ansichten des Doktor Faustroll, Pataphysiker)*, jener Wissenschaft, die die Gesetze untersucht, «durch die die Ausnahmen bestimmt werden (...) die Wissenschaft imaginärer Lösungen».

Alfred Jarry schrieb auch eine Anzahl Gedichte, Prosaarbeiten, Rezensionen und kürzere theaterprogrammatische Essays. Der *Ubu Roi* erhielt mehrere Fortsetzungen bzw. Neufassungen: *Ubu Cocu* (1897 als Fragment), *Ubu Enchaîné* (1900) und *Ubu sur la Butte* (1906). 1894 bis 1896 gab er zusammen mit Rimy de Gourmont (1858–1915) die Kunstzeitschrift «Ymagier» heraus. Am 1. November 1907 starb Jarry, durch Alkohol und Krankheit körperlich völlig verfallen, im Alter von 34 Jahren in der Charité in Paris. Seine theaterästhetischen Ideen wurden vor allem von Antonin Artaud aufgenommen, der 1927 zusammen mit Roger Vitrac (1899–1952) das Théâtre d'Alfred Jarry in Paris gründete. 1949 wurde in Paris das «Collège de Pataphysique» eingerichtet, das u. a. das Werk Alfred Jarrys wissenschaftlich und editorisch betreut.

Jarrys aggressive Persiflage auf die Theaterkonvention war das Vorspiel für die meisten Theaterexperimente der frühen Avantgarde im 20. Jahrhundert, gewissermaßen die Legitimation für einen radikalen Bruch. Drei Aspekte belegen die Vielfalt und Gegensätzlichkeit dieser Entwicklungen, die die Revolte zum künstlerischen Experiment ummünzten:

1. Die Theaterexperimente der Futuristen und im Umkreis der Dada-Bewegung wurden in enger Verbindung zur bildenden Kunst entwickelt. Es waren szenographische Versuche eines mehr oder weniger abstrakten Theaters, in der konsequentesten Ausformung «Theater der Gegenstän-

de», Theater ausschließlich mit Licht, Farben und Geräuschen. Es war mehr oder weniger abstraktes Figurentheater ohne den menschlichen Akteur auf der Bühne. Es fand ein einschneidender Paradigmawandel statt: von der Natur und dem Organischen zum Mechanischen und dem technizistisch, mitunter ironisch verspielten Konstruktiven.

2. Die Adaption von Genres oder Medien, die der geltenden ästhetischen Konvention nach nicht als «kunstwürdig» galten: Zirkus, Akrobatik, Sport, Varieté, Bildprojektionen, als mehr oder weniger strukturiertes Nummernprogramm arrangiert, das provokativ das Banale oder die Sensation gegen die Kontemplation der konventionellen Kunstrezeption in Szene setzte.

3. Die Theatralisierung öffentlicher Aktionen und Soireen, ihre Gestaltung als Happening, bei dem die aktuelle Lebenssituation zur Kunsthandlung deklariert, Kunst und Leben vermischt bzw. eine Grenze zwischen beiden scheinbar aufgehoben wurde. Das im vorprogrammierten Skandal herausgeforderte und provozierte Publikum wurde (mitunter gegen seinen Willen) zum Hauptakteur. Spiel und Ernst waren tendenziell in ihrer Unterscheidung und Entgegensetzung aufgehoben in einer neuen Kunst-Leben-Identität. Der Zufall wurde – als vermeintliches Prinzip allen Lebens – als schöpferisches Prinzip in der Kunst etabliert. Es waren vor allem die Formen theatralischer Aktionskunst, die das herkömmliche Kunstverständnis am radikalsten negierten und infolgedessen den Zuschauer am heftigsten irritierten.

Dokumentation

Filippo Tommaso Marinetti
Das Varieté (1913)

Das zeitgenössische Theater (Verse, Prosa und Musik) widert uns an, denn es schwankt zwischen einer historischen Rekonstruktion (Sammelsurium oder Plagiat) und einer photographischen Wiedergabe unseres täglichen Lebens hin und her; ein pedantisches, langatmiges, analytisches und verwässertes Theater, das bestenfalls dem Zeitalter der Petroleumlampen entsprochen hat.
Der Futurismus verherrlicht das Varieté, denn:
1. Das Varieté, das gleichzeitig mit uns aus der Elektrizität entstanden ist, hat zum Glück weder Tradition noch Meister oder Dogmen, sondern lebt von Aktualität.
2. Das Varieté dient rein praktischen Zwecken, denn es sieht seine Aufgabe darin, das Publikum durch Komik, erotischen Reiz oder geistreiches Schockieren zu zerstreuen und zu unterhalten.
3. Die Autoren, die Schauspieler und die Techniker des Varietés haben eine einzige Daseinsberechtigung und Erfolgschance: ständig neue Möglichkeiten zu ersinnen, um die Zuschauer zu schockieren. Auf diese Weise sind Stagnation und Wiederholung völlig unmöglich, und die Folge ist ein Wetteifer der Gehirne und Muskeln, um die verschiedenen Rekorde an Geschicklichkeit, Geschwindigkeit, Kraft, Komplikationen und Eleganz zu überbieten.
4. Das Varieté ist heute die einzige Theaterform, die sich den Film zunutze macht. Dieser bereichert es um eine sehr große Zahl von Bildern

U. Boccioni: Futuristen-Varieté in Mailand. Auf der Bühne Boccioni, Pratelle, Marinetti, Carrà und Russolo, 1911

und auf der Bühne nicht realisierbaren Darstellungen (Schlachten, Aufruhr, Rennen, Autorennen und Wettfliegen, Reisen, Überseedampfer, Tiefendimension der Stadt, des Landes, der Meere oder der Himmel).

5. Das Varieté ist ein lohnendes Schaufenster für unzählige Erfindungen und bringt ganz natürlich das zustande, was ich die *futuristischen Wunder* nenne, die ein Produkt der modernen Technik sind.

[...]

14. Das Varieté ist von Natur aus antiakademisch, primitiv und naiv, und deshalb kommt der Improvisation seiner Experimente und der Einfachheit seiner Mittel eine um so größere Bedeutung zu (z. B. der systematische Gang um die Bühne, den die Chansonetten am Ende jedes Couplets wie wilde Tiere im Käfig machen).

15. Das Varieté zerstört das Feierliche, das Heilige, das Ernste und das Erhabene in der Kunst. Es hilft bei der futuristischen Vernichtung der unsterblichen Meisterwerke mit, weil es sie plagiiert, parodiert, auf zwanglose Art präsentiert, ohne Apparat und ohne Zerknirschtheit, wie eine

x-beliebige Attraktion. So billigen wir bedingungslos die Aufführung des *Parsifal* in 40 Minuten, die in einem großen Varieté in London vorbereitet wird.

16. Das Varieté macht alle unsere Vorstellungen von Perspektive, Proportion, Zeit und Raum zunichte (z. B. einige exzentrische Amerikaner öffnen eine kleine Tür in einem kleinen Zaun von 30 cm Höhe, der isoliert mitten auf der Bühne steht, gehen durch sie durch und machen sie, wenn sie zum zweiten Mal durchgehen, wieder ganz ernsthaft zu, als ob es gar keine andere Möglichkeit gäbe).

17. Das Varieté bietet uns alle bisher erreichten Rekorde: Höchstgeschwindigkeit und höchste Gleichgewichtsakrobatik der Japaner, höchste Anspannung der Muskeln der Neger, höchste Entwicklung der Intelligenz der Tiere (dressierte Pferde, Elefanten, Seehunde, Hunde und Vögel); die größte melodische Inspiration des Golfes von Neapel und der russischen Steppen, ein Höchstmaß an Pariser Esprit, den größten Kräftevergleich der verschiedenen Rassen (Ringen, Boxen), die größte anatomische Monstrosität und die höchste Schönheit der Frau.

18. Während das heutige Theater das verinnerlichte Leben, die schulmeisterliche Meditation, die Bibliothek, das Museum, die monotonen Gewissenskämpfe, die dummen Analysen der Gefühle, kurzum die Psychologie (ein schmutziges Ding und ein schmutziges Wort) verherrlicht, preist das Varieté die Tat, den Heroismus, das Leben im Freien, die Geschicklichkeit, die Autorität des Instinktes und der Intuition. Der Psychologie hält es entgegen, was ich die *Psychotollheit* nenne.

19. Das Varieté bietet außerdem all den Ländern, die keine große, einmalige Hauptstadt haben (so z. B. Italien) ein brillantes Resümee von Paris, das als die einzige und verwirrende Heimstätte des Luxus und des hyperraffinierten Vergnügens gilt.

Der Futurismus will das Varieté in ein Theater der Schockwirkungen, des Rekords und der Psychotollheit verwandeln.

1. In den Varietévorstellungen muß die Logik völlig aufgehoben, der Luxus übertrieben, die Kontraste vervielfältigt werden, und auf der Bühne müssen das Unwahrscheinliche und das Absurde herrschen (Beispiel:

die Chansonetten müssen sich das Dekolleté, die Arme und besonders die Haare in all den Farben färben, die bisher als Mittel der Verführung vernachlässigt worden sind. Grüne Haare, violette Arme, blaues Dekolleté, orangefarbener Chignon usw. Ein Chanson wird unterbrochen und durch eine revolutionäre Rede fortgesetzt. Eine Romanze wird mit Beleidigungen und Schimpfworten übergossen usw.).

2. Man muß verhindern, daß sich im Varieté Traditionen herausbilden. Man muß deshalb die Pariser Revuen bekämpfen und abschaffen, die mit ihren Compère und Commère, die die Funktion des antiken Chores erfüllen, dumm und langweilig wie eine griechische Tragödie sind. Das gleiche gilt für das Revuepassieren von politischen Persönlichkeiten und Ereignissen, die von geistreichen Worten mit lästiger Logik und Abfolge begleitet werden. Das Varieté darf nämlich nicht das sein, was es leider heute noch ist: eine mehr oder weniger humorvolle Zeitung.

3. Man muß die Überraschung und die Notwendigkeit zu handeln unter die Zuschauer des Parketts, der Logen und der Galerie tragen. Hier nur ein paar Vorschläge: auf ein paar Sessel wird Leim geschmiert, damit die Zuschauer – Herr oder Dame – kleben bleiben und so die allgemeine Heiterkeit erregen (der Frack oder das beschädigte Kleid wird selbstverständlich am Ausgang ersetzt). – Ein und derselbe Platz wird an zehn Personen verkauft, was Gedrängel, Gezänk und Streit zur Folge hat. – Herren und Damen, von denen man weiß, daß sie leicht verrückt, reizbar oder exzentrisch sind, erhalten kostenlose Plätze, damit sie mit obszönen Gesten, Kneifen der Damen oder anderem Unfug Durcheinander verursachen. – Die Sessel werden mit Juck-, Niespulver usw. bestreut.

4. Man muß auf der Bühne systematisch die gesamte klassische Kunst prostituieren, indem man zum Beispiel an einem einzigen Abend sämtliche griechischen, französischen und italienischen Tragödien in Kurzform oder in einer komischen Mischung aufführt. – Die Werke von Beethoven, Wagner, Bach, Bellini und Chopin werden durch Einfügen neapolitanischer Lieder belebt. – Auf der Bühne treten Seite an Seite Zacconi, die Duse und Mayol, Sarah Bernhardt und Fregoli auf. – Eine Symphonie von Beethoven wird rückwärts, mit der letzten Note beginnend, gespielt. – Shakespeare wird auf einen einzigen Akt reduziert. – Das gleiche tut man mit den ehrwürdigsten Autoren. – *Ernani* läßt man

von Schauspielern aufführen, die bis zum Hals in Säcken stecken, und die Bretter der Bühne werden eingeseift, um im tragischsten Augenblick vergnügliche Purzelbäume zu provozieren.

5. Auf jede erdenkliche Weise muß man die *Gattung* der Clowns und der exzentrischen Amerikaner fördern, ihre erhebend grotesken und erschreckend dynamischen Effekte, ihre derben Gags, ihre enorme Brutalität, ihre Westen mit Überraschungseffekten und ihre Hosen, die tief wie die Kiele der Schiffe sind. Daraus wird mit vielen anderen Dingen die große futuristische Heiterkeit hervorgehoben, die das Gesicht der Welt verjüngen soll.

Denn, vergeßt es nicht, wir Futuristen sind JUNGE, AUSGELASSENE KÜNSTLER wie wir in unserem Manifest ‹*Tod dem Mondschein!*› verkündet haben. [...]

Daily Mail, 21. November 1913

In: Umbro Apollonio: Der Futurismus. Manifeste und Dokumente einer künstlerischen Revolution 1909–1918. Köln 1972 (DuMont), S. 170–177.

Hugo Ball
Cabaret Voltaire (1916): «Bildungs- und Kunstideale als Varietéprogramm»

11. III.

Am 9ten las Hülsenbeck. Er gibt, wenn er auftritt, sein Stöckchen aus spanischem Rohr nicht aus der Hand und fitzt damit ab und zu durch die Luft. Das wirkt auf die Zuhörer aufregend. Man hält ihn für arrogant und er sieht auch so aus. Die Nüstern beben, die Augenbrauen sind hoch geschwungen. Der Mund, um den ein ironisches Zucken spielt, ist müde und doch gefaßt. Also liest er, von der großen Trommel, Brüllen, Pfeifen und Gelächter begleitet:

‹Langsam öffnete der Häuserklump seines Leibes Mitte. Dann schrien die geschwollenen Hälse der Kirchen nach den Tiefen über ihnen.
Hier jagten sich wie Hunde die Farben aller je gesehenen Erden.
Alle je gehörten Klänge stürzten rasselnd in den Mittelpunkt.
Es zerbrachen die Farben und Klänge wie Glas und Zement
und weiche dunkle Tropfen schlugen schwer herunter ...›

Seine Verse sind ein Versuch, die Totalität dieser unnennbaren Zeit mit all ihren Rissen und Sprüngen, mit all ihren bösartigen und irrsinnigen Gemütlichkeiten, mit all ihrem Lärm und dumpfen Getöse in eine erhellte Melodie aufzufangen. Aus den phantastischen Untergängen lächelt das Gorgohaupt eines maßlosen Schreckens.

[...]

30. III.

Alle Stilarten der letzten zwanzig Jahre gaben sich gestern ein Stelldichein. Hülsenbeck, Tzara und Janco traten mit einem «Poème simultan» auf. Das ist ein kontrapunktliches Rezitativ, in dem drei oder mehrere Stimmen gleichzeitig sprechen, singen, pfeifen oder dergleichen, so zwar, daß ihre Begegnungen den elegischen, lustigen oder bizarren Gehalt der Sache ausmachen. Der Eigensinn eines Organos kommt in solchem Simultangedichte drastisch zum Ausdruck, und ebenso seine Bedingtheit durch die Begleitung. Die Geräusche (ein minutenlang gezogenes rrrrr, oder Polterstöße oder Sirenengeheul und dergleichen), haben eine der Menschenstimme an Energie überlegene Existenz.

Das «Poème simultan» handelt vom Wert der Stimme. Das menschliche Organ vertritt die Seele, die Individualität in ihrer Irrfahrt zwischen dämonischen Begleitern. Die Geräusche stellen den Hintergrund dar; das Unartikulierte, Fatale, Bestimmende. Das Gedicht will die Verschlungenheit des Menschen in den mechanistischen Prozeß verdeutlichen. In typischer Verkürzung zeigt es den Widerstreit der vox humana mit einer sie bedrohenden, verstrickenden und zerstörenden Welt, deren Takt und Geräuschablauf unentrinnbar sind.

[...]

24. V.

Janco hat für die neue Soiree eine Anzahl Masken gemacht, die mehr als begabt sind. Sie erinnern an das japanische oder altgriechische Theater und sind doch völlig modern. Für die Fernwirkung berechnet, tun sie in dem verhältnismäßig kleinen Kabarettraum eine unerhörte Wirkung. Wir waren alle zugegen, als Janco mit seinen Masken ankam, und jeder band sich sogleich eine um. Da geschah nun etwas Seltsames. Die Maske verlangte nicht nur sofort nach einem Kostüm, sie diktierte auch einen ganz bestimmten pathetischen, ja an Irrsinn streifenden Gestus. Ohne es fünf Minuten vorher auch nur geahnt zu haben, bewegten wir uns in den absonderlichsten Figuren, drapiert und behängt mit unmöglichen Gegenständen, einer den andern in Einfällen überbietend. Die motorische Gewalt dieser Masken teilte sich uns in frappierender Unwiderstehlichkeit mit. Wir waren mit einem Male darüber belehrt, worin die Bedeutung einer solchen Larve für die Mimik, für das Theater bestand. Die Masken verlangten einfach, daß ihre Träger sich zu einem tragischabsurden Tanz in Bewegung setzten.

Wir sahen uns jetzt die aus Pappe geschnittenen, bemalt und beklebten Dinger genauer an und abstrahierten von ihrer vieldeutigen Eigenheit eine Anzahl von Tänzen, zu denen ich auf der Stelle je ein kurzes Musikstück erfand. Den einen Tanz nannten wir «Fliegenfangen». Zu dieser Maske paßten nur plumpe tappende Schritte und einige hastig fangende, weit ausholende Posen, nebst einer nervösen schrillen Musik. Den zweiten Tanz nannten wir «Cauchemar». Die tanzende Gestalt geht

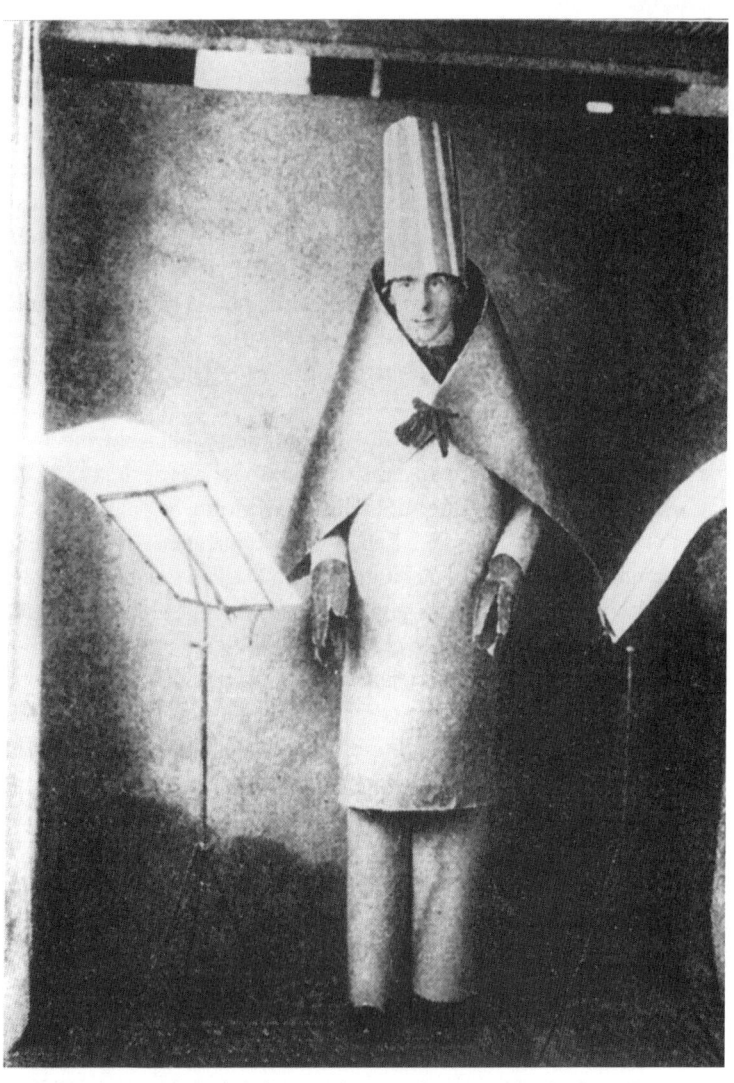

H. Ball bei einer Dada-Soirée im Cabaret Voltaire in Zürich als «Priester» in kubistischem Kostüm, um 1917

aus geduckter Stellung geradeaus aufwachsend nach vorn. Der Mund der Maske ist weit geöffnet, die Nase breit und verschoben. Die drohend erhobenen Arme der Darstellerin sind durch besondere Röhren verlängert. Den dritten Tanz nannten wir «Festliche Verzweiflung». An den gewölbten Armen hängen lang ausgeschnittene Goldhände. Die Figur dreht sich einige Male nach links und nach rechts, dann langsam um ihre Achse und fällt schließlich blitzartig in sich zusammen, um langsam zur ersten Bewegung zurückzukehren.

Was an den Masken uns allesamt fasziniert, ist, daß sie nicht menschliche, sondern überlebensgroße Charaktere und Leidenschaften verkörpern. Das Grauen dieser Zeit, der paralysierende Hintergrund der Dinge ist sichtbar gemacht.

[...]

12. VI.

Der Dadaist liebt das Außergewöhnliche, ja das Absurde. Er weiß, daß sich im Widerspruche das Leben behauptet und daß seine Zeit wie keine vorher auf die Vernichtung des Generösen abzielt. Jede Art Maske ist ihm darum willkommen. Jedes Versteckspiel, dem eine düpierende Kraft innewohnt. Das Direkte und Primitive erscheint ihm inmitten enormer Unnatur als das Unglaubliche selbst.

Da der Bankrott der Ideen das Menschenbild bis in die innersten Schichten zerblättert hat, treten in pathologischer Weise die Triebe und Hintergründe hervor. Da keinerlei Kunst, Politik oder Bekenntnis diesem Dammbruch gewachsen scheinen, bleibt nur die Blague und die blutige Pose.

[...]

16. VI.

Die Bildungs- und Kunstideale als Varietéprogramm –: das ist unsere Art von «Candide» gegen die Zeit. Man tut so, als ob nichts geschehen wäre. Der Schindanger wächst, und man hält am Prestige der europäischen Herrlichkeit fest. Man sucht das Unmögliche möglich zu machen und den Verrat am Menschen, den Raubbau an Leib und Seele der Völker, dies zivilisierte Gemetzel in einen Triumph der europäischen Intelligenz umzulügen. Man führt eine Farce auf, dekretierend, nun habe Karfreitagsstimmung zu herrschen, die weder durch ein verstohlenes Klimpern auf halber Laute noch durch ein Augenzwinkern dürfe gestört und gelästert werden. Darauf ist zu sagen: Man kann nicht verlangen, daß wir die üble Pastete von Menschenfleisch, die man uns präsentiert, mit Behagen verschlucken. Man kann nicht verlangen, daß unsere zitternden Nüstern den Leichendunst mit Bewunderung einsaugen. Man kann nicht erwarten, daß wir die täglich fataler sich offenbarende Stumpfheit und Herzenskälte mit Heroismus verwechseln. Man wird einmal einräumen müssen, daß wir sehr höflich, ja rührend reagierten. Die grellsten Pamphlete reichten nicht hin, die allgemein herrschende Hypokrisie gebührend mit Lauge und Hohn zu begießen.

[...]

23. VI.

Ich habe eine neue Gattung von Versen erfunden, «Verse ohne Worte» oder Lautgedichte, in denen das Balancement der Vokale nur nach dem Werte der Ansatzreihe erwogen und ausgeteilt wird. Die ersten dieser Verse habe ich heute abend vorgelesen. Ich hatte mir dazu ein eigenes Kostüm konstruiert. Meine Beine standen in einem Säulenrund aus blauglänzendem Karton, der mir schlank bis zur Hüfte reichte, so daß ich bis dahin wie ein Obelisk aussah. Darüber trug ich einen riesigen, aus Pappe geschnittenen Mantelkragen, der innen mit Scharlach und außen mit Gold beklebt, am Halse derart zusammengehalten war, daß ich ihn durch ein Heben und Senken der Ellbogen flügelartig bewegen konnte. Dazu einen zylinderartigen, hohen, weiß und blau gestreiften Schamanenhut.

Ich hatte an allen drei Seiten des Podiums gegen das Publikum Notenständer errichtet und stellte darauf mein mit Rotstift gemaltes Manuskript, bald am einen, bald am andern Notenständer zelebrierend. Da Tzara von meinen Vorbereitungen wußte, gab es eine richtige kleine Premiere. Alle waren neugierig. Also ließ ich mich, da ich als Säule nicht gehen konnte, in der Verfinsterung auf das Podest tragen und begann langsam und feierlich:

Gadji beri bimba
glandridi lauli lonni cadori
gadjama bim beri glassala

glandridi glassala tuffm i zimbrabim
blassa galassasa tuffm i zimbrabim ...

Die Akzente wurden schwerer, der Ausdruck steigerte sich in der Verschärfung der Konsonanten. Ich merkte sehr bald, daß meine Ausdrucksmittel, wenn ich ernst bleiben wollte (und das wollte ich um jeden Preis) dem Pomp meiner Inszenierung nicht würden gewachsen sein. Im Publikum sah ich Brupbacher, Jelmoli, Laban, Frau Wiegmann. Ich fürchtete eine Blamage und nahm mich zusammen. Ich hatte jetzt rechts am Notenständer «Labadas Gesang an die Wolken» und links die «Elefantenkarawane» absolviert und wandte mich wieder zur mittleren Staffelei, fleißig mit den Flügeln schlagend. Die schweren Vokalreihen und der schleppende Rhythmus der Elefanten hatten mir eben noch eine letzte Steigerung erlaubt. Wie sollte ich's aber zu Ende führen? Da bemerkte ich, daß meine Stimme, der kein anderer Weg mehr blieb, die uralte Kadenz der priesterlichen Lamentation annahm, jenen Stil des Meßgesangs, wie er durch die katholischen Kirchen des Morgen- und Abendlandes wehklagt.

Ich weiß nicht, was mir diese Musik eingab. Aber ich begann meine Vokalreihen rezitativartig im Kirchenstile zu singen und versuchte es, nicht nur ernst zu bleiben, sondern mir auch den Ernst zu erzwingen. Einen Moment lang schien mir, als tauche in meiner kubistischen Maske ein bleiches, verstörtes Jungengesicht auf, jenes halb erschrockene, halb neugierige Gesicht eines zehnjährigen Knaben, der in den Totenmessen und Hochämtern seiner Heimatpfarrei zitternd und gierig am Munde der Priester hängt. Da erlosch, wie ich es bestellt hatte, das elektrische Licht, und ich wurde vom Podium herab schweißbedeckt als ein magischer Bischof in die Versenkung getragen.

[...]

In: Hugo Ball: Die Flucht aus der Zeit. Leipzig 1927 (Duncker & Humblot), S. 77 ff., 89 ff., 94 ff.

Kurt Schwitters
An die Bühnen der Welt (1919)

Ich fordere die Merzbühne.

Ich fordere die restlose Zusammenfassung aller künstlerischen Kräfte zur Erlangung des Gesamtkunstwerkes. Ich fordere die prinzipielle Gleichberechtigung aller Materialien, Gleichberechtigung zwischen Vollmenschen, Idiot, pfeifendem Drahtnetz und Gedankenpumpe. Ich fordere die restlose Erfassung aller Materialien vom Doppelschienenschweißer bis zur Dreiviertelgeige. Ich fordere die gewissenhafteste Vergewaltigung der Technik bis zur vollständigen Durchführung der verschmelzenden Verschmelzungen. Ich fordere die abstrakte Verwendung der Kritiker und die Unteilbarkeit aller ihrer Aufsätze über die Veränderlichkeit des Bühnenbildes und die Unzulänglichkeit der menschlichen Erkenntnisse überhaupt.

Ich fordere den Bismarckhering.

Man setze riesenhafte Flächen, erfasse sie bis zur gedachten Unendlichkeit, bemäntele sie mit Farbe, verschiebe sie drohend und zerwölbe ihre glatte Schamigkeit. Man zerknicke und turbuliere endliche Teile und krümme löchernde Teile des Nichts unendlich zusammen. Glattende Flächen überkleben. Man drahte Linien Bewegung, wirkliche Bewegung steigt wirkliches Tau eines Drahtgeflechtes. Flammende Linien, schleichende Linien, flächende Linien überquert. Man lasse Linien miteinander kämpfen und sich streicheln in schenkender Zärtlichkeit. Punkte sollen dazwischensternen, sich reigen, und einander verwirklichen zur Linie. Man biege die Linien, knacke und zerknicke Ecken würgend wirbelt um einen Punkt. In Wellen wirbelnden Sturmes rausche vorbei eine Linie, greifbar aus Draht. Man kugele Kugeln wirbelnd Luft berühren sich. Einander durchdringend zereinen Flächen. Kisten kanten empor, gerade und schief und bemalt. Ich sich Klappcylinder versinken erdrosselt Kisten Kasten. Man setze Linien ziehend zeichnen ein Netz lasurierend. Netze umfassen verengen Qual des Antonius. Man lasse Netze brandenwogen und zerfließen in Linien dichten in Flächen, Netzen die Netze. Man lasse Schleier wehen, weiche Falten fallen, man lasse Watte tropfen und Wasser sprühen. Luft bäume man weich und weiß durch tausendkerzige Bogenlampen. Dann nehme man Räder und Achsen, bäume sie auf und lasse sie singen [Wasserriesenüberstände]. Achsen tanzen mitterad rollen Kugeln Faß. Zahnräder wittern Zähne, finden eine Nähmaschine, welche gähnt. Empordrehend oder geduckt, die Nähmaschine köpft sich selbst, die Füße zu oben. Man nehme Zahnarztbohrmaschine, Fleischhackmaschine, Ritzenkratzer von der Straßenbahn, Omnibusse und Automobile, Fahrräder, Tandems und deren Bereifung, auch Kriegsersatzreifen und deformiere sie. Man nehme Lichte und deformiere sie in brutalster Weise. Lokomotiven lasse man gegeneinander fahren, Gardinen und Portieren lasse man Spinnwebfaden mit Fensterrahmen tanzen und zerbreche winselndes Glas. Dampfkessel bringe man zur Explosion zur Erzeugung von Eisenbahnqualm. Man nehme Unterröcke und andere ähnliche Sachen, Schuhe und falsche Haare, auch Schlittschuhe und werfe sie an die richtige Stelle, wohin sie gehören, und zwar immer zur richtigen Zeit. Man nehme meinetwegen auch Fußangeln, Selbstschüsse, Höllenmaschinen, den Blechfisch, in dem man Puddings backt [Kritiker] und den Trichter, natürlich alles in künstlerisch deformiertem Zustande. Schläuche sind sehr zu empfehlen. Man nehme kurz alles, von der Schraube des Imperators bis zum Haarnetz der vornehmen Dame, jedesmal entsprechend den Größenverhältnissen, die das Werk verlangt.

    Menschen selbst können auch verwendet werden.
    Menschen selbst können auf Kulissen gebunden werden.
    Menschen selbst können auch aktiv auftreten, sogar in ihrer alltäglichen Lage, zweibeinig sprechen, sogar in vernünftigen Sätzen.
    Nun beginne man die Materialien miteinander zu vermählen. Man verheirate z. B. die Wachstuchdecke mit der Heimstättenaktiengesellschaft, den Lampenputzer bringe man in ein Verhältnis zu der Ehe zwischen Anna Blume und dem Kammerton a. Die Kugel gebe man der Fläche zum Fraß und eine rissige Ecke lasse man vernichten durch 22tausendkerzige Bogenlampenschein. Man lasse den Menschen auf den Händen gehen und auf seinen Füßen einen Hut tragen, wie Anna Blume. [Katarakte.] Schaum wird gespritzt.
    Und nun beginnt die Glut musikalischer Durchtränkung. Orgeln hinter der Bühne singen und sagen: «Fütt Fütt». Die Nähmaschine rat-

tert voran. Ein Mensch in der einen Kulisse sagt: «Bah». Ein anderer tritt plötzlich auf und sagt: «Ich bin dumm». [Nachdruck verboten.] Kniet umgekehrt ein Geistlicher dazwischen und ruft und betet laut: «O Gnade wimmelt zerstaunen Halleluja Junge, Junge vermählt tropfen Wasser.» Eine Wasserleitung tröpfelt ungehemmt eintönig. Acht. Pauken und Flöten blitzen Tod, und eine Straßenbahnschaffnerspfeife leuchtet hell. Dem Mann auf der einen Kulisse läuft ein Strahl eiskaltes Wasser über den Rücken in einen Topf. Er singt dazu cis d, dis es, das ganze Arbeiterlied. Unter dem Topfe hat man eine Gasflamme angezündet, um das Wasser zu kochen, und eine Melodie von Violinen schimmert rein und mädchenzart. Ein Schleier überbreitet Breiten. Tief dunkelrot kocht die Mitte Glut. Es raschelt leise. Anschwellen lange Seufzer Geigen und verhauchen. Licht dunkelt Bühne, auch die Nähmaschine ist dunkel.

Ich fordere Einheitlichkeit in der Raumgestaltung.

Ich fordere Einheitlichkeit in der Zeitformung.

Ich fordere Einheitlichkeit in der Begattungsfrage, in bezug auf Deformieren, Kopulieren, Überschneiden. Das ist die Merzbühne, wie sie unsere Zeit braucht. Ich fordere Revision aller Bühnen der Welt auf der Grundlage der Merzidee.

Ich fordere sofortige Beseitigung aller Übelstände.

Vor allen Dingen aber fordere ich die sofortige Errichtung einer internationalen Experimentierbühne zur Ausarbeitung des Merzgesamtkunstwerkes.

Ich fordere in jeder größeren Stadt die Errichtung von Merzbühnen zur einwandfreien Darstellung von Schaustellungen jeder Art. [Kinder zahlen die Hälfte.]

In: Kurt Schwitters. Das literarische Werk. Hrsg. v. Friedhelm Lach. DuMont Buchverlag Köln 1973.

Fernand Léger
Das Schauspiel: Licht, Farbe, bewegliches Bild und Gegenstandsszene (1924)

Von der Bühne sprechen heißt sämtliche Erscheinungsformen unserer täglichen Umwelt ins Auge fassen, was einem Grundbedürfnis des modernen Lebens entspricht. Der Alltag selber ist uns zum Schauspiel geworden.

Mehr denn je lenkt das Auge als verantwortungsreichstes Cheforgan den ganzen Menschen. Von früh bis spät registriert es ununterbrochen die vielfältigsten Eindrücke und hat dabei immer flink, verläßlich, subtil und exakt zu sein.

In einer von der Geschwindigkeit beherrschten Welt hat das Auge des Fußgängers, Autofahrers oder am Mikroskop sitzenden Forschers im über Leben oder Tod entscheidenden Bruchteil einer Sekunde die Situation zu erfassen.

Das Leben flitzt dermaßen schnell vorbei, daß alles beweglich wird. Der Rhythmus des Alltags ist von solcher Dynamik, daß schon der Straßenausschnitt, den man von der Terrasse eines Kaffees überblickt, wie ein Schauspiel zusammenprallender und auseinanderfahrender Elemente wirkt. Die Heftigkeit der Kontraste übersteigert den flüchtigsten Eindruck.

Da transportieren zwei Männer auf einem Handkarren die vergoldeten Riesenlettern einer Reklame durch die Stadt und erreichen damit völlig ungewollt eine so überraschende Wirkung, daß jedermann unwillkürlich stehenbleibt. Derartige Alltagsereignisse bilden den Ausgangspunkt des modernen (unliterarischen) Schauspiels. Auf ihnen aufzubauen und das Publikum immer wieder durch solche Überraschungen zu packen verlangt von den Artisten, die darauf aus sind, die Massen zu unterhalten, die Fähigkeit, unablässig auszuwählen und zu erfinden. Ein harter Beruf – der härteste, den ich kenne.

Er verlangt die Fähigkeit, unermüdlich auszuwählen und zu erfinden. Glücklicherweise vervielfachen die sich jagenden Erfindungen unsere modernen Gestaltungs- und Ausdrucksmittel.

Die ehemals starr beschränkten Gegenstände, Lichteffekte und Farben werden lebendig und beginnen sich zu bewegen.

Wie früher dominiert auf der Bühne auch heute noch das «menschliche Element», vom glänzenden Tänzer, der die Szene beherrscht, bis zum Music-Hall-Ensemble mit seiner gewollten Erotik. Aber die Riesenrevues mit ihrer Jagd nach dem ewig Neuen haben die ohnehin beschränkten Mittel erschöpft. Sie sind am Ende. Der Quell ist versiegt. Wir erleben die Endphase einer Krise. An uns ist es nun, neuere, neueste Möglichkeiten ins Spiel zu bringen, die der kurz bemessenen Zeit des modernen Schaubildes entsprechen, das, soll es geschlossen wirken, nicht länger als fünfzehn bis zwanzig Minuten dauern darf.

Schon ist man darauf gekommen, die anthropozentrische Schaustellung mechanisch zu konkurrenzieren oder vielmehr zu erneuern. Man hatte den Einfall, mit den Dingen selbst, das heißt mit dem Material als solchem, zu agieren und sie wie Spieler in Bewegung zu bringen.

[...]

Will er nicht von der gigantischen Inszenierung des modernen Lebens ganz an die Wand gespielt werden, bleibt dem heutigen Künstler, der sich ein Publikum schaffen möchte, nichts anderes übrig, als von seinem ästhetischen Standpunkt her alles, was ihn umgibt, als Rohmaterial zu betrachten, und aus dem bunten Wirbel des Alltags die ihm entsprechenden bildnerischen und bühnenmäßigen Werte auszuwählen, um sie dann selber zu einem Schauspiel umzugestalten, und sie unter seinem Szepter zu einer höheren szenischen Einheit emporzuführen. Schwingt er sich dabei aber nicht bis zur obersten Stufe der Kunst empor, wird er gleich vom Leben konkurrenziert, überholt und in Frage gestellt. Nur der Erfindungsreichtum einer schöpferischen Phantasie vermag ihn zu retten.

[...]

Die kommerziellen Bemühungen haben ein solches Niveau erreicht, daß die Mannequinparade einer besseren Modeschau es, was die Revuewirkung betrifft, oft mit Vorführungen mittlerer Bühnen aufnehmen kann. Wir sind heute viel schauspielversessener als früher. Der Andrang zur Bühne und zur Leinwand ist zu einer allgemeinen Erscheinung geworden.

[...]

Diese beinahe grenzenlose Schauwut und Vergnügungssucht müssen wohl als Reaktion auf die harten Anforderungen des modernen Lebens gewertet werden, eines kalt berechnenden Lebens, das keine Schonung kennt, auf alles und jedes die Mikroskope richtet, Menschen und Dinge unter die Lupe nimmt, Raum und Zeit als harte Realitäten einkalkuliert, Sekunde und Millimeter zum geläufigen Grundmaß erhebt und in seiner mitreißenden Jagd nach Perfektion selbst das schöpferische Genie bis an die Grenzen des Möglichen treibt.

Dieses Leben ist das Ergebnis eines erbarmungslos formenden Krieges, der nur die nackte Wahrheit gelten ließ, alle moralischen Werte einer Totalrevision unterzog und die Leistungsfähigkeit und Widerstandskraft des Menschen bis zum Zerbrechen erprobte.

[...]

Welches Angebot entspricht dieser gewaltigen Nachfrage?

Music-Hall, Zirkus, Revue, Ballett, Volksfest und mondäne Soiree bilden das Angebot auf die gewaltige Nachfrage nach ablenkendem Schaustoff.

[...]

Ich werde versuchen, im folgenden von dieser einfachen Feststellung auszugehen, denn sie stützt eine wichtige These meines Vortrages:

Die optische Wirkung des Saales und jene der Bühne sind scharf auseinanderzuhalten und die individuell geprägten Schauspieler durch anonymes Menschenmaterial zu ersetzen. Die Szene hat zum Spielplatz schöpferischer Phantasie zu werden. Das vorgeführte Menschenmaterial erhält im Schaubild den gleichen Stellenwert wie der einzelne Gegenstand und das ganze Dekor.

Wir verfügen gegenwärtig, wie jedermann feststellen kann, über die vielfältigsten Mittel, aber nur unter der bereits genannten Bedingung, daß auch das Individuum, das die Szene beherrscht, wie alles übrige zu einem solchen Mittel wird. Selbst der talentierte Star – und Talent sollte er haben – verunmöglicht allzuoft die erstrebte Einheit. Ich habe nichts gegen den Tänzertyp, der seit Jahrhunderten allen Regeln gerecht wird, um mit seiner klassischen Darbietung das Publikum hinzureißen. Aber er sollte merken, daß es auch für große Genies nicht tausend Arten zu lächeln, Pirouetten zu drehen, Kapriolen zu springen und seine Beine zu schwingen gibt. Sein Repertoire ist erschöpft. So täte er und jeder begabte Artist wohl gut daran, einmal bescheiden um sich zu blicken und nach den Mitteln Ausschau zu halten, die es dem Talentierten ermöglichen, sich zu erneuern.

Den Platz auf der Bühne macht ihm niemand streitig. Er wird dort weiterhin oder vielmehr erst recht glänzen, wenn er sich an den Menschen von heute und nicht an den musealen Schätzen der Vergangenheit orientiert. Der moderne Alltag überbordet von Bildideen.

[...]

Für den Idealfall müßten wir verlangen, daß die Bühne restlos von den Einfällen einer schöpferischen Phantasie beherrscht wird. So stünde denn einem toten, dunklen, lautlosen Zuschauerraum eine Bühne voller Bewegung, Leben und Licht gegenüber, ein Festplatz des Erfindens.

Ginge es nach mir:

Der Mensch verschwände, würde zum wandelnden Versatzstück oder hätte seinen Platz hinter den Kulissen, um von dort aus das neue «Theater des schönen Gegenstandes» zu dirigieren.

Wir wollen nicht übersehen, daß sich bereits zahlreiche Akrobaten, Jongleure und andere Varieté-Artisten über den Schauwert toter Objekte im klaren sind und sich sorgfältig mit schönen Gegenständen umgeben – aber vorläufig doch immer nur so, daß diesen Objekten lediglich sekundäre Bedeutung zukommt.

Die Wirkung ihrer oft mit bescheidensten Mitteln in Szene gesetzten Nummer beruht zur Hälfte auf solchen Schaueffekten.

Die Kuppel des «Nouveau-Cirque» ist ein Märchenhimmel. Während der winzige Akrobat Abend für Abend in der metallenen Wölbung dieses scheinwerferbestirnten «Planetariums» einsam sein Leben aufs Spiel setzt, sitze ich zerstreut auf meinem Platz. Trotz der halsbrecherischen Leistungen, die ihm ein sattes Publikum, das recht selbstzufrieden seine Rauchwolken zu ihm hinaufpafft, grausam abfordert, achte ich kaum auf ihn, vergesse ihn bald mitsamt den rotangelaufenen Zuschauervisagen, denn mich fasziniert das ihn umgebende Gegenstandschauspiel. Ich stehe im Bann dieser einzigartigen Architektur aus bunten Masten, metallenen Röhren und sich überschneidenden Drähten, die dort oben im spielenden Lichte agieren.

A. Honegger: Skating Rink. Ausstattung: F. Léger. Paris 1922

Wer sich an ein modernes Publikum wenden möchte, tut gut daran, sich solche Dinge zu merken.

Es ist an der Zeit, das kleine Menschlein unauffällig von der Bühne verschwinden zu lassen. Daß sie deshalb noch längst nicht leer wird, dafür übernehme ich jede Garantie, denn wir bringen nun die *Dinge* ins Spiel, lassen die *Gegenstände* agieren.

Nehmen wir als Beispiel eine Bühne von minimaler Tiefe. Hier gilt es vor allem, die vertikale «Bildfläche» voll auszunützen. Mit der Uhr in der Hand müssen Bewegung, Licht und Ton einer Nummer exakt berechnet und aufeinander abgestimmt werden, denn was in zehn Sekunden wirkungsvoll abrollt, kann, auf zwölf ausgedehnt, bereits langweilig werden. Der Hintergrund besteht aus beweglichen Dekorationsstücken. Die Handlung setzt ein. Als lebender Dekor schlagen sechs Spieler das Rad über die ausgeleuchtete Bühne und wiederholen die gleiche Bewegung in Gegenrichtung als phosphoreszierende Figuren vor dunklem Grund, während eine Kinoprojektion die oberen Prospektpartien belebt, die sich bewegenden Versatzstücke des Fonds kurz zur Geltung bringt und einen sich schimmernd drehenden Metallgegenstand auftauchen und wieder versinken läßt. Die ganze Szene des sich nach dem Willen des Regisseurs vielfach überschneidenden Zusammenspiels graziöser Überraschungen und schockartiger Einfälle bleibt bis ins Letzte geregelt. Erscheint ein Gesicht, ist es starr, steif und kalt wie Metall. Die menschliche Gestalt wird nicht von der Bühne verbannt, doch, wo sie auftaucht, geschieht es ohne den mindesten persönlichen Ausdruck, ist sie stark geschminkt oder trägt eine Maske, wird völlig verwandelt oder agiert mit mechanisch geregelter Bewegung. Kurz, sie darf hier nichts anderes sein als eines der vielen Dinge, die ins Ganze Abwechslung bringen. Soweit es dem geschlossenen Gesamtablauf einer Nummer nicht abträglich ist, kann das Menschenmaterial auch in parallel rhythmisierten oder kontrastvoll aufeinanderstoßenden Gruppen eingesetzt werden.

Mit all diesen Mitteln muß die trennende Rampe überwunden und eine Atmosphäre geschaffen werden, die die Zuschauer packt und – falls sie erahnen, was sie hier suchen – befriedigt.

Nichts auf der Bühne soll sie an den Saal erinnern, in welchem sie sitzen. Was sie dort sehen, ist eine völlig ins unerhört Neue verwandelte Märchenwelt, so daß sie sich wie eben noch Blinde vorkommen müssen, denen die magische Heilkraft eines Zauberstabes urplötzlich die staunenden Augen geöffnet hat.

Wir besitzen heute durchaus die Mittel und Möglichkeiten für ein derartig modernes Schauvergnügen und auch den Beweis, daß das Publikum, das ja meist besser ist, als man gemeinhin annimmt, uns folgt.

[...]

In: Fernand Léger: Mensch, Maschine, Malerei. Übersetzt und eingel. von R. Füglister. Bern 1971 (Benteli), S. 151–154, 155–158.

Wolf Vostell
«in ulm, um ulm und um ulm herum» – Was ich will:
Zum Happening aus 24 verwischten Ereignissen (1964)

kunst als raum, raum als umgebung, umgebung als ereignis,
ereignis als kunst, kunst als leben

leben als kunstwerk

keine flucht aus der wirklichkeit, sondern in die wirklichkeit

kunst als geschehnis, als happening, am eigenen leib
erfahren lassen

selbst zu farbe, licht, zeit, material, geräusch, selbst zu kunst
werden und werden lassen

die welt nicht verbessern, sondern ein neues verhältnis
zu ihr schaffen

zu kunst erklären, was ich als kunst sehe

den teilnehmer am happening sich selbst bewußt ereignen
lassen

kein ereignis reproduzieren, sondern originales geschehen
lassen

in neue zusammenhänge bringen und bringen lassen

neue bedeutungen durch auflösen der alten gewinnen
und gewinnen lassen

aus dem augenblick heraus handeln und handeln lassen

den zufall als schöpferisch empfinden und empfinden lassen

den sinn im unsinn aufdecken und aufdecken lassen

den unsinn im sinn aufdecken und aufdecken lassen

ein ereignis durch die summe der anderen ereignisse und durch den abstand der einzelnen ereignisse untereinander charakterisieren

zwecklosigkeit als zweck, offene form als form, alles als zentrum sehen und sehen lassen

verwischen, um klar zu sehen und sehen zu lassen

statt zusehende, ausführende und aufführende

In: Vostell. Retrospektive 1958–1974. Ausstellungskatalog Neuer Berliner Kunstverein in Zusammenarbeit mit der Nationalgalerie SMPK. Berlin 1974, S. 304.

Happening

Was es zu sagen gibt:
«Oder ist alles Happening?»
Verändert uns unsere Umgebung?

1. In einer Zeit, in der unsere Umgebung aus sich widersprechenden Ereignissen und Bedeutungen zusammengesetzt ist; in der sinnvolle und unsinnvolle Fakten hintereinander, nebeneinander, übereinander und zur gleichen Zeit das Bewußtsein der Menschen verwischen; in der es die luxuriösesten Situationen gibt, während andere Zeitgenossen kaum ihre Miete bezahlen können; in der bei werbepsychologischen und po-

litischen Handlungen alle Skalen der menschlichen Verhaltensweisen durchpraktiziert werden; in einer Zeit, in der sich alle Jahre die Wertmaßstäbe des Konsums und der Lebensgewohnheiten ändern werden; in einer Zeit, wo die größten Widersprüche nebeneinander existieren, können diese Einwirkungen nicht an der Kunst vorbeigehen.

Die Kunst von heute nimmt alle diese Fakten und verarbeitet sie als totale Wahrheiten, ohne diese allzusehr neu zu formulieren. Die Realität übersteigt die Fiktion. «Ein Bild wird realer, wenn es Teile der Realität enthält» (Rauschenberg). Daß dabei Ereignisse, Gedanken, Wolken, Gott, Unfälle, rundheraus alles was da ist, zur Kunst erklärt, zur Fragestellung wird und wurde (Marinetti, Duchamp, Schwitters, Vostell, Vautier), ist schon zur Selbstverständlichkeit geworden und muß als Ausgangspunkt betrachtet werden. «Das Schweigen von Marcel Duchamp wird überbewertet» (Joseph Beuys). Die Unerklärbarkeiten und Zumutbarkeiten der Phänomene um uns herum erhalten größeren Informationsgehalt als die Interpretation der Dinge über die Dinge.

FORM ADAEQUAT DEM LEBEN?
Aufgeführte Gleichzeitigkeit von Tatsachen?

2. Meine Ausdrucksform, das Leben und unsere Probleme szenisch auszudrücken, fand ich vor zehn Jahren, zu dem Zeitpunkt, an dem ich außer meinem malerischen Bewußtsein ein Bewußtsein für Leben und Tatsachen entwickelte. Wenn ich über eine belebte Straße ging, sah ich vor mir 40 gehende Beine, rechts ein gelbes großes Auto mit roten Blinklichtern, links ein weinendes Kind, hinter mir einen Zeitungskiosk mit Buchstabensalat, einen Fleischerladen, ich denke an eine KZ-Schlagzeile vorher am Kiosk. Was denkt gerade die Frau, der Mann neben mir? Eine schöne Werbung, ich sollte mir ein neues Hemd kaufen, an meinem Auto ein Zettel, Parkverbot, warum ist die Spannung vor einer Ampel so groß?

War das Collage? Nein, für mich war das Dé-Collage. Ein Abriß der psychologischen Situation, von Bewußtseinsschichten, von Wahrheiten, von Objekten, von Vorgängen und Handlungen. In meinem Kölner Happening *Cityrama* (1961), wollte ich beim Publikum Schichten des verschleierten Bewußtseins abreißen. Ich lud Leute ein, in den Straßen von Köln, an Ort und Stelle die visuellen und akustischen Wahrheiten zu erfassen (Straßenecke, Schrottplätze, Trümmergrundstücke etc.). In Paris 1962 forderte ich das Publikum auf, eine Busfahrt über zwanzig Boulevards um Paris herum zu machen, nur wegen der Begleitumstände und Erlebnisse, die sich jeden Tag bei dieser Buslinie ergeben. Nicht also, um von A nach B zu gelangen. Der Mensch als Reflexions- und Aktionszentrum war das Wichtigste dabei! (Mitspiel.)

Bei meinen nächsten Happenings erweiterte ich die Möglichkeit, das Publikum zu aktivieren durch Anweisungen für das Publikum.

FLUXUS
Aktionen vor dem Publikum, akustisch-visueller Art

3. Die Fluxusbewegung manifestierte sich, von G. Maciunas organisiert, das erstemal 1962 in Wiesbaden; acht Abende neuester Musik und neuer szenischer Aufführungen. Bei der Breite und Durchschlagkraft dieser neuen Ästhetik waren die Angriffe und Mißverständlichkeiten, die die Fluxus-Festivals in Wiesbaden, Paris, Kopenhagen, Amsterdam, Düsseldorf und New York erzeugten, wohl schon vorauszusehen. N. J. Paik und ich hörten damals, als Reaktion auf unsere Aufführungen, daß die Ladys von Time und Life in New York für diese Dinge das Wort «*Happening*» geprägt hätten, seitdem hat sich dieses Wort (ähnlich wie POP) als durchschlagender erwiesen als Dé-Collage-Ereignisse, wie ich meine Demonstrationen nannte.

UNTERSCHIEDE
Die Realität wird nicht nur einbezogen; sie bleibt Realität!

4. Wie ich schon erwähnte, entwickelten sich meine Happenings von der Dé-Komposition meiner Bilder heraus und der natürlichen Komposition des Lebens. Bild gleich Leben = Leben gleich Bild (Vostell).

Da die Themen im Leben, die Dingwelt verkettet mit dem Menschen sich manifestiert, bezog ich von Anfang an den Menschen logisch und alogisch mit ins Geschehen ein, und gab dem Publikum sinnvolle oder zur Dé-Couvrierung der Wahrheit unsinnvoll-scheinende Handlungen

W. Vostell: 130 à l'heur, No. 3. Happening, Wuppertal 1963

zur freien Beteiligung. 1959 schrieb ich ein Happening, bei dem das Publikum zu neun verschiedenen Stellen in einer Stadt herumgefahren werden sollte. Mit Hilfe der Galerie Parnass wurde dieses Ereignis an neun verschiedenen Stellen der Stadt Wuppertal realisiert (1963). *Neun Nein Décollagen* für Kino, Rangierbahnhof, Blumengarten, Steinbruch, Autogarage, Schwebebahn, Fabrik, Käfig, Garten. Das Publikum mit einzubeziehen, es herumzutransportieren (Transport auch als Ereignis), für das Geschehnis auch thematisch den wahrheitenthaltenden Ort zu finden, die Beteiligten durch die Umgebung zu beeinflussen, die Umgebung durch die Anwesenheit von Menschen zu beeinflussen, Vorgänge, Farbe, Hunger, Kälte, Wärme, Alleinsein, Zeit etc. am eigenen Leibe zu erleben und erleben zu lassen, um das Bewußtsein des Publikums zu schärfen (Psychologisches Theater), das unterscheidet meine Bewußtseins-Manifestationen von vielem, was plötzlich Happening sein will, sein möchte, gewesen sein will oder gewesen sein möchte.

ULM AUS DER FERNE
Was kostet ein Happening im Vergleich zur Herstellung von elektronischem Vogelzwitschern für Madame Butterfly mit einem Etat von 9 Millionen DM?

5. Als mich der Dramaturg des Ulmer Theaters, Claus Bremer, unterstützt durch das Studio F, einlud, ein Vostellhappening für Ulm zu konzipieren, wußte ich schon, daß Bremer ja unbedingt mal ein Happening veranstalten müßte. Es war die Fortführung seiner Studio-Aufführungen und die Bestätigung seiner Mitspiel-Idee, an der er schon lange arbeitet, und die ich in meiner Arbeit bereits verwirklicht sah. Was ich vom Mitspiel weiß, resultiert aus den Erfahrungen und Reflexionen, die ich in einem Dutzend meiner Happenings mit verschiedenartigem Publikum selbst erfahren durfte.

Wie jedes gute bildnerische Objekt oder bewußtseinsverändernde Theaterstück müssen Mitspiele auch von Ideen sprudeln, und das Publikum darf nicht auf Ehrgeiz und die Entwicklung von Scharfsinn (Kriminalstück von Pörtner) trainiert werden, das läuft auf Quizveranstaltungen hinaus. Meine Arbeit mit Bremer bei den Vorbereitungen war brillant, ihm verdanke ich das Gelingen des siebenstündigen Happenings: *In Ulm, um Ulm und um Ulm herum* (1964).

Viele Stimmen sprechen jedoch von Mißlingen. Ebenfalls wird das Happening im Wirtschaftsausschuß der Stadt Ulm behandelt. Warum nicht? Aber vielleicht oder ganz gewiß sollte man nachzählen, wieviel Tausendmarkscheine bei allen Theatern für dekorativen Pomp, der nichts, als eben Pomp aussagt, verpufft werden. Durch elektronisches Vogelzwitschern können wir nicht erfahren, in welcher Zeit wir leben; daher wird es auch keine Vostellhappenings geben, die nur der Unterhaltung des Konsumenten gelten.

PUBLIKUMSREAKTIONEN
Wird es «entartetes» Theater geben?

6. Ich möchte dem Menschen bewußt machen, in welcher Zeit er lebt. Wenn er das weiß, kann und wird er sich gegenüber sich selbst und den

*W. Vostell: In Ulm, um Ulm und um Ulm herum. Happening
(Schlachthofszene) Ulmer Theater 1964*

Tatsachen um ihn anders verhalten. Warum jedoch sind die Angriffe der Presse und des Publikums so intolerant? Schwäbische Zeitung: «... So konnte ein echtes ‹Happening› verhindert werden, nämlich eine gesalzene Tracht Prügel für Wolf Vostell, Claus Bremer und Kurt Fried, denn das Publikum war böse ...» (Prof. Beuys wurde sogar bei einem Festival in Aachen von einem Studenten geschlagen.) «Ich schäme mich, Mensch zu sein» (Paik). Viele dieser Zeitgenossen, die so etwas aussprechen oder denken, vielleicht Rassenfanatiker oder wer auch immer, alle diese Menschen schlafen gesund weiter, nachdem sie ihre Morgenzeitung gelesen haben. Denn jede Tageszeitung ist heute voll von Unzumutbarkeiten für jeden Menschen. Um so unbegreiflicher ist es jedoch, daß dieses Publikum beim Happening die Haltung verliert. Sehen sich diese Menschen gezwungen, sich ihrer Maske zu entledigen? Warum toben sie nicht, wenn ein Flugzeug abstürzt, nur weil ein Vogelschwarm in die Triebwerke gerät? Oder vieles mehr! Warum bleiben die Leute, wenn es ihnen mißfällt? Warum bezeichnen sie etwas als entartet, was dem Leben genau gleicht? Warum sind sie empört, wenn sie es in Verbindung mit Kunst sehen? Warum sind sie nicht empört, wenn sie Zeitung lesen?

Mein «Theater» hat Leitbilder und bildnerische Ausstrahlungen. Wenn diese stark sind, werden sie wie Bilder haften bleiben.

Köln, Dezember 1964

In: Theater heute 5/1965, S. 29.

Hermann Nitsch
das orgien-mysterien theater in prinzendorf (1983)

die gestaltung, sensibilisierung, intensivierung und ästhetische ritualisierung unseres lebensablaufs führt zum gesamtkunstwerk. eine kunst, die gelernt hat, mit vorgeformten wirklichkeitsbereichen umzugehen, ermöglicht es, tatsächliche lebensabläufe zu ordnen und zu verdichten. das leben selbst wird zum kunstwerk, wird ästhetisch überhöht, die form treibt das leben zum fest. der gesamte menschliche körper, die gesamt psychophysische organisation, alle fünf sinne werden beansprucht für einen lebensablauf, der über den normalen, von den ordnungen der zivilisation bestimmten, hinausgeht.

    die kunst hat die abbildhaftigkeit überwunden. theater ereignet sich nicht mehr auf einer guckkastenbühne, vor einer passiven zuschauermenge, keine rollen werden mehr gespielt, nicht das gespielte leben eines erfundenen helden, sondern das sich ereignen des spielteilnehmers ist spielgeschehen. der spielteilnehmer ist der held des theaters, weiter noch – das sich ereignen der schöpfung ist spielablauf, alles ist theater.

ursprünglich wurde ausgegangen vom drama, von dem sich mit dem mythos verbindenden drama. die mythische formel von tod und auferstehung, die aufbauende, formende kraft der zerstörung als wesentliches element der unaufhörlich sich ausbreitenden lebendigkeit stellt sich dar durch die wucht der dramatischen katastrophe. das drama macht die innerste, essenzielle lebendigkeit erst anschaubar, es wird in den abgrund geschaut, der eine rational nicht zu fassende, schaudern machende wirklichkeit und naturkraft zeigt, die über leben und tod hinausgeht, die bewahrenden bahnen der sprache werden verlassen.

    eine ekstase, die bis in die bahnen der gestirne und in den verwandlungspunkt des todes reicht, fliesst durch uns und offenbart sich.

    eine schöpfung, die sich selbst verschlingt, einschmilzt, um sich wieder neu zu gebaren, stellt sich dar. der vorgang des eintauchens in die essenz, in den extremen verwandlungsprozess, in den grundsätzlichen ekstatischen prozess, in den grundexess ergibt sich. die existenzgier des raubtieres, die verheimlichte wollust zu töten, die verdrängte, uneingestandene jagdlust kommt durch die katastrophe des dramas hoch. die aufgestaute sinnenhaftigkeit stürzt in die abreaktion, in die grausamkeit, der zahn gräbt sich in das fleisch des opfers. das ewig sich ereignende drama, das morden der atriden, der geblendete vatermörder und blutschänderische ödipus, christus am kreuz werden in den aktionen des o.m. theaters wesentlich. das wesen der wirklichkeit, welches tief im tragischen vollzug des weltganzen, in dem als drama ablaufenden schöpfungsereignisses liegt, wird begreiflich. durch die einengungen der zivilisation verhinderte vitalität wird zur existenzwut, die sich in sinnlich intensives erfassen, in die ekstase, bis in den exzess stösst, die sich umstülpt und in der lebenssubstanz wühlt. rohes fleisch wird zerrissen, geschlachtete schafe, rinder, tierkadaver werden geöffnet, ausgeweidet, blutschleimfeuchte, nasse eingeweide werden herausgerissen, herausgezogen, leibwarme, heissfeuchte gedärme quellen aus den offenen tierleibern und fallen auf den boden.

gestaute, ansonsten eingeengte kraft hat ihren ausbruch, ihr fest gefunden.

[...]

das wie gekreuzigt, an den hinterfüssen hochgezogene, geschlachtete, ausblutende, abgehäutete tier, gott in stiergestalt, wird über allem sichtbar. des aufgebrochenen tierleibes fülle gebiert die weiche, leibwarme menge der gedärme, kotvoll, kotprall. auf rohem fleisch wird getrampelt. in den hautumdrungenen, leibwarmen kot der ausgebreiteten gedärme wird gesprungen. die gedehnte, belastete haut platzt, kot fliesst aus, auf reinen, weissen kachelboden. zerschnittene adern. blut spritzt auf weisse kalkwände. blut spritzt warm, heiß und läuft auf weisse bettwäsche. schmerzliche, wollüstige beanspruchung unserer fünf sinne bringt rausch, das rasen, die exzessive wirklichkeit der schöpfung in unser bewusstsein. das prinzip dionysos erklärt sich. der gott des rausches, des überschwanges, der zerreisungsekstase, der zerstörung, des aufbaues, der auferstehung, der neuordnung, der veränderung, der gott des tragischen, der tragödie erfüllt unsere herzen. der gott weiss, dass theater, drama eigentlich das ereignis der gesamten schöpfung bedeutet. er weiss, dass der schöpfungsablauf innigst mit dem tragischen verbunden ist, mit dem

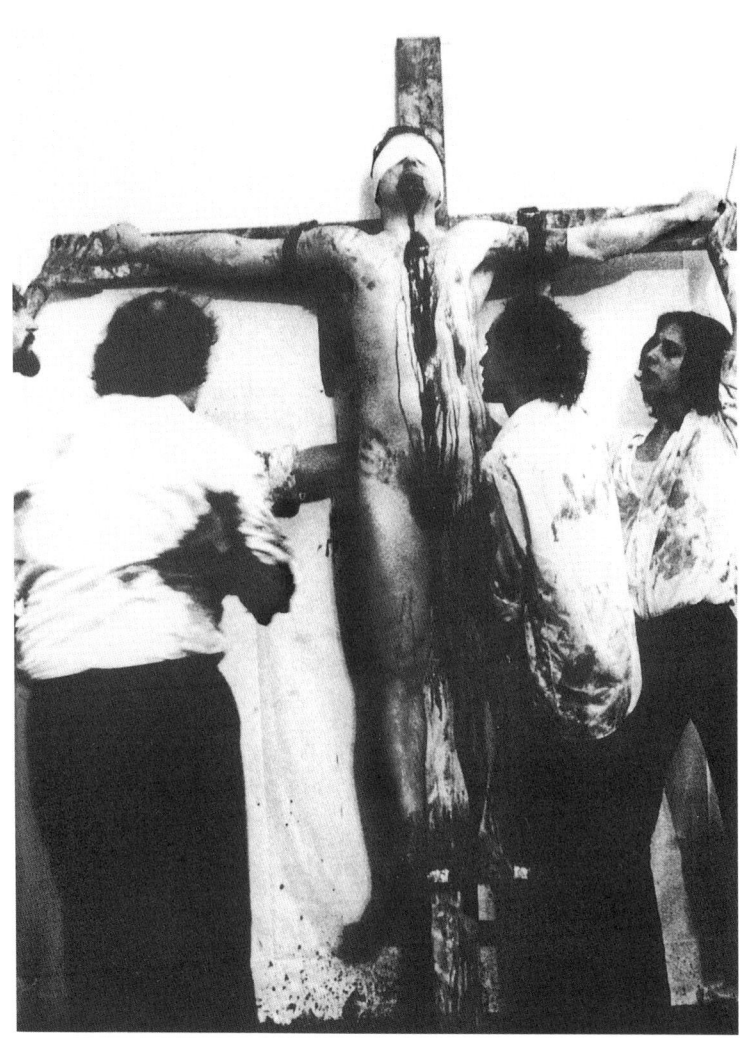

H. Nitsch: 45. Aktion. Neapel 1974

widerstand, welcher jeder schöpferischen entfaltung gegenübersteht und auferlegt ist, welcher zum tragischen scheitern führen kann. grundsätzlicher gedacht: das uns tragisch scheinende, ist permanentes fliessen alles sich ereignenden, ist fliessen in die verwandlung des todes. jener immerwährende strom der alles zu ständigem, sich verwandelndem ereignis bringt, ist das bleibende, das sich ewig im raum der unendlichkeit vollzieht. letztlich meint der gott der auseinanderfliehenden milchstrassen, der sich im vollzug ihres existierenden zerreissenden, expandierenden schöpfung die annahme des tragischen und seine überwindung durch das fest.

wir haben sie hochgetrieben, unsere lebendigkeit, die durch uns hindurchfliessende dynamik der schöpfung bis zur äussersten ekstase. wir wollen uns alles abverlangen. extremste intensität steigert unser erleben zum exzess, zum rasenden, schmerzlichen glück. der exzess des spieles ist von dröhnender musik und ekstatischem geschrei bestimmt.

In: Hermann Nitsch. Ausstellungskatalog. Stedelijk Van Abbemuseum (Red. P. de Jonge). Eindhoven 1983, S. 5 ff.

Theatergeschichtliche Kommentare

Das Theater der Futuristen

«Ein Rennwagen, dessen Karosserie große Rohre schmücken, die Schlangen mit explosivem Atem gleichen ... ist schöner als die Nike von Samothrake.»
Filippo Tommaso Marinetti: Manifest des Futurismus, 1909

Die futuristische Bewegung nahm ihren Anfang mit der Veröffentlichung von Filippo Tommaso Marinettis (1876–1944) Manifest *Le Futurisme*, das am 20. Februar 1909 auf der ersten Seite der Pariser Zeitung «Le Figaro» erschien. Im März schaltete sich Marinetti, der bis dahin vor allem durch seine 1905 gegründete Zeitschrift «Poesia» in Literatenkreisen bekannt war, in Triest in den politischen Wahlkampf ein. Eine Reihe weiterer Manifeste (das wichtigste war *Tod dem Mondschein!* überschrieben) erschienen in rascher Folge. Im Januar/Februar 1910 fand die entscheidende Begegnung Marinettis mit den Malern Umberto Boccioni, Carlo Carrà, Luigi Russolo, Giacomo Balla und Gino Severini statt. Damit hatte sich der Kern der Gruppe der Futuristen formiert; Enrico Prampolini schloss sich im Oktober 1913, Depèro im März 1914 den Futuristen an.

Der Futurismus proklamierte den Umsturz aller bis dahin geltenden Normen in der Kunst und verkündete ein neues revolutionäres Lebensgefühl. Das futuristische Programm stellte den überkommenen Lebenswerten das emphatische Bekenntnis zur Moderne entgegen, aufs aggressivste pointiert in dem futuristischen Technik- und Maschinenkult, in einer stürmischen Sprache als Erlebnis einer jungen Generation vorgetragen:

«1. Wir wollen die Liebe zur Gefahr besingen, die Vertrautheit mit Energie und Verwegenheit.
2. Mut, Kühnheit und Auflehnung werden die Wesenselemente unserer Dichtung sein.
3. Bis heute hat die Literatur die gedankenschwere Unbeweglichkeit, die Ekstase und den Schlaf gepriesen. Wir wollen preisen die angriffslustige Bewegung, die fiebrige Schlaflosigkeit, den Laufschritt, den Salto mortale, die Ohrfeige und den Faustschlag.
4. Wir erklären, daß sich die Herrlichkeit der Welt um eine neue Schönheit bereichert hat: die Schönheit der Geschwindigkeit. Ein Rennwagen, dessen Karosserie große Rohre schmücken, die Schlangen mit explosivem Atem gleichen (...) ein aufheulendes Auto, das auf Kartätschen zu laufen scheint, ist schöner als die *Nike von Samothrake*.
5. Wir wollen den Mann besingen, der das Steuer hält, dessen Idealachse die Erde durchquert, die selbst auf ihrer Bahn dahinjagt.
6. Der Dichter muß sich glühend, glanzvoll und freigebig verschwenden, um die leidenschaftliche Inbrunst der Urelemente zu vermehren.
7. Schönheit gibt es nur noch im Kampf. Ein Werk ohne aggressiven Charakter kann kein Meisterwerk sein. Die Dichtung muß aufgefaßt werden als ein heftiger Angriff auf die unbekannten Kräfte, um sie zu zwingen, sich vor dem Menschen zu beugen.
8. Wir stehen auf dem äußersten Vorgebirge der Jahrhunderte! (...) Warum sollten wir zurückblicken, wenn wir die geheimnisvollen Tore des Unmöglichen aufbrechen wollen? Zeit und Raum sind gestern gestorben. Wir leben bereits im Absoluten, denn wir haben schon die ewige, allgegenwärtige Geschwindigkeit erschaffen.
9. Wir wollen den Krieg verherrlichen – diese einzige Hygiene der Welt – den Militarismus, den Patriotismus, die Vernichtungstat der Anarchisten, die schönen Ideen, für die man stirbt, und die Verachtung des Weibes.
10. Wir wollen die Museen, die Bibliotheken und die Akademien jeder Art zerstören und gegen den Moralismus, den Feminismus und gegen jede Feigheit kämpfen, die auf Zweckmäßigkeit und Eigennutz beruht.
11. Wir werden die großen Menschenmengen besingen, die die Arbeit, das Vergnügen oder der Aufruhr erregt; besingen werden wir die vielfarbige, vielstimmige Flut der Revolution in den modernen Hauptstädten; besingen werden wir die nächtliche, vibrierende Glut der Arsenale und Werften, die von grellen elektrischen Monden erleuchtet werden; die gefräßigen Bahnhöfe, die rauchende

Schlangen verzehren; die Fabriken, die mit ihren sich hochwindenden Rauchfäden an den Wolken hängen; die Brücken, die wie gigantische Athleten Flüsse überspannen, die in der Sonne wie Messer aufblitzen; die abenteuersuchenden Dampfer, die den Horizont wittern; die breitbrüstigen Lokomotiven, die auf den Schienen wie riesige, mit Rohren gezäumte Stahlrosse einherstampfen und den gleitenden Flug der Flugzeuge, deren Propeller wie eine Fahne im Winde knattert und Beifall zu klatschen scheint wie eine begeisterte Menge.» (F. T. Marinetti: Manifest des Futurismus, 1909).

Die futuristische Revolte hatte ihre Beweggründe in der ökonomischen, politischen und geistigen Situation Italiens in den ersten beiden Jahrzehnten des 20. Jahrhunderts. Diese war gekennzeichnet durch die wirtschaftliche und technologische Unterentwicklung des Landes, seine politische Uneinigkeit und teilweise Unselbständigkeit (Besetzung italienischer Gebiete durch Österreich) und durch eine eklatante Stagnation des geistigen Lebens. (Vgl. M. Brauneck: Die Welt als Bühne. 4, 115 ff.) Der Futurismus fand in dieser Situation seine Anhänger einerseits im Lager des Großbürgertums, das die nationale Einheit anstrebte (Krieg gegen Österreich), aber auch in der sozialistischen Arbeiterschaft des Nordens Italiens. Diese erhofften sich aus der Industrialisierung und Modernisierung eine Verbesserung ihrer realen Lage. Der Weg an die Seite der Faschisten, den viele Futuristen gingen, war für die ideologische Widersprüchlichkeit der Bewegung ebenso charakteristisch wie die Parteinahme anderer Gruppen der Futuristen für die sozialistische Arbeiterbewegung.

In der Öffentlichkeit machten die Futuristen, angeführt von Marinetti, durch spektakuläre Aktionen auf ihre Ziele aufmerksam. In kürzester Zeit waren sie in ganz Europa bekannt. 1912 veröffentlichte Herwarth Walden in der expressionistischen Zeitschrift «Der Sturm» die Manifeste Marinettis. 1914 erschien in Moskau eine ins Russische übersetzte Sammlung *Manifeste der italienischen Futuristen*.

Im Zentrum der futuristischen Ästhetik steht das Prinzip der Simultaneität. Damit ist ein für die gesamte Avantgardekunst konstitutives Strukturprinzip bezeichnet. Als Zeitstruktur negiert das Prinzip der Simultaneität die Geschichte, den Verlauf der Zeit; konstituiert im Kunstwerk einen «zeitfreien» Ort, in dem das Subjekt in radikaler Weise

F. T. Marinetti: Cocktail. Bühne und Kostüm: E. Prampolini. Théâtre de la Madeleine Paris 1927

auf sich selbst zurückgeworfen ist. Der Erfahrung einer dissoziierten Realität begegnet das Subjekt mit seiner assoziativen Phantasie und einer von allen tradierten Regeln befreiten ästhetischen Produktivität. Das ideologische Moment dieser aus dem Elitebewusstsein seiner Mitglieder getragenen Bewegung reflektiert sich in diesen Konstitutionsmomenten der futuristischen Ästhetik.

Für die Theaterentwicklung bringt der Futurismus eine Reihe bahnbrechender Neuerungen hervor, insbesondere für das Experimentier- und Avantgardetheater:

1. Die futuristischen Soireen, Saal- und Straßenaktionen, spektakuläre Formen der öffentlichen Selbstdarstellung, als Massenveranstaltungen mit großen theatralischen Effekten arrangiert: Die Protestaktion ist hier zur Kunsthandlung erklärt, der Skandal wird ästhetisiert in Ritualen, die sich alsbald ausgebildet haben: das Verlesen provokanter kulturkritischer Manifeste, Aktionsstrategien, die zur Erzeugung chaotischer

Massenkrawalle führen; Lärm, Schlägereien, das Werfen von Gegenständen, exzessive Verkleidungen, das Vorzeigen von Transparenten, theatralische Umzüge. Das Publikum wird dabei zum Mitakteur. Die aktuelle Lebenssituation ist für alle Beteiligten Theater. Diese Formen nimmt die Dadabewegung auf; sie werden in den Happenings der sechziger Jahre weiterentwickelt. Für diese Aktionskunst ist vor allem Marinetti der Initiator.

2. Das Varieté und das Music-Hall-Theater. Ein Alternativmodell von Theater mit stark polemischer Tendenz gegenüber der konventionellen Theaterkultur: Schocks statt Kontemplation, nervliche Sensationen statt Reflexion; äußere Attraktion, vulgär und aggressiv, wird gegen eine überkommene Innerlichkeitskultur gesetzt. Der Einsatz aller modernen technischen (Film, Projektion) und artistischen Mittel (Akrobatik, Sensationsdarstellung) wird gegen die Tradition des klassischen Literatur-

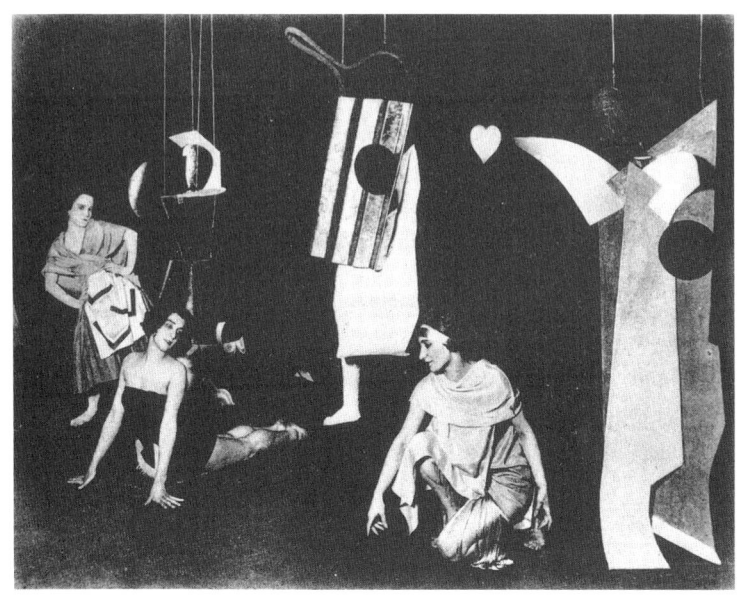

E. Prampolini (Regie, Bühne, Kostüm): Le Marchand de cœurs. Théâtre de la Madeleine Paris 1927

theaters aufgeboten. Der Zuschauer soll für die Reizüberflutung seines Alltags, für das Tempo des Lebens in den großen Städten trainiert und konditioniert werden. Marinettis Manifest *Varieté* entwirft diese Theaterform, die insbesondere auf die russische Avantgarde gewirkt hat, am prägnantesten. Dabei sind es die beiden zentralen aufeinanderbezogenen Strukturmomente futuristischer Ästhetik, die diesem Theater zugrunde gelegt werden, das Prinzip der Montage und das Prinzip der Simultaneität. Mit beiden wollten die Futuristen Strukturmomente der modernen Lebensrealität abbilden und dem Zuschauer als Elemente einer «neuen futuristischen Sensibilität» vermitteln.

3. Das futuristische Experimentaltheater, wie es vornehmlich Enrico Prampolini (1894–1956), Fortunato Depèro (1892–1960) und Giacomo Balla (1871–1958) entwickelt haben: Hier bleibt das Theater als Kunstform erhalten, bricht jedoch durch seine experimentelle Ästhetik mit jeder Tradition. Es ist ein Theater, das die völlige Technisierung der Bühne realisiert, Theater ohne Schauspieler; abstraktes Theater von Figurinen oder Gegenständen, als Farb-, Licht- oder Schallspiel gestaltet; es ist in einem Zwischenbereich zur bildenden Kunst angesiedelt und ist eine Vorstufe der späteren Performance-Entwicklung. Der futuristische Bruch mit der Tradition ist damit in die Kunstform zurückgenommen.

4. Für die futuristische Bewegung zwar typisch, in der Praxis jedoch nur eine Randerscheinung, war das Flugtheater von Fedele Azari, das dieser im Frühjahr 1918 über Busto Arsizio veranstaltete. Azari war Flieger bei der italienischen Armee und formulierte seine Ideen in dem Manifest *Futuristisches Flugtheater* im April 1919. In Azaris Flugtheater wird die Maschinen- und Technikbegeisterung der Futuristen am konsequentesten in die ästhetische Produktion umgesetzt. Azari beschreibt sein Konzept, das von dem enormen Elan der Bewegung getragen ist, folgendermaßen:

«Wir futuristischen Flieger lieben das rechtwinklige Hinaufrauschen und den senkrechten Sturzflug in das Nichts, das Drehen in betrunkenem Gieren, während wir mit unseren Körpern durch die Zentrifugalkraft in die kleinen Sitze gedrückt werden, und wir lieben es, uns den spiralförmigen Wirbeln hinzugeben, die uns um die im Nichts eingebettete Wendeltreppe zwingen: und das

zwei-, drei- oder zehnmalige Umdrehen in immer fröhlicheren Schleifenflügen, das Hinüberlehnen über den Flügel bei wirbelnden Überschlägen; das strudelförmige Fliegen, das Ausrutschen, das Schaukeln in langen Stürzen – wie tote Blätter – und das Sichbetäuben mit einer atemberaubenden Anzahl von Trudeln; kurz: das Rollen, das Schaukeln und das Umdrehen in der Luft auf unsichtbaren Trapezen, indem wir mit unseren Flugzeugen ein großes Windrad in die Luft malen. Wir futuristischen Flieger können mittels des Fluges eine neue Kunstform schaffen, die höchst komplexe Geistesverfassungen zum Ausdruck bringen kann.
Wir Flieger schreien unsere Empfindungen und unseren Lyrizismus von oben herunter, mit dem Schaukeln und schnellen Hin-und-Her-Bewegen unserer Flugzeuge, wobei fröhlichste Purzelbäume, improvisierte Hieroglyphen und bizarrste Evolutionen im Rhythmus unserer Lust ausgeführt werden.
Die Kunstform, die wir mit unserem Flug schaffen, ist analog zum Tanz, ist dem Tanz aber unendlich überlegen wegen seines grandiosen Hintergrunds, seiner unübertrefflichen Dynamik und der sehr unterschiedlichen Möglichkeiten, die er bietet, u. a. durch die Nutzung der drei Dimensionen des Raumes. (...)
Werden solche Darstellungen bzw. Vorträge mit zwei oder mehreren Flugzeugen durchgeführt, ist es möglich, ganze Dialoge und dramatische Handlungen auszuführen. Bei der Betrachtung eines Fluggefechts zum Beispiel kann der Zuschauer die unterschiedlichen Haltungen der Gegner wahrnehmen und die Empfindungen der Piloten erraten; man kann die Sprünge und die spiralförmigen Aufwärtsbewegungen des Angreifers von den schlängelnden, katzenartigen oder offen aggressiven, impulsiven oder vorsichtigen Taktiken des angegriffenen Piloten unterscheiden. Dies ist aber nur ein Aspekt der vielseitigen Ausdrucksmöglichkeiten beim Flug. Mit anderen Worten, wir möchten eine großartige Luftkunst mit neuer Akrobatik dadurch schaffen, daß wir künstlerisch diejenigen Ausdrucksmöglichkeiten komponieren, die bereits für außerkünstlerische Zwecke verwendet werden. (...)
In Zusammenarbeit mit meinem Freund Luigi Russolo, Genie-Erfinder der futuristischen *intonarumori*, habe ich eine besondere Art Motorhaube erfunden, die die Resonanz des Motors steigert und einen Auspufftyp, der die Klangfülle des Motors reguliert, ohne seine Funktion zu beeinträchtigen.
Jedes Flugzeug wird von einem futuristischen Maler bemalt und signiert werden: Balla, Russolo, Freni, Depero, Dudreville, Baldessari, Rosai, Furazzi, Ginna, Conti, Sironi u. a. haben bereits phantastische Flugzeug-Dekorationen entworfen. Aus einer Spezialöffnung kann eine ausdrucksvolle Spur aus gefärbtem und parfümiertem Staub, Konfetti, Raketen, Fallschirmen, Puppen, kleinen bunten Luftballons etc. «gelegt» werden. (...)
Sobald die Freiheit der Luftwege wiederhergestellt ist, werden die futuristischen

Flieger Tag und Nacht Lufttheateraufführungen über Mailand veranstalten, mit Dialogflügen, Pantomime, Tanz und großen Gedichten der *paroliberi* der Luft, komponiert von den futuristischen Dichtern Marinetti, Buzzi, Corra, Settimelli, Folgore u. a. Während des Tages werden über einer grenzenlosen Masse von Zuschauern bemalte Flugzeuge in einer durch ihre Rauchemissionen gefärbten Luft tanzen und nachts werden sie bewegliche Konstellationen bilden und mit Lichtstrahlen bekleidet phantastische Tänze ausführen.

(1) Futuristisches Lufttheater hat nicht nur besondere künstlerische Eigenschaften, es ist dem Wesen nach heroisch und wird eine wunderbare und beliebte Schule für den Mut werden.

(2) Lufttheater wird im wahrsten Sinne ein Volkstheater sein, da mit Ausnahme derjenigen, die reservierte Sitzplätze auf der Haupttribüne bezahlen, um die Flieger und die futuristischen Bemalungen der Flugzeuge ganz aus der Nähe bewundern zu können, Millionen von Zuschauern kostenlos zuschauen können. So werden endlich auch die Armen ein Theater haben.

(3) Das Lufttheater mit seinem ausgedehnten Aufführungsraum, dem großen Publikum und der Beliebtheit seiner fliegenden Luftschauspieler (unter denen Schauspieler wie Zucconi, Duse, Caruso, Tamagno hervortreten werden) wird die kommerzielle und die industrielle Luftfahrt stimulieren.

(4) So wird dieses Theater das wahre, lohnende, ganz freie, männliche, energische und praktische Theater der großen futuristischen Nation werden, die wir anstreben.»

Von entscheidender Bedeutung für die Durchsetzung des modernen Theaters in Italien war der Kritiker, Stückeschreiber, Theaterleiter, Regisseur, Theaterhistoriker, Archäologe, Fotograf und Filmemacher Anton Giulio Bragaglia, der am 11. Februar 1890 in Frosinone geboren wurde und am 15. Juli 1960 in Rom starb. Bragaglias Bedeutung für Italien ist vergleichbar der Bedeutung, die Jacques Copeau für die Theaterreform in Frankreich hatte. Er war einer der wesentlichen Vermittler der Moderne in dem italienischen Kulturbetrieb.

Bragaglia schloss sich 1910 den Futuristen an, wahrte aber der Bewegung insgesamt gegenüber eine deutliche Distanz, die sich vor allem in seiner von den meisten Futuristen abweichenden Einschätzung der Bedeutung der Tradition für die Entwicklung der Moderne ausdrückte. Für Bragaglia stand die Forderung nach einem «neuen Theater» nicht im Widerspruch zu den zentralen ästhetischen Prinzipien der Tradition; vielmehr versuchte er, in die aktuelle Theaterreform bestimmte Elemen-

A. G. Bragaglia: Perfido Incanto. Ausstattung: E. Prampolini 1916

te der Tradition zu integrieren, insbesondere der Commedia dell'Arte, des Masken- und des Volkstheaters.

Zu den Futuristen ergab sich für Bragaglia eine unmittelbare Beziehung durch seine fotoexperimentellen Arbeiten. Er entwickelte die sogenannte «Fotodynamik»; Beispiele dieser Arbeiten wurden 1912 und im März 1913 in Rom ausgestellt. Marinetti schrieb die Einführungen für diese Ausstellungen. Die fotodynamischen Bilder Bragaglias zeigen, durch Mehrfachbelichtung oder durch Ausnutzung der Bewegungsunschärfe bewirkt, Objekte in Bewegungsphasen. In der im Bild fixierten «dynamischen Bewegung» als der gleichzeitigen Darstellung ungleichzeitiger Momente einer Bewegungssequenz kommt das für die «futuristische Sensibilität» so zentrale Prinzip der Simultaneität zum Ausdruck. Im Juni 1913 veröffentlichte Bragaglia das Manifest *Futuristischer Fotodynamismus*.

Das Theater der Futuristen

Mit der Gründung der Zeitschrift «Le Cronache d'Attualità» im April 1916 schuf er ein für den Futurismus bedeutsames Publikationsorgan, das bis 1922 erschien. 1916 produzierte Bragaglia drei Filme, bei denen er auch Regie führte, *Perfido Incanto* (mit Dekorationen von Prampolini); *Thais* und *Il mio cadavere*. Ende 1918 gründete er in Rom die erste italienische Kunstgalerie, die Casa d'Arte Bragaglia, in der die internationale Avantgardekunst vorgestellt wurde.

Ein für die Theaterentwicklung Italiens entscheidendes Ereignis war die Eröffnung des Teatro sperimentale degli Indipendenti (1922) in Rom.

Bragaglia stellte in diesem Theater das gesamte Spektrum des modernen europäischen Theaters vor: Stücke von Apollinaire, Jarry, Pirandello, O'Neill, Brecht, Sternheim, Shaw, Strindberg, Wedekind, Schnitzler u. a. Besonders breiten Raum räumte er freilich den futuristischen Theaterexperimenten ein. Es gelang ihm, die futuristischen «Szenographen» Marchi, Prampolini, Pannaggi, Paladini, Fornari und Valente als Mitarbeiter zu gewinnen. Bragaglia selbst führte zumeist Regie und konnte hier (im ersten «teatro stabile» Italiens) seine Reformideen praktisch verwirklichen. Dies hieß in erster Linie, die Bedeutung der Literatur für das Theater zurückzudrängen. In seiner programmatischen Schrift *Del teatro teatrale* (1927) entwickelte er seine Vorstellung von einem «theatralischen Theater». Die Techniken des spontanen Improvisationstheaters mit den szenographischen Experimenten der Futuristen zu verbinden war sein erklärtes Ziel.

Bragaglia fasste die Theaterszene architektonisch auf. Er verwarf die gemalte Kulisse zugunsten einer «szenoplastischen» Lösung. Der Spielraum wurde ausschließlich durch Raumelemente strukturiert. Bahnbrechend war Bragaglias Lichtregie (angeregt durch Adolphe Appia), das sogenannte «psychologische Licht», das durch wechselnde Intensität, durch Bewegung und Farbigkeit gleichsam mitspielte. Besonders ausgeprägt in Bragaglias Theater waren die Masken, sogenannte «mobile Masken», aus beweglichem, sehr dünnem Kautschukmaterial konstruiert. Die Bühnentechniker hatten für ihn die gleiche Bedeutung wie die Schauspieler; sie waren es, die die «multiple Bühne» funktionieren ließen. Das bedeutete, dass zur gleichen Zeit sechs ausgestattete Szenen-

F. Picabia / E. Satie: Relâche. Bühne: F. Picabia. Choreographie für die Ballets Suédois: J. Börlin. Théâtre des Champs-Élysées Paris 1924

arrangements spielbereit waren, auf Plattformen neben, in, über und unter der Bühne montiert, die mit Hilfe einer elektrischen Maschinerie ins Spielzentrum gebracht werden konnten. Der dadurch möglich gewordene sehr rasche Szenenwechsel gehörte zu den für das «theatralische Theater» charakteristischen «Überraschungen» und Effekten. 1936 wurde das Teatro degli Indipendenti aus finanziellen Gründen geschlossen.

Zunächst arbeitete Bragaglia als Gastregisseur an einigen Bühnen in Italien. 1937 ergriff er die Initiative zur Gründung des Teatro delle Arti innerhalb der 1935 errichteten Staatlichen Akademie der Schauspielkunst in Rom. Er leitete dieses Theater bis 1943 und führte dort das künstlerische Konzept des Indipendenti weiter. 1945 wurde er in die UNESCO berufen und vertrat bis 1957 Italien auf internationalen Theaterkongressen.

In den fünfziger Jahren standen vor allem Forschungen zur Theatergeschichte im Mittelpunkt seiner Arbeiten; daneben reiste er mit seiner

Truppe zu Gastspielen durch Italien und Amerika, hielt Vorträge in aller Welt und organisierte zahlreiche Ausstellungen zur Bühnenbildentwicklung. 1959 wurde er zum Präsidenten der Associazione Nazionale Registi e Scenografi berufen. Er gab in diesen Jahren auch eine Reihe Theaterzeitschriften heraus.

In Rom wurde nach seinem Tod ein «Centro studi Bragaglia» eingerichtet, das als wissenschaftliche Einrichtung die Auswertung und Weiterführung der Arbeiten Bragaglias betreibt.

War Bragaglia einer der bedeutendsten Vermittler des italienischen Futurismus im Kontext der europäischen Moderne, so war Filippo Tommaso Marinetti der eigentliche Initiator, Propagandist und Programmatiker der Futuristischen Bewegung. Filippo Tommaso Marinetti wurde 1876 in Alexandrien (Ägypten) geboren. Er stammte aus großbürgerlichem Hause, sein Vater war Rechtsanwalt. Nach einem juristischen Studium in Genua und Pavia arbeitete er, finanziell unabhängig, bei einigen Pariser Zeitschriften («La Vogue», «La Plume» und «Revue Blanche»). 1898 ging er nach Italien zurück, nach Mailand, wo sich bald eine Gruppe junger Literaten um ihn sammelte. Marinettis erste literarische Arbeiten entstanden in der Zeit, 1902 der utopische Roman *La Conquête des Etoiles*, 1904 der Lyrikband *Destruction* und 1905 das Theaterstück *Roi Bambance* (nach dem Vorbild von Jarrys *Ubu Roi*), das 1909 in Paris am Théâtre L'Œuvre uraufgeführt wurde. In viele Städte Frankreichs und Italiens reiste Marinetti als Rezitator symbolistischer Lyrik, mit Texten von Baudelaire, Mallarmé, Verlaine, Rimbaud u. a.

1905 gründete Marinetti in Mailand die Literaturzeitschrift «Poesia» und propagierte die Einführung des «freien Verses» in die italienische Lyrik. Am 11. Februar 1909 erschien im «Figaro» sein epochemachendes *Le Futurisme*; weitere Manifeste folgten: im März das *Erste futuristische politische Manifest* und im April 1909 *Tod dem Mondschein!*; im April 1910 das Manifest *Gegen das rückständige Venedig*, im Januar 1911 das *Manifest der futuristischen Dramaturgen*, im Mai 1912 das *Technische Manifest der futuristischen Literatur* mit einer Ergänzung im August desselben Jahres; am 11. Mai 1913 erschien das für die Literaturentwicklung besonders wichtige Manifest *Drahtlose Einbildung. Zerstörung der Syntax. Befreite Worte*, am 29. September ebenfalls 1913 *Das Varieté-Theater*, am 8. Juli

1917 das *Manifest des futuristischen Tanzes*. Am 11. Januar 1921 veröffentlichte Marinetti ein Manifest mit dem Titel *Taktilismus*. Damit sind die wichtigsten seiner programmatischen Schriften genannt.

Seit März 1909 engagierte sich Marinetti offen für die Politik der Interventionisten, also für den Krieg gegen Österreich und die nationale Einigung Italiens (*Futurismo e Fascismo*, 1924). Marinetti nahm 1914 mit anderen Futuristen an interventionistischen Kundgebungen in Mailand im Teatro Dal Verme teil, ebenso im März 1915 in Rom, wo er – zusammen mit Mussolini, mit dem Marinetti persönlich befreundet war – verhaftet wurde. Bei Kriegseintritt Italiens am 22. Mai 1915 meldete sich Marinetti freiwillig zum Militär; nach 1918 kämpfte er auf der Seite der Faschisten, insbesondere engagierte er sich bei dem faschistischen Kongress 1919 in Florenz. Im Mai 1920 «verließ Marinetti die faschistischen Kampfbünde wieder, weil sie ihm keine Gewähr boten, seine antiklerikalen und republikanischen Ziele durchzusetzen. Trotzdem blieb er Mussolinis Verbündeter und Freund (...) Als Mussolini aber mit dem Marsch auf Rom (1922) seine Ernennung zum Minsterpräsidenten durch König Viktor Emanuel III. erzwang, war die Rolle des Futurismus als politische Bewegung ausgespielt» (Ch. Baumgarth: Geschichte des Futurismus, S. 109). Marinetti nahm noch am Krieg gegen Abessinien und am Zweiten Weltkrieg teil. Anklagen wegen politischer Äußerungen bzw. Verletzungen der Sittlichkeit brachten ihn (1910 wegen seines Romans *Mafarka le futuriste*) mehrfach vor Gericht.

In der Öffentlichkeit wirkten die Futuristen durch vielfältigste publizistische Aktivitäten: Flugblätter, Manifeste, Zeitschriften – die wichtigsten waren «Lacerba», von der die erste Nummer am 1. Januar 1913 erschien, und «Noi», von Prampolini 1916 gegründet. Besonders spektakulär waren ihre Auftritte bei Soireen. Die erste größere Massenaktion dieser Art fand am 14. Februar 1910 im Teatro Lirico in Mailand statt; darüber berichtete der «Corriere della Sera»:

«Die Veranstaltung der Futuristen im Teatro Lirico begann mit der poetischen Verherrlichung der fiebrigen Schlaflosigkeit, des Salto mortale, der Ohrfeige und des Faustschlages; nach einer unerwarteten Wendung endete sie mit dem Erscheinen der Polizei auf der Bühne.

Das Theater war gedrängt voll; die Eintrittspreise waren so niedrig, daß sehr viele Zuschauer überhaupt nichts bezahlt haben. In den Logen und im Parkett – neben bekannten Namen – viele, die man nie zuvor gesehen hat und die sich offenbar nur von futuristischen Veranstaltungen aus der Ruhe bringen lassen. Als um 21 Uhr 10 auf der Bühne, auf der sechs Stühle um einen Tisch herum aufgereiht stehen, noch niemand zu sehen ist, beginnt das poesiedurstige Publikum unruhig zu werden. Aber die Futuristen lassen nicht lange auf sich warten. Nach einigen Minuten tritt aus dem zurückgezogenen Vorhang MARINETTI, gefolgt von sechs seiner Anhänger. Alle sind schwarz gekleidet, ernst und feierlich.
– Ist jemand gestorben? – ertönt sofort eine Stimme.
Das erste Gelächter bricht los. Aber die Futuristen sind auf jede Schlacht vorbereitet und setzen sich in aller Ruhe hin, während das Publikum in einen ohrenbetäubenden Beifall ausbricht. Das Publikum spart nicht mit Ermutigungen.
– Bravo! Heraus mit euch! Weiter! Sind alle da?
Jetzt ist es soweit: F. T. MARINETTI tritt nach vorn, kühn und kahl. Die Zukunft des Futurismus hat keine Haare auf dem Kopf. Ein stürmischer Beifall bricht gerade in dem Augenblick los, als der Herold der neuen Dichtung den Mund aufmachen will. Der Dichter verbeugt sich, wartet. Dann versucht er zu sprechen. Erneuter Beifall, erneute Verbeugung, erneutes Warten. Endlich, mit aller ihm zur Verfügung stehenden Kraft, beginnt F. T. MARINETTI mit dem ersten Programmpunkt: ‹Erklärung›.
Der Erfolg ist überwältigend. Alle Sätze, auch die noch nicht zu Ende gesprochenen, werden von Beifallssalven und langen Kommentaren begleitet. F. T. MARINETTI verkündet die Lehre des Futurismus, die Haß gegen die Vergangenheit zum Inhalt hat, und wirft in die Diskussion die berühmten Toten, die die Lebenden unterdrücken, die Beine der kindisch gewordenen Alten, die Leichen, die man der energiegeladenen Jugend als Hindernisse in den Weg wirft...
– Oh, wie viele Tote! – schreit jemand.
Aber F. T. MARINETTI fährt fort, während der Beifall sich hier und da in Pfeifen verwandelt, aber ohne beleidigende Absicht. Man pfeift wie man klatscht: um Krach zu machen. Der Satz ‹wir werden die Lokomotiven unserer Phantasie auf gut Glück losjagen› wird vom Publikum naturalistisch untermalt durch das Nachahmen von tausend abfahrenden Lokomotiven. Aber als der Vortragende von der Notwendigkeit ‹der Verachtung des Weibes› spricht, bricht, noch ehe er den Gedanken völlig ausführen kann, ein gewaltiger Beifall los, der einige Minuten dauert.
– Es lebe die Frau! Es lebe die Frau! und ähnliche unmißverständliche Sätze werden gerufen.
Endlich, mit großer Mühe, kommt der Erfinder des Futurismus zum Schluß und ruft: ‹Wir Futuristen fürchten nicht das Pfeifen, sondern nur die leichtfertigen

Zustimmungen. Wir bitten nicht um Beifall, sondern darum, ausgepfiffen zu werden.› Das Publikum ist nicht gewillt, diesen Wunsch zu erfüllen und klatscht wie wild. (...)
(Nach Ch. Baumgarth: Geschichte des Futurismus, S. 40 f. u. 44)

Diese Aktionen theatralisierten den kulturrevolutionären Protest und stellten den Beginn der avantgardistischen Aktionskunst dar. Es waren Formen eines Massentheaters, die nach der Strategie des Skandals arrangiert waren und die Forderung der Avantgarde, Kunst und Leben eins sein zu lassen, konsequent verwirklichten. Die Dadaisten in Zürich, die über den persönlichen Kontakt Hugo Balls mit Marinetti in enger Verbindung mit den italienischen Futuristen standen, übernahmen diese Aktionsformen.

In den zwanziger Jahren organisierte Marinetti vor allem die Verbreitung der futuristischen Idee auf internationaler Ebene, insbesondere durch die Ausrichtung «futuristischer Ausstellungen». 1921 veröffentlichte er in zwei Bänden die Texte *Synthetisches futuristisches Theater*; 1924 erschien sein Manifest *Der Weltfuturismus*. Inzwischen war der Futurismus längst als Kunstrichtung etabliert und in aller Welt bekannt. Marinetti starb am 2. Dezember 1944.

Neben der Malerei waren die Theaterarbeiten der Futuristen, die futuristische Szenographie, der künstlerisch interessanteste Ertrag dieser Bewegung. Neben Giacomo Balla (1871–1958) und Fortunato Depèro (1892–1960) war Enrico Prampolini, der am 20. April 1894 in Modena geboren wurde, der Bühnenbildner, der durch seine praktischen Arbeiten wie durch eine Reihe von Manifesten am meisten zur Entwicklung des futuristischen Theaters beigetragen hat.

Prampolini begann 1912 mit dem Studium der Malerei in Rom; im Oktober 1913 schloss er sich dem Kreis der römischen Futuristen um Balla an. 1914 trat er erstmals mit einem Manifest an die Öffentlichkeit. Es trug den Titel *Die Atmophärenstruktur. Manifest für eine futuristische Architektur* (28. Februar in «Il piccolo Giornale d'Italia»). 1915 veröffentlichte er eine weitere Folge von Manifesten: *Reine Malerei. Beitrag zur abstrakten Kunst*, *Absolute Bewegungsgeräuschkonstruktionen. Basen für eine neue Bewegungsplastik* (jeweils im März 1915). Am 12. Mai 1915 erschien in der Zeitschrift «La Balza» (Nr. 3) das erste eigentliche Theatermanifest *Futuristische Bühnenmalerei und Choreographie. Technisches Manifest*, im Dezember folgte *Die Farben- und Totalskulptur. Manifest für eine chromatische und polyexpressive Plastik*. Mit diesen programmatischen Beiträgen war der Umriss von Prampolinis experimentellen Arbeiten angezeigt.

Seine Bühnenentwürfe waren integriert in eine dynamische, plastische Raum- und Bewegungsgestaltung. Sie sprengten alle konventionellen Vorstellungen von Bühne und Theater. Eine dynamische Lichtarchitektur war das Ziel nahezu aller seiner Bühnengestaltungen. Die Bühne wurde total technifiziert. Der plastische Lichtausdruck ersetzte das Spiel der Schauspieler: «Farbenglühende Ausstrahlungen (...), die durch ihr tragisches Zusammenbündeln oder ihr wollüstiges Zurschaustellen im Zuschauer unvermeidlich neue Empfindungen und neue Gefühlswerte hervorrufen. Vorbeihuschende Lichtreflexe und erleuchtete Formen (die durch den elektrischen Strom zusammen mit farbigen Gasen erzeugt werden) lösen sich in dynamischen Verzerrungen los; echte Gas-Darsteller eines unbekannten Theaters sollen die lebenden Schauspieler ersetzen.» (Manifest vom 12. Mai 1915)

In Rom entwarf Prampolini in den Jahren 1917 bis 1919 eine Reihe bedeutender Bühnenausstattungen. Seine Arbeiten für Achille Riccardis «Theater der Farben» (1920/21) stellten den Höhepunkt futuristischer Szenographie in diesen Jahren dar. Im Mittelpunkt aller Experimente (auch bei den Arbeiten von Depèro und von Balla) stand der Versuch einer totalen Synthese von Theater und bildender Kunst: «Plastisches Theater» sollte es sein, «mechanische Kunst», «synthetisches Theater», «totales Theater». Die *Prinzipien neuester szenographischer Emotivität*, die Prampolini im April 19917 in der Nr. 1 der Zeitschrift «Procellaria» veröffentlichte, führten diese Ideen auf der Ebene der Rezeptionsproblematik weiter.

1916 lernte Prampolini den Dadaisten Tristan Tzara kennen. Im Juni 1916 gründete er (zusammen mit Sanminiatelli) die Zeitschrift «Noi», mit der er engen Kontakt zu den Züricher Dadaisten hielt (einen Monat später erschien in Zürich die Zeitschrift «Dada»). In der Nr. 2/3/4 von «Noi» veröffentlichte Prampolini im Februar 1918 das aggressive kultur-

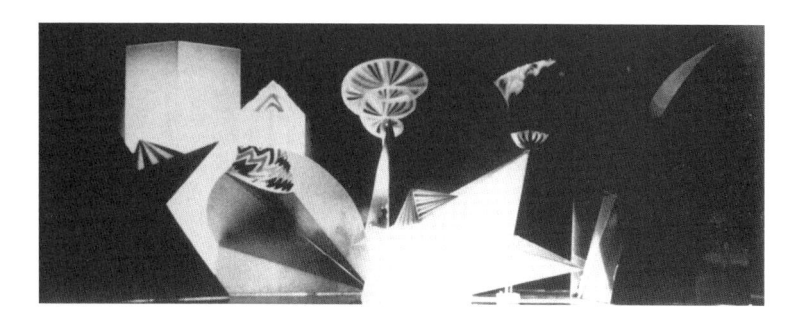

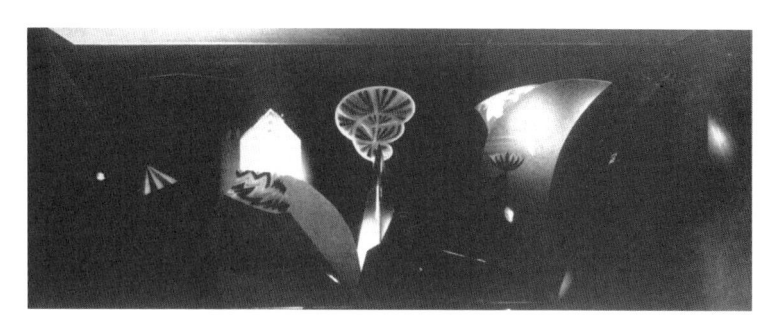

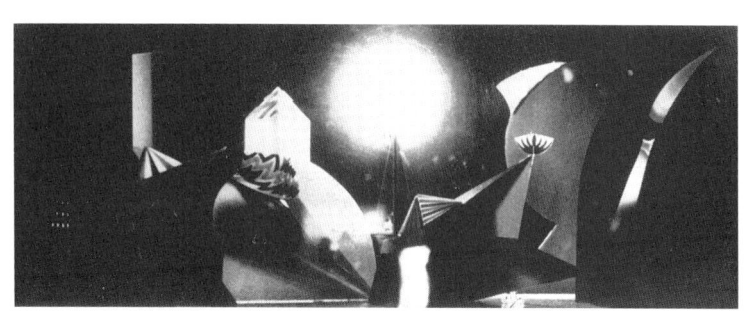

G. Balla: Bühne und Lichteffekte für I. Stravinskys Ballett «Feuervogel», 1917 (Rekonstruktion von E. Marchegiani, 1967)

kritische Pamphlet *Bombardieren wir die Akademien und industrialisieren wir die Kunst*. Im gleichen Jahr richtete er zusammen mit dem Kunstkritiker Recchi in Rom die «Casa d'arte Italiana» ein, eine Galerie, die die

Aufgabe hatte, zeitgenössische Kunst des Auslandes in Italien vorzustellen und den internationalen Austausch zu fördern. Im Oktober 1919 erschien das Manifest *Futuristische Dekorationskunst*. Dabei ging es, neben dem Theater, um einen weiteren wesentlichen Bereich futuristischer Gestaltungsaktivitäten, nämlich um die Ausstattung von Festen, Sälen, Stadien und ähnlichen öffentlichen Räumlichkeiten.

Prampolini hatte enge Kontakte zu Künstlergruppen in Deutschland; offenbar wurden diese über den Kreis der Züricher Dadaisten vermittelt. So nahm er im Juni 1922 an einem «Internationalen Kongreß der Künstler der Avantgarde» in Düsseldorf teil; eine Schrift, die er für den Kongress verfasste, erschien in der Zeitschrift «De Stijl» (Nr. 8, August 1922) und in der Juni/Juli-Nummer von «Noi». In «De Stijl» erschien bereits in Nr. 7 der Text *Die Ästhetik der Maschine und die mechanische Introspektion in die Kunst*. Mit Gropius, Kandinsky und Klee arbeitete er zeitweilig am Bauhaus in Weimar zusammen. 1921 hatte das Bauhaus graphische Arbeiten italienischer Futuristen, darunter auch Arbeiten von Prampolini, in Mappen gedruckt und zum Verkauf angeboten, um die Finanzen des Instituts aufzubessern. In der Reihe der Bauhausbücher war ein Band «Futurismus» geplant, für den Prampolini als Verfasser vorgesehen war. Im Übrigen gingen manche Theaterexperimente am Bauhaus in ähnliche Richtung wie die Arbeiten Prampolinis.

Im Mai 1923 erschien in «Noi» (Nr. 2) das von Prampolini zusammen mit Paladini und Pannaggi (im Oktober 1922 bereits) unterzeichnete Manifest *Die mechanische Kunst*, eine für die Entwicklung der Avantgarde richtungsweisende Schrift. Es wurde eine Ästhetik gefordert, die die künstlerische Produktion konsequent den Produktionsweisen der technischen Produktivkräfte anpasst, ein Konzept, das vor allem von den sowjetrussischen Konstruktivisten (Majakovskij, Mejerchol'd u. a.) aufgenommen wurde. Es hieß darin: «Wir fühlen auf mechanische Weise. Wir fühlen uns aus Stahl gebaut. Auch wir Maschinen, auch wir, Mechanisierte! (...) Wir Futuristen zwingen die Maschine dazu, sich ihrer praktischen Funktion zu entledigen, sich zum geistigen und selbstlosen Leben der Kunst emporzuschwingen und eine erhabene und befruchtende Wirkung auszuüben.» Ähnliche Gedanken finden sich in dem Manifest *Spirituelle Architektur* vom März 1924.

Neben seinen Bühnenentwürfen arbeitete Prampolini auch für den Film. Auf zahlreichen internationalen Ausstellungen war er einer der wichtigsten Repräsentanten des italienischen Futurismus (1920 in Genf, 1924 in Wien, 1925 in Paris). 1926 kooperierte Prampolini mit der Berliner Künstlergruppe «Die Abstrakten»; 1927 und 1928 war er Leiter des Futuristischen Pantomimentheaters, zunächst in Mailand, später mit Auftritten in Paris. Im September 1929 unterzeichnete Prampolini zusammen mit anderen Futuristen das *Manifest der futuristischen Flugmalerei*; 1932 erschien sein Manifest *Szenische futuristische Atmosphäre*. 1934 leitete er die Zeitschrift «Stile Futurista», die in Turin erschien. Dort veröffentlichte er in Nr. 2 seine Proklamation *Jenseits der Malerei zu den Polymaterikern*. In dieser Zeitschrift polemisierte Prampolini auch gegen Hitler. 1940 wurde in Mailand sein Buch *Scenotècnica* veröffentlicht; 1944 erschien in Rom *Arte polimaterica*. «In den Jahren zwischen den beiden Weltkriegen war er der wichtigste Vertreter des sogenannten ‹zweiten Futurismus›.» (Ch. Baumgarth: Geschichte des Futurismus, S. 294) Prampolini führte in seinen Theaterarbeiten die Erkenntnisse von Appia und Craig insbesondere in Hinsicht auf Licht- und Farbregie weiter. Ziel seiner Experimente war ein abstraktes, synthetisches Theater, das die Grundlagen der Bühnenkunst aus den Bedingungen und Möglichkeiten der technischen Produktion ableitet.

Am konsequentesten übertrug Fortunato Depèro das Prinzip des Mechanischen auf den Schauspieler. Giovanni Lista (1986, S. 53) spricht von einer «Robotisierung des Schauspielers». Depèro experimentierte mit mechanischen, wie Automaten konstruierten Figurinen, die er «künstliche Lebewesen» nannte. In der Zeitschrift «In Penombra» schreibt er: «Die Gestalten werden nicht mehr hölzern sein, hart und quadratisch, sondern aus Stoff, Gummi, Blech. Licht, Rundungen, Transparenz und Elastizität werden auf sie einwirken; sie werden losgehen, überraschend mit Hilfe von Federn springen, unter Einsatz aller möglicher pyrotechnischer Mittel werden sie leuchten wie Wunder (…) der mimische Ausdruck wird der des Bühnenbildes sein – kreisende Blumen, vorbeiziehende Berge, erglühende Kirchtürme, Häuser, die sich abdecken und öffnen. Die Figur wird auseinandergenommen und in beeindruckender Weise

F. Depèro: Figurinenentwürfe für «Techno Magico» von J. Giocolieri, 1919

deformiert, bis – wenn es sein muß – zur vollkommenen Verwandlung» (nach M. Brauneck: Die Welt als Bühne. 4, S. 142). Zumeist entwarf Depèro seine mechanischen Szenarien als Ballettchoreographien, so etwa 1916 und 1917 für Diaghilevs *Ballets Russes* nach Musik von Igor Strawinsky. Realisiert wurden auch Depèros *Balli Plastici*, die «Plastischen Tänze», im Teatro di Piccolo in Rom; ein Ballett nach der Musik von Béla Bartók. Die streng geometrisch choreographierten Tänze erzeugten eine visionäre, traumartige Atmosphäre, spielten aber auch ausgelassen mit komisch-grotesken und märchenhaften Elementen. 1930 entstand das Ballett *The New Babel*, das mit der Musik von Leonide Massine in New York aufgeführt wurde. Depèro hatte dafür eine Bühne entworfen, die in einer labyrinthischen, polyperspektivischen Raumcollage einen «futuristischen» urbanen Lebensraum als eine Art Maschine erscheinen ließ; eine Kunstwelt der Subway-Tunnels und der ineinander stürzenden Hochhäuser, riesenhafte bewegliche kubische Elemente.

Die berühmteste Bühnenarbeit der Futuristen stammt jedoch von

Giacomo Balla. Es ist dessen Ausstattung von *Fuochi d'artifico* (Feuervogel) 1917 in Rom, aufgeführt im Teatro Constanza. Es war eine vollständig abstrakte Bühne, in der ein auf synästhetischen Effekten beruhendes Bewegungsspiel von Licht und farbigen Kristallen nachempfundenen Raumkörpern (aus Holz mit Leinwand bespannt) stattfand. Durch wechselnde Ausleuchtung der Bühne verschwammen die die Raumkörper begrenzenden Konturen und erzeugten die Illusion eines offenen quasi kosmischen Raums, in dem sich eine bizarr abstrakte Szenerie aus monumentalen Lichtkörpern gleitend bewegte, ein permanenter Wechsel auch von Transparenz und Dichte. Dem zentralen Motiv des Balletts entsprechend erschien das Feuer/Licht als die alles bewegende Kraft. Lichtbewegungen imaginierten den Flug der «Feuervögel». Dass im Laufe des 20. Jahrhunderts das Licht immer mehr zum wichtigsten szenographischen Element wurde, war eine Entwicklung, die wesentlich von den futuristischen Bühnenexperimenten initiiert worden war.

Literatur
Apollonio, U.: Der Futurismus. Manifeste und Dokumente einer künstlerischen Revolution 1909–1918. Köln 1972
Azari, F.: Futurist Aerial Theatre. Flight as an Artistic Expression of States of Mind. In: The Drama Review 15/1970, T. 49, S. 127–146
Bablet, D. u. E. Billeter (Konzeption u. Red.): Die Maler und das Theater im 20. Jahrhundert. Ausstellungskatalog. Frankfurt a. M. 1986
Baumgart, Ch.: Geschichte des Futurismus. Reinbek 1966
Berghaus, G.: Italian Futurist Theatre 1909–44. New York u. a. 1998
Bragaglia, A. G.: Del teatro teatrale, ossia del teatro. Rom 1929
Ders.: Il teatro della rivoluzione. Rom 1929
Brauneck, M.: Theater im 20. Jahrhundert. Reinbek 1998, S. 98–102
Ders.: Die Welt als Bühne 4. Stuttgart u. Weimar 2003, S. 129–153
Calvesi, M.: Futurismus. München 1975
Cangiulo, F.: Le Serate futuriste. Neapel 1930 (Mailand 1961)
De Maria, L. (Hrsg.): Marinetti e il Futurismo. Mailand 1973
Futurismo 1909–2009. Ausstellungskatalog. Mailand 2009
Herbert-Muthesius, A.: Bühne und bildende Kunst im Futurismus. Diss. Heidelberg 1986
Illuminazione. Avanguardia a confronto: Italia–Germania–Russia. Ausstellungskatalog. Rovereto 2009

Kirby, M.: Futurist Performance. New York 1971
Lista, G.: Futurisme. Manifestes, documentes, proclamations. Lausanne 1973
Ders.: Théâtre futuriste italien. Lausanne 1976
Ders.: Marinetti et le futurisme. Lausanne 1977
Ders.: La Scène futuriste. Paris 1989
Marinetti, F. T.: Futurismo e Fascismo. Foligno 1924
Ders.: Teoria e invenzione futurista. Prefazione di Aldo Palazzeschi. Introduzione, testo e note a cura di L. De Maria. Verona 1968
Markow, V. (Hrsg.): Manifeste und Programme der russischen Futuristen. München 1967
Ders.: Russian Futurism; a History. Los Angeles 1968
Menna, F.: Enrico Prampolini. Rom 1967
Prampolini, E.: Scenotècnica. Mailand 1940
Ders.: Arte polimaterica. Rom 1944
Sansone, L. (Hrsg.): F. T. Marinetti = Futurismo. Mailand 2009
Verdone, M.: Teatro dal tempo futurista. Rom 1969

DADA Zürich und Berlin: Die dadaistische Theatralisierung von Kulturkritik und Kriegsverweigerung

«Gegen die weltverbessernden Theorien literarischer Hohlköpfe.
Für den Dadaismus in Wort und Bild ...»
Dadaistisches Manifest, 1918

Am 5. Februar 1916 eröffnete Hugo Ball in Zürich eine Künstlerkneipe, der er den Namen «Cabaret Voltaire» gab. Damit war die wichtigste öffentliche Institution von Dada ins Leben gerufen. Richard Huelsenbeck, der aus Berlin nach Zürich zugereiste Dadaist, kommentierte: «Dada bedeutet: Mut, Verachtung, Überlegenheit, revolutionärer Protest, Vernichtung der herrschenden Logik, der sozialen Hierarchie, Negation der Geschichte, totale Freiheit, Anarchie, Vernichtung des Bürgers.» Mit Bürgerlichkeit identifizierte diese Künstlergruppe den Krieg und die Ungeistigkeit. Schließlich hatte im Namen der abendländischen Kultur die überwiegende Zahl der künstlerischen und wissenschaftlichen Intelligenz in Deutschland 1914 den Krieg gerechtfertigt, eben zur Verteidigung dieser Kultur.

Die Dada-Bewegung wurde getragen von oppositionellen Intellektuellen aus nahezu allen europäischen Ländern, die vor allem eines verband: ihre Kriegsgegnerschaft. Als Pazifisten gerieten sie in offenen Konflikt mit ihren Staaten, in Deutschland nicht anders als in Frankreich oder Rumänien. Die publizistische Arbeit dieser Gruppen wurde seit Ausbruch des Kriegs durch strengere Zensurüberwachung fast unmöglich gemacht. Den Schwierigkeiten im eigenen Lande entzogen sich viele dieser Intellektuellen durch die Emigration.

So wurde die Schweiz, vor allem Zürich, zum Sammelpunkt der emigrierten europäischen Intelligenz. Schon vor 1914 hatte sich dort eine Reihe prominenter Anarchisten niedergelassen, zum Beispiel Bakunin. Auch Lenin lebte in Zürich, in der Spiegelgasse vis-à-vis vom «Cabaret Voltaire». Aus Emigranten vor allem setzte sich also das Publikum der ersten dadaistischen Matineen beinahe ausschließlich zusammen.

Die aktiv am Programm des Kabaretts Beteiligten waren ebenfalls Emigranten: Hugo Ball (1886–1927), Emmy Hennings (1885–1948), Tristan Tzara (1896–1963), Richard Huelsenbeck (1892–1974), Walter Serner (1889–verschollen), Hans Arp (1887–1966) und Marcel Janco (1895–1984); russische Musiker traten auf; emigrierte Maler lieferten die Plakate für die Dada-Veranstaltungen und stellten Holzschnitte zur Illustration der Dada-Publikationen zur Verfügung. (Vgl. M. Brauneck: Die Welt als Bühne. 4, S. 549 ff.)

Die Schweiz war als Emigrationsland nicht nur wegen ihrer zentralen Lage geradezu ideal. Ihre Neutralität bot weitgehend Schutz vor dem Zugriff der Behörden aus den Heimatländern; Asylrecht und Pressefreiheit ermöglichten publizistisches Arbeiten. Zum einheimischen Schweizer Publikum hatten die Dadaisten kaum Kontakt. Die Emigrantenszene, in der sie lebten, hatte alle Merkmale einer Caféhaus-Bohème. Picasso und Braque als die wesentlichen Vertreter des Kubismus wurden besonders verehrt, sehr enge Beziehungen bestanden zu den Futuristen in Italien. Marinettis Manifest *Die befreiten Worte* bot die theoretische Grundlage für die Simultangedichte, deren hochtheatralischer Vortrag eine Spezialität der Züricher wurde.

Hugo Ball gilt zu Recht als Initiator und wichtigste Integrationsfigur in den ersten Monaten der Bewegung, auch später wieder, nachdem er sich eine Zeit lang aus Zürich zurückgezogen hatte. Ball gehörte zuvor den Expressionistenkreisen in Berlin an; in München hatte er als Dramaturg und Regisseur gearbeitet und zusammen mit Kurt Pinthus ein eigenes Theater geplant, eine Art Volksbühne, die speziell dem zeitgenössischen Theater gewidmet sein sollte. Das Projekt kam aus finanziellen Gründen nicht zustande. In Berlin war Ball Mitarbeiter in der Redaktion der Zeitschrift «Die Aktion», dem Antikriegsblatt von Franz Pfemfert, das seit seiner Gründung ins Umfeld linksradikaler, anarchistischer Gruppierungen einzuordnen war. Ball hatte selbst auch Beziehungen zu Anarchistenkreisen und studierte intensiv die Schriften von Gustav Landauer, Michael Bakunin und Kropotkin. 1917 übersetzte er Bakunins *Anarchistisches Statut* und bemühte sich um die Herausgabe eines Bakunin-Breviers.

Das Interesse der künstlerischen Intelligenz am Anarchismus war in diesen Jahren europaweit verbreitet. Es war fast die Regel, dass von der literarischen Intelligenz der theoretische Sozialismus über die Schriften der Anarchisten rezipiert wurde. Was die Intelligenz am Anarchismus offenbar ansprach, war der radikal in den Mittelpunkt des Denkens gesetzte Freiheitsbegriff, der der schrankenlosen Entfaltung des Individuums alles unterordnete. Hugo Ball war in seiner Münchner Zeit Mitherausgeber einer anarchistischen Zeitschrift, der «Revolution», in der er auch seine radikalsten Gedichte veröffentlichte. Das Programm der Zeitschrift ist in einem Beitrag von Erich Mühsam formuliert und gibt recht genau die revolutionäre Mentalität wieder, die auch in das Gründungskonzept von Dada einging. Mühsam schrieb: «Revolution entsteht, wenn ein Zustand unhaltbar ist (...). Zerstörung und Aufrichtung sind in der Revolution identisch. Alle zerstörende Lust ist eine schöpferische Lust (Bakunin). Einige Formen der Revolution: Tyrannenmord, Absetzung einer Herrschaftsgewalt, Etablierung einer Religion, Zerbrechen alter Gesetze (in Konvention und Kunst), Schaffen eines Kunstwerks, der Geschlechtsakt. Einige Synonyme für Revolution: Gott, Brunst, Rausch, Chaos. Laßt uns chaotisch sein!»

Die intellektuelle Revolte vor allem war es, die am Anfang der Dada-Bewegung stand. Dieser umstürzlerische Elan bestimmte auch die Ästhetik dieser Bewegung, insbesondere die aktionistische Form ihrer Theateraktivitäten.

Die Gründung des «Cabaret Voltaire» war für Ball, der 1915 mit seiner Gefährtin Emmy Hennings Deutschland verlassen hatte, der Abschluss einer chaotischen Lebensphase. Er berichtet über den Eröffnungstag: «Das Lokal war überfüllt: viele konnten keinen Platz mehr finden. Gegen 6 Uhr abends, als man noch fleißig hämmerte und futuristische Plakate anbrachte, erschien eine orientalisch aussehende Deputation von 4 Männlein, Mappen und Bilder unterm Arm; vielmals diskret sich verbeugend. Es stellten sich vor: Marcel Janco der Maler, Tristan Tzara, Georg Janco und ein 4. Herr, dessen Name mir entging. Arp war zufällig auch da, und man verständigte sich ohne viele Worte. Bald hingen Jancos generöse Erzengel bei den übrigen schönen Sachen, und Tzara las noch am selben Abend Verse älteren Stiles, die er in einer nicht unsympathischen Weise aus den Rocktaschen zusammensuchte.»

Marcel Janco war ein rumänischer Maler, der zu Kriegsbeginn aus Rumänien geflüchtet war und in der Schweiz Arbeit und Anschluss an Gleichgesinnte suchte. Er blieb Mitarbeiter des «Voltaire» und gehörte zum engsten Dada-Kreis ebenso wie Emmy Hennings.

Tristan Tzara wurde einer der profiliertesten Dada-Repräsentanten in Zürich; er stammte wie Janco aus Rumänien. Tzara war Literat, der in die Schweiz gekommen war, um Philosophie zu studieren; er hatte beste Verbindungen zu den italienischen Futuristen und beteiligte sich an den meisten Programmen mit Vorträgen. Später organisierte Tzara die Dada-Bewegung in Paris.

Hans Arp war 1916 bereits ein renommierter Bildhauer. Er hatte in Paris im Kreis um Picasso gearbeitet. Seit Kriegsausbruch lebte er mit seiner Lebensgefährtin Sophie Taeuber-Arp (1881–1943), die sich ebenfalls an den Dada-Programmen beteiligte, in der Schweiz.

In dieser Besetzung arbeitete die Gruppe knapp eine Woche lang, dann kam ein weiteres Mitglied hinzu, das das Programm des Kabaretts wesentlich prägte: der Medizinstudent Richard Huelsenbeck aus Berlin, den Ball aus dem Kreis um Pfemfert kannte und den er nach Zürich gerufen hatte. Huelsenbeck war einer der radikalsten Publizisten in den linkssozialistischen Kreisen Berlins. Wie kaum ein anderer der Zürcher Gruppe war er vom Hass auf das wilhelminische Deutschland angetrieben. Im Gegensatz zu den anderen Mitgliedern, denen Krieg und Kriegsdienst vor allem Störung der persönlichen Lebensplanung bedeuteten, war Huelsenbeck Kriegsgegner aus politischer Überzeugung. Er brachte den aggressiven Ton in die Auftritte der Dadaisten und regte das Schreiben von Manifesten an, mit denen Dada seinen Standpunkt in der Öffentlichkeit darlegte.

Im April 1916 erweiterte sich der Kreis der Gruppe noch einmal. Es kamen hinzu der Experimentalfilmer Hans Richter (1888–1978) aus Berlin, der ebenfalls in der Zeitschrift «Die Aktion» publiziert hatte; Walter Serner, ein Österreicher, der mit dem Text *Letzte Lockerung* eines der interessantesten Dada-Manifeste verfasste; schließlich der Maler und Grafiker Christian Schad (1894–1980) und der schwedische Maler und Filmemacher Viking Eggeling (1880–1925).

Am 14. Juli 1916 fand die erste große Dada-Veranstaltung im Zunfthaus zur Waag in Zürich statt. Die vorausgegangenen Programme des «Cabaret Voltaire», das in dieses neue Haus umgezogen war, waren im Vergleich dazu nur eine Art Vorspiel gewesen.

Am 29. März 1917 wurde in Zürich die Galerie DADA eröffnet; am 1. Juli 1917 erschien die erste Nummer der Zeitschrift «DADA». Außerdem gab es eine «Collection DADA»; unter diesem Begriff wurden alle Schriften der Gruppe publiziert. Bereits im Mai 1916 war der *DADA-Almanach Cabaret Voltaire* erschienen.

Richard Huelsenbeck interpretiert diese Phase der Dada-Bewegung in seinem Buch *Dada. Eine literarische Dokumentation* aus dem Lebensgefühl der in Zürich versammelten Künstler folgendermaßen:

«Meine Erklärung des Dadaismus ist die, daß es sich hier um eine Gruppe junger Menschen handelte, die im Zustand der anomischen Unsicherheit das Chaos in sich erlebten. Sie erlebten es nicht als Verbrecher, nicht als professionelle Revolutionäre, nicht als religiöse Fanatiker, nicht nur als Künstler, sondern sie erlebten es zuerst als Menschen. Ich verstehe das in dem Sinne, daß die innere Gesetzlosigkeit sich in jedem Dadaisten in strenger Notwendigkeit und in strenger Wechselwirkung mit seinem Herkommen, seiner persönlichen Geschichte und Tradition und seiner eigenen charakterlichen Intentionalität entwickelte. Die Dadaisten waren diejenigen Menschen, die aufgrund einer besonderen Sensibilität die Nähe des Chaos verstanden und es zu überwinden suchten. Sie waren Anarchisten ohne politische Absichten, sie waren Halbstarke ohne Gesetzesüberschreitung, sie waren Zyniker, die ebenso den Glauben und die Frömmigkeit schützten, sie waren Künstler ohne Kunst. Die Dadaisten, der Einzelne wie auch die Gruppe, verstanden, zu einer Zeit, als die Welt, zwar aufgerüttelt durch den Krieg, aber noch in tiefem Schlaf hinsichtlich eines wirklichen Verständnisses dieser Katastrophe, am ehesten, was ich (…) als schöpferische Irrationalität bezeichne.»

Hugo Ball zog sich als Erster (schon Ende 1916) von der Gruppe zurück und sah in dem Unternehmen keinen Sinn mehr. Auf Zureden der Freunde übernahm er 1917 noch einmal für kurze Zeit die Galerie DADA. Schließlich aber ging er (noch 1917) nach Bern und arbeitete dort bis 1919 als Journalist bei der «Freien Zeitung». Die weitere Entwicklung Balls war bestimmt durch seine Hinwendung zu einem religiösen Mystizismus.

Bei Kriegsende 1918 löste sich die Züricher Gruppe insgesamt auf.

Die wichtigsten Anschlussunternehmen waren Dada-Berlin, von Richard Huelsenbeck gegründet, und die Dada-Gruppe in Paris, die bald in der neuen surrealistischen Bewegung aufging.

Dada-Berlin entwickelte sich in vieler Hinsicht anders als Dada-Zürich. Das hatte seine Gründe in den gänzlich anderen Voraussetzungen, die in Berlin gegeben waren, den besonderen lokalen und vor allem politischen Verhältnissen der Stadt, aber auch in der besonderen Struktur der Berliner Gruppe. Als Richard Huelsenbeck Ende 1917 von Zürich nach Berlin kam, gab es dort bereits zwei Institutionen, die gewisse Dispositionen für die Dada-Bewegung aufwiesen. Es war dies der Kreis um die Zeitschrift «Neue Jugend», die im Malik-Verlag erschien, dessen Leiter Wieland Herzfelde (1896–1988) war; wichtigste Mitarbeiter des Verlags waren Herzfeldes Bruder John Heartfield (1891–1968) und George Grosz (1893–1959); ebenso eine Gruppe linker Intellektueller um Franz Jung (1888–1963) und dessen Verlag und Zeitschrift «Freie Straße». Die Malik-Mitarbeiter bildeten neben Huelsenbeck, Raoul Hausmann (1886–1970) und Johannes Baader (1875–1955) die Kerntruppe von Dada Berlin.

Drei Momente waren es, die den Malik-Verlag und dessen Autorengruppe in die Nähe der Dada-Bewegung brachten: 1. eine engagierte Antikriegshaltung. Aus dem Pfemfert-Kreis kamen die meisten Malik-Mitarbeiter, aber auch die deutschen Mitglieder der Züricher Dadaisten hatten in der «Aktion» publiziert: Huelsenbeck, Ball, Hennings, Serner und Richter. 2. die Strategie des listigen Unterlaufens von Zensur und den Regeln bürgerlicher Öffentlichkeit, wie sie Wieland Herzfelde in Fragen der Lizenzbeschaffung, des Vertriebs und der Verlagsfinanzierung praktiziert hatte. Und 3. die Antikriegsveranstaltungen der «Neuen Jugend», die auf die Provokation der Ordnungsbehörden hin angelegt waren und entsprechend spektakulär verliefen.

Was die Malik-Gruppe jedoch von den Züricher Dadaisten deutlich unterschied, waren die Disziplin und Konsequenz ihrer politischen Arbeit. Diese Haltung resultierte weitgehend aus der politischen Situation in Berlin, die die künstlerische Intelligenz in anderer Weise zur Stellungnahme und zu politischen Entscheidungen zwang, als dies für die Emigranten-Bohème der Züricher Cafés zutraf.

Am 12. April 1918 trat die Dada-Gruppe zum ersten Mal in der Berliner Öffentlichkeit auf. Huelsenbeck hatte die Initiative ergriffen. Er arrangierte in einer Berliner Galerie einen Vortragsabend, in dessen Mittelpunkt Theodor Däubler stand, der von den Expressionisten hoch verehrte Lyriker, der sich besonders für den italienischen Futurismus eingesetzt hatte. Ganz den Züricher Praktiken entsprechend, war das Programm dieses Abends höchst heterogen. Neben Dada-Vorträgen von Huelsenbeck wurde vor allem expressionistische Lyrik rezitiert.

Huelsenbeck schreibt über eine dieser Veranstaltungen: «Hausmann, Grosz, Jung und ich veranstalteten den ersten großen Dada-Abend in Berlin im Grafischen Kabinett (…) Ich las ein Einleitungsmanifest, in dem ich erklärte, es seien noch nicht genug Menschen umgebracht worden. Die Polizei wollte einschreiten, die Kinder weinten, die Männer trampelten. Grosz urinierte an die Bilder der Ausstellung. Es war alles in allem eine tumultuöse und darum sehr dadaistische Angelegenheit.» Bei allen Veranstaltungen dieser ersten Phase stand der Protest gegen die bürgerliche Kunst- und Kulturtradition noch im Mittelpunkt.

Eine zentrale Figur in der Berliner Dada-Szene wurde sehr bald auch Johannes Baader (1875–1955), der aus Köln zur Berliner Gruppe stieß.

Nach den ersten Veranstaltungen erschienen schließlich eine Reihe dadaistischer Publikationen, Zeitschriften und Almanache. Die wichtigsten dieser Zeitschriften hatten Titel wie «Jedermann sein eigener Fußball», «Der Dada», «Die Pleite», «Der Gegner» oder «Der blutige Ernst». Alle diese Zeitschriften erschienen 1919 mit ihrer ersten Nummer. 1920 gibt Huelsenbeck den *DADA-Almanach* heraus, der die wichtigsten internationalen Dada-Beiträge zusammenfasst; ebenfalls 1920 erscheint von Huelsenbeck die erste Geschichte der Dada-Bewegung unter dem Titel *En avant Dada*. Einer der Höhepunkte der Berliner Dada-Veranstaltungen war die «Erste internationale Dada-Messe», die im Juni 1920 in den Räumen der Kunsthandlung Dr. Otto Burchard eröffnet wurde. Anlässlich dieser Ausstellung kam es zu der massivsten Reaktion der Staatsgewalt gegen die Dadaisten. Ausgestellt waren Arbeiten von Grosz, Heartfield, Hausmann, Otto Dix und den russischen Avantgardisten, die aufs schärfste die staatliche Obrigkeit attackierten, diese vor allem als die Verursacher von Krieg und dem Nachkriegselend anprangerten. Bis auf

Eröffnung der Ersten Internationalen Dada-Messe, Berlin Juni 1920

Hausmann wurden alle Aussteller vor Gericht gestellt. In einer Zeitung stand folgender Bericht über diese «Dada-Messe»:

«An der Decke des Ausstellungsraumes hing ein ausgestopfter Soldat mit Offiziersachselstücken und der Maske eines Schweinskopfes unter der Feldmütze; an der Wand stand ein aus schwarzem Leinen ausgestopfter Frauenrumpf ohne Arme und Beine, an dessen Brust waren ein verrostetes Messer und eine zerbrochene Gabel angenäht. An der einen Schulter auch eine elektrische Klingel, auf der anderen ein Spirituskocher. Am Hinterteil des Frauenkörpers befand sich ein eisernes Kreuz. Ferner lag eine Mappe ‹Gott mit uns› aus, die Karikaturen von Militärs enthielt – – – Zu der schwebenden Puppe in der Ausstellung war folgende Anmerkung gegeben: Um dieses Kunstwerk zu begreifen, exerziere man täglich 12 Stunden mit vollgepacktem Affen und feldmarschmäßig ausgerüstet auf dem Tempelhofer Feld. Zu Beginn der Sitzung erklärte der Ober-Dada Baader, der Dadaismus habe es sich zur Aufgabe gemacht, kulturell schädlichen Sedimentbildungen entgegen zu wirken. Dies geschehe am besten durch den Humor, denn dieser fehle uns Deutschen am meisten.»

Neben den Berliner Aktionen veranstaltete die Dada-Gruppe Tourneen mit ähnlichen Programmen wie in Berlin: im Januar 1920 in Leipzig, im März in Prag und Karlsbad, zuvor in Dresden.

Eine Sonderstellung innerhalb der deutschen Dada-Bewegung nahm der MERZ-Künstler Kurt Schwitters aus Hannover ein.

Literatur
Ball, H. (Hrsg.): Cabaret Voltaire. Eine Sammlung künstlerischer und literarischer Beiträge. Zürich 1916
Ders.: Die Flucht aus der Zeit. München u. Leipzig 1927
Bohle, J. F. E.: Theatralische Lyrik und lyrisches Theater im Dadaismus. Diss. Saarbrücken 1981
Ericson, J. D.: Dada. Boston 1984
Grimm, J.: Das avantgardistische Theater Frankreichs 1895–1930. München 1982
Hausmann, R.: Am Anfang war Dada. Gießen 1980
Huelsenbeck, R. (Hrsg.): Dada Almanach. Berlin 1920
Ders.: En Avant Dada. Die Geschichte des Dadaismus. Hannover 1920
Melzer, A.: Latest Rage The Big Drum. Dada & surrealist Performance. Ann Arbor 1980
Meyer, R. u. a.: Dada global. Zürich 1994
Prosenic, M.: Die Dadaisten in Zürich. Bonn 1967
Rischbieter, H. u. W. Storch: Bühne und bildende Kunst im 20. Jahrhundert. Velber 1968
Rubin, W. S.: Dada and surrealism. New York 1968
Tzara, T.: An Introduction to Dada. New York 1951

Kurt Schwitters und die Merz-Bühne

«O du Geliebte meiner 27 Sinne, ich liebe dir –
du deiner dich dir, ich dir, du mir – Wir?»
Kurt Schwitters: Anna Blume, 1922

Mit der Übertragung des Konstruktionsprinzips der Collage auf das Theater kreierte Kurt Schwitters die «Merzbühne», mit der er zu einem der originellsten Programmatiker der avantgardistischen Aktionskunst wurde. Schwitters ist mit dem Konzept seiner Merz-Kunst in die Nähe der Dada-Bewegung zu stellen. Wesentliche Momente seiner Kunstauffassung verbinden ihn auch mit dem Bauhaus und der holländischen Gruppe De Stijl um Theo van Doesburg (1883–1931).

Kurt Schwitters wurde am 20. Juni 1887 in Hannover geboren; von seinem Elternhaus her war seine finanzielle Unabhängigkeit gesichert. Nach Abschluss des Realgymnasiums studierte er von 1908 bis 1909 zunächst an der Kunstgewerbeschule in Hannover, von 1909 bis 1914 an der Kunstakademie zu Dresden, kurze Zeit auch in Berlin. 1917 wurde er zum Militärdienst eingezogen, von dem er alsbald wieder wegen Untauglichkeit entlassen und als Hilfsdienstpflichtiger einem Eisenwerk zugewiesen wurde. Dort arbeitete Schwitters als Maschinenzeichner. 1918 schrieb er: «Sofort bei Ausbruch der glorreichen Revolution habe ich gekündigt und lebe ganz der Kunst.» Werner Schmalenbach schreibt in seiner Schwitters-Monographie über diese Zeit: «Nach der schnellen Aneignung und ebenso schnellen Überwindung expressionistischer Ausdrucksformen durch den Maler und Dichter Schwitters während des Krieges entwickelte er in den ersten Monaten nach Kriegsende seinen Ein-Mann-Dadaismus, dem er den Namen ‹Merz› gab und dessen Charakteristika, soweit es die Bildkunst betrifft, der Verzicht auf Gegenstandswiedergabe und die Verwendung grundsätzlich aller Materialien waren. Die ersten Collagen entstanden Ende 1918.» (S. 41) Der Name «Merz» war eine Zufalls- und Unsinnswortbildung, abgeleitet von der zweiten Silbe von «Com-merz», mit einem mehr oder weniger bedeutsamen

Assoziationsfeld und vielen Variationen. Der Name wurde bald eine Art Markenzeichen für alle Aktivitäten des «Merzers» Schwitters, der sich auch «Kurt Merz Schwitters» nannte. Seit 1918 arbeitete er mit Herwarth Walden in Berlin zusammen, der mit seiner Galerie und der Zeitschrift «Der Sturm» die Verbindung der neuen Kunstbewegungen in Deutschland zur internationalen Avantgarde herstellte. Im «Sturm» erschienen 1919 die ersten Gedichte von Schwitters, kurz zuvor war in der Buchreihe «Die Silbergäule» seine Textsammlung *Anna Blume* erschienen, mit der Schwitters schlagartig bekannt, berühmt und berüchtigt wurde. Schmalenbach notiert: «Die Auflagenziffern stiegen rapid, Schwitters wurde zu einer Skandalfigur erster Ordnung.» (S. 41)

Zusammen mit Walden lernte Schwitters den Dichter und Vortragsartisten Rudolf Blümner (1873–1945) kennen. Enge Kontakte pflegte er auch zu den Züricher und Pariser Dadaisten, insbesondere zu Arp und Tzara. Im September 1920 veranstaltete er zusammen mit Tristan Tzara, Theo und Nelly van Doesburg, Moholy-Nagy, El Lissitzky, Burchartz, Hans Richter u. a. in Weimar ein Dada-Treffen. Auftritte der Gruppe in anderen Städten schlossen sich unmittelbar an.

Zu den Berliner Dadaisten hatte Schwitters ein gebrochenes Verhältnis. Mit Raoul Hausmann (1886–1971) und Hannah Höch (1889–1978), mit denen er auch gemeinsame Dada- und Merz-Soireen veranstaltete, verband ihn eine enge Freundschaft. Die Berliner Gruppe insgesamt jedoch lehnte Schwitters – und diese ihn – strikt ab. Schwitters war nicht bereit, sich deren Politisierung der künstlerischen Arbeit anzuschließen. So hatten die Berliner Schwitters auch nicht zur Beteiligung an der berüchtigten Dada-Messe 1920 eingeladen. Seit 1922 bestanden enge Verbindungen zum Bauhaus. Schwitters wurde zu Lesungen nach Dessau eingeladen; Arbeiten von ihm erschienen in den Bauhaus-Büchern und -Mappen.

Vom Herbst 1922 bis zum Frühjahr 1923 unternahm Schwitters seinen «DADA-Feldzug nach Holland». Es war eine Reise mit dadaistischen Soireen in zahlreichen holländischen Städten (Den Haag, Haarlem, Amsterdam, Rotterdam, s'Hertogenbosch, Utrecht, Drachten, Leyden; vgl. Schmalenbach, S. 48 ff.), die er zusammen mit Theo und Nelly van Doesburg und Vilmos Huszár (1884–1960) unternahm. Van Doesburg war (mit Piet Mondrian) der Gründer der Zeitschrift «De Stijl» (1917), in der vor allem die abstrakte Richtung der modernen Kunst propagiert wurde.

Von dieser Tournee durch Holland gibt es einige recht anschauliche Berichte (vgl. K. Schippers: Holland Dada, S. 75 ff.), die die Form der Schwitters'schen Dada-Auftritte dokumentieren. Er und Theo van Doesburg wechselten sich mit aberwitzigen Auftritten ab. Immer wieder unterbrach das Publikum mit höllischem Lärm die Show. Schwitters trug *Eine leichtfaßliche Methode zum Erlernen des Wahnsinns für jedermann* vor. Tanzvorführungen lösten das Deklamieren ab. Schwitters imitiert Hundegeheul und trug sein Gedicht *Kinderharfe* vor, begleitet von einer Rassel, die einen «zarten, singenden Ton» erzeugte.

Immer wieder hatte das Publikum Anlass, Schwitters' groteske Vortragsartistik zu bewundern. In der Art einer Multimedia-Schau waren die Vorträge von raffinierten Licht- und Geräuscheffekten begleitet.

Ab 1923 gab Schwitters die Zeitschrift und Schriftenreihe «Merz» heraus, von der bis 1932 siebzehn Publikationen (darunter eine Sprechplatte *Scherzo der Ursonate. Gesprochen von Kurt Schwitters* und eine Mappe mit sieben Lithographien von Hans Arp) erschienen (vgl. W. Schmalenbach, S. 388 f.). – Anfang und Mitte der zwanziger Jahre beschäftigt sich Schwitters mit seinen Bühnenarbeiten, mit der «Merzbühne» und der «Normalbühne Merz».

1923 begann Schwitters mit seinem ersten Merzbau, einer skulpturalen Monumentalcollage, die, über Jahre hin immer weitergebaut, als Raumplastik mit der Zeit sein gesamtes Haus in Hannover durchwucherte. Dieser erste Merzbau (ein zweiter wurde im Exil in Norwegen, ein dritter 1947 in England begonnen) wurde zusammen mit Schwitters' Haus 1943 durch Bomben zerstört.

Im Ausland, besonders in den USA, wurde Schwitters bald bekannt, vor allem durch die Aktivitäten von Katherine S. Dreier, die in New York mit Marcel Duchamp die Galerie «Société Anonyme» betrieb.

1937 emigrierte Schwitters, nachdem seine Bilder in der Ausstellung «Entartete Kunst» gezeigt wurden. Er ging zuerst nach Norwegen, 1940 nach England, wo er schließlich in London ansässig wurde. Am 8. Januar 1948 starb Kurt Schwitters. In den letzten Jahren war seine Arbeit der

Rekonstruktion seines Merzbaus aus Hannover gewidmet, für die er vom Museum of Modern Art (New York) den Auftrag und ein Stipendium erhalten hatte.

Das Prinzip seiner Merz-Kunst fasste Schwitters selbst am prägnantesten zusammen in einem Text, der *Die Merzmalerei* überschrieben ist und erstmals im Juli 1919 im «Sturm» veröffentlicht wurde:

«Die Bilder Merzmalerei sind abstrakte Kunstwerke. Das Wort Merz bedeutet wesentlich die Zusammenfassung aller erdenklichen Materialien für künstlerische Zwecke und technisch die prinzipiell gleiche Wertung der einzelnen Materialien. Die Merzmalerei bedient sich also nicht nur der Farbe und der Leinwand, des Pinsels und der Palette, sondern aller vom Auge wahrnehmbaren Materialien und aller erforderlichen Werkzeuge. Dabei ist es unwesentlich, ob die verwendeten Materialien schon für irgendwelchen Zweck geformt waren oder nicht. Das Kinderwagenrad, das Drahtnetz, der Bindfaden und die Watte sind der Farbe gleichberechtigte Faktoren. Der Künstler schafft durch Wahl, Verteilung und Entformung der Materialien.
Das Entformen der Materialien kann schon erfolgen durch ihre Verteilung auf der Bildfläche. Es wird noch unterstützt durch Zerteilen, Verbiegen, Überdecken oder Übermalen. Bei der Merzmalerei wird der Kistendeckel, die Spielkarte, der Zeitungsausschnitt zur Fläche, Bindfaden, Pinselstrich oder Bleistiftstrich zur Linie, Drahtnetz, Übermalung oder aufgeklebtes Butterbrotpapier zur Lasur, Watte zur Weichheit.» (Nach W. Schmalenbach, S. 138)

Auf die Bühne und das Theater übertragen, bedeutet dieses Programm die totale Theatralisierung beliebiger Material- und Aktionsarrangements, Collage-Theater ohne Sinnverweisung oder Ausdrucksvermittlung: «Die künstlerische Gestaltung kennt den Zweck nicht (…) Kunst ist ausschließlich Gleichgewicht durch Wertung der Teile» (Schwitters, nach W. Schmalenbach, S. 100). In der Merzbühne realisierte er seine Idee des Gesamtkunstwerks als Aktionszusammenhang.

Kurt Schwitters war früh mit dem avantgardistischen Experimentaltheater in Berührung gekommen. In Berlin lernte er Waldens «Sturm-Bühne» kennen. El Lissitzky, mit dem er befreundet war, machte ihn mit den sowjetrussischen Theaterexperimenten bekannt. Er traf den Ungarn Moholy-Nagy, der am Bauhaus lehrte und dort das Konzept eines «Total-Theaters» entwickelte. Der in Holland lebende Ungar Vilmos Huszár, der

Schwitters auf seinem «Dadafeldzug» begleitete, beschäftigte sich mit der Mechanisierung des Theaters.

Schwitters selbst entwickelte zwei Theatermodelle: die «Merzbühne» und die «Normalbühne Merz». Das Merzbühnen-Programm veröffentlichte er erstmals 1918 in Waldens Zeitschrift «Sturm-Bühne». Zusammen mit dem Schauspieler und Theaterleiter Franz Rolan formulierte er dieses Programm auch in Form eines Dialogs mit dem Publikum. Dieser Text erschien im «Sturm» und 1926 (in gekürzter Fassung) unter dem Titel *Stegreifbühne Merz* im Katalog der «Internationalen Ausstellung neuer Theatertechnik», die Friedrich Kiesler in Wien organisierte.

Die Äußerungen aus dem Jahr 1925 über die «Normalbühne Merz» sind spärlicher. Die erhaltenen Skizzen und Fotos von Modellen zeigen eine Raumbühne von konstruktivistischer Strenge. Werner Schmalenbach charakterisiert das Projekt folgendermaßen (S. 201 f.):

«Nichts ist da vom visionären Rausch der Merzbühne, nichts von der überschwenglichen Erträumung eines Gesamtkunstwerkes, nichts von der Verschmelzung aller Materialien – einschließlich Dichterwort, Schauspieler, Musik und Geräusch – zum ‹rein› künstlerischen Bühnengeschehen. Der Geist, aus dem die ‹Normalbühne Merz› erdacht wurde, war ein völlig anderer. Nun kam es auf die abstrakte Reinheit und Einfachheit der Formen und auf die Zweckmäßigkeit der Funktionen an. Bühne und Dichtwerk wurden wieder dualisiert, der Schauspieler als Träger der Handlung und der Sprache wieder in seine alten Rechte eingesetzt. Der Bühne fiel eine unauffällig begleitende und dienende Rolle zu. Zudem wurde ihrer mechanischen Veränderlichkeit und ihrer konstruktiven Funktionalität große Aufmerksamkeit geschenkt – im Gegensatz zur funktionellen Absurdität der Merzbühne. Formal gesehen war es eine purifizierte ‹Stilbühne› aus einfachsten Kuben und wenigen Grundfarben, denen es untersagt war, Materialien vorzutäuschen. Schwitters sagt darüber 1926: ‹Die Bühne ist nur Begleitung der Handlung des Stückes. Sie soll so einfach und unauffällig sein wie möglich, damit die Handlung hervortritt. Die begleitende Normalbühne verwendet die einfachsten Formen und Farben: Gerade, Kreis, Ebene, Würfel, Würfelteil – daß sie zueinander leicht in Beziehung gebracht werden können. (...) Alles ist leicht gebaut leicht transportabel, leicht veränderlich, so daß es während der Vorstellung leicht variiert werden kann. Die Normalbühne dient als Hintergrund und Begleitung für jedes Stück, das als gutes Drama wesentlich Handlung ist. (...) Das Wichtigste ist die Handlung. (...) Die Normalbühne ist sachlich, ist bequem, ist billig.› In ‹Merz 11 Typoreklame› schreibt er 1924: ‹Die normale Bühne Merz ist eine normale Montierbühne. Sie verwendet nur normale Formen und Farben als Begleitung und Hintergrund für typische und individuelle Formen und Farben. Die normale Bühne Merz ist einfach und zeitgemäß, billig, stört nicht die Handlung, ist leicht zu verändern, unterstützt die Handlung durch Unterstreichen der beabsichtigten Wirkung. Kann mitspielen, sich bewegen, paßt für jedes Stück.› Er unterscheidet zwischen drei Elementen des Bühnenvorgangs: dem Individuellen (Schauspieler), dem Typischen (z. B. Volksmassen, die je nachdem maskiert und uniformiert auftreten sollten; auch gewisse Requisiten) und dem Normalen: dem Bühnenbild und seinen gleichbleibenden Requisiten wie Tisch, Stuhl usw. Die ‹normalen›, also genormten Teile sollen für jedes Stück gleich bleiben: ‹Nur wer alle Stücke auf der Normalbühne spielen will, soll sich eine bauen.› Schwitters entwarf zwei Grundnormen: eine Guckkastenbühne und eine Raumbühne. Die erste wurde 1924 in der Ausstellung internationaler Theatertechnik in Wien, die zweite 1926 in der Ausstellung gleicher Thematik in New York gezeigt.»

Ganz offensichtlich zeugt dieses Theaterkonzept von dem veränderten Zeitgeist dieser Jahre, der Neuen Sachlichkeit. Realisiert wurde zu Schwitters' Lebzeiten freilich keines der beiden Projekte. Schwitters arbeitete Mitte der zwanziger Jahre an einer Merz-Revue «von gigantischem Ausmaß», zu der Hannah Höch Figurinen entwerfen sollte. Werner Stuckenschmidt war als Komponist für die Revue, zu der die Arbeiten jedoch bald wieder abgebrochen wurden, vorgesehen. 1928 stellte Schwitters für ein «Fest der Technik» mit Käte Steinitz eine Revue zusammen. Seine Bühnenstücke wurden erst nach seinem Tod veröffentlicht. Gelegentlich aufgeführt werden davon die groteske Oper *Der Zusammenstoß* (1927/29) und *Oben und unten* (1929), ein Schauspiel für Bewegungschor. Ihren poetischen Charme beziehen diese Texte aus ihrer anarchischen Phantastik und einem ironisch-dynamischem Spiel mit den gängigen Vorsatzstücken weltanschaulicher und politischer Systeme.

Literatur
Lach, F.: Der Merz-Künstler Kurt Schwitters. Köln 1971
Schippers, K.: Holland Dada. Amsterdam 1974
Schmalenbach, W.: Kurt Schwitters. Köln 1967

Schwitters, K.: Das literarische Werk. Hrsg. v. F. Lach. Bd. 4: Schauspiele und Szenen. Köln 1977; Bd. 5: Manifeste und kritische Prosa. Köln 1981

Wissmann, J.: Collage oder die Interpretation von Realität im Kunstwerk. In: Immanente Ästhetik. Hrsg. v. W. Iser. München 1966, S. 327–360

Fernand Légers Maschinenästhetik und das Theater der Gegenstände

«Die Music-Hall ist dennoch die einzige Bühne, auf der fast täglich etwas
erfunden wird, eine wahre Fundgrube unverbrauchter Einfälle.»
Fernand Léger: Schauspielballett und Gegenstandsschauspiel, 1925

«Psychischer Ausdruck war für mich immer eine zu sentimentale Angelegenheit. Ich empfand die menschliche Gestalt nicht als reinen Gegenstand, sondern weil ich die Maschine so gestalthaft sah, wollte ich der menschlichen Figur den gleichen Gestaltcharakter geben.» Fernand Léger (1881–1955) gilt als der Künstler des 20. Jahrhunderts, der in seinem Werk am konsequentesten das Mechanische zum neuen ästhetischen Paradigma erhob. Die Auseinandersetzung mit der Welt der technischen Gegenstände war das bestimmende Thema seiner Arbeiten: «Ich erfinde Maschinenbilder, wie andere Phantasielandschaften machen. Das technische Element ist für mich kein Dogma, dem ich mich unterworfen hätte, keine Attitüde, sondern ein Mittel, Kraft und Macht sichtbar zu machen.»

Die Idee einer «Maschinenästhetik» war es, die Léger für die Futuristen und die Züricher Dada-Gruppe bald zur Leitfigur werden ließ; sie bestimmte auch Légers Film- und Theaterarbeiten der Jahre 1921 bis 1924. Er entwarf Bühnenausstattungen und Kostüme für die Ballets Suédois, die berühmte Truppe von Rolf de Maré: für *Skating Rink* (1922), zu dem Arthur Honegger die Musik schrieb, und für *La création du monde* (1923) mit Musik von Albert Milhaud nach einem Libretto von Blaise Cendrars. Für *La création du monde* schuf Léger Figurinen, die Menschen und Tiere als sich mechanisch bewegende Elemente in das Bühnenbild integrierte. Iwan Golls Kinodichtung *Die Chaplinade* illustrierte Léger mit Figurinen, die in der Figur des Charlie Chaplin den Roboter als den Menschen der modernen Welt erkennen ließen. 1924 entstand Légers Film *Le ballet mécanique* (fotografiert von Man Ray und Dudley Murphy), der ein Klassiker des Avantgardefilms wurde.

Die Konstitution des Schönen, unabhängig von den «Werten des Gefühls, der Beschreibung und der Nachahmung», als ein absolut eigenständiger Wert der aus ihren gewöhnlichen Kontexten oder «Atmosphären» herausgelösten Objekte, das war das ästhetische Programm Légers in diesen Jahren. Damit stand es im Zusammenhang mit jenen Entwicklungen, die seit 1905/10 das Ästhetische als autonome Realität annahmen und von daher das Verhältnis Kunst und Leben neu definierten.

Für die Theaterästhetik wurden insbesondere jene Überlegungen Légers bedeutsam, die auf die Theatralik der Alltagssituation verwiesen. Das «Objekt im Schauspiel der Straße» wurde als der neue ästhetische Gegenstand deklariert, der Gang durch die Stadt als filmisches Erlebnis, die Volksbälle (*Les bals populaires*, 1925) als Orte einer «zeitgemäßen französischen Choreographie»: «Gegenstandsschauspiel» also statt eines Theaters der Schauspieler und Tänzer, statt der psychologischen Handlung die «mechanische Choreographie, welche die tote Bühnenausstattung belebt und bewegt und das Geschehen auf die ganze Szene ausdehnt». Es sollte ein Theater der Überraschungen sein, der «unerhörten Attraktionen». Charlie Chaplin oder der Artist im Varieté oder im Zirkus seien die wahrhaften Protagonisten eines zeitgemäßen Theaters. Léger schreibt dazu in dem Essay *Schauspielballett und Gegenstandsschauspiel* (1925):

«Die Jagd nach Akrobaten, nach dem ‹immer Gefährlicheren› ist in sich falsch, denn nicht die Gefahr als solche, sondern das Neue, Unerhörte wirkt attraktiv. *Wer das Unerwartete seines Schauspiels schön zu gestalten versteht, meistert Bühne und Saal.* Charlie Chaplin ist in dieser Hinsicht genial. (...) Bei Chaplin läßt sich die Absicht nur selten erraten. Er weiß diesen wichtigen ‹Interessenkoeffizienten› richtig in Rechnung zu stellen. Mit der soliden Verknüpfung von Menschenmaterial und beweglichem Dekor nehmen die Möglichkeiten, das Publikum zu verblüffen, beträchtlich zu. Die Spielfläche verzehnfacht sich, und selbst der Bühnenhintergrund wird lebendig. Alles gerät in Bewegung. Der bisher im Vollsinn des Wortes ‹maßgebende› Mensch wird wie alles übrige Teil des szenischen Mechanismus. War er früher Endzweck, ist er jetzt nur noch Mittel. Die Überraschungsmöglichkeiten werden vervielfacht. Durch die Auflösung der vom Menschen bestimmten Proportionen und die beweglich gewordene Bühnenausstattung (Dekor) wird eine maximale Wirkung erreicht, ein einheitliches Schaubild, das in jeder Hinsicht ganz anders ist als der Saal. Wo man ein solches ‹Schau-

spiel› inszeniert, hat man vom Grundsatz auszugehen, daß die größtmögliche Spannung nur dort erreicht wird, wo die Welt der Bühne in einem umgekehrten Verhältnis zum optischen Eindruck des Zuschauerraumes steht.
All sein Genie bewahrt den (traditionellen) Tänzer nicht davor, daß er dadurch, daß das Publikum sich mit ihm vergleichen kann, irgendwie konkurrenziert wird, was die Wirkung seiner Überraschungseffekte zur Hälfte vermindert. Wo sich die Leute im Saal und die Akteure vorn auf der Bühne gleichen, wird kein vollwertiges *Schau*spiel erreicht. Ist jedoch die irrige Vorstellung, der Mensch sei auch hier das Maß und der Mittelpunkt aller Dinge, endgültig ausgerottet, bevölkert sich die Bühne mit unzähligen Dingen, die das Publikum fesseln, und mit den Lichteffekten gerät auch der Film ins szenische Spiel. Jetzt erst kann von einer Mechanisierung des Theaters, das heißt von einer präzisen Synchronisierung von Gebärde, Bewegung und Licht, wirklich die Rede sein, wird die Macht paralleler Kräfte (zwanzig Personen als Träger *einer* Bewegung) spürbar, geben die sich kontrastierenden Farben und Formen ihr Letztes her.
Zehn gelbkostümierte Akrobaten schlagen in ruhigem Rhythmus das Rad über die beleuchtete Bühnenfläche und wiederholen die gleiche Bewegung, nun aber wesentlicher schneller, in der Gegenrichtung als phosphoreszierende Figuren vor dunklem Grund. Im ruhigen Rhythmus des Anfangs wird auf der oberen Hälfte des Dekors eine Filmsequenz eingeblendet. Der letzte Vorhang hebt sich und gibt vor dem Fond ein sich bewegendes oder statisch aufgebautes Objekt frei, das für eine genau bemessene Zeit die Bühne beherrscht. Die Stiege, das Rad, die hier unerwartete Einrichtung zu irgendeiner Erfindung glänzt auf und verschwindet.
Es gilt nun, die Gegenstände, die bisher verkannten, den allmächtigen Bühnenstars geopferten prächtigen Dinge, deren Schauwert kaum überschätzt werden kann, ins Blickfeld zu bringen. Varietéartisten kommt das Verdienst zu, als erste die Bühnenwirkung der Objekte erahnt zu haben. Ihre dämmernde Einsicht setzt sich aber selbst in ihren eigenen Inszenierungen nur zaghaft durch. Sie stellen die Dinge rund um sich auf, ohne sie voll zur Geltung zu bringen. Doch bei ihnen habe ich sie erstmals auf einer Bühne gesehen: Der Jongleur des Pariser Olympia muß irgendwie gemerkt haben, daß seinen Geräten ein gewisser Schauwert zukommt – dessen Bedeutung er freilich noch nicht ganz erfaßt, denn noch hat er all diese schönen Dinge hinter sich geordnet, als Fond zu *seiner* Schaustellung, in der er nur *sich* zur Geltung zu bringen versucht.
Die Music-Hall ist dennoch die einzige Bühne, auf der fast täglich etwas erfunden wird, eine wahre Fundgrube unverbrauchter Einfälle. Die Möglichkeiten, die sich dort abzuzeichnen beginnen, werden freilich nie voll ausgenützt. Aber schon wirken sie aus dem Hintergrund. Ihre Stunde wird kommen.» (F. Léger: Ausstellungskatalog. Berlin 1980, S. 530 f.)

Wesentliche Elemente von Marinettis Varieté-Theater finden sich in diesem Programm wieder, freilich in die strenge Form «mechanischer Choreographie» und zur Schönheit einer «geometrischen Ordnung» (Maschinenästhetik, 1924) gebracht. Légers ungebrochene Verherrlichung der «Maschine» und des «Mechanischen» als Synonyme einer durch den technischen und industriellen Fortschritt «schöner» gewordenen modernen Welt, trägt noch alle Züge der Fortschrittsutopien des Jahrzehnts nach dem Ersten Weltkrieg, als es darum ging, einer untergegangenen Epoche eine **bessere** Welt gegenüberzustellen.

Literatur
Fernand Léger 1980. Ausstellungskatalog. Staatliche Kunsthalle Berlin. Bearb.:
    D. Ruckkaberle u. a. Berlin 1981
Green, Ch.: Léger and the Avant-Garde. New Haven u. London 1976
Léger, F.: Mensch, Maschine, Malerei. Übersetzt u. eingeleitet v. R. Füglister. Bern 1971
Ders.: L'esthétique de la machine: l'object fabriqué, l'artisan et l'artiste. In: Bulletin de
    l'Effort Moderne. Paris 1924. Nr. 1, 5–7; Nr. 2, S. 8–12 (dt.: Der Querschnitt. Berlin
    1923, III, S. 122–129)
Ders.: Le Spectacle: Lumière, Couleur, Image mobile, Objet-Spectacle. In: Bulletin
    de l'Effort Moderne. Paris 1924, Nr. 7, 4–7; Nr. 8, 5–9; Nr. 9, 7–9 (dt.: Europa
    Almanach. Potsdam 1925, S. 119–132)
Sacks, L. J.: Fernand Léger and the Ballets suédois. In: Apollo XII/1970
Schmalenbach, W. u. a.: Fernand Léger. Köln 1977

Happening und Aktionskunst –
oder: Das Eindringen des Realen in die Kunst.
George Maciunas, Wolf Vostell, Hermann Nitsch

Die Grenze von Kunst und Leben aufzuheben, weil sich die Kunst so weit von der «wirklichen Wirklichkeit» entfernt hatte und diese nur noch als deren Simulation wahrgenommen wurde, war eine Forderung nahezu aller Richtungen der frühen Avantgarde im 20. Jahrhundert. Es war wohl auch eine Fluchtattitüde jener Künstler, die einen Konsens, ideologisch und sozial, mit der Gesellschaft, in der sie lebten, für sich nicht mehr herzustellen vermochten. So war diese Haltung stets auch verbunden mit einer Fundamentalkritik an der inneren Verfassung der bürgerlichen Kultur, an den Regeln, die diese für die Kunstproduzenten aufgestellt hatte, an den Konventionen, die für deren Publikum als angemessen galten, auch an den Mechanismen des Ausschließens ganzer Schichten der Gesellschaft aus diesem «Circle» der Bildungselite. Nur eine programmatisch forciert vorgetragene «Kunst der Kunstlosigkeit» oder die Propagierung einer «Anti-Kunst» schienen diese Verfestigungen aufbrechen zu können. Es war eine Revolte, die alle geltenden Normen außer Kraft setzte. Folgerichtig wurden der Schock und der planvoll inszenierte Skandal als die effektivsten Strategien dieses neuen Kunstverständnisses deklariert. Dies manifestierte sich in den Soireen, den «serate» der Futuristen, die nicht nur ein neues Massenpublikum, sondern auch die Polizei auf den Plan riefen. Es manifestierte sich gleichermaßen in den Dada-Veranstaltungen von Zürich bis Berlin, die einige der Akteure gar vor Gericht brachten, aber auch in der liebenswert verspielten Nonsense-Poesie eines Kurt Schwitters. Bei allem vitalistischen Furor, mit dem die Dada-Rebellion über die Bildungsbürger hereinbrach, ging es den Dadaisten letztlich aber wohl nicht wirklich um eine Negation von Kunst, sondern vielmehr um deren Erneuerung. Hans Richter, eines der Mitglieder der Züricher Gruppe, später der rührigste Chronist der Dada-Bewegung, schreibt in seinem Rückblick *Kunst und Anti-Kunst* (1964): «Was wir suchten, war eine Anti-Kunst, ein neues Denken, ein neues Fühlen, ein neues Wissen: in einer neuen Freiheit, eine neue

Kunst.» Dass es also stets doch um Kunst ging, war letztlich keine Frage und erklärt auch die beinahe gleichzeitig stattfindende Einholung bzw. Reintegrierung der Avantgarde in den neuen, nun freilich erweiterten Kanon des Kunstbetriebs. Und ein Zweites verband die Generation dieser Künstler über alle Unterscheide hinweg: Sie beanspruchten radikale Gegenwärtigkeit für ihr Lebensgefühl und für ihre Arbeit. Hans Richter: «(...) wir waren für den Augenblick und lebten in der Gegenwart.» (S. 9) Keine Kunst «für die Ewigkeit» zu schaffen, darum ging es allen. Das Ephemere wurde als ästhetische Qualität verinnerlicht, der Zufall als kreatives Moment gefeiert.

Jahrzehnte später waren es die Fluxus- und die Happening-Bewegung, die Performance- und Aktionskunst, die das Nachkriegspublikum aufschreckte, mitunter mit denselben Strategien, nur aggressiver inszeniert als die Vorhut im ersten Drittel des Jahrhunderts, vor allem verstärkt und in der Wirkung potenziert durch ihre globale mediale Verbreitung.

Ein Grundzug aller dieser Bewegungen war die Forderung nach einer radikalen Erweiterung des Kunstbegriffs: einer totalen Offenheit, die alles zu Kunst erklären ließ und in Jedermann einen Künstler sah (Joseph Beuys), wenn dieser nur den einen Anspruch auf «Authentizität» erhob und sich von den Entfremdungen der Konsumgesellschaft frei zu sein wähnte. Insgesamt rückten die realen Objekte und das «wirkliche Leben» ins Zentrum des künstlerischen Interesses anstelle von Symbolen und jenen Lebens- und Dingsurrogaten, die die Medien vermitteln. Von allen zeitbedingten Radikalismen war jedoch die Erweiterung des Kunstbegriffs von nachhaltiger Wirkung für die gesamte weitere Entwicklung der Künste im 20. Jahrhundert. Generell war offenbar ein Bewusstsein davon entstanden, dass, wie es George Brecht, aktiver Beteiligter und Theoretiker der Fluxus-Bewegung, 1964 formulierte: «(...) dass die Grenzen der Kunst viel weiter gezogen sind als die Überlieferung es glauben machen wolle, oder dass die Kunst und ihre Grenzen auf die Dauer nicht sehr nützlich sind.» (Fluxus. Wiesbaden 1982, S. 7)

Um eine neue Wahrnehmung der Wirklichkeit ging es also vor allem. Im Katalog der Vostell-Retrospektive, die 1974 im Neuen Berliner Kunstverein gezeigt wurde, schreibt Wieland Schmied: «Das Happening ist beides: eine Konzentrierung, Intensivierung, Potenzierung von Leben –

oder genauer: von realer Lebenszeit – und ein komplexer Kommentar dazu, der sich nicht ohne weiteres dechiffrieren lässt.» (S. 10) Mit dem mitunter inflationär gebrauchten Begriff der «Grenzüberschreitung» wurde die Intention dieser Bewegung nach allen Richtungen hin beschrieben. Überschritten sollten die Grenzen werden, die zwischen den einzelnen, theoretisch begründeten Gattungen und Genres existieren. Das Konzept des «Gesamtkunstwerks», wie es von Richard Wagner im 19. Jahrhundert als Prinzip seiner Musikdramatik verklärt und auch ins Metaphysische überhöht worden war, konnte als ein Ansatz im Vorfeld dieser Entwicklungen angesehen werden. Die Grenzgänger des 20. Jahrhunderts bewegten sich jedoch viel weiter hinein in die «fremden» Gefilde und scheuten dabei keine Hürden. Die Richtung dieser Grenzüberschreitung, die stets auch Regelverletzung oder gar Tabubruch bedeutete, war stets auf den Zustand jener Kunst gerichtet, die die Rebellen der zehner und zwanziger, ebenso die der sechziger und siebziger Jahre als den vermeintlich «herrschenden», den «etablierten» vorfanden. Inwieweit diesen Positionen eine politische Dimension zuzurechen ist, gar als konkrete Intention der Akteure, muß von Fall zu Fall geprüft werden. Bei den italienischen Futuristen um Marinetti, ebenso bei den russischen Cubo-Futuristen um Majakovskij (vgl. M. Brauneck: Die Welt als Bühne. 4, S. 778 f.) war die ästhetische Revolte so weitgehend generalisiert, dass eine konkrete politische Zielrichtung in einer Fundamentalkritik an Kultur und Gesellschaft ihrer Zeit aufging. Die spätere Verbindung einiger Repräsentanten des italienischen Futurismus zum Faschismus war keineswegs typisch für die Bewegung insgesamt. Politisch konkreter war der dadaistische Protest vor allem in Deutschland. In Berlin gab es Verbindungen der Dadaisten zur radikalen linken politischen Szene. Ging es in der «Ersten Internationalen Dada-Messe» 1920 in Berlin zunächst gegen den Obrigkeitsstaat und den deutschen Militarismus, so bekämpfte diese Künstlergruppe alsbald den aufkommenden Hitler-Faschismus. In Zürich dagegen waren die Aktionen der Dadaisten weitgehend unpolitisch geblieben. Für die Performance-Bewegung der sechziger Jahre, die an diese Traditionen anschloss – in den USA als «Neo-Dadaismus» bezeichnet –, war der Bezug zu den politischen Problemen dieser Jahre offensichtlich. Die «Bewältigung des Faschismus, der Kalte Krieg, die

Atomrüstung, die Befreiungskriege der Dritten Welt, die Bürgerrechts- und Ostermarsch-Bewegung» waren Konfliktpotentiale, die «auf Performances mehr als auf jede andere Kunstform ausstrahlten.» (Vgl. J. L. Schröder: Identität/Überschreitung/Verwandlung. 1990, S. 10)

Für alle diese Bewegungen aber trifft zu, dass die Revolte zum künstlerischen Experiment transformiert wurde, dass dies die wesentliche Quelle ihrer kreativen Energie war. Aus der Verweigerung ihrer Integration in die Institutionen des Kulturbetriebs und die konsequente Offenheit des neuen Werkbegriffs bis hin zum «konkretistischen», symbolfreien Statement des Real-Vorgefundenen als «kunstlose Kunst» ergibt sich der ephemere Charakter dieser künstlerischen Manifestationen, aber auch deren generelle Nähe zum theatralen Ereignis. Am deutlichsten wird dies beim Happening und in der Aktionskunst. Beides sind Richtungen, die in der bildenden Kunst ihren Ursprung haben, deren Terrain sie in der Theatralisierung der Arbeitsvorgänge und der Transformation in szenische Prozesse jedoch überschreiten. Dabei wird dem Publikum, mitunter zufällig anwesenden Passanten, eine wesentliche Rolle zugewiesen. Das Publikum bildet entweder die für die Aktionen notwendige Öffentlichkeit, oder es «macht mit», unterwirft sich den vom Künstler gesetzten «Spielregeln» und wird dadurch in die «sinnliche Direktheit der Handlungen», insbesondere beim Happening, hineingezwungen. Es wird konfrontiert mit der «Faktizität der Dinge», ohne die Abfederung durch ein System der symbolischen Simulation (vgl. J. L. Schröder 1990, S. 43 f.). Dem Aspekt der Verweigerung ihrer Integration in den institutionellen Kunstbetrieb geschuldet ist auch die Tatsache, dass diese Performances in aller Regel einmalige, nicht wiederholte Ereignisse sind, nicht zuletzt auch deswegen, weil wesentliche Momente ihres Verlaufs dem Zufall überlassen sind. Wiederholbarkeit, ein wesentliches Moment einer Theateraufführung im konventionellen Sinn, entspräche nicht dem Wesen der Aktionskunst bzw. den Performances. Lothar Schröder (S. 2 ff.) verweist in seiner Untersuchung dieses breiten Feldes des grenzüberschreitenden, intermedialen Experimentierens zwischen bildender Kunst und Theater auf die nur bedingt gegeneinander klar abgrenzbare Begrifflichkeit, mit der diese Sphäre beschrieben wird.

Eine retrospektive Zusammenfassung der Entwicklungen bis in die siebziger Jahre stellte die Documenta 1977 in Kassel vor, die auch die Akzentverschiebungen von den sechziger in die siebziger Jahre thematisierte: Am Beginn standen Arbeiten von Allan Kaprow (1927–2006). 1958 stellte dieser die ersten Environments vor, bei denen die Betrachter nicht vor Bildern standen, die an der Wand hingen, sondern in eine Aktionscollage hineingezogen und selbst Teil des Environments wurden. Den Schritt zum Happening vollzog Kaprow dadurch, dass das Publikum noch konsequenter, auch drastischer in die Aktionen involviert wurde. Die Grenze zwischen dem Performer und dem Publikum war dabei weitgehend verwischt. Die Aktionen waren für Improvisationen und für den Zufall offen und nahmen theaterähnlichen Charakter an. Bei *A Spring Happening* (1961) waren die Teilnehmer zunächst gezwungen, eine Rezeptionshaltung vom Inneren eines kastenähnlichen Verschlags heraus einzunehmen, die der konventionellen Trennung der Sphären von Kunst und Leben entsprach. Dann aber erlebten sie «durch Überrumpelung die Befreiung aus dem kulturellen Ghetto der bürgerlichen Kunstrezeption». Zu den spektakulärsten Happenings von Allan Kaprow zählte *Calling* (1965), bei dem Teilnehmer in Aluminium- und Kunststofffolien larvenhaft verpackt an verschiedenen Orten im Stadtgebiet von Manhattan «abgestellt» und auf diese Weise in den Alltagskontext integriert wurden. Was durch *Calling* erreicht werden sollte, war die Wahrnehmung der Verdinglichung des Menschen und der «Verwahrlosung des Sozialen» in einer inszenierten Zuspitzung (vgl. J. L. Schröder 1990, S. 24 f. u. 31 f.). Allan Kaprow realisierte etwa 250 Happenings und vergleichbare Aktionen. Er war auch einer der wichtigsten Theoretiker der amerikanischen Avantgardebewegungen der fünfziger bis in die siebziger Jahre.

Die völlige Aufgabe jedweder Trennungslinie zwischen der «Welt der konkreten Realitäten» und den «künstlichen Abstraktionen», zwischen wirklichem Leben und der Kunst also, vertrat der in Litauen geborene George Maciunas (1931–1978). 1944 war Maciunas aus Litauen emigriert, seit 1948 lebte er in den USA, wo er Architektur, Musikwissenschaft und Kunstgeschichte studierte. Er zählte zur New Yorker Avantgarde-Szene und war einer der Mitgründer des Fluxus in Europa. 1962 eröffnete er in Wiesbaden das erste europäische Fluxus-Festival und war zusammen mit Wolf Vostell auch in Deutschland der umtriebigste Aktivist und Programmatiker dieser Bewegung. Von ihm stammt der Begriff «Fluxus», den er 1960 erstmals gebrauchte. Eine Zeitschrift sollte diesen Titel tragen. Der Begriff weist auf den Akt des Fließens hin, auf ein permanentes Vorbeiströmen, auf die ständige Veränderung der Dinge. «Fluxus» sollte das Prozesshafte, das Ephemere der Kunst zu deren Wesen erklären. Gegenüber der frühesten Periode des Happenings, die stark von der Malerei und den Aktions-Collagen (Allan Kaprow, Yves Klein, Piero Manzoni, Jim Dine u. a.) beeinflusst war, spielte bei Fluxus die experimentelle Musik (John Cage, Nam June Paik), generell das Konzeptionelle die zentrale Rolle. Für Maciunas bedeutete dies eine konsequente Abwendung von einer planmäßig vorgehenden Erfindung oder der Festlegung einer projektierten endgültigen Form. Es gehe im Fluxus – im Gegensatz zur «künstlichen Kunst» – um die «Wiedergabe der Naturwirklichkeit» an sich. Maciunas nannte diese Position, die er 1962 in dem Manifest *Neo-Dada in Music, Theater, Poetry* erläuterte, «konkretistisch». Darin erklärt er den formalen Ausdruck als identisch mit dem Inhalt anstelle einer illusionistischen oder symbolhaften Vermittlung von Form und Inhalt. In diesem Manifest heißt es:

«In der Musik nimmt der Konkretist das Klangmaterial mit der ganzen ihm innewohnenden klanglichen Vielfarbigkeit auf und gibt es auch so wieder, ohne nach Tonstufen zu unterscheiden und ein entstofflichtes, abstraktes, künstlich von allen klanglichen Beimischungen gereinigtes Tongebilde herzustellen (...) Der Grad der akustischen Farbigkeit hängt ja gerade von den die Unterscheidungen und Festlegungen eines eindeutigen Tons vereitelnden Neben- und Obertönen ab ...»

Damit wurden für Maciunas alle Natur- und Alltagsgeräusche, die in der Regel als Lärm klassifiziert werden, zum Ausgangsmaterial konkretistischer Musik. Es heißt weiter:

«Beim konkreten Theater ist die künstlich erstellte Handlung bzw. das voraus festgelegte Spiel der Darsteller gewöhnlich durch natürlich sich entfaltende, nicht vorher durchgeprobte und meist überhaupt unbestimmte Vorgänge ersetzt, wie sie sich aus spontanen und improvisierten Handlungen einer bestimmten Gruppe ergeben, der durch den Autor lediglich spezifische oder auch nur all-

A. Kaprow: Yard. Happening. New York 1961

gemeinere Grenzen gezogen sind. Auch durch das Konzept der Unbestimmtheit oder des nicht Festgelegten wird eine weitere Abwendung von der künstlichen Welt der Abstraktionen bewirkt. Da Künstlichkeit Festlegungen, planmäßig vorgehende Erfindungen von seiten des Menschen verlangt, lehnt der entschiedene Konkretist die Festlegung einer endgültigen Form oder Erscheinungsweise um der Erfassung und Wiedergabe der Naturwirklichkeit willen ab. Deren Vorgehen, wie das des Menschen auch, weitgehend unbestimmbar und nicht vorhersagbar ist ... Das bedeutet aber, dass der eigentliche Beitrag, den der konkrete Künstler, wenn er wirklich ein solcher ist, zu einem derartigen Werk leistet, in der Schaffung eines Konzepts oder vielmehr in einer Methode besteht, durch die sich eine Form unabhängig von ihm bilden kann und nicht so sehr in der Ausbildung dieser Form oder Struktur selbst. Die Originalität und Erfindungsgabe eines Künstlers, sein faktischer Wert stellen sich dem prüfenden und bewertenden Urteil einzig und allein von der Wirksamkeit der Methode her dar. Viele unbestimmte Kunstwerke dieser Art lassen sich deswegen verstehen oder aufnehmen, ohne dass man dazu unbedingt das Endergebnis hören oder sehen muss. Wie bei einer mathematischen Aufgabe ist die Schönheit einer solchen Komposition allein in der Methode enthalten. Die zweite Einstellung, die gegenwärtig unter amerikanischen Künstlern, Gestaltern oder Komponisten vorherrscht, ist die eines künstlerischen Nihilismus, der in gewissem Sinn der gegen die Künstlichkeit der Kunst gerichteten Auffassung und dem Konkretismus noch mehr gerecht wird, als es die Haltung der sogenannten Konkretisten vermag. Ein Kunstnihilist lehnt die Kunst ab und bekämpft sie allein schon aus dem Grund, dass ihre Absicht zwangsläufig den Charakter des Künstlichen in sich einschließen muss, sei es im Hinblick auf die Formgestaltung oder die Ausprägung der Methode. Um zu einer engeren Verbindung mit der konkreten Realität zu kommen, bringt der Kunstnihilist entweder eine Gegenkunst hervor oder er übt nichts als Banalitäten aus. Die Antikunstformen sind in erster Linie gegen die professionelle Kunstausübung gerichtet. Gegen die künstliche Trennung von Ausübendem und Ausführendem, von Hervorbringendem und Zuschauer oder gegen die Trennung von Kunst und Leben. Sie wenden sich gegen die in sich künstlichen Formen, Muster oder Methoden der Kompositionen, der künstlerisch aufgebauten Erscheinungen auf den verschiedenen Gebieten der Kunstausübungen, gegen das absichtsvolle, bewusst Formenhafte und gegen die Bedeutungshaftigkeit der Kunst, gegen den Anspruch der Musik gehört, und gegen den Anspruch der plastischen Kunst, gesehen zu werden; und schließlich dagegen, dass beide eingesehen, verstanden werden sollen. Antikunst ist Leben, Natur; wahrhaftige Wirklichkeit ist ein und alles. Das Vogellied ist Antikunst.» (*In:* Happenings. Fluxus. Pop Art, Nouveau Réalisme. 1961, S. 193 f.)

Dieses Manifest wurde 1962 bei dem Wiesbadener Fluxus-Festival verlesen. Aufführende waren dort neben Maciunas unter anderen Nam June Paik, Emmet Williams und Wolf Vostell. Auch Joseph Beuys schloss sich 1963 der Fluxus-Gruppe an, arbeitete selbst aber in einer Richtung, die vom Ästhetischen bald ins Politische weiterführte (vgl. Out of actions. 1998, S. 80 ff.).

Während die Happenings der sechziger Jahre noch weitgehend unstrukturiert waren, die objektive Erfahrung von Situationen und das intensive Erleben einer vermeintlich durch schablonenhaft konditionierte Wahrnehmungen verstellten Wirklichkeit die wesentlichen Intentionen dieser Aktionen waren, verschob sich in den siebziger Jahren der Akzent dahingehend, dass die Künstler ihre Arbeiten strenger strukturierten, die Zeitabläufe klarer festlegten und sich eingehender mit der Vermittlungsproblematik auseinandersetzten. «Die Kunst-Leben-Ideologie des gemeinsamen Erlebens oder Machens, der offenen Situationen» war nicht mehr die leitende Idee der Performances. «In der Performance der siebziger Jahre tritt mit der Orientierung auf den Vermittlungsakt auch die Person desjenigen, der vermittelt, stärker in den Vordergrund: die Individualität des Künstlers spielt (seitdem) ... eine qualitativ neue Rolle.» (Vgl. J. Diederichs in: M. Brauneck: Theater im 20. Jahrhundert. 1998, S. 463)

In Deutschland war Wolf Vostell (geb. 1932) der wichtigste Künstler und Propagandist der Happening- und der Fluxusbewegung. Vostells im November 1964 in Zusammenarbeit mit dem Ulmer Theater veranstaltetes Happening *in ulm, um ulm und um ulm herum*, über dessen Gelingen oder Misslingen die Meinungen auseinandergingen, war sicherlich das Happening mit der größten Medienresonanz in Deutschland; und dies nicht zuletzt im Zusammenhang mit dem unter der Intendanz von Kurt Hübner (1916–2007) von Ulm ausgehenden Erneuerungstrend im westdeutschen Theater. (Vgl. M. Brauneck: Die Welt als Bühne. 5, S. 254 ff.) Vostell hatte bereits Mitte der fünfziger Jahre erste Happening-artige Projekte realisiert: Verfremdungen – während der Nacht hergestellt – bekannter Situationen und Umgebungen im Stadtgebiet von Wuppertal, die die Menschen am Morgen darauf mit einem veränderten Image des an sich Bekannten konfrontierten. Von Beginn an waren «Vostells

Ziele weitaus strategischer als die der konzeptuell denkenden Fluxus-Künstler. Fasziniert von der Macht der Technologie und der Konzeption der modernen Stadt als Performance-Bühne, entwickelte Vostell eine künstlerische Vision, die über die zur gleichen Zeit entstandene von Kaprow hinausging. Die Tatsache, dass Vostell als Jude den Zweiten Weltkrieg überlebt hatte, verlieh seinem Werk aber auch ein Gefühl für das Düstere, das seine Wahrnehmung von Maschinen, seien es als Waffen, Automobile oder Fernsehgeräte, prägte.» (Out of actions. 1998, S. 80)

Ein zentraler Begriff – neben dem des Happening –, der in Vostells Kunstauffassung eine zentrale Rolle spielt, ist die «Décollage». Vostell beschreibt, wie er 1954 anlässlich einer Notiz in einer französischen Zeitung über einen Flugzeugabsturz auf diesen Begriff gestoßen ist und wie dieser schlagartig sein Verständnis vom Verhältnis von Kunst und Leben verändert habe. Décollage bedeutet für Vostell «Eingriff in die Realität, Unterbrechung des realen Zeitablaufs, Trennung der überkommenen Zusammenhänge, Störung und Umkehr normaler Denkprozesse. Sie meint die bewusste Veränderung, die schöpferische Destruktion, die Metamorphose der Dinge.» (W. Schmied in: Vostell. Retrospektive 1958–1974, S. 11) Für Vostell beschreibt dieser Begriff die dem Lebensprozess innewohnende Antithese von Werden und Vergehen, von Lebenslust und Tod, von Aufbauen und Zerstörung – eben wie im Bilde des Flugzeugsabsturzes das Starten der Maschine und ihr Absturz mit dem Wort ‹décollage› beschrieben wurde. 1958 veranstaltete Vostell ein Happening mit dem Titel *Das Theater ist auf der Strasse II*, bei dem die Trümmer eines Autounfalls auf einer Straßenkreuzung so platziert werden sollten, dass «Unfall auf Unfall jeden Verkehr unmöglich machen» sollte. (Vgl. Partitur in: dé-collage happening. New York 1966, S. 11)

Vostell thematisierte die Entwicklung der Happening- und Aktionskunst von den sechziger in die siebziger Jahre in einer zweiten Happening-Dokumentation, die er 1970 im Rowohlt Verlag herausgab, folgendermaßen: Gegenüber den Anfängen dieser Bewegung seien die Aktionen nun konkreter geworden. «In den Demonstrationen der Berliner Studenten, in Berkeley, im Pariser Mai gab es zum ersten Mal keinen Unterschied mehr zwischen Leben und Kunst ... Die Arbeiten der Künstler, die Verhaltensmuster und Aktionsformen herstellten, (waren) gesellschaftlich relevant geworden.» Vostell stellt in diesen Zusammenhang noch einmal die entscheidenden Kriterien für ein Happening auf: «1. Einmaligkeit des Geschehens. 2. Das Ereignis findet draußen an verschiedenen Stellen statt. 3. Das Publikum beteiligt sich am Geschehen. 4. Der Happening-Fall-Out kommt nicht als Fetisch für immer ins Museum.» (Aktionen. Happenings und Demonstrationen seit 1965. 1970, o. S.)

Das zusammen mit dem Ulmer Theater veranstaltete Projekt hatte den Untertitel *Happening aus 24 verwischten Ereignissen oder die Überlebenden des nackten Einkaufspreises.* Die Aufführung fand an 24 Orten in der Stadt statt. Es begann mit einem «Aktionsvortrag» von Claus Bremer, dem Dramaturgen des Theaters, und der Verteilung von zerrissenen Zeitungsannoncen und anderen Textfragmenten. Es folgten Fahrten mit Autobussen, die das Publikum an verschiedene Stationen transportierten, stets unter monotonem Abspielen von Nonsens-Texten. Solche Stationen waren unter anderen der Flugplatz, eine Autowaschanlage, eine Tiefgarage, ein Freibad, der Hinterhof eines Klosters, der Ulmer Schlachthof, ein Saunabad, ein Bauernhof mit 200 Kühen. Schließlich fuhren einige Busse wieder ins Theater zurück. Das Publikum erhielt an den verschiedenen Orten Anweisungen, mitunter auch eine Art Partitur für ihr Verhalten, wurde ständig auch Geräuscheffekten ausgesetzt, wurde gewogen, mit Nummern versehen etc. In einer grundsätzlichen Kritik an den Happenings und deren inszenierte «Pseudo-Wirklichkeit» schrieb Werner Hofmann (Gegenstimmen. 1979, S. 278): «Mit dem Ästhetizismus teilt das Happening die Verachtung des Publikums. Zwar wird dieses benötigt, doch muss es sich den Spielregeln unterwerfen, es darf nicht mitspielen, sondern muss ‹mitmachen›. Das schließt manches Risiko ein. Insofern ist der dem Happening Beiwohnende in einer ‹ausgesetzteren› Situation als der Theaterbesucher in seinem Fauteuil. Er muss auf alles gefasst sein.» Die einzelnen Stationen des Ulmer Happenings entsprachen durchaus diesem Prinzip. Es waren symbolbefrachtete Situationen, die vom Publikum erkannt werden sollten. Die Duschanlage in der Sauna etwa mit dem Titel «die Infragestellung der inneren Behaglichkeit – oder wo waren Sie heute vor 20 Jahren» ließ unschwer «Auschwitz» assoziieren. Auch bei anderen Stationen stellen sich die «Aha-Erlebnisse» (Urs Jenny) mehr oder weniger rasch ein. Sicherlich war ein zeitkritischer Ansatz mit dem Projekt verbunden, was jedoch fehlte, war eine angemessene Ursachenforschung für die angeprangerten Missstände oder die historischen Erinnerungslücken. Es war Illustration der Symptome, wie dies bereits die Dadaisten und die Futuristen – einfallsreicher und origineller – praktiziert hatten, nicht mehr.

In den weiteren Kontext der Performance- und Happening-Bewegung gehört auch der Wiener Aktionismus (vgl. J. L. Schröder 1990, S. 57 ff., und M. Brauneck: Die Welt als Bühne. 5, S. 478 ff.). Seinen Ausgang nahm diese Wiener Bewegung in der Malerei. Informel (oder Tachismus) kannte bereits Aktionsanteile im Malakt, in denen sich verdrängte Bewusstseinsanteile darstellen sollten. Diese noch weitgehender offen zu legen und als Schauspiel dem Betrachter zugänglich zu machen, war die Intention der Aktionskunst. Selbstbemalung, später auch die Selbstverstümmelung der Akteure waren die ersten spektakulären Manifestationen dieser Kunstrichtung. In radikaler Form wurde der Körper als künstlerisches Material und Medium eingesetzt. In dieselbe Richtung gingen die Mal-Aktionen von Yves Klein (1928–1962) in Paris, der die Körper seiner weiblichen Modelle mit Farbe anstrich und diese dann als Aktionsschauspiel Körperabdrücke (sogenannte Anthropometrien) auf die Leinwand aufbringen ließ. Von gleicher Art waren die «Körper-Mal-Interaktionen» von Valie Export (1928–1962). Chris Burden, Carolee Schneemann und Gina Pane experimentierten mit Verletzungen des eigenen Körpers (vgl. Out of actions. 1998, S. 92 ff.).

Neben Aktionisten wie Günter Brus und Arnulf Rainer ist Hermann Nitsch (geb. 1938) der prominenteste Künstler in der Wiener Szene. Am bekanntesten wurde er durch sein Manifest eines *orgien-mysterien theaters*, dessen Konzept er vom 3. bis 9. August 1998 erstmals vollständig in Prinzendorf in Niederösterreich in einem Sechstagespiel realisiert hat. Zwei Ziele hatte das Projekt: Es sollte die bis dahin konsequenteste und umfassendste Realisierung eines Gesamtkunstwerks sein, zugleich eine das gesamte Arsenal der Freud'schen Psychoanalyse einsetzende Erneuerung des dionysisch-orgiastischen Ursprungs der griechischen Tragödie, deren Katharsis Nitsch als «Abreaktionsspiel» interpretierte. Die Teilnehmer wurden dabei mit Erfahrungen konfrontiert, die ihnen ihre Urinstinkte bewusst machen und sie in einen rauschhaften Zu-

Y. Klein: «Anthropométries en bleu». Paris 1960

stand, ein emotionales Gemenge von Wollust, Grausamkeit und einer mystisch getönte Spiritualität, versetzen sollten. Nitsch inszenierte dies als ein hochzeremonielles, blutiges Zusammenspiel von tatsächlichem Tieropfer und – durch Modelle vertreten (in dieser Rolle zumeist Heinz Cibulka) – symbolischem Menschenopfer. Die Tiere wurden allerdings nicht während des Opferrituals geschlachtet, sondern als bereits geschlachtete im *Orgien-Mysterien-Theater* aufgeschlitzt und ausgeweidet. Antike Orgiastik, wie Nitsch sich den attischen Tragödienursprung vorstellte, gedanklich aufgeladen durch Theoreme von Friedrich Nietzsche und Sigmund Freud und durchsetzt mit Ritualen aus der katholischen Messliturgie, waren als blutig-pompöses Spektakel arrangiert.

Es steht außer Zweifel, dass die ästhetischen Erfahrungen, die sich in dieser experimentellen Grenzzone von bildender Kunst und Theater abspielen, Sprengkraft für beide Bereiche bargen. Das Theater übernahm vom Happening, von der Aktionskunst oder der Performance entwickelte Elemente der Raum- und Szenengestaltung, mediale Techniken und

Zeichensysteme in das geschlossene ästhetische System der Inszenierung. Es bewahrte sich dadurch jedoch, dass es der «ganzheitlichen Ideologie des Happenings» (Werner Hofmann) nicht verfiel und seinen Spielcharakter nie in Frage stellte, eine reflexive Qualität, die dem Happening und der Aktionskunst von Beginn an fehlte. Vor allem auch erwies sich eines als Illusion: dass sich die «Anti-Künstler» und Kunst=Leben-Ideologen der Vereinnahmung durch den Kunstbetrieb entziehen könnten. Beispielhaft für diese Vereinnahmung ist die Karriere des prominentesten der Wiener Aktionisten: Seit den neunziger Jahren übernahm Hermann Nitsch nicht nur Gastprofessuren an Universitäten in Hamburg und Wien, sondern arbeitete seitdem auch immer wieder für die Wiener Staatsoper. 2005 fand erstmals eine seiner Aktionen im Wiener Burgtheater statt. Nitsch' Ausstattung zu Strawinskys *Le renard* 2005 an der Wiener Staatsoper löste zwar noch Zuschauerproteste aus; im selben Jahr jedoch erhielt er die goldene Ehrenmedaille der Stadt Wien und den Österreichischen Staatspreis. 2007 wurde im niederösterreichischen Mistelbach ein staatliches Nitsch-Museum eingeweiht; 2008 wurde ein zweites Nitsch-Museum in einem ehemaligen Elektrizitätswerk im Zentrum von Neapel als eine Art Laboratorium eröffnet.

Literatur

Almhofer, E.: Performance Art. Die Kunst zu Leben. Wien, Köln, Graz 1986
Artaud, A.: Das Theater und sein Double. Frankfurt a. M. 1970
Battcock, G. u. R. Nickas: The Art of Performance. New York 1984
Becker, J. u. W. Vostell: Happenings. Reinbek 1965
Beuys, J.: Jeder Mensch ein Künstler. Gespräche auf der documenta 5. 1972 aufgezeichnet v. C. Bodenmann-Ritter. Frankfurt a. M., Berlin u. Wien 1975
Brock, B.: Theater der Position. Deutsches Theater der Gegenwart Bd. 2. Frankfurt a. M. 1967
Carlson, M. A.: Performance. London u. a. 1996
Dreher, Th.: Performance Art nach 1945. München 2001
Dreyfus, Ch.: Happenings and Fluxus. Paris 1989
Eder, Th. u. K. Kastberger (Hrsg.): Schluß mit dem Abendland! Der lange Atem der österreichischen Avantgarde. Wien 2000
Fluxus. 1962 Wiesbaden 1982. Eine kleine Geschichte von Fluxus in drei Teilen. Hrsg. v. Museum Wiesbaden u. a. Berlin 1983

Goldberg, R.: Performance: Life Art. 1909 to the Present. New York 1979
Hermann Nitsch. Ausstellungskatalog. Stedelijk Van Abbemuseum. Red. P. de Jonge.
    Eindhoven 1983
Hofmann, W.: Gegenstimmen. Aufsätze zur Kunst des 20. Jahrhunderts.
    Frankfurt a. M. 1979
Jappe, E.: Performance – Ritual – Prozeß. München 1993
Kaprow, A.: Assemblage, Environments, Happenings. New York 1966
Ders.: Activity-Dokumente. Ausstellungskatalog. Bremen 1976
Kirby, M.: Happenings. An Illustrated Anthology. New York 1965
Ders.: The Art of Time. Essays on the Avant-Garde. New York 1969
Ders.: The New Theatre. Performance. Documentation. New York 1978
Klein, G. u. W. Sting (Hrsg.): Performance. Positionen zur zeitgenössischen szenischen
    Kunst. Bielefeld 2005
Lebel, J.-J.: Poésie directe. Paris 1994
Out of actions. Zwischen Performance und Objekt 1949–1979. Paul Schimmel.
    Museum of Contemporary Art, Los Angeles. Hrsg. der dt. Ausgabe: Peter Noeves/
    MAK. Wien 1998
Nitsch, H.: 1, 2, 3 und 5 Abreaktionsspiele / König Ödipus / Frühe Aktionen. 3 Bde.
    Neapel 1978
Ders.: Wiener Vorlesungen. Wien u. a. 2005
Projekt Prinzendorf. Kulturhaus der Stadt Graz. Graz 1981
Richter, H.: DADA – Kunst und Antikunst. Der Beitrag Dadas zur Kunst des
    20. Jahrhunderts. Köln 1964
Rychlik, O.: Hermann Nitsch, das Sechstagespiel des Orgien-Mysterien-Theaters 1998.
    Ostfildern-Ruit 2003
Schilling, J.: Aktionskunst. Identität von Kunst und Leben? Eine Dokumentation.
    Luzern u. Frankfurt a. M. 1978
Schröder, J. L.: Identität / Überschreitung / Verwandlung. Happenings, Aktionen und
    Performances von bildenden Künstlern. Münster 1990
Sontag, S.: Kunst und Antikunst. Reinbek 1968
Vostell. Retrospektive 1958–1974. Ausstellungskatalog. Neuer Berliner Kunstverein in
    Zusammenarbeit mit d. Nationalgalerie SMPK. Berlin 1974
Vostell, W. (Hrsg. u. visualisiert): Aktionen. Happenings und Demonstrationen seit
    1965. Eine Dokumentation. Reinbek 1970
Weber, H. M.: Psychologische Untersuchungen zu Vostell-Happenings. O. O. 1989

IV «Theater der Erfahrung»: Grenzüberschreitungen in alle Richtungen

Vorbemerkung

Es gibt keine einheitliche Stilrichtung, die sich unter dem Begriff «Theater der Erfahrung» zusammenfassen ließe. Vielmehr wurde damit ein programmatischer Anspruch an das Theater herangetragen, der in der Theaterarbeit subjektive Momente der Spieler in einer Weise zur Geltung kommen ließ, wie dies in «konventionellen» Auffassungen von Theaterarbeit nicht möglich zu sein schien. Es ging stets um eine «neue» Erfahrungsdimension, mitunter auch um ein konkretes politisches Engagement, das Akteure und Publikum gleichermaßen erfassen sollte. Theaterformen, die hier unter diesem Begriff subsumiert werden, entwickelten sich in aller Regel außerhalb der etablierten Strukturen und Institutionen des Theaterwesens. Sie verstehen sich als «freies» oder als «unabhängiges» Theater, das eigene Arbeitsformen erprobt und als «Gruppentheater» oder in mehr oder weniger offenen Theaterkollektiven organisiert ist. Überwiegend ist es eine Theaterarbeit mit ambitioniertem experimentellem Anspruch. Dabei bezieht sich der Aspekt des Experimentellen nicht nur auf die Arbeitsweise und die künstlerische Ausrichtung, sondern schließt auch den Aspekt des sozialen Umfeldes ein, das soziale Experiment. Manche dieser Gruppen arbeiten in einer großen Nähe zu sozialen Problemzonen vor allem in den urbanen Zentren. Künstlerisch geht es vielfach auch um theatrale Grundlagenforschung in «Theaterlaboratorien» (Grotowski, Barba) oder «Forschungszentren» (Brook, Mnouchkine). Andere Gruppen leben in Form von Kommunen zusammen (The Living Theatre, The Bread and Puppet Theatre) und experimentieren mit neuen Lebensentwürfen. Beinahe durchweg sind die Leiter dieser Gruppen charismatische Persönlichkeiten, deren Führungsstil wohl dennoch mit der Kollektivität der Gruppenarbeit in Einklang zu stehen scheint. Typisch für die meisten Gruppen, zumal denjenigen, die auf den großen internationalen Festivals auftreten, ist die Durchführung von Workshops, in denen sie ihre Arbeitsweise breiten Kreisen junger Theaterenthusiasten vermitteln. Alle diese Gruppen organisieren ihr Ausbildungs- und Trainingswesen selbst. Offenbar bereiten die konventionellen Schauspielschulen auf die Fähigkeiten, die in dieser Theatersphäre erforderlich sind, nicht zureichend vor.

In seiner Ästhetik ist dieses Theater stark bestimmt durch das Ausleben von Emotionalität und Körperlichkeit, oftmals spontan aus der Dynamik der psychischen und physischen Bewegungen der Spieler heraus entwickelt. Es ist kaum noch oder gar nicht über literarische Rollenvorgaben vermittelt, allenfalls davon inspiriert. Grotowskis Calderón-Projekt – *Der standhafte Prinz* – ist dafür ein Beispiel. Hier liegt ein entscheidender Unterschied zu jenem Theater, das in dieser Dokumentation mit dem Begriff «Schauspieler-Theater» bezeichnet wird, für das die Auseinandersetzung mit den Rollen der dramatischen Literatur und den Genres der klassischen Theaterkunst (Komödie, Tragödie) von zentraler Bedeutung ist.

Das «Unabhängige Theater» vollzieht einen Bruch mit nahezu allen Theaterkonventionen. Soweit es sich an Vorbildern orientiert, liegen diese eher im außereuropäischen Theater, oftmals auch bei Formen kultischer oder ritueller Theatralik. Artauds Schrift über das *Balinesische Theater* hatte in diesem Zusammenhang einen gewissen Orientierungscharakter für viele Gruppen. Peter Brook erhoffte sich von Experimenten in Persien und Afrika neue Impulse für seine Theaterarbeit. Grotowski studierte eingehend indisches Tanztheater und fernöstliche Meditationstechniken. Eugenio Barba entwickelte in praktischer und theoretischer Arbeit mit ostasiatischen Theaterformen eine neue Praxis der Schauspielpädagogik. Ariane Mnouchkine erklärte kurzum: «Das Theater ist orientalisch.»

Diese Entwicklung hatte Mitte und Ende der sechziger und in den siebziger Jahren ihren Höhepunkt und stand im engen Zusammenhang mit den jugendlichen Protestbewegungen dieser Zeit. Sie kann als Manifestation von deren kulturrevolutionären Zielen angesehen werden und war von den Ideen dieser Bewegung getragen. Durch eigene Festivals und einen sich rasch entwickelnden Tourneebetrieb entstand für diese Theaterszene sehr bald ein hoher Grad internationaler Verflechtung und Kooperation. Dabei spielte das New Yorker Studio La MaMa eine zentrale Vermittlungsrolle. Als sich freilich das politische Potential dieses Theateraufbruchs verbraucht hatte, ging es sehr bald mehr um die Pflege einer «neuen Innerlichkeit». Geistiger Ahnherr dieser Bewegung war der französische Surrealist Antonin Artaud, der große Antipode zu Brechts dialektischem Aufklärungstheater. Artauds Manifest *Theater der Grausamkeit* galt als Legitimation für alle Spielarten von Theater-Radikalität, zumeist freilich wurde dieses Manifest wohl missverstanden. Gegenüber «westlicher» Rationalität und deren Zivilisationsmodell erschien vielen Anhängern dieser Theaterbewegung der Ausgriff auf «östliche» Spiritualität, vor allem die zenbuddhistische Vorstellungswelt, die bessere Orientierung für die Gestaltung einer friedlichen und grenzenlos freien, toleranten Welt zu sein. *Paradise Now*, das von der New Yorker Gruppe The Living Theatre 1968 beim Festival d'Avignon uraufgeführte Stück, war die spektakulärste Demonstration der radikalen Ziele dieser Theaterrevolte.

Dokumentation

Antonin Artaud
Das Theater der Grausamkeit. Erstes Manifest (1932)

Die Idee des Theaters, die nur in einer magischen, furchtbaren Verbindung mit der Wirklichkeit und mit der Gefahr Gültigkeit besitzt, kann nicht fortwährend prostituiert werden.

Wird die Frage nach dem Theater auf diese Weise gestellt, so muß sie allgemeine Aufmerksamkeit erregen, wobei stillschweigend angenommen wird, daß das Theater infolge seines körperlichen Charakters und weil es nach Ausdruck im Raum, dem einzig realen nämlich, verlangt, den magischen Mitteln der Kunst und des Wortes in ihrer Gesamtheit eine organische Entfaltung, gleichsam als erneuerte Exorzismen, erlaubt. Aus alledem geht hervor, daß man dem Theater erst dann sein spezifisches Wirkungsvermögen zurückgeben wird, wenn man ihm seine eigene Sprache zurückgibt.

Das heißt: Anstatt auf Texte zurückzugreifen, die als endgültig, als geheiligt angesehen werden, kommt es vor allem darauf an, die Unterwerfung des Theaters unter den Text zu durchbrechen und den Begriff einer Art von Sprache zwischen Gebärde und Denken wiederzufinden.

Diese Sprache ist nur durch die Möglichkeiten des dynamischen Ausdrucks im Raum zu definieren, die den Ausdrucksmöglichkeiten mittels des dialogischen Wortes entgegengesetzt sind. Und was das Theater überhaupt noch dem Wort zu entreißen vermag, sind seine Möglichkeiten der Expansion außerhalb der Wörter, seine Möglichkeiten der

Entwicklung im Raum, der dissoziierenden, vibratorischen Wirkungen auf die Sensibilität. Hier nun greift die Intonation, die besondere Aussprache eines Wortes, ein. Hier nun, außerhalb der hörbaren Sprache der Laute, greift die sichtbare Sprache der Gegenstände, der Bewegungen, der Haltungen, der Gebärden ein, unter der Bedingung jedoch, daß ihr Sinn, ihre Physiognomie, ihr Zusammentreten bis ins Zeichenhafte erweitert werden, indem man diese Zeichen zu einer Art Alphabet ordnet. Nachdem das Theater sich dieser Sprache im Raum, dieser Sprache aus Klängen, aus Schreien, aus Lichtern und onomatopoetischen Lauten bewußt geworden ist, hat es sie zu organisieren, indem es aus Figuren und Gegenständen richtige Hieroglyphen bildet und sich ihrer Symbolik und ihrer Korrespondenzen in bezug auf alle Organe und auf allen Ebenen bedient.

Es geht also für das Theater im Hinblick auf seinen psychologischen und humanistischen Leerlauf darum, eine Metaphysik des Wortes, der Gebärde, des Ausdrucks zu schaffen. Aber all dies nützt nichts, wenn hinter einem derartigen Bemühen nicht so etwas wie eine echte metaphysische Versuchung steht, eine Anrufung gewisser Ideen, die ungewohnt sind und deren Bestimmung eben darin liegt, daß sie weder begrenzt noch ausdrücklich dargestellt werden können. Diese Ideen, die mit der Schöpfung, dem Werden, dem Chaos zu tun haben und alle kosmischer Natur sind, liefern eine erste Ahnung von einem Bereich, dem sich das Theater völlig entwöhnt hat. Sie vermögen eine Art spannender Gleichung zwischen Mensch, Gesellschaft, Natur und Ding aufzustellen.

Im übrigen geht es nicht darum, metaphysische Ideen in direkter Form auf die Bühne zu bringen, sondern um die Erzeugung einer Art von Versuchungen, von Luftzuführungen rings um sie. Und der Humor mit seiner Anarchie, die Poesie mit ihrer Symbolik und ihren Bildern geben gleichsam eine erste Ahnung von Mitteln zur Kanalisierung der Versuchung dieser Ideen. Nun muß von der rein stofflichen Seite dieser Sprache gesprochen werden. Das heißt von allen Arten und Mitteln, über die sie zwecks Einwirkung auf die Sensibilität verfügt.

Es wäre unnütz zu sagen, sie appelliere an die Musik, den Tanz, die Pantomime oder die Mimik. Ganz offensichtlich verwendet sie Bewegungen, Harmonien, Rhythmen, doch nur insofern sie zu gemeinsamem

Ausdruck verschmelzen und ohne Nutzen für eine einzelne Kunst. Was nicht heißen soll, sie bediene sich nicht gewöhnlicher Fakten und gewöhnlicher Leidenschaften, doch benutzt sie sie gleichsam als Sprungbrett, so wie der ZERSTÖRUNGS-HUMOR, durch das Lachen, dazu dienen kann, sich die Gepflogenheiten der Vernunft anzueignen.

Doch mit einem ganz orientalischen Sinn für Ausdruck dient diese objektive und konkrete Sprache des Theaters dazu, Organe einzuklemmen, einzuengen. Sie verläuft in der Sensibilität. Indem sie den abendländischen Gebrauch des Wortes aufgibt, macht sie die Wörter zu Zauberformeln. Sie weitet die Stimme. Sie gebraucht stimmliche Schwingungen und Eigenschaften. Sie läßt Rhythmen rasend auf der Stelle treten. Sie stampft Laute ein. Sie zielt darauf ab, die Sensibilität zu steigern, zu betäuben, zu bestricken, abzuschalten. Sie entwickelt den Sinn für einen neuen Lyrismus der Gebärde, der infolge seiner Überstürzung oder seiner Schwingungsweite in der Luft den Lyrismus der Wörter noch übertreffen wird. Zuletzt durchbricht sie die geistige Unterwerfung unter die Sprache und weckt das Empfinden für eine neue und tiefgründigere Geistigkeit, die sich unter den zur Bedeutung jeweiliger Exorzismen gesteigerten Gebärden und Zeichen verbirgt.

Denn dieser ganze Magnetismus, diese ganze Poesie, diese direkten Zaubermittel wären nichts, wenn sie den Geist nicht körperlich auf die Bahn von irgend etwas bringen sollten, wenn das echte Theater nicht unser Empfinden für eine Schöpfung wecken könnte, von der wir nur eine Seite kennen, deren Vollendung jedoch auf andren Ebenen liegt.

Und wenig bedeutet es, ob diese andren Ebenen wirklich vom Geist, das heißt vom Verstand erobert werden; das heißt sie nur vermindern und hat weder Vorteil noch Sinn. Hingegen kommt es darauf an, daß die Sensibilität durch zuverlässige Mittel in den Stand vertiefter und verfeinerter Wahrnehmungsfähigkeit versetzt wird; dies nämlich ist der Inhalt der Magie und der Riten, deren bloßer Abglanz das Theater ist.

[...]

Schluß mit den Meisterwerken (1933)

Einer der Gründe für die erstickende Atmosphäre, in der wir leben ohne mögliche Ausflucht und Zuflucht – und an der wir alle unser Teil Schuld haben, selbst die revolutionärsten unter uns –, liegt im Respekt vor dem Geschriebnen, Formulierten oder Gemalten, vor dem, was Gestalt angenommen hat, als wenn schließlich nicht aller Ausdruck am Ende wäre, nicht an dem Punkt angelangt wäre, an dem die Dinge bersten müssen, wenn es einen neuen Aufbruch und einen neuen Anfang geben soll.

Man muß Schluß machen mit der Vorstellung von Meisterwerken, die einer sogenannten Elite vorbehalten sind und die die Menge nicht versteht; und sich sagen, daß der Geist keine besonderen Stadtviertel kennt, wie sie heimlichen sexuellen Begegnungen vorbehalten bleiben.

Die Meisterwerke der Vergangenheit sind für die Vergangenheit gut: Für uns sind sie es nicht. Wir haben das Recht, zu sagen, was gesagt worden ist, und sogar das, was noch nicht gesagt worden ist, und zwar auf eine Art, die uns entsprechen soll, die unmittelbar und direkt sei, die dem gegenwärtigen Empfinden gerecht wird und die ein jeder verstehen wird. Es ist idiotisch, der Menge vorzuwerfen, daß sie keinen Sinn fürs Erhabene hat, wenn man das Erhabene mit einer seiner Erscheinungsformen verwechselt, die zudem stets schon verblichen sind. Und wenn zum Beispiel die Menge von heute den *Ödipus* nicht mehr versteht, so ist das nicht die Schuld der Menge, würde ich zu sagen wagen, sondern die des *Ödipus*.

Im *Ödipus* gibt es das Thema des Inzests und die Vorstellung, daß die Natur auf Moral pfeift; daß es irgendwo umherirrende Kräfte gibt, vor denen wir uns besser in acht nehmen; daß man diese Kräfte *Verhängnis* nennt oder sonstwie.

Überdies herrscht gerade eine Pestepidemie, welche die Inkarnation dieser Kräfte darstellt. Aber all dies in einer Einkleidung und in einer Sprache, die jeden Kontakt mit dem epileptischen, plumpen Rhythmus unsrer Zeit verloren haben. Vielleicht spricht Sophokles eine erhabene Sprache, aber seine Art zu sprechen ist passé. Er spricht zu gewählt für unsre Zeit, und man könnte glauben, er spräche a parte.

Eine Menge jedoch, die die Eisenbahnkatastrophen erzittern lassen, die Erdbeben, Pest, Revolution und Krieg kennt, die empfänglich ist für die wirren Schrecken der Liebe, vermag diese hohen Begriffe alle zu erreichen und verlangt danach, sich ihrer bewußt zu werden, aber nur unter der Bedingung, daß man in ihrer eignen Sprache zu ihr zu sprechen weiß und daß der Begriff von diesen Dingen nicht etwa eingekleidet und durch ein Wort verfälscht zu ihr gelangt, das längst vergangnen Zeiten angehört und das keine Zukunft haben wird.

[...]

Und deshalb schlage ich ein Theater der Grausamkeit vor. – Bei der Manie, alles herabzusetzen, die wir heutzutage allesamt haben, hat das Wort «Grausamkeit», als ich es in den Mund genommen habe, für jedermann sofort soviel wie «Blut» bedeutet. Doch *«Theater der Grausamkeit»* bedeutet zunächst einmal Theater, das für mich selbst schwierig und grausam ist. Und auf der Ebene der Vorführung handelt es sich nicht um jene Grausamkeit, die wir uns gegenseitig antun können, indem wir einander zerstückeln, indem wir unsre persönlichen Anatomien mit der Säge bearbeiten oder, wie die assyrischen Herrscher, indem wir uns mit der Post Säcke voll Menschenohren, voll säuberlich abgetrennter Nasen und Nasenflügel zuschicken, sondern um die sehr viel schrecklichere und notwendigere Grausamkeit, welche die Dinge uns gegenüber üben können. Wir sind nicht frei.

Und noch kann uns der Himmel auf den Kopf fallen. Und das Theater ist dazu da, uns zunächst einmal dies beizubringen.

Entweder sind wir dazu fähig, mit modernen und aktuellen Mitteln auf jene höhere Vorstellung von Poesie und von Poesie durch das Theater zurückzukommen, die hinter den von den großen alten Tragikern erzählten Mythen steht, noch einmal dazu fähig, eine religiöse Vorstellung vom Theater, das heißt eine ohne Meditation, ohne nutzlose Betrachtung, ohne unzusammenhängenden Traum auszuhalten und zu einer Bewußtwerdung und auch zu einer Inbesitznahme gewisser dominierender Kräfte, gewisser Begriffe zu gelangen, die alles lenken und leiten – und, da die Begriffe, wenn sie wirksam sind, ihre Energie in sich tragen, in uns selbst jene Energien wiederzufinden, die letzten Endes die Ordnung hervorbringen und die Lebensrate ansteigen lassen –, oder wir brauchen uns nur unverzüglich und ohne Gegenmaßnahmen preiszugeben, brauchen nur zuzugeben, daß wir zu nichts weiter gut sind als zu Unordnung, Hunger, Blut, Krieg und Epidemien.

Entweder wir führen alle Künste auf eine zentrale Haltung, eine zentrale Notwendigkeit zurück und finden eine Analogie zwischen einem Gestus in der Malerei oder auf dem Theater und dem Gestus der Lava in der Katastrophe eines Vulkans, oder wir müssen aufhören zu malen, zu kläffen, zu schreiben und sonstwas zu tun.

Ich schlage vor, beim Theater auf jene elementare, magische Vorstellung zurückzukommen, die von der modernen Psychoanalyse wiederaufgenommen worden ist und die darin besteht, daß der Kranke zum Zweck der Heilung die äußere Haltung desjenigen Zustandes einnehmen muß, in den man ihn zurückführen möchte.

Ich schlage vor, auf jene Empirie der Bilder zu verzichten, die das Unbewußte rein zufällig beibringt und die rein zufällig lanciert werden, indem man sie poetische, also hermetische Bilder nennt, als wenn jene Art Trance, welche die Poesie verursacht, nicht in der gesamten Sensibilität, in allen Nerven ihren Widerhall fände und die Poesie eine unbestimmte Kraft wäre, die ihre Bewegungen nicht abwandelt.

Ich schlage vor, mittels des Theaters auf eine Vorstellung von der körperlichen Erkenntnis der Bilder und der zur Erzeugung von Trancezuständen erforderlichen Mittel zurückzukommen, so wie die chinesische Medizin überall in der menschlichen Anatomie die Punkte kennt, die man durch Nadelstiche reizen muß und die sogar die subtilsten Funktionen beherrschen.

Wer die kommunikative Kraft und die magische Mimikry einer Gebärde vergessen hat, kann sie durch das Theater wieder lernen; denn eine Gebärde trägt ihre Kraft in sich, und es sind ja gerade deshalb menschliche Wesen auf dem Theater, um die der gemachten Gebärde innewohnende Kraft zum Vorschein zu bringen.

Kunst machen heißt, eine Gebärde ihres Widerhalls im Organismus berauben. Wenn die Gebärde unter entsprechenden Bedingungen und mit der erforderlichen Kraft gemacht wird, veranlaßt dieser Widerhall den Organismus und durch ihn die ganze Individualität, der gemachten Gebärde entsprechende Haltungen einzunehmen.

Das Theater ist der einzige Ort auf der Welt und das letzte umfassende Mittel, das uns noch verbleibt, den Organismus direkt zu erreichen und in Zeiten der Neurose und der niederen Sinnlichkeit wie derjenigen, in der wir gründeln, diese niedere Sinnlichkeit durch körperliche Mittel zu attackieren, denen sie nicht widerstehen wird.

Wenn Musik auf Schlangen wirkt, so nicht etwa deshalb, weil sie ihnen geistige Vorstellungen vermittelt, sondern weil Schlangen lang sind, weil sie sich lang auf der Erde zusammenrollen, weil ihr Körper fast ganz die Erde berührt; die musikalischen Schwingungen, die sich der Erde mitteilen, wirken auf sie wie eine sehr durchdringende, sehr lang anhaltende Massage; nun, ich schlage vor, mit den Zuschauern wie mit Schlangen zu verfahren, die man beschwört, und sie mit Hilfe ihres Organismus bis zu den flüchtigsten, feinsten Vorstellungen zurückzuführen.

Zunächst einmal durch grobe Mittel, die sich mit der Zeit verfeinern. Diese unmittelbaren, groben Mittel fesseln anfangs ihre Aufmerksamkeit.

Deshalb befindet sich im «Theater der Grausamkeit» der Zuschauer in der Mitte, und das Schauspiel umgibt ihn.

In diesem Schauspiel herrscht beständige Tonuntermalung: die Töne, die Geräusche, die Schreie werden zunächst um ihrer Schwingungsqualität willen ausgewählt, dann nach dem, was sie darstellen.

In diese sich verfeinernden Mittel greift das Licht seinerseits ein. Das Licht, das nicht nur zum Kolorieren oder zum Beleuchten da ist und seine Kraft, seinen Einfluß und seine Suggestionen in sich trägt. Und das Licht einer grünen Höhle versetzt den Körper nicht in dieselbe sinnliche Verfassung wie das Licht eines stark windigen Tages.

Nach Ton und Licht kommt die Handlung und die Dynamik der Handlung: hier setzt sich das Theater, weit davon entfernt, das Leben zu kopieren, mit reinen Kräften in Verbindung, sofern es dies vermag. Und ob man nun akzeptiert oder ableugnet, es gibt dennoch eine Art und Weise zu sprechen, die Kräfte anruft, was im Unbewußten energiegeladene Bilder und außen das unmotivierte Verbrechen entstehen läßt.

Eine gewaltsame, geraffte Handlung hat Ähnlichkeit mit der lyrischen Sprache: sie ruft übernatürliche Bilder an, ein Blut von Bildern, eine blutige Bilderfontäne im Kopf des Dichters wie in dem des Zuschauers.

Lady Abdy als Béatrice in «Les Cenci». Regie: A. Artaud, 1935

Wie auch die Konflikte aussehen mögen, die einer Zeit durch den Kopf spuken, ich fordere einen Zuschauer heraus, dem gewaltsame Szenen ihr Blut übertragen haben werden, der gefühlt haben wird, wie eine höhere Aktion durch ihn hindurchgegangen ist, der in außergewöhnlichen Taten blitzartig die außergewöhnlichen, wesentlichen Bewegungen seines Denkens gesehen haben wird – Gewalt und Blut in den Dienst der Gewalt des Denkens gestellt –, ich fordere ihn heraus, sich draußen Vorstellungen von Krieg, Aufruhr und zufälligen Morden zu überlassen.
[...]
Ich schlage daher ein Theater vor, in dem körperliche, gewaltsame Bilder die Sensibilität des Zuschauers, der im Theater wie in einem Wirbelsturm höherer Kräfte gefangen ist, zermalmen und hypnotisieren.

Ein Theater, das sich der Psychologie begibt und das Außergewöhnliche berichtet, das natürliche Konflikte, natürliche und subtile Kräfte auf die Bühne bringt und in erster Linie eine außerordentliche Ableitungskraft darstellt.

In: Antonin Artaud: Das Theater und sein Double (Das Théâtre de *Séraphin*). Übersetzt von Gerd Henniger. Frankfurt a. M. 1969 (S. Fischer), S. 95–107, 79 ff. *Aktuell in:* Matthes & Seitz Berlin.

Jerzy Grotowski
Für ein armes Theater

Wenn man mich fragt, «wo liegt der Ursprung Ihres experimentellen Theaters?», werde ich immer ein wenig ungeduldig. Anscheinend wird angenommen, «experimentelle» Arbeit sei peripher (spiele jedes Mal mit einer «neuen» Technik herum), sei zusätzlich gemeint. Vom Ergebnis erwartet man einen Beitrag zum modernen Theater – wo auf der Szene moderne Plastik und elektronische Effekte verwendet werden, zeitgenössische Musik, Schauspieler, die zusammenhanglos stereotype Clowns- und Kabarettnummern abziehen. Ich kenne dieses Theater: Ich gehörte dazu. Unsere Arbeit im Theaterlaboratorium geht in eine andere Richtung. Zum ersten wollen wir Eklektizismus vermeiden, wir wollen uns gegen die Auffassung, daß Theater eine Kombination verschiedener Kunstgattungen sei, wehren. Wir wollen den Versuch einer Definition unternehmen, wodurch Theater gekennzeichnet ist, was diese Tätigkeit von anderen Darstellungsformen und öffentlichen Schaustellungen unterscheidet. Zum zweiten sind unsere Produktionen detaillierte Erforschungen der Beziehung zwischen Schauspieler und Publikum. Das heißt, *wir halten die personale und szenische Technik des Schauspielers für den Kern des Theaters.*

[...]

Dem Schauspieler soll kein festgelegtes Arsenal von Fertigkeiten beigebracht werden, ihm soll kein «Zaubersack voller Kunststücke» übergeben werden. Unsere Methode ist nicht deduktiv, besteht nicht in der Aneignung von Fertigkeiten. Alles in ihr ist auf das «Reifen» des Schauspielers konzentriert, das aus der Spannung zu seinen extremsten Möglichkeiten hervorgeht, durch vollkommene Selbstenthüllung, durch Bloßlegung seines Innersten – all dies ohne die geringste Spur von Egoismus und Selbstgefälligkeit. Der Schauspieler verwirklicht sich in einer totalen Hingabe. Es handelt sich um eine Technik der «Trance», um die Integration aller psychischen und physischen Kräfte des Schauspielers, die sich aus den tiefsten Schichten seines Seins und seiner Triebe herleiten und in einer Art «Durchleuchtung» aufscheinen.

Einen Schauspieler in unserem Theater zu erziehen, heißt nicht, ihm etwas einzupauken; wir versuchen den Widerstand, den sein Organismus dem physischen Prozeß entgegensetzt, zu eliminieren. Im Endergebnis fällt die Zeitspanne zwischen innerem Impuls und äußerer Reaktion weg, der innere Impuls ist gleichzeitig die äußere Reaktion. Impuls und Aktion fallen zusammen: die Physis löst sich auf, verzehrt sich, und der Zuschauer sieht lediglich eine Reihe sichtbar gewordener Impulse.

Also die *via negativa*, die negative Methode, ist keine Ansammlung von Fertigkeiten, sondern Abbau der Widerstände.

Nach jahrelanger Arbeit und durch speziell kombinierte Übungen – die auf dem Wege über körperliches Training, über Ausdrucks- und Stimmübungen versuchen, den Schauspieler zur richtigen Konzentration zu führen – wird manchmal der Anfang dieses Weges sichtbar. Dann ist es möglich, das, was da bewußt wurde, sorgfältig zu kultivieren. Der Prozeß selbst, obwohl er bis zu einem gewissen Grad von Konzentration, Vertrauen, von Entblößung und fast von Verzweiflung über die eigenen Fähigkeiten abhängt, ist nicht dem Willen unterworfen. Der erforderliche Bewußtseinszustand wäre eine passive Bereitschaft, einen aktiven Part zu verwirklichen, ein Zustand, in dem man nicht «*etwas tun möchte*», sondern eher «*es mit sich geschehen läßt*». Die meisten Schauspieler im Theaterlaboratorium fangen gerade an, auf die Möglichkeit hinzuarbeiten, solch einen Prozeß sichtbar zu machen. In ihrer täglichen Arbeit konzentrieren sie sich nicht mehr auf die spirituelle Technik, sondern auf die Gestaltung der Rolle, auf ihren formalen Aufbau, auf die Ausdrucksfähigkeit der Zeichen, das heißt, auf Kunstvorgänge. Zwischen inneren Vorgängen und Kunstvorgängen (Artikulation einer Rolle durch Zeichen) besteht kein Widerspruch. Wir sind überzeugt, daß ein personaler Prozeß, der sich nicht auf eine formale Artikulation und eine disziplinierte Strukturierung der Rolle stützt und sich darin ausdrückt, keine Befreiung ist und an seiner Formlosigkeit scheitern muß.

Unserer Meinung nach wird die Phantasie durch die artifizielle Komposition einer Rolle nicht eingedämmt, sondern geleitet. (Die aufreizende Spannung zwischen dem inneren Prozeß und der Form steigert beide. Die Form ist der Köder in einer Falle, der geistige Prozeß reagiert spontan auf ihn, muß aber gegen die Falle ankämpfen.) Die Formen des allgemeinen «natürlichen» Verhaltens verschleiern die Wahrheit; wir komponieren eine Rolle als Zeichensystem, das aufzeigt, was hinter der allgemein sichtbaren Maske vor sich geht: die Dialektik des menschlichen Verhaltens. Im Augenblick eines psychischen Schocks, des Schreckens, der Todesangst oder der ungeheuren Freude verhält sich der Mensch nicht «natürlich». Ein Mensch in einem gesteigerten geistigen Zustand drückt sich in rhythmisch artikulierten Zeichen aus, beginnt zu tanzen, zu singen. Die elementare Gesamtheit des Ausdrucks vermittelt sich uns als Zeichen, nicht als gewöhnliche Geste.

In der formalen Technik arbeiten wir weder mit vorgefertigten Zeichen noch mit einer Anhäufung von Zeichen (wie es in den Formexerzitien des orientalischen Theaters üblich ist). Wir subtrahieren, versuchen die Zeichen aus den Elementen des sogenannten «natürlichen» Verhaltens, die den reinen Impuls verunklären, *herauszudestillieren*. Eine andere Technik, um die verborgene Struktur der Zeichen zu erhellen, ist es, die Dinge zueinander in *Widerspruch* zu setzen (Geste und Stimme, Stimme und Wort, Wort und Gedanken, Wollen und Tun usw.) – auch hier beschreiten wir die *via negativa*.

Es ist schwierig, präzis zu beantworten, welche Elemente in unseren Produktionen Ergebnisse eines bewußt formulierten Programms sind und welche sich aus der Struktur unserer Vorstellungskraft ableiten. Ich werde häufig gefragt, ob bestimmte «mittelalterliche Effekte» die Absicht vermuten lassen, ich wolle auf die «rituellen Ursprünge» zurückgreifen. Darauf gibt es nicht nur eine Antwort. Beim gegenwärtigen Stand unseres künstlerischen Bewußtseins hat die Frage nach den mythischen «Ursprüngen», nach der elementaren menschlichen Ausgangsposition, sicher Bedeutung. Doch resultiert sie nicht aus einer «philosophischen Kunstbetrachtung», sondern aus den praktischen Erfahrungen im Umgang mit den Gesetzen des Theaters. Ich meine damit, daß unsere Produktionen nicht *a priori* ästhetischen Postulaten unterworfen werden; eher gilt, was Sartre einmal gesagt hat: «Jede technische Praxis führt ins Metaphysische».

[...]

Das reiche Theater nährt sich von künstlerischem Diebesgut, das es anderen Kunstgattungen entwendet; es verfertigt Konglomerate ohne

Sinn und Form, präsentiert sie jedoch als organisches Kunstwerk. Indem das Reiche Theater einander angeglichene Elemente multipliziert, versucht es, aus der durch Film und Fernsehen entstandenen Sackgasse herauszukommen. Seit sich Film und Fernsehen im Bereich der technischen Möglichkeiten übertreffen (Montage, Bildschnitt usw.), kontert das Reiche Theater mit dem blökenden, kompensierenden Schrei nach einem «Totaltheater». Die Integration erborgter Mechanismen (Filmleinwände auf der Bühne zum Beispiel) veranstaltet einen raffinierten, technischen Schwindel, der große Beweglichkeit und Dynamik erlaubt. Und wenn die Bühne und/oder der Zuschauerraum drehbar sind, sei ein dauernder Wechsel der Perspektive möglich. Das alles ist Unsinn.

Wie sehr auch immer das Theater seine technischen Mittel erweitert und ausnützt, es bleibt doch, verglichen mit Film und Fernsehen, technisch minderwertig. Deshalb schlage ich als Konsequenz die Armut im Theater vor. Wir haben die Einteilung Bühne-Zuschauerraum aufgegeben: der Raum für Schauspieler und Publikum wird für jede Aufführung neu entworfen. So kann die Beziehung zwischen Publikum und Schauspieler unendlich variiert werden. Der Schauspieler kann mitten unter den Zuschauern spielen, kann zum Publikum gehören und diesem dadurch eine passive Rolle in dem Drama zuweisen (in unseren Produktionen von Byrons *Kain* und Kalidasas *Shakuntala*). Oder die Schauspieler können unter den Zuschauern Strukturen bilden, um sie auf diese Weise in die Architektur der Handlung einzubauen, sie dem Gefühl der Bedrängnis, des Eingepferchtseins, der Platzangst auszuliefern (bei Wyspiańskis *Akropolis*). – Die Schauspieler können auch mitten unter den Zuschauern agieren und sie nicht beachten, durch sie hindurchsehen. Die Zuschauer können von den Schauspielern separiert werden – durch einen hohen Zaun zum Beispiel, über welchen sie gerade ihre Köpfe recken können (beim *Standhaften Prinzen* vom Calderón); sie schauen aus dieser völlig schrägen Perspektive auf die Schauspieler wie auf Tiere in einem Käfig herunter, oder sie verfolgen die Handlung, wie Medizinstudenten eine Operation beobachten (dieses unbeteiligte Herunterschauen gibt der Handlung außerdem das Gewicht einer moralischen Überschreitung). – Es kann auch der ganze Raum als konkreter Schauplatz verwendet werden: bei *Fausts* «Abendmahl» im Refektorium

P. Calderón de la Barca / J. Słowacki: Der standhafte Prinz. Regie: J. Grotowski. R. Cieślak in der Titelrolle. Theaterlaboratorium Wrocław 1965

des Klosters, wo er den Zuschauern, die Gäste auf einem barocken Fest sind und an langen Tafeln bedient werden, die Ereignisse seines Lebens darlegt. Die Zweiteilung von Bühne und Zuschauerraum abzuschaffen, ist aber nicht die Hauptsache – dadurch entsteht lediglich die unverstellte Laboratoriumssituation, die eine angemessene Atmosphäre für Forschungsarbeit ist. Die Hauptsorge sollte sein, die jeder Aufführung angemessene Beziehung von Schauspieler und Publikum herauszufinden und die Entscheidung in Arrangements umzusetzen, die die Physis aller Beteiligten einbeziehen.

Wir verzichten auf die von Scheinwerfern ausgeleuchtete Bühne, was uns eine weite Skala von Möglichkeiten eröffnet, indem wir dem Schauspieler selbst stationierte Lichtquellen an die Hand geben, für einen überlegten Umgang mit Schatten und Lichtspots usw. Es hat seine besondere Bedeutung, wenn sich ein Schauspieler plötzlich in einer beleuchteten Zone befindet; es heißt mit anderen Worten: Er wird sichtbar, er beginnt seine Rolle in der Aufführung zu spielen. Es zeigte sich außerdem, daß die Schauspieler, wie Figuren auf den Gemälden El Grecos, aus sich selbst heraus «leuchten» können, daß sie aufgrund einer inneren Technik eine Quelle «geistigen Lichts» werden können.

Wir verzichteten auf Schminke, falsche Nasen, ausgestopfte Bäuche – auf alles, womit sich der Schauspieler vor der Vorstellung in der Garderobe zurechtmacht.

Wir entdeckten dabei, daß der Schauspieler eine theatergemäße Verwandlung von einem Typ in einen anderen, von einem Charakter in einen anderen, von einer Gestalt in eine andere vollziehen kann – vor den Augen des Publikums – auf eine *arme* Weise, nur durch seinen Körper und die Kunst, mit ihm umzugehen. Die Komposition eines gestalteten Gesichtsausdrucks, für den der Schauspieler seine eigenen Muskeln und inneren Impulse verwendet, befähigt zu einer erstaunlichen theatralischen Verwandlung, während die von einem Maskenbildner präparierte Maske nur Vortäuschung bietet.

[...]

Desgleichen kann ein Kostüm ohne eigenen Wert, das nur durch die Verbindung mit der jeweiligen Rolle und ihren Handlungen Leben gewinnt, vor dem Publikum verwandelt werden, kann konstrastieren mit der Funktion des Schauspielers usw. Die Eliminierung der bildnerischen Elemente, die ein Eigenleben führen (das heißt, noch etwas außerhalb dessen repräsentieren, als wofür der Schauspieler sie gebraucht) führt zur Erschaffung der elementarsten und sinnfälligsten Objekte durch den Schauspieler selbst. Er verwandelt durch genaue Gestenführung den Fußboden in ein Meer, den Tisch in einen Beichtstuhl, ein Stück Eisen in einen Partner aus Fleisch und Blut usw. Die Eliminierung der Musik (sei sie «live» oder vom Tonband), die nicht von den Schauspielern erzeugt wird, ermöglicht erst, daß die Aufführung selbst zu Musik wird, durch die Orchestrierung der Stimmen und die klappernde Objekte. Wir wissen, daß der Text *als solcher* noch nichts mit Theater zu tun hat, erst der Schauspieler, der sich dieses Textes bedient, macht ihn zu Theater – das heißt, durch seinen Tonfall, seine Lautverbindungen, dank der Musikalität der Sprache.

Der Entschluß zur Armut, zu einem von allem Unwesentlichen befreiten Theater, ließ uns nicht nur das Skelett des Mediums erkennen, sondern auch die Reichtümer, die im eigentlichen Wesen dieser Kunstform liegen. Warum beschäftigen wir uns mit Kunst? Um unsere Grenzen zu überschreiten, um über uns selbst hinauszuwachsen, um unsere innere Leere auszufüllen – um uns selbst zu verwirklichen. Das ist kein Zustand, sondern ein Prozeß, in dessen Verlauf das Dunkel in uns sich langsam erhellt. In diesem Kampf um die eigene Wahrheit, in dieser Bemühung, sich die Lebensmaske abzureißen, war mir das Theater durch seine sinnlich-körperliche Präsenz immer ein Ort der Herausforderung. Indem es allgemein akzeptierte und stereotype Ansichten, Gefühle und Urteile verletzt, ist es imstande, sich und sein Publikum herauszufordern – um so aufrüttelnder, als es im menschlichen Körper, im Atem und den Impulsen seines Organismus Gestalt annimmt. Diese Mißachtung der Tabus, diese Überschreitung lösen den Schock aus, der die Masken wegreißt, der uns dazu bringt, uns entblößt an etwas hinzugeben, das unmöglich zu definieren ist, das aber sowohl Eros wie Caritas beinhaltet. [...]

In: Jerzy Grotowski: Das arme Theater. Mit einem Vorwort von Peter Brook. Velber 1970 (Friedrich), S. 13–23. *Aktuell in:* Alexander Verlag Berlin.

Julian Beck
Ein «Theater der totalen Erfahrung» (1968)

[...]
**du bist was du ißt
und was du nie wieder essen wirst**

Ich aß ein ganzes Taschentuch nach und nach im Alter von sechs Jahren, in der Metropolitan Opera, während einer Aufführung von *Hänsel und Gretel*. Das ist eine Oper, die sich eingehend mit dem Essen beschäftigt, Zuckerhäuschen, hungrige Kinder, Brotkrümel, Füttern von Hänsel und Gretel, einer Hexe, die Kinder frißt, mein Vater glaubte, ich würde essen, weil ich nervös sei, was auch stimmte, aber ich aß mit Hänsel zusammen, damit ich irgendwas mit Hänsel zusammen tun konnte, das geschmacklose, schreckliche Taschentuch, und dann brauchte ich es auf einmal nicht mehr zu kauen, alle Kinder waren erlöst, aus dem Ofen raus, nicht aufgefressen, und konnten wachsen. Alles was ich je auf dem Theater gemacht habe, ist ein Versuch gewesen, die Sehnsucht nach Freiheit freizusetzen, und den Effekt dieser Freiheit, dieser world to be, jenseits von dem Gefängnis einer Hexe, das das *Hänsel-und-Gretel*-Erlebnis mir eingab. Das Erlebnis überzeugte mich von drei Grundbedingungen eines Theaters der totalen Erfahrung: körperliche Teilnahme des anteilnehmenden Zuschauers, die Erzählung, und die Transzendenz.

Die Erzählung ist im Theater wichtig, denn wenn das Theater die Welt sein soll, dann kann es nicht außer acht lassen, was passiert, das Übergehen von einem Moment in den anderen. Spezialisierte Erfahrungen, wie ein paar sichtbare Weinflaschen, Schwämme voll blauer Tinte, ein grünes Glas gesprenkelt, aber der Mann, der den Schwamm wirft, ist immer interessanter als die zerspritzende Tinte. Das Problem ist: ein Theater zu machen, in dem das wahr wird. Wenige von uns haben den Tinten-Schwamm an der Arbeit gesehen, deshalb sieht das interessanter aus als die meisten Vorgänge auf der Bühne, die meisten von uns wissen sowieso schon alles, was in den ausverkauften Theatern heute abend vor sich gehen wird. Wir wissen es und sind müde, weil wir es wissen. Deine

Hand, die die vertraute Tasse Kaffee zu den Lippen führt, ist mehr als ein zinnoberroter Streifen am Abendhimmel, was ich damit sagen will: Was immer du tust, übertrifft alles, was inszeniert ist.

[...]

unmöglich rauszukommen

bis man weiß
nicht wie sondern wo man rauskommt
ich weiß nur daß es dahin geht
wo man ein Gefühl verspürt
weil das da ist wo ich nicht bin
bei *Hänsel und Gretel* habe ich was verspürt
was ich seit mehr als dreißig Jahren nicht in einem Theater verspürt habe
das bedeutet nicht: zu Kindheitserfahrungen zurückkehren
aber dorthin gehen wo die Empfindungen verspürt werden können
Leben geht Jahr für Jahr mehr den Prozeß der Isolation
das ist in dem Moment nur natürlich wo jedes wirkliche Gefühl zuerst eine
Gefühlsverwirrung stiftet dann verursacht die Gefühlsverwirrung Verzweiflung
dann schlägt die Verzweiflung in die Dunkelheit der Seele ein
wird eine rituelle Wunde
eine geheiligte Reinigung
woraus Neues hervorgeht
meine Unzufriedenheit
so offenkundig in meinen täglichen Äußerungen über irgend etwas
die Jeremias-Haltung
ist nicht das Ergebnis einer selbstauferlegten Reinigung
oder überlegter Blindheit
ich sehe
und was positiv an allem ist ist da solange es da ist
aber noch ist vieles dringend zu tun

die Kunst Picassos und Schönbergs
und all die Schönheit die die Natur-Lyriker und Shelley feierten
wird überdauern wenn der Wind und die Ginsterzweige in den Händen
der Menschen vergangen sind
aber es ist irrwitzig wenn die Gemälde von Picasso oder die Musik
von Schönberg zu Emblemen im Wappen der Machthaber werden
rockefeller sammelt de kooning
in der wall street liest man allen ginsberg
jacqueline verhimmelt monet
[...]

sie nehmen Alles an sich

Daß Malraux und Frost ihre Geburtsrechte verschacherten, als sie in den Dienst des Staats traten und sich damit entschuldigten, sie versuchten ja die nationale Kunst populär zu machen und versuchten, der Kunst ein Prestige zu gewinnen, das Prestige der staatlichen Billigung, das war ein Irrtum, der unvereinbar ist mit den Gesetzen der Kunst. Der Staat will die Kunst nicht unters Volk bringen, er will die Kunst nicht zugänglicher machen, er sucht nach Diamanten für seine Krone. Was wirklich passiert, wenn das Weiße Haus die Künstler zum Dinner lädt und der Elysée-Palast einen Hummer nach Claudel benennt, ist: Kunst wird bestohlen, entmannt, ins Schlepptau genommen, ausgestopft, bemäntelt und als Schokolade serviert. Spanien ködert jetzt seine Touristen mit Bildern seiner großen Künstler, Picasso, aber nicht Guernica, nicht die Träume und Lügen Frankreichs, Lorca, aber nicht der Leib seines Werks, nicht mal sein eigner Körper. Cocteau hat gesagt, daß der revolutionäre Dichter zuerst ignoriert, dann verachtet wird, und wenn das alles nichts hilft, dann versucht man ihn dadurch unterzukriegen, daß man ihn mit Ehrungen überlädt
    denn

Kunst steht für Veränderung und drückt sie aus

denn alle bedeutende Kunst
steht etwas über der Natur der Dinge
und deshalb erkennt und fordert die Harmonie der Dinge
die Veränderung
wohingegen der Staat den status quo fordert
der sozialistische Staat billigt die Veränderung die ihn billigt
wenn der Staat die Kunst umarmt wer bleibt dann Sieger
man kann nicht de kooning sammeln und Atombunker baun
man kann nicht jewtuschenko akzeptieren und Bomben stapeln
und die notwendige folgerung aus de kooning, monet, jewtuschenko ist
die unantastbarkeit des lebens der frieden des einzelnen und der masse ist
die ausdehnung der dimension die welt heißt die da ist aber wir sind eingesperrt denn wir stehn kurz vorm ende
wenn der staat dich mit ehren überhäuft ist das ein mittel dich zum Ja-Sagen zu bringen und was du sagen mußt das unterstützt form, linie, farbe, mot juste, die eklektischen ansichten, welche im innersten die wahre empfindung und die ungebändigten gedanken ausschließen hüte dich vor zustimmung in zeiten wie diesen dorothy day hat dreißig jahre bei den catholic worker in freiwilliger armut verbracht und die armen beköstigt und bekleidet
und als der republikanische fonds eine abzweigung der ford foundation ihr 10 000 dollar anbot ich kann mich irren die summe war eher höher als niedriger
lehnten die catholic worker ab
weil sie kein blutiges geld annehmen wollten
das heißt sie wollten kein geld das dem volk abgepreßt war
sie wollten nicht leben von interessenverbänden geldanlagen rüstungs-kapital und grausamer fabrikarbeit
und das geld benutzen um die armen zu beköstigen dann wäre das geld angenommen gewesen sie hätten die schuld des systems gemildert das uns abschlachtet und das elend hervorbringt das sie gerade erleichtern wollen

in unserer harten gesellschaft
in diesen harten zeiten

ist es
für manchen hart das zu verstehen
ich hab sogar leute gekannt die erzürnt waren als ob dorothy day die armen und nicht die lasterhafte natur des geldes ums brot betrogen habe als sie sich weigerte dies geld anzunehmen
denn die leute denken immer an den ausweg
und wissen nicht daß ein guter zweck nicht mit schlechten mitteln erreicht werden kann
und genauso denken die leute daß ein theater das sie zum nachdenken über das intellektuelle theater das heute populär ist bewegt
sei eine gute sache
aber ein theater
das die unterstützung jener gesellschaft akzeptiert die felsenfest der veränderung widersteht ist das theater der spitzel
das ist so der mechanismus wie man schlechte sachen wieder klüger und stärker machen kann der patient liegt im sterben und wir legen einen verband auf sein furunkel
die leute werden so lange viel hinnehmen bis sie zu-viel nicht mehr hinnehmen können.

im theater beginnen wir uns dem zustand zu nähern
ein zustand, wo zu-viel nicht mehr hingenommen wird
und irgend etwas passieren muß.

In: Julian Beck: Theater in diesen harten Zeiten. In: Theater heute. 9. Jg. Mai 1968, Nr. 5, S. 13–15.

Joe Chaikin und Roberta Sklar
Die «sicheren Grenzen überschreiten und Abenteurer» werden. Ein Interview über die Arbeit des Open Theatre (um 1970)

(Chaikin: c; Sklar: s)

Wir waren in der Probe von Terminal, *und wir sind sehr skeptisch: Wer kann über den Tod sprechen, wer hatte die Erfahrung? Und wenn man darüber sprechen kann, über meine Ängste und Träume, wie kann ich das darstellen?*
[...]
s: Das Thema, der Widerspruch zwischen Tod und Leben, ist eine Art Ausgangspunkt für das Stück, es mußte nicht unbedingt dahin führen, wo wir jetzt sind.
c: Der allererste Anfang kommt von der Gruppe, die erste Idee. Dann überlegen wir Formen, oder sie werden von einem Autor vorgeschlagen. Mit diesen Formen improvisieren wir dann, um zu einer Sprache zu kommen. Sprache muß nicht unbedingt das sein, was Sprache sonst ist, sondern oft erfinden wir eine eigene Sprache von Tönen, mit denen wir kommunizieren. (Das hat übrigens nichts mit ‹gibberish› zu tun, das ja nur ein adäquater Ersatz für Wörter ist.) Danach versuchen wir, uns dem Thema direkt zu nähern.
Wenn man zusieht, hat man zwei Haupteindrücke, die sich widersprechen – einmal die große Freiheit, die jeder Schauspieler ausstrahlt, alles, was er für nützlich hält, beizusteuern, auf der anderen Seite entsteht dadurch eine zu große Individualität. Die Gruppe wirkt deshalb nicht sehr einheitlich, verschiedene Stile überlagern sich.
c: Das ist sehr richtig, die Gruppe ist in der Tat im Moment nicht sehr zusammen, das sind zum Teil Spuren unserer Europatournee. Dazu kommt, daß wir vor der Tour das Stück zusammenbauen mußten, um eine Vorstellung zu haben. Als wir zurückkamen, haben wir alles weggeworfen und von Null angefangen, wir sind jetzt in einem Stadium des Neubeginns. Wir sind im Open Theatre immer bereit, Fehler zu machen. Das hilft uns, die sicheren Grenzen zu überschreiten und Abenteurer zu

werden. Das ist nur in einer Gruppe möglich, in der jeder dem anderen vertraut. Wenn wir dieses Vertrauen verlören, wäre das das Ende unserer Arbeit. Schöpferische Impulse können nicht aus einem Wettbewerbsklima entstehen, wie z. B. beim Vorsprechen, wo man seinen Wert unter Beweis stellen muß. In den Schauspielschulen ist das nicht möglich, weil da nur darauf hingearbeitet wird, den Schauspieler fit fürs Engagement zu machen. Deshalb ist dort nie Zeit, sich z. B. mit einer Sache zu beschäftigen, über die auch der Lehrer nichts weiß. Aber das Arbeiten mit dem, was man nicht weiß, ist vielleicht wichtiger als das Arbeiten mit dem, was man weiß.

Was wir sahen, wirkte oft so, als ob nur Mitglieder der Gruppe es verstehen konnten. Wir fühlten uns ein wenig in der Position, in der man raten muß, was jetzt gemeint sein könnte. Dennoch schien es immer so, als wüßten nur die Zuschauer nicht, worum es ging.

c: Ich glaube, daß das davon kommt, daß das heute morgen eine Art von Kombination war aus freien Improvisationen, neuen Vorschlägen und Teilen der alten Vorstellung. Natürlich kommt dazu, daß die Schauspieler sich kennen, so daß eine Improvisation, die einer anbietet, oft von den anderen so aufgenommen wird, daß im Betrachter der Eindruck entsteht, es handele sich um eine fertige Szene.

Noch einmal zurück zum Thema: Was interessiert euch am Tod?

c: Der Tod an sich ist unwichtig. Für den, dem er zustößt, ist es nichts als ein Augenblick, und ob oder was danach passiert, wissen wir Lebenden nicht. Uns interessiert aber das Verhältnis, das Lebende dazu haben, inwieweit das Bewußtsein vom Tod auf das Leben zurückwirkt. Nicht das Wesen des Todes ist wichtig, sondern die Rolle, die er bei den Lebenden spielt. Es ist aber sehr schwierig, über dies alles zu sprechen, weil wir uns gerade selbst darüber sehr unklar sind.

Könnt ihr etwas über die Entstehung des Open Theatre sagen?

c: Das ist schnell gesagt. Ich arbeitete im Living Theatre, Peter Feldman arbeitete dort. Als die Becks sich entschlossen, nach Europa zu gehen, hatten wir gerade angefangen, mit einer Gruppe von Leuten zu arbeiten. Wir hatten uns vorgenommen, neue Wege zu finden, und zwar zueinander und zum Publikum. Wir wollten die Grenzen, die die Bühne setzt, entweder neu definieren oder aber ungültig machen. Wir wollten dem

Publikum Stücke und Programme von Improvisationen zeigen, ohne den Druck des Geldes und kommerzieller Erwägungen, die sonst die kreative Energie usurpieren. Wir richteten Workshops ein, um die Gruppe zu entwickeln und um alle Probleme zu erforschen, die man nicht beim Spielen oder Inszenieren oder auf der Schauspielschule lösen kann. Wir hatten eine Art von Training, keiner von uns arbeitete auf eine bestimmte Karriere hin, es war einfach Training, ausprobieren von Dingen, die wir sonst nicht tun konnten. Außerdem wollten wir nicht wie die Becks nach Europa. Deshalb blieben wir hier und arbeiteten. Leute kamen und gingen, wir taten manches unnütze Zeug und manches Wichtige. Schließlich fingen wir an, uns mit Stücken zu beschäftigen. Dann merkten wir, daß es sehr wichtig ist, Leute zu haben, mit denen man länger zusammenarbeitet, so fingen wir an, eine feste Gruppe aufzubauen. Dann begannen wir, Stücke selber zu machen. Aber es gibt natürlich Schwierigkeiten verschiedener Art. Unsere Arbeit ist nicht politisch genug. Es ist sehr schwierig, seinen Lebensunterhalt zu verdienen und dennoch seine ganze Kraft ins Theater zu stecken.

[...]

Glaubt ihr, daß ihr mit eurem Theater die Menschen verändert?
c: Ich glaube, wir selber müssen jetzt erst einmal an uns arbeiten. Wir sind zu erfolgreich, zu immun, um Neues zu lernen. Wir wollen uns in grundverschiedene Situationen begeben, in Colleges spielen, bei Bauern, usw., um herauszufinden, ob das uns verändert, bzw. welche Relevanz wir haben. Natürlich wollen wir Menschen verändern, aber ich glaube nicht, daß das auf die Weise möglich ist, daß jemand ins Theater kommt und ein Stück sieht und als andere Person das Theater verläßt. Vielleicht kann man den Anfang einer Änderung bewirken, oder eine Änderung, die bereits angefangen hat, verstärken.

Lebt ihr zusammen oder seid ihr nur während der Arbeit zusammen?
c: Es ist unmöglich für eine Gruppe, die so viel zusammenarbeitet, nicht auch andere Beziehungen untereinander zu haben. Es gibt aber keine feste Struktur außerhalb der Arbeit, das heißt, einige sind befreundet, andere leben zusammen, einige leben allein, andere sind verheiratet.
s: Es kommt dazu, daß die Arbeit oft so intensiv ist, so viel fordert, daß in der Arbeit eine viel engere Beziehung untereinander entsteht, als sie an-

ders möglich wäre. In den Workshops kommt so viel Privates auf, mehr als jemand in anderen Beziehungen jemals offenbart.
c: Das ist ein anderer Bereich als Theater, ich meine, der Prozeß des gemeinsamen Erforschens erstreckt sich nicht nur auf den Bereich Theater. Das ist nur das Skelett, was immer wir machen, hängt natürlich mit Theater zusammen. Wenn du eine Gruppe machst und du fragst, was wollen wir zusammen machen, wollen wir Musik machen, wollen wir zusammen leben, wollen wir die Revolution machen, dann wird das natürlich immer das Hauptthema bleiben, aber du kannst das Leben der Leute nicht draußen lassen.
Wie seht ihr überhaupt die Beziehung zwischen dem, was hier auf den Straßen vorgeht, und dem, was ihr hier im Workshop macht? Man fühlt sich wie in einer Enklave bei vielen dieser Gruppen in New York, wie in einem Freiraum.
s: Ich glaube, in Städten wie New York ist das oft eine Überlebenstechnik, gleichgültig, ob die Gruppen nur zusammenkommen, um untereinander zu kommunizieren, oder ob sie gemeinsam mit anderen Menschen kommunizieren wollen wie wir. Ziel ist dann nicht so sehr eine Therapie als vielmehr, eine Gemeinschaft zu bilden.
c: Ich glaube, daß die einzige Lösung für das Theater heute durch eine Gruppe und ihre Bemühungen gefunden werden kann. Ohne eine Gruppe kann man nicht an den Problemen arbeiten, die man selber hat, und man kann über diese Erfahrungen nicht sprechen, was ebenso wichtig ist. Wenn man zusammen etwas erfährt, dann ist das mehr als nur ein gemeinsames Vokabular, es ist eine gemeinsame Geschichte, und daraus kann so etwas wie eine Basis für neue Erfahrungen werden, für eine Loslösung von den alten Problemen. Es gibt so viele Gruppen, und jede von ihnen verhält sich zur Straße auf eine andere Weise. Eine von der Alternate University z. B. hat eine sehr enge Beziehung zur Straße, sie gehen einfach in die U-Bahn und reden mit den Leuten. Das ist ihr Theater.
Wie seht ihr das Verhältnis von dem, was ihr macht, zu dem, was auf der Straße stattfindet, der Realität?
c: Wir sind gerade in einem Prozeß der Neuüberlegung dessen, was wir tun. Ich denke, daß wir uns im Augenblick gerade sehr ändern. Ich stelle mir das etwa so vor, wie Marcuse von den Bereichen spricht: der eine beeinflußt den anderen, wird von ihm genährt und informiert. Das ist eine

gegenseitige Beeinflussung, dennoch sind beide Bereiche voneinander getrennt. Für mich reicht die Definition von Realität, die nur vom Sichtbaren spricht, nicht aus. Die Situationen unseres Lebens sind nicht so einfach, daß sie in Worte wie: mein Leben besteht aus den Kleidern, die ich trage, ich war soundsovielmal verheiratet, ich habe eine Katze usw., zu fassen sind. Dies definiert nur deine Handlungen, sagt nur etwas über die pure Situation aus. Ich glaube nicht, daß das alles ist. Ich glaube auch nicht an mystifizierende Erklärungen, die meistens geschaffen sind, um irgendwelchen Interessen zu dienen, ebensowenig wie ich glaube, daß wir ausschließlich politische Tiere sind, die von Dingen manipuliert und regiert werden. In den Workshops nähern wir uns der Realität, wie ich sie verstehe, indem wir versuchen, das zu verstehen, was nicht direkt in der Situation ausgedrückt ist. Verstehen nicht auf logische Weise, sondern eher durch ein Verhalten, das auf irrationalen und subtilen Qualitäten beruht. Innere Wahrheit ist nichts Feststehendes. Das Wort Realität kommt aus dem Lateinischen ‹res›, was soviel bedeutet wie ‹das, was man ergründen kann›. Realität in diesem Sinne wäre also der Gedanke, den eine Person hat, während sie sich in einer normalen Situation befindet. Das könnte also zum Beispiel jemand sein, der ein Glas Wasser trinkt und dabei daran denkt, ob es Gott gibt oder nicht. Wenn wir dieses Innere einer Situation erforscht haben, versuchen wir, es sichtbar zu machen. Irgendwie ist Theater für mich der Versuch, Handlungen eine andere Perspektive zu geben.

In: NOW. Theater der Erfahrung. Material zur neuen amerikanischen Theaterbewegung. Hrsg. v. J. Heilmeyer u. P. Fröhlich. Köln 1971 (DuMont), S. 94 ff.

Peter Schumann
**«Wir sind nicht so sehr daran interessiert,
das Theater zu revolutionieren.» Über die Arbeitsweise
des Bread and Puppet Theatre (um 1970)**

Seit wann besteht eure Gruppe?
Unter dem Namen Bread and Puppet seit 65. Vorher war ich in Deutschland, in München, Hannover und Hamburg und habe mit Tänzern gearbeitet. Ich versuchte, Puppen und Masken mit Tanz zusammenzubringen. Wir haben sehr wenig aufgeführt. 60 kam ich nach New York. Ich wollte eigentlich eine Tanzgruppe anfangen, ich machte die erste Vorstellung von *Totentanz* in Amerika in der Judson Church. Daraus hat sich dann nach und nach das Bread and Puppet entwickelt, wir machten Vorstellungen in Colleges und in New York im Judson, und manchmal ließ uns das Living Theatre spielen, bis wir 63 eine Loft in der Delancey Street bekamen. Dort konnten wir unsere Puppen und Requisiten herstellen und Vorstellungen geben.
[...]
Wie arbeitet ihr praktisch, schreibt ihr eure Stücke?
Da ist nicht viel zu schreiben, meistens sieht unsere Arbeit so aus, wie es jetzt hier aussieht: Wir bauen Puppen, drucken Fahnen, machen Masken, probieren Farben aus usw. Beim Herstellen der Sachen helfen viele Leute. Meistens wird dann irgendein Problem aus der Außenwelt hereingetragen, mit dem wir experimentieren. Das ist ein sehr langer Weg, aber selbst wenn wir es dann vor ein Publikum bringen, ist es noch nicht fertig, wir experimentieren immer noch dran herum. Zum Beispiel das Stück *Reiteration*, das fing damit an, daß man uns fragte, ob wir nicht ein Stück in East Harlem machen könnten. Sie brauchten das Stück in zwei Tagen, und wir hatten nichts. Das einzige war die Idee, daß wir den Müttern dort die Sache mit der Benachrichtigung, die man bekommt, wenn sie den Sohn getötet haben, irgendwie nahebringen wollten. Wir wußten, daß einige Frauen dort einen solchen Brief bekommen hatten, und wir wollten versuchen, die Sache mit dem Brief in einen Zusammenhang zu bringen, der ihnen vielleicht ungewohnt war. Wir haben zuerst

The Bread and Puppet Theatre: Man Says Goodbye to his Mother, 1968

viele Sachen in dem Stück gehabt, die wir dann rauswarfen, Nebenwege, die von der Hauptsache ablenkten.

Wie sieht das mit den Räumen aus, in denen ihr spielt? Eure Puppen, eure Musik und meist auch die Choreographie sind doch eigentlich auf Straßentheater zugeschnitten. In Europa haben die Vorstellungen, die in Theatern stattfanden, viel von dem, was das Bread and Puppet ist, verloren.

Das ist richtig, das haben wir auch von der Tournee gelernt. Wir haben oft in Theatern spielen müssen, die uns nicht gefielen und die ein bestimmtes Publikum diktierten, das uns nicht gefiel. Und es prägt einem automatisch einen bestimmten künstlichen Stempel auf: du bist automatisch Avantgarde, etwas Kostbares. Die Kritiker messen nach denselben Maßstäben, wie sie irgendeine Inszenierung messen, und das Publikum auch. Wenn zu uns ein Publikum kommt, wie es zur Oper geht, sind wir fehl am Platze, deshalb gehen wir lieber zu den Leuten. Wir haben unsere besten Vorstellungen in den Straßen gehabt. Manchmal bekommt die Sache einfach dadurch einen Sinn, daß du dich da mit deinem ganzen Zeug auf

der Straße befindest. Die Leute kommen aus ihren gewohnten Bahnen, und plötzlich sehen sie diese großen Puppen, und sie sehen etwas Theatralisches, aber außerhalb des Theaters. Sie sind nicht darauf vorbereitet, indem sie Eintrittsgeld gezahlt haben, um etwas zu sehen, sondern sie stehen plötzlich vor einer Sache, mit der sie konfrontiert sind. Wir haben allerdings auch böse Erfahrungen gemacht, die Pageant Players und das Burning City sind schon verprügelt worden, deshalb lassen wir uns jetzt immer einladen von den Gemeindeverwaltungen oder irgendwelchen Organisationen. Als wir in Harlem spielten, wären wir dort nie ohne Einladung hingegangen. Das ist auch gut wegen der Polizei, weil bei solchen Veranstaltungen meistens jemand von den Zeitungen da ist, der über irgendwelche Gewaltaktionen berichten könnte. Für unsere neue Tour in die Südstaaten haben wir die Idee, in einem Zirkuszelt zu spielen, was wir an Stellen aufbauen können, wo alle hinkommen. Wir werden, wenn wir in eine Stadt kommen, an verschiedenen Stellen kleine Stücke spielen und den Leuten sagen, wo unser Zelt steht und daß sie dort hinkommen sollen. Dort spielen wir am Abend dann die großen Stücke. In Theatern wollen wir eigentlich überhaupt nicht mehr spielen, zum Teil auch deshalb, weil wir nicht so sehr am Theater interessiert sind wie andere Gruppen. Die meisten Mitglieder unserer Gruppe sind weder Schauspieler noch Pantomimen. Die meisten kommen, weil sie politisch interessiert sind. Wenn wir Schauspieler bei uns hatten, war es meist sehr schwer, sie in die Arbeit zu integrieren. Was uns zusammenbringt, ist nicht die Sache, Theater zu machen, sondern daß wir über verschiedene Dinge mit Leuten, dem Publikum, reden wollen. Man kann das mit einem Maler vergleichen; der setzt sich auch nicht in eine stille Ecke und malt einfach, weil ihm das gefällt, sondern er malt, um das jemandem zu zeigen, und das beinhaltet, daß er wissen muß, wem er es zeigen will und wohin er gehen muß, um ihn zu finden. Wir sind nicht so sehr daran interessiert, das Theater zu revolutionieren, möglicherweise entsteht eines Tages das beste Theater aus den konventionellsten Formen. Ein Theater ist gut, wenn es für die Leute einen Sinn ergibt. Ein kleines Theater, das nur darauf zielt, gibt es in Amerika noch nicht.
Ihr habt früher ziemlich viel Ärger mit der Polizei gehabt, ist das heute auch noch so?

Das hat sich geändert, einmal weil die Polizei sich geändert hat, und dann, weil wir nicht mehr so viel wie früher in Demonstrationen mitmachen. Und dann – man findet Wege, um die Schwierigkeiten zu umgehen. Vor zwei oder drei Jahren zum Beispiel sind wir an Weihnachten zur St. Patricks Cathedral gezogen, als Kardinal Spellman noch lebte. Wir haben da die Weihnachtsgeschichte gespielt mit einem blutigen Jesuskind, und Maria hatte ein Schild um den Hals, das sagte, daß man ihr Kind mit Napalm getötet hat. Wir wollten dem Kardinal das Baby schenken, aber die Leute von der Kirche wollten das nicht. Sie riefen die Polizei, und die fand heraus, daß es ein altes Gesetz gibt in New York, daß man auf der Straße keine Masken tragen darf, außer wenn die Polizei es vorher genehmigt hat. Da haben wir alle Zeitungen und Rundfunk- und Fernsehanstalten angerufen und sie für den nächsten Tag eingeladen, wo wir es wieder machen wollten. Die Polizei kam, und die ganze Straße war schwarz davon, aber wir hatten die Masken in Puppen umgebaut, so daß man unsere Gesichter sehen konnte und das Gesetz nicht mehr galt. Die Puppen waren genauso wie die Masken, nur daß sie für die Menge besser zu sehen waren, aber die Vorstellung selbst hatte sich gar nicht verändert. Jedenfalls konnte die Polizei nichts machen. Sie schritten erst ein, als wir versuchten, das blutige Jesuskind in die Kirche zu bringen. Einer von den Polizisten ergriff es und rannte damit über die Straße und brachte es ins Fundbüro. *Jesus im Fundbüro!* – Aber wie ich schon sagte, wir machen nicht mehr so viele Demonstrationen und Paraden mit. Nicht daß wir gegen die Demonstrationen sind, aber es gibt da immer diesen Zwiespalt – hörst du mit einer Probe auf und gehst du hin? Mehr und mehr ziehen wir vor, nicht zu den Demonstrationen zu gehen und statt dessen lieber in der Werkstatt zu arbeiten.

In: NOW. Theater der Erfahrung. Material zur neuen amerikanischen Theaterbewegung. Hrsg. v. J. Heilmeyer u. P. Fröhlich. Köln 1971 (DuMont), S. 151–154.

Peter Brook
Das «heilige Theater» (1968)

[...] Heute scheint das Theater des Zweifels, der Unruhe, der Sorge, der Angst wahrer als das Theater mit edlem Ziel. Selbst wenn das Theater an seinem Anfang Riten hatte, die das Unsichtbare Fleisch werden ließen, dürfen wir nicht vergessen, daß mit Ausnahme einiger orientalischer Theater die Riten entweder verlorengegangen sind oder jämmlich verrottet.

[...]

All die Formen der sakralen Kunst sind unzweifelhaft durch die bürgerlichen Werte zerstört worden, aber diese Art der Feststellung hilft bei unserem Problem nicht weiter. Es ist töricht, die Abneigung gegen bürgerliche Formen in eine Abneigung gegen Bedürfnisse zu kehren, die allen Menschen gemeinsam sind: Wenn das Bedürfnis nach echter Berührung mit einer sakralen Unsichtbarkeit durch das Theater noch vorhanden ist, dann müssen alle verfügbaren Mittel neu geprüft werden.

Man hat mir zuweilen vorgeworfen, daß ich das gesprochene Wort zerstören wolle, und in diesem absurden Vorwurf steckt tatsächlich ein Gran Wahrheit. Durch die Verschweißung mit dem amerikanischen Idiom ist unsere sich ständig wandelnde Sprache zu einem noch nicht dagewesenen Reichtum gelangt, und doch scheint es nicht so, als sei das Wort für die Dramatiker das gleiche Werkzeug wie einst. Liegt es daran, daß wir in einem Zeitalter der Bilder leben? Oder daß wir durch eine Periode der Bildersättigung gehen müssen, damit sich der Bedarf nach Sprache wieder einstellt? Das ist gut möglich, denn heute scheinen die Schriftsteller unfähig zu sein, durch das Mittel der Worte Ideen und Bilder mit elisabethanischer Kraft aufeinanderprallen zu lassen. Der einflußreichste moderne Dramatiker, Brecht, schrieb volle und reiche Texte, aber die eigentliche Überzeugungskraft seiner Stücke läßt sich von der Bildersprache seiner eigenen Inszenierungen nicht trennen. Und doch hat in dieser Wüste ein Prophet die Stimme erhoben. Ein erleuchteter Geist, Antonin Artaud, der gegen die Sterilität des französischen Theaters vor dem Krieg Sturm lief, hat Essays geschrieben, in denen er aus sei-

W. Shakespeare: Timon von Athen. Regie: P. Brook. Bouffes du Nord (CIRT) Paris 1974

ner Phantasie und Intuition ein anderes Theater beschrieb – ein heiliges Theater, in dem die brennende Mitte durch die ihm zunächst stehenden Formen spricht. Ein Theater, das funktioniert wie die Pest, durch Ansteckung, durch den Rausch, durch Analogie, durch Magie; ein Theater, in dem das Stück, das Ereignis als solches an Stelle eines Textes steht.

Gibt es eine andere Sprache, die für den Autor so anspruchsvoll ist wie die Sprache der Worte? Gibt es eine Sprache der *actions*, eine Sprache der Töne – eine Sprache der Worte-als-Teil-der-Bewegung, Worte-als-Lüge, Worte-als-Parodie, Worte-als-Abfall, Worte-als-Widerspruch, Wort-Schock oder Wort-Schrei? Wenn wir vom Mehr-als-Literarischen reden, wenn Dichtung das bedeutet, was mehr verdichtet und tiefer dringt – liegt es da? Charles Marowitz und ich haben am Royal Shakespeare Theatre eine Gruppe gegründet, die sich ‹Theater der Grausamkeit› nennt, um diese Fragen zu untersuchen und für uns zu lernen, was ein heiliges Theater sein könnte.

Der Titel war als Huldigung für Artaud gedacht, bedeutete aber nicht, daß wir versuchten, Artauds eigenes Theater zu rekonstruieren. Alle, die wissen wollen, was ‹Theater der Grausamkeit› bedeutet, sollten sich an Artauds eigene Schriften halten. Wir haben dieses auffällige Etikett benutzt, um unsere eigenen Experimente zu decken, die weitgehend von Artauds Gedanken unmittelbar beeinflußt waren – obwohl viele Übungen sich von seinen Vorschlägen weit entfernten. Wir begannen nicht in der brennenden Mitte, sondern sehr einfach an den Rändern.

Wir setzten einen Schauspieler vor uns hin, forderten ihn auf, sich eine dramatische Situation vorzustellen, die keine körperliche Bewegung benötigte, und dann versuchten wir alle zu begreifen, in welchem Zustand er sich befand. Das war selbstverständlich unmöglich, worauf es bei dieser Übung auch ankam. Die nächste Stufe war die Entdeckung dessen, was er als das Mindeste brauchte, bis eine Verständigung zustande kam: war es ein Klang, eine Bewegung, ein Rhythmus – und waren diese austauschbar –, oder hatte jedes Mittel seine besonderen Stärken und Schranken? So arbeiteten wir also, indem wir drastische Bedingungen aufzwangen. Ein Schauspieler muß eine Idee mitteilen – der Anfang muß immer ein Gedanke oder ein Wunsch sein, den er ausstrahlen muß –, aber er hat zum Beispiel nur einen Finger, einen Ton in der Stimme, einen Schrei oder die Fähigkeit zu pfeifen zu seiner Verfügung.

Ein Schauspieler sitzt an einem Ende des Zimmers, das Gesicht zur Wand. Am anderen Ende ist ein anderer Schauspieler, er betrachtet den Rücken des ersten, der sich nicht bewegen darf. Nun muß der zweite den ersten zum Gehorsam zwingen. Da ihm der erste den Rücken zukehrt, kann der zweite seine Wünsche nur durch Geräusche kundtun, denn Worte sind ihm nicht erlaubt. Das scheint unmöglich, kann aber erreicht werden. Es ist, als überquere man auf einem Seil einen Abgrund: die Notwendigkeit erzeugt plötzlich seltsame Kräfte. Ich habe von einer Frau gehört, die ein großes Auto von ihrem verletzten Kind gehoben hat – eine Leistung, die für ihre Muskeln in jeder voraussehbaren Lage unmöglich war. Ludmilla Pitoëff ging mit einem solchen Herzklopfen auf die Bühne, das sie theoretisch jeden Abend hätte töten müssen. Bei dieser Übung haben wir auch viele Male ein gleichermaßen phänomenales Resultat beobachtet: ein langes Schweigen, große Konzentration, ein Schauspieler, der versuchsweise eine Skala von Zisch- oder Gurgellauten durchlief, bis plötzlich der andere Schauspieler aufstand und durchaus zuversichtlich die Bewegung ausführte, die der andere sich vorstellte.

Ähnlich experimentierten diese Schauspieler, um sich mitzuteilen, indem sie mit dem Fingernagel klopften: Sie gingen von einem starken Bedürfnis aus, etwas auszudrücken, und benutzten wieder nur ein einziges Werkzeug. Hier war es Rhythmus – bei anderer Gelegenheit waren es die Augen oder der Hinterkopf. Eine wertvolle Übung war ein Kampf zwischen Partnern, bei dem man jeden Schlag hinnahm und zurückgab, aber nie den anderen berühren durfte, niemals den Kopf bewegen oder die Arme oder Füße. Mit anderen Worten, nur die Bewegung des Rumpfes ist erlaubt: kein realistischer Kontakt kann eintreten, und doch muß der Kampf körperlich und emotionell stattfinden und zu Ende geführt werden. Man sollte derartige Übungen nicht für Gymnastik halten – die Lockerung des muskulösen Widerstands ist nur ein Seitenprodukt –, der Zweck ist die ganze Zeit, den Widerstand zu steigern – durch die Einschränkung der Alternativen –, und dann mit diesem Widerstand zu ringen, bis ein Ausdruck erreicht ist. Es ist dasselbe Prinzip, wie wenn man zwei Stöcke aneinanderreibt. Die Hebung nicht nachgebender Gegenstände erzeugt Feuer – und andere Formen der Verbrennung lassen sich auf dieselbe Weise erzielen. Der Schauspieler entdeckte dabei, daß er zur Mitteilung seiner unsichtbaren Sinngehalte Konzentration und Willenskraft brauchte, er mußte alle emotionellen Reserven aufbringen, er brauchte Mut, er brauchte klare Gedanken. Aber das wichtigste Ergebnis war, daß er unerbittlich zu dem Schluß gedrängt wurde, daß er die Form brauchte. Es genügte nicht, leidenschaftlich zu fühlen – ein schöpferischer Sprung war vonnöten, um die neue Form zu prägen, die ein Behälter und Reflektor seiner Impulse sein könnte. Das ist dann wahrhaft eine ‹Aktion›. Einer der interessantesten Momente trat während einer Übung ein, bei der jedes Mitglied der Gruppe ein Kind zu spielen hatte. Natürlich brachte einer nach dem anderen die ‹Imitation› eines Kindes, indem er sich duckte, zappelte oder quäkte – und das Ergebnis war ausgesprochen peinlich. Dann trat der Größte der Gruppe vor und spielte zu jedermanns Befriedigung ohne irgendeine körperliche Veränderung, ohne den Versuch, Babysprache zu sprechen, vollkommen die Idee, zu deren Verwirklichung er aufgerufen war.

Wie? Ich kann's nicht beschreiben; es geschah als unmittelbare Kommunikation, nur für die Anwesenden. Das nennen manche Theater-Magie, andere Wissenschaft, aber es ist ein und dasselbe. Eine unsichtbare Idee wurde richtig schaubar.

Ich sage ‹schaubar›, weil ein Schauspieler, der eine Geste macht, für sich selbst aus seinem tiefsten Bedürfnis heraus schafft, und doch auch für den anderen. Es ist schwierig, die richtige Bedeutung des Zuschauers, der da und nicht da, ignoriert und doch benötigt ist, zu verstehen. Die Arbeit des Schauspielers geschieht niemals für ein Publikum, und doch immer dafür. Der Zuschauer ist ein Partner, der vergessen und doch immer bedacht werden muß: Eine Geste ist Aussage, Ausdruck, Mitteilung und eine private Manifestation der Einsamkeit – sie ist immer das, was Artaud ein Signal durch die Flammen nennt –, aber das schließt eine Beteiligung am Erlebnis ein, sobald der Kontakt hergestellt ist.

Langsam tasteten wir uns an verschiedene wortlose Sprachen heran: Wir nahmen ein Ereignis, ein Erlebnisfragment und verwandelten sie durch Übungen in Formen, die mitteilbar waren. Wir ermutigten die Schauspieler, sich nicht nur als Stegreifspieler zu sehen, die sich blindlings ihren inneren Impulsen auslieferten, sondern als Künstler, die verantwortungsbewußt zwischen Formen suchten und wählten, so daß eine Geste oder ein Schrei wie ein Objekt wird, das er entdeckt und selbst neu gestaltet. Wir experimentierten mit der traditionellen Sprache der Masken und der Schminke und lehnten sie ab, weil sie uns nicht mehr passend schien. Wir experimentierten mit Schweigen. Wir bemühten uns, die Proportion zwischen Schweigen und Dauer zu erforschen. Wir brauchten ein Publikum, damit wir ihm einen schweigenden Schauspieler vorsetzen und dann erforschen konnten, unter welchen Umständen und wie lange seine Aufmerksamkeit standhielt. Dann experimentierten wir mit Ritualen im Sinne wiederkehrender Schemata, um die Möglichkeit zu erkunden, auf welche Weise mehr Gehalt schneller als durch eine logische Entwicklung von Ereignissen zu präsentieren war. Bei jedem guten oder schlechten, erfolgreichen oder katastrophalen Experiment war das Ziel das gleiche: kann das Unsichtbare durch die Präsenz des Darstellers sichtbar gemacht werden?

Wir wissen, daß die Erscheinungswelt eine Kruste ist – unter der

A. Jarry: Ubu aux Bouffes (nach Ubu Roi). Regie: P. Brook. Bouffes du Nord (CIRT) Paris 1977

Kruste ist der Glutstoff, den wir sehen, wenn wir in einen Vulkan blicken. Wie können wir diese Energie anzapfen? Wir studierten Meyerholds biomechanische Experimente, bei denen er Liebesszenen auf Schaukeln spielte, und in einer unserer Inszenierungen warf Hamlet Ophelia auf die Knie der Zuschauer, während er über ihren Häuptern an einem Seil schwang. Wir verneinten die Psychologie, wir versuchten, die scheinbar wasserdichten Abtrennungen zwischen dem privaten und öffentlichen Menschen zu zerschlagen: dem äußeren Menschen, dessen Verhalten durch die fotografischen Regeln des täglichen Lebens bestimmt ist, der um des Sitzens willen sitzen und um des Stehens willen stehen muß – und dem inneren Menschen, dessen Anarchie und Poetik sich fast nur in seinen Worten ausdrückt. Jahrhundertelang ist unrealistische Sprache allgemein gutgeheißen worden, alle möglichen Zuschauer haben die Konvention geschluckt, daß Worte die seltsamsten Resultate zeitigen können – bei einem Monolog steht der Mensch zum Beispiel still, aber seine Ideen können tanzen, wo sie wollen. Springende Rede ist eine gute

Konvention, aber gibt es eine andere? Wenn ein Mann an einem Seil über die Köpfe der Zuschauer fliegt, dann wird jeder Aspekt des Unmittelbaren in Zweifel gestellt – der Zuschauerkreis, der entspannt ist, wenn der Mensch spricht, wird in ein Chaos gestürzt: Kann in diesem Augenblick der Schwebe sich ein neuer Sinn offenbaren?

In naturalistischen Stücken gestaltet der Dramatiker den Dialog so, daß er zwar natürlich erscheint, aber sichtbar macht, was er zeigen will. Durch den alogischen Gebrauch der Sprache, durch die Einstreuung des Lächerlichen in die Rede und des Phantastischen ins Betragen eröffnet der Autor des absurden Theaters für sich ein neues Vokabular. Es kommt zum Beispiel ein Tiger ins Zimmer, aber das Paar schenkt ihm keine Beachtung. Die Frau spricht, der Mann antwortet, indem er sich die Hosen auszieht, und ein neues Paar fliegt durchs Fenster herein. Das absurde Theater hat das Unreale nicht nur um seiner selbst willen gesucht. Es hat es dazu benutzt, um gewisse Forschungen anzustellen, weil es in unseren Alltagsunterhaltungen etwas Unwahres spürte und im scheinbar Weithergeholten etwas Wahres. Obwohl es einige bemerkenswerte individuelle Werke aus dieser Weltanschauung gegeben hat, hat das Absurde als erkennbare Schule eine Sackgasse erreicht. Wie so vieles, was an der Oberfläche neu ist, wie ein großer Teil der konkreten Musik zum Beispiel, wird das Überraschungselement fadenscheinig, und wir sehen uns der Tatsache gegenüber, daß das Wirkungsfeld manchmal recht klein ist. Eine zerebral erfundene Phantasie hat leicht nur geringes Gewicht, die Verschrobenheit und der Surrealismus, die dem Absurden weitgehend anhaften, hätten Artaud nicht mehr befriedigt als die Enge des psychologischen Stückes. Was er in seinem Suchen nach dem Heiligen gewollt hat, war absolut: Er wollte ein Theater, das ein heiliger Ort wäre, er wollte, daß das Theater von einer Schar geweihter Schauspieler und Regisseure bedient würde, die aus ihrer eigenen Persönlichkeit eine endlose Folge leidenschaftlicher Szenenbilder schufen und dadurch eine so mächtige und unmittelbare Explosion des menschlichen Stoffes hervorbrächten, daß nie wieder jemand zum Theater der Anekdote und des Dialogs zurückkehren würde.

Er wollte, daß das Theater alles enthielte, was sonst dem Verbrechen und dem Krieg aufgespart bleibt. Er wollte ein Publikum, das alle Abwehr fahrenließe, das sich durchlöchern, schockieren, verblüffen und vergewaltigen ließe, so daß es zu gleicher Zeit mit einer mächtigen neuen Ladung gefüllt werden könnte.

Das klingt ungeheuer und weckt doch einen nagenden Zweifel. Wie passiv wird dadurch der Zuschauer? Artaud behauptete, daß wir uns nur im Theater von den erkennbaren Formen befreien könnten, in denen wir unser tägliches Leben hinbringen. Dies machte das Theater zu einem heiligen Ort, in dem eine größere Realität gefunden werden könnte.

In: Peter Brook. Der leere Raum. Hamburg 1969 (Hoffmann & Campe), S. 81, 86–95.
Aktuell in: Alexander Verlag Berlin.

Eugenio Barba
Über orientalische und abendländische Schauspielkunst (1980)

[...]

Meine Nachforschungen begannen auf Grund meines Interesses für das orientalische Theater. Ich konnte nicht begreifen, warum orientalische Schauspieler selbst dann, wenn sie nur eine kühle, technische Demonstration gaben, trotzdem diese sehr eindrucksvolle Qualität der Präsenz bewahren, die unumgänglich unsere Aufmerksamkeit auf sich zieht. In solch einer Situation interpretiert der Schauspieler nichts, noch drückt er irgend etwas aus. Dennoch scheint er sich von einem Energiekern strahlenförmig auszudehnen, beschwörend, kenntnisreich, jedoch nicht reflektiert, und fesselt somit unsere Aufmerksamkeit und magnetisiert unsere Sinne. Jahrelang glaubte ich, daß es eine Frage der Technik sei im Sinne von Kunstfertigkeit. Doch indem ich versuchte, diese herkömmliche Definition zu erweitern, wurde mir bewußt, daß das, was wir Technik nennen, im Grunde nichts anderes ist als eine spezifische Nutzung des Körpers.

Wir benutzen unseren Körper im täglichen Leben auf eine grundsätzlich andere Weise als in Situationen der «Darstellung». Im täglichen Leben benutzen wir eine Körpertechnik, die bedingt ist durch unsere Kultur, unseren sozialen Status und unseren Beruf. Aber im Zustand der «Darstellung» ist der Gebrauch unseres Körpers völlig anders. Daher können wir eine alltägliche von einer nicht-alltäglichen Technik unterscheiden.

Diese Unterscheidung erscheint deutlich in allen kodifizierten Formen des Theaters, besonders in denen des Orients. Im abendländischen Theater ist diese Unterscheidung weniger offenkundig, weil hier, wie Brecht versichert, eine Schauspielkunst nicht existiert: Es gibt Moden und Konventionen, doch ist jede Willkür unter der Herrschaft der Subjektivität, des Individualisten möglich durch das Fehlen einer technischen Nomenklatur und präziser Beurteilungskriterien. Die einzige Ausnahme ist das klassische Ballett, dessen Regeln, Nomenklatur und Kodifizierung der erzielten Ergebnisse es einem Kind von acht Jahren erlauben, die ganze «Wissenschaft» des Balletts als auch die Erfahrung von Dutzenden Generationen vor ihm, zu lernen und mit seinem Körper zu memorieren. Die wissenschaftliche Methode der Untersuchung besteht darin, sich ein Gebiet zu wählen, wo die Wiederholung bestimmter Phänomene die Erschließung bestimmter Konstanten oder «Gesetze» zuläßt. Wenn wir das orientalische Theater als unser Untersuchungsgebiet wählen und analysieren, wie der orientalische Schauspieler seinen Körper nutzt, so entdecken wir augenblicklich drei «Gesetze».

Das erste ist das Gesetz der Veränderung des Gleichgewichts.

Im japanischen No-Theater geht der Schauspieler, indem er seine Füße über den Boden gleiten läßt, ohne sie anzuheben. Wenn man das versucht, entdeckt man, daß sich der eigene Schwerpunkt und somit das Gleichgewicht verändert. Wenn man gehen will wie ein No-Schauspieler, so müssen die Knie leicht gebeugt sein. Dies impliziert einen geringen, nach unten gerichteten Druck von der Wirbelsäule und damit vom ganzen Körper. Genau diese Position nimmt man ein, wenn man zum Sprung in jede beliebige Richtung bereit sein will.

[...]

Warum enthalten nun alle kodifizierten Formen der Darstellung im Osten und im Westen diese Konstante, dieses «Gesetz»: die Deformation der alltäglichen Technik des Gehens, des Sich-Bewegens im Raum und der Ruhestellung des Körpers. Diese Deformation der alltäglichen Körpertechnik, diese außerordentliche, tägliche Technik beruht im wesentlichen auf einer Veränderung des Gleichgewichts. Indem der orientalische Schauspieler das «natürliche Gleichgewicht» ablehnt, beeindruckt er seine Umgebung mittels eines «De-Luxe-Gleichgewichts», unnütz komplex, scheinbar überflüssig und übermäßige Energie kostend.

Man könnte sagen, daß dieses «De-Luxe-Gleichgewicht» auf Stilisierung und ästhetische Wirkung abzielt. Diese Phrase wird in der Regel akzeptiert, ohne daß man sich über die Motive Gedanken macht, die zur Wahl einer körperlichen Position geführt haben; Positionen, die unser «natürliches Sein» zerstören, die Art und Weise, in der wir unseren Körper im alltäglichen Leben benutzen.

Was geschieht hier?

[...]

Normalerweise, wenn ich eine Flasche nehmen will, setze ich gerade soviel Energie ein, wie zur Ausführung dieser Handlung nötig ist. Aber im No setzt man sieben Teile zusätzlich ein, nicht um die Handlung im Raum auszuführen, sondern um sie im Schauspieler zu halten und zu bewahren (Energie in der Zeit). Das bedeutet, daß der No-Schauspieler doppelt soviel Energie benutzt, als es für die Handlung im Raum allein nötig ist. Einerseits projiziert der Schauspieler eine bestimmte Menge Energie in den Raum, andererseits hält er die doppelte Menge in sich.

Dies führt uns zu dem zweiten «Gesetz», dem Gesetz des Gegensatzes. Wenn wir verstehen wollen, was Dialektik auf der materiellen Ebene des Theaters ist, müssen wir die orientalischen Schauspieler studieren. Das Prinzip des Gegensatzes ist der Grundstein, auf dem der Schauspieler seine Handlungen aufbaut und entwickelt.

[...]

Grotowski ist Anfang der sechziger Jahre nach China gefahren. Als er zurückkam, erzählte er mir, daß der chinesische Schauspieler, ehe er eine Handlung ausführt, immer mit dem Gegenteil beginnt. Um zum Beispiel eine Person anzuschaun, die rechts neben einem sitzt, würde ein abendländischer Schauspieler eine direkte, lineare Bewegung seines Nackens ausführen. Aber der chinesische Schauspieler, wie die meisten anderen orientalischen Schauspieler auch, würde beginnen, als wolle er in die entgegengesetzte Richtung schauen, um dann plötzlich die Richtung zu ändern und auf die gewählte Person zu schauen. Der orientalische Schauspieler beginnt seine Handlung immer in entgegengesetzter Richtung zu dem eigentlichen Ziel. Wenn man diesem Prinzip entsprechend nach links gehen will, geht man erst nach rechts, um nach einer plötzlichen Wendung nach links zu gehen. Wenn man sich hocken will, erhebt man sich erst auf die Zehenspitzen, um sich dann zu hocken.

Als Grotowski mir das erzählte, glaubte ich zunächst, daß es sich um eine Frage szenischer Konvention handele, die es dem chinesischen Schauspieler ermöglicht, seine Handlung auszuweiten und zu verbreitern, sie wahrnehmbarer vorzutragen, indem er gleichzeitig einen Überraschungseffekt schafft. Das ist zweifellos richtig. Doch heute weiß ich, daß es sich nicht nur um eine chinesische Theater-Konvention handelt, sondern um eine Regel, die man überall im Orient finden kann. Im orientalischen Theater existiert keine gerade Linie, oder sie wird, wie zum Beispiel im No, auf eine sehr eigentümliche Weise benutzt. Wenn wir einen balinesischen Tänzer, einen No-Schauspieler (selbst bei jener simplen Bewegung, wenn er den Fächer vor sein Gesicht hält), einen Kabuki-Schauspieler im *Aragoto-* oder *Wagoto-*Stil, einen klassischen indischen oder Thai-Khon-Tänzer beobachten, so bemerken wir, daß die Bewegungen niemals in geraden Linien, sondern immer in runden oder wellenförmigen Linien ablaufen. Der Rumpf, die Arme und die Hände unterstreichen diese Rundheit. Im Westen tanzt man mit den Beinen und im Orient mit den Armen. [...]

Das dritte «Gesetz» könnte als das Gesetz der «zusammenhängenden Zusammenhanglosigkeit» definiert werden.

Für den orientalischen Schauspieler oder den europäischen, klassischen Ballettänzer ist es vom Standpunkt der Handlung, seinen Zielen und seiner Haushaltung her völlig ohne Zusammenhang, eine Position einzunehmen, die sowohl seine Bewegungsfreiheit einschränkt, als ihn auch von seiner täglichen Körpertechnik entfernt, um an ihrer Stelle eine Technik zu benutzen, die sich durch eine mühevolle Künstlichkeit und Energieverschwendung auszeichnet. Aber es ist gerade diese außerordentliche tägliche Technik, die es ihm ermöglicht, ein anderes Potential seiner Energien zu erhalten. Zusätzlich kann der Schauspieler diese Zusammenhanglosigkeit in eine neue Körperkultur verwandeln, durch Praxis und Training und durch den Prozeß der Innervation und Entwicklung der neuen nerven-muskulären Reflexe. Die so erschaffene außerordentliche tägliche Technik wird höchst zusammenhängend.

Einer der überraschendsten Effekte eines No-Schauspielers passiert, wenn er in seiner charakteristischen Gleitbewegung geht und plötzlich zu rennen beginnt, immer noch mit gleitenden Füßen. Es ist wie ein eindrucksvoller Blitz, wie eine Schlange, wie ein Pfeil, der in einer Kurve durch die Luft schießt. Selbst wenn der Schauspieler einen Ausgangspunkt wählt, der in keinem Zusammenhang mit seiner täglichen Körpertechnik zu stehen scheint, so kann er doch durch langes Training eine solche Vortrefflichkeit in dieser außerordentlichen, täglichen Technik erreichen, daß wir es als spontan ansehen.

Diese drei Gesetze erklären, wie der Schauspieler mit Hilfe biologischer Mechanismen ein anderes Energiepotential erreichen kann. Ihre Anwendung führt zu einer Verstärkung der physischen Präsenz auf einer präexpressiven Ebene, also bevor die Absicht des Schauspielers einsetzt, eine persönliche Reaktion auszudrücken.

[...]

Alle diese Schauspieler verändern ihr Blickfeld gegenüber der Sehweise im täglichen Leben. Ihre gesamte Körperhaltung ist verändert: der Muskeltonus des Rumpfes, das Körpergleichgewicht und der Druck auf die Füße. Ein Wechsel in der normalen Sehensweise bringt einen qualitativen Wechsel der Energie mit sich. Durch eine simple Veränderung in der täglichen Technik des Schauens sind die Schauspieler in der Lage, einer völlig neuen Ebene der Energie Anstoß zu geben, zu der wir im biologischen Sinne alle Zugang haben. Aber unsere abendländische Zivilisation scheint jede Abweichung vom «Normalen» zu vernachlässigen, sie oft vorsätzlich zu verhindern und abwehrend zu reagieren, als ob diese neuen Energien eine Bedrohung für unsere behaglich etablierten Beziehungen werden könnten. Andere Kulturen haben die verschiedenen biologischen Möglichkeiten, die jedem Individuum angeboren sind, verstanden und sie sozialisiert.

[...]

(Unveröffentlichtes Manuskript eines im Mai 1980 in Warschau gehaltenen Vortrags; Übersetzung: Odin Teatret)

Jango Edwards
«Der Clown ist der totale Schauspieler» (1980)

[...]
Clown sein heißt, sich auf eine Kunst verstehen, die auf dem Geben beruht. Die Künste des Narren sind so universal, daß sie – auf der Ebene der Liebe – international wirksam sind. Seine Auftritte gleichen einem sinnlichen Akt, der empfindsam, zart und erregend ist und am Ende einen Höhepunkt erreicht oder eine Art Feier. Er wirkt mit dem Herzen, mit dem Körper, mit den Mitteln des Subtilen oder auch des Obszönen. Narr sein heißt, zu versuchen, die Spannung der sozialen Situation, die uns täglich umgibt, abzubauen; über diese Situation nachzudenken in der Hoffnung, damit eine Art Verstehen und Bewußtheit hervorzurufen. Der Narr hilft, diese soziale Situation zu durchschauen; er fordert dazu heraus, an ihr zu ändern, was geändert werden muß. Narr sein heißt, zu den größten Nachrichtenvermittlern zu gehören, die es gibt – Kommentator zu sein, der in komischer Form Neuigkeiten verbreitet und dabei hofft, daß die Leute am Ende ihre Irrtümer und Erfolge verstehen. Er sucht die universale Norm, indem er die respektierte Norm bloßstellt. Der Narr befaßt sich mit dem Normalen, indem er die verschiedenen Ebenen des Abnormen aufzeigt – die darüber und die darunter; er wendet dieses Aufzeigen ins Komische und hofft dabei, daß die Verkleidung der Vernunft auf den Weg hilft und ein progressiver Schritt zur Harmonie möglich wird. Verkleidung ist das Schlüsselwort des Komischen: denn der Narr muß mit etwas unterhalten, das heute vielleicht noch ein soziales Tabu ist und morgen schon allgemeiner Trend sein kann.

Doch bevor wir weitergehen, sollten wir uns von der falschen Vorstellung vieler Leute lösen, daß ein Clown traurig sei. Ein Clown sein heißt Freiheit finden, dem Einerlei entkommen, mit Seele und Kern des eigenen Wesens zu tanzen. Aber Freiheit bedeutet auch, daß man lernen muß und zu verstehen beginnt. Man muß die innere und die äußere Betrachtung entdecken. Das äußere Ich muß ein Modell des Absurden werden und das innere Ich ein Tempel der Vernunft. Oft heißt es, der Clown sei traurig, eine Art verlorener Seele. Doch in Wirklichkeit ist er unser Spiegelbild, ein Erzähler gegenwärtiger Dinge, und der Anschein der Traurigkeit ergibt sich aus der Spiegelung. Neuigkeiten sind nicht fröhlich; doch der Clown muß erreichen, daß man darüber lacht. Warum? Um Veränderung auszulösen. Wenn du also glaubst, der Clown sei ein trauriges oder rührendes Wesen, und gleichzeitig begreifst, daß sich die Gegenwart in ihm spiegelt – wo steckt denn dann in Wirklichkeit das Rührende? Das ist die Kernfrage.

[...]

Der Clown ist auf eine sehr entschiedene Art der totale Schauspieler. Künste wie Tanz, Pantomime, Akrobatik und so weiter sind zu erlernen und einzusetzen. Es ist ein ständiger Formungsvorgang, bei dem sich der Lernende oft als Versager ertappt. Vergangene und gegenwärtige Erlebnisse sind wichtig als Bestätigung und greifbares Material für die Zukunft. Da die meisten technischen Fähigkeiten des Clowns und des Narren in Büchern erklärt sind, kann der Student seine Entwicklung mit einiger Selbstdisziplin beschleunigen.

Ohne diese Selbstdisziplin findet er sich bald bar jeder Motivation und jeden Anreizes und kann sich ebensogut mechanischeren Beschäftigungen zuwenden. Für das Lernen technischer Tricks gibt es nur ein Wort: Üben. Ganz einfach: Üben ist die Lösung; und wer nicht genug Selbstdisziplin aufbringt, wird sich bald in einer der zahlreichen Nebengassen des Theaters wiederfinden, in denen man zwar Schauspieler sein kann, aber ohne viel Hoffnung, totaler Schauspieler zu werden. Total sein, ist nicht leicht, aber Clown sein heißt, total sein. Wer zu lernen aufhört, den verläßt der Humor.

Der Clown teilt mit, und um Neues mitzuteilen, muß er Neues wissen. Das heißt: Beobachtung des Augenblicks. Der Komiker muß die Ereignisse spiegeln, die uns umgeben. Unser Leben ist Komödie, und der Student, der wirklich beobachten kann, sieht alle Pointen dieser Komödie. In der geordneten Natur sind wir von Narren umgeben, einschließlich unserer selbst und der Komödie, die wir täglich agieren. Der Erfolg des Narren hängt von seiner Fähigkeit ab, gerade soviel davon wiederzugeben, daß der Zuschauer den Komiker in uns wahrnimmt. Oft, ja fast immer lachen wir über Eigenschaften anderer, die wir selber auch haben, aber nur unterbewußt erkennen. Ist die komische Imitation kräftig genug, so kann es zu einem Austausch von Wissen kommen; und das Wissen ist der Schlüssel zur Veränderung. Das ist die wahre Tugend des Clowns. Ein Beispiel: Ich spiele eine komische Szene, in der es um Selbstmord geht. Und obwohl das Thema ein ernstes soziales Problem darstellt, lachen die Leute. Sie lachen, weil sich ein Abbau der Spannung dieses sozialen Problems ergibt und eine mögliche Einsicht. Wir alle denken an Selbstmord und Tod; das ist nur ein Beispiel aus der Fülle der Begriffe, die der Clown verwandelt wiedergeben kann. Das ist die Macht des Clowns: die Fähigkeit, einen Moment des Nachdenkens zu erzeugen, einen Anstoß zur Veränderung, ja vielleicht sogar zum Verstehen zu geben, und zwar in einem Augenblick der Entspannung, in dem der Zuschauer über das komische äußere Begebnis lacht. Der Clown kann sein Publikum zum Denken und Begreifen führen; doch jenseits des Gelächters bleibt der Entschluß, über das Thema, von dem die Rede ist, nachzudenken, ganz dem Zuschauer anheimgestellt. Selbst die größten Clowns, die wir kennen, identifizieren sich mit dem Gedanken sozialer Veränderung und tun es heute noch.

Die vornehmste Aufgabe des Clowns ist, die Leute zum Lachen und zur Entspannung zu bringen und sie zu unterhalten. Das ist wichtig, und es setzt die Kenntnis komischer Formeln und Tricks voraus, die schon der angehende Clown beherrschen muß. Die zweite Aufgabe, die er gleichzeitig zu erfüllen hat, besteht darin, Aufklärung und Einsicht zu vermitteln – im Spiegel zu zeigen, was um uns herum passiert. Das ist das Wissen des Clowns, und seine Ausdrucksmöglichkeiten sind universal. Er nutzt das Lächeln und das Stirnrunzeln, er beherrscht Aktion und Reaktion. Man muß beim Narren auf alle Situationen und Überraschungen gefaßt sein. Sein Auftritt muß eine ständig kontrollierte Konfrontation sein: denn der Clown ist eine magische Figur.

[...]

Die Späße des Clowns, des Narren, und die Entspannung, die sie bewirken, tragen dazu bei, Interessen freizulegen; sie befreien die Fähigkeit zu verstehen.

Lachen auszulösen, ist die Basis des Berufs; Denkprozesse in Gang zu bringen, ist sein Ehrgeiz und Ziel. Der Clown hat die Kraft, zur Einsicht zu verführen – eine unschätzbare Kraft. Wer über diese Fähigkeit verfügt und diese besondere Art des Anstachelns beherrscht, ist bereits der «totale Schauspieler»: der Clown. Wir alle haben etwas vom Clown in uns und müssen ihm zur Freiheit verhelfen. Wir alle hatten unsere komischen Momente und machten in schwierigen Zeiten Gebrauch von ihrer entspannenden Wirkung. Es ist nicht nur eine Sache des Kostüms, der Schminke und der Kunstfertigkeit, obwohl der Berufsclown ohne sie nicht auskommt. Die Notwendigkeit des Narren liegt in seiner Fähigkeit, durch Reflexion zu geben. Der Narr ist ein Kreuzfahrer des Wissens und der Liebe, der ständig seine Ware vorzeigt und in der Hoffnung wächst, Fortschritt, Veränderung und positive Reaktion zu vermitteln. Wir hungern nach dem Lachen einer wie der andere. Wir suchen es Tag für Tag, in Büchern, Filmen, im Fernsehen, in Konzerten, im Theater, auf Schallplatten, im häuslichen Leben. Wir brauchen das Lachen, und wer Talent zu Späßen hat, findet immer ein Publikum. Das habe ich aus meinen eigenen Momenten komischen Erfolgs gelernt. Vom Rockfestival bis zur Theaterbühne, auf der Straße und in der Kirche, in der Wüste und im Dschungel bin ich in allen möglichen Situationen aufgetreten, und in den Augenblicken erfolgreicher Anwendung der Theorie des Clowns sah ich, wie Leute jeden Alters, aller Rassen, Religionen und Hautfarben Entspannung fanden, Freiheit und eine Ahnung von Gemeinsamkeit. Im Lachen sind alle gleich. Wir alle sind von Zeit zu Zeit komisch, zum Vergnügen unserer Umgebung.

Diese Momente der Gemeinsamkeit sind Momente des Narren, der seine Freiheit sucht; und in jedem Lachen, das wir auslösen, liegt die Hoffnung auf Verstehen.

Das Lächeln ist universal, jeder begreift es, überall wird es verstanden – und deshalb ist auch der Clown ein universeller Typ. Man unterschätze nie die Macht des Lächelns. Lachen kann das Leben der Leute ändern. Ich habe gesehen, wie es aus ihnen hervorbrach, unverstellt und in aller Öffentlichkeit. Ihr Glaube ist echt; der Narr kann auch in dein Leben einen Sinn bringen und dir helfen, es zu verstehen. Das alles klingt so einfach, aber wir begreifen es nicht, solange wir es uns selber schwer machen. Es entzieht sich uns, bis wir zu verstehen beginnen, daß auch Liebe, Gerechtigkeit und Gleichheit ganz einfache Dinge sind, wenn wir sie nur ohne jeden Vorbehalt akzeptieren. Denkt an diese religiösen Worte, ha, ha, ha – ah!

(Ins Deutsche übertragen von Helmut Wiemken)

In: Jango Edwards: Clown Theory. Hrsg. v. Barbara Held. Flensburg 1980 (N. H. Matz).

Ariane Mnouchkine
«Die zweite Haut des Schauspielers».
Josette Féral im Gespräch mit Ariane Mnouchkine (1998/99)

[...]

Ihre letzten Inszenierungen (TARTUFFE; ET SOUDAIN, DES NUITS D'ÉVEIL) *kehren sehr nachdrücklich zu dem politischen Engagement Ihrer Anfänge zurück. Möglicherweise mehr als die Shakespeare-Stücke oder* LES ATRIDES, *die von einem vielleicht weniger offensichtlichen politischen Engagement geprägt waren. Drücken diese Stücke für Sie ein andersgeartetes politisches Engagement aus?*
Nein. Ich glaube, das Théâtre du Soleil war immer gleichbleibend engagiert und mit der Zeitgeschichte befaßt. Wir haben immer die Klassiker, die großen Meisterwerke aufgeführt und zeitgenössisches Theater gemacht. Die Tragödien waren zur Zeit ihrer Entstehung natürlich politisch. Für uns werden sie mehr metaphysisch. Doch der Entschluß, LES ATRIDES zu inszenieren, das heißt Stücke, die vor 2500 Jahren geschrieben wurden, ist eine politische Haltung. Diese Stücke müssen in unserer Zeit in einer dem Original möglichst verwandten Sprache von vierzehnjährigen Kindern vollständig verstanden werden. So etwas zu tun ist an sich schon eine politische Haltung! Andererseits ist der Entschluß, die Geschichte der aidsverseuchten Blutkonserven zu einer Tragödie unserer Zeit zu erklären und sie den gleichen Kindern und den gleichen Erwachsenen verständlich zu machen, *ebenfalls* eine politische Geste. Im Grunde ist es dasselbe Ziel: ein Versuch, die Welt in ihrer Gesamtheit auszudrücken – die mythologische Welt, aus der wir kommen, und die gegenwärtige Welt. Aus diesem Grund gibt es im Repertoire des Soleil dieses «Hin und Her» zwischen Altem und Modernem.

[...]

Wenn Sie mit den Schauspielern arbeiten, kommen Sie häufig auf die Vorstellung zurück, daß sie sich auf der Bühne einer Gefahr aussetzen müssen. Worin besteht diese Gefahr?
Die Gefahr ist, in die Irre zu gehen, nicht das zu finden, was man sucht (sogar ohne genau zu wissen, was man sucht). Wenn man forscht, setzt

man immer alles aufs Spiel. Die Schauspieler forschen; folglich sind sie stets in Gefahr. Sie brechen auf, um Indien zu suchen, und entdecken Amerika – oder nichts.

Es gibt auch die Gefahr des Frevels, die natürlich nicht während der Arbeit besteht, denn in den Proben hat man das Recht, die schrecklichsten Dinge zu machen; sie besteht jedoch, sobald das Publikum anwesend ist: die Gefahr der Lüge, des Betrugs. Die Schauspieler, die Regisseure sollten sich häufig die Frage stellen: «Spiele ich in diesem Augenblick *wirklich* Theater?» Sonst steht man nur kostümiert da und rezitiert Wörter.

Sie sprechen auch von der Angst. Sie sagen, der Schauspieler habe auf der Bühne stets Angst, die Angst sei immer da und der Schauspieler müsse lernen, mit ihr zu leben.

Ja, wir müssen uns an die Angst gewöhnen wie an einen vertrauten Gefährten. Schauspieler haben stets Angst, selbst viel größere Künstler als wir. Die Schriften von Malern wie van Gogh sind voll von Angst. Van Gogh ist entsetzt bei dem Gedanken, er verstünde nicht, was Malerei ist, er würde kein wirkliches Bild malen. Er hat zwar schon einige gemalt, und trotzdem schreibt er von seiner Angst. Es sei denn, man ist wie Hokusai und hat jene geniale Geduld, die ihn sagen ließ, obwohl er schon siebzig Jahre alt war: «Mit achtzig Jahren werde ich vielleicht imstande sein, einen Vogel zu malen.»

Wenn wir diese Bescheidenheit besäßen (ich schließe jedermann mit ein, einschließlich die Regisseure), wenn wir diese Demut hätten, uns zu sagen, und das bis zum letzten Tag unseres Lebens, daß wir vielleicht in zehn Jahren in der Lage sein werden, Theater zu machen, dann würden wir dem Theater besser dienen.

Angst und Gefahr gehen Hand in Hand.

Nicht immer. Wenn Schauspieler sagen, die Angst habe sie daran gehindert zu spielen, so sprechen sie nicht von der guten Angst, sondern von der Angst, nicht zu brillieren, keine unmittelbaren Ergebnisse zu erzielen. Nein! Die wahre Angst empfindet man gegenüber der Kunst. Es ist die Angst, dem, was über uns hinausgeht, untreu zu sein.

[...]

Juliana Carneiro da Cunha sagte bei einem Gespräch über ihr Spiel, daß sie in LES ATRIDES versucht habe, Bewegungslosigkeit zu erreichen, und Simon

Abkarian betonte seinerseits nachdrücklich, daß die Schauspieler lernen müßten, wie man auf der Bühne «nichts tut». Das «Nichtstun» ist ein Mittel, im Zustand der Verfügbarkeit zu sein, um die Seele der Figur aufzunehmen.

Das stimmt. Solange der Schauspieler glaubt, er müsse «tun», solange er nur den Wunsch hat, sich sehen zu lassen, sich zu zeigen, so lange zeigt er nichts. Er muß zunächst empfangen lernen. Der Schauspieler ist wie ein Schwamm, der alles empfängt, alles aufnimmt. Ein Schwamm, der übersetzt, ohne etwas hinzuzufügen, und zwar so, daß er den Dingen eine Form verleiht. Nichts anderes. Er sucht nicht. Er findet nicht, oder vielmehr, und darin liegt die Schwierigkeit seiner Suche, er wartet darauf, zu empfangen. Er ist im Zustand der Empfänglichkeit, der Verfügbarkeit. Im Laufe dieser Suche findet jeder seinen eigenen Weg. Dabei sind die Beobachtung, der Blick, das Zuhören wichtig. Der Schauspieler hört mit allem zu, mit seiner gesamten Haut. Wenn ich mit seiner Haut sage, bedeutet das, daß er nicht nur die Wörter hört, sondern auch, wie die Wörter gesagt werden. Er empfängt, übersetzt den Schweiß des anderen. Das ist entscheidend.

[...]

Die Schulung der Schauspielers verläuft im Théâtre du Soleil über die Maske. Worin liegt das Wesentliche dieser Schulung?

Diese Ausbildung ist im Théâtre du Soleil äußerst wichtig. Aber ich gebe zu, daß man zum Maskenspiel gelangen kann, ohne einen Zugang zu dem Objekt «Maske» zu haben. Lehrer, Regisseure haben ihre Schauspieler instinktiv zur Metapher geführt, ohne Masken zu besitzen. Die Maske ist selbst Metapher, Ausdrucks- oder Offenbarungsmittel.

[...]

Während eines Streitgesprächs in Avignon haben Sie darauf hingewiesen, «wenn es eine Maske gibt, erlaubt dies dem Schauspieler, die eigene abzunehmen». Wenn man die Schauspieler selbst befragt, so haben sie manchmal in der Tat den Eindruck des Gegenteils, nämlich daß die Maske sie verberge und genau aus diesem Grund befreie.

Die Maske verbirgt nicht den Schauspieler, sondern vielmehr sein Ego. Aber eigentlich verbirgt sie überhaupt nichts, im Gegenteil: Sie öffnet. Sie ist ein Vergrößerungsglas zur Seele hin, eine Öffnung zur Seele. Mit der Maske sind plötzlich alle Gesetze des Theaters da. Der Schauspieler kann sich dem nicht entziehen. Die Maske verleiht der Figur Größe, erlaubt ihr, der Seele zu begegnen. Sie zwingt den Schauspieler, das Kleine zu erarbeiten, um das Große zu finden. Sie ist ein strenger Meister, der alle Fehler sichtbar macht.

Immer wieder sagen Sie Ihren Schauspielern: «Laßt die Maske euch die Stimme verleihen. Sagt der Maske, sie solle die Schauspielerin beruhigen. Nicht ihr verleiht der Maske Leben, es ist die Maske, die euch enthüllt. Die Maske wählt euch.»

Die Masken sind göttliche Gegenstände! Es ist vielleicht ein Aberglaube, aber auch eine poetische Strategie. Alle, die mit der Maske zu tun hatten, räumen ein: Es ist nicht der Schauspieler, der durch die Maske spricht, sondern umgekehrt. Man kann sich nicht vorstellen, daß die Maske nur Schminke oder nur ein einfacher Gegenstand ist. Wenn der Schauspieler eine Maske trägt, wird er zu einer Art Orakel. Er gebraucht seinen Körper, wie die griechischen Götter den Körper der Pythia gebrauchten oder wie die tibetischen Götter den Körper ihrer Hellseher. Der Schauspieler wird zu dem, was er sein muß: ein Medium.

Auf die Maske zu hören läßt sich erlernen, und es ist auch hinnehmbar, aber es ist ermüdend. Den Schauspielern fällt es bisweilen schwer, es zu akzeptieren, vor allem den französischen Schauspielern. Alles, was wir da sagen, ist nicht sehr brechtisch, aber das ist nicht schlimm! Auch Brecht ist schließlich in Richtung Asien auf die Suche gegangen.

Sie erwähnen Brecht. Er hat Sie inspiriert. Fühlen Sie sich auch Stanislawski nahe? Betrachten Sie ihn als einen Meister?

Ja, als einen der größten. Stanislawski ist wunderbar. Sein Werk ist für uns heute fundamental. Wenn einige seiner Aspekte uns heute ein bißchen überholt vorkommen, dann liegt es daran, daß seine Nachfolger die Spuren verwischt haben, vor allem die Amerikaner mit dem *Actor's Studio*.

Denken Sie dabei an die psychologischen Anforderungen, die sich dem Schauspieler stellten, der in eine Figur hineinschlüpfen wollte?

Ja, aber bei Stanislawski kann man diesen Aspekt der Dinge besser verstehen, wenn man den Theater-Kontext der Zeit kennt: Stanislawski reagierte auf ein Theater, das über gar keine Glaubwürdigkeit, keine Wahrheit mehr verfügte.

Im Hinblick auf das Spiel sagen Sie dem Schauspieler oft, daß er stets einer doppelten Spannung unterworfen sein müsse. Sie sprechen von einer Spannung nach oben und einer Spannung nach unten ...
Ich sage es nicht ganz so. Ich versuche, es zu zeigen. Wenn ich von doppelter Spannung spreche, so handelt es sich um etwas, was ich besonders in der Maske spüre, und vor allem in den balinesischen Masken. In den Masken der Commedia dell'Arte spüre ich es weniger, oder genauer gesagt, ich kann es weniger erklären. Bei den balinesischen Masken ist die doppelte Spannung sehr deutlich, weil die Arbeit musikalisch ist und sehr verwandt mit den Marionetten. Ich glaube nicht, daß es richtig ist, so theoretisch davon zu sprechen.

Ich bin nicht wie Grotowski, der zu den himmlischen und olympischen Akademien gereist ist und als Überbringer von Gesetzestafeln zurückkehrt! Ich habe zu jenem theoretischen Olymp keinen Zugang. Wenn ich Schauspieler leite, dann fühle ich, daß ich in demselben Schlamm wate wie sie. Es ist, als stände ich auf einem sehr rutschigen Ufer und versuchte, die Schauspieler mit Hilfe eines Seils aus dem Treibsand zu ziehen; ich muß sehr aufpassen, daß ich nicht selber hineinfalle.

Man könnte einen Zusammenhang sehen zwischen den Regeln für das Spiel des Schauspielers, wie Eugenio Barba sie aufzustellen versucht, und dieser doppelten Spannung, von der Sie sprechen. Eine dieser Regeln (und ich glaube, daß sie funktioniert) besteht für den Schauspieler darin, ein gewisses Ungleichgewicht zu suchen. Nun wird dieses Ungleichgewicht durch zwei entgegengesetzte Kräfte erzeugt, daher also die Parallele zu jener doppelten Spannung, auf die Sie hinweisen. Besteht nur eine Spannung, so vermittelt der Schauspieler den Eindruck, als hätte er sich häuslich eingerichtet, als wäre er weniger auf der Hut. Erscheint Ihnen diese Sichtweise richtig?
Ja, völlig richtig.

[...]

Als Sie mit den Schauspielern über deren Kostüme sprachen, hatte ich den Eindruck, daß der Wunsch nach Genuß, vor allem nach visuellem Genuß all dem zugrunde liegt.
Ja. Man leidet schon genügend im Theater. Wenn man sich angesichts glanzloser Sachen auch noch die Augen verderben soll!

Sie sagen: Sie lieben das Licht ...
Ja. Ich möchte den Schauspielern gern tief in die Augen sehen. Beleuchtungen, bei denen man nichts sieht, finde ich schrecklich.
Sie sprechen ebenfalls von der Wollust im Theater. Zum Beispiel sagten Sie im Hinblick auf LES ATRIDES, Sie möchten den Zuschauern die Zeit geben, nach und nach in diese Phantasiewelt einzutreten, damit ihre Sinne und ihre Intelligenz auf diese Weise geschärft würden und damit die Begegnung mit diesem Text, diesem Theater, dieser untergegangenen Welt, die Sie ans Tageslicht zu bringen versuchen, «lustvoll» sei. Diese Wollust findet man sogar in den Lehrgängen wieder, in denen die Schauspieler sehr schnell anfangen, ihre Kostüme zu erarbeiten, wobei sie die ihnen zur Verfügung gestellten Kostüme früherer Aufführungen des Soleil verwenden.
Das Kostüm ist die zweite Haut des Schauspielers, es ist die Haut der Figur. Das Kostüm gehört zur Maske. Sie nehmen eine Maske, und Sie ziehen sich im Hinblick auf diese an. Es sei denn, wie es bei den Balinesen der Fall ist (und das ist bemerkenswert), alle Figuren haben das gleiche Kostüm, und es ist die Maske, die sich ändert. Aber soweit sind wir noch nicht! Sich kostümieren bedeutet Kindheit, Prozession, Verwandlung, Freude.
Sie sind fest davon überzeugt, daß man im Westen keine Spielform geschaffen hat, ich habe jedoch den Eindruck, daß das Théâtre du Soleil eine Form hervorgebracht hat.
Ich glaube nicht, daß ich das gesagt habe, oder aber ich war mit meiner Stellungnahme zu radikal. Was ich wohl gesagt habe, ist, die Genialität des Westens sei die Dramaturgie, und die Genialität des Orients sei die Arbeit des Schauspielers, die Spielform. In unserer Zeit kann man von einer Synthese träumen.

Was das Théâtre du Soleil betrifft, so nehmen wir an einigen formalen Traditionen teil. Ich glaube nicht, daß wir Formen erschaffen, sondern daß wir sie wiederfinden. Es ist wie bei den Mythen: Nichts wird geschaffen, alles wandelt sich.
Der Text muß im Theater vom Körper des Schauspielers getragen werden. Nun ist es aber häufig schwierig, ein vollkommenes Gleichgewicht zwischen Körper und Text zu erreichen.
Ja, und trotzdem ist dieses Gleichgewicht wesentlich, weil im Theater

vor allem der Leib spricht. Das Wort ist wie ein Körpersaft. Der Text muß gleichsam eine Absonderung des Körpers sein.
Wie stellt man es an, damit der Text zu dieser «Absonderung» des Körpers wird?
Man muß leben! Es gilt, die Leidenschaften der Figur zu erleben, die diesen Text erlebt. Es gilt, diese Figur zu sein. Man muß sich von dieser Figur beherrschen lassen, weil sich auch der Autor von ihr beherrschen ließ. Wenn Hélène Cixous schreibt, passiert ihr das gleiche. Plötzlich ruft sie mich an und sagt mir: «Ariane, der und der ist eingetroffen, was mache ich mit ihm?» Die Figuren treffen auf ihrem Papier ein, pflanzen sich vor ihr auf und fangen an zu sprechen. Sie ist also ein Medium. Ein Schauspieler ist auch ein Medium.

[...]

Ich habe Sie vor einiger Zeit nach der Beziehung zwischen Theater und Politik gefragt, und Ihnen gefiel die Verbindung nicht besonders, die ich zwischen den beiden herstellen wollte! Ich möchte Ihnen die Frage erneut, aber anders stellen. Sie sind auch eine Aktivistin, die sich in zahlreichen politischen Aktionen engagiert. Nun hat man manchmal den Eindruck, daß das Theater, was den Einfluß auf die Gesellschaft betrifft, eine begrenztere Wirkung hat als die politische Aktion.
Es handelt sich nicht um das gleiche. Mir scheint, daß die politischen Aktionen, die wir als Staatsbürger durchführen können, Aktionen in der Gegenwart sind; es sind Dringlichkeitsmaßnahmen. Mit dem Theater ist es übrigens seltsam: Es ist die Kunst der Dringlichkeit und der Gegenwart, doch es funktioniert weder in dringenden Fällen noch in der Gegenwart. Das heißt, seine Wirkung, sein Einfluß machen sich eher langfristig bemerkbar. Ein Stück stiftet die Zuschauer leider nicht dazu an aufzustehen, um am nächsten Tag Revolution zu machen! Aber vielleicht gibt es drei oder vier Menschen, die am Ende eines Stücks in ihrem Dasein etwas weniger barbarisch sind. Sie werden sich Fragen stellen, werden gegenüber dem Menschengeschlecht mitfühlender oder aufmerksamer oder brüderlicher sein. Zumindest für einige Zeit.

Das Theater hat also eine zivilisierend pädagogische Rolle, doch jedermann weiß, daß die Zivilisation nicht von heute auf morgen errichtet wird. Die politische Aktion ist nicht immer zivilisierend: Sie ist dazu da, etwas aufzuhalten oder auszulösen. Aus diesem Grund stelle ich Theater und politische Aktion nicht auf dieselbe Ebene. Zu behaupten, das Theater sei wirkungslos, hieße, daß das Aushöhlen wirkungslos ist, was nicht stimmt. Das Theater höhlt die Barbarei ein wenig aus.

«La seconde peau de l'acteur». Aus dem Französischen von Hans-Henning Mey. *In:* Ariane Mnouchkine & Das Théâtre du Soleil. Hrsg. von Josette Féral. Berlin 2003, S. 120–130. *Aktuell in:* Alexander Verlag Berlin.

Theatergeschichtliche Kommentare

Antonin Artaud: «Theater der Grausamkeit» oder: Grenzgängerei auf Leben und Tod

«Wenn das Theater das Leben doubelt, doubelt das Leben das wirkliche Theater.»
Antonin Artaud, 1936

«das wahre theater ist mir immer wie die übung einer gefährlichen und schrecklichen handlung erschienen.
wo übrigens die idee des theaters und des schauspielers ebenso verschwindet wie die jeder wissenschaft, jeder religion und jeder kunst.
die handlung, von der ich spreche, zielt ab auf die wahre organische und physische transformierung des menschlichen körpers.
warum?
weil das theater nicht dieser szenische aufmarsch ist, wo man virtuell und symbolisch einen mythos entwickelt.
sondern dieser schmelztiegel aus feuer und wirklichem fleisch, wo sich anatomisch, durch das stampfen von knochen, gliedern und silben, die körper erneuern,
und sich physisch und unverfälscht die mythische handlung darstellt, einen körper zu machen.» (Nach E. Kapralik: Antonin Artaud, S. 320)

Artauds emphatisches Verständnis von Theater, wie es in dieser Passage zum Ausdruck kommt, war es, das ihn zu einer der faszinierendsten, aber auch vieldeutigsten Figuren des Theaters im 20. Jahrhundert hat werden lassen. Sein historischer Ort ist die Avantgarde-Bewegung im ersten Drittel des 20. Jahrhunderts, insbesondere der französische Surrealismus; wirkungsgeschichtlich aber ist Artaud unmittelbar in den Zusammenhang jener Theaterentwicklungen der sechziger Jahre zu stellen, die unter dem Stichwort «Theater der Erfahrung» zusammengefasst werden können. Artauds Formel vom «Theater der Grausamkeit» ist, wie viele andere seiner Äußerungen über das Theater, gerade in der Dunkelheit ihrer Metaphorik zu einem Programm geworden, auf das sich die unterschiedlichsten Positionen beziehen lassen. Es manifestiert sich darin der Widerstand gegen jede Form von Aufklärungsdenken, zugleich eine Umwertung aller Normen des abendländischen Kultursystems, von vergleichbarer Radikalität, wie es die Kulturkritik Friedrich Nietzsches war. Artauds Gegenentwurf ist eine Art Theaterreligion. Theater ist für ihn ein Moment des Lebens, Ausdruck seiner chaotischen, zerstörerischen Ursprünglichkeit, existenzielle Grenzerfahrung, die den Kunstbereich bei weitem transzendiert, vergleichbar dem Mythos.

Es gehört zweifellos zur Besonderheit des Phänomens Artaud, dass er selbst – im Vergleich zu anderen bedeutenden Persönlichkeiten der neueren Theatergeschichte – als Regisseur oder Schauspieler seine eigenen Theaterideen kaum wirklich realisieren konnte, von den Versuchen im Théâtre Alfred Jarry und einigen öffentlichen Demonstrationen abgesehen. (Vgl. M. Brauneck: Die Welt als Bühne. 4, S. 79 ff.) Artauds außerordentliche Wirkung geht in erster Linie auf seine Manifeste zurück, wohl aber auch auf den Mythos seines Lebens: Artaud erscheint als die Inkarnation eines Theaterlebens mit wahrhaft tödlicher Konsequenz. Ein authentisches Bild dieser Haltung schildert die Schriftstellerin Anaïs Nin (1903–1977), die Artaud im März 1933 bei einem Auftritt in der Sorbonne erlebt hat:

«Ein Hörsaal in der Sorbonne. Allendy und Artaud saßen am großen Pult, Allendy stellte Artaud vor. Der Saal war überfüllt; Menschen jeden Alters, Anhänger der Vorlesungen von Allendy über ‹Neue Ideen›.
Das Licht war grell. Es ließ Artauds Augen, die tief liegen, in Dunkelheit versinken. Dies hob die Intensität seiner Gesten hervor. Er sah gequält aus. Seine Haare, ziemlich lang, fielen ihm von Zeit zu Zeit in die Stirn. Er besitzt die Gewandtheit und die Schnelligkeit der Gesten eines Schauspielers. Sein Gesicht ist

mager, als ob es von Fieber verzehrt wäre. Seine Augen scheinen die Menschen nicht zu sehen. Es sind die Augen eines Phantasten. Seine Hände und Finger sind lang.
Artaud tritt auf das Podest und fängt an über ‹Das Theater und die Pest› zu sprechen. Er bat mich, in der ersten Reihe zu sitzen. Ich glaube, alles was er erreichen will, ist Intensität – eine höhere Form von Fühlen und Leben. Versucht er uns daran zu erinnern, daß während der Zeit der Pest so viele wunderbare Kunst- und Theaterwerke entstanden sind, weil der Mensch durch die Todesangst nach Unsterblichkeit strebt oder sich selbst zu entkommen oder zu übertreffen sucht? Aber dann, fast unbemerkbar, ließ er den Faden fallen, dem wir folgten, und fing an, den Pesttod vorzuspielen. Keiner wußte genau, wann es angefangen hatte. Um seinen Vortrag zu illustrieren, spielte er einen Todeskampf vor. *La Peste* auf Französisch ist viel schlimmer als *the plague* auf Englisch. Aber keine Worte beschreiben, was Artaud auf dem Podest der Sorbonne vorspielte. Er vergaß seinen Vortrag, das Theater, seine Ideen, Dr. Allendy, die Zuschauer, die jungen Studenten, seine Frau, die Professoren und Direktoren.
Sein Gesicht war schmerzverzerrt; man sah, wie der Schweiß seine Haare feucht machte. Seine Augen erweiterten sich, seine Muskeln verkrampften sich, seine Finger kämpften, um ihre Flexibilität zu behalten. Man konnte den ausgetrockneten und brennenden Hals, die Schmerzen, das Fieber, das Feuer im Bauch spüren. Er war in Agonie. Er schrie. Er phantasierte. Er spielte seinen eigenen Tod, seine eigene Kreuzigung.
Zuerst fingen die Leute an sich zu räuspern. Dann fingen sie an zu lachen. Jeder lachte. Sie zischten. Dann fing einer nach dem anderen an wegzugehen, laut redend, protestierend. Sie knallten die Tür zu, als sie gingen. Die einzigen, die sich nicht bewegten, waren Allendy, seine Frau, die Lalous, Marguerite. Mehr Protest, mehr Spott; aber Artaud machte weiter bis zum letzten Seufzer. Und blieb auf dem Boden liegen. Dann, als der Saal bis auf die kleine Gruppe seiner Freunde leer war, kam er gerade auf mich zu und küßte meine Hand. Er bat mich, mit ihm in ein Café zu gehen.
Wir gingen, gingen durch die düsteren Straßen. Er war durch den Spott verletzt, verwundet, verwirrt. Er spuckte seine Wut aus. ‹Sie wollen immer etwas *über* etwas hören; sie wollen einen objektiven Vortrag über *Das Theater und die Pest* hören, und ich will ihnen das Erlebnis als solches, die Pest als solche vermitteln, damit sie erschrecken und aufwachen. Ich möchte sie aufwecken. Sie erkennen nicht, *daß sie tot sind*. Ihr Tod ist total, wie Taubheit, Blindheit. Das ist der Todeskampf, den ich darstelle. Meinen, ja, den eines jeden, der lebt.›
Der Nebel fiel auf sein Gesicht, er schob die Haare aus der Stirn. Er sah angespannt und besessen aus, aber er sprach jetzt leise. Wir saßen im Coupole. Er vergaß den Vortrag. ‹Ich habe nie jemanden gefunden, der so fühlte wie ich. Ich bin seit

15 Jahren opiumsüchtig. Ich fühle manchmal, daß ich nicht schreibe, sondern die Kämpfe mit dem Schreiben, die Kämpfe der Geburt beschreibe.›
Für ihn war die Pest nicht schlimmer als der Tod durch die Mittelmäßigkeit, die Kommerzialisierung, die Korruption, die uns umgeben. Er wollte die Menschen darauf aufmerksam machen, daß sie sterben; sie in einen poetischen Zustand drängen.» (Nach Theater der Erfahrung. Hrsg. v. J. Heilmeyer u. P. Fröhlich. Köln 1971, S. 291 f.)

Antonin Artaud wurde am 4. September 1896 als Sohn eines Reeders in Marseille geboren. Mit fünf Jahren erkrankte er an einer schweren Meningitis, deren Folgen sein weiteres Leben bestimmten. Die Schule besuchte er in Marseille; sein Vater erzog ihn mit unerbittlicher Strenge. «folgt man artauds aufzeichnungen über seine kindheit, wird ein fortschreitender prozeß sozialer desintegration bzw. einer niemals restlos erfolgten integration sichtbar.» (E. Kapralik, S. 15)

Schon zur Schulzeit (1910) veröffentlichte Artaud Gedichte in einer Zeitschrift, die er zusammen mit einigen Klassenkameraden herausgab. Im Alter von neunzehn Jahren wurde er zum ersten Mal kurzfristig in eine Nervenheilanstalt eingewiesen; seit 1915 war er darauf angewiesen, Drogen (Opium) zu nehmen, um seine Kopfschmerzen zu ertragen. 1916 wurde er zum Militär eingezogen, jedoch bald wieder entlassen. Bis 1920 hielt er sich zumeist in der psychiatrischen Klinik von Chanet auf. Im März dieses Jahres zog Artaud in die Nähe von Paris. Auch dort wurde er immer wieder in einer psychiatrischen Klinik stationär betreut.

In Paris lernte Artaud das Theater von Jacques Copeau kennen, das ihn tief beeindruckte. Außerdem hatte er zahlreiche Kontakte zur Pariser Künstlerszene. In dieser Zeit entstanden neben Gedichten eine Reihe kunsttheoretischer Essays. Finanzielle Unterstützung erhielt er von seinen Eltern, die ihm den Lebensunterhalt sicherstellten.

Im Februar 1921 erhielt Artaud erstmals eine kleine Rolle am Théâtre de l'Œuvre. Er blieb dort jedoch nur drei Monate, da er aus gesundheitlichen Gründen dieses Engagement aufgeben musste. Gedichte und Aufsätze erschienen in verschiedenen Zeitschriften. Artaud beschäftigte sich nun mit dem Abenteuerroman und versuchte, eine Theorie dieses Genres zu entwickeln. Im September 1921 übernahm er erneut ein Engagement am Theater, und zwar in der Truppe von Charles Dullin, der ihn

A. Artaud: Les Cenci. Regie: A. Artaud. Bühne: Balthus. Théâtre des Folies-Wagram Paris 1935

auch in rhythmischer Gymnastik unterrichtete. Artaud lernte dort die rumänische Schauspielerin Génica Athanasiou kennen. Zwischen beiden entwickelte sich eine intensive Liebesbeziehung. Seine erste Rolle an Dullins Théâtre de l'Atelier erhielt er im Februar 1922. Neben der Arbeit am Theater schrieb Artaud Rezensionen, gab Rezitationsabende mit eigenen Gedichten und entwarf für Dullins Inszenierungen Kostüme. Am Théâtre de l'Atelier arbeitete er bis zum April 1923; anschließend erhielt er ein Engagement am Théâtre Champs-Elysées.

Im Mai 1923 erschien eine Sammlung von Artauds Gedichten unter dem Titel *Tric trac du ciel*. Der Regisseur Lugné-Poë wollte ihn erneut engagieren und eines seiner Stücke aufführen. Im selben Jahr gab Artaud für kurze Zeit auch eine Zeitschrift heraus. Immer wieder aber übernahm er kleinere Rollen am Theater, mehrfach unter dem Regisseur Georges Pitoëff. Der Dadaist Tristan Tzara bot ihm an, bei einem Stück Regie zu führen, was Artaud jedoch ablehnte.

Obwohl von seinem Vater noch unterstützt, geriet Artaud in eine finanzielle Notlage und wegen seines exzentrischen Auftretens in Schwierigkeiten mit seinen Wohnungsvermietern. Seinen Verpflichtungen am Theater kam er nur noch sehr unregelmäßig nach. Schließlich erhielt er ein Engagement für einen Film (1924).

Nachdem im September 1924 sein Vater gestorben war, schloss sich Artaud der Gruppe der Surrealisten um André Breton (1896–1966) an und gab seine Arbeit als Schauspieler auf. Die Haltung, die ihn dabei bestimmte, beschrieb er folgendermaßen:

«die surrealistische bewegung ist eine tiefe, eine innere auflehnung gegen alle vaterfiguren gewesen, gegen die immer stärkere vormachtstellung des vaters in den gebräuchen und im denken. eine schreckliche, brodelnde revolte gegen jede art materieller oder geistiger unterdrückung schüttelte uns alle, als der surrealismus begann: vater, vaterland, religion, familie – es gab nichts, gegen das wir uns nicht in schmähungen ergingen. weigerung. verzweifelte weigerung zu leben, die trotzdem das leben akzeptieren muß. verzweiflung ist beim surrealismus an der tagesordnung gewesen, und mit der verzweiflung der selbstmord.» (Nach E. Kapralik, S. 50)

Mit der Gruppe der Surrealisten (Breton, Aragon, Boiffard, Disnos, Éluard, Ernst, Leiris, Soupault, Masson u. a.) nahm Artaud an verschiedenen

Aktionen teil, schrieb Manifeste und beteiligte sich an Versammlungen und Flugblattaufrufen zur «surrealistischen Revolution». Mit den kunsttheoretischen Vorstellungen der Surrealisten verband er die zentrale Bedeutung, die er dem Traum und überhaupt dem Unbewussten der menschlichen Psyche – neben magischen und okkulten Kräften – für den schöpferischen Akt beimaß.

Immer wieder reiste Artaud von Paris nach Marseille, wo er sich in psychiatrische Behandlung begab. Im September 1926 plante er zusammen mit Roger Vitrac und Robert Aron die Gründung eines eigenen Theaters, das nach Alfred Jarry (1873–1907) benannt werden sollte. Artaud verfasste dafür das *Manifest Théâtre Alfred Jarry*; im November kam es zur Gründung dieses Theaters. (Vgl. M. Brauneck: Die Welt als Bühne. 4, S. 93 f.)

Im Dezember 1926 wurde Artaud aus der Gruppe der Surrealisten ausgeschlossen. Die Ursachen lagen in der Unvereinbarkeit seiner Ideen («die revolution ist rein geistiger natur») und Aktivitäten mit dem auf die kommunistische Parteipolitik und deren ideologische Doktrin festgelegten Selbstverständnis der Gruppe um André Breton. Artaud geriet dadurch in eine Isolation, die ihn hart traf. In der Folge dieser Krise näherte er sich vorübergehend wieder der katholischen Kirche an. Im Juni 1927 wurde das Théâtre Alfred Jarry mit Inszenierungen von Stücken von Artaud (zusammen mit Maxime Jacob) und Vitrac eröffnet. Zur gleichen Zeit beschäftigte sich Artaud wieder mit dem Film; er schrieb das Szenarium *La coquille et le clergyman*. In einem Film über das Leben der Jeanne d'Arc, den Carl Theodor Dreyer drehte, übernahm er die Rolle eines Mönchs. Im Sommer 1927 trennte sich Artaud von seiner Freundin Génica. Mit Breton kam es 1929 zu einer öffentlichen Auseinandersetzung wegen der Inszenierung von Strindbergs *Traumspiel*. Breton warf Artaud den Verrat aller seiner Ideale vor. Das Théâtre Alfred Jarry wurde im selben Jahr geschlossen, es hatte insgesamt lediglich vier Inszenierungen herausgebracht. Artaud arbeitete in den folgenden Jahren an mehreren Filmen mit; ständig auch versuchte er, neue Theaterpläne zu realisieren. Zur Sicherung seines Lebensunterhalts gab er zeitweilig Schauspielunterricht, hielt Vorträge und publizierte in Zeitschriften.

Anfang der dreißiger Jahre entstanden Artauds wichtigste theaterprogrammatische Essays. Im Oktober 1931 erschien seine Schrift über das *Balinesische Theater*, angeregt von einem Gastspiel einer Theatertruppe aus Bali, die Artaud durch die strenge Gestik und die rituelle Feierlichkeit ihrer Vorführungen tief beeindruckte. Im September 1932 publizierte er das erste Manifest *Theater der Grausamkeit*; im Oktober den Essay über das *Alchimistische Theater*; im März 1933 hielt er den Vortrag *Das Theater und die Pest*. Es sind diese Texte, die wirkungsgeschichtlich von weitreichender Bedeutung für die Theaterentwicklung in der zweiten Hälfte des 20. Jahrhunderts wurden. Wie Revolution, Krieg oder die Pest erscheint in diesen Manifesten das Theater, als «Purgatorium», als existenzielle Krise, die «mit dem Tod oder der Heilung» endet:

«Wie die Pest ist also auch das Theater ein mächtiger Anruf von Kräften, die den Geist durch das Exempel wieder an den Ursprung seiner eigenen Konflikte zurückführen. (...)
Die Schrecken verbreitende Erscheinung des Bösen, die in den eleusinischen Mysterien in reiner Form gegeben war, die wirklich offenbart wurde, entspricht der schwarzen Zeit bestimmter antiker Tragödien, die jedes echte Theater wiederfinden muß.
Wenn das wesentliche Theater wie die Pest ist, so nicht deshalb, weil es ansteckend wirkt, sondern weil es wie die Pest die Offenbarung, die Herausstellung, das Hervorbrechen einer latenten Tiefenschicht an Grausamkeit bedeutet, durch die sich in einem Einzelwesen oder in einem ganzen Volk alle perversen Möglichkeiten des Geistes lokalisieren.
Wie die Pest ist es die Zeit des Bösen, der Triumph der schwarzen Mächte, die eine noch unergründlichere Macht speist bis zur völligen Auslöschung.
Wie in der Pest herrscht in ihm eine Art von seltsamer Sonne, ein Licht von anormaler Stärke, in dem das Schwierige und sogar das Unmögliche mit einem Male zu unserm normalen Lebenselement zu werden scheinen. (...) Sie gleicht der Freiheit der Pest, in der der Sterbende mehr und mehr seine Persönlichkeit aufbläht, in der der Lebende in gleichem Maße zu einem grandiosen und überspannten Wesen wird.
Man kann jetzt sagen, daß alle wahre Freiheit schwarz ist und unausbleiblich mit der Freiheit des Geschlechts verschmilzt, die ebenfalls schwarz ist, ohne daß man eigentlich wüßte warum. Denn seit langem schon ist der platonische Eros, der Zeugungsgeist, die Lebensfreiheit, unter der düstren Robe der Libido verschwunden, die mit allem gleichgesetzt wird, was es an Schmutzigem, an Gemeinem, an Niederträchtigem in der Lebenswirklichkeit gibt und sich mit natürlicher, unreiner Energie, mit stets erneuter Kraft ins Leben stürzt.

Und deshalb sind alle großen Mythen schwarz, deshalb sind alle die großartigen Fabeln, die den Menschen berichten von der ersten Trennung der Geschlechter und dem ersten Gemetzel von Wesenheiten, die in der Schöpfung auftauchen, nur in einer Atmosphäre von Gemetzel, Folterung und vergossenem Blut vorstellbar. Wie die Pest ist das Theater ein Abbild dieses Gemetzels, dieser unerläßlichen Trennung. Es löst Konflikte, es macht Kräfte frei, es bringt Möglichkeiten zur Auslösung, und wenn diese Möglichkeiten und diese Kräfte, diese Mächte schwarz sind, so ist das nicht die Schuld der Pest oder des Theaters, sondern des Lebens.
Wir sehen nicht, daß das Leben, so wie es ist und wie man es uns zurechtgemacht hat, viel Anlaß zur Überschwenglichkeit bietet. Es hat den Anschein, als leere sich durch die Pest und auf kollektiver Basis ein gigantischer Abszeß, der sowohl geistig wie gesellschaftlich ist; und wie die Pest ist auch das Theater zur kollektiven Entleerung von Abszessen da.» (Das Theater und sein Double, S. 32 f.)

Mit der Arbeit an seinem Stück *Les Cenci* begann Artaud im Herbst 1934; im Mai 1935 kam die Aufführung am Théâtre des Folies-Wagram zustande. Roger Blin war Regieassistent. Jouvet hatte sein Theater nicht zur Verfügung gestellt. Artaud spielte die Rolle des Vaters, des Francesco Cenci, ein Monster an Bösartigkeit und abgrundtiefem Menschenhass, mit so heftiger Ekstase und Raserei, dass er beim Publikum wie bei der Kritik nur auf Unverständnis stieß.

Im Januar 1936 reiste Artaud zu Vorträgen nach Mexiko und blieb fast das ganze Jahr über. Er beschäftigte sich dort vornehmlich mit der altmexikanischen Kultur und ihrer Magie. Jean-Louis Barrault hatte diese Reise finanziell ermöglicht. Im Sommer 1938 unternahm Artaud eine Reise nach Irland; auch dort betrieb er ethnische Studien und beschäftigte sich intensiv mit der spirituellen und okkulten Vorstellungswelt der Druiden. Diese Reise endete mit einem völligen körperlichen und psychischen Zusammenbruch. Artaud wurde abgeschoben und der französischen Polizei übergeben.

1938 erschien sein Buch *Das Theater und sein Double* mit seinen wichtigsten Theaterschriften. Im April desselben Jahrs kam Artaud in die geschlossene Abteilung einer Pariser Nervenheilanstalt; zwischen 1939 und 1946 wurde er in verschiedene andere Anstalten verlegt. Am 4. März 1948 starb er in der Klinik von Ivry. Immer wieder war er für kurze Zeit entlassen worden und hatte versucht, seine literarischen Arbeiten wieder aufzunehmen. 1947 demonstrierte Artaud im Théâtre du Vieux-Colombier und später noch einmal in einer Sendung des Französischen Rundfunks sein «Theater der Grausamkeit». Es waren Veranstaltungen mit ekstatisch vorgetragenen Deklamationen und einer eindringlich bizarren Geräuschkulisse. G. Charbonnier schrieb darüber zutreffend: «der Körper Antonin Artauds ist das théâtre de la cruauté. (...) Das théâtre de la cruauté ist die soziale Manifestation der Nichteinfügung Artauds in die Gesellschaft» (nach E. Kapralik, S. 309).

Die außerordentliche Wirkung Artauds auf das neuere Theater, insbesondere auf jene Richtungen, die sich nicht an Brechts Verfremdungstheater und dessen politisch-aufklärerischem Anspruch orientieren, resultiert offenbar aus der Konsequenz, mit der Artaud das Theater auf eine «eigene Sprache» zurückzuführen versuchte: «Die Sprache durchbrechen, um das Leben zu ergreifen, das heißt Theater machen oder neu machen», um einen Aktionsraum zu konstituieren, in dem die Subjekte auf die Erfahrung ihres elementaren Lebens zurückgeworfen werden: «Dies führt dazu, die gewohnten Begrenztheiten des Menschen und seiner Fähigkeiten zu verwerfen und die Grenzen dessen, was man Realität nennt, bis ins Unendliche zu erweitern. Man muß an einen durch das Theater erneuerten Sinn des Lebens glauben, wo sich der Mensch unerschrocken dessen bemächtigt, was noch nicht ist, und es entstehen läßt.» (Das Theater und sein Double, S. 15.) Artauds vieldeutige und dunkel verschlüsselte Vision eines «Theaters der Grausamkeit» besaß im Kern eine religiös-metaphysische Dimension und trug Züge einer radikalen Kulturkritik. Es war keine Anleitung für eine bestimmte ästhetische Richtung, wenngleich Artaud auf Traditionen verwies, die seinen Vorstellungen nahestanden. Worum es im Letzten ging, war eine existenzielle Haltung, die es galt, dem schöpferischen Prozess gegenüber einzunehmen; eine Position, die die Theatersphäre deutlich überschritt.

Literatur
Antonin Artaud et le théâtre de notre temps (= Cahiers de la Compagnie Renaud-Barrault Nr. 22–23, Mai 1958)
Artaud, A.: Œuvres complètes. 26 Bde. Paris 1956–94
Ders.: (= Tel Quel, Nr. 20. Winter 1965)

Ders.: Das Theater und sein Double. Frankfurt a. M: 1969
Ders.: Die Tarakumaras. Revolutionäre Botschaften. München 1975
Ders.: Schluß mit dem Gottesgericht. Das Theater der Grausamkeit. Letzte Schriften zum Theater. München 1980
Blüher, K. A.: Antonin Artaud und das «Nouveau Théâtre» in Frankreich. Tübingen 1991
Brauneck, M.: Die Welt als Bühne 4. Stuttgart u. Weimar 2003, S. 87–103
Charbonnier, G.: Essai sur Antonin Artaud. Paris 1959
Derrida, J.: Die Schrift und die Differenz. Frankfurt a. M. 1976
Esslin, M.: Artaud. Glasgow 1976
Grimm, J.: Das avantgardistische Theater Frankreichs 1895–1930. München 1977
Hocke, Th.: Artaud und Weiss. Diss. (FU) Berlin 1977
Hort, J.: Antonin Artaud, le suicidé de la société. Genf 1960
Kapralik, E.: Antonin Artaud. München 1977
Kaschel, G.: Text, Körper und Choreographie. Frankfurt a. M. 1981
Plocher, H.: Der lebendige Schatten. Bonn 1974
Rituelles Theater (= Diskurs. Zeitschrift für Theater, Film und Fernsehen. Themenheft 1/1977)
Schumacher, C. (Hrsg.): Artaud on Theatre. London 1997
Sontag, S.: À la rencontre d'Artaud. Paris 1976
Tembeck, R.-E.: Antonin Artaud and the Theatre of Cruelty. Diss. Univ. of Minnesota 1968

Jerzy Grotowskis «armes Theater»

«Wir halten die personale und die szenische Technik des Schauspielers
für den Kern des Theaters.»
J. Grotowski: Für ein armes Theater, 1965

«Grotowski ist einzigartig» – so leitet Peter Brook das Vorwort zu dem Buch *Towards a Poor Theatre* ein. Es ist Grotowskis wichtigste programmatische Schrift, die 1968 erstmals in englischer Sprache erschien. Bereits 1965 war in der polnischen Zeitschrift «Odra» eine erste Fassung unter dem Titel *Das arme Theater* (Ku teatrrowi ubogiemu) veröffentlicht worden. Dieses Statement von Peter Brook weist exemplarisch auf die Bedeutung hin, die Grotowski in den sechziger und siebziger Jahren weltweit für viele Regisseure und Schauspieler des jungen, «freien» Theaters einnahm, nämlich die einer charismatischen Leitfigur. Sein Theaterlaboratorium in Wrocław (zuvor in Opole) hatte er zu einer Lehr- und Forschungsstätte ausgebaut, die Bühnenkünstler aus aller Welt anzog. Weltweite Verbreitung fand die Arbeitsweise dieses Laboratoriums durch Workshops und Seminare, die Grotowski und seine führenden Mitarbeiter durchführten. Ein Interview, das Grotowski 1967 in New York gab, spielte eine wesentliche Rolle für die amerikanische Independent-Theatre-Bewegung. Dabei stellte Grotowski «armes und reiches Theater» gegenüber und forderte für sein «armes Theater» in erster Linie «radikale Aufrichtigkeit». «Unsere Arbeit ist», so heißt es dort, «eine Art von Auseinandersetzung mit unserer Lebenserfahrung, die genau sein muss. Das bedeutet, dass sie artikuliert werden muss. Wenn sie nicht genau ist, dann wird sie nicht wahrhaftig sein, dann handelt es sich eher um eine Art von Verbergen und nicht um einen Weg, uns zu entschleiern oder zu zeigen» (nach Theater der Erfahrung, S. 101). Dabei wurde freilich deutlich, dass Grotowski die Selbstfindung der Akteure in den Mittelpunkt seiner Arbeit stellte, nicht aber die Auseinandersetzung mit deren sozialemUmfeld. Gegenüber der stark politisierten amerikanischen alternativen Theaterbewegung war dies eine andere Akzentsetzung. Wesentlich war dabei allerdings das Bekenntnis Grotowskis zur kompromisslosen Radikalität jedweder Form vom Theaterarbeit.

Für Grotowski ist Theater eine Lebensform, die nur mit großem Ernst, letzter Ehrlichkeit und totaler Hingabe praktiziert werden kann. Der Gedanke des Spielerischen, gar des Verspielten ist diesem Theater fremd. Die Theaterhandlung wird unter Grotowskis Führung für die beteiligten Akteure zu einem Ritual, gleichsam zu einer «neuen Form des Gottesdienstes», wie Peter Brook schreibt. Die Zuschauer sind bei diesem Vorgang in letzter Konsequenz überflüssig. Die emotionale Spannung, die das Spiel trägt, entsteht zwischen den Schauspielern und ihrem Regisseur. Beispielhaft wurde dieses exzeptionelle Theaterverständnis verwirklicht von Ryszard Cieślak (1937–1990), dem engsten Mitarbeiter Grotowskis, in der Titelrolle des *Standhaften Prinzen*, Grotowskis legendärer Calderón-Adaption, die am 25. April 1965 in einer ersten Fassung Premiere hatte.

Jerzy Grotowski wurde am 11. August 1933 in Rzezów geboren. Von 1951 bis 1955 studierte er an der Staatlichen Schauspielschule in Krakau Regie; 1955/56 setzte er dieses Studium am Institut für Theaterkunst in Moskau fort. Anschließend arbeitete er als Assistent an der Theaterhochschule in Krakau und schloss 1960 sein Studium mit einem Regie-Diplom ab. Bald übernahm er eigene Regieaufgaben am Theater und auch beim polnischen Rundfunk. Zusammen mit dem Literaturkritiker Ludwik Flaszen (geb. 1934) gründete er in Opole das «Theater der 13 Reihen».

Dieses Theater baute Grotowski zu einem «Theaterlaboratorium» aus, an dem er mit einer kleinen Gruppe von Schauspielern experimentierte. Bis 1961 entwickelte er dort eine Reihe von Inszenierungen, zu denen er selbst die Szenarien nach literarischen Vorlagen schrieb. In dieser ersten Arbeitsphase spielte das Publikum für ihn durchaus noch eine produktive, die Theaterhandlung mitkonstituierende Rolle. Er sprach von den Zuschauern und den Spielern als von den «zwei Ensembles». Diese Vorstellung bestimmte auch die Kommunikationsform dieser Inszenierungen: «(...) die Schauspieler wandten sich nicht nur direkt an die Zuschauer, bewegten sich unter ihnen und setzten sich zu ihnen, es wurde überhaupt jegliche Barriere zwischen Bühne und Zuschauerraum aufgehoben.» (Burzyński, T. u. Z. Osiński: Das Theaterlaboratorium Grotowskis, S. 14)

Ein weiteres Merkmal von Grotowskis Inszenierungen dieser Zeit war das oftmals schockierende Nebeneinander von Erhabenem und Trivialem, von Tragischem und Groteske. Ludwig Flaszen beschreibt diesen «Ton der Lästerung» folgendermaßen:

«Das theatralische Zeremoniell ist hier eine Art Provokation, eine Provokation, deren Ziel es ist, die Massenvorstellung anzugreifen. Gegenstand dieses Vorgehens sind die geheimen, wichtigen, tief und direkt an den Wurzeln unserer Kultur liegenden Inhalte, also Mythen, Symbole und Motive – Agglomerate der Massenerfahrung und Zeichen ursprünglicher, elementarer menschlicher Situationen (Archetypen). Der Inszenator dringt ins Sanktuarium der seit Ewigkeiten aufgeschichteten Werte vor; er zieht sie aus der geheiligten Finsternis ans Tageslicht, um sie der schmerzlichen Probe des zeitgenössischen Sehens zu unterziehen.» (Nach Burzyński u. Osiński: Das Theaterlaboratorium Grotowskis, S. 14.)

Solche Vorstellungen waren es, die Grotowskis Inszenierungen leiteten und deren Ästhetik bestimmten. Am Opoler Theaterlaboratorium wurden in den Jahren 1959 bis 1961 u. a. folgende Aufführungen erarbeitet: *Orpheus* (nach Cocteau), *Kain* (nach Byron), *Mysterium buffo* (nach Majakovskij), *Śakuntala* (nach Kālīdāsa) und *Die Totenfeier* (nach Mickiewiez). (Vgl. M. Brauneck: Die Welt als Bühne. 5, S. 746 ff.)

Eine neue Arbeitsperiode setzte 1962 ein und hielt bis 1968 an. Darüber schreibt Grotowski: «Unsere ganze Aufmerksamkeit und alle Formen unserer Tätigkeit galten nun vor allem der Kunst des Schauspielers. Nachdem wir die Idee eines bewußten Manipulierens mit dem Zuschauer verworfen hatten, verzichtete ich fast sofort auf das Inszenieren, und in der Konsequenz begann ich –was logisch erscheint –, die Möglichkeiten des Schauspielers als eines Schöpfers zu erforschen (...). Es tauchte also das Problem des Schauspielers auf.» (Nach Burzyński u. Osiński: Das Theaterlaboratorium Grotowskis, S. 23.) Grotowski entwickelte nun seine eigentliche Methode. Das Interesse der Arbeit verlagerte sich von der Inszenierung, auch vom Zuschauer weg auf die Arbeit mit dem Schauspieler. Forschungen zur Schauspielpädagogik traten in den Vordergrund. Im Januar 1965 wurde das Theaterlaboratorium von Opole nach

*P. Calderón de la Barca / J. Słowacki: Der standhafte Prinz. Regie:
J. Grotowski und J. Szajna. Theater der 13 Reihen Opole 1965*

Wrocław verlegt. Die Bezeichnung des Theaters lautete nun «Theater Laboratorium. Forschungsinstitut für Schauspielerische Methode». Seit 1975 hieß es nur noch «Institut Laboratorium».

Das Arbeitsprinzip blieb zunächst noch das gleiche wie in den ersten

Opoler Jahren. Grotowski arbeitete literarische Vorlagen für seine Modellinszenierungen um: *Kordian* (1962, nach Słowacki), *Akropolis* (1962, nach Wyspiański), *The Tragical History of Dr. Faustus* (1963, nach Marlowe), *Hamlet* (1964, nach Shakespeare und Wyspiański), *Akropolis*, 2. Fassung (1964), *Der standhafte Prinz*, 1. Fassung (1965, nach Calderón und Słowacki), *Akropolis*, 3. Fassung (1967), *Der standhafte Prinz*, 2. Fassung (1968), *Apocalypsis cum Figuris* (1968, nach Texten aus der Bibel, Dostoevskij, Słowacki, T. S. Eliot und Simone Weil).

Ab 1966 unternahm Grotowski mit seinen Schauspielern zahlreiche Auslandstourneen, wodurch sein Arbeitsstil weltweit bekannt wurde. 1966 gastierte er mit seinem Ensemble in Stockholm, Kopenhagen und Oslo, in Paris, Amsterdam und London, 1967 in Amsterdam, Utrecht, Den Haag, Rotterdam und Brüssel, in Spoleto und Belgrad. Im November hielten Grotowski und Cieślak ein Seminar an der University of New York ab; 1968 folgte eine Tournee nach England, Mexiko und Frankreich; 1969 nach England und in die USA. 1970 ging Grotowski allein auf eine Exkursion nach Indien und Kurdistan. Es war ein Unternehmen, das ihn als Person völlig veränderte. 1970 fand eine Tournee nach Shiras, Beirut und Teheran statt. Im Dezember 1970 gastierte die Truppe in Berlin. Grotowski hielt in den folgenden Jahren in zahlreichen Ländern Vorträge und Seminare ab. In New York wurde 1973 das «American Institute for the Research and Study of the Work of Jerzy Grotowski» gegründet. Eine Reihe von Kulturpreisen (Kolumbien, Argentinien, USA, Polen) und akademischen Ehrungen (England, Frankreich) machten deutlich, welche überragende Bedeutung Grotowski auch von offiziellen Institutionen für die zeitgenössische Theaterentwicklung dieser Jahre beigemessen wurde.

Eine erneute Verschiebung des Schwerpunkts seiner Arbeit erfolgte nach 1970. Grotowski schreibt darüber: «Wir leben in einer posttheatralischen Epoche. Es ist keine neue Welle, die im Theater aufkommt, sondern etwas, was dessen bisherigen Platz einnimmt. Zu viele Dinge gibt es einfach deshalb, weil wir uns daran gewöhnt haben, daß es sie geben muß» (nach Burzyński u. Osiński: Das Theaterlaboratorium Grotowskis, S. 105). Burzyński bezeichnet diese Phase in Grotowskis Entwicklung als «paratheatralische Suche». In den *Zehn Grundsätzen der schauspieleri-*

schen Praxis formuliert Grotowski diese neue, gegenüber den vorherigen Positionen noch radikalere Auffassung vom Theater als einer «wahrhaft existentiellen Handlung»:

«Das Theater bietet – vermöge der Technik des Schauspielers, mit Hilfe seiner Kunst, die den Organismus transzendiert – die Möglichkeit für etwas, das man Integration nennen könnte, für das Abreißen der Masken, für das Offenbaren der wahren Substanz: die Totalität der physischen und geistigen Reaktionen. Diese Möglichkeit muß auf disziplinierte Weise, im vollen Bewußtsein der Verantwortung, die sie verlangt, genutzt werden. Hier zeigt sich die therapeutische Funktion des Theaters für die Menschen der heutigen Zivilisation. Tatsache ist, daß der Schauspieler diesen Akt ausführt, doch kann er das nur in einer Begegnung mit dem Zuschauer – in einer persönlichen, gegenwärtigen Begegnung, die nicht vermittelt ist durch einen Kameramann, eine Kostümbildnerin, einen Bühnenbildner oder eine Maskenbildnerin, sondern die eine direkte Konfrontation mit ihm darstellt, in der der Schauspieler den Akt irgendwie ‹stellvertretend› für den Zuschauer vollführt. Der Akt des Schauspielers – der Halbherzigkeit ausschließt, der entblößend, offenbarend wirkt, der aus ihm herausströmt statt ihn zu verschließen – ist eine Einladung an den Zuschauer. Man könnte diesen Akt mit dem zutiefst empfundenen, wahren Liebesakt zwischen zwei Menschen vergleichen – das ist lediglich ein Vergleich, da wir über dieses ‹Sich-Verströmen› nur in Analogien sprechen können. Diesen Akt, Paradox und Grenzfall, nennen wir den totalen Akt (...).
Wir erkennen im Theater – vor allem in seinem greifbaren, sinnlichen Ausdruck – einen Ort der Provokation, der Herausforderung, die der Schauspieler an sich und, indirekt, auch an andere stellt. Nur wenn wir durch das Theater unsere stereotype Sehweise, unsere konventionellen Gefühle und Verhaltensweisen, unsere genormten Urteile überwinden können, erfüllt es seinen Sinn – doch soll das nicht zum Selbstzweck geschehen, sondern um die Wirklichkeit zu erfahren und um uns, sobald wir unsere täglichen Ausflüchte und Vorwände aufgegeben haben, in einem Zustand der vollkommenen Widerstandslosigkeit zu entblößen, hinzugeben, selbst zu entdecken. Auf diese Weise – durch Schock und durch Erschütterung, unter deren Einwirkung wir unsere alltäglichen Masken und unwahren Verhaltensweisen aufgeben – werden wir fähig, uns vorbehaltlos etwas anzuvertrauen, das wir zwar nicht benennen können, worin jedoch Eros und Caritas gleichermaßen lebendig sind.» (Für ein armes Theater, S. 237 f.)

Diese totale Offenheit ist die Voraussetzung für jene Theaterform, die Grotowski mit dem Begriff des «armen Theaters» charakterisierte. Es ist

St. Wyspiański: Akropolis. Regie und Bühne: J. Szajna und J. Grotowski. Theater der 13 Reihen Opole 1962

die Konzentration des Schauspielers auf seine Person, auf den «nackten Körper», als dem ausschließlichen theatralischen Ausdrucksmittel, und es bedeutet den Verzicht auf jede Staffage, auf Kostüm, Theatermaschinerie oder vorgegebene Rolle. Die Arbeit mit der Rolle hatte in Grotowskis Inszenierungen ohnehin nie die Funktion der Rolleninterpretation. Vielmehr war die Rolle in seinen Szenarien eine Art analytisches Vehikel, das den Schauspieler den Weg zu sich selber finden lassen und die Spontaneität des schöpferischen Prozesses disziplinieren sollte. Einen Verzicht auf eine solche Rollenvorgabe schloss Grotowski prinzipiell aus.

Auf verschiedenen Auslandstourneen demonstrierte er seine neue Arbeitsweise, deren äußerliches Merkmal das Auftreten der Schauspieler in ihren Alltagskleidern war. Er gastierte 1973 erneut in den USA und in Frankreich, 1974 in Australien und 1975 in Italien.

1975 schließlich vollzog er den folgenreichsten Schritt in seiner Entwicklung und wandte sich vom Theater (im Sinne einer Aufführung) konsequent ab. Die «Special Projects», die er nun durchführte, waren «paratheatralische Experimente», mehrtägige Gruppenveranstaltungen, Selbsterfahrungspraktika, in denen die Teilnehmer als Einzelne oder in der Gruppe unterschiedlichsten Situationen ausgesetzt werden. Diese Arbeit erforderte eine Umorganisation von Grotowskis Institut: Es bildeten sich eine Reihe von Sektionen: «Laboratorium für Theorie und Gruppenanalyse», «Laboratorium für Methodik des Ereignisses», «Laboratorium für Arbeitstreffen», «Internationales Studio», «Special Project», «Programm der Prospektivforschungen», «Laboratorium für Berufstherapie» u. a. Mit dieser neuen Arbeitsweise Grotowskis setzten sich anlässlich des Treffens «Theater der Nationen» im Sommer 1975 in Warschau Theaterleute (u. a. Peter Brook, Eugenio Barba, Jean-Louis Barrault, Luca Ronconi) aus aller Welt auseinander.

Nach der Einführung des Kriegsrechts in Polen, 1982, verließ Grotowski das Land und hielt sich eine Zeit lang in den USA auf (1983–1986). 1984 wurde das Theaterlaboratorium in Breslau auf Wunsch der Schauspieler aufgelöst. In Italien, in Pontedera, gründete Grotowski 1986 ein neues Arbeitszentrum, das Workcenter of Jerzy Grotowski. Dort setzte er seine Studien und Experimente zum Ritualtheater fort. 1997 übernahm er eine Professur für Theateranthropologie am Collège de France. Thema der Arbeit der letzten Jahre waren die allgemeinen Grundlagen der **performativen** Künste. In dem Projekt *Action* (seit 1995) ging es um praktische Experimente mit diesen Grundlagen, die zunehmend auch eine spirituelle Dimension annahmen. Grotowski starb im Jahre 1999.

Literatur

Barba, E.: Le Théâtre Laboratoire 13 Rzedow ou le Théâtre comme auto-pénétration collective. Krakau 1964

Ders.: Das Land von Asche und Diamant. Meine Lehrjahre in Polen. Gefolgt von 26 Briefen Jerzy Grotowskis an Eugenio Barba. Köln 2000

Barba, E. u. L. Flaszen: A. Theatre of Magic and Sacrilege. In: Tulane Drama Review 9 (1964/65), Nr. 3/27, S. 172–189

Bergmann, J.: Ästhetik, Spiel und Therapie im Theater (Grotowski, Nitsch, Moreno). In: Discurs 1971/72, Nr. 2

Brauneck, M.: Die Welt als Bühne 5. Stuttgart u. Weimar 2007, S. 737–751

Burzyński, T. u. Z. Osiński: Das Theater-Laboratorium Grotowskis. Warschau 1979
Dudzik, W.: Jerzy Grotowski. In: M. Brauneck u. W. Beck (Hrsg.): Theaterlexikon 2. Reinbek 2007, S. 265–268
Grotowski, J.: Für ein armes Theater. Berlin 1994
The Grotowski Sourcebook. Hrsg. L. Wolford u. R. Schechner. London u. New York 1997
Jacquot, J. (Hrsg.): J. Grotowski, E. Barba, Living Theatre, Open Theatre, V. Garcia et Arrabal. Paris (2. Aufl.) 1985
Kott, J.: Das Ende des unmöglichen Theaters. In: Theater 1980. Jb. Theater heute, S. 138–143
Mitter, S.: Systems of rehersal. Stanislavskij, Brecht, Grotowski and Brook. London (3. Aufl.) 1995
Osiński, Z.: Theatre Laboratory. In: Interscaena 1/1971, Heft 3, S. 5–21
Ders.: Grotowski and His Laboratory. New York 1986
Quaknine, S.: Théâtre Laboratoire de Wrocław ... In: Le voies de la création théâtrale. Paris 1970. Bd. 1, S. 19–129
Richards, T.: Theaterarbeit mit Grotowski an physischen Handlungen. Berlin 1996
Schwerin von Krosigk, B.: Der nackte Schauspieler. Die Entwicklung der Schauspieltheorie Jerzy Grotowskis. Berlin 1985
Temkine, R.: Grotowski. New York 1972
Wirth, A.: Grotowski nach 20 Jahren. In: Theater 1980. Jb. Theater heute, S. 144–146

«Theater der Erfahrung»: unabhängig, subversiv und politisch. Eine kritische Gegen-Kultur in den USA der sechziger und siebziger Jahre

«Wenn wir das Leben wiederentdeckt haben, können wir uns an
die Wiederentdeckung des Theaters machen.»
Julian Beck, 1969

Ende der fünfziger Jahre kam in den USA, vornehmlich in New York, eine alternative Theaterbewegung auf, die sowohl in den künstlerischen Richtungen als auch in den politischen Positionen, die sie mehr oder weniger konkret vertrat, von großer Heterogenität war. Gemeinsam jedoch war allen diesen Gruppen eine Protesthaltung gegenüber dem kommerziellen amerikanischen Theaterbetrieb, gegen dessen Arbeitsweisen und Inhalte, Protest auch im Hinblick auf die Rolle, die dieses Theater, für das der Broadway gewissermaßen als negatives Symbol stand, im kulturellen Leben der USA spielte. Schon in den vierziger Jahren hatte sich das sogenannte Off-Broadway-Theater als Reaktion auf die kommerziell geprägte Oberflächlichkeit – so zumindest sahen es die Kritiker – der etablierten Theaterbetriebe am Broadway formiert. Anfangs waren es Amateure oder semiprofessionelle Gruppen, die sich in diesem Sinn als Gegenbewegung verstanden. Sie praktizierten neue experimentelle Arbeitsweisen und modernisierten das Repertoire des amerikanischen Theaters. Oft freilich fungierten die Bühnen dieser Off-Broadway-Szene für einzelne Künstler oder auch ganze Produktionen (so etwa für das Musical *Hair*) auch als eine Art Sprungbrett für den Wechsel an eines der großen Theater. Von diesem stetigen Anpassungsprozess, dem das Off-Broadway-Theater letztlich nicht entging, setzten sich Ende der fünfziger Jahre einzelne Gruppen ab und erklärten sich zum «Off-Off-Broadway». Wieder also ein paar Straßen weiter auf Distanz zu der berühmten Vergnügungsmeile mit ihren etwa 40 Theatern, die jährlich mehr als zehn Millionen Zuschauer anzogen und mit einem enormen Produktionsetat pro Jahr beinahe 40 Neuproduktionen herausbrachten.

Diese Bewegung des Off-Off-Broadway-Theaters war der Beginn des «Neuen Theaters» in den USA, das in den sechziger und siebziger Jahren sowohl künstlerisch als auch in der politischen Brisanz und Dynamik ihrer Botschaften das Theaterleben in den USA zeitweise grundlegend veränderte, und dies in dreierlei Hinsicht. Es war «alternativ». So verstanden sich diese Gruppen gegenüber dem Theater-Establishment im Hinblick auf den Anspruch, einzuwirken auf Gesellschaft und Politik der USA. Alternativ sollte es aber auch sein hinsichtlich ihrer Arbeitsweisen und neuer Themen. «Unabhängig» blieben diese Gruppen in dem Sinn, dass sie sich den gängigen ökonomischen Regulativen – dem enormen Produktionszwang – entzogen, die den etablierten Theaterbetrieb aus ihrer Sicht korrumpiert hätten. «Politisch» waren sie insofern, als sich die meisten dieser Gruppen der sozialen Probleme gesellschaftlicher Minderheiten in den USA annahmen, dass sie Partei ergriffen in der Civil-Rights-Bewegung, im Protest gegen den Vietnam-Krieg und indem sie sich mit den Zielen der Studentenbewegung und mit dem Black-Arts-Movement solidarisierten.

In ihren künstlerischen Konzepten und der experimentellen Spannweite war das Off-Off-Broadway Theater außerordentlich vielfältig. Es überwog jedoch die Tendenz, dass literarisch-dramatische Vorlagen keine wesentliche Rolle mehr spielten, dass vor allem die Grenzen von Schauspiel, Tanz und Performance Art zunehmend fließend wurden. So gehörte zum Spektrum des frühen Off-Off-Broadway etwa auch Robert Wilsons Byrd Hoffman School of Byrds, die seit 1965 in New York arbeitete und mit einer Collage über den Tod des Enkels von Sigmund Freud (*The Life and Times of Sigmund Freud*, 1969) Aufsehen erregt hatte. Wilsons Projekte wurden jedoch beinahe von Beginn an von mehreren privaten Stiftungen und dem New York State Council subventioniert. Der Grund dafür lag ganz offensichtlich in der programmatisch unpolitischen Position, die Wilson mit seiner Arbeit von Beginn an vertrat. Damit geriet er zunehmend in Distanz zur Szene des unabhängigen Theaters.

Weitaus die meisten dieser Gruppen einte der Protest gegen den American Way of Life, gegen die amerikanische Überfluss- und Konsumgesellschaft und deren als repressiv und rassistisch empfundene Rechts- und Ordnungsauffassung. Legendärer Höhepunkt dieser ausschließlich von der jungen Generation getragenen Protestbewegung war die Woodstock Music and Art Fair im Staat New York im August 1969, wo mehr als 500 000 Teilnehmer drei Tage lang den Frieden, die Liebe und die Musik feierten. «Fuck the system!» lautete die Parole dieser Gegenkultur, die den neuen Mythos der «Woodstock Nation» kreierte.

Vom Elan dieser Bewegung inspiriert, schossen Theatergruppen wie Pilze aus dem Boden. In New York waren es bald Hunderte. Andere Zentren waren Los Angeles, San Francisco und Chicago. Nicht nur neue künstlerische Richtungen wurden erprobt, sondern auch neue Formen des Zusammenlebens. Theater war ein Gruppenprozess geworden, der vor allem eines versprach: neue Erfahrungen und ein neues, vor allem ein «erweitertes» Bewusstsein von sich selbst und der Welt an sich. Dazu verhalfen offenbar Drogen ebenso wie spirituelle Meditationstechniken zumeist fernöstlicher Provenienz. Der Zen-Buddhismus wurde als neues Heilsversprechen gefeiert. Grenzen zwischen Kunst und Leben wurden verwischt. Theater wurde zum Ritual einer neuen, jugendbewegten Lebenskultur, oftmals von ideologischen oder theoretischen Konzepten überfrachtet. Es war Richard Schechner (geb. 1934), der mit seiner New Yorker Performance Group die Ritualisierung der Theaterarbeit – etwa in dem Projekt *Dionysos in 69* (New York 1968) – zum Kernthema seiner Arbeit machte und dabei glaubte, sich auf die Anfänge des europäischen Theaters, auf dessen Ursprung im Kult des Dionysos berufen zu können. Als Herausgeber der Zeitschrift *Tulane Drama Review* (seit 1962), die inzwischen *The Drama Review* heißt, wurde Schechner einer der einflussreichsten Theoretiker dieses Neuen Theaters in den USA. Schechner sah in der Literarisierung des Theaters den Beginn von dessen Entfremdung von den Erfahrungen und den elementaren Bedürfnissen der Menschen: «Unsere Tradition ist uns zu einer Last geworden, weil sie eine geschriebene ist» (nach M. Brauneck: Theater im 20. Jahrhundert. 1998, S. 434). Seine Performance *Dionysus in 69*, die er aus einer Adaption von Euripides' *Bakchen* entwickelt hatte, verstand er als Demonstration eines neuen Theaterkonzepts, das sich «anders als Film und Fernsehen mit den direkten Beziehungen der Menschen, ohne eigentliches Medium auseinandersetzt» und die Akteure ihren durch die westliche («protestantisch-kapitalistische») Tradition und Ethik konditionierten Indivi-

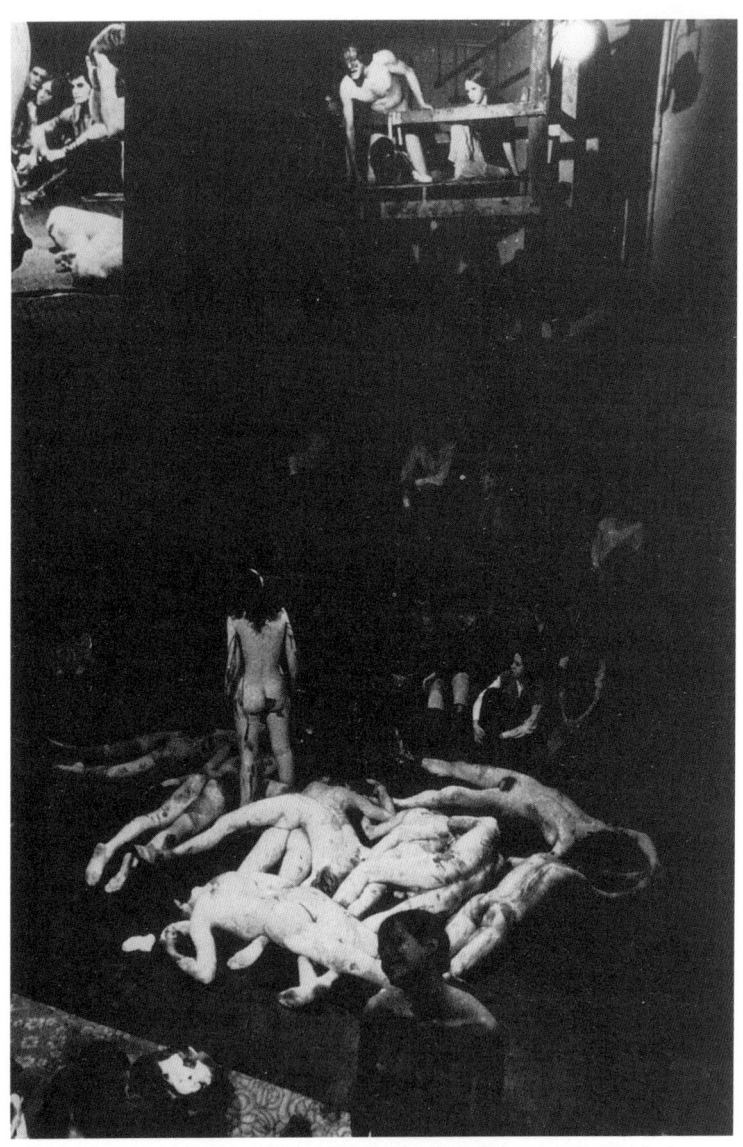

The Performance Group: Dionysus in 69 (nach Bakchen von Euripides). Regie: R. Schechner. The Performing Garage New York 1968

dualismus wie eine «Haut» abstreifen lässt. «Authentisch sein» – dies war das vorrangige Ziel dieser Bewegung.

Eines der ersten Ensembles des neuen US-amerikanischen Theaters war das 1951 gegründete Living Theatre. Die beiden Initiatoren waren der Maler und Bühnenbildner Julian Beck (1925–1985) und die in Deutschland (1946) geborene Schauspielerin – und einstige Assistentin Erwin Piscators an dessen New Yorker Dramatic Workshop – Judith Malina. Wichtigste Institution für das frühe Off-Off-Broadway-Theater aber wurde das 1958 von Joseph Cino (1931–1967) ins Leben gerufene Caffe Cino. Es war dies ein für Lesungen und kleinere Theateraufführungen eingerichtetes New Yorker Café, das Cino den Gruppen zur Verfügung stellte. Hunderte von Stücken junger Autoren kamen dort zur Aufführung, bevor Caffe Cino 1968, ein Jahr nach dem Tod seines Gründers, schließen musste. Das Cino war gewissermaßen der erste Prototyp eines Off-Off-Broadway-Theaters. Es wurde Vorbild für Ellen Stewarts (geb. 1920) experimentellen Theater-Club La MaMa. Die schwarz-amerikanische Schauspielerin hatte diesen Theater-Club bereits 1961 in New York eröffnet. Bald schon wurde La MaMa ein Zentrum der amerikanischen Alternativtheater-Bewegung, trotz permanenten Querelen mit der Polizei und den Lizenzbehörden. Bis Ende des 20. Jahrhunderts wurden dort mehr als 1900 Produktionen erarbeitet. Schließlich wurde das Unternehmen auch von den offiziellen Kulturstiftungen anerkannt. La MaMa hatte zwei Theaterhäuser in New York und mehrere feste Ensembles, die Gastspiele in aller Welt gaben und auch außerhalb der USA Dependancen einrichteten, unter anderem in Amsterdam, Bogotá, London, Paris, München und Tokio. 1967 lud Ellen Stewart Jerzy Grotowski und dessen Mitarbeiter des Breslauer Theaterlaboratoriums nach New York ein. Die Off-Off-Broadway-Szene erhielt durch Grotowskis im La MaMa durchgeführten Workshop gänzlich neue Impulse. Was Grotowski den Teilnehmern dieses Workshops vermittelte, war eine nicht-psychologisierende Schauspielkunst, die – anders als die vorwiegenden Tendenzen der amerikanischen Gruppen – dem Schauspieler eine extreme Konzentration auf seine Arbeit mit dem Körper – bei gänzlicher Zurücknahme persönlicher Affektionen – abverlangte. Nicht zuletzt durch dessen Workshop wurde La MaMa zum bedeutendsten Innovationszentrum des neuen amerikanischen Theaters und trug entscheidend zu der rasanten Internationalisierung des Alternativtheaters bei. Ellen Stewart ist bis heute eine der prominentesten Persönlichkeiten des Theaters in den USA; weltweit mit Auszeichnungen geehrt.

Von allen US-amerikanischen Gruppen war jedoch Julian Becks Living Theatre dasjenige, das auch außerhalb der USA am meisten Aufsehen erregte, und dies durch die Radikalität, mit der es die Einheit von Theater/Kunst und Leben als revolutionären Lebensentwurf praktizierte. Einem Trend der Zeit kam vor allem der exzessiv ausgelebte Mystizismus des Living Theatre entgegen. Wie kaum eine andere internationale Gruppe geriet diese ständig in Konflikt mit den staatlichen Ordnungsbehörden und den Gerichten. Die Ursachen dafür waren der kompromisslose Protest gegen die politische und ökonomische Ordnung der kapitalistischen Gesellschaft; immer wieder aber auch Drogenexzesse, die das Ensemble als integralen Bestandteil ihrer Theaterarbeit deklariert hatten. Ihr «Unconditional NO to the present society» – so lautete ein Statement – verband das Living Theatre mit dem visionären Elan für ein Leben in schrankenloser Freiheit. Spektakulär war das Auftrittsverbot beim 22. Festival von Avignon 1968 durch den Bürgermeister der Stadt. (Vgl. M. Brauneck: Die Welt als Bühne. 5, S. 25 f.) Das Verbot und der Abzug der Truppe, die seit 1964 quasi im Exil in Europa lebte, waren Anlass für die Veröffentlichung des sogenannten *Avignon-Statements*. Darin war eine Fundamentalkritik an der bürgerlichen Gesellschaft und deren Kulturbetrieb formuliert. Im Zentrum der Ereignisse von Avignon stand die Uraufführung von *Paradise Now*, dem bekanntesten Stück der Truppe. *Paradise Now* war die Feier des Theaters als Ritual, ein Fanal für Anarchie und Pazifismus, ein Liebesfest, das die Akteure und die Zuschauer in einer repressionsfreien Gemeinschaft zusammenführen sollte. Dabei ging es nicht etwa darum, eine Zukunftsvision zu entwerfen, sondern dieses freie Leben «jetzt» und «wirklich», nicht als dessen symbolische Fiktion zu leben. Gerade darin aber lag die unerhörte Provokation dieser Aufführung.

Die Theaterkonzeption von Antonin Artaud, dessen «Theater der Grausamkeit», war eine der Grundlagen, von denen aus das Living Theatre seine Spieltechniken entwickelte und in Berufung darauf es die kon-

The Living Theatre: Paradise Now. Avignon 1968

ventionelle Auffassung von Theaterarbeit radikal in Frage stellte. Um das Theater zu erneuern, müsse – so Julian Beck – zunächst ein neuer Lebensstil gefunden werden. So wurde dieses Theater bereits in seinem Ansatz politisch wahrgenommen, da es die Lebensbedingungen, die die bestehende Gesellschaft bereitstellte, prinzipiell ablehnte. Eines der erfolgreichsten Projekte des Living Theatre war *Mysteries and Smaller Pieces*, das 1964 in Paris zum ersten Mal aufgeführt wurde. Die Ensemblemitglieder spielten sich darin so extrem in die Erfahrungen und Bilder von Todesangst und Todeskampf, von Hysterie und Verzweiflung ein, dass – und dies war die Botschaft – «keine Entschuldigungen für Töten mehr denkbar sind» (Michael Smith). Noch in den USA hatte die Gruppe in dem Stück *The Brig* von Kenneth H. Brown in schockierenden Bildern und härtestem Naturalismus den Alltag in einem Straflager der US-Marine vorgeführt. Verbunden war das Projekt mit einem Aufruf zu einem weltumspannenden Generalstreik für den Frieden. Die Behörden betrieben daraufhin die Schließung des Theaters mit dem Vorwurf (unwahrscheinlich) hoher Steuerschulden. Weitere Projekte, mit denen das Living Theatre besonders in Europa Erfolge feierte, waren *Frankenstein* (1965, Uraufführung in Venedig) und *Antigone* (1967). Letzteres war eine Bearbeitung der Fassung dieses Stücks von Bertolt Brecht mit Julian Beck als Kreon und Judith Malina als Antigone.

1970 teilte sich The Living Theatre vorübergehend in verschiedene Sektionen. Ein Teil der Gruppe arbeitete in Indien, ein anderer in Europa, zeitweise auch in Brasilien. Seit 1989 hat das Ensemble ein festes Haus in New York. Der Einfluss, den diese Truppe auf die gesamte alternative Theaterbewegung ausgeübt hat, ist kaum zu überschätzen, wenngleich ihr quasi sektiererischer Status keine unmittelbare Nachfolge ermöglichte. Ihr Credo «Life, Revolution and Theatre» vermittelte ein Lebensgefühl, das auch für Theatergruppen inspirierend war, die sowohl ideologisch als auch künstlerisch eine gänzlich andere Richtung vertraten.

So etwa trennten sich Joseph Chaikin (1935–2003) und Peter Feldman (geb. 1966) vom Living Theatre und gründeten 1963 ein eigenes Ensemble, das Open Theatre. Dieses bestand bis 1973 und konzentrierte seine Arbeit auf die Entwicklung einer Improvisationsmethode, die sogenannten «transformations», die noch lange in der «alternativen» Schauspielausbildung eingesetzt wurde. Diese Technik besteht in einem permanenten, plötzlichen Rollen-, Zeit- und Situationswechsel, bei dem sich die Schauspieler spontan in andere Realitätsbezüge versetzen und diese mit ihren Assoziationen ausfüllen müssen. Weder Schauspieler noch Zuschauer können sich dabei mit einer Rolle identifizieren. Was entstehen soll, ist ein Bewusstsein der Vielschichtigkeit der Wirklichkeit, in der die Menschen leben. Auch pflegte das Open Theatre enge Kontakte zu jungen Autoren. Die wichtigste war Megan Terry (geb. 1932). Mit ihr zusammen erarbeitete das Open Theatre das Antikriegsprojekt *Viet Rock* (1966). Mit *Terminal*, einer für die Arbeitsweise der Gruppe ebenfalls typischen politischen Transformations-Collage zu den Themen Gewalt und Tod, ging das Open Theatre 1969 auf Europa-Tournee.

Mit seinen originellen überlebensgroßen, mit Stangen bewegten Puppen und den dazu auf Stelzen agierenden Darstellern hat das Bread and Puppet Theatre nicht nur in den USA, sondern auch auf seinen zahlreichen Tourneen durch Europa das Publikum begeistert. 1961 hatte Peter Schumann (geb. 1934) diese Truppe in New York gegründet. Zuvor arbeitete er bereits in München mit dem «Ensemble für Neuen Tanz» mit Puppen und Masken. In New York war Schumanns erste Inszenierung *Totentanz* von August Strindberg. Aufführungen fanden in Schulen und auch bei Festivals statt. 1968 ging das Bread and Puppet Theatre zum ersten Mal, 1969 zum zweiten Mal auf Europa-Tournee. Die Themen, die das Ensemble aufgriff, umfassten das gesamte Spektrum menschlicher Lebenserfahrungen, Aktuell Politisches, aber auch elementare Gegebenheiten der menschlichen Existenz zwischen Geburt und Tod, immer wieder auch Motive aus den Mythen. So sollte schon der Name der Truppe auf das Zusammenspiel von Kunst (den Puppen) und Leben (dem Brot) hinweisen. Um die großen Lebensthemen ging es also in erster Linie, nicht darum, «das Theater zu revolutionieren», nicht um ein Experimentieren um der Kunst willen. Dennoch bestätigte sich bei ihren Auftritten die subversive Kraft, die den fantastisch-skurrilen Szenarien innewohnte, die diese Truppe so bunt und spielerisch vortrug. Man scheute dabei auch durchaus nicht die plakative Vereinfachung: Krieg und Frieden, die bösen Kapitalisten und ihre ausgebeuteten Opfer, beide Seiten eingängig personifiziert, die Madonna, aber auch Gift sprühende Drachen – allesamt waren sie in monströs-witzigen Puppen und überdimensionierten Masken versinnbildlicht. Mit diesen Figurinen wurden die großen Konflikte, die die Weltpolitik, aber auch die kleinen Mühen, die den privaten Alltag der Menschen bewegten, dargestellt. Immer nahm das Theater Partei für die Schwachen und die unter den Übeln der Welt Leidenden. Ihre Botschaft vermittelte sich beinahe ausschließlich über ihre ausdrucksstarken Bilder, kaum über Sprache. Stets wurde das Aktuelle auf Universelles zurückgeführt. Stets auch erinnerte die Truppe mit einer Art ritueller Brotverteilung vor Beginn ihrer Aufführungen an das Verbindende aller Menschen, beschwor einen Konsens über alle Klassengegensätze und ethnischen Barrieren hinweg. Auch zu aktuellen politischen Themen nahm das Bread and Puppet Theatre Stellung, so etwa in *A Man Says Goodby to his Mother* (1968) oder *The Cry of the People for Meat* (1969). Beides waren Protestaktionen gegen den Krieg der USA in Vietnam. Später jedoch beschäftigte sich die Gruppe immer mehr mit mythologischen Vorstellungs- und Bilderwelten. Beispielhaft für diese Tendenz war das Projekt *Ave Maria Stella* (1978).

1974 löste sich das Bread and Puppet Theatre als ständiges Unternehmen auf. Seitdem werden von einzelnen Mitgliedern jährlich Aufführungen entwickelt, die dann auf Tourneen gezeigt werden (vgl. D. Herms in: M. Brauneck u. a.: Theaterlexikon 1, S. 185 ff.). Eine kritische Auseinandersetzung mit dem «offiziellen» Selbstverständnis Amerikas war das Stück *Columbus – The New World Order* (1992). 2001 trat die Truppe in New York auf mit *The Insurrection Mass with Funeral March for a Rotten Idea: A Special Mass for the Aftermath of the Events of September 11th*. In Vermont veranstaltete das Bread and Puppet Theatre bis 1998 regelmäßig Workshops. Inzwischen ist es trotz der strukturellen Umwandlung von 1974 eine der am längsten bestehenden Institutionen der amerikanischen Alternativtheater-Szene. Mit seiner internationalen Anhängerschaft feiert das Bread and Puppet noch heute das Theater als festliches Ritual.

Eine typische Facette des alternativen Theaters in den USA ist das Theater der Chicanos. Dies sind die spanisch sprechenden Einwanderer aus Mexiko, die vor allem in Kalifornien als Landarbeiter leben. Ein Generalstreik dieser «campesinos» im Jahr 1965 führte zur Gründung zahlreicher Theatertruppen, die sich mit den Streikenden solidarisierten. Das wichtigste dieser Ensembles, das auch in Europa auftrat, ist das 1965 gegründete Kollektiv Teatro Campesino. Mit seinen satirischen Sketchen im Stil der Commedia dell'Arte und des Agitprop-Theaters – stets auch mit viel Musik – griff die Truppe unmittelbar in das Streikgeschehen ein. Insgesamt entstanden in den sechziger Jahren mehr als hundert solcher Theaterkollektive. Später literarisierte sich diese Szene, und es entstanden Stücke, die das Leben der Chicanos in den USA, in einem als fremd und repressiv empfundenen sozialen Umfeld, zum Thema haben.

Die führende Persönlichkeit des Teatro Campesino ist Luis Valdez (geb. 1940). Valdez griff Motive aus der kolumbianischen und indianischen Tradition auf, Themen, die sich mit der ethnischen Identität der Chicanos auseinandersetzten. Die Dramaturgie der Stücke orientierte sich am traditionellen spanischen und portugiesischen Drama. Das erfolgreichste Chicano-Stück war *Zoot Suit* (1978/79 und 2002). Behandelt wird darin ein Mordprozess der vierziger Jahre, in dem – aus der Sicht von Valdez – der Rassismus der US-amerikanischen Gerichtsverfahren dokumentiert wird. Es war das erste Stück mit einem derartigen Thema, das auch am Broadway aufgeführt wurde. Nach 2004 veranstaltete die Truppe mit *Zoot Suit* eine Tournee durch die USA.

Bereits 1959 wurde die San Francisco Mime Troupe – zunächst als Mime Studio – gegründet. Es sollte ein Alternativunternehmen zum kommerziellen Theaterbetrieb im San Francisco sein. Ihre Aufführungen zeigte die Truppe zunächst nur in den städtischen Parks, seit 1977 aber auch auf Festivals in Europa. Als erstes US-amerikanisches Ensemble trat die Mime Troupe in Kuba und in der DDR auf. Offenbar war dies durch das offensiv vertretene «antiimperialistische Engagement» der Truppe möglich geworden. Die Mime Troupe verstand sich zwar in erster Linie als politisches Volkstheater, verfolgte aber einen weiter gefassten experimentellen Anspruch als etwa das Teatro Campesino. Die Mime Troupe experimentierte mit Pantomime, Jazz und Tanz, mit Motiven des absurden Theaters, mit Spieltechniken der Commedia dell'Arte, mit Elementen des agitatorischen Melodramas, dem Thriller, Comicstrip und dem Musical. Mit dem Teatro Campasino teilte es anfangs die starke thematische Bindung an die ethnischen Minderheiten in Kalifornien und deren soziale Probleme, erweiterte aber bald den Rahmen seiner Themen. So setzte sich die Truppe unter anderem mit dem «Drogenimperialismus» (*The Dragon Lady's Revenge*, 1971), mit Hausbesetzungen (*Hotel Universe*, 1977), Stilllegungen von Fabriken (*Steeltown*, 1984), mit dem Problem der Verschuldung der Dritten Welt (*The Mozamgola Caper*, 1986), der Palästinenserfrage (*Seeing Double*, 1990), dem Golfkrieg (*Back to Normal*, 1991) und mit der Terrorismusangst in den USA (*Crawford Gulch*, 2004) auseinander. In ihrer Spielweise praktizierte die Mime Troup einen vergleichbar satirischen Umgang mit brisanten politischen Themen wie das Theater von Dario Fo. Auch hat es bis heute seine finanzielle Unabhängigkeit weitgehend bewahrt.

Eine nichtkommerzielle Theatersphäre eigener Art war das Theater der Afroamerikaner im letzten Drittel des 20. Jahrhunderts. Afroamerikanisches Theater gab es in den USA sporadisch bereits seit dem frühen 19. Jahrhundert. Zu einem ersten Höhepunkt in dieser Entwicklung kam es in den zwanziger und dreißiger Jahren. Das erfolgreichste Ensemble dieser Zeit waren die Lafayette Players (1915–1932), die in New York mit der Farce *The Girl at the Foot* ihre Eröffnungspremiere hatten. Später gründeten sie Bühnen auch in Chicago und Washington/D.C. und gingen auf Tournee. Im Programm des afroamerikanischen Theaters dominierten zunächst Lustspiele und Musicals, deren Inhalte im «schwarzen» Milieu angesiedelt waren. Ein Welterfolg war *Porgy and Bess* von George Gershwin (1898–1937). Ein gänzlich anderer Ton kam im Black Theatre auf im Zusammenhang mit der Civil-Rights-Bewegung und der Black-Power-Bewegung der frühen sechziger Jahre. In diesem Kontext entstanden etwa 600 afroamerikanische Theatergruppen (vgl. D. Herms u. W. Beck in: M. Brauneck u.a.: Theaterlexikon 1, S. 914ff.). Die Auseinandersetzung mit dem Rassismus der Weißen, mit dem Leben in den Ghettos und den Problemen der sozialen Unterdrückung standen nun im Mittelpunkt der Arbeit dieser Gruppen. «Schwarze Identität» wurde offensiv propagiert. Die Ensembles verstanden sich von ihrem Anspruch her überwiegend als politisch-revolutionäres Theater. In den sechziger Jahren waren die meisten von den Zielen der Black-Power-Bewegung beeinflusst. In den siebziger Jahren erweiterte sich deren programmatisches Spektrum. Die theoretische Beschäftigung mit dem Marxismus wurde für viele Gruppen richtungsweisend. Die Ziele ihrer Theaterarbeit folgten nun der weltweit stattfindenden Politisierung des Unabhängigen Theaters. Protestiert wurde gegen den US-amerikanischen Imperialismus und den Krieg in Vietnam. Immer wieder ging es um das Problem des Rassismus, wie er sich im Alltag und vor allem in den Institutionen der Rechtsprechung manifestierte. Diese Themenverschiebung hatte Auswirkungen auf den agitatorischen Stil der Gruppen. Die Auseinandersetzungen – auch auf der Bühne – wurden aggressiver, militanter.

Eines der wichtigsten Ensembles dieses afroamerikanischen Theaters war das 1963 in New Orleans gegründete Free Southern Theatre. Initiatoren waren der Journalist, Dramatiker und Regisseur Gilbert Moses (geb. 1942), Tom Dent und Richard Schechner. Für Moses, der das Theater in den Anfangsjahren künstlerisch leitete, waren das Théâtre National Populaire von Jean Vilar in Frankreich, aber auch das Theater von Bertolt Brecht Vorbilder. Von Beginn an ging es auch um die Erarbeitung einer «schwarzen Ästhetik», wie sie das Black-Art-Movement forderte.

Sophia. Regie: R. Foreman. Ontological-Hysteric-Theatre New York 1972/73

Radikalisiert wurde diese Theatersphäre durch die Zuspitzung der politischen Situation in den USA: 1963 die Ermordung von J. F. Kennedy; 1965 die Ermordung von Malcolm X, dem Hauptsprecher der Black Muslims; 1966 Gründung der Black-Panther-Partei; 1967 eskalierten militant ausgetragene Rassenunruhen in vielen Städten der USA. 1968 wurde Martin Luther King ermordet, und es fand der «Marsch der Armen» auf Washington statt. Es kam zur Eskalation der Auseinandersetzungen der Demonstranten mit der Polizei; 1969/70 zur Verschärfung der Bekämpfung der Partei der Black Panther durch Polizei und Gerichte. Etwa 30 Mitglieder der Black Panthers wurden getötet. Die Ziele der Theaterarbeit der afroamerikanischen Theatergruppen im Kontext dieser Ereignisse artikulierte ein Aufruf von Gilbert Moses, der überschrieben ist *Ich frage mich manchmal*. Darin heißt es:

«Das heutige Theater findet nicht im Theater statt. Die Ereignisse, die das heutige Theater genau beschreiben könnten oder dem am nächsten kommen, sind Demonstrationen, politische Versammlungen und Rhythm-and-Blues-Shows. Hier handelt das Theater als Informant, dem die Gemeinde aus einer funktionalen Notwendigkeit zuhört. Versammlungen, in denen das Publikum notwendig ist, damit das Ereignis überhaupt erst stattfindet (...) Amerikanisches Theater, wie wir es kennen, ist nur ein Monument des Todes. Die revolutionärsten und kritischsten Einblicke in die amerikanische Gesellschaft hat die schwarze Revolution gegeben. Die Dichtung der Revolution hat das Muster der amerikanischen Demonstrationen geprägt; schwarze Musik hat Amerikas Art zu hören verändert; die schwarze Ästhetik hat Amerikas Bild verändert.» (Nach M. Brauneck: Theater im 20. Jahrhundert. 198, S. 435)

Und in einer Sammlung von Einaktern schwarzer Autoren heißt es im Vorwort:

«Schwarzes Theater – das ist ein neuer Weg, Stücke zu schreiben, und eine neue Art Theater zu spielen, aber es ist noch mehr. Es ist eine neue Denkweise, eine außergewöhnliche Bewusstseins-Revolution. Zum ersten Mal haben amerikanische schwarze Autoren ihre eigene Sprache gefunden – und sie gebrauchen sie. Mit Vertrauen. Mit Trotz. Mit Kraft.» (Nach Theater der Erfahrung, S. 164 u. 169)

Von den Stücken, die aus diesem revolutionären Antrieb heraus geschrieben wurden, war *Dutchman* (1963) von LeRoi Jones das wichtigste, beim Publikum auch das erfolgreichste. Es handelt von der Konfrontation einer weißen Frau mit einem Schwarzen während einer Fahrt mit der U-Bahn. Als die Frau sich ganz offen für den Schwarzen sexuell interessiert, dieser sich ihr aber entgegen allen Klischees verweigert, bringt sie ihn um. Für die Schwarzen war diese Frau in der U-Bahn ein Symbol für das Amerika der Weißen. Ein anderes Schlüsselwerk der neuen schwarzen Dramatik war *Roots* (1963) von Gilbert Moses, das sich mit der Herkunft der Afroamerikaner beschäftigt. Es ist ein leidenschaftliches Plädoyer für eine «schwarze Identität», die ihre Kraft aus dem Bekenntnis zu ihren «Wurzeln» gewinnt. Auch begannen sich in diesem Zusammenhang die Gruppen des Black Theatre zu organisieren. Geplant war gar ein National Black Theatre (NBT) als Dachorganisation. Im Hinblick auf den grundlegenden Unterschied zum Theater des «weißen Amerika» schreibt Jack D. Zipes (in Theater der Erfahrung, S. 174 f.):

«Die weißen Kritiker in New York, die schwarze Stücke besprechen, vergleichen sie mit den Dramen des Sozialrealismus der dreißiger Jahre, loben ihre Ehrlichkeit, aber beklagen sich über deren Naivität. (Welches Unglück!) Ihre Klage verbindet sich trotzdem mit Gewissensbissen, denn es ist ja Mode, heftige Kritik an den Schwarzen zu vermeiden. Daraus könnte man schließen, dass die prätentiösen Dramen von Edward Albee, Terence McNally, Tennessee Williams, Arthur Miller u.s.w. oder die infantilen, politisch gesinnten Schöpfungen des Living Theatre und Richard Schechners, die er in seiner Garagenbehausung produziert, mehr Kulturelles und Dramatisches zu bieten haben als die schwarzen Stücke. In Wirklichkeit sind es aber die schwarzen Dramatiker, die ironischer Weise den Hauptstrom der amerikanischen Kultur ansprechen. Als Außenseiter sind sie Produkte der amerikanischen Unterdrückung und als Produkte reflektieren sie die amerikanische Misere. Als Schwarze, deren Vorfahren nie verstanden, warum die Puritaner Spiel und Theater als sündhaft betrachteten, entdecken sie ihre Tradition wieder, um die sie die Weißen beraubten. Ihre Tradition schließt von Natur aus einen Teil des Naiven mit ein, das Brecht zu den wesentlichsten Elementen großen Theaters zählte. Dies ist eine neue Naivität, die mit dem dialektischen Prozess des Erkennens einhergeht. In diesem Fall ist das Naive mit dem schwarzen Bewusstsein verknüpft, das eine Negation der Negation schafft, indem es die Widersprüche innerhalb und außerhalb Black-Amerikas sichtbar macht und eine echte Lösung postuliert. Mit anderen Worten: Die weiße Tradition, welche die Unterdrückung und Ausbeutung der Schwarzen konserviert, und eine neue Menschlichkeit beinhaltende schwarze Tradition wird gestiftet. Dies Ereignis im schwarzen Theater ist nur möglich, weil schwarze Dramatiker aus echtem Einverständnis mit ihrem Publikum schreiben. Sie sind nicht von ihrer Gesellschaft entfremdet, wie die weißen Künstler, sondern sie schreiben, weil sie an einer kulturellen Entwicklung teilnehmen wollen und etwas beizutragen haben. Aus dieser Situation entspringt eine neue Naivität, eine neue Heiterkeit.»

Es war diese Theatersphäre, in der sich ein «Theater der Erfahrung» wohl am überzeugendsten manifestierte. Eben deswegen verstand es sich überwiegend auch als politisches, einzelne Gruppen auch als revolutionäres Theater.

Literatur
Beck, J.: The Life of the Theatre. San Francisco 1972
Ders. u. J. Malina: Paradise Now. New York 1971
Beck, W.: Ellen Stewart. In: M. Brauneck u. W. Beck (Hrsg.): Theaterlexikon 2. Reinbek 2007, S. 703–704

Bertolucci, G.: The Living Theatre. Rom 1970
Blumethal, E.: Joseph Chaikin: exploring at the boundaries of theatre. Cambridge u. New York 1984
Brecht, St.: The Bread & Puppet Theatre. 2 Bde. New York u. a. 1988
Burger, G.: Die San Francisco Mime Troup und Peter Schumanns Bread and Puppet Theatre. Diss. Bremen 1992
Chaikin, J.: The Presence of the Actor. New York 1991
Ders. u. S. Shepard: Letters and Texts 1972–1984. New York 1989
Dennison, G.: An Existing Better World: Notes on the Bread & Puppet Theatre. Brooklyn 2000
Dillon, J.: The developement of performance material in The Open Theatre. Columbia Univ. N. Y. 1972
Gagnon, P. D.: The Development and Achievement of La Mama under the Artistic Direction of Ellen Stewart (New York). Diss. Univ. of Michigan 1987
Heilmeyer, H. u. P. Fröhlich (Hrsg.): NOW. Theater der Erfahrung. Material zur neuen amerikanischen Theaterbewegung. Köln 1971
Herms, D.: Agitprop USA. Zur Theorie und Strategie des politisch-emanzipatorischen Theaters im Amerika seit 1960. Kronberg/Ts. 1973
Ders.: Mime Troup, El Teatro, Bread and Puppet – Ansätze zu einem politischen Volkstheater in den USA. In: Maske und Kothurn 19/1973, S. 342–362
Horn, B. L.: Ellen Stewart and La Mama. Westport 1993
Innes, Ch.: Avant-Garde Theater 1892–1992. London u. New York 1993
Jacquot, J. (Hrsg.): J. Grotowski, E. Barba, Living Theatre, Open Theatre, V. Garcia et Arrabal. Paris (2. Aufl.) 1985
Kaprow, A.: Assemblage, Environments, Happening. New York 1964
Kirby, M.: Richard Foreman's Ontological-Hysteric Theatre. In: The Drama Review 17/1973, S. 5–32
Kothes, M. M.: Guerilla Theater. Tübingen 1990
Malina, J.: The Enormous Despair. New York 1972
Dies.: The Diaries of Judith Malina. 1947-1957. New York 1984
Moses, G. u. R. Schechner: The Free Southern Theatre. New York 1969
Ostroska, B.: Ellen Stewart's Global ‹Pushcart›. Twenty Six Years of Internationalism at La Mama. 1962–1988. Diss. Univ. of Colorado 1991
Pasolini, R.: A Book on the Open Theatre. New York 1970
Schechner, R.: Public Domain. Essays on the Theatre. New York 1969
Ders. (Hrsg.): Dionysus in 69: The Performance Group. New York 1970
Schumann, P.: Puppen und Masken. Frankfurt a. M. 1973
Shank, Th.: Beyond the boundaries: American alternative theatre. Ann Arbor 2002
Silvestro, C.: The Living Book of the Living Theatre. Köln 1971
Schroeder, R. (Hrsg.): The New Underground Theatre. New York 1968

Tisdall, C.: Joseph Beuys – Coyote. München 1976
Tytell, J.: The Living Theatre. London u. a. 1997
Weihs, A.: Freies Theater. Reinbek 1981
Zipes, J.: Wohin geht das Schwarze Theater? New York 1964

Peter Brooks Erforschung der interkulturellen Grundlagen der Schauspielkunst

«Ich kann jeden leeren Raum nehmen und ihn eine nackte Bühne nennen. Ein Mann geht durch den Raum, während ihm ein anderer zusieht; das ist alles, was zur Theaterhandlung notwendig ist.»
Peter Brook: Der leere Raum, 1968

Der Verkümmerung der Phantasie der Menschen entgegenzuarbeiten, ist ein wesentlicher Impuls, der Peter Brook bei seiner Theaterarbeit antreibt. Brook sieht darin die «geistige Krankheit» der hoch industrialisierten Gesellschaften des Westens, in denen die Menschen in ihrer Arbeit wie in ihrer Freizeit gleichermaßen von fremdbestimmten Strategien technischer und ökonomischer Provenienz beherrscht seien. Brook glaubt, im Theater ein «Lebensmittel» gefunden zu haben, das diesen Entfremdungen entgegenarbeitet. Dass es diese Funktion übernehmen kann, setzt freilich voraus, dass sich das Theater selbst jeder Routine, jeder ästhetischen Konditionierung (dies sei «tödliches Theater») verweigert und sich der totalen Offenheit des lebendigen Vollzugs stellt: «Theater ist stets eine sich selbst zerstörende Kunst und immer in den Wind geschrieben. (...) Im Theater ist jede Form, die einmal geboren ist, sterblich, jede Form muß so konzipiert werden, und ihre neue Konzeption wird die Zeichen aller Einflüsse tragen, die sie umgeben. In diesem Sinne ist das Theater ein Stück Relativität.» (P. Brook: Der leere Raum, S. 37 f.) In diesem Sinn bildet sich im Theater der Fluss des Lebens, letztlich das Leben selbst ab.

Seine Offenheit gewinnt das Theater in erster Linie in der aktuellen Beziehung von Spielern und Zuschauern. «Gutes» Theater – so Brook – ist auf ein «gutes» Publikum angewiesen. Brook spricht von der «Verantwortung», die das Publikum für eine Aufführung hat. «Stille und Konzentration» seien produktive Haltungen des Publikums, ebenso wie «Jubel und Begeisterung» (Der leere Raum, S. 46): «Wir erkennen, daß ohne Publikum kein Ziel gegeben ist und kein Sinn (...), das Publikum leistet Assistance. Mit diesem Dabeisein, dem Dabeisein von Augen und Wünschen und Genuß und Konzentration wandelt sich Répétition zur Représentation. Dann trennt das Wort Représentation nicht mehr Schauspieler und Publikum, Schauspieler und Zuschauer: es umschließt sie, was für den einen präsent ist, ist es auch für den andern.» (J. Heilpern: Peter Brooks Theater-Safari, S. 223 f.) Diese Mitverantwortlichkeit des Publikums für die Theaterhandlung berücksichtigt Brook bei allen seinen experimentellen Arbeiten, sei es bei der Inszenierung von *U.S.* (1966), die ausschließlich auf das Publikum des Londoner Aldwych-Theatre abgestimmt war, oder bei Aufführungen vor taubstummen Kindern oder psychisch Kranken in Paris, vor afrikanischer oder australischer Urbevölkerung, die nie zuvor Theater im europäischen Sinne gesehen hatten. Diese Konfrontationen mit einer «fremden» unkonditionierten Wahrnehmung sollten die Schauspieler zwingen, ihre Spieltechniken immer aufs Neue zu überprüfen, in Frage zu stellen.

Peter Brook wurde am 21. März 1925 in England geboren, studierte in Oxford und beschäftigte sich bereits als Schüler mit dem Theater. Ein erstes Engagement als Regisseur erhielt er 1945 am Repertory Theatre in Birmingham; 1946 und 1947 folgten Inszenierungen in Stratford-upon-Avon und in London. Von 1947 bis 1950 arbeitete Brook am Covent Garden. Seit den frühen fünfziger Jahren steht die Auseinandersetzung mit dem Werk Shakespeares immer wieder im Mittelpunkt seiner Arbeit. 1961 trat er in die Royal Shakespeare Company ein und wurde 1962 deren Mitdirektor neben Peter Hall (geb. 1930). In den sechziger Jahren inszenierte er vielfach auch Stücke von Gegenwartsautoren, von Sartre, Dürrenmatt, Genet, Weiss und Hochhuth, und einige Opern. 1968 erschien seine programmatische Schrift *Der leere Raum*, in der er seine Arbeitserfahrungen zusammenfasste. Zusammen mit Jerzy Grotowskis Schrift vom *Armen Theater* (1968) wurde dieses Buch richtungsweisend für die gesamte jugendbewegte alternative Theaterbewegung in Europa. Nach einer inzwischen legendären Inszenierung von Shakespeares *Ein Sommernachtstraum* 1970 verließ Brook England und übersiedelte nach Frankreich. Hatte seine Theaterarbeit in Stratford und London noch eine offene politische und gesellschaftskritische Dimension, so widmete er sich in Frankreich der theatralen Grundlagenforschung. Diese

Arbeit wurde möglich durch die Gründung (zusammen mit Micheline Rozan) des Pariser Studienzentrums CIRT – Centre Internationale de Recherches Théâtrales – im Jahr 1971. Dem Studienzentrum ist seit 1974 das Théâtre des Bouffes du Nord als Experimentierbühne angeschlossen. (Vgl. M. Brauneck: Die Welt als Bühne. 5, S. 159 ff.) Ein Grundgedanke von Brooks Theaterauffassung, vornehmlich in diesen Jahren, ist der Zusammenhang von Theater und Ritual. Hier prägte vor allem die Auseinandersetzung mit dem Werk Artauds seine Vorstellungen. Brook sieht im Ritual eine Konfiguration, ein Ordnungselement des Lebens, mit dessen Hilfe sich der Mensch in einer gesteigerten Realitätserfahrung verliert und zugleich findet, sich des elementaren Ursprungs seiner Erfahrungen versichert. Insofern ist für Brook das Ritual wie das Theater eine «Antwort auf den Hunger», ein Mittel gegen die Austrocknung der Erfahrung in den Standards und Schablonen des Alltagslebens. Brook nennt dieses Theater das «heilige Theater»: «(...) aber man könnte es auch das ‹sichtbar gemachte unsichtbare Theater› nennen. Die Idee, daß die Bühne ein Ort ist, wo das Unsichtbare erscheinen kann, hält unsere Gedanken gefangen. Wir sind uns alle bewußt, daß der größte Teil des Lebens unseren Sinnen entgeht. Eine sehr einleuchtende Erklärung der verschiedenen Künste ist die, daß sie von Mustern sprechen, die wir erst dann erkennen können, wenn sie sich in Rhythmen oder Formen äußern. Wir beobachten, daß das Verhalten von Menschen, Massen und der Geschichte derartigen wiederkehrenden Mustern unterliegt» (Der leere Raum, S. 77). «Heiliges Theater» beruht auf dem Glauben, dass der «wahre Traum» der Menschheit hinter den entwerteten Idealen einer Zeit dennoch immer wieder aufleuchtet. Das Theater erscheint Brook als jener Ort, an dem diese utopische Dimension aller Erfahrung noch vermittelbar ist. Das Ritual ist die Form, in der sich diese Dimension – als Provokation oder Schock – darstellt. Damit aber das Ritual der Erfahrung zugänglich wird, muss es in der Lebenssituation der Menschen verankert sein.

«Nur wenn ein Ritual sich auf unserer Ebene zuträgt, werden wir befugt, damit umzugehen. Die gesamte Pop-Musik ist eine Reihe von Ritualen auf einer Ebene, zu der wir Zutritt haben. Peter Halls große und reiche Leistung in seinem Zyklus von Shakespeares ‹Rosenkriegen› bediente sich des Attentats, der Politik, der

Intrige und des Krieges; David Rudkins erschreckendes Stück *Afore Night Come* war ein Ritual des Todes; *West Side Story* ein Ritual großstädtischer Gewalttat; Genet schaffte Rituale der Sterilität und Entwürdigung. Als ich mit dem *Titus Andronicus* auf Tournee ging, hat dieses undurchsichtige Werk Shakespeares die Zuschauer unmittelbar berührt, weil wir darin ein Ritual des Blutvergießens entdeckt hatten, das man als wahr empfand.» (Der leere Raum, S. 85)

Dennoch zieht Brook eine eindeutige Grenze zwischen dem Ritual als einem Moment des wirklichen Lebens und der Spielsituation des Theaters, dessen Wesen letztlich die Illusion sei. John Heilpern veranschaulicht diesen Unterschied an einem Beispiel aus einer von Brooks Inszenierungen: «Am Ende seines umstrittenen Stückes über Vietnam, *U.S.*, war vor den Augen des Publikums ein Schmetterling verbrannt worden. Brook legte den größten Wert darauf, daß die Schauspieler einen falschen Schmetterling so verbrannten, daß jeder Zuschauer davon überzeugt war, die Verbrennung eines echten Schmetterlings zu sehen.» Als daraufhin die Öffentlichkeit, allen voran der Königliche Tierschutzverein, aufs schärfste gegen die Aufführung protestierte und ihre Absetzung forderte, teilte Brook dem Verein vertraulich mit, «daß die Schauspieler ein Stück zerknittertes Papier verbrannten, und drohte, das Papier durch einen echten Schmetterling zu ersetzen, falls der Verein es wagen sollte, die Wahrheit bekanntzugeben.» (J. Heilpern: Peter Brooks Theater-Safari, S. 286 f.)

Illusion ist für Brook das Grundelement jeden Theaters, ja jeder Verständigung unter den Menschen überhaupt. Wo immer Sprache gebraucht und Bilder ausgetauscht werden, «bedarf es der Kraft der Illusion» (Der leere Raum, S. 130). Von dieser Position her kritisiert Brook auch Brechts Modell des epischen Theaters, das statt der Illusion deren verfremdende Brechung als Prinzip der szenischen Darstellung und erkenntniskritisches Verfahren einsetzt.

Eine Erneuerung des gegenwärtigen Theaters scheint für Brook vor allem über die Auseinandersetzung mit dem Werk Shakespeares möglich zu sein. Er schreibt: «Shakespeare ist das Modell eines Theaters, das Brecht und Beckett einschließt, aber über beide hinausreicht. Wir müssen in der nachbrechtschen Epoche einen Weg vorwärts finden, der zu Shakespeare zurückführt.» (Der leere Raum, S. 142) Im Theater Shakespeares «identifizieren wir uns gefühlsmäßig, subjektiv – und doch bewerten wir zu gleicher Zeit politisch und objektiv im Hinblick auf die Gesellschaft» (S. 145). Dieser Doppelaspekt, der für Brook die Grundforderung eines lebendigen Theaters ist, wird weder im Theater Brechts noch in dem von Beckett, die entgegengesetzte Pole verabsolutieren, vermittelt.

Worauf Brook in den letzten Jahren seine experimentelle Arbeit ausschließlich richtete, war eine Art «universellen Theaters (...) unabhängig von Sprache oder Klasse, wo immer auf der Welt gespielt wird.» (Nach J. Heilpern: Peter Brooks Theater-Safari, S. 26) In Brooks Pariser Studienzentrum wurde dieses Konzept systematisch entwickelt. Brook stellte für dieses Experiment eine Truppe von Schauspielern zusammen, die aus den verschiedensten Kulturkreisen und sozialen Milieus kamen. Der englische Dichter Ted Hughes lieferte für diese Projekte die Texte.

Brooks erstes Experiment in dieser Richtung war der Versuch, interkulturelles Theater auf der Grundlage einer Universalsprache zu entwickeln, die er zusammen mit Hughes erfand. «Orghast» nannten sie die Sprache, die als reine Lautsprache so aufgebaut war, dass den Lauten und ihren Verbindungen vermeintlich «universell» zu verstehende Bedeutungen zugeordnet waren. Hughes und Brook stützten sich dabei auf die Hypothese, dass gesprochene Wörter aus alten Sprachen Bedeutungen assoziieren lassen, die beim Hörer unmittelbar eine emotionale Reaktion hervorrufen. Ebenso beriefen sie sich auf Erkenntnisse der neuesten Sprachwissenschaft, etwa Noam Chomskys Theorie der identischen Tiefenstrukturen der Sprachen und auf Forschungen über die Laut- und Verständigungssysteme von Tieren. Das *Orghast*-Experiment (September 1971), das in Paris vorbereitet worden war, wurde als eine Aufführung des Shiraz-Festivals in den Ruinen von Persepolis vorgestellt.

Brooks zweites großes Experiment (1972/73) war eine Hundert-Tage-Expedition durch Afrika. Dieses Experiment war ein völlig neuer Ansatz in Brooks Theaterarbeit. Es sollte die Schauspieler mit einem Publikum konfrontieren, das zuvor keine Vorstellung von europäischem (Illusions-)Theater hatte. Zum anderen wurde auf dieser Tournee eine Aufführung erarbeitet, für die die altpersische Legende von der *Versammlung der Vögel* die Vorlage war. Das Stück wurde jedoch erst 1979 beim Festival in Avignon uraufgeführt.

P. Brook: Mahābhārata. Avignon 1985

Damit war eine erste Arbeitsphase des CIRT abgeschlossen. Brook brachte in den folgenden Jahren wieder eine Reihe von Inszenierungen großer Stücke der dramatischen Dichtung heraus, darunter Shakespeares *Timon von Athen* (1975), *Ubu aux Bouffes* (1977, nach Alfred Jarrys *Ubu-Roi*), von Shakespeare *Antonius und Cleopatra* (1978, mit der Royal Shakespeare Company) und *Maß für Maß* (1978), Čechovs *Kirschgarten* (1981) und *Tragödie der Carmen* (1982, nach Bizets Oper *Carmen*).

Das nächste Großprojekt am CIRT war *Mahābhārata*, eine Bühnenfassung des gleichnamigen altindischen Epos. Die Uraufführung dauerte neun Stunden und fand 1985 beim Avignon-Festival statt. (Vgl. M. Brauneck: Die Welt als Bühne. 5, S. 168) Brook hatte für dieses Monumentalwerk faszinierende Bilder gefunden. Es war ein Zusammenspiel von Pantomime, Tanz und Improvisationen, das ein Universum von Menschheitsthemen ausbreitet und von der Rivalität, von Krieg und Liebe, zweier Fürstenfamilien erzählt. Indische Mythen und die Vorstellungswelt der Hindu-Philosophie bilden den spirituellen Rahmen. Brook gelang es hier, die Dichotomie von Vergangenheit und Gegenwart ebenso aufzulösen wie die des Gesellschaftlich-Konkreten und des Allgemein-Humanen. In ausgedehnten Reisen in südindische Dörfer hatten er und sein Ensemble das Projekt vorbereitet. Nach der Uraufführung in Avignon ging die Truppe mit *Mahābhārata* auf Welttournee.

Mit seinen Inszenierungen in den neunziger Jahren (1993, *Der Mann, der seine Frau mit einem Hut verwechselte*) schlug Brook ein weiteres Kapitel seiner Arbeit auf. Im Bereich der Neurologie hatte er eine neue Grundlage für seine Theaterarbeit gefunden. Nach den Jahren, in denen er sich mit den großen Mythen der Geschichte beschäftigt hatte, rückte nun das Alltagsleben der Menschen wieder mehr ins Zentrum seiner Studien.

Literatur

Bann, G.: Peter Brook. Paris 1991
Becker, P. v.: «Carmen». Peter Brook. Theater. Eindrücke und Gespräche.
    In: Theater 1983. Jb. Theater heute, S. 35–47
Brauneck, M.: Die Welt als Bühne 5. Stuttgart u. Weimar 2007, S. 159–172
Brook, P.: Wanderjahre. Schriften zu Theater, Film, Oper 1946–87. Berlin 1989
Ders.: Das offene Geheimnis. Frankfurt a. M. (3. Aufl.) 1995
Ders.: Der Leere Raum. Frankfurt a. M. (3. Aufl.) 1997
Ders.: Vergessen Sie Shakespeare. Berlin (2. Aufl.) 1999
Ders.: Zeitfäden. Frankfurt a. M. 1999
Brook's Africa. An Interview with Peter Brook by M. Gibson. In: The Drama Review
    17/1973, S. 37–51
Heilpern, J.: Peter Brooks Theatersafari. Hamburg 1979
Hunt, A. u. G. Reeves: Peter Brook. Cambridge u. a. 1995
Ortolani, O.: Peter Brook. Frankfurt a. M. 1988
Porter, A.: In Triumph through Persepolis (Peter Brooks «Orghast»). In: Theater 1972.
    Jb. Theater heute, S. 161–197
Shakespeare inszenieren. Gespräche mit Peter Brook u. a. Hrsg. v. R. Berry u. a.
    Bottmingen 1978
Smith, A. C. H.: Peter Brooks «Orghast» in Persepolis. Ein Beispiel seiner Arbeit.
    Frankfurt a. M. 1974
Williams, D. (Hrsg.): Peter Brook and the Mahabharata. London u. New York 1991
Ders. (Hrsg.): Peter Brook: a theatrical casebook. London 1994

Eugenio Barbas Plädoyer für ein «Theater der schwimmenden Inseln»

«Die Existenz eines Theaters ist nicht zu rechtfertigen, wenn es nicht ein ausgeprägtes Bewusstsein seiner sozialen Aufgabe hat.»
Eugenio Barba, 1979

Eugenio Barba wurde 1936 in Brindisi (Italien) geboren. Mit 17 Jahren ging er nach Skandinavien. Von 1954 bis 1960 studierte er norwegische Literatur und Religionsgeschichte an der Universität Oslo. 1957 unternahm er längere Studienreisen nach Ostasien, vornehmlich nach Indien. 1960 erhielt Barba ein Stipendium der UNESCO und besuchte für kurze Zeit eine Schauspielschule in Warschau, bevor er für drei Jahre nach Opole ging und dort an Grotowskis Theaterlaboratorium mitarbeitete. Über Grotowskis Methode publizierte er mehrere Aufsätze. 1964 folgte ein erneuter Studienaufenthalt in Indien, wo sich Barba besonders mit dem indischen Tanztheater auseinandersetzte. Im selben Jahr noch kehrte er nach Norwegen zurück und nahm in Oslo ein Studium der Anthropologie und des Sanskrit auf.

1964 gründete Eugenio Barba in Oslo das «Odin Teatret». Der Name war von dem germanischen Gott Odin (Wotan) abgeleitet. Das neu gegründete Theaterkollektiv war eine Amateurtheatergruppe, die – nach Barbas Vorstellungen – mehr Grundlagenforschung als Ausbildung betreiben sollte und weniger auf die Aufführung von Stücken angelegt war. Da dies alsbald zu Differenzen mit den Erwartungen der Ensemblemitglieder führte, verlegte Barba im Juni 1964 das Odin Teatret in die dänische Kleinstadt Holstebro, die dem Unternehmen eine kommunale Förderung zugesagt hatte. Barba entwickelte das Odin zu einem interskandinavischen Laboratorium für Schauspielkunst, an dem Theaterspiel, pädagogische und wissenschaftliche Arbeit aufs Engste verbunden waren. Nun konnte er seine Arbeit konsequent entsprechend seinem Vorbild Grotowski ausrichten. In ihm sah er eine Art «Meister» im konfuzianischen Verständnis dieser Beziehung. Seit 1984 nennt sich das

Odin auch Nordisk Teaterlaboratorium. Ähnlich der Arbeit von Peter Brook an dessen Pariser Centre Internationale de Recherches Théâtrales (CIRT) stehen auch für Barba die interkulturellen Aspekte der Theaterforschung im Zentrum. Sein eigentliches Ziel wurde jedoch immer mehr die praktische und theoretische Erforschung einer über die kulturellen Konditionierungen hinaus gültigen Theateranthropologie. Eine Grundidee dieses Konzepts ist dabei, dass die «Präsenz des Schauspielers» – ein Kernbegriff in Barbas schauspieltheoretischen Diskursen – in erster Linie in dessen körperlichem, energetischem Ausdrucksverhalten begründet ist.

Barbas wichtigste Inszenierungen waren *Ornitofilene* (1965), nach einem Stück von Jens Björneboe; *Kaspariana* (1967), ein Projekt über Kasper Hauser nach einem Text von Ole Sarvig; *Ferai* (1969) nach einer Vorlage von Peter Seeberg, der darin Motive skandinavischer und griechischer Mythen verarbeitet. *Min Fars Hus* (1972) war eine Auseinandersetzung mit der Biographie von Dostoievskij und wurde auf internationalen Festivals gefeiert. *Come! And the Day will be Ours* (1976) hatte den Konflikt von Indianern und den weißen Siedlern in den USA zu Thema. *Millionen Marco* (1979) war Marco Polo gewidmet. Großprojekte besonderer Art waren die Tourneen des Odin-Ensembles nach Carpignano in Süditalien (1974/75), Sardinien und ins Amazonasgebiet von Venezuela und nach Peru. Es ging Barba dabei jeweils um die Erforschung theatralen Verhaltens in der Konfrontation seiner hoch spezialisierten Schauspieler mit Laien, den einheimischen Menschen in diesen Regionen, denen die westeuropäischen Vorstellungen von Theater (die Spieler-Zuschauer-Dialektik) fremd waren. Es ging aber auch darum, die eigenen Schauspieler diesen «ungeschützten Territorien» auszusetzen und sie darin ihre Arbeit überprüfen zu lassen. (Vgl. M. Brauneck: Die Welt als Bühne. 5, S. 795 ff.)

In den achtziger Jahren waren *Brechts Asche 2* (1982), eine Collage von Texten zur Biographie von Bertolt Brecht, die den Widerspruch von Rationalität und Emotionalität thematisieren, und das Mysterienstück *Oxyrhincus Evangeliet* (1985) mit Auftritten eines Sammelsuriums mythischer Figuren die wichtigsten Inszenierungen. Letztere deutete bereits die Richtung an, die Barbas Arbeit zunehmend einschlug. Es war ein Hang zum Spirituellen, zur Ritualisierung von Theater, letztlich zum «Fernöstlichen». Ein Resümee dieser Entwicklung formulierte er in dem Essay *The Dilated Body* (1985).

Für die schauspielpädagogische Arbeit und deren theoretische Reflexion liegt die Bedeutung von Eugenio Barba darin, die «westlichen» Ansätze – vertreten durch Stanislavskij und Brecht – erweitert zu haben durch den Blick auf außereuropäische Schauspieltraditionen. Dies aber nicht, um deren Ästhetik zu adaptieren, sondern, um in der Auseinandersetzung mit einem «fremden» Ausdrucksverhalten die Grundlagen der europäischen Art des Schauspielens zu überprüfen.

Die Anspielung auf Odin im Namen von Barbas Theater war ein Verweis auf dessen Programm. Es war eine Anspielung auf den Mythos dieses germanischen Kriegsgottes. Barba erläutert dies folgendermaßen:

«Der Name unseres Theaters ist kein Zufall. Es erscheint uns natürlich, dass es nach der Gewalt benannt ist, die unser Jahrhundert so tief geprägt hat: der Kriegsgott Odin, der große ‹Berserker›. Wie unsere Vorfahren ihre Dämonen beschworen und überwanden, indem sie ihnen die Möglichkeit gaben, sich in kollektiven Zeremonien auszuleben, so wollen wir – Zuschauer und Spieler – uns versammeln, um die ‹Odin-Natur› zu beschwören, die in unserem dunklen Inneren verborgen ist, und sie im hellen Licht zu überwinden. Dieser Kampf gegen das in uns verschlossene ‹Andere› wird so zum Instrument einer tieferen Selbsterkenntnis: die dunklen Mächte, die, wenn die Umstände ihnen helfen, aus uns hervorbrechen und uns überwältigen könnten, treten ins Licht. Unser Theater will weder amüsieren noch Thesen propagieren. Es will einfach Fragen stellen, auf die jeder selbst Antworten finden muss; die wirklich ‹engagierte› Kunst liefert keine guten Antworten, sondern begnügt sich damit, gute Fragen zu stellen.
[…]
Die Leidenschaft des inneren Kampfes, den wir gegen uns selbst führen, bringt uns einer ‹Wiedergeburt› näher: sie erweitert – das ist der positive Aspekt des Schamanen Odin – Stück für Stück, Stein für Stein das Reich unseres Bewusstseins.» (Theater-Festival *79*. München 1979)

In zahlreichen Publikationen hat Eugenio Barba seine theatertheoretischen Vorstellungen dargelegt. Er ist Herausgeber der Zeitschrift *Teatrets Teori og Technik* und leitete im Auftrag der UNESCO und des ITI zahlreiche internationale Theaterseminare. 1979 gründete Barba die International School of Theatre Anthropology (ISTA), die sich der Grundlagenforschung der Schauspieltheorie widmet, dem «Studium des biologischen und kulturellen Verhaltens des Menschen in einer theatralischen Situation» und vornehmlich die Techniken der orientalischen Theaterkunst untersucht.

Barba hat mit seiner praktischen Theaterarbeit und seinen Schriften entscheidende Impulse für die Entwicklung des Freien Theaters der sechziger und siebziger Jahre gegeben. Sein Manifest *Third Theatre* (1976) formuliert den Standort dieser Gruppen und ihre Bedeutung für die gegenwärtige internationale Theaterkultur:

«In vielen Ländern haben sich in den letzten Jahren theatralische ‹Inseln› gebildet, die beinahe ignoriert werden und über die kaum nachgedacht wird, für die keine Festivals organisiert und keine Rezensionen verfaßt werden. Diese Inseln liegen im Schatten der beiden vom Kulturbetrieb anerkannten Theaterformen, nämlich: Auf der einen Seite das institutionelle Theater, protegiert und subventioniert wegen der Kulturwerte, die es zu vermitteln scheint; Schauplatz einer kreativen Auseinandersetzung mit großen Texten der Vergangenheit oder Luxusprodukt der Unterhaltungsindustrie. Auf der anderen Seite das Theater der Avantgarde, des Experiments, offensiv und bilderstürmerisch, ein Theater der Veränderung, immer auf der Suche nach neuer Originalität im Namen der notwendigen Überwindung der Tradition, all dem geöffnet, was in der Begegnung der Künste mit der Gesellschaft an Neuem entsteht.
Das Dritte Theater lebt am Rand, oft an der äußersten Peripherie der kulturellen Zentren oder ganz im Abseits; es wird von Leuten gemacht, die sich als Schauspieler, Regisseure, Theatermacher vorstellen, ohne den traditionellen Ausbildungsweg gegangen zu sein und die daher nicht einmal als ‹Professionals› anerkannt werden. Aber es sind keine Dilettanten. Der ganze Tag ist für sie von ihrer Theaterarbeit bestimmt, sei es in der Form des ‹Trainings›, sei es durch Aufführungen, die sich ihr Publikum erst erkämpfen müssen.
Nach allen traditionellen Kriterien für Theater scheint es sich um ein irrelevantes Phänomen zu handeln; vom soziologischen Gesichtspunkt her ist dieses Dritte Theater jedoch beachtenswert. Es gibt seine ‹Inseln› in allen Ländern Europas, in Süd- und Nordamerika, in Australien und in Japan: junge Menschen, untereinander kaum in Kontakt, die zusammenfinden, Theatergruppen bilden und um keinen Preis aufgeben wollen.
Nur unter einer der folgenden Bedingungen können sie überleben: Entweder sie etablieren sich im Bereich der anerkannten theatralischen Formen, was bedeutet, daß sie das Gesetz von Angebot und Nachfrage akzeptieren, dazu den herrschen-

P. Seeberg: «Ferai». Regie: E. Barba. Odin Teatret Holstebro, 1969

den Geschmack mit seinen politischen und kulturellen Ideologien, und sich also den letzten, gerade beklatschten Moden anschließen; oder es gelingt ihnen durch beharrliche Arbeit, sich einen ihnen allein gemäßen Aktionsraum zu schaffen – jede Gruppe auf ihre Weise, indem sie das für sie Wesentliche sucht und bewahrt – und schließlich durchzusetzen, daß ihr ‹Anderssein› akzeptiert wird. Vielleicht kann man gerade im Dritten Theater entdecken, was am Theater lebendig ist; es ist ein Nährboden, der dem Theater neue Energien zuführt und es – trotz allem – auch in unserer Gesellschaft lebendig erhält.
Verschiedene Menschen in verschiedenen Ländern der Welt versuchen, Theater zu verstehen als – immer gefährdete – Brücke zwischen dem Ausdruck der eigenen Bedürfnisse und der Notwendigkeit, mittels dieser Bedürfnisse die jeweilige Umwelt zu verändern. Warum sollte gerade das Theater ein Mittel der Veränderung sein, wo wir doch wissen, daß es ganz andere Faktoren sind, die unsere Realität bestimmen? Sind wir blind? Ist das unsere lebensnotwendige Lüge?
Für solche Gruppen ist Theater vielleicht etwas, wodurch sie neue Formen der Präsenz finden können (was die Kritiker ‹neue Ausdrucksformen› nennen würden), indem sie menschlichere Beziehungen herzustellen versuchen, eine soziale Gemeinschaft, in der Vorsätze, Wünsche, persönliche Bedürfnisse sich verwirklichen können.

Aufführung des Odin Teatret auf einem Dorfplatz in Süditalien. Tanzszene mit I. N. Rasmussen, 1974

Ohne Belang sind hier die abstrakten Unterscheidungen. Die theoretisch formulierten und von ‹oben› aufgezwungenen Etiketten (Schulen, Stile, Tendenzen), die dem etablierten Theater seine Ordnung geben. Stile oder Ausdrucksformen gelten hier nichts – was das Dritte Theater definiert, was den gemeinsamen Nenner für Gruppen und Erfahrungen so unterschiedlicher Art bildet, das ist eine schwer definierbare Spannung: Es ist, als ob all die persönlichen Bedürfnisse, die oft nicht einmal bewußt sind, die Ideale, Ängste und manchmal sehr gegensätzlichen Impulse, die sonst ins Leere gingen, sich in Arbeit verwandeln wollten, aus einer Grundhaltung heraus, die man von außen betrachtet als ethischen Imperativ beschreiben könnte, nicht auf den Beruf beschränkt, sondern den Alltag des Lebens mit umfassend. Wer sich dafür entscheidet, hat auch, und zwar in erster Person, den Preis dafür zu entrichten.
Man kann nicht nur von der Zukunft träumen und die totale Veränderung erhoffen, die sich doch mit jedem Schritt, den wir machen, weiter zu entfernen scheint, während alle Alibis, alle Kompromisse und die Vergeblichkeit des Wartens fortbestehen. Man kann eine neue Zelle dieser Art bilden, aber sich nicht in ihr isolieren. Das Paradox des Dritten Theaters: als Gruppe in die Fiktion eintauchen, um den Mut zu finden, nicht Fiktion zu bleiben.» (In: Theater der Nationen. Festival-Katalog. Hamburg 1979, S. 91–92)

Barba kommentierte dieses Manifest in einem Interview (Januar 1977) mit der dänischen Theaterzeitschrift «Rampelyset» (vgl. INFO des Dramatischen Zentrums Wien. Theatergespräch mit Eugenio Barba vom 3. bis 5. Mai 1978) und wies dabei auf eine Reihe von historischen Vorbildern hin, die Positionen des «Dritten Theaters» vorwegnahmen, auf Antoine, Mejerchol'd, Vachtangov, auf die deutschen Agitprop-Gruppen der zwanziger Jahre, aber auch auf Copeaus Theaterreform und auf Artaud. Entscheidend für diese Theaterarbeit sei die Aufhebung der Trennung von Kunst und Leben, von ästhetischer und alltäglicher Bewertung, wie dies zum Beispiel auch für die Frühformen der europäischen Kultur oder für die sogenannten ‹primitiven› Kulturen gilt. «Drittes Theater» ist für Barba eine «existentielle Haltung» mit Konsequenzen politischer und sozialer Natur, eine «Situation», wie er dies auch nennt.

Literatur

Andreasen, J. (Hrsg.): Odin Teatret 2000. Århus 2000
Barba, E.: Il Brecht dell'Odin. Mailand 1981
Ders.: Jenseits der schwimmenden Inseln. Reinbek 1985
Ders.: Das Land von Asche und Diamant: meine Lehrjahre in Polen. Köln 2000
Ders.: Viaggi con l'Odin = Vogages with Odin. Mailand (3. Aufl.) 2000
Ders.: Arar el cielo: diálogos latinoamericanos. Havanna 2002
Ders. u. N. Savarese: Anatomie de l'Acteur. Un dictionnaire d'anthropologie théâtrale. Rom 1985
Coppientos, F.: Eugenio Barba et son Ecole Internationale d'Anthropologie Théâtrale. Brüssel 1981
Expériences. Die Vorstellungen des Odin Teatret von 1964–1973 mit einer soziologischen Untersuchung der Zuschauerreaktionen von Prof. J. Holm. Holstebro 1973
Odin Teatret: Théatre-Laboratoire interscandinave pour l'art de l'acteur. Holstebro o. J.
Schoemaker, D. M.: Odin's shadow: the performance theory and practice of Eugenio Barba and the Odin Teatret. Diss. Berkeley 1991
Taviani, F. (Hrsg.): Il libro dell'Odin. Mailand 1975
Ders. u. T. D'Urso: L'etranger qui danse. Albun de l'Odin Teatret 1972–77. Rennes 1977
Watson, J.: Towards a Third Theatre: Eugenio Barba and the Odin Teatret. London 1993
Weiler, Ch.: Kultureller Austausch im Theater: theatrale Praktiken Robert Wilsons und Eugenio Barbas. Marburg 1994
Wunderlich, V.: Körperphilosophen: Eugenio Barba und das Odin Teatret. Wien 2000

Jango Edwards' «Clown-Power»

«Clown-Power is love and love is only another label for hope.»
Jango Edwards

«Wenn Theater ist, was der junge Clown Jango Edwards zwei Stunden lang allein auf der Bühne treibt, alle Wildheit des Körpers, alle Wut und Rebellion des Herzens entfesselnd – kann dann das schöne, intelligente Ensemblespiel des jahrhundertealten Burgtheaters, das Goethes *Iphigenie* behutsam neu deutet, ebenfalls Theater sein?» Was Iwan Nagel hier anlässlich des Festivals «Theater der Nationen» (1979 in Hamburg) als die gegenseitige Infragestellung der «Gattungen» Theater bezeichnet, kennzeichnet genau jene Spannung, aber auch Spannweite, die das Theater seit seinen Anfängen bestimmt: Theater als Kunstform und schöner Schein, die eine Richtung – und ein Theater der Anarchie der Emotionen, oftmals schockierend, vulgär und obszön, «hässliches Theater», wollte man es ästhetisch etikettieren, das seine Vitalität und Faszination aus der Negation aller Konventionen, Tabus und Kunstregeln gewinnt. Das Theater der Pathetiker und Moralisten auf der einen Seite, Theater der Gaukler und Feuerschlucker, der Narren und Transvestiten auf der anderen. Es war das Verdienst des Hamburger Festivals von 1979, diese beiden Traditionen in ihrem Nebeneinander und ihrer wechselseitigen produktiven Provokation wieder erfahrbar gemacht zu haben. Es entsprach dies weitgehend auch der internationalen Theaterentwicklung Mitte der siebziger Jahre, der Suche und der Neuansätze in einer Zeit «nach Brecht», als sich das optimistische Aufklärungstheater des großen Dialektikers als ebenso überholt erwies wie die Gemeinschaftsrituale des «Living Theatre».

Der 1950 in Detroit (USA) geborene Clown und Theaterpädagoge Jango Edwards ist eine der Leitfiguren eines Theaters, das sich zwischen Showbusiness und Zirkus angesiedelt hat, sich als Entertainment präsentiert, aber doch weit mehr ist als kommerzialisierte Standardware, ja geradezu deren kritische Travestie. Dieses Theater spielt mit den Elementen des Kitsches wie mit denen des großen Pathos, des Tingeltangel, der Operette, des Agitprop und der transvestitischen Schaustellerei; ein Theater der Schocks und der Grausamkeit, das seine geistigen Vorbilder in Rimbaud, Baudelaire, Villon, Artaud und Genet sieht, im Dadaismus und bei den Futuristen. Es ist aufs engste verbunden mit der Musikszene, mit den Alternativ- und den großstädtischen Subkulturen.

Zumeist hat dieses Theater die Form der Revue, ist Ein-Mann-Theater; Travestie und die kritische Persiflage sind seine wesentlichsten Stilformen. Es ist in der Terminologie der ästhetischen Tradition «synthetisches» oder «totales» Theater. Theatralisches Rollenspiel präsentiert sich zusammen mit Artistik und Musik. Es gebraucht alle Mittel und Gags der Gaukler- und Jahrmarkt-Theatertraditionen gleichermaßen wie die Synthesizertechnik der Popmusik.

Edwards war Mitbegründer des «Festivals of Fools» 1975 in Amsterdam, das ein Treffpunkt der alternativen Theaterbewegung mit weltweiter Ausstrahlung wurde. Einer der wesentlichen Impulse, die davon ausgingen, war die Rehabilitierung von Elementen einer sogenannten «plebejischen Theaterkultur».

Eine ganz andere Position des Clown-Theaters vertritt Dario Fo, der diese Tradition in sein neues politisches Volkstheater einholt. Und Fo ist es auch, der für alle gültig die Arbeitsweise des kritischen Komikers formulierte:

«Ich möchte geradezu behaupten, daß ein Komiker, der an die Grundlagen seiner Komik glaubt, gar nicht darum herumkommt, sich mit den verschiedenen Situationen zu identifizieren, mit denen er diese Grundlagen ausdrückt. Für mich und meine Kollegen sind diese Grundlagen identisch mit dem eigentlichen Grund, aus dem heraus wir Theater machen. Ich will damit sagen, daß das mechanische Lachen, das mit technischen Mechanismen hervorgerufen wird, die der Komiker auf der Bühne zu benutzen versteht, dieses Lachen, das unreflektiert zu ihm zurückkommt und in dem er sich spiegelt – daß dieses Lachen uns absolut nicht interessiert. Und zwar deshalb, weil wir ein satirisches Lachen wollen, das Ausdruck davon ist, daß sich das Publikum konfrontiert sieht mit einer bestimmten Realität, die als Thema einer bestimmten Aktion auf der Bühne dargestellt wird. Diese bestimmte Realität ist oft tragisch, ein tragisches Moment im Ganzen der sozialen und politischen Realität, in der wir leben.» (Theater der Nationen. *Festival*-Katalog. Hamburg 1979, S. 118 f.)

J. Edwards in Aktion, um 1977

Der Clown wie der Artist in der Zirkuskuppel ist völlig auf sich gestellt, nur sein persönlicher Einsatz zählt. Eben dies aber macht die atemberaubende, oftmals riskante körperliche Präsenz des Akteurs solchen Theaters aus, für das in mehr oder weniger übertragenem Sinne gilt, was Walter Benjamin über den Zirkus schreibt: «Im Zirkus hat die Wirklichkeit das Wort, nicht der Schein. Es ist immer noch eher denkbar, daß während Hamlet den Polonius totsticht, ein Herr im Publikum den Nachbarn um das Programm bittet, als während der Akrobat von der Kuppel den doppelten Salto mortale macht.»

Literatur

Benjamin, W./B. Reich: Revue oder Theater. In: Der Querschnitt. 5 Jg. 1925, Bd. 2, S. 1039–1043
Edwards, J.: Ich lieb dich. Basel 1983
Festival of Fools 1978 ff. Programm. Amsterdam 1978 ff.
Held, B. (Hrsg.): Jango Edwards. Flensburg 1980
Venth, Ch.: Clowns & Co. Die alten und die neuen Fools. Frankfurt a. M. 1982

Ariane Mnouchkine: Interkulturalismus im Theater oder: Die Entdeckung des Orients

«Das Theater ist orientalisch»: Diese vielfach zitierte Äußerung von Ariane Mnouchkine (nach J. Féral 2003, S. 29) ist typisch für das Theaterverständnis dieser Regisseurin. Dabei will sie keineswegs Spieltechniken des orientalischen Theaters, des japanischen Nō- oder des Kabuki-Theaters, übernehmen. Was sie fasziniert und ihre eigene Arbeit inspiriert hat, ist die hochtheatrale Metaphorik dieses Theaters, dessen spirituelle Strenge, ja, dessen «Magie». Es ist die aus dem Zusammenspiel von Körper, Bewegung und Stimme entwickelte poetische Formensprache dieser Schauspielkunst. Und es ist der unmittelbare Bezug des orientalischen Theaters zum Publikum, den Mnouchkine auch mit ihrem Theater stets sucht. Ihr Publikum will sie zwingen, «auf andere Weise», als es die eingespielte Theaterkonvention zulässt, mit den Werken der eigenen Tradition «in Beziehung zu treten» (J. Féral 2003, S. 188). So etwa ist der Zuschauer in ihrem dreiteiligen Shakespeare-Zyklus – *Richard II.* (1981), *La nuit des Roi* (1982), *Henry IV., première partie* (1984) –, ebenso bei *Les Atrides* – Aischylos' *Agamemnon* (1990), *Le Choéphores* (1991), *Les Euménides* (1992) – damit konfrontiert, dass sich ihm die allgemeingültige Wahrheit dieser klassischen Werke in einer Konfrontation mit dem Fremden neu erschließt in der poetischen Kraft der Bilder, eben in der Manier des orientalischen Theaters. Bereits der Vordenker aller radikalen Theatererneuerer des 20. Jahrhunderts, Antonin Artaud, hatte in seinem Essay *Das Balinesische Theater* auf die kreative Verstörung hingewiesen, die dieses beim europäischen Zuschauer auszulösen vermag: kraft des «Vorrats an rituellen Gebärden, der streng kodierten Körpersprache und der erschreckenden Entpersönlichung» seiner Schauspieler.

So wird der Begriff «Interkulturalismus» zu Recht auf die Theaterarbeit von Ariane Mnouchkine angewendet. Dies gilt nicht nur für ihre offensichtlichen stilistischen Adaptionen bei der Gestaltung der Masken und Kostüme oder den chorischen Bewegungsritualen, wie sie etwa der rasante Chorauftritt in den *Choephoren* so eindrucksvoll demonstriert; es gilt auch für die Zusammenstellung des Ensembles des Théâtre du Soleil.

W. Shakespeare: Richard II. Regie: A. Mnouchkine. Avignon 1982

Zusammen mit Peter Brook und Eugenio Barba ist sie es, die ihre Theaterarbeit am konsequentesten aus dem Dialog der Kulturen entwickelt. (Vgl. M. Brauneck: Die Welt als Bühne. 5, S. 148) Eine Voraussetzung dieser interkulturell orientierten Arbeit ist es aus ihrer Sicht, Respekt zu bewahren vor der Andersartigkeit der anderen. Nur dann vermag diese «Vermengung», die Verschmelzung «des Allerältesten mit dem Allerneuesten» (A. Mnouchkine 1990), jene Kraft zur Erkenntnis freizusetzen, die dieses Theater bewirken will. Für Mnouchkine ist dies stets auch eine Auseinandersetzung mit der Geschichte. Darin etwa sieht sie den Universalismus des Werks von Aischylos und auch von Shakespeare gegenüber jenen Formen des zeitgenössischen Theaters, die in der sinnlichen Repräsentation ihrer Theatralik eher zurückgenommen sind. Dies gilt für Grotowskis «armes Theater», für Peter Brooks Bekenntnis zum «leeren Raum», vor allem für Brechts «episch» unterkühlte Denkspiele.

Das Théâtre du Soleil präsentiert sich überaus farbenprächtig als ein Fest der Sinne, als Rausch schöner expressiver Bewegungen. Der Regisseurin hat dies gar den Vorwurf des Folkloristischen eingebracht. Es ist eine forcierte Künstlichkeit, die die Ästhetik dieser Spielweise kennzeichnet. Unpsychologisch erzeugt sie Nähe und Fremdheit zugleich. Vom Schauspieler verlangt dieses Theater, «ausschließlich Situationen und Zustände zu spielen» (J. Féral 2003, S. 174), wodurch der erzählten Geschichte eine Modellhaftigkeit zukommt, Individuelles zum Allgemeinen wird. Dieses Theater versteht sich aber durchaus als politisch, und zwar in dem Sinn, dass immer wieder Geschichte jenseits der Ideologien thematisiert wird; vom Blickwinkel der Freiheit aus, die die Regisseurin permanent gefährdet sieht. So sind die Themen des Théâtre du Soleil überwiegend in der Geschichte von Ländern wie Indien, Kambodscha, Tibet oder Südafrika angesiedelt. Im Zusammenhang mit dem Stück *Indiade oder: Das Indien ihrer Träume* (1987/88) von Hélène Cixous (geb. 1937) formuliert Ariane Mnouchkine ihren Blick auf diese Geschichte folgendermaßen: «Als ob es für die Geschichte eine Schranke gäbe! Als ob Indien nicht meine Geschichte wäre! Als ob Südafrika nicht meine Geschichte wäre! Ich bin Französin, doch ich gehöre der Welt an. Wenn Indien nicht unsere Geschichte ist, dann könnte sie dazu werden. ... (Man) wird überdies schreiben, dass wir ein historisches Schauspiel machen, aber in Wirklichkeit sprechen wir von dem, was uns angeht.» (Nach J. Féral 2003, S. 167) Das Stück schildert die Entstehung des indischen Staats im Verlauf von elf Jahren – von 1937 bis 1948 – und einem Bürgerkrieg mit 500 000 Toten «trotz der von Gandhi gepredigten Gewaltlosigkeit»; und es schildert die Befreiung von der britischen Kolonialherrschaft.

Ist die Ästhetik ihres Theaters eine interkulturelle, so ist das geschichtliche Bewusstsein von Ariane Mnouchkine, wie Josette Féral es formuliert, eine «weltumspannende Beziehung». Eine konkrete Einlassung auf politische Geschichte fand auch statt in dem Projekt *Die schändliche aber unvollendete Geschichte von Norodom Sihanouk, König von Kambodscha* (1985), für das ebenfalls Hélène Cixous die Spielvorlage geschrieben hat. Dieses Stück behandelt den Völkermord in Kambodscha, der, von der übrigen Welt weitgehend unbeachtet, in den Jahren 1953 bis 1979 stattfand. In dieser Zeit war Kambodscha zum Spielball der

Großmächte geworden. Selbst in ihrer Inszenierung von Molières *Tartuffe* (1995) arbeitete die Regisseurin einen über die Zeiten hin gültigen politischen Aspekt heraus: den Protest gegen Intoleranz, religiösen Fundamentalismus und den repressiven Charakter von Ideologien. Es hätte, so bemerkt sie 1981, auch «ein Stück über den Stalinismus» werden können: «Der Westen ist wie Orgon ein Helfershelfer, und wir sind es mit ihm». Eine Anklage der kolonialen, gewaltsamen Assimilierungspolitik Chinas gegenüber Tibet ist das Thema in *Et soudain des nuit d'éviel* (1997). Es war ein genereller Appell zur Rettung bedrohter Minderheiten und Kulturen.

Gegründet wurde das Théâtre du Soleil – das «Sonnentheater», das das Licht der Aufklärung feiert – im Jahr 1964 als Theaterkooperative. Seit 1970 dient die Cartoucherie auf dem Gelände einer ehemaligen Munitionsfabrik in Vincennes bei Paris als feste Spielstätte. Ihre erste Produktion war Maksim Gor'kijs Stück *Die Kleinbürger* (1964/65). Das zweite Stück, *Die Küche* von Arnold Wesker, wurde 1968 in bestreikten Fabriken aufgeführt und war der große Durchbruch des Théâtre du Soleil in der französischen Öffentlichkeit. Mnouchkines Vorstellung war es, mit ihrer Theaterarbeit an jene Richtung des «théâtre populaire» anzuschließen, wie sie Roger Planchon praktizierte. Auch Jean-Paul Sartres Idee eines «théâtre d'action» ging in das Konzept von Mnouchkines «politischem Volkstheater» ein. «Einfach und schön» sollte es sein, von jedermann verstanden werden, allein auf die Kraft der Imagination des Spiels vertrauend.

Aus dem Elan der Pariser Mai-Revolte von 1968 wurden neue Ziele formuliert, und es veränderte sich die Arbeitsweise von Mnouchkines Theaterkollektiv. Die neue Richtung war vor allem geprägt durch die Absage, fertige Stücke ins Repertoire zu übernehmen. Zwei «Revolutionsstücke» wurden erarbeitet und waren enorme Publikumserfolge: *1789: Die Revolution muß bei vollkommenem Glück enden* und *1793: Die Revolution macht das Volk*. Das erste Stück sahen 300 000 Zuschauer, das zweite mehr als 102 000. Beide Stücke behandeln die Französische Revolution, gesehen aus der Perspektive des einfachen Volks und aus dem Blickwinkel einer Truppe des Pariser Jahrmarkttheaters. Ein weiteres Großprojekt war *Das Goldene Zeitalter* (1975/76), eine Szenenfolge

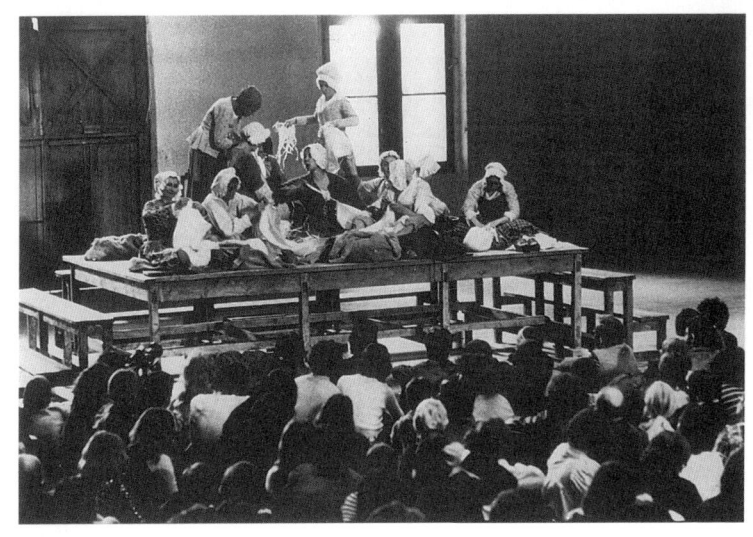

Théâtre du Soleil: La Cité Revolutionaire est de ce Monde.
Regie: A. Mnouchkine. Vincennes 1972

zum Thema Rassismus, staatlicher Machtrepression und zur Frauenfrage. Inszenierungen von Molières *Dom Juan* (1977/78) und *Mephisto. Roman einer Karriere* (1979/80, nach der gleichnamigen Vorlage von Klaus Mann) folgten. In den achtziger und frühen neunziger Jahren bestimmten jedoch wieder die großen Geschichtsthemen die Arbeit von Ariane Mnouchkine: der Shakespeare- und der Atriden-Zyklen, ebenso die Projekte über die kriegerische Geschichte Kambodschas und Indiens. (Vgl. M. Brauneck: Die Welt als Bühne. 5, S. 153 ff.) Ende der neunziger Jahre waren es die Schicksale von Asylanten, von Flüchtlingen aus den Bürgerkriegen auf dem Balkan und von Menschen, die Opfer von Schleppern und Erpressern waren, welche das Théâtre du Soleil ins Licht der Öffentlichkeit rückte.

Eine Leitidee der Theaterarbeit von Ariane Mnouchkine war von Beginn an die Auseinandersetzung mit politischem Machtmissbrauch, mit dem Ringen der Menschen und der Völker um Unabhängigkeit und Selbstbestimmung. Zumeist waren es Minderheiten, sozial oder ethnisch

Ausgegrenzte, von deren Schicksalen die Geschichten handeln, die das Théâtre du Soleil erzählt: parteilich engagiert, doch eben auch «schön»; vorgetragen in einem System ästhetischer Verweisungen, die das gesamte Welttheater einschließt, mitunter mit einem Hang zum Artifiziellen. In allen diesen Arbeiten, bei den großen politischen Geschichtsthemen wie im Blick auf geschundene Einzelne, geht es Ariane Mnouchkine – wie sie selbst sagt – um die «Entschlüsselung des Menschlichen» (nach J. Féral 2003, S. 82). Stets aber geht es ihr auch darum, ihren Schauspielern «die Lust zu spielen» zu bewahren und die Lust, «sich und anderen Geschichten zu erzählen.»

Literatur
Bablet, D. u. M. L.: Le Théâtre du Soleil ou la quête du bonheur. Paris 1979
Bharucha, R.: Theatre and the World. Essays on Performance and Politics of Culture. New Delhi 1990
Brauneck, M.: Die Welt als Bühne 5. Stuttgart u. Weimar 2007, S. 148–159
Féral, J.: Trajectoires du Soleil: autour d'Ariane Mnouchkine. Paris 1998
Dies. (Hrsg.): Ariane Mnouchkine und das Théâtre du Soleil. Berlin 2003
Dies.: Jedes Theater ist politisch. In: J. Féral 2003, S. 165–178
Dies.: Der vielbesuchte Orient. Internationalismus im Theater. In: J. Féral 2003, S. 179–192
Innes, Ch.: Avant-Garde Theatre 1892–1992. London u. New York 1993
Kiernander, A.: Ariane Mnouchkine and the Theatre du Soleil. New York u. a. 1993
Marranca, B. u. G. Dasgupta: Interculturalism and Performance. New York 1977
Mnouchkine, A.: Entretiens avec Fabienne Pascaud. Paris 2005
Pavis, P.: Le théâtre au croisement des cultures. Paris 1990
Schechner, R.: Essays on Performance. New York 1977
Seym, S.: Das Théâtre du Soleil. Ariane Mnouchkines Ästhetik. Stuttgart 1992

V Politisches Theater: Agitation, Aufklärung, Widerspruch

Vorbemerkung

Die Anfänge des politischen Theaters im 20. Jahrhundert standen in unmittelbarem Zusammenhang mit der russischen Oktoberrevolution im Jahr 1917 und der Novemberrevolution 1918 in Deutschland. Während jedoch das politische Theater in der Sowjetunion erst nach der siegreichen Revolution einsetzte und dabei sogleich zu seinem Höhepunkt kam, auch in seiner künstlerischen, experimentellen Ausgestaltung (Mejerchol'd, Ejzenštejn, Majakovskij, Evreinov), war das politische Theater in Deutschland nach 1918, insbesondere jene Richtung, die auch neue ästhetische Formen entwickelte, ein Forum des Kampfs der Linksparteien, vornehmlich der KPD. War das revolutionäre proletarische Theater in der Sowjetunion integriert in den komplexen Umgestaltungsprozess der proletarischen Kulturrevolution, die sich zumal in den Jahren 1921/22 die fundamentale Neugestaltung der Sowjetgesellschaft zum Ziel gesetzt hatte, so war das politische Theater in Deutschland permanenter Verfolgung ausgesetzt, hatte sich durchzusetzen gegen Zensur und die Konkurrenz des bürgerlichen Theaterbetriebs, scheiterte vielfach auch an der Schwierigkeit, seine ökonomischen Existenzgrundlagen sicherzustellen. Die Geschichte der Theaterarbeit Erwin Piscators, des wohl wichtigsten Regisseurs eines politischen Agitationstheaters im Deutschland der zwanziger Jahre, veranschaulicht diese Situation geradezu exemplarisch. Zudem war das Arbeiterpublikum in Deutschland, der eigentliche Adressat dieses Theaters, in seiner Einstellung zur Institution Theater stark geprägt durch die kulturpolitische Ausrichtung der Volksbühnen (1890 als Institutionen sozialdemokratischer Kulturarbeit gegründet), die sich bis 1918 längst zu einer Abonnentenorganisation ohne nennenswerten politischen Anspruch entwickelt hatte. Ähnlich einzuschätzen ist die Tradition des Théâtre National Populair in Frankreich, 1920 von Firmin Gémier ins Leben gerufen, 1951 von Jean Vilar als großes kulturpolitisches Reformprojekt weiterentwickelt. (Vgl. M. Brauneck: Die Welt als Bühne. 5, S. 16 ff.) In Deutschland kam hinzu, dass die KPD in den ersten Jahren der Weimarer Republik einen kulturpolitischen Kurs vertrat, der die Form des Agitproptheaters, wie sie vor allem Piscator und seine Mitarbeiter in jenen Jahren praktizierten, strikt ablehnte und sich noch ganz an der Ästhetik der bürgerlichen Bühnen orientierte. Selbst von dieser Seite also fehlte den Aktivisten des linksrevolutionären Theaters zunächst jede Unterstützung. So ergab sich zwangsläufig die paradox erscheinende Situation, dass sich das linke politische Theater in Deutschland, insbesondere in seinen experimentellen und für die Entwicklung der Theaterästhetik richtungweisenden Formen, in Institutionen des bürgerlichen Kulturbetriebs (Privattheatern) entfaltete, mithin das Arbeiterpublikum (von einigen Politrevuen Piscators abgesehen) im Grunde kaum erreichte.

Das politische Theater der zwanziger Jahre, in der Sowjetunion wie in Deutschland, den beiden Zentren dieser Entwicklung, war in seiner Ästhetik im Wesentlichen durch drei Momente bestimmt, die in völlig unterschiedliche, ja konträre Traditionsbereiche verwiesen:

1. Es griff zurück auf die einfachsten Theatermittel volkstümlicher Spieltraditionen (Commedia dell'Arte, Jahrmarkttheater, Zirkus, Revuetheater) und entwickelte daraus Formen der unmittelbaren Ansprache, des hautnahen Kontakts mit dem Publikum, aber auch eine Verbindung von didaktischen oder agitatorischen Elementen mit dem spontanen Theaterspaß, der Situationskomik, mit Klamauk und Slapstick.

2. Scheinbar im Gegensatz dazu standen jene Richtungen des politischen Theaters, die die totale Technifizierung der Bühne propagierten und in diesem Terrain die spektakulärsten experimentellen Projekte entwickelten. Dabei ging es vor allem um die Integration der technischen Medien (Radio, Bildprojektion, Film) in die Theaterarbeit und um die Übernahme bühnentechnischer Errungenschaften des futuristischen und konstruktivistischen Experimentiertheaters.

3. Schließlich wurde das politische Theater – vor allem in Deutschland – durch Entwicklungen innerhalb des konventionellen «Literaturtheaters» bestimmt. Einmal waren es strukturelle Veränderungen der Dramaturgie, die unter dem Begriff der Episierung (vorbereitet im Naturalismus) die Form des Dramas verändert hatten mit dem Ziel der Darstellung von Zuständen, von Milieu und komplexen gesellschaftlichen Zusammenhängen – statt der Konzentration auf die Handlungen und Motivationen eines Protagonisten. Und es waren jene Entwicklungen,

die zur Thematisierung aktueller Probleme, oftmals brisanter Zeitfragen, im Drama (konventioneller Bauform) geführt und das sogenannte Zeitstück hervorgebracht hatten. (Vgl. M. Brauneck: Die Welt als Bühne. 4, S. 392 ff.)

Aus diesen vielfältigen, sich immer wieder vor diesen in der zweiten Hälfte des 20. Jahrhunderts überlagernden Entwicklungen zeichnen sich vier Grundformen politischen Theaters ab, die sich sowohl in ihren Wirkungsstrategien wie in ihrer Ästhetik voneinander unterscheiden:

1. Eine einfache Form politischen Theaters mit stark agitatorischem Charakter, oft in der Form des «Straßentheaters» und mit einem vielfältigen Spektrum an Spielarten und Sonderentwicklungen. Insbesondere als Straßentheater war diese Form politischen Theaters in den sechziger Jahren ein zentrales Ausdrucksmittel der unterschiedlichsten Protestbewegungen, der Studentenrevolte in den westlichen kapitalistischen Gesellschaften, ebenso aber der politischen Arbeiterbewegung oder ethnischer Minderheiten in den USA. Elemente des Volkstheaters waren die Grundlage für die politischen Farcen von Dario Fo, der in den siebziger Jahren einer der weltweit am meisten aufgeführten Theaterautoren und als Bühnenakteur die Idealbesetzung seiner Stücke war.

2. Das «epische Theater» von Bertolt Brecht, das innerhalb des politischen Theaters wohl am stärksten auf der Sprache aufbaut (zentraler Wirkungsfaktor ist der sogenannte Verfremdungseffekt), seiner Wirkungsintentionen nach weniger agitatorisch als vielmehr argumentierendes Aufklärungstheater ist, das aber auch die engste Bindung an die Produktionsbedingungen und -möglichkeiten konventioneller Theaterinstitutionen – Privat- oder Staatstheater – hat. Nicht zuletzt hatte Brecht selbst mit dem 1949 von ihm und Helene Weigel in Ost-Berlin gegründeten Berliner Ensemble eine Art staatlicher Modell-Institution geschaffen, die der Darstellung und Weiterentwicklung der «epischen» Spielweise im Sinne eines zeitgemäßen Aufklärungstheaters dienen sollte.

3. Das «Dokumentartheater», das mit unterschiedlichen Strukturmodellen arbeitet, dessen Gemeinsamkeit aber eben auf der (nicht objektiven, sondern parteilichen) Verwendung authentischer Dokumente

beruht, die in der Theateraktion gleichsam als Beweisstücke angeführt werden, in den unterschiedlichsten Bearbeitungs- oder Präsentationsformen.

4. Das konventionelle realistische Theater, das politische Inhalte eindeutig parteilich behandelt. Diese Richtung erhielt von der Mitte der dreißiger Jahre an unter der Programmatik des sozialistischen Realismus besondere Bedeutung für die Theaterentwicklung in den sozialistischen Ländern. (Vgl. M. Brauneck: Die Welt als Bühne. 4, S. 793 ff.)

Diese Grundformen politischen Theaters orientierten sich weitgehend an Strukturmodellen oder Spielpraktiken, die in den zwanziger und frühen dreißiger Jahren in der Sowjetunion oder in Deutschland entwickelt wurden. Besondere Formen, etwa Brechts Lehrstücke oder die Mammutprojekte Piscators, Mejerchol'ds oder Evreinovs, haben aus diesem historischen Raum heraus jedoch kaum weitergewirkt; sie waren eingebunden in die spezifischen Bedingungen proletarischer Öffentlichkeiten, wie sie nur in jenen Jahren zeitweilig existierten.

Neben solchen Formen «offenen» politischen Theaters stehen Positionen politisch verstandener Theaterarbeit, die sich weder auf eine einheitliche ästhetische Richtung noch auf eine allzu eng gefasste parteipolitische Linie festlegen lassen. Ihnen liegt ein Verständnis politischen Theaters zugrunde, wie es Leopold Jessner (1878–1945), der der Sozialdemokratie nahestehende, neben Erwin Piscator (und als dessen Antipode) wohl wichtigste Regisseur des politischen Theaters in den Jahren der Weimarer Republik (vgl. M. Brauneck: Klassiker der Schauspielregie, S. 179 ff.), 1927 anlässlich der Jahrestagung der deutschen Volksbühnen in Magdeburg vortrug:

«Es gibt kaum einen Zweig heutigen Lebens oder heutigen Wissens, der sich dieser Atmosphäre des Politischen entziehen könnte. Wo wir an praktische oder ideelich-orientierte Fragen rühren – die Zeit verleiht ihnen automatisch ein politisches Gepräge. So wird auch das Theater – sofern es nicht abseits der Zeit stehen will – in jenem großen weltanschaulichen Sinne politisch sein – so etwa, wie das Theater der Griechen in *weltanschaulichem* Sinne religiös war. (...)
Wenn ich als ein mir naheliegendes Beispiel die ‹Hamlet›-Aufführung des Staatlichen Schauspielhauses anführe, so war hier der Versuch gemacht, ein ewig

F. Schiller: Wilhelm Tell. Regie: L. Jessner. Staatstheater Berlin 1919

gültiges Dichtwerk vom Blickpunkt einer gewandelten Weltanschauung aus zu geben. Die Wandlung bestand in einer Abkehr von psychologischen Gesichtspunkten. Was konnte uns heute noch nach soviel ästhetisch-wissenschaftlichen Kommentaren und nach so erschöpfenden Spitzenleistungen der Schauspielkunst (Kainz!) die *Psychologie* der Hamlet-Figur interessieren?! Die Grammophonplatte von ‹Sein oder Nichtsein› ist ausgewalzt. Die Melancholie des Dänenprinzen ist sprichwörtlich und somit Klischee geworden.
Der Hamlet von heute bedurfte weniger des Smokings und der Bügelfalte als eines neuen Stichwortes. Und dieses Stichwort hieß: ‹Etwas ist faul im Staate Dänemark.› Hier liegt der Angelpunkt für das Leid Hamlets. Hier der Grund seiner Einsamkeit. Hier das Martyrium, an dem er zugrunde geht. Der Rachegedanke für seinen Vater ist nur der greifbare Antrieb seines Gebarens. Denn hier wurde unter unzähligen Untaten eine – und zwar die gravierendste – offenbar, die die Morschheit jenes Königshofes entlarvte – die Morschheit der Gesinnung und des Zeremoniells, hinter dem sich der Zerfall verbarg. Deshalb mußte dieses Zeremoniell und sein Exponent Polonius besonders penetrant gezeigt werden. Deshalb mußte die Panik dieses Zeremoniells im Moment der Entlarvung besonders sichtbar werden. (Und aus diesem, und nicht etwa rein dekorativem Grunde war das Hoftheater in all seinem Prunk und all seiner Gala-Atmosphäre

aufgebaut.) Deshalb mußte die Falschheit, wo sie sich nicht zu verbergen vermag, in Gestalt der Höflinge Güldenstern und Rosenkranz besonders hervorgekehrt werden.
Niemand kann zu Recht behaupten, diese Anschauung hätte Shakespeare ‹vergewaltigt›. Denn es ist nichts darin, was nicht im ‹Hamlet› enthalten wäre. Nur die Beleuchtung sozusagen hat gewechselt. So etwa, als wenn man den Prinzen von Homburg nicht mehr als Hohenzollern-Dithyrambus im Sinne der Siegesallee sieht, sondern als Verherrlichung des Staatsgedankens – in Person des Großen Kurfürsten – der autoritativ bleiben muß über jede Handlung innerhalb des Staatsgefüges.
Dies seien Beispiele für das Theater als Zeitausdruck und in diesem Sinne als politisches Faktum, wobei das Politische ein *Mittel* des Künstlerischen ist und nicht seine *Aufhebung*, ähnlich wie im griechischen Theater das Religiöse Attribut des Künstlerischen war und nicht Selbstzweck, ähnlich, wie das klassische Theater Goethes und Schillers nicht dergestalt als eine moralische Anstalt sich darstellte, daß das Lehrhafte darin überwog.»

Jessners Inszenierung von Schillers *Wilhelm Tell* im Dezember 1919 am Staatlichen Schauspielhaus zu Berlin, ebenso *Richard III.* (Bühne: Emil Pirchan) von Shakespeare im Jahr darauf, waren künstlerische wie politische Höhepunkte in der Vergegenwärtigung der klassischen Dramen aus einer durch und durch zeitgenössischen Sicht, ohne in platte «Aktualisierung» zu verfallen. Die *Hamlet*-Inszenierung im Dezember 1926 (Bühne: Caspar Neher) stellte den härtesten Bruch mit der konventionellen Auffassung dieses prominenten, im Bildungsbewusstsein des Bürgertums so fest verankerten Stücks.

Die Politisierung des Theaters in den sechziger und siebziger Jahren setzte, soweit sich diese in den etablierten Institutionen abspielte, letztlich diese Position, die Leopold Jessner vorgegeben hatte, fort: politisches Theater – nicht parteipolitisch verengt –, sondern als «kritischen Einspruch» (Peter Stein), als Widerspruch oder Protest gegen Missstände in der Gesellschaft als «menschlicheres Theater» (Giorgio Strehler). Daneben kam eine Alternativ-Bewegung auf, die ihren Protest weitaus fundamentaler vortrug, die das etablierte Theatersystem als Ausdruck einer in ihrem Wesen repressiven Gesellschaft generell in Frage stellte und den Protest gegen staatlichen Gewaltmissbrauch, soziale Ausgrenzung, Rassismus und die als imperialistisch gebrandmarkten Kriege dieser Jahrzehnte in neuen künstlerischen Formen artikulierte und ihre eigenen Produktions- und Vermittlungsstrukturen aufbaute. In unserer Dokumentation sind für diese Richtung des politischen Theaters auch Gruppen und Positionen typisch, die in dem Kapitel «Theater der Erfahrung» behandelt sind.

Dokumentation

Erwin Piscator
Grundlinien der soziologischen Dramaturgie (1929)

1. Funktion des Menschen

Fundamental für das, was ich den «neuen Gesichtspunkt» genannt habe, ist die Stellung des Menschen, seine Erscheinung und seine Funktion innerhalb des revolutionären Theaters; der Mensch und seine Emotionen, seine Verbindungen, privater Art oder gesellschaftlich bedingt, oder seine Stellung zu den übernatürlichen Mächten (Gott, Schicksal, Fatum oder in welchen Erscheinungsformen diese Macht im Laufe der Entwicklung immer aufgetreten sein mag) – teure Begriffe den Dramatikern und Dramaturgen aller Jahrhunderte! Aber erst der Volksbühne, d. h. ihren geistigen Exponenten, war es vorbehalten, das Menschliche sozusagen chemisch-rein darzustellen und als «Ding an sich» zum eigentlichen Wesenskern der Dramatik und des Theaters überhaupt zu machen. Die These von der «Kunst dem Volke» wurde verwandelt auf dem Umweg über das «Menschlich-Große» in ihr direktes Gegenteil: «Souveränität der Kunst». Ein langer Weg, der über die Stationen des bürgerlichen Individualismus mit seiner Ausbreitung privater Seelenschmerzen geht – aber welche Ironie, daß gerade die Dramaturgie der Volksbühne es war, die diesen Weg bis in die Sackgasse hinein verfolgte, aus der es keinen Ausweg zum Gesellschaftlichen mehr gab.

Dieser Fragenkomplex, der aufs engste mit dem Schauspielerischen zusammenhängt, mußte von einer Dramaturgie, die von der veränderten

Funktion des Theaters ausging, vollkommen neu aufgerollt werden. Immer wieder müssen wir dabei zu den Ursprungspunkten der ganzen Bewegung zurückgehen. Denn nicht eine willkürliche Veränderung liegt hier vor, sondern eine Veränderung, die zunächst von den Verhältnissen selbst vorgenommen wurde. Und diese Verhältnisse hießen Krieg und Revolution. Sie waren es, die den Menschen, seine geistige Struktur und seine Stellung zur Allgemeinheit veränderten. Sie vollendeten das Werk, das 50 Jahre zuvor der Industriekapitalismus begonnen hatte.

Endgültig begrub der Krieg unter Stahlgewittern und Feuerlawinen den bürgerlichen Individualismus. Der Mensch, als Einzelwesen unabhängig oder scheinbar unabhängig von gesellschaftlichen Bindungen, egozentrisch um den Begriff seines Selbst kreisend, ruht in Wirklichkeit unter der Marmorplatte des «Unbekannten Soldaten». Oder wie Remarque es formuliert hat: «Die Generation von 1914 ist gestorben im Krieg, auch wenn sie seinen Granaten entkam.» Was zurückkehrte, hatte nichts mehr gemeinsam mit jenen Begriffen von Mensch, Menschtum oder Menschlichkeit, die in der guten Stube der Vorkriegswelt als Prunkstücke die Ewigkeit einer gottgewollten Ordnung symbolisiert hatten.

Weit entfernt davon, jenen Typus darzustellen, den der Sozialismus, wenn auch nicht zur Voraussetzung, wie immer noch fälschlich geglaubt, sondern zum Ziel hat, den kameradschaftlichen, den kollektivfühlenden, -denkenden und -handelnden Menschen, waren dennoch die Heerkolonnen, die sich 1918 über den Rhein wälzten – unter eigner Führung den Rückmarsch durchführten in Selbstdisziplin und ohne Schnarrkommando, die mit dem festen Willen den Boden Deutschlands betraten, eine neue bessere und gerechtere Ordnung durchzusetzen, wenn es sein mußte, mit dem Gewehr in der Hand –, bereits die Vorform eben dieses Typs. Gegossen in den Schmelztiegeln der Großindustrie, gehärtet und geschweißt in der Esse des Krieges, standen die Massen 1918 und 1919 drohend und fordernd vor den Toren des Staates, nicht mehr ein Haufe, eine wahllos zusammengewürfelte Rotte, sondern neue lebendige Wesen mit neuem Eigenleben, das nicht mehr die Summe von Individuen war, sondern ein neues, gewaltiges Ich angetrieben und bestimmt von den ungeschriebenen Gesetzen seiner Klasse.

Will jemand angesichts dieser ungeheuren Umwälzung, von der niemand sich auszuschließen imstande ist, im Ernst behaupten, das Bild des Menschen, seiner Emotionen, seiner Bindungen, sei ein ewiges, von der Zeit unberührtes und absolutes? Oder wird man endlich zugeben, daß die Klage Tassos ohne Widerhall gegen die Betonräume und Stahlwände unseres Jahrhunderts prallt und auch die Neurasthenie Hamlets bei einer Generation von Handgranatenwerfern und Rekordsiegern auf kein Mitleid rechnen kann? Wird man endlich einsehen, daß der «interessante Held» nur der Epoche interessant ist, die ihr Schicksal in ihm verkörpert sieht, daß die Leiden und Freuden, die gestern noch erhaben schienen, den überwachen Blicken einer kämpfenden Gegenwart als lächerliche Belanglosigkeiten erscheinen?

Diese Epoche, die vielleicht durch ihre sozialen und ökonomischen Bedingtheiten den einzelnen um sein «Menschsein» gebracht hat, ohne ihm noch die höhere Menschlichkeit einer neuen Gesellschaft zu schenken, hat sich selbst als neuen Helden aufs Postament erhoben. Nicht mehr das Individuum mit seinem privaten, persönlichen Schicksal, sondern die Zeit und das Schicksal der Massen sind die heroischen Faktoren der neuen Dramatik.

Verliert dadurch der einzelne die Attribute seiner Persönlichkeit? Haßt, liebt, leidet er weniger als der Held der vorigen Generation? Gewiß nicht, aber alle Empfindungskomplexe sind unter einen anderen Gesichtswinkel gerückt worden. Nicht mehr er allein, losgelöst, eine Welt für sich, erlebt sein Schicksal. Er ist untrennbar verbunden mit den großen politischen und ökonomischen Faktoren seiner Zeit, wie Brecht einmal pointierte: «Jeder chinesische Kuli ist, um sein Mittagsbrot zu verdienen, gezwungen, Weltpolitik zu treiben.» Er ist durch alle seine Äußerungen dem Schicksal seiner Epoche verhaftet, gleichgültig wie seine Stellung auch sein mag.

Der Mensch auf der Bühne hat für uns die Bedeutung einer gesellschaftlichen Funktion. Nicht sein Verhältnis zu sich, nicht sein Verhältnis zu Gott, sondern sein Verhältnis zur Gesellschaft steht im Mittelpunkt. Wenn er auftritt, dann tritt mit ihm zugleich seine Klasse oder seine Schicht auf. Seine Konflikte, moralisch, seelisch oder triebhaft, sind Konflikt mit der Gesellschaft. Mochte das Altertum im Mittelpunkt seine Stellung zum Schicksal sehen, das Mittelalter seine Stellung zu Gott, der Rationalismus seine Stellung zur Natur, die Romantik seine Stellung zu den Mächten des Gefühls – eine Zeit, in der die Beziehungen der Allgemeinheit untereinander, die Revision aller menschlichen Werte, die Umschichtung aller gesellschaftlichen Verhältnisse auf die Tagesordnung gesetzt sind, kann den Menschen nicht anders sehen, als in seiner Stellung zur Gesellschaft und zu den gesellschaftlichen Problemen seiner Zeit, d. h. als politisches Wesen.

Mag diese Überbetonung des Politischen, an der nicht wir schuldig sind, sondern die Disharmonie der heutigen gesellschaftlichen Zustände, die jede Lebensäußerung zu einer politischen machen, in gewissem Sinne zu einer Verzerrung des menschlichen Idealbildes führen, so wird dieses Bild jedenfalls den einen Vorzug haben, der Wirklichkeit zu entsprechen.

Für uns, als revolutionäre Marxisten, kann sich die Aufgabe aber nicht darin erschöpfen, die Wirklichkeit kritiklos nachzuzeichnen, das Theater nur als «Spiegel seiner Zeit» aufzufassen. Das ist so wenig seine Aufgabe, wie diesen Zustand allein mit theatralischen Mitteln zu überwinden, die Disharmonie durch eine Verschleierung aufzuheben, den Menschen als Erscheinung in erhabener Größe darzustellen in einer Epoche, die ihn in Wirklichkeit gesellschaftlich verzerrt, mit einem Worte, idealistisch zu wirken. Die Aufgabe des revolutionären Theaters besteht darin, die Wirklichkeit zum Ausgangspunkt zu nehmen, die gesellschaftliche Diskrepanz zu einem Element der Anklage, des Umsturzes und der Neuordnung zu steigern.

2. Die Bedeutung der Technik

Aus dem bisher Aufgeführten hat sich wohl mit Deutlichkeit ergeben, daß mir die Technik niemals Selbstzweck gewesen ist. Alle Mittel, die ich angewandt hatte und noch anzuwenden im Begriff stand, sollten nicht der technischen Bereicherung der Bühnenapparatur dienen, sondern der Steigerung des Szenischen ins Historische.

Diese Steigerung, die untrennbar verbunden ist mit der Anwendung der Marxschen Dialektik auf das Theater, war von der Dramatik nicht geleistet worden. Meine technischen Mittel hatten sich entwickelt, um Mängel der dramatischen Produktion auszugleichen.

Nun hat man sehr oft versucht, gerade diesen Punkt mit dem Einwand zu widerlegen, jede wahre Kunst hebe das Private auf und steigere es ins Typische, ins Historische. Immer wieder übersehen dabei unsere Opponenten, daß eben der Typus keinen ewigen Wert darstellt, sondern daß jede Kunst die Vorgänge bestenfalls in das Historische ihrer eigenen Epoche einbezieht. Die Epoche des Klassizismus sah ihre «ewige Ebene» in der großen Persönlichkeit, eine Epoche des Ästhetizismus wird sie in der Steigerung zum Schönen sehen, ein moralische Zeit im Ethischen, eine Epoche des Idealismus im Erhabenen. Alle diese Wertungen galten für ihre Zeiten als ewig, Kunst war das, was diese Werte allgemeingültig formulierte. Diese Wertungen sind für unsere Generation verbraucht, überholt, tot.

Was sind die Schicksalsmächte unserer Epoche? Was hat diese Generation als ihr Schicksal erkannt, dem sie sich beugt, um unterzugehen, das sie überwinden muß, wenn sie leben will? Wirtschaft und Politik sind unser Schicksal, und als Resultate beider die Gesellschaft, das Soziale. Und nur dadurch, daß wir diese drei Faktoren anerkennen, sei es durch Bejahung, sei es durch Kampf gegen sie, bringen wir unser Leben in Verbindung mit dem «Historischen» des zwanzigsten Jahrhunderts.

Wenn ich also die Steigerung der privaten Szenen ins Historische als die Grundgedanken jeder Bühnenhandlung bezeichne, so kann damit nichts anderes gemeint sein als die Steigerung ins Politische, Ökonomische und Soziale. Durch sie setzen wir die Bühne in Verbindung mit unserem Leben.

Wer andere Forderungen an die Kunst unserer Zeit stellt, betreibt damit bewußt oder unbewußt die Ablenkung und Einschläferung unserer Energien. Wir können weder ideale noch ethische noch moralische Impulse in die Szene einbrechen lassen, wenn ihre wirklichen Triebfedern politisch, ökonomisch und sozial sind. Wer das nicht anerkennen will oder kann, der sieht die Wirklichkeit nicht. Und ebensowenig kann das Theater andere Impulse nach außen abgeben, wenn es wirklich das aktuelle, repräsentative Theater unserer Generation sein will.

Es ist kein Zufall, daß in einem Zeitalter, dessen technische Schöp-

A. Tolstoj: Rasputin, die Romanows, der Krieg und Volk, das gegen sie aufstand. Regie: E. Piscator. Bühne: T. Müller. Piscator-Bühne Berlin 1927

fungen alle anderen Leistungen turmhoch überragen, eine Technisierung der Bühne eintritt. Und es ist ferner nicht zufällig, wenn diese Technisierung gerade von einer Seite her einen Anstoß erfahren hat, die sich im Widerspruch mit der gesellschaftlichen Ordnung befindet. Geistige und soziale Revolutionen sind immer mit technischen Umwälzungen eng verknüpft gewesen. Und auch die Funktionsänderung der Bühne war nicht denkbar ohne eine technische Neugestaltung des Bühnenapparates. Dabei erscheint es mir, als ob in Wirklichkeit hier nur etwas nachgeholt wird, was schon längst überfällig war. Bis auf Drehscheibe und elektrisches Licht befand sich die Bühne zu Beginn des 20. Jahrhunderts noch in demselben Zustand, in dem sie Shakespeare zurückgelassen hatte: ein viereckiger Ausschnitt, ein Guckkasten, durch den der Zuschauer den bekannten «verbotenen Blick» in eine fremde Welt tun durfte. Dieser unüberwindbare Abstand zwischen Bühne und Zuschauerraum hat drei Jahrhunderten internationaler Dramatik das Gepräge gegeben. Es war eine «Als-ob-Dramatik». Das Theater hat drei Jahrhunderte lang von der Fiktion gelebt, daß sich kein Zuschauer im Theater befände. Selbst diejenigen Werke, die für ihre Zeit revolutionär gewesen seien, haben sich dieser Unterstellung gebeugt, beugen müssen! Warum? Weil das Theater, als Institution, als Apparat, als Haus sich noch niemals bis zum Jahre 1917 im Besitze der unterdrückten Klasse befunden hat und weil diese noch nie in die Lage gekommen war, das Theater nicht nur geistig, sondern auch strukturell zu befreien. Dieses Werk ist sofort und mit größter Energie von den revolutionären Regisseuren Rußlands in Angriff genommen worden. Mit Notwendigkeit mußte ich bei meiner Eroberung des Theaters ähnliche Wege gehen, die unter unseren Verhältnissen zwar weder zur Aufhebung des Theaters noch – wenigstens bis heute – zur Veränderung der Theaterarchitektonik führten, aber zu einer radikalen Umgestaltung des Bühnenapparates, die insgesamt fast einer Sprengung der alten Kastenform gleichkam.

Vom Proletarischen Theater bis zu «Gewitter über Gottland» erstrebte ich, aus verschiedenen Quellen gespeist, diese bürgerlichen Bühnenformen aufzuheben und an ihre Stelle eine Form zu setzen, die den Zuschauer nicht mehr als fiktiven Begriff, sondern als lebendige Kraft in das Theater einbezieht. Dieser Tendenz, in ihrem Ursprung natürlich politisch, ordnen sich alle technischen Mittel unter.

Und wenn heute noch diese Mittel unvollkommen, gezwungen, überbetont wirken, so ist die Ursache dafür in ihrem Widerspruch zu einem Bühnenhaus zu suchen, das sie nicht vorgesehen hat.

In: Erwin Piscator: Das Politische Theater. Neubearbeitet von Felix Gasbarra. Reinbek 1963 (Rowohlt), S. 70–75, 130–134.

Politisches Theater heute. Wo die ganze Nation betroffen ist, darf das Theater nicht hintanstehen (1965)

Theater als eine Kunst, die in der Öffentlichkeit realisiert wird, hat immer und zu allen Zeiten politische Aspekte gehabt. Wenn man, mit Aristoteles, den Menschen als zóon politikón annimmt, als ein Wesen, das seiner Anlage und Bestimmung nach «politisch», das heißt: gesellschaftlich orientiert ist, dann hat das Theater, indem es in dialektischer Konfrontation die Interessen einer wie auch immer gearteten Gesellschaft und die des Individuums ins Spiel bringt, einen grundsätzlich politischen Charakter. Das haben am frühesten die Politiker erkannt, die dann oft genug im Laufe der Geschichte dieser Erkenntnis durch Zensur und Verbot entsprechenden Ausdruck gaben.

Innerhalb des Theaters ist das Bewußtsein seiner politischen Situierung stets sehr schwankend und uneinheitlich geblieben. Die Theatergeschichte zeigt ein wirres Durcheinander von politischem Engagement und apolitischer Kunstfrömmelei. «Tendenz» war das Stichwort, bei dem sich spätestens die Geister schieden.

Das Tendenziöse, zweckhaft Gezielte ist zweifellos ein wichtiges Merkmal politischen Theaters; und wer meint, Kunst dürfe nicht mit Tendenz behaftet sein, der wird politisches Theater für unkünstlerisch halten. 1918, als wir sahen, wohin mangelnde Beschäftigung mit den Fragen der Politik geführt hatte, als wir darangingen, ein konsequent politisches Theater zu machen, um die Politik ins Volk zu tragen, damals hatten wir keine Zeit, uns mit diesen Oberlehrerfragen nach der vermeintlichen Reinheit der Kunst herumzuschlagen. Wir warfen lieber den ganzen Begriff «Kunst» über Bord; wir zerschlugen wütend den Elfenbeinturm, in den sich die Kunst allzu lange geflüchtet hatte.

Trotz mannigfaltiger Vorleistungen im Laufe der Jahrhunderte ist das, was wir politisches Theater nennen, erst in diesem Jahrhundert entstanden, und zwar als Reaktion auf das weltweite Chaos, das der Erste Weltkrieg uns beschert hatte. Unser Ziel war, mit den Mitteln des Theaters daran mitzuwirken, daß sich eine derartige Katastrophe nicht noch einmal wiederholen könne. Um das allerdings zu erreichen, durfte die

Gesellschaft nicht so bleiben, wie sie war; sie mußte verändert werden. Unser Theater, das zu einer solchen Veränderung beitragen sollte, musste deshalb seinem Wesen nach revolutionär sein.

Da aber sehr bald der Kampf um eine neue Gesellschaft zu einem erbitterten Kampf der Ideologien wurde, musste sich ein politisches Theater, wenn es nicht auf jede Wirksamkeit verzichten wollte, ideologisch festlegen. Die Wahl war damals relativ leicht. Das politische Theater der zwanziger Jahre folgte, wenn auch nicht konsequent auf der Parteilinie, ja oft sogar von ihr abweichend, der marxistischen Ideologie, weil es in ihrer Verwirklichung am ehesten eine Garantie für soziale Gerechtigkeit und internationale Verständigung zu finden glaubte.

Die Arbeit des politischen Theaters ist alles andere als unkünstlerisch gewesen. Neue Formen der Dramaturgie und der Bühnenrealisierung wurden gefunden, die unter dem Namen «episches Theater» auch heute noch nicht absehbare Folgen zeitigten. Als politisch-weltanschauliche Institution wurde dieses Theater von der Reaktion überrollt im Zuge einer noch größeren Katastrophe. Der Versuch, mit künstlerischen Mitteln der politischen Unmündigkeit unseres Volkes abzuhelfen, war gescheitert.

[...]

Die Bedeutung des Theaters als moralische Anstalt wird jedoch wieder deutlich. Ich glaube, dass jene Stücke, wie etwa *Der Stellvertreter* oder *Oppenheimer*, die die Moralität der Zeit in Frage stellen und diskutieren, Stücke also, deren Thema und Tendenz eindeutig politisch sind, kennzeichnend für das heutige politische Theater stehen.

Aber es ist nicht dasselbe politische Theater wie in den zwanziger Jahren. Wenn schon Theater die flüchtigste, vergänglichste Kunst ist, so hat es gerade durch diesen seinen transitorischen Charakter den Vorzug unmittelbarster Offenheit für die Strömungen des Augenblicks. Das Theater weigert sich konstant – und in dieser Weigerung liegt die Bedingung seiner Lebendigkeit –, seine eigene Historie anzuerkennen. Es ist pure Gegenwart, oder es ist nichts. Das politische Theater als bewusst zweckhaftes Theater begreift diese Gegenwärtigkeit als Aktualität. Und so wie die aktuellen Bedingungen des Hier und Heute anders sind als in den zwanziger Jahren, so sind auch die aktuellen Aufgaben und Ziele des heutigen politischen Theaters anders.

Die Paradoxie des gegenwärtigen politischen Theaters besteht darin, daß seine Aktualität vorwiegend auf die jüngste Vergangenheit bezogen ist. Hier hat sich das Theater allerdings nicht willkürlich eines Themen- und Stoffkreises bemächtigt, sondern die Ursachen hierfür liegen primär in der heutigen Gesellschaft, die durch ihre Konzentration auf vorwiegend materielle Interessen ihre Vergangenheit aus dem Bewusstsein verdrängt hat.

Es scheint, als ob ein Volk, das sich eines bestimmten, äußerst fatalen Abschnittes seiner Vergangenheit zu entledigen versucht, auf dem Wege ist, ein Volk ohne Geschichte zu werden. Mit der Weigerung, sich dieser Vergangenheit zu konfrontieren, umgeht man die notwendigen Konsequenzen, nämlich: eine Lehre aus dem Vergangenen zu ziehen.

[...]

Nehmen wir die *Ermittlung* von Peter Weiss als Beispiel politischen Theaters heute. Ereignisse bestimmter Art und Größenordnung wurden immer nach einer Distanz, nachdem sie gleichsam Historie geworden waren, auf der Bühne dargestellt. Es gab bisher nur in wenigen Gedichten das Thema Auschwitz. Der Prozess in Frankfurt hat die ungeheure Bedeutung dieses Ereignisses für uns wieder deutlich werden lassen. Notwendig kann nicht nur die publizistische Meinung über Prozess und Gegenstand sein. Das Theater muss hier, da die Gesellschaft, die ganze Nation betroffen ist, nicht hintanstehen, muss, als moralische Anstalt, Stellung beziehen. Theater ist fast immer Darstellung literarischer Vorlagen. Diese aber fehlte hier bisher. Mit der *Ermittlung* gab Peter Weiss dem Theater, und dem deutschen in besonderem Maße, eben jene Vorlage, die notwendig war für eine Darstellung des Themas.

[...]

Es ist die Eigenheit der *Ermittlung* – da sie ihren Gegenstand auf vielfältige Weise dem Zuschauer mitteilt –, daß die hauptsächliche Erörterung im Publikum stattfindet. Von ihrer Notwendigkeit her bestimmt sich so ihre Funktion für die Nation, für die Gesellschaft, deren moralisches Gewissen das Theater in diesem Fall ist. Soll ein Theater überhaupt politisch sein, so ist die Forderung nach dieser Funktion die erste, die an das Theater zu stellen ist.

Von der Verneinung eben dieser Forderung nimmt die ideologische Kampagne gegen Peter Weiss ihren Ursprung.

[...]

Um von den politischen Aspekten zurückzukommen auf das Theater. Die Freie Volksbühne hatte bei ihrer Gründung ein festes Ziel vor Augen. In dem programmatischen Aufruf von Bruno Wille wurde der Volksbühne die Aufgabe zugewiesen, sich in theaterwirksamer Form mit den großen Problemen der Zeit auseinanderzusetzen. Diese Aufgabe besteht nach wie vor für unser Haus. Hans Mayer hielt einen Vortrag zum 75jährigen Jubiläum der Volksbühne mit dem Thema «Berlinische Dramaturgie – von Hauptmann bis Peter Weiss». Hier zeigt sich, daß der einmal eingeschlagene Weg kein Holzweg war. War damals Reinhardt der große Antipode zu Brahm, so muß sich heute unser zeitbezogener Spielplan abheben von den anderen Bühnen, muß immer Bekenntnis zum Politischen sein. Dazu gehört ein Herausarbeiten eines Inszenierungsstils, der das Haus zu einem modernen Denktheater macht. Ich glaube, daß die *Ermittlung* sichtbar gemacht hat, wie man, sich einer analytischen Methode bedienend, Aufklärung auf dem Theater möglich macht. Heute scheint wie eh und je ein solches Theater notwendig. Schon einmal vermochte eine sterile, neutrale und ästhetische Kunst den Fall in die Barbarei nicht aufzuhalten – die Wiederholung ist zu vermeiden. Das politische Theater scheint mir ein geeignetes Instrument, die politischen und gesellschaftlichen Bedingungen der Zeit zu untersuchen. Durch ihre Darstellung auf der Bühne wird die Notwendigkeit ihrer Reflexion deutlich. Eigen ist dieser Darstellung die Tendenz zur Veränderung. Auf Grund eines Befundes soll die Gegenwart verändert werden. Ob dies gelingt – das liegt nicht mehr in den Möglichkeiten des Theaters.

In: DIE ZEIT. Hamburg, 26.11.1965

Bertolt Brecht
Über experimentelles Theater (1939)

[...]
Die Einfühlung ist ein Grundpfeiler der herrschenden Ästhetik. Schon in der großartigen Poetik des Aristoteles wird beschrieben, wie die Katharsis, das heißt die seelische Läuterung des Zuschauers, vermittels der *Mimesis* herbeigeführt wird. Der Schauspieler ahmt den Helden nach (den Oedipus oder den Prometheus), und er tut es mit solcher Suggestion und Verwandlungskraft, daß der Zuschauer ihn darin nachahmt und sich so in Besitz der Erlebnisse des Helden setzt. Hegel, der meines Wissens die letzte große Ästhetik verfaßt hat, verweist auf die Fähigkeit des Menschen, angesichts der vorgetäuschten Wirklichkeit die gleichen Emotionen zu erleben wie angesichts der Wirklichkeit selber. Was ich Ihnen nun berichten wollte, ist, daß eine Reihe von Versuchen, vermittels der Mittel des Theaters ein praktikables Weltbild herzustellen, zu der verblüffenden Frage geführt haben, ob es zu diesem Zweck nicht notwendig sein wird, die Einfühlung mehr oder weniger preiszugeben.

Faßt man nämlich die Menschheit mit all ihren Verhältnissen, Verfahren, Verhaltensweisen und Institutionen nicht als etwas Feststehendes, Unveränderliches auf und nimmt man ihr gegenüber die Haltung ein, die man der Natur gegenüber mit solchem Erfolg seit einigen Jahrhunderten einnimmt, jene kritische, auf Veränderungen ausgehende, auf die Meisterung der Natur abzielende Haltung, dann kann man die Einfühlung nicht verwenden. Einfühlung in änderbare Menschen, vermeidbare Handlungen, überflüssigen Schmerz und so weiter ist nicht möglich. Solange in der Brust des König Lear seines Schicksals Sterne sind, solange er als unveränderlich genommen wird, seine Handlungen naturbedingt, ganz und gar unhinderbar, eben schicksalhaft hingestellt werden, können wir uns einfühlen. Jede Diskussion seines Verhaltens ist so unmöglich, wie für den Menschen des zehnten Jahrhunderts eine Diskussion über die Spaltung des Atoms unmöglich war.

Kam der Verkehr zwischen Bühne und Publikum auf der Basis der

Einfühlung zustande, dann konnte der Zuschauer nur jeweils so viel sehen, wie der Held sah, in den er sich einfühlte. Und er konnte bestimmten Situationen auf der Bühne gegenüber nur solche Gefühlsbewegungen haben, wie die «Stimmung» auf der Bühne ihm erlaubte. Die Wahrnehmungen, Gefühle und Erkenntnisse des Zuschauers waren denjenigen der auf der Bühne handelnden Personen gleichgeschaltet. Die Bühne konnte kaum Gemütsbewegungen erzeugen, Wahrnehmungen gestatten und Erkenntnisse vermitteln, welche auf ihr nicht suggestiv repräsentiert wurden. Der Zorn des Lear über seine Töchter steckte den Zuschauer an, das heißt, der Zuschauer konnte, zuschauend, nur ebenfalls Zorn erleben, nicht etwa Erstaunen oder Beunruhigung, also andere Gemütsbewegungen. Der Zorn des Lear konnte also nicht auf seine Berechtigung hin geprüft oder mit Voraussagen seiner möglichen Folgen versehen werden. Er war nicht zu diskutieren, nur zu teilen. Die gesellschaftlichen Phänomene traten so als ewige, natürliche, unänderbare und unhistorische Phänomene auf und standen nicht zur Diskussion. Wenn ich hier den Begriff «Diskussion» gebrauche, so meine ich damit nicht eine leidenschaftslose Behandlung eines Themas, einen reinen Verstandesprozeß. Es handelte sich nicht darum, den Zuschauer gegen den Zorn des Lear lediglich immun zu machen. Nur die direkte Überpflanzung dieses Zorns mußte unterbleiben. Ein Beispiel: Der Zorn des Lear wird geteilt von seinem treuen Diener Kent. Dieser verprügelt einen Diener der undankbaren Töchter, der auftragsgemäß einen Wunsch Lears abzuweisen hat. Soll nun der Zuschauer unserer Zeit diesen Learschen Zorn teilen und, im Geiste an der Verprügelung des seinen Auftrag ausführenden Dieners teilnehmend, sie gutheißen? Die Frage lautete: Wie kann die Szene so gespielt werden, daß der Zuschauer im Gegenteil in Zorn über diesen Learschen Zorn gerät? Nur ein solcher Zorn, mit dem der Zuschauer aus der Einfühlung herausstürzt, den er überhaupt nur empfinden, der ihm überhaupt nur einfallen kann, wenn er den suggestiven Bann der Bühne bricht, ist sozial in unseren Zeiten zu rechtfertigen. Tolstoi hat gerade darüber ausgezeichnete Dinge gesagt.

Die Einfühlung ist das große Kunstmittel einer Epoche, in der der Mensch die Variable, seine Umwelt die Konstante ist. Einfühlen kann

B. Brecht: Mann ist Mann. Regie: B. Brecht. Bühne und Kostüm: C. Neher. Staatstheater Berlin 1931

man sich nur in den Menschen, der seines Schicksals Sterne in der eigenen Brust trägt, ungleich uns.

Es ist nicht schwer, einzusehen, daß das Aufgeben der Einfühlung für das Theater eine riesige Entscheidung, vielleicht das größte aller denkbaren Experimente bedeuten würde.

Die Menschen gehen ins Theater, um mitgerissen, gebannt, beeindruckt, erhoben, entsetzt, ergriffen, gespannt, befreit, zerstreut, erlöst, in Schwung gebracht, aus ihrer eigenen Zeit entführt, mit Illusionen versehen zu werden. All dies ist so selbstverständlich, daß die Kunst geradezu damit definiert wird, daß sie befreit, mitreißt, erhebt und so weiter. Sie ist gar keine Kunst, wenn sie das nicht tut.

Die Frage lautete also: Ist Kunstgenuß überhaupt möglich ohne Einfühlung oder jedenfalls auf einer andern Basis als der Einfühlung?

Was konnte eine solche neue Basis abgeben?

Was konnte an die Stelle von *Furcht* und *Mitleid* gesetzt werden, des klassischen Zwiegespanns zur Herbeiführung der aristotelischen Katharsis? Wenn man auf die Hypnose verzichtete, an was konnte man appellieren? Welche Haltung sollte der Zuhörer einnehmen in den neuen Theatern, wenn ihm die traumbefangene, passive, in das Schicksal ergebene Haltung verwehrt wurde? Er sollte nicht mehr aus seiner Welt in die Welt der Kunst entführt, nicht mehr gekidnappt werden; im Gegenteil sollte er in seine reale Welt eingeführt werden, mit wachen Sinnen. War es möglich, etwa anstelle der Furcht vor dem Schicksal die Wissensbegierde zu setzen, anstelle des Mitleids die Hilfsbereitschaft? Konnte man damit einen neuen Kontakt schaffen zwischen Bühne und Zuschauer, konnte das eine neue Basis für den Kunstgenuß abgeben?

Ich kann die neue Technik des Dramenbaus, des Bühnenbaus und der Schauspielweise, mit der wir Versuche anstellten, hier nicht beschreiben. Das Prinzip besteht darin, anstelle der Einfühlung die *Verfremdung* herbeizuführen.

Was ist Verfremdung?

Einen Vorgang oder einen Charakter verfremden heißt zunächst einfach, dem Vorgang oder dem Charakter das Selbstverständliche, Bekannte, Einleuchtende zu nehmen und über ihn Staunen und Neugierde zu erzeugen. Nehmen wir wieder den Zorn des Lear über die Undankbarkeit seiner Töchter. Vermittels der Einfühlungstechnik kann der Schauspieler diesen Zorn so darstellen, daß der Zuschauer ihn für die natürlichste Sache der Welt ansieht, daß er sich gar nicht vorstellen kann, wie Lear nicht zornig werden könnte, daß er mit Lear völlig solidarisch ist, ganz und gar mit ihm mitfühlt, selber in Zorn verfällt. Vermittels der Verfremdungstechnik hingegen stellt der Schauspieler diesen Learschen Zorn so dar, daß der Zuschauer über ihn staunen kann, daß er sich noch andere Reaktionen des Lear vorstellen kann als gerade die des Zornes. Die Haltung des Lear wird verfremdet, das heißt, sie wird als eigentümlich, auffallend, bemerkenswert dargestellt, als gesellschaftliches Phänomen, das nicht selbstverständlich ist. Dieser Zorn ist menschlich, aber nicht allgemein menschlich, es gibt Menschen, die ihn nicht empfänden. Nicht bei allen Menschen und nicht zu allen Zeiten müssen die Erfahrungen, die Lear macht, Zorn auslösen. Zorn mag eine ewig mögliche Reaktion

Brecht: «Mann ist Mann». Berlin 1931

der Menschen sein, aber dieser Zorn, der Zorn, der sich so äußert und seine solche Ursache hat, ist zeitgebunden. Verfremden heißt also Historisieren, heißt Vorgänge und Personen als historisch, also als vergänglich darstellen. Dasselbe kann natürlich auch mit Zeitgenossen geschehen, auch ihre Haltungen können als zeitgebunden, historisch, vergänglich dargestellt werden.

Was ist damit gewonnen? Damit ist gewonnen, daß der Zuschauer die Menschen auf der Bühne nicht mehr als ganz unänderbare, unbeeinflußbare, ihrem Schicksal hilflos ausgelieferte dargestellt sieht. Er sieht: Dieser Mensch ist so und so, weil die Verhältnisse so und so sind. Und die Verhältnisse sind so und so, weil der Mensch so und so ist. Er ist aber nicht nur so vorstellbar, wie er ist, sondern auch anders, so wie er sein könnte, und auch die Verhältnisse sind anders vorstellbar, als sie sind. Damit ist gewonnen, daß der Zuschauer im Theater eine neue Haltung bekommt. Er bekommt den Abbildern der Menschenwelt auf der Bühne gegenüber jetzt dieselbe Haltung, die er als Mensch dieses Jahrhunderts der Natur gegenüber hat. Er wird auch im Theater empfangen als der große Änderer, der in die Naturprozesse und die gesellschaftlichen Prozesse einzugreifen vermag, der die Welt nicht mehr nur hinnimmt, sondern sie meistert. Das Theater versucht nicht mehr, ihn besoffen zu machen, ihn mit Illusionen auszustatten, ihn die Welt vergessen zu machen, ihn mit seinem Schicksal auszusöhnen. Das Theater legt ihm nunmehr die Welt vor zum Zugriff.

[...]

Ist dieser neue Darstellungsstil nun *der* neue Stil, ist er eine fertige, überblickbare Technik, das endgültige Resultat aller Experimente? Antwort: Nein. Er ist *ein* Weg, der, den *wir* gegangen sind. Die Versuche müssen fortgesetzt werden. Das Problem besteht für alle Kunst und ist riesig. Die Lösung, die hier angestrebt wird, ist nur *eine* der vielleicht möglichen Lösungen des Problems, das so lautet: Wie kann das Theater zugleich unterhaltend und lehrhaft sein? Wie kann es aus dem geistigen Rauschgifthandel herausgenommen und aus einer Stätte der Illusionen zu einer Stätte der Erfahrungen gemacht werden? Wie kann der unfreie, unwissende, freiheits- und wissensdurstige Mensch unseres Jahrhunderts, der gequälte und heroische, mißbrauchte und erfindungsreiche, änderbare und die Welt ändernde Mensch dieses schrecklichen und großen Jahrhunderts sein Theater bekommen, das ihm hilft, sich und die Welt zu meistern?

In: Bertolt Brecht: Werke. Große kommentierte Berliner und Frankfurter Ausgabe, Band 22: Schriften 2. © Suhrkamp Verlag Frankfurt am Main 1993.

Peter Weiss
Notizen zum dokumentarischen Theater (1968)

1.
Das dokumentarische Theater ist ein Theater der Berichterstattung. Protokolle, Akten, Briefe, statistische Tabellen, Börsenmeldungen, Abschlußberichte von Bankunternehmen und Industriegesellschaften, Regierungserklärungen, Ansprachen, Interviews, Äußerungen bekannter Persönlichkeiten, Zeitungs- und Rundfunkreportagen, Fotos, Journalfilme und andere Zeugnisse der Gegenwart bilden die Grundlage der Aufführung. Das dokumentarische Theater enthält sich jeder Erfindung, es übernimmt authentisches Material und gibt dies, im Inhalt unverändert, in der Form bearbeitet, von der Bühne aus wieder. Im Unterschied zum ungeordneten Charakter des Nachrichtenmaterials, das täglich von allen Seiten auf uns eindringt, wird auf der Bühne eine Auswahl gezeigt, die sich auf ein bestimmtes, zumeist soziales oder politisches Thema konzentriert. Diese kritische Auswahl und das Prinzip, nach dem die Ausschnitte der Realität montiert werden, ergeben die Qualität der dokumentarischen Dramatik.

2.
Das dokumentarische Theater ist Bestandteil des öffentlichen Lebens, wie es uns durch die Massenmedien nahegebracht wird. Die Arbeit des dokumentarischen Theaters wird hierbei durch eine Kritik verschiedener Grade bestimmt.

a. Kritik an der Verschleierung. Werden die Meldungen in Presse, Rundfunk und Fernsehen nach Gesichtspunkten dominierender Interessengruppen gelenkt? Was wird uns vorenthalten? Wem dienen die Ausschließungen? Welchen Kreisen gelangt es zum Vorteil, wenn bestimmte soziale Erscheinungen vertuscht, modifiziert, idealisiert werden?

b. Kritik an Wirklichkeitsfälschungen. Warum wird eine historische Person, eine Periode oder Epoche aus dem Bewußtsein gestrichen? Wer stärkt seine eigene Position durch die Eliminierung historischer Fakten? Wer zieht Gewinn aus einer bewußten Verunstaltung einschneidender und bedeutungsvoller Vorgänge? Welchen Schichten in der Gesellschaft ist am Verbergen der Vergangenheit gelegen? Wie äußern sich die Fälschungen, die betrieben werden? Wie werden sie aufgenommen?

c. Kritik an Lügen. Welches sind die Auswirkungen eines geschichtlichen Betrugs? Wie zeigt sich eine gegenwärtige Situation, die auf Lügen aufgebaut ist? Mit welchen Schwierigkeiten muß bei der Wahrheitsfindung gerechnet werden? Welche einflußreichen Organe, welche Machtgruppen werden alles tun, um die Kenntnis der Wahrheit zu verhindern?

3.

Obgleich die Kommunikationsmittel ein Höchstmaß von Ausbreitung erreicht haben und uns Neuigkeiten aus allen Teilen der Welt zukommen lassen, bleiben uns doch die wichtigsten Ereignisse, die unsre Gegenwart und Zukunft prägen, in ihren Anlässen und Zusammenhängen verborgen. Die Materialien der Verantwortlichen, die uns Aufschluß geben können über Tätigkeiten, von denen wir nur die Ergebnisse sehen, werden uns unzugänglich gemacht. Das dokumentarische Theater, das sich z. B. befassen will mit der Ermordung Lumumbas, Kennedys, Che Guevaras, mit dem Massaker in Indonesien, den internen Absprachen während der Genfer Indochina-Verhandlungen, mit dem letzten Konflikt im Mittleren Osten und den Vorbereitungen der Regierung der Vereinigten Staaten zur Kriegführung in Vietnam, sieht sich zunächst dem künstlichen Dunkel gegenüber, unter dem die Machthabenden ihre Manipulationen verheimlichen.

[...]

6.

Das dokumentarische Theater, soweit es nicht selbst die Form des Schauspiels auf offener Straße wählt, kann sich nicht messen mit dem Wirklichkeitsgehalt einer authentischen politischen Manifestation. Es reicht nie an die dynamischen Meinungsäußerungen heran, die sich auf der Bühne der Öffentlichkeit abspielen. Es kann vom Theaterraum her die Autoritäten in Staat und Verwaltung nicht in der gleichen Weise herausfordern, wie es der Fall ist beim Marsch auf Regierungsgebäude und wirtschaftliche und militärische Zentren. Selbst wenn es versucht, sich von dem Rahmen zu befreien, der es als künstlerisches Medium festlegt, selbst wenn es sich lossagt von ästhetischen Kategorien, wenn es nichts Fertiges sein will, sondern nur Stellungnahme und Kampfhandlung, wenn es sich den Anschein gibt, im Augenblick zu entstehen und unvorbereitet zu handeln, so wird es doch zu einem Kunstprodukt, und es muß zum Kunstprodukt werden, wenn es Berechtigung haben will.

7.
Denn ein dokumentarisches Theater, das in erster Hand ein politisches Forum sein will und auf künstlerische Leistung verzichtet, stellt sich selbst in Frage. In einem solchen Fall wäre die praktische politische Handlung in der Außenwelt effektiver. Erst wenn es durch seine sondierende, kontrollierende, kritisierende Tätigkeit erfahrenen Wirklichkeitsstoff zum künstlerischen Mittel umfunktioniert hat, kann es volle Gültigkeit in der Auseinandersetzung mit der Realität gewinnen. Auf einer solchen Bühne kann das dramatische Werk zu einem Instrument politischer Meinungsbildung werden. Was jedoch unter den besonderen, sich von herkömmlichen Kunstbegriffen unterscheidenden Ausdrucksformen des dokumentarischen Theaters zu verstehen ist, muß erörtert werden.

8.
Die Stärke des dokumentarischen Theaters liegt darin, daß es aus den Fragmenten der Wirklichkeit ein verwendbares Muster, ein Modell der aktuellen Vorgänge, zusammenzustellen vermag. Es befindet sich nicht im Zentrum des Ereignisses, sondern nimmt die Stellung des Beobachtenden und Analysierenden ein. Mit seiner Schnittechnik hebt es deutliche Einzelheiten aus dem chaotischen Material der äußeren Realität hervor. Durch die Konfrontierung gegensätzlicher Details macht es aufmerksam auf einen bestehenden Konflikt, den es dann, anhand seiner gesammelten Unterlagen, zu einem Lösungsvorschlag, einem Appell oder einer grundsätzlichen Frage bringt. Was bei der offenen Improvisation, beim politisch gefärbten Happening, zur diffusen Spannung, zur emotionalen

Anteilnahme und zur Illusion eines Engagements am Zeitgeschehen führt, wird im dokumentarischen Theater aufmerksam, bewußt und reflektierend behandelt.

[...]

10.

Das dokumentarische Theater ist parteilich. Viele seiner Themen können zu nichts anderem als zu einer Verurteilung geführt werden. Für ein solches Theater ist Objektivität unter Umständen ein Begriff, der einer Machtgruppe zur Entschuldigung ihrer Taten dient. Der Ruf nach Mäßigkeit und Verständnis wird als ein Ruf derer gezeigt, die ihre Vorteile nicht verlieren möchten. Die Angriffshandlungen der portugiesischen Kolonisatoren gegen Angola und Moçambique, das Vorgehen der Südafrikanischen Republik gegen die afrikanische Bevölkerung, die Aggressionen der Vereinigten Staaten von Amerika gegen Kuba, die Dominikanische Republik und Vietnam können nur als einseitige Verbrechen aufgezeigt werden. Bei der Schilderung von Raubzug und Völkermord ist die Technik einer Schwarz/Weiß-Zeichnung berechtigt, ohne jegliche versöhnliche Züge auf seiten der Gewalttäter, mit jeder nur möglichen Solidarität für die Seite der Ausgeplünderten.

[...]

14.

Das dokumentarische Theater ist nur möglich, wenn es als feste, politisch und soziologisch geschulte Arbeitsgruppe besteht und, unterstützt von einem reichhaltigen Archiv, zur wissenschaftlichen Untersuchung fähig ist. Eine dokumentarische Dramatik, die vor einer Definition zögert, die nur einen Zustand zeigt, ohne die Gründe seines Entstehens und die Notwendigkeit und Möglichkeit zu dessen Behebung deutlich zu machen, eine dokumentarische Dramatik, die in der Geste eines desperativen Angriffs verharrt, ohne den Gegner getroffen zu haben, entwertet sich selbst. Deshalb wendet sich das dokumentarische Theater gegen die Dramatik, die ihre eigene Verzweiflung und Wut zum Hauptthema hat und festhält an der Konzeption einer ausweglosen und absurden Welt. Das dokumentarische Theater tritt ein für die Alternative, daß die Wirklichkeit, so undurchschaubar sie sich auch macht, in jeder Einzelheit erklärt werden kann.

In: Peter Weiss: Rapporte 2. © Suhrkamp Verlag Frankfurt am Main 1971, S. 91–104, gekürzt.

Dario Fo
«Wir von der COMUNE sind keine seriösen Marxisten, … wir sind Flegel»

Die Lateiner nannten die Schauspieler «istriones» – im lombardischen Dialekt bedeutet «strion» Zauberer, Seher. Nun gut, in unserem neuesten Stück *Bezahlt wird nicht!* haben auch wir uns als Seher verkleidet und eine Prophezeiung gemacht, doch haben wir uns dabei nicht des *Traumbuches* bedient, sondern im Gegenteil der Logik der Dinge, indem wir die Entwicklung von Vorgängen untersuchten und die Resultanten der Untersuchung in eine zumindest tendenziell marxistische Praxis überführten.

Geht das überhaupt, unter Verwendung der «Philosophie der Praxis» eine Farce zu verfassen?

Ich weiß, die «seriösen und pedantischen» Intellektuellen unseres doktoralen Marxismus überläuft ein kalter Schauer bei einer derartigen Idee, aber wir von der «Comune» sind keine «seriösen» Marxisten, (mehr noch) wir sind Flegel, und wie allen Flegeln dieser Welt gefällt es uns, zu lachen und zu spotten, grotesk, vulgär und manchmal auch possenhaft zu sein. «Possenreißer» lautete der Beiname, den die Bischöfe den Jularen, den fahrenden Spielleuten des Volkes entgegenhielten seit dem vierten Jahrhundert nach Christus, und wir fühlen uns wohl in dieser Gesellschaft.

Mao sagte: «Ohne Glaube, immer im Zweifel, nicht nur um zu zerstören, sondern um aufzubauen. Denn in der Vernunft liegt unser einziger Glaube.»

Wir sind überzeugt, daß im Gelächter, im Grotesken der Satire, der höchste Ausdruck des Zweifels liegt, die wichtigste Hilfe der Vernunft.

Deshalb haben wir als Mittel und Instrument unserer Arbeit als Theatermacher im Dienst des Klassenkampfes die Farce gewählt, die eine vom Volk erfundene Theaterform ist, «um mit glühender und unerbittlicher Zunge die Fäulnis wegzuschneiden, auf die sich die Macht gründet». Jener faule Sack, der die bürgerliche Kultur ist.

Doch zurück zu *Bezahlt wird nicht.* Die Farce entstand im Sommer

1974. Zu jener Zeit sprach man von einer unmittelbar bevorstehenden Krise, von zu erwartenden Kämpfen der Arbeiterklasse gegen die hohen Lebenshaltungskosten, von ganzen Fabriken, die kurzarbeiten gingen.

Als wir diese Komödie schrieben, wollten wir unsere Fantasie bis zum Exzeß spielen lassen. Wir haben Voraussagen gemacht, die zu jener Zeit als Polit-Fiktion erschienen. Doch dann hat die Wirklichkeit uns nicht nur kopiert, sondern auch erheblich überholt.

[...]

So erzählen wir die Geschichte zweier Arbeiterfamilien, die sich abquälen und kämpfen, wobei sie die Waffe des sogenannten «zivilen Ungehorsams» gebrauchen. Und durch Konflikte und Polemiken kamen wir dahin, den Wert dieser neuen Form des Streiks zu erkennen; eines Streiks, den diesmal und endlich der Unternehmer bezahlen muß und nur er.

Die Triebfeder, der Schlüssel zum Ganzen, ist – wie schon in den alten Volks-Farcen aus dem Neapolitanischen und dem Venezianischen – der Hunger. Um das Problem des Appetits zu lösen (atavistisch), versucht jeder zunächst und ganz instinktiv, sich auf eigene Weise durchzuschlagen, um dann das Bedürfnis zu verspüren, gemeinsam zu agieren, sich zu organisieren und vereint zu kämpfen, um mehr zu erreichen als das bloße Überleben, nämlich wahrhaft zu leben «in einer Welt, die vielleicht aus weniger hell erleuchteten Schaufenstern besteht, weniger Autobahnen, aber auch aus weniger Regierungslimousinen und ohne Gauner, den Gaunern von der großen Art, den wirklichen Ganoven und in Gerechtigkeit, mein Gott, Gerechtigkeit!» Wo unsereins, der immer den Karren gezogen hat, um für andere zu sorgen, anfangen könnte, für sich selbst zu sorgen, Häuser für uns selbst zu bauen ... und ein Leben zu erfinden für uns selbst!

Als zufriedene Menschen leben! Wo der Wunsch zu lachen wie ein Fest aus dir hervorbricht! Der Wunsch, zu spielen und Feste zu feiern ... und endlich eine befriedigende Arbeit zu leisten – ... wie menschliche Frauen und Männer und nicht wie halbverblödete Tiere ... die ohne Freude und Phantasie dahinvegetieren!

Eine Welt, in der man wieder merkt, daß es noch einen Himmel gibt ... und Pflanzen, die blühn ... daß es sogar einen Frühling gibt ... und

Mädchen, die lachen und singen. Und wenn du eines Tages sterben mußt, stirbt nicht ein alter, ausgepumpter Maulesel, nein, ein Mensch stirbt, ein Mensch, der frei und zufrieden gelebt hat, mit anderen freien Menschen!

Diese ganze Entwicklung haben wir versucht, mit Hilfe eines Theaters der «Situationen» zu zeigen, um nicht in ideologisches Didaktieren zu verfallen. Das heißt in einer Weise, die dem «epischen» Theater entspricht, wo nicht die Personen die Handlung vorantreiben, sondern die Situationen; das Theater als Maschine.

Die Tatsachen bestimmen die Entwicklung, und die Figuren, die in die entstehenden Situationen verwickelt werden, sind wie Räder, die die Maschine bewegen und in Funktion setzen. Ein Hebeldruck setzt einen zuweilen paradoxen Mechanismus in Gang, vergrößert ihn wie ein Pantograph, verdoppelt ihn, kehrt ihn um, beschleunigt ihn, bringt ihn zur Explosion.

Eine derartige Entscheidung ist nicht professionell, auch wenn die Professionalität in dieser Art von Theater entscheidend ist, es ist vielmehr eine kulturelle Entscheidung, denn ein Theater der Situationen zu machen bedeutet, eine Geschichte zu vertreten und nicht, sie zu spielen. Es bedeutet Verzicht auf das «Drama», das in der einzelnen Person und ihren privaten und individualistischen Problemen in ihrer Beziehung zu anderen entsteht, und sich stattdessen den Problemen aller anderen innerhalb eines kollektiven Dramas zuzuwenden – den Problemen, die aus der «Situation» in einem dialektischen Konflikt der Beziehungen entstehen und in ihr explodieren. Es bedeutet, das Problem des Wir (des Kollektivs) gegen das Ich (des Individualismus) zu setzen.

Es bedeutet deshalb eine andere (gegensätzliche) Weise, Kultur und damit Theater zu begreifen. Ein Theater einer Klasse und nicht über den Klassen.

Sie werden bemerkt haben, daß ich beim Sprechen immer wieder «wir» sagte, «wir haben uns gedacht!», «wir haben die und die Entscheidung getroffen». Nun gut, in Wirklichkeit habe ich den Text niedergeschrieben und alleine zu verantworten, aber von der Lektüre des ersten Entwurfes bis zur Erstaufführung wurde der Text wieder und wieder diskutiert, nicht nur mit dem Kollektiv, sondern auch und vor allen Dingen mit Arbeitern und Avantgarden verschiedener Mailänder Fabriken, die in großer Zahl an diesen Versammlungen zur Erarbeitung des Textes teilgenommen haben. Später haben wir dank der Diskussionen am Ende jeder Aufführung festgestellt, daß der Text noch Löcher hatte und daß bestimmte Szenen anders verlaufen mußten. Diese wirklich konstruktiven Kritiken von Genossen haben uns dazu gebracht, den gesamten Schluß zu ändern und neu zu schreiben. Das ist unserer Ansicht nach die korrekte Weise, im Kollektiv Theater zu machen.

In: Dario Fo: Bezahlt wird nicht! © Rotbuch Verlag Berlin 1979, S. 5–8.

«Die Farce erlaubt die offenste, schonungsloseste Anklage»

Das epische Theater Brechts ist nur seiner Form nach episch, nicht aber, was sein effektives Resultat betrifft. Das Publikum nimmt bei ihm nur insofern am Bühnengeschehen teil, als es mitdenkt. Die eigentlichen Elemente des Theaters bleiben dabei ausgeklammert: das Lachen, das Pfeifen, das Aufatmen, die Ahnung, das Unbehagen. Das epische Theater Brechts verlangt, daß die Figuren dargestellt, nicht aber interpretiert werden, weil es auf Seiten des Publikums einen gefühlsmäßigen Abstand zu diesen Figuren schaffen will. Unser Theater deckt die technischen Mittel auf, mit denen es arbeitet, aber das Problem, daß sich der Zuschauer mit den von ihm dargestellten Personen nicht identifizieren darf, stellt sich dabei für uns nicht: der Komiker muß einfach seinen Part auf der Bühne leben (ich spreche nicht von der Rolle).

Die Person, die er darstellt, ist seine Maske, d. h. er selbst, der sie sich geschaffen hat.

Ich möchte geradezu behaupten, daß ein Komiker, der an die Grundlagen seiner Komik glaubt, gar nicht darum herumkommt, sich mit den verschiedenen Situationen zu identifizieren, mit denen er diese Grundlagen ausdrückt. Für mich und meine Kollegen sind diese Grundlagen identisch mit dem eigentlichen Grund, aus dem heraus wir Theater machen. Ich will damit sagen, daß das mechanische Lachen, das mit technischen Mechanismen hervorgerufen wird, die der Komiker auf der Bühne zu benutzen versteht, dieses Lachen, das unreflektiert zu ihm zurückkommt und in dem er sich spiegelt – daß dieses Lachen uns absolut nicht interessiert. Und zwar deshalb, weil wir ein satirisches Lachen wollen, das Ausdruck davon ist, daß sich das Publikum konfrontiert sieht mit einer bestimmten Realität, die als Thema einer bestimmten Aktion auf der Bühne dargestellt wird. Diese bestimmte Realität ist oft tragisch, ein tragisches Moment im Ganzen der sozialen und politischen Realität, in der wir leben.

Eine gewisse Art von Theater, das sich mit solchen Themen beschäftigt, trägt nur allzu oft eine regelrechte Leichenbittermiene zur Schau. Der Zuschauer geht dorthin, als ginge er zu einer Beerdigung. Er hört sich das Gewäsch des Pfaffen an und hat sich damit der lästigen Bürgerpflicht entledigt, Anteil zu nehmen an der tragischen Tatsache, von der er sich berührt fühlt. Warum haben wir, als das mit Pinelli geschah, kein Pinellistück geschrieben, kein rührseliges und wortreiches Drama verfaßt, wie so viele andere Genossen, und statt dessen vorgezogen, eine Farce aufzuführen? Warum zogen wir es vor, den Zuschauern die panische Angst vor dem System zu nehmen, vor diesem 007, diesem Koloß auf tönernen Füßen? Wir wollten ihnen klarmachen, daß das System ein tölpischer, ungeschlachter Schurke ist, der sich in seiner Idiotie ständig die Finger verbrennt: – Das Wichtigste ist, daß man vor ihm keine Angst hat, daß man seine Verbrechen mit Hohngelächter quittiert. Ist der Apparat des Geheimdienstes SID wirklich so schrecklich? Oder ist der SID etwa kein aufgeblähtes, ineffizientes Schreckgespenst, das nur deshalb so brutal ist, weil es mit feineren Methoden nicht vorzugehen weiß?

Wir wollen nicht, daß die Zuschauer zufrieden mit sich und der Welt nach Hause gehen, weil sie sich endlich einmal genug empören konnten. Wir wollen mit dem Publikum zusammen begreifen, was hinter diesem Apparat steckt, warum er existiert, inwieweit wir an seiner Existenz schuld sind, wie man ihn bekämpfen kann. Wir wollen die Maschinerie der Macht bis in ihre kleinsten Teilchen auseinandernehmen. Was dabei herauskommt, ist grotesk. In dem Stück *Zufälliger Tod eines Anarchisten* trat ich mit einem Prolog auf, in dem ich sagte: In dieser Komödie wollen wir über ein Ereignis berichten, das 1921 in Amerika wirklich vorgefallen ist. Ein Anarchist namens Salsedo, ein italienischer Einwanderer, «stürzte» aus dem Fenster des 14. Stockwerkes des New Yorker Polizeipräsidiums: Der Polizeipräsident erklärte, es habe sich um Selbstmord gehandelt. Eine erste Untersuchung sowie der abschließende Befund der Magistratur ergaben, daß der Anarchist während eines Verhörs von Polizisten aus dem Fenster gestürzt worden war. Dann erklärte ich, daß wir uns, um die Geschichte lebendig zu erzählen, erlaubt hätten, einen beim Theater oft angewandten Trick zu benutzen. Wir hätten die Handlung in eine italienische Stadt, sagen wir mal Mailand, verlegt. Am Ende des Prologs erkläre ich, daß eventuelle Ähnlichkeiten mit Tatsachen und Personen unserer Tage rein zufällig wären: solche Ähnlichkeiten müßte man der unfaßbaren, ewigen Magie des Theaters zuschreiben, die dazu geführt hätte, daß schon unzählige Male vollkommen abwegige, völlig aus der Luft gegriffene Erfindungen ungestraft von der Wirklichkeit imitiert worden wären.

Gerade diese Magie brachte das Publikum zum Lachen. Außerdem noch, daß die Komödie wie eine Farce aufgebaut war.

In ihr gibt es keinen Moment der Schwäche, kein Jammern über – die Wirklichkeit. Die Farce erlaubt die offenste, schonungsloseste Anklage.

In: Dario Fo über Dario Fo. Hrsg. u. kommentiert v. H. Heer. Übersetzt aus dem Italienischen v. U. Enzensberger. Köln o. J. (Prometh), S. 49–51.

Giorgio Strehler
Meine Lehrer (1975)

Lehrer sind für mich z. B. all diejenigen gewesen, denen ich im Theater begegnete und die mich irgend etwas lehrten. Denn jeder von uns ist immer in irgendeiner Hinsicht Schuldner eines anderen. Und die Freude, einem anderen menschlichen Wesen dankbar sein zu können, weil es dir «etwas gab», das Erkennen des ununterbrochenen Erfahrungsstroms, der Menschen und Generationen unlöslich miteinander verbindet, ist das Gefühl, das ich in mir mit aller Zähigkeit wachhalte.

Die Jungen von heute wollen vielleicht keine Lehrer mehr. Sie denken, sie haben sie nicht mehr nötig. Sie wollen niemandem «etwas schulden». Und vielleicht ist dies ein Zeichen, daß ich nunmehr «einer anderen Welt» angehöre, einer anderen «geschichtlichen Phase». Aber Lehrer sind nötig. Anders und mit anderen «Methoden» als einst, ja, aber nötig sind sie. Und ich hatte drei Lehrer.

Der erste war Jacques Copeau. Copeau habe ich nicht persönlich kennengelernt. Und dennoch ist er einer meiner Lehrer. Ich schulde ihm viel, schulde ihm etwas Grundlegendes für meine Formation als Theatermann, und das ist heute nicht leicht zu definieren. Ich versuche es: Copeau oder die strenge, jansenistische, moralische Vision des Theaters. Copeau oder das Gefühl für die Einheit des Theaters, Einheit zwischen geschriebenem Wort und Darstellung, Schauspielern und Bühnenbildnern und Musikern und Autoren, eine Einheit bis hin zum letzten Techniker. Das Theater als Ort, an dem jeder die Arbeit der anderen machen kann, machen können muß und machen muß, die einen besser, die anderen weniger gut. Theater als moralische «Verantwortlichkeit», als hartnäckige und ausschließliche Liebe. Das nicht nur «spielerische» Gefühl der Brüderlichkeit im Theater. Ein schmerzlich «religiöser» Sinn des Theaters. Copeau glaubte fest daran, nicht gemäß einem bequemen Dogma oder rituell, sondern auf eine Art, die gleichsam einem grausamen Kampf mit sich selbst und mit dem Anderen vergleichbar ist. Es wurde so viel über seinen Verzicht aufs Theater und die Gründe dafür gesagt. Ich glaube heute, über das hinaus, was mir einige der ihm am nächsten stehenden

Schüler sagten, daß Copeau das Theater aufgab aus dem einfachen Grunde, weil er, «um das Theater, das er wollte, machen zu können, von den Menschen hätte fordern müssen, was nur Gott fordern kann.»

Ich bin kein gläubiger Mensch. Aber ich glaube an diese strenge «Verpflichtung» dem Leben und den Menschen gegenüber, an dieses einheitliche Theater, das Selbstzerfleischung und absolute Hingabe ist. Ich glaube ans Theater, das man «auf der Bühne» macht für andere und mit Hilfe der anderen. Auch meine Vorstellung vom Theater ist nicht «spielerisch», sondern wachsam, streng, ausschließlich, schmerzlich in der Suche nach Ordnung, Aufrichtigkeit, Klarheit, Wahrheit. Noch im Lachen.

Dann Louis Jouvet. Jouvet habe ich kennengelernt, und sogar ziemlich gut, als Menschen und als Theatermann. Ich war jung und er schon «ein großer alter Mann des Theaters», «le Patron» (ein unendlich liebevolles Wort, das wir nicht haben). Seine Menschlichkeit, sein «echtes» Interesse für mich (und nicht für mich allein), die andere Generation, die andere Welt, andere Vorlieben, auch das war für mich jene bis heute «gültige» Schule. Besonders diese Fähigkeit, auf jene einzugehen, die nach uns kommen; selbst wenn sie uns ein wenig seltsam, ein wenig feindlich erscheinen, verdanke ich vor allem Jouvet. Ich verdanke ihm den Mut, das Theater auch in allen elenden Aspekten zu akzeptieren, als «tägliche Arbeit» und nicht als «göttliche Kunst». Von ihm habe ich die Liebe «zum Handwerk als Handwerk» (mit allen immanenten Gefahren) gelernt und den demütigen Stolz, das Handwerk auszuüben und «gut auszuüben».

Theater demnach als menschliche Arbeit. Ich verdanke Jouvet die kritische Präsenz beim «Inszenieren» eines Textes, was nicht allein philologisches, kulturkritisches «Studium» des Textes bedeutet, sondern auch «sensibles, intuitives Verstehen», das ebenfalls «eine Art kritisch zu sein» ist. Ihm danke ich den Sinn für das Vergängliche im Theater und die mutige Zustimmung zu dieser Vergänglichkeit. Dabei denke ich an eine Erzählung Jouvets: ein alter Schauspieler hat alle Kostüme der von ihm gespielten berühmten Rollen aufbewahrt, von Hamlet, Macbeth, Lear und unendlich vielen anderen «Monstren» des Welttheaters. Der sterbende Schauspieler wird sich, indem er die Kostüme betrachtet, plötzlich klar, daß «die anderen» bleiben, *nur die anderen.* Nicht Kostüme, nicht Rollen, sondern die Entität der dramatischen Poesie, die ewig und unvergänglich ist. Und am Ende, erst ganz am Ende seines Lebens, begreift der Schauspieler, daß er nur ein schlichtes Instrument war, ein vielleicht unersetzliches, aber nichts als ein Instrument der Poesie.

«Mademoiselle, seuls les poètes ont une vocation! Seuls les poètes restent ...»

Das war Jouvets feste Überzeugung. Er wollte nichts, als sich dem Theater hingeben, sich vom Theater formen lassen. Daraus resultiert seine Ansicht vom Schauspieler als «leeres Gefäß, das widerhallt, stets bereit, benutzt und bewohnt zu werden».

Aber das hat fraglos auch eine gefährliche Kehrseite. Später fragte ich mich: Und das Leben? Und der Mensch? Die Menschlichkeit dieses anonymen Wesens Mensch – Vase – Hohlraum – Echo: wo ist sie?

Und dann kam Brecht. Brecht ist gewissermaßen der Endpunkt, der Schnittpunkt all dieser Komponenten. Nicht der Kontrast. Vielmehr die Summe. Das braucht nicht seltsam zu erscheinen: Für mich ist es absolut logisch. Brecht lehrte mich (außer vielem anderem) ein «menschliches Theater», reiches, umfassendes Theater (wie Jouvet in gewisser Beziehung), das aber nicht «Theater als Selbstzweck und ausschließlich Theater» sei. Theater für die Menschen, um sie zu vergnügen, aber auch um ihnen zu helfen, sich selbst zu wandeln und die Welt um des Menschen willen zu verwandeln. Schauspieler, Theatermensch und gleichzeitig bewußt lebender und verantwortlicher Mensch zu sein und diese zwei Ebenen mit aller Intensität zu integrieren: Kein Theater «außerhalb» der Geschichte und der Zeit, nicht «Theater, wie es seit Ewigkeit war», nicht Geschichte «gegen das Theater», sondern Geschichte und Theater, Leben und Welt in ununterbrochener, schwieriger, oft schmerzlicher dialektischer Wechselbeziehung, aber immer aktiv, immer auf das allgemeine Werden gerichtet.

Brecht war ein großer Lehrer der Szenentechnik und der Methode, und er war ein totaler «Theatermensch». Er hatte die Aura des großen Theatermenschen, der alles «vertheatert», alles absorbiert, alles ins Theater einschmilzt, war ein vielleicht totaleres Theaterwesen als Jouvet, aber nicht so blendend, denn er war «schüchterner». Gleichzeitig war er aber auch distanziert, hatte eine starke analytische und ironische Begabung

W. Shakespeare: Der Sturm. Regie: G. Strehler. Bühne: L. Damiani. Piccolo Teatro di Milano 1978

(die wichtige Gabe der großen «politischen» Menschen!), die ihm erlaubte, sich selbst und uns zu sehen in der Dimension der geschichtlichen Notwendigkeit, der Realität der Geschichte, in der «das Theater enthalten» ist wie «eine Rolle» von vielen.

In dieser Ästhetik-Dimension Brechts klärt sich, wie vor langen Jahren in der Widerstandsbewegung (der Vergleich kommt mir ganz unvermittelt), eine Seite meiner Geschichte als Mensch und als Theatermann und findet einen Fixpunkt. Es ist jedoch nur ein Fixpunkt im Sinne des «Aufbruchs», weil er alles in uns in Bewegung bringt und zur kontinuierlichen Konfrontation mit uns selbst und mit den anderen zwingt. (O nein, es ist nicht bequem, Dialektik wirklich zu leben!) Hier verbinden sich alle früheren Themen und Verpflichtungen zu einer einheitlichen, kohärenten Vision meiner Vorstellung vom Leben. Vielleicht ist es jenes emblematische, allzu abgebrauchte, aber dennoch erschreckend richtige Wort Brechts: «alle Künste tragen bei zur größten aller Künste: der Lebenskunst», das mich seit jeher beherrscht. Zuerst unbewußt. Heute, wie ich hoffe, bewußt. Mehr ist über mich nicht zu sagen.

In: Giorgio Strehler: Für ein menschlicheres Theater. Geschriebene, gesprochene und verwirklichte Gedanken. Hrsg. und aus dem Italienischen übertragen v. Sinah Kessler. © der deutschen Ausgabe Suhrkamp Verlag Frankfurt am Main 1975.

Shakespeare, Goldoni, Brecht.
Die wichtigsten Orientierungspunkte meiner Arbeit (1984)

Shakespeare, Goldoni, Brecht – drei Namen, drei Autoren, die meinen Weg als Regisseur über all die Jahre meiner Theaterarbeit kontinuierlich und treu begleitet haben. Jeder dieser Autoren steht für bestimmte Zusammenhänge innerhalb meines Repertoires, denen ich mich im Laufe der Zeit gewidmet habe.

Shakespeare ist unter ihnen wie eine Art Vater, «Über-Vater», der immer wieder einschüchtert und doch auch Trost spenden kann. Mir

B. Brecht: Der gute Mensch von Sezuan. Regie: G. Strehler. Piccolo Teatro di Milano 1958

selbst stand er streng und liebevoll zur Seite. Er war für mich immer die Maßgabe aller Grenzen, an die ich stoßen konnte. Ihm gehören meine größten Ängste, aber auch meine wahrhaftigsten und lehrreichsten theatralischen Eroberungen.

Goldoni lehrte mich im Laufe der Jahre eine Form theatralischer Zärtlichkeit in seiner ihm eigenen Art und Weise.

Goldoni: Das war für mich immer das große Leuchten einer (nicht pazifistischen) Güte, dennoch immer kritisch und manchmal auf seine Weise fast mitleidlos. Als Dichter war er niemals bequem, dieser Goldoni! – doch stets unendlich menschlich. Er war mir wie ein älterer Bruder, mit dem ich die Abende plaudernd verbrachte, gemeinsam in einem Raum irgend etwas essend und ein bißchen Wein trinkend; auch Karten haben wir zusammen gespielt – Kartenspielen hat ihm immer gefallen. Dabei hat er mir von den Menschen erzählt, von ihren Leiden – manchmal sprach er mit weicher Stimme, manchmal auch mit angriffslustiger Bosheit von ihren Lastern. Er hat mir stets den Weg gewiesen, der Welt und den Menschen nachzugehen, sie mit Neugier, Liebe und Ironie in all

M. Gorkij: Nachtasyl (2. Version). Regie: G. Strehler. Teatro Metastasio Prato 1970

ihrem Kummer und ihren Sorgen zu beobachten. Auch seine unerbittliche Liebe zum Theater hat er mir vermittelt – nicht zu vergessen den Mut, auch ohne Reserven dennoch weiterzuarbeiten. Das heißt, für das Theater bis zum Letzten zu gehen. Kurz: Er hat mich gelehrt, das Leben und das Theater grenzenlos zu lieben.

Brecht verdanke ich die Eroberung des Sozialen, allerdings nicht im Sinne einer doktrinären Pädagogik, vielmehr im Sinne einer «Seinsform». Das Theater als Möglichkeit, aus der Gesellschaft heraus dieser zu helfen und sie zu verändern. Wer glaubt, Brecht habe uns, die wir als seine Schüler mit ihm gelebt und von ihm gelernt haben, Gewißheiten vermittelt, irrt sich. Er hat uns eine Art Schlüssel gegeben, um Theater zugleich kritisch und poetisch zu begegnen, immer mit dem Ziel, die Welt neu zu untersuchen.

Wer nun aber glaubt, Brecht spräche von einem Theater, das die Welt verändern könne, irrt sich ebenfalls. In einer Art Aphorismus beschrieb er die Welt als «auch» durch das Theater veränderbar. In dem Sinne, daß

Theater im Zusammenhang mit anderen menschlichen Handlungen dieser Welt helfen könne, sich zu verbessern.

Brecht hat mir immer Mut gemacht, das Alte mit neuen Augen zu sehen und dabei das Neue unter einem «geschichtlichen» Blickwinkel zu betrachten. Unsere Vergangenheit ist etwas Bewegliches an sich. Ja, viele Dinge hat mir dieser große Meister beigebracht, der häufig, wie fast alle großen Lehrer, mißverstanden wurde und dem auch wir manchmal eher mit Verwunderung als mit Überzeugung zuhörten.

Erst gegen Ende haben wir die Größe seiner dialektischen Lehre verstanden, seine Art, niemals in Frieden, dennoch im Bewußtsein absoluter Überzeugungen zu leben.

Seinen Stücken, die ich, so gut es ging, zu interpretieren versuchte, bin ich immer mit Liebe begegnet – mit dem Bangen der allerersten Liebe und jener wunderbaren Entdeckung der Leidenschaft, die blind machen kann, aber dann auch seltsam klarsichtig, in der Sensibilisierung der «Augen des Herzens». Den Mysterien der Dichter ist nur auf diese Art beizukommen, das heißt mit genau diesen Waffen, ohne die jegliche Kultur, Erfahrung und Wissen nichts wert sind.

Letztlich bleibt das wahrhaftige Erfassen eines Kunstwerks immer ein emotionaler Akt: Theateraufführungen, heute nurmehr Asche eines einstmals aufflackernden und wärmenden Feuers, Erinnerungen für den, der sie gesehen hat.

Das ist das wunderbare und zugleich verzweifelte Schicksal des Theaters, immer und über alle Zeiten hinweg. Wie Tod und Leben bleibt auch dies nur zu akzeptieren.

In: Cordelia Dvořák: Passione Teatrale. Giorgio Strehler und das Theater. Berlin 1994 (Henschel), S. 75.

Theatergeschichtliche Kommentare

Erwin Piscators politisches Theater

«Meine Zeitrechnung beginnt am 4. August 1914.»
Erwin Piscator: Das Politische Theater, 1929

«Die Bedeutung des Theaters als moralische Anstalt wird wieder deutlich.»
Erwin Piscator, 1965

Erwin Piscator, bis heute der geradezu klassische Repräsentant des politischen Theaters, wurde am 17. Dezember 1893 in Ulm bei Wetzlar geboren, sein Vater war Kaufmann; das Gymnasium besuchte er in Marburg. 1913 begann Piscator seine Theaterlaufbahn als Volontär am Hof- und Nationaltheater in München, daneben studierte er Germanistik, Philosophie und Kunstgeschichte und nahm Schauspielunterricht. 1914 unterbrach der Krieg seine Laufbahn am Theater. Piscator wurde Soldat und nahm an den Kämpfen an der damaligen Westfront teil. Er reflektierte diese Erlebnisse in einer Reihe von Antikriegsgedichten, die in der Zeitschrift «Die Aktion» erschienen. Antimilitarismus und Pazifismus waren seitdem die leitenden politisch-moralischen Grundwerte seiner künstlerischen Arbeit. Schillers Diktum von der Bühne als einer «moralischen Anstalt» hat keiner so emphatisch und konsequent für das 20. Jahrhundert beansprucht wie dieser Regisseur. Das zweite, Piscators Persönlichkeit maßgeblich prägende Ereignis war die Novemberrevolution 1918 in Deutschland. Er wurde Mitglied des Soldatenrats bei seiner

Einheit und leitete ein Fronttheater. In Berlin beteiligte er sich im Januar 1919 zusammen mit George Grosz, John Heartfield, Wieland Herzfelde, Richard Huelsenbeck und Rudolf Schlichter an Dada-Aktionen.

Nach einer kurzen Zwischenstation 1919/20 in Königsberg – er gründete dort sein erstes eigenes Theater «Das Tribunal» (Stücke von Strindberg, Wedekind, Heinrich Mann und Sternheim standen auf dem Spielplan) – ging Piscator wieder nach Berlin zurück und eröffnete 1920 das «Proletarische Theater», das sich ausschließlich an ein Arbeiterpublikum wandte und bis 1921 existierte.

Es gab in diesen Jahren bereits mehrere Bühnen, deren Hauptpublikum Arbeiter waren oder auf denen Arbeiter als Laienspieler auftraten. Es waren proletarische Laienspielvereine, deren Tradition bis ins 19. Jahrhundert zurückreichte und die im Deutschen Arbeiter-Theaterbund organisiert waren, vor allem aber waren es die Volksbühnen. In keiner der beiden Organisationen konnte Piscator jedoch seine Idee eines revolutionären Theaters verwirklichen. Die proletarischen Laienspielvereine unterschieden sich 1919 kaum von bürgerlichen Theaterzirkeln; sie spielten Operetten, Schwänke und Heimatstücke. Ihr Repertoire war auf ein bewusst unpolitisches Kulturprogramm für Arbeiter festgelegt. Diese Theaterarbeit war Teil eines proletarischen Milieus, das sich als Gegenöffentlichkeit zur bürgerlichen Öffentlichkeit verstand, in dem es vor allem um die Vermittlung von Werten ging, auch von Kultur und Bildung. Ein davon abgelöstes Politikverständnis wäre bei der Mehrheit der Arbeiterschaft auf Ablehnung gestoßen. Der Deutsche Arbeiter-Theaterbund veränderte sein Programm erst in der zweiten Hälfte der zwanziger Jahre, ein Folge des Beitritts kommunistischer Agitpropgruppen.

Ein ähnliches Bild zeigte die Volksbühne in den Jahren um 1920. Freie Volksbühne und Neue Freie Volksbühne entwickelten sich von 1896/97 an zu reinen Abonnentenvereinen ohne jede politische Ambition. (Vgl. M. Brauneck: Literatur und Öffentlichkeit im ausgehenden 19. Jahrhundert, S. 20 ff. u. 90 ff.) Als sich die beiden Vereine organisatorisch wieder zusammenschlossen und 1914 gemeinsam ein eigenes Haus in Berlin eröffneten, übertrugen sie 1915 die künstlerische Leitung der Volksbühne an Max Reinhardt, den künstlerisch und kommerziell erfolgreichsten «bürgerlichen» Theaterunternehmer. Nach 1918 distanzierte sich die

*J. Hašek: Die Abenteuer des braven Soldaten Schwejk. Regie: E. Piscator.
Marionetten und Zeichnungen: G. Grosz. Piscator Bühne Berlin 1928*

Volksbühnenleitung in einer Reihe von Erklärungen von jeder Form weltanschaulich oder politisch gebundenen Theaters und betonte ihre ideologisch und politisch neutrale Kunstpflege.

Bereits im Frühjahr 1919 hatten Arthur Holitscher, Ludwig Rubiner, Rudolf Leonhard, Karlheinz Martin u. a. ein «Proletarisches Theater» in Berlin gegründet, das jedoch nur eine Aufführung zustande brachte. «Es sollte in kollektivistischer Form das erste szenische Instrument des Proletkult in Deutschland sein.» (E. Piscator: Das Politische Theater, S. 44)

«Das proletarische Theater», das Piscator zusammen mit Hermann Schüller im März 1919 gegründet hatte, war institutionell mit den proletarischen Organisationen und Parteien verbunden; es nannte sich «Bühne der revolutionären Arbeiter Groß-Berlins». Vertreter der USPD, KPD und KAPD übten entscheidenden Einfluss auf die Leitung, das Repertoire und die Organisation dieses Theaters aus. Werbung und Kartenvertrieb fanden in den Büros der proletarischen Parteien und über deren Betriebsobleute statt. Gespielt wurde in Sälen, die den Arbeitern von politischen Veranstaltungen her vertraut waren. Die Theateraufführungen waren vielfach mit politischen Veranstaltungen und direkten Aktionen verbunden, etwa mit Liebknecht-Luxemburg-Gedenkfeiern, Demonstrationen für aktuelle politische Ereignisse, Wahlveranstaltungen, Geldsammlungen für politische Gefangene u. a. Die Konzeption eines «proletarischen Theaters» hatte Piscator in einem programmatischen Aufsatz niedergelegt; dort heißt es: «Die Leitung des proletarischen Theaters muß anstreben: Einfachheit im Ausdruck und Aufbau, klare eindeutige Wirkung auf das Empfinden des Arbeiterpublikums, Unterordnung jeder künstlerischen Absicht dem revolutionären Ziel, bewußte Betonung und Propagierung des Klassenkampfgedankens. Das proletarische Theater will der revolutionären Bewegung dienstbar sein und ist daher den revolutionären Arbeitern verpflichtet. Ein aus ihrer Mitte gewählter Ausschuß soll die Verwirklichung der kulturellen und propagandistischen Aufgaben verbürgen.» (Schriften 1, S. 9)

Diese Theaterarbeit stellte die unmittelbare Agitation konsequent in den Mittelpunkt und verzichtete weitgehend auf jede unterhaltende oder vergnügliche Funktion des Theaters, vor allem auf jeden Kunstanspruch. In den Stücken und Projekten des «Proletarischen Theaters» wurden Solidarität und Kollektivismus als zentrale Forderungen der Politik der Arbeiterbewegung propagiert.

Die Chance des «Proletarischen Theaters», längerfristig und kontinuierlich zu arbeiten, war von vornherein gering. Das Arbeiterpublikum war materiell nicht in der Lage, ein Theater zu tragen, das sich seine ökonomischen Existenzgrundlagen selbst erwirtschaften musste. Ein weiteres Problem war, dass die Masse der Arbeiter in ihrer Einstellung zum Theater durch die neutralistische Kunstpflege der Volksbühnen geprägt war. Hinzu kam die Ablehnung des «Proletarischen Theaters» durch die offiziöse Kulturpolitik der KPD. In einer Theaterkritik der «Roten Fahne» heißt es 1920 über das Piscator-Theater: «Was der Arbeiter heute braucht, ist eine starke Kunst, die den Geist löst, freimacht. Solche Kunst kann auch bürgerlichen Ursprungs sein, nur sei es Kunst.» Nicht Piscators politisches Theater, sondern eine Aufführung von Strindbergs Traumspiel

Nach Damaskus wurde von der «Roten Fahne» gelobt. Berücksichtigt man diese Tatsachen, so war die Resonanz auf das Piscator-Theater unter dem Arbeiterpublikum dennoch beträchtlich. In den Polizeiberichten werden Besucherzahlen zwischen 250 und 600 genannt.

Beendet wurde diese erste Phase von Piscators Theaterarbeit dadurch, dass für das «Proletarische Theater» die Spielkonzession nicht verlängert wurde (November 1921).

Zusammen mit José Rehfisch übernahm Piscator deswegen 1921 das «Central-Theater» in Berlin (bis Herbst 1924). Auf dem Programm dieser Bühne standen Stücke von Maksim Gor'kij, Rolland, Tolstoj und Jung. Hatte sich das «Proletarische Theater» ausschließlich an das Berliner Proletariat gerichtet, so sollte mit diesem Theater auch ein bürgerliches Publikum angesprochen und diesem die politischen Interessen des revolutionären Proletariats näher gebracht werden. Das Central-Theater war als eine Art «proletarische Volksbühne» konzipiert.

1924 wurde Piscator an die Berliner Volksbühne eingeladen; er sollte Alfons Paquets Stück *Fahnen* inszenieren. Auf dieses Stück wurde von Piscator erstmals der Begriff «episches Theater» angewandt. Über die Zielsetzung seiner Regiearbeit zu *Fahnen* schreibt Piscator:

«Ich hatte die Möglichkeit, eine Art der Regie zu entwickeln, die Jahre später von anderer Seite als ‹episches Theater› proklamiert wurde. Worum handelte es sich? Kurz gesagt um die Ausweitung der Handlung und die Aufhellung ihrer Hintergründe, also eine Fortführung des Stückes über den Rahmen des nur Dramatischen hinaus. Aus dem Schau-Spiel entstand das Lehrstück. Daraus ergab sich ganz selbstverständlich die Verwendung von szenischen Mitteln aus Gebieten, die bisher dem Theater fremd waren. Ansätze dazu hatte es (…) bereits im Proletarischen Theater gegeben (…). Ich ließ zu beiden Seiten der Bühne breite Projektionswände aufstellen. Schon während des Prologs, der das Stück mit einer Charakterisierung der handelnden Person einleitete, erschienen auf diesen Wänden die Fotografien der genannten Personen. Im Stück benutzte ich die Wände, um die einzelnen Szenen durch projizierte Zwischentexte zu verbinden. Es war m. W. das erste Mal, daß Lichtbildprojektionen in diesem Sinne im Theater verwendet wurden. Im übrigen beschränkte ich mich darauf, das Stück, das allerdings 56 Mitspieler erforderte, so klar und sachlich wie möglich herauszustellen.» (Das Politische Theater, S. 62)

Mit dem Begriff «episches Theater» war ein Etikett gefunden, mit dem eine äußerst variantenreiche Entwicklung der Theaterästhetik im 20. Jahrhundert bezeichnet werden sollte. Für Piscator war «episches Theater» in dieser Phase seiner Arbeit in erster Linie politisches Theater: Zeitstück, parteiliche Dokumentation des historischen und aktuellen Klassenkampfs, Lehrstück statt Schauspiel, Historisierung in der Darstellung gesellschaftlicher Situationen, Aufzeigen von Eingriffsmöglichkeiten, Verzicht auf die Einheit der konventionellen Kunstmittel, stattdessen Montage unterschiedlicher medialer Vermittlungsformen (vornehmlich von Fotomaterial und Film), Überführung der Theaterhandlung in die unmittelbare politische Aktion.

Ebenfalls im Jahr 1924 inszenierte Piscator anlässlich der Reichstagswahlen im Auftrag der KPD in einigen Berliner Sälen seine erste große Revue, die *Revue Roter Rummel* (22. November 1924). Es war dies eine nur lose verbundene Szenen- und Bilderreihe in der Art der Nummern-Auftritte der Unterhaltungsrevuen. Piscator integrierte dabei alle von ihm bis dahin erprobten Theatermittel zu einer multimedialen Politshow, die mit ihrer perfekt ausgearbeiteten Suggestivdramaturgie den Zuschauer in ihren Bann zog, emotional aufputschte und ihm kaum Zeit zum Nachdenken ließ. Piscator schrieb:

«Wie mit Eisenhämmern sollte sie mit jeder ihrer Nummern niederschlagen, nicht nur an einem Beispiel, sondern an Dutzenden dieses Abends ihr Leitmotiv beweisen, ihr: Ceterum censeo, societatem civilem esse delendam! Das Beispiel sollte variiert werden, kein Ausweichen durfte es mehr geben. Darum brauchte man Buntheit. Das Beispiel mußte mit dem Zuschauer konfrontiert werden, es mußte überleiten zu Frage und Antwort, gehäuft werden – ein Trommelfeuer von Beispielen mußte herangebracht und in die Masse der Zahlen getrieben werden. Tausende erfahren es, du auch! Glaubst du, es gilt nur dem anderen? Nein, dir auch! Es ist typisch für diese Gesellschaft, in der du lebst, du entgehst ihm nicht – hier noch eins und noch eins! Und das unter skrupelloser Verwendung aller Möglichkeiten: Musik, Chanson, Akrobatik, Schnellzeichnung, Sport, Projektion, Film, Statistik, Schauspielerszene, Ansprache.» (Das Politische Theater, S. 65)

Die agitatorische Aussage der Revue war von der Dramaturgie eindeutig festgelegt und klar formuliert. Voraussetzung war eine ausgesprochen plakative Ästhetik. Die Revue sollte direkte und schnelle Reaktionen auf politische Tagesereignisse ermöglichen. Am 12. Juli 1925 inszenierte Piscator seine zweite große Agitationsrevue, die den Titel *Trotz alledem!* erhielt und im Großen Schauspielhaus Berlin aufgeführt wurde. Es war der Höhepunkt in der Entwicklung des politischen Massentheaters in der Weimarer Republik. Piscator konzentrierte diese Inszenierung auf die Wechselwirkung von gespielter Szene und dem authentischen (filmischen) Dokument, was dem Ganzen eine geschlossenere Form gab. Die Revue hatte die «revolutionäre Höhepunkte der menschlichen Geschichte vom Spartakusaufstand bis zur russischen Revolution» zum Inhalt. In seinem Bericht *Das Politische Theater* heißt es:

«Die durchschlagende Wirkung, die die Verwendung des Films hatte, zeigte, daß sie jenseits aller theoretischen Erörterungen nicht nur richtig war, wenn es sich um die Sichtbarmachung politischer und gesellschaftlicher Zusammenhänge handelte, also in bezug auf den Inhalt, sondern richtig, im höheren Sinne, auch in bezug auf die Form. Hier wiederholte sich die Erfahrung von *Fahnen*. Das Überraschungsmoment, das sich aus dem Wechsel von Film und Spielszene ergab, war sehr wirkungsvoll. Aber noch stärker war die dramatische Spannung, die Film und Spielszene voneinander bezogen. Wechselwirkend steigerten sie sich, und so wurde in gewissen Abständen ein Furioso der Aktion erreicht, wie ich es im Theater nur selten erlebt hatte. Wenn beispielsweise auf die Abstimmung der Sozialdemokraten über die Kriegskredite (Spielszene) der Film folgte, der einen Sturmangriff und die ersten Toten zeigte, so war damit nicht nur der politische Charakter des Vorgangs gekennzeichnet, sondern es wurde zugleich eine menschliche Erschütterung bewirkt, also Kunst geschaffen. Es ergab sich, daß die stärkste politischpropagandistische Wirkung auf der Linie der stärksten künstlerischen Gestaltung lag.» (Das Politische Theater, S. 74 f.)

Mit dieser Konzeption war der ästhetische Spontaneismus der Phase des «Proletarischen Theaters» überwunden. Piscator formulierte diese neue Position in dem Essay *Grundlinien der soziologischen Dramaturgie* (1929); das Prinzip der künstlerischen Gestaltung wurde darin in das Konzept eines politischen Agitationstheaters integriert.

Auf dieser Grundlage erarbeitete Piscator in den Jahren von 1926 bis 1930/31 eine Reihe bedeutender Inszenierungen. 1927 eröffnete er ein eigenes Haus (bis 1928), die erste Piscator-Bühne am Nollendorfplatz, mit der Uraufführung von Ernst Tollers Stück *Hoppla, wir leben!* 1929 kam es zur Gründung der zweiten Piscator-Bühne (Eröffnung mit Walter Mehrings *Der Kaufmann von Berlin*), die sich aus ökonomischen Gründen aber nur vier Wochen halten konnte. Während dieser Jahre übernahm Piscator ständig auch Regieaufträge an anderen Theatern, in Berlin, Hamburg und München. (Vgl. M. Brauneck: Die Welt als Bühne. 4, S. 407 ff.)

Am 15. Januar 1931 wurde die dritte Piscator-Bühne am Wallnertheater in Berlin mit einer Inszenierung von Friedrich Wolfs Drama *Tai Yang erwacht* eröffnet. Piscators Theaterarbeit veränderte sich damit erneut, was vor allem der Zusammenarbeit mit Bertolt Brecht geschuldet war, der bereits zum dramaturgischen Kollektiv der ersten Piscator-Bühne (1927/1928) gehört hatte.

Piscator emigrierte 1931 in die Sowjetunion und drehte dort den Film *Der Aufstand der Fischer von St. Barbara*; Vorlage war eine Novelle von Anna Seghers. Von 1934 bis 1936 war Piscator Präsident des Internationalen Revolutionären Theaterbundes. 1936 bis 1939 hielt er sich in Paris auf und ging zunehmend auf Distanz zu den einstigen politischen Weggefährten. Von 1939 bis 1951 lebte Piscator in den USA und gründete in New York den «Dramatic Workshop» an der School for Social Research, der zu einer der wichtigsten Ausbildungsstätten für Schauspieler und Regisseure in den USA wurde und eine Reihe wichtiger Inszenierungen (Shakespeare, Tolstoj, O'Neill, Brecht, Sartre, Warren, Borchert) erarbeitete. Schüler Piscators am Dramatic Workshop waren u. a. Tennessee Williams, Arthur Miller, Marlon Brando, Harry Belafonte, Tony Curtis, Judith Melina und Julian Beck, die beiden Gründer der New Yorker Gruppe The Living Theatre. 1951 wurden aufgrund der Aktivitäten des antikommunistischen McCarthy-Ausschusses die Arbeitsmöglichkeiten für Piscator in den USA immer schwieriger, so dass er nach Deutschland zurückkehrte. Er arbeitete zunächst als Gastregisseur in der Bundesrepublik; 1962 wurde er Intendant der Freien Volksbühne Berlin (bis 1966), wo er vor allem die Uraufführungen der Dokumentarstücke von Hochhuth (*Der Stellvertreter* am 20. Februar 1963), Kipphardt (*In der Sache J. Robert Oppenheimer* am 11. Oktober 1964) und Peter Weiss (*Die Ermittlung*, Ring-Uraufführung am 19. Oktober 1965) herausbrachte und diesem Genre als «Geburtshelfer» (G. Rühle) zu seinem Durchbruch verhalf. Gegenüber der vornehmlich auf emotionale Effekte ausgerich-

H. Kipphardt: In Sachen J. Robert Oppenheimer. Regie: E. Piscator. Freie Volksbühne Berlin 1964

teten Dramaturgie seiner Theaterarbeit in der Weimarer Republik hatte Piscator nach 1945/50 eine klare Kurskorrektur vollzogen. Das «Herausarbeiten eines Inszenierungsstils» eines «modernen Denktheaters» war ihm seitdem die vordringliche Aufgabe. Obwohl der in den USA politisch stigmatisierte und als Emigrant unwillkommene Regisseur nach Deutschland zurückgekehrt war, blieb ihm der Theaterbetrieb, den er vorfand, letztlich fremd. Sein Angebot, beim Wiederaufbau des deutschen Theaterwesens nach 1945 zu helfen, hatten die Westalliierten zurückgewiesen. In der DDR galt er als unerwünschter «Avantgardist»; zu Brecht, der dort den Theaterbetrieb dominierte, hatte Piscator ein schwieriges, durchaus ambivalentes Verhältnis. In der Bundesrepublik herrschte ein Klima der Restauration und in den Jahren des Kalten Kriegs eine geradezu hysterisch aufgeladene Atmosphäre des Antikommunismus, die dem einstigen Kommunisten Piscator mit vielerlei Vorurteilen entgegenschlug. Die Volksbühnen-Direktion, die ihm 1962 angetragen wurde, war der Versuch einer verspäteten Ehrung dieses großen Theatermoralisten. Piscator starb am 30. März 1966 in Starnberg.

Literatur
Birri, U.: Totaltheater bei Meyerhold und Piscator. Zürich 1982
Boeser, K. u. R. Vatková (Hrsg.): Erwin Piscator. Eine Arbeitsbiographie 2. Bde.
    Berlin 1986
Brauneck, M.: Literatur und Öffentlichkeit im ausgehenden 19. Jahrhundert.
    Stuttgart 1974
Ders.: Die Welt als Bühne 4. Stuttgart u. Weimar 2003, S. 407–425, u. 5,
    S. 254–266
Connelly, S. J.: Forgotten debts: Erwin Piscator and the epic theatre. Diss. Bloomington
    1991
Gleber, K.: Theater und Öffentlichkeit: Produktions- und Rezeptionsbedingungen
    politischen Theaters am Beispiel Piscator 1920–1960. Frankfurt a. M. 1979
Goertz, H.: Erwin Piscator. Reinbek 1974
Haarmann, H.: Erwin Piscator und die Schicksale der Berliner Dramaturgie.
    München 1991
Innes, C. D.: Erwin Piscator's Political Theatre. Cambridge 1972
Kirfel-Lenk, Th.: Erwin Piscator im Exil in den USA. 1939–1951. Berlin 1984
Knellessen, F. W.: Agitation auf der Bühne. Emsdetten 1970
Ley-Piscator, M.: The Piscator Experiment. New York (3. Aufl.) 1979
McAlpine, Sh.: Visual Arts in the Productions of the First Piscator-Bühne.
    Frankfurt a. M. 1990

Piscator, E.: Das Politische Theater (1929). Neubearb. v. Felix Gasbarra. Reinbek 1963
Ders.: Schriften. 2. Bde. Berlin 1968
Ders.: Theater, Film, Politik. Berlin 1980
Ders.: Zeittheater. «Das Politische Theater» und weitere Schriften von 1915 bis 1966. Bearb. v. M. Brauneck u. P. Stertz mit einem Nachwort v. Hansgünther Heyme. Reinbek 1986
Willet, J.: Erwin Piscator. Frankfurt a. M. 1982
Woll, S.: Das Totaltheater. Berlin 1984

Bertolt Brecht

«Es ist unmöglich, das Glücksverlangen der Menschen ganz zu töten.»
Bertolt Brecht: Bei Durchsicht meiner ersten Stücke, 1954

«Die heutige Welt ist dem heutigen Menschen nur beschreibbar,
wenn sie als eine veränderbare Welt beschrieben wird.»
Bertolt Brecht, 1955

Die Theaterentwicklung des 20. Jahrhunderts ist wesentlich geprägt durch das Werk von Bertolt Brecht, das in den späten fünfziger, den sechziger und den frühen siebziger Jahren wirkungsgeschichtlich seine weltweit größte Ausstrahlung hatte. In dem von ihm in den Mittelpunkt seiner theoretischen Arbeiten gestellten Begriff des «epischen», später des «dialektischen Theaters» bündelt sich eine vielschichtige Entwicklung der Theaterpraxis und der diese begleitenden theoretisch-kritischen Reflexion vom ausgehenden 19. Jahrhundert bis heute. Über die Theaterprobleme hinaus ist Brechts theoretisches Werk jedoch auch von größter Bedeutung für die Ästhetikdiskussion in der zweiten Hälfte des 20. Jahrhunderts. Die Komplexität seines Schaffens ist kaum noch eingeholt, weder in der inszenierungspraktischen Auseinandersetzung mit seinen Stücken noch im Hinblick auf das Theorie-Werk. Dieses war stets mehr als eine Theorie des Theaters. Es ist gleichfalls eine Theorie politischer Kunst, die sich auf den dialektischen Materialismus und die marxistische Interpretation von Geschichte und Gesellschaft eingelassen hat, auch auf deren revolutionäre Konzepte, die der Beseitigung von Unterdrückung und sozialem Elend dienen sollten. Brecht vertrat diese Position mit aufklärerischem Optimismus und machte den Wirklichkeitsbezug zum zentralen Kriterium der Glaubwürdigkeit seiner Arbeit. So mussten der epochale politische Umbruch am Ende des 20. Jahrhunderts und der Zusammenbruch des kommunistischen Staatenverbunds samt dessen politischer Doktrin zu einer neuen Befragung des Brecht'schen Werks führen. Dabei hatte sich bereits in den siebziger Jahren eine Interessenverschiebung von den großen Aufklärungsstücken *(Der gute Mensch von Sezuan, Leben des Galilei)* weg zum Frühwerk *(Baal, Im Dickicht der Städte)* hin angedeutet.

Die Lebensgeschichte in Stichworten (vgl. M. Brauneck: Die Welt als Bühne. 4, S. 462 ff.): Eugen Berthold Brecht wurde am 10. Februar 1898 in Augsburg geboren; sein Vater war Direktor einer Papierfabrik. In einer Schülerzeitung erschienen Brechts erste Gedichte; zunächst noch dem Expressionismus verpflichtet, Huldigungsgedichte auf den Kaiser, Patriotisches 1914, ganz dem Geiste der Zeit entsprechend. Bald aber kündigte sich ein eigener Ton an; die Antikriegshaltung wurde das beherrschende Thema. 1914 entstand auch ein erster dramatischer Versuch, *Die Bibel*. Im Kreis Gleichgesinnter, mit den Freunden Caspar Neher, Hanns Otto Münsterer, Otto Müller und Otto Bezold wurden ein paar wilde Sturm-und-Drang-Jahre verbracht. 1917 immatrikulierte sich Brecht an der Philosophischen Fakultät der Universität München. Zum Tod von Frank Wedekind (9. März 1918), dem großen verehrten Vorbild, organisierte er eine Gedenkfeier. An der Universität besuchte Brecht die Seminare des Theaterwissenschaftlers Arthur Kutscher. In einer Augsburger Zeitung schrieb er eine Zeit lang regelmäßig Theaterkritiken. Dabei deutete sich bereits unmissverständlich jene Richtung an, die Brecht wenige Jahre später «antiaristotelisch» nennt, als dem «bürgerlichen» Kunst- und Theaterbetrieb diametral entgegengesetzt, und die er in seinen eigenen Stücken einschlug. Im Oktober 1918 wurde Brecht als Soldat einberufen. Nachdem er sich zuvor als Student der Medizin hatte einschreiben lassen, kam er zu einer Sanitätseinheit nach Augsburg.

Das Chaos der ersten Nachkriegsjahre, Revolution und Räterepublik, den Bürgerkrieg in Bayern und den wirtschaftlichen Zusammenbruch in der Inflationszeit erlebte Brecht vornehmlich in München und Augsburg. Zweimal reiste er nach Berlin. In diesen turbulenten Jahren entstanden die bedeutenden Stücke des Frühwerks: *Baal* (1918/19), *Trommeln in der Nacht* (1919/22), *Im Dickicht der Städte* (1920/22). 1921 versuchte Brecht, in Berlin Kontakt zum Theater aufzunehmen; seine Bemühungen blieben jedoch ohne Erfolg. Die Gedichte aus dieser Zeit fasste er in der Sammlung *Die Hauspostille* zusammen.

Im Frühjahr 1922 lernte Brecht den Theaterkritiker Herbert Jhering kennen. Zur gleichen Zeit unternahm er seinen ersten Regieversuch mit Arnolt Bronnens *Vatermord* an der Jungen Bühne in Berlin. Brecht zerstritt sich jedoch so sehr mit den Schauspielern, dass die Proben abgebrochen werden mussten. Am 29. September 1922 wurde an den Münchner Kammerspielen in der Regie von Otto Falckenberg (Bühne: Otto Reigbert) sein Drama *Trommeln in der Nacht* uraufgeführt, womit ihm der Durchbruch am Theater gelungen war. Im Oktober schloss Brecht einen Dramaturgenvertrag mit den Kammerspielen ab; im November heiratete er die Sängerin Marianne Zoff (Scheidung 1927) und erhielt für *Trommeln* den Kleist-Preis. Bald folgten die Uraufführungen von *Dickicht* (am 9. Mai 1923 am Residenztheater in München, Regie: Erich Engel, Bühne: Caspar Neher) und *Baal* (am 8. Dezember 1923 am Alten Theater in Leipzig).

Im Spätsommer 1923 lernte Brecht die Schauspielerin Helene Weigel kennen, mit der er ab September 1924 in Berlin zusammenlebte. Von Januar bis März dieses Jahres arbeitete er zusammen mit Lion Feuchtwanger an einer Inszenierung von *Leben Eduards des Zweiten* an den Kammerspielen in München. In der Zwischenzeit begannen die Arbeiten zu *Mann ist Mann*; ständige Mitarbeiter Brechts waren in diesen Jahren Caspar Neher und Elisabeth Hauptmann. 1926, im Zusammenhang mit den Vorarbeiten zur *Heiligen Johanna der Schlachthöfe*, setzte Brechts Beschäftigung mit dem Marxismus ein. Damit erhielten auch seine theatertheoretischen Reflexionen eine neue Dimension.

1927 entstand in der Zusammenarbeit mit Kurt Weill das Songspiel *Mahagonny*; im Jahr darauf die Oper *Aufstieg und Fall der Stadt Mahagonny*. Zusammen mit Piscator, Gasbarra und Lania arbeitete Brecht im Dezember des Jahres an der Theaterfassung und Inszenierung von J. Hǎšeks Roman *Die Abenteuer des braven Soldaten Schwejk*. Am 31. August 1928 fand am Theater am Schiffbauerdamm in Berlin die Uraufführung der *Dreigroschenoper* statt (Regie: Erich Engel), die ein sensationeller Erfolg wurde. In Berlin lernte Brecht 1929 Walter Benjamin kennen und inszenierte am Schiffbauerdamm-Theater Marieluise Fleißers Stück *Pioniere in Ingolstadt*. Am 10. April 1929 heiratete Brecht Helene Weigel.

In den Jahren 1929/30 entwickelte Brecht in den Lehrstücken eine neue Form politischen Experimentaltheaters; *Flug der Lindberghs*, *Das*

B. Brecht / K. Weill: Die Dreigroschenoper. Regie: E. Engel. Theater am Schiffbauerdamm Berlin 1928

Badener Lehrstück vom Einverständnis, *Die Maßnahme*, *Der Jasager* und *Der Neinsager*. Zentrale Tendenz dieser Arbeiten war es, eine neue Form theatralen Lernens zu schaffen, in der ästhetische und politisch-kollektive Praxis als Instrumente der Untersuchung gesellschaftlicher Zusammenhänge eins werden, vor allem auch das System Spieler-Zuschauer aufgehoben wird. Ende 1930 kam es zum Konflikt wegen der Verfilmung der *Dreigroschenoper*. Der Film *Kuhle Wampe* (zusammen mit Ernst Ottwald und Slatan Dudow) wurde im August 1931 fertiggestellt. Im Herbst 1931 schrieb er zusammen mit Dudow, Hanns Eisler und Günter Weisenborn das Stück *Die Mutter* nach einem Roman von Maksim Gork'ij, das von Erwin Piscator inszeniert wurde. Vom November 1932 bis Februar 1933 besuchte Brecht in Berlin Vorlesungen des marxistischen Philosophen Karl Korsch im Rahmen von dessen «Studienzirkel Kritischer Marxismus».

Am 28. Februar 1933, am Tag nach dem Reichstagsbrand, verließ Brecht Deutschland und ging über Prag, Wien, die Schweiz und Paris ins Exil nach Dänemark, wo er bis 1939 blieb. Im dänischen Exil entstanden *Leben des Galilei* und *Die Gewehre der Frau Carrar*. Neben der Arbeit an den Stücken schrieb Brecht eine Reihe größerer Lyrikzyklen, in denen er die persönlichen Erfahrungen des Exils und die Situation in Hitler-Deutschland reflektierte. In Paris wurde 1933 das Ballett *Die 7 Todsünden der Kleinbürger* uraufgeführt. 1935 führte die Truppe «Revolutionäres Theater» in Kopenhagen *Die Mutter* auf. Im November desselben Jahrs folgt eine Inszenierung dieses Stücks am Civic Repertory Theatre in New York. Brecht und Hanns Eisler hatten sich an der Einstudierung des Stücks beteiligen wollen, wurden jedoch von den Proben ausgeschlossen. Zu groß waren die Unterschiede in der künstlerischen Auffassung der Arbeit. Brecht beklagte die «Verstümmelung» seines Werks.

Im Frühjahr 1935 reiste Brecht nach Moskau und traf dort Tret'jakov, Piscator, Ottwald, Asja Lacis und Bernhard Reich. Im Juni dieses Jahrs nahm er am «Internationalen Schriftstellerkongress zur Verteidigung der Kultur» teil, der in Paris stattfand.

1939 und 1940 hielt sich Brecht in Schweden auf; die Arbeiten an *Mutter Courage* wurden aufgenommen. Helene Weigel gab Unterricht an einer Schauspielschule in Stockholm. Im April reisten die Brechts weiter nach Finnland, wo *Der gute Mensch von Sezuan* fertiggestellt wurde. Für einen finnischen Theaterwettbewerb schrieb er das Volksstück *Herr Puntila und sein Knecht Matti*. Als Brecht im Mai 1941 endlich die Visa für die Einreise in die USA erhielt, reiste er über Moskau mit Zwischenstation in Manila nach Los Angeles. Er lebte bis 1947 in Santa Monica, einem Stadtteil von Hollywood.

Mit Arbeiten für den Film sicherte sich Brecht zeitweilig seinen Lebensunterhalt. 1947 kam es in Beverly Hills zu einer Aufführung des *Galilei* (Regie: Joseph Losey unter Mitarbeit von Brecht). Charles Laughton spielte die Hauptrolle. Ende Oktober 1947 wurde Brecht vor das «Committee of Unamerican Activities» geladen. Anklage wurde zwar nicht erhoben; dennoch verließ Brecht am Tage darauf die USA und flog nach Paris, von dort weiter nach Zürich, wo er bis 1949 blieb.

In Zürich nahm Brecht den Kontakt zu Caspar Neher wieder auf. Die beiden hatten Ende der zwanziger Jahre ihre gemeinsame Arbeit abgebrochen. Zusammen inszenierten sie das *Antigone-Projekt* (1948) im Stadttheater von Chur. Im August 1948 waren auch die Arbeiten am *Kleinen Organon für das Theater* praktisch abgeschlossen. Es war Brechts erste systematische Zusammenfassung seiner Theatertheorie. (Vgl. M. Brauneck: Die Welt als Bühne. 4, S. 479 ff.) Im selben Jahr bemühte er sich um eine Arbeitsmöglichkeit in Österreich (Salzburg und Wien), auch um einen österreichischen Pass, nachdem Brecht in dieser Angelegenheit bei den Schweizer Behörden auf erhebliche Vorbehalte gegenüber seiner Person gestoßen war.

Im Oktober 1948 reiste Brecht schließlich über Prag nach Ost-Berlin und verhandelte dort über Aufführungen seiner Stücke, aber auch über eine Möglichkeit längerfristiger Arbeit. Im Januar 1949 fand am Deutschen Theater die Premiere von *Mutter Courage und ihre Kinder* statt; Helene Weigel spielte die Titelrolle. Pfingsten 1949 übersiedelte Brecht dann endgültig nach Ost-Berlin. (Vgl. M. Brauneck: *Die* Welt als Bühne. 5, S. 412 ff.) Am 12. November fand die erste Vorstellung des Berliner Ensembles statt, das in den fünfziger und sechziger Jahren zahlreiche Tourneen in alle Welt unternahm. Brecht inszenierte in diesen Jahren immer wieder auch an anderen Theatern seine Stücke. Im März 1954 zog das Berliner Ensemble in das Theater am Schiffbauerdamm ein und erhielt damit ein eigenes Haus. Noch vor Abschluss der Arbeiten an der Inszenierung von *Leben des Galilei* starb Brecht am 14. August 1956.

Erste Ansätze theaterästhetischer Reflexionen Brechts zeichneten sich ab in einer Reihe von Aufführungsbesprechungen, die er vom Oktober 1919 bis zum Januar 1921 in der Augsburger Tageszeitung «Der Volkswille» veröffentlichte. Die in diesen Kritiken vorgetragenen Bewertungskriterien lassen eine Vorliebe für den Schwank und für das Volkstheater erkennen. Was Brecht das Volkstheater so interessant erscheinen ließ, waren dessen Distanz zum bürgerlichen Bildungs- und Literaturtheater, dessen Lebensfremdheit er immer wieder anprangerte, vor allem die besondere Verbindung von praktischer Nützlichkeit und dem Spaß, die ihm für den volkstümlichen Schwank charakteristisch erschien. Insbesondere die Spielorte dieses Theaters, die Kneipen und der Jahrmarkt, und das dazugehörige Publikum, «hemdsärmelig» und mit einem sicheren Instinkt für falsches Pathos ausgestattet, faszinierten den jungen Brecht. Er stellte bei diesen Kritiken stets das «Wie» der Darstellung über das «Was», also die Form über den Inhalt. In einer Besprechung schrieb er: «Ich freute mich, daß dieser Künstler (...) auf das Was pfiff und vitales, unliterarisches Theater machte.»

Eine Weiterentwicklung der theaterästhetischen Vorstellungen Brechts zeichnet sich in einer Reihe von Anmerkungen ab, die aus den Jahren um 1921/22 stammen. Zu dieser Zeit setzte auch seine eigene Regiearbeit ein. Erstmals gebrauchte Brecht den Verweis auf den Sport und das Sportpublikum, um die Intentionen eines neuen Theaters zu veranschaulichen, wie es ihm vorschwebte. Zentrales Wirkungsmoment dieses neuen Theaters sollte der «Spaß» sein, nicht mehr die seelische Erschütterung. «Das Theater als sportliche Anstalt» – so die neue Formel – sollte den Zuschauer in jene expertenhafte sachliche Betrachterrolle versetzen, die nach Brechts Meinung das Sportpublikum auszeichnet. Er war in dieser Zeit noch weit entfernt von jedem inhaltlichen Engagement für eine bestimmte weltanschauliche oder gar politische Position. Seine Statements zu diesem Thema resultierten in erster Linie aus einer Protesthaltung gegenüber dem Bürgertum und dessen Kulturideologie. Stärksten Niederschlag fand diese Einstellung in dem Stück *Baal*. Brecht stand damit in einer Front mit anderen kulturkritischen Positionen dieser Jahre, die im Innerlichkeitskult der bürgerlichen Kunstrezeption den deutlichsten Ausdruck des Verfalls bürgerlicher Kunst sahen. Dieser Innerlichkeit wurde provokativ die Verherrlichung der rein physischen Aktion, das Artistische im Varieté oder der Boxkampf entgegengesetzt.

Statt der Kontemplation forderte Brecht als neue Rezeptionshaltung das «Interesse am Verwunderlichen». Im Dezember 1925 schrieb er den Artikel *An den Herrn im Parkett*, in dem er mit dem Hinweis auf das Rauchen jene entspannte, beruhigte Betrachterrolle einforderte, in die er sein Publikum versetzen wollte. Indem Brecht die Rezeptionsbedingungen (den rauchenden Betrachter im Parkett) festlegte, waren für ihn auch die Inhalte neu bestimmt. Brecht erklärte dazu: «Ich würde gern sehen, wenn das Publikum bei unseren Aufführungen rauchen dürfte. Und ich möchte es hauptsächlich der Schauspieler wegen. Es ist dem Schauspieler nach meiner Meinung gänzlich unmöglich, dem rauchenden Mann im Parkett ein unnatürliches, krampfhaftes und veraltetes Theater vorzumachen.» Diese Äußerungen stehen im Zusammenhang mit dem etwa gleichzeitigen Aufkommen des Begriffs «episches Theater». Brecht bezeichnete damit das Theater der «heutigen Zeit», ein Theater der «neuen Stoffe». Im Sommer 1926 beschaffte er sich Schriften über den Marxismus und begann mit deren mehr oder weniger systematischem Studium. Damit war in der Theorieentwicklung ein entscheidender Schritt auf eine inhaltlich klarere Bestimmung des Theaters hin vollzogen, so diffus diese erste Marxismusrezeption auch noch sein mochte.

Brecht bezog in den folgenden Jahrzehnten seine theaterästhetischen Reflexionen zunehmend konsequenter auf die historische Situation, auf sein Verständnis der Gegenwart, die er pauschal mit der Formel vom «wissenschaftlichen Zeitalter» umschrieb. Dieses sei geprägt durch die Entwicklungen der Technologie und eine immense Zunahme der Naturbeherrschung, zugleich aber auch durch die Fesselung der Produktivkräfte durch die kapitalistischen Produktionsverhältnisse. Die Freisetzung der Produktivkräfte aber zur Gestaltung eines freieren Lebens der Menschen erschien ihm als das Ziel aller gesellschaftlichen Veränderungen wie auch jeder künstlerischen Betätigung (als Einübung in praktisches und

B. Brecht: Der kaukasische Kreidekreis. Regie: H. Buckwitz. Städtische Bühnen Frankfurt 1955

theoretisches Verändern), ebenso der Wissenschaft, mithin auch seines «dialektischen Theaters».

«Dialektisches Theater» – das wurde die neue Formel – ist zu verstehen aus den beiden aufeinander bezogenen Begriffen: dem Begriff der Historisierung und dem der Dialektik. Brecht verstand unter Historisierung eine erkenntniskritische, zugleich aber auch eine ästhetische Methode, die gesellschaftliche Wirklichkeit in ihrer prozesshaften Struktur zu analysieren und sie darzustellen. In diesem Sinn meint Historisierung ein aus der materialistischen Dialektik abgeleitetes Erkenntnisverfahren und steht dem Prinzip der Ideologisierung, wie Brecht sie verstand, diametral entgegen. Während eine ideologische Betrachtungsweise die dargestellte (gesellschaftliche) Wirklichkeit nicht mit der Perspektive ihrer Veränderbarkeit ausstattet, sondern sie als «naturgegeben», als schicksalhaft erscheinen lässt, weist die Historisierung den Geltungsanspruch von Ideologien dadurch zurück, dass sie das Zustandekommen von Ideologie, deren historische Bedingtheit aufdeckt. Das Verfahren der ästhetischen Produktion ist in diesem Sinn ein analytisches wie auch ein erkenntniskritisches Verfahren. So bilden etwa die Konstruktionsprinzipien der Bühnenrealität zugleich die Konstitutionsprinzipien der abgebildeten Wirklichkeit ab (vgl. Brechts Anmerkungen zum *Bühnenbau der nichtaristotelischen Dramatik*). Die Begründung dieser Argumentation wurde aus der Theorie des dialektischen Materialismus hergeleitet, die von Brecht streng abgegrenzt wurde von dem, was gemeinhin als Weltanschauung verstanden wird.

Die Gegenwart, die Situation in Deutschland unter der faschistischen Diktatur, war für Brecht «das Anwendungsfeld für das Verfahren der dialektischen Historisierung». Konkret war es die Auseinandersetzung mit dem aus Brechts Sicht ursächlichen Zusammenhang von Faschismus und Kapitalismus, die das Zentrum seiner politischen Kritik bildete, gleichermaßen aber auch die Dynamik seiner ästhetischen Phantasie freisetzte. In der *Neuen Technik der Schauspielkunst* reflektiert er den Begriff der Historisierung im Zusammenhang mit der Aufgabe des Schauspielers, die Vorgänge auf der Bühne als «historische», das heißt historisch bedingte und damit veränderbare, darzustellen. Ein Verhalten darf nicht als «schlechthin menschliches», als «unwandelbares» oder, wie Brecht es nannte, als «immriges» erscheinen: «Es hat durch den Gang der Geschichte Überholtes und Überholbares und ist der Kritik vom Standpunkt der jeweiligen daraufffolgenden Epoche aus unterworfen.» Als Technik einer produktiven Irritation erhält in diesem Zusammenhang die Verfremdung die Funktion, Situationen, Handlungen oder Figuren als «auffällig» erscheinen zu lassen, scheinbar «Natürliches» in Frage zu stellen. Solcher Destruktion eines naturwüchsigen Denkens galten vor allem Brechts Verfremdungen auf der Ebene der Sprachgestaltung. Dieses In-Frage-Stellen erfolgte stets vom Standpunkt des Gesellschaftlichen aus. Dabei ist zu berücksichtigen, dass die damit verbundene Perspektive der Kritik bei Brecht nicht als inhaltlich fixiertes Programm formuliert, sondern infolge des dialektischen Grundansatzes des Autors eben nur als Perspektive «eingespielt» war, die die Veränderbarkeit des Bestehenden aus dessen dialektisch-materialistischer Analyse heraus aufzeigte.

An die Stelle der zentralen Kategorien Furcht und Erschütterung innerhalb des aristotelischen Katharsismodells setzte Brecht in seinem «dialektischen Theater» Wissensbegierde und Neugier. An die Stelle von Schicksal oder Natur trat ein «praktikables Weltbild», das die Wirklichkeit der menschlichen Praxis zugänglich erscheinen ließ. In dieser Argumentation sind letztlich die moralische Dimension des «dialektischen Theaters» begründet, sein aufklärerischer, vor allem ideologiekritischer Anspruch, so auch der emanzipatorische Sinn der Verfremdung.

Die Brecht'sche Theaterarbeit war wesentlich beeinflusst durch die Bühnenentwürfe von Caspar Neher (1897–1962), dem Jugendfreund aus der Augsburger Zeit, mit dem Brecht bis zum Ende der zwanziger Jahre und nach 1947 erneut eine enge Arbeitsgemeinschaft eingegangen war. Brecht nannte Caspar Neher den «größten Bühnenbauer unserer Zeit».

Neher hatte sich selbst immer wieder zu den theoretischen und praktischen Problemen des Bühnenbaus geäußert. Seine Notizen dazu lesen sich wie Kommentare und Weiterführungen der Brecht'schen Anmerkungen zur Bühne des «nichtaristotelischen Theaters». So ist die Neher'sche Bühnenwelt zwar klar umrissen, nie aber ein geschlossener, versperrter Raum. Neher konstruiert seine Bühnen als offene Handlungsräume, die Durchsichten bieten und Auswege zulassen, die Zusammenhänge sinnlich erfahrbar machen, die den Akteur nie isolieren. Die Bühne Caspar Nehers ist ein Raum, in dem die Menschen Erfahrungen machen können. *Der Mensch in der Szene* – so der Titel eines Essays von Neher – wird nicht überwältigt durch Monumentalität oder eine abweisende Materialität. Die Bauelemente seiner Bühne sind stets leicht und mobil, als Versatzstücke kenntlich, ganz im Brecht'schen Sinn. Es ist eine oft ins Artistische überhöhte Bühnenästhetik: die «handhabbare», veränderbare Bühne als Modell für eine veränderbare, «handhabbare» Welt. So ist «Leichtigkeit» eine der elementaren Kategorien der Brecht'schen wie der Neher'schen Ästhetik. Nehers halbhohe, leicht flatternde Gardinen, die ein Moment der Beschwingtheit vermitteln, sperren die Bühne vom Zuschauerraum nie ganz ab, lassen den Kontakt zwischen beiden Sphären zu – wiederum im Sinne von Brecht, der meinte, dass es nicht nur um «Bühnenkunst», sondern auch um eine «Kunst des Zuschauens» gehen müsse.

Die Arbeit am Berliner Ensemble und im kulturpolitischen Umfeld der DDR war belastet durch Brechts Auseinandersetzung mit der von der Staatsführung vorgegebenen Auffassung von Realismus und seinem Umgang mit dem «nationalen Erbe». Beiden gegenüber erschien Brechts Verfremdungsästhetik – so Walter Ulbricht, Generalsekretär der SED 1952 – als «formalistische Verunstaltung». Den am sowjetischen Vorbild orientierten sozialistischen Realismus hat Brecht für seine Theaterarbeit zu keiner Zeit akzeptiert. Gleichwohl verstand er die Arbeit am Berliner Ensemble gleichen Zielen verpflichtet und beanspruchte den Realismusbegriff als ein wesentliches Kriterium auch seiner Arbeit. (Vgl. M. Brauneck: Die Welt als Bühne. 5, S. 412 ff.) So konnte Brechts dem Experimentieren stets offenes Verfremdungstheater, das den zur Identifikation einladenden positiven Helden ebenso wenig kennt wie die «erhebende» Botschaft, die die «neue Ordnung des Sozialismus» verklärt, zum Ausgangspunkt werden für den Theateraufbruch in der DDR in den siebziger und achtziger Jahren. Dieser Aufbruch war verbunden mit dem Namen von Regisseuren wie Benno Besson (1922–2006) oder Ruth Berghaus (1927–1996), mit dem Werk vor allem von Heiner Müller (1929–1995), Peter Hacks (1928–2003) oder Volker Braun (geb. 1939). Zu Recht meinte Heiner Müller, auf die dialektische Offenheit von Brechts Kunstbegriff anspielend: «Brecht gebrauchen, ohne ihn zu kritisieren, ist Verrat.»

Literatur
Brauneck, M.: Die Welt als Bühne 4. Stuttgart u. Weimar 2003, S. 462–500, u. 5, S. 414–442
Brecht, B.: Schriften zum Theater. 6 Bde. Frankfurt a. M. 1963/64
Brüggemann, H.: Literarische Technik und soziale Revolution. Reinbek 1973
Capar Neher, 1897–1962. Hrsg. O. Pansch (Ausstellungskatalog). Wien 1987
Einem, G. v. u. S. Melchinger (Hrsg.): Caspar Neher. Velber 1966
Esslin, M.: Brecht. Das Paradox des politischen Dichters. Frankfurt a. M. u. Bonn 1962
Fiebach, J.: Von Craig bis Brecht. Studien zu Künstlertheorien in der 1. Hälfte des 20. Jahrhunderts. Berlin 1975
Fischer-Lichte, E.: Theater im wissenschaftlichen Zeitalter. In: Dies.: Kurze Geschichte des deutschen Theaters. Tübingen 1993, S. 347–372
Hecht, W.: Brechts Weg zum epischen Theater. Berlin 1962
Hinck, W.: Probleme der Dramaturgie und Spielweise in Bert Brechts «epischem Theater». Diss. Göttingen 1956

Kesting, M.: Das epische Theater. Stuttgart 1959
Knopf, J.: Brecht Handbuch. Theater. Eine Ästhetik der Widersprüche. Stuttgart 1980
Kreuder, F.: Bertolt Brecht. In: M. Brauneck u. W. Beck: Theaterlexikon 2.
    Reinbek 2007, S. 98–100
Mittenzwei, W.: Das Leben des Bertolt Brecht. 2 Bde. Berlin 1986
Rischbieter, H.: Bertolt Brecht. 2 Bde. Velber 1966
Schirmer, L. u. a. (Hrsg.): Bertolt Brechts Theaterarbeit am Berliner Ensemble.
    Augsburg 1995
Schumacher, E.: Leben Brechts. Berlin (3. Aufl.) 1981
Steinweg, R.: Das Lehrstück. Brechts Theorie einer politisch-ästhetischen Erziehung.
    Stuttgart 1972
Tenschert, V.: Die Weigel. Berlin 1981
Theaterarbeit. 6 Aufführungen des Berliner Ensembles. Hrsg. Berliner Ensemble.
    Helene Weigel. Dresden 1952
Tretow, Ch. u. H. Gier: Caspar Neher: der größte Bühnenbauer unserer Zeit.
    Opladen u. Wiesbaden 1997
Ders.: Caspar Neher – Graue Eminenz hinter der Brecht-Gardine und den Kulissen
    des modernen Musiktheaters. Trier 2003
Völker, K.: Bertolt Brecht. Eine Biographie. München 1976
Willet, J.: Caspar Neher: Brecht's Designer. London 1986

Peter Weiss und das politische Dokumentartheater der sechziger Jahre

«Vielleicht käme man weiter, wenn man nicht länger realistisches Theater und absurdes als Gegensätze ausspielte.»
Rolf Hochhuth, 1965

Das Einfügen von Ausschnitten aus politischen Reden, Zeitungstexten Flugblättern, Statistiken, von Fotografien und Filmen zu dem Zweck, den Wahrheitsgehalt einer szenischen Darstellung zu belegen, zugleich auch Feindbilder zu profilieren, erprobte erstmals Erwin Piscator in seinen politischen Revuen Mitte der zwanziger Jahre. Und auch in den sechziger Jahren war es Piscator, der dem politischen Dokumentartheater, das der vermeintlichen Desinformation der Bevölkerung durch die Medien parteilich entgegenarbeitete, zum Durchbruch verhalf. Um politische Stellungnahme ging es also, nicht nur – wie am Ende des Jahrhunderts – als «postdramatische» Gruppen wie Rimini Protokoll *Karl Marx: Das Kapital. Erster Band* «dokumentarisch» mit einem Hang zum Authentischen in Szene setzten. Der Dokumentarismus der sechziger Jahre war politisch höchst brisantes Theater. Den Anfang machte Rolf Hochhuth (geb. 1931) mit seinem Stück *Der Stellvertreter* (Uraufführung 20. Februar 1963), das auf der Grundlage historischer Quellen das Verhalten von Papst Pius XII. zur Judenvernichtung durch das NS-Regime behandelt und das Schweigen der Führung der katholischen Kirche zu diesen Verbrechen anklagt. Das Stück löste in der Öffentlichkeit eine der heftigsten Diskussionen aus, die in der neueren deutschen Theatergeschichte stattfanden. Bald nach der deutschen Uraufführung wurde es in 26 Ländern aufgeführt. Die Bedrohung durch die Atombombe, ebenfalls ein in der Öffentlichkeit in diesen Jahren höchst kontrovers diskutiertes Problem, thematisierte Heinar Kipphardts (1922–1982) Dokumentarstück *In der Sache J. Robert Oppenheimer* (Uraufführung 11. Oktober 1964). Kipphardts Stück liegen die umfangreichen Verhandlungsprotokolle des Verfahrens gegen den amerikanischen Physiker Julius Robert Oppenheimer zugrunde.

P. Weiss: Die Ermittlung. Regie: E. Piscator. Freie Volksbühne Berlin 1965

Höhepunkt in der öffentlichen Wahrnehmung des Dokumentartheaters war unstrittig *Die Ermittlung* (Uraufführung 24. Oktober 1965) von Peter Weiss (1916–1982). Das Stück behandelt den von Ende 1963 bis August

1965 in Frankfurt am Main stattfindenden Auschwitz-Prozess. Von allen drei Stücken brachte Erwin Piscator die Uraufführung heraus. (Vgl. M. Brauneck: Die Welt als Bühne. 5, S. 257 ff.)

Peter Weiss, künstlerisch der weitaus profilierteste Autor des dokumentarischen Theaters, wurde am 8. November 1916 in Nowawes bei Berlin geboren; sein Vater war Textilfabrikant. 1934 emigrierte die jüdische Familie zunächst nach England, dann nach Prag, wo Weiss von 1936 bis 1938 die Kunstakademie besuchte. 1939 übersiedelte er, nach kurzem Aufenthalt in der Schweiz, nach Schweden. 1945 nahm er die schwedische Staatsbürgerschaft an. Weiss war verheiratet mit der Bühnenbildnerin Gumilla Palmstierna. Er starb 1982.

Neben seinen Arbeiten als Maler drehte Weiss einige Experimental- und Dokumentarfilme. Seit 1960 arbeitete er als freier Schriftsteller. Weiss war Mitglied der schwedischen Kommunistischen Partei; in der zweiten Hälfte der sechziger Jahre war er einer der profiliertesten Repräsentanten der weltweiten Protestbewegung gegen den Vietnam-Krieg und den westlichen Imperialismus. Seine *10 Arbeitspunkte eines Autors in der geteilten Welt* (am 1.9.1965 in Stockholm in der Zeitung «Dagens Nyheter» und am 2.9.1965 in «Neues Deutschland» in Ost-Berlin veröffentlicht) bezeichneten geradezu bekennerisch («Die Richtlinien des Sozialismus enthalten für mich die gültige Wahrheit») und stellvertretend für viele linke Intellektuelle die Position des politischen Autors in dieser Zeit und formulierten die Ziele und Methoden seines Kampfs: «Die Aufgabe eines Autors ist hier: immer wieder die Wahrheit, für die er eintritt, darzustellen, immer wieder die Wahrheit unter den Entstellungen aufzusuchen» (Rapporte 2, S. 22). In dieser Aufgabe sah Weiss den eigentlichen Zweck seines dokumentarischen Dramas.

Der Durchbruch auf der Bühne gelang ihm 1964 mit dem politischen Schauspiel *Die Verfolgung und Ermordung des Jean Paul Marat, dargestellt durch die Schauspieltruppe des Hospizes zu Charenton unter Leitung des Herrn de Sade.* Es folgte 1965 *Die Ermittlung. Ein Oratorium in 11 Gesängen.* Die Befreiungskämpfe in der portugiesischen Kolonie Angola behandelte Weiss in dem Stück *Gesang vom Lusitanischen Popanz* (1966). Die Geschichte Vietnams steht im Mittelpunkt des *Diskurses über die Vorgeschichte und den Verlauf des langandauernden Befreiungskrieges in Viet Nam als Beispiel für die Notwendigkeit des bewaffneten Kampfes der Unterdrückten gegen die Unterdrücker sowie über die Versuche der Vereinigten Staaten von Amerika, die Grundlagen der Revolution zu vernichten* (1967). Die Stücke *Trotzki im Exil* (1969) und *Hölderlin* (1972) verarbeiten authentische Dokumente aus der Biographie ihrer historischen Vorbilder.

Das Dokumentartheater der sechziger Jahre entwickelte keine neuen ästhetischen Formen, sondern übernahm Strukturmodelle und Bühnenmittel unterschiedlichster Traditionen, insbesondere aus der Praxis des politischen Theaters der zwanziger Jahre. Dennoch erhält das dokumentarische Theater dieser Zeit durch die Authentizität seiner Inhalte eine besondere Qualität, die den Spielcharakter der ästhetischen Fiktion zwar nicht aufhebt, die Fiktionalität des Stoffs aber doch bricht und den Zuschauer in eine Verbindlichkeit der inhaltlichen Auseinandersetzung zwingt, wie sie ihm die Theatersituation in der Regel nicht abfordert. Für den Zuschauer ist ein Ausweichen in die abwiegelnde Vorstellung der Fiktion verstellt. Obwohl eindeutig noch Kunsthandlung, also Theater-Spiel, hält sich der Zuschauer, mehr als sonst im Theater, an die Faktizität der Fabel und der Rollen. Er sieht Theater, wie er sonst wohl eher Zeitung liest oder Informationen aus anderen öffentlichen Medien zur Kenntnis nimmt. Der parteiliche Dokumentarismus auf der Bühne – so rasch er sich abnutzen mag – erzwingt ein parteiliches Rezeptionsverhalten. Nur weil dies so ist, konnten Stücke wie Hochhuths *Stellvertreter* in den Jahren 1963/64 oder *Die Ermittlung* 1965/66 in der bundesdeutschen Öffentlichkeit, aber auch im Ausland so leidenschaftlich und parteilich geführte Diskussionen auslösen wie kaum andere Theaterstücke in den letzten Jahrzehnten. Die Benutzung authentischen historischen oder zeitgeschichtlichen Materials bedeutete jedoch keineswegs, dass die Autoren für sich einen Standpunkt von neutraler Objektivität beanspruchten. An ihrer Parteilichkeit, die auch ihren Umgang mit den Dokumenten prägte – diese freilich nicht verfälschend –, ließen sie keinen Zweifel. Es war dies eine Parteilichkeit, die sich auf eine moralische Verpflichtung des Theaters im Sinne von Friedrich Schillers Wort von der «Schaubühne als einer moralischen Anstalt» berufen konnte.

Im Dokumentartheater erscheint auch die im Kontext der Brecht-Rezeption intensiv diskutierte Realismusproblematik in ihrer wohl pointiertesten Form. Alle inhaltlichen Momente, jede Rolle sind dem Vergleich mit dem authentischen Vorbild ausgesetzt, der Befragung auf ihre «richtige» Wiedergabe hin. Rolf Hochhuth setzte sich – in seiner Antwort *(Das Absurde ist die Geschichte)* auf eine Umfrage der Zeitschrift «Theater heute»: «Wie ist die heutige Welt auf dem Theater darzustellen» – mit diesem Problem auseinander:

«Es ist mir oft geraten worden, mein Stück, da es manche Elemente des Realismus enthält, durch Versetzung seiner Fabel in eine surrealistische Welt oder in eine absurde zu modernisieren. ‹Das Absurdeste, was es gibt› aber ist – nicht das absurde Theater, sondern, laut Goethe, die Geschichte. Er nannte sie voller Ekel einen ‹verworrenen Quark› und lehnte in höheren Jahren ab, sie überhaupt zu betrachten. Und wahrhaftig, ihre Wirklichkeit, die Bethlehemitische oder Nürnberger Kindermord-Gesetze immer wieder auf die Speisekarte des Tatmenschen setzt, läßt sich nicht steigern durch Verlagerung in eine absurde Welt. Ermächtigungsgesetz oder der Verkauf Alaskas, der 20. Juli oder der Verrat des Christentums an den Staat unter Konstantin, das war absurdes Welttheater. (...) Es ist kein Spaß, sich jahrelang damit zu plagen, aus Diplomaten-Rotwelsch und Tagesbefehlen, aus medizinischen Folterprotokollen und aus den Selbstgesprächen der Hoffnungslosen selber eine Sprache, einen Rhythmus herauszumendeln, Dialoge, die stellenweise dem stumpfsinnigen Vokabular der Fakten bewußt verhaftet bleiben und es ökonomisch einsetzen, ebenso wie das anheimelnde Platt im Munde eines Genickschuß-Spezialisten oder wie alttestamentliches Pathos im Monolog eines Geschändeten. Auch wäre man dann dem Vorwurf entgangen, ‹nur eine Reportage› zu liefern, den der Verfasser eines historischen Dramas schon deshalb von jedem drittklassigen Feuilletonisten hinnehmen muß, weil er pedantisch Quellen studiert und Dokumente eingeblendet hat, ‹Wirklichkeiten› also, die er – um Goethe noch einmal zur Hilfe zu holen – wahrhaftig für ‹genialer› hält als jedes Genie. (...)
Solche ‹Wirklichkeiten› wie das Gutachten eines britischen Luftmarschalls über den Effekt von Flächenbränden in Wohnquartieren; wie Stalins Dialog mit Sikorski über das hokuspokushafte Verschwinden von achttausend polnischen Offizieren; wie der Orgasmus der Wiener beim Einzug ihres Hitler 1938 – und ihre Ernüchterung: sind das nicht Angstträume, Volksmärchen und Parabeln, schon als Rohmaterial so beklemmend wie alles, was wir bei Poe, Grimm und Kafka durchgeschwitzt haben? Picasso, in seinem Guernica-Bild, hat von dem Schrecken der historischen Vorlage nichts eskamotiert, so wenig er sie nur ‹abgemalt›

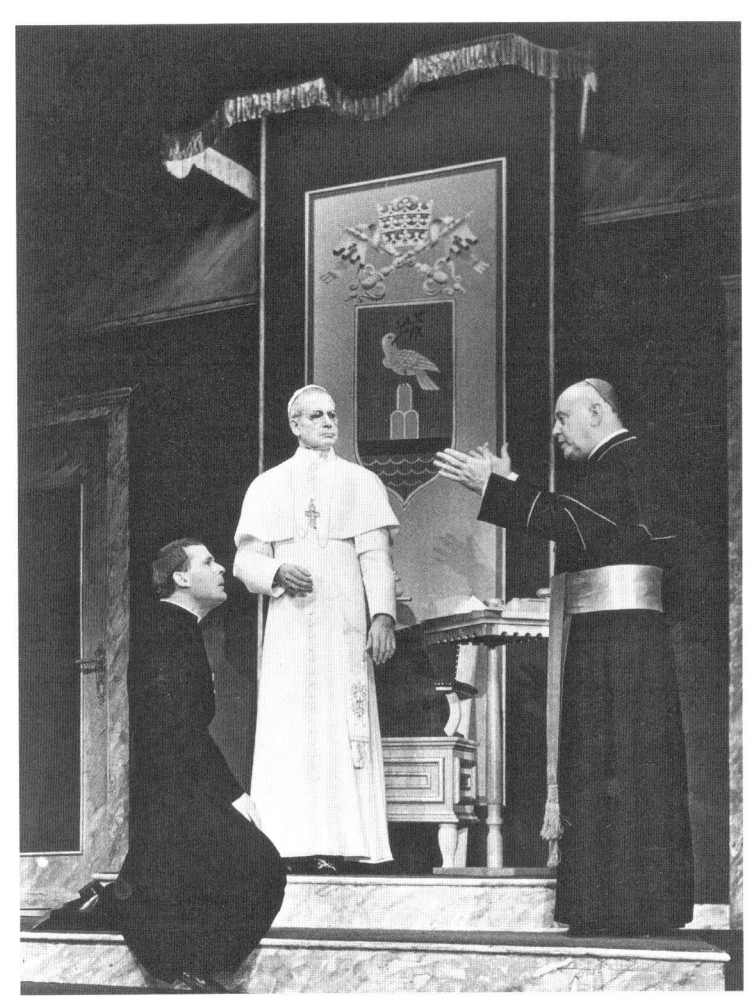

R. Hochhuth: Der Stellvertreter. Regie: E. Piscator. Theater am Kurfürstendamm Berlin 1963

hat: *dieser* Surrealismus ist deshalb legitim, weil er der Wirklichkeit noch in ihrer Demontage und in ihrer Abstraktion verpflichtet bleibt. (...)
Vielleicht käme man weiter, wenn man nicht länger realistisches Theater und

absurdes als Gegensätze ausspielte. Unsere Welt, des Absurden so voll, daß man jeden Tag seine Stunde hat, wo man in Gefahr ist, sie überhaupt absurd zu finden, sollte wenigstens als unausschöpfliche Requisitenkammer und als niemals zu überhörende Kontrollinstanz auch dem künftigen Theater dienen, denn mit jeder Entfernung von ihr nimmt das Unverbindliche zu, das Nicht-Gezielte (...).» (Theater 1963. Chronik und Bilanz eines Bühnenjahres. Sonderheft von «Theater heute» 1963, S. 74)

Zeitgeschichte, auf dem Theater realistisch in Szene gesetzt, vermag für Hochhuth deswegen phantastischer, ja absurder als jede ästhetische Fiktion zu sein, weil die Phantasie der großen «Triebtäter der Geschichte» offenbar alles an Erfindungen überbietet, was Poeten sich auszudenken vermögen.

Anders akzentuiert, als es Hochhuth beschreibt, ist das Verhältnis von Dokument und Fiktion bei Heinar Kipphardt, dessen Schauspiel *In der Sache J. Robert Oppenheimer* in der Spielzeit 1964/65 das erfolgreichste Stück auf den deutschen Bühnen war. Kipphardt wollte hier die «Tatsachen unserer Zeit in die Geschichten» aufnehmen (Spectaculum VII, S. 363), die das Theater erzählt. Das in einem 3000 Seiten umfassenden Protokoll dokumentierte Untersuchungsverfahren gegen den amerikanischen Atomphysiker sollte in einem «abgekürzten Bild» szenisch dargestellt werden, ohne dass die Wahrheit beschädigt würde. Kipphardt unterstellte dabei einen Wahrheitsbegriff, der nichts gemein hat mit jener «höheren Wahrheit», auf die hin Geschichte im klassischen Drama transformiert wurde. Kipphardts Wahrheitsbegriff steht nicht im Widerspruch mit einer Haltung der Parteilichkeit und ist der Forderung Brechts verpflichtet, die Wahrheit im Theater «handhabbar» zu machen. Peter Weiss formuliert in seinen Notizen zum dokumentarischen Theater lapidar: «Das dokumentarische Theater ist parteilich.»

In den sechziger Jahren stand das dokumentarische Theater in einem hochpolitisierten, mit Leidenschaft geführten öffentlichen Diskussionszusammenhang, der die Gesellschaft der BRD polarisierte. Es brachte Themen auf die Bühne, die im westdeutschen Geschichtsbewusstsein mehrheitlich verdrängt worden waren und aus der Sicht dieser Autoren von den Medien wie von der Geschichtsschreibung verfälscht dargestellt wurden. Es ging im Wesentlichen um die Auseinandersetzung mit den NS-Verbrechen und die Einschränkung der demokratischen Grundrechte durch die Notstandsgesetze, aber auch um Themen der internationalen Politik. Das dokumentarische Theater ging zwar von den Bühnen der Bundesrepublik aus, fand aber auch eine breite Resonanz im westlichen Ausland. Wenn diese Theaterrichtung den Zeitgeist jener Jahre zwar sehr genau traf und dem Theater für kurze Zeit eine Bedeutung als moralisch-kritische Instanz verschaffte, wie sie ihm in den folgenden Jahrzehnten nie mehr zukommen sollte, so war der «Verfallswert» des Dokumentartheaters an Aktualität doch beträchtlich. Kaum eines der Stücke hielt sich dauerhaft in den Spielplänen der Theater.

Literatur
Barton, B.: Das Dokumentarische Theater. Stuttgart 1987
Blumer, A.: Das dokumentarische Theater der 60er Jahre in der Bundesrepublik. Meisenheim 1977
Canaris, V. (Hrsg.): Über Peter Weiss. Frankfurt a. M. 1970
Haiduk, M.: Der Dramatiker Peter Weiss. Berlin (DDR) 1977
Hanuschek, S.: «Ich nenne das Wahrheitsfindung». Heinar Kipphardts Dramen und ein Konzept des Dokumentartheaters als Historiographie. Bielefeld 1993
Hink, W. (Hrsg.): R. Hochhuth. Reinbek 1981
Hocke, Th.: Artaud und Peter Weiss. Diss. (FU) Berlin 1977
Ismayr, W.: Das politische Theater in Westdeutschland. Meisenheim 1977
Karasek, H. u. a.: Dokumentartheater – und die Folgen. In: Akzente 3/1966, S. 208–229
Rischbieter, H.: Peter Weiss. Velber 1967
Rühle, W. (Hrsg.): Theater in unserer Zeit. Frankfurt a. M. (2. Aufl.) 1980
Schumacher, E.: Peter Weiss. «Die Ermittlung». Über die szenische Darstellbarkeit der Hölle auf Erden. In: M. Brauneck (Hrsg.): Das deutsche Drama vom Expressionismus bis zur Gegenwart. Bamberg 1972, S. 283–293
Weinreich, G.: Peter Weiss' «Marat/Sade». Frankfurt a. M. u. a. 1974
Weiss, P.: Notizen zum dokumentarischen Theater. In: P. Weiss: Rapporte 2. Frankfurt a. M. 1971, S. 91–104
Zipes, J. D.: Documentary Drama in Germany. Mending the circuit. In: Germanic Review 42/1967, S. 49–62

Das politische Volkstheater des Dario Fo

Wahrscheinlich hatte das Komitee für die Verleihung des Nobelpreises für Literatur an Dario Fo am 9. Oktober 1997 recht, wenn es in der Begründung für diese Ehrung heißt, dass Fo «vielleicht der am häufigsten gespielte Dramatiker der Gegenwart» sei und dies «seit langem auf der gesamten Welt». Ende des 20. Jahrhunderts waren es etwa 70 Stücke, die Fo geschrieben hatte. Die meisten wurden in mehr als 30 Sprachen übersetzt und in rund 50 Ländern aufgeführt. In der Stockholmer Laudatio heißt es weiter: Fo sei «jener Dramatiker, der in der Nachfolge der mittelalterlichen Gaukler die Macht geißelt und die Würde der Schwachen und Gedemütigten wieder aufrichtet» (nach W. Klüver 1998, S. 7 f.). Als Dario Fo, der am 24. März 1926 in Sangiano, einem Dorf am Lago Maggiore im Grenzgebiet zur Schweiz, geboren wurde, die Nachricht von dieser honorigen Auszeichnung erhielt, soll er dies mit einem unbändigen Lachen kommentiert haben. Dabei war er wohl ganz bei sich selbst. Denn das Lachen ist die stärkste Waffe dieses politischen Satirikers. Er setzt sie ein wie ein Exorzist, wenn dieser meint, dass er den Teufel austreiben müsse.

Fo ist alles in einer Person, was ein Theatergenie ausmacht: Stückeschreiber, Schauspieler, Regisseur und Bühnenbildner. Letzteres – dazu auch Architektur – hat er in den Jahren 1945 bis 1951 an der Hochschule in Brera studiert. Fo ist vor allem auch politischer Kabarettist und Impresario. Er selbst sieht sich in der Tradition des italienischen Volkstheaters, mehr noch der fahrenden Spielleute des Mittelalters, der Gaukler, Sänger und Possenreißer. Diese «giullari» agierten stets vom Rande der Gesellschaft aus. Mit ihrem subversiven Spott aber trafen sie deren Mitte, entlarvten Heuchelei, Bigotterie, Machtmissbrauch und Ungerechtigkeiten schonungslos, setzten sich dabei über jedes Tabu hinweg, sparten kein noch so obszönes oder blasphemisches Bild aus. Staat und Kirche waren quasi ihren natürlichen Gegner. Allein ihr Name signalisiert aus deren Blickwinkel die Anstößigkeit ihrer Außenseiterexistenz. ‹Ciullure›, von dem ‹giullare› abgeleitet ist, heißt im vulgären Jargon so viel wie «Liebe machen»; ‹ciullo› ist das «männliche Instrument», das dabei zum Einsatz kommt (vgl. H. Klüver 1998, S. 18). Der Name ist so obszön wie der jener englischen, französischen oder deutschen Spaßmacher der frühen Wanderbühne. Dies gilt auch für das große Vorbild aller italienischen Spielleute, für Angelo Beolco (1502–1543), der sich «Ruzzante» nannte. Mit dieser Tradition identifiziert sich Dario Fo in aller Konsequenz, wenn er selbst als Giullare auf der Bühne steht: «freihändig» spielend, ohne Kostüm und die üblichen Theatereffekte, mit vollem Risiko in der Herausforderung der Obrigkeit durch seine satirischen Attacken. So sehr verweigerte Fo in seinen Anfangsjahren alle ästhetischen Standards des Establishments, dass ihn Pier Paolo Pasolini (1922–1975) eine «Art Pest des italienischen Theaters» nannte, und dies vor allem deswegen, weil Fo an die gesellschaftsverändernde Kraft des Theaters glaubte, weil er die größtmögliche Nähe zu den einfachen Menschen aus dem Volk suchte und auf die vermeintlichen Banalitäten des Alltags seines Publikums einging. Nicht zuletzt auch, weil er deren elementares Bedürfnis nach Spaß und Unterhaltung geradezu hemmungslos bediente. Dario Fos Theater ist eine Provokation für die politische Klasse seines Landes, die er aufs schärfste kritisierte, mehr aber noch für alle intellektuellen Schöngeister, selbst wenn diese mit dem linken politischen Lager sympathisierten. In dieser Einstellung sieht er sich Bertolt Brecht verbunden, der – wie Fo – der Schauspielerei jedwedes Pathos und jedwedes Psychologisieren austrieb und stattdessen auf eine «kollektive Perspektive» im Blick auf die Gesellschaft hinarbeitete. Fos kongeniale, inspirierende Partnerin (und seit 1954 auch Ehefrau) Franca Rame (geb. 1929) bringt diese Orientierung an Brecht auf den Punkt, wenn sie «in großer Zuneigung und Dankbarkeit» dessen Satz zitiert: «Das Volk versteht es, in seiner Kunst tiefe Einsichten mit großer Leichtigkeit auszudrücken. Gewisse Intellektuelle verstehen es lediglich, mit verworrener Komplexität zutiefst leere Ideen auszudrücken.» (Nach D. Fo: Kleines Handbuch des Schauspielers, S. 333)

Leichtigkeit also und Volkstümlichkeit – im Sinne Brechts – sind Leitbegriffe für die Ästhetik des satirischen politischen Theaters von Dario Fo, der auch ein begnadeter Geschichtenerzähler ist. Beide Begriffe haben Folgen für die Ästhetik dieses Theaters. Sie stehen für eine Haltung dem Publikum gegenüber, das Fo in die Spielsituation emotional verwickeln will. In diesem Zusammenhang beruft er sich auf Jean-Paul Sartre, der in einem Essay mit dem Titel *Theater der Situation* (1973) den Begriff «Situation» als das elementare Element einer wirkungsorientierten Dramaturgie eingeführt hat. (Vgl. M. Brauneck: Die Welt als Bühne. 5, S. 43 ff.) Fo vollzieht freilich die existentialistische Interpretation des Sartre'schen Begriffs «situation» nicht mit, so wenig er Brechts Vorstellungen vom «epischen Theater» im Sinne der orthodoxen Brechtexegeten folgt. Fo versteht unter «Situation» die realistische, abgrenzbare Handlungseinheit innerhalb einer Geschichte, die die Erzählung insgesamt klar, übersichtlich und in ihrer Abfolge spannend strukturiert und den Zuschauer/Zuhörer zum Beteiligten werden lässt. In dem *Handbuch des Schauspielers* nennt er «Situation» den «Apparat, die Maschine, den Teil der Erzählung, der das Publikum auf dem Stuhl festnagelt.» Und er veranschaulicht dies mit einem drastischen Zitat, das von dem Filmregisseur Alessandro Blasetti stammen soll. Dieser nämlich habe gesagt: «Die Situation ist der Zapfen, der Bolzen, der aus dem Klappsitz fährt und sich dem Zuschauer in den Hintern bohrt.» (S. 139) Am Beispiel von Shakespeares *Hamlet* führt Fo aus, wie dieses klassische, vor allem auch wirkungssicher gebaute Stück aus 15 Situationen besteht (Handbuch des Schauspielers, S. 139f.). In der Komödie – so Fo – sollten sich die Situationen geradezu überschlagen und den Zuschauer keinen Augenblick zur Besinnung kommen lassen. Auf eine derartige Beteiligung des Zuschauers hin, auf dessen totale Identifizierung mit der gespielten oder erzählten «Situation» ist das Theater von Dario Fo aus. Diese Art von Beteiligung scheint ihm beides zu garantieren: die Einsicht der Zuschauer in die erzählte Geschichte. Für Fo bedeutet dies zu begreifen, wie die «Maschinerie der Macht» funktioniert und wie sie bekämpft werden kann. Aber auch: Unterhaltung dadurch, dass diese «Maschinerie» in ihrer Banalität durchschaut und dem Verlachen preisgegeben wird. In ganz ähnlicher Absicht spricht Brecht in seinem *Galilei* davon, dass der Wind, sein Bild für den Fortschritt, den Kardinälen die Röcke hochbläst und deren dürre Beine sehen lässt. Dario Fos Theater ist Agitationstheater, daran lässt er keinerlei Zweifel, ebenso wenig wie an der politischen Richtung dieser Agitation. Mit dem bürgerlichen Kulturbetrieb, in dem er selbst – im Theater, Fernsehen und im Film – etwa zwölf Jahre lang gearbeitet hatte, brach Fo 1968. Es war eine Entscheidung, die durch die europaweite Welle der Politisierung des Kulturbereichs, die die Studentenrevolte ausgelöst hatte, motiviert war. Für Italien gilt das Jahr 1968 geradezu als der Beginn eines politischen Theaters. Dies war ein radikaler Bruch mit der bisherigen Tradition der an sich gänzlich unpolitischen italienischen Theaterkultur.

Was Fo zu dieser Zeit vorschwebte, war eine Sammelbewegung aller politisch links stehenden Gruppen, die sich mit der Arbeiterschaft solidarisierten. Er war dabei mehr emotional bewegt als durch Theorierezeptionen (weder von Marx noch von Antonio Gramsci) angeleitet, wie dies für jene intellektuellen Kreise typisch war, in denen Fo in Mailand verkehrte. Obwohl er sich mit seiner Theaterarbeit vom Beginn an immer wieder auch mit der KPI solidarisiert hatte, kritisierte er doch deren bürokratische, revisionistische Tendenzen. So kam es schließlich zum Bruch mit deren Organisationen. Fo weigerte sich, zum Sprachrohr einer Partei zu werden. Er suchte nun die Zusammenarbeit mit der außerparlamentarischen Opposition, auch mit linksextremen politischen Gruppen. Der politischen Entwicklung in Italien folgend wurden zunehmend die Neofaschisten, die durch Straßenschlachten, Mordanschläge und Bombenattentate das staatliche Gefüge des Landes beinahe zum Zusammenbruch brachten, zum erklärten politischen Gegner. Diese Gegnerschaft beruhte durchaus auf Gegenseitigkeit. Wie militant die Neofaschisten dabei agierten, manifestierte sich in dem brutalen Anschlag auf Franca Rame im Jahr 1973. Die Schauspielerin verarbeitete dieses traumatische Erlebnis in ihrem 1982 herausgebrachten Monologstück *Die Vergewaltigung*.

Die Anfänge von Darios Fo künstlerischer Arbeit lagen zunächst im «bürgerlichen Bereich». Aufgewachsen in einem dörflichen Umfeld, in dem Geschichtenerzähler und skurrile Spaßmacher, aber auch Schmuggler und irgendwie Verrückte zum Alltag gehörten (vgl. H. Klüver 1998, S. 23 ff.). Aus dem Kriegsdienst, zu dem Fo 1944 eingezogen wurde, desertierte er und suchte Kontakt zu Partisanengruppen. Nach Kriegsende schließlich konnte er sein Studium an der Kunstakademie in Brera aufnehmen. Als naturwüchsiges Schauspielertalent wechselte er aber bald zum Theater und erhielt ein Engagement an Giorgio Strehlers

Piccolo Teatro in Mailand. Dort lernte er Franca Rame kennen und auch den französischen Pantomimelehrer Jacques Lecoq (1921–1999), der ihn in die Techniken der Commedia dell'Arte einführte. Fo spezialisierte sich Mitte der fünfziger Jahre, einem allgemeinen Unbehagen vieler Intellektueller am Zustand der italienischen Gesellschaft entsprechend, auf satirische Revuen, die das Italien der Nachkriegszeit scharf kritisierten. Seit 1956 arbeitete Fo auch für den Film. 1959 gründete er zusammen mit Franca Rame die Theatertruppe La compagnia Fo-Rame, die in Mailand stationiert war. *Erzengel flippern nicht* war das erste Stück, das die Truppe herausbrachte. 1961 ging die Compagnia erstmals auf Auslandstournee. Die Arbeit am Fernsehen, für das Fo in der populären Sendereihe *Canzonissima* äußerst bissige gesellschaftskritische Sketche schrieb und inszenierte, musste er 1963 abbrechen. Seitdem bestand für ihn 13 Jahre lang ein Auftrittsverbot im italienischen Fernsehen. Im Zusammenhang mit den politischen Entwicklungen in den Jahren 1967/68 löste sich die Compagnia Fo-Rame auf. Fo gründete das Theaterkollektiv Associazione Nuova Scena. Dieses Kollektiv verstand sich eindeutig als politisches Theater und kooperierte mit der Gewerkschaft und Verbänden, die der KPI nahe standen. Die Arbeiterschaft war das Publikum, auf das Fo sein Theater nun konsequent ausrichtete. 1969 hatte sein populärstes und erfolgreichstes Stück Premiere: *Mistero buffo*. Es war eine subversive Geschichtsrevue, ein Ein-Mann-Spektakel, in dem Fo virtuos alle Techniken des italienischen Volkstheaters einsetzte. (Vgl. M. Brauneck: Die Welt als Bühne. 5, S. 572). Als sich die Nouva Scena weigerte, sich ausschließlich in den Dienst der Kommunistischen Partei zu stellen, löste Fo die Gruppe auf und gründete 1970 das Collettivo teatrale La Comune. Der Standort blieb zwar Mailand, doch entwickelte La Comune auch ein Netzwerk von Spielstätten über das ganze Land hin, in denen Fo und Rame auftraten. 1974 schließlich erhielt die Gruppe ein festes Haus in Mailand. Dieses wurde zu einem autonom verwalteten Kulturzentrum ausgebaut und besteht bis heute.

In den siebziger Jahren kam es zu zahlreichen Auseinandersetzungen mit der Polizei. Fo wurde mehrfach verhaftet und kurzfristig inhaftiert. Es entstanden in dieser Zeit dennoch eine Vielzahl von Stücken, darunter *Zufälliger Tod eines Anarchisten* (1970), *Bezahlt wird nicht* (1974), *Mamma*

D. Fo: Zufälliger Tod eines Anarchisten. Regie: D. Fo. Teatro Circolo Mailand 1971

hat den besten Shit (1976) und *Nur Kinder, Küche, Kirche* (1977). Gleichzeitig arrivierte Fo zu einer international gefeierten, vielfach ausgezeichneten Kultfigur des politischen Theaters. 1976 wurde sein Auftrittsverbot im italienischen Fernsehen aufgehoben. Erstmals wurde er auch für den Nobelpreis vorgeschlagen. *Mistero buffo* blieb sein Erfolgsstück über die ganzen Jahre hin. Es wurde immer weiter geschrieben, jeweils aktualisiert entsprechend dem Fortgang der politischen Tagesereignisse. Selbst an die Mailänder Scala wurde Fo nun für eine Regiearbeit eingeladen. Er inszenierte dort 1974 eine von ihm bearbeitete Fassung von Stravinskijs *Geschichte eines Soldaten*. Die Einreise in die USA für einen Festivalbesuch wurde ihm und Franca Rame freilich noch 1980 von den US-amerikanischen Behörden verweigert. Dieser Vorgang löste in den USA eine Protestwelle aus, der sich viele prominente Intellektuelle, Schriftsteller und Filmregisseure anschlossen. Eine Einladung (1981), am Berliner Ensemble Brechts *Dreigroschenoper* zu inszenieren, kam nicht zustande. Ursache waren Divergenzen Fos mit der Theaterleitung hinsichtlich seiner Bearbeitung des Stücks.

Längst ist Dario Fo zum international begehrten Regiestar geworden. 1986 erhielt er auf Intervention des US-Präsidenten Ronald Reagan die Einreiseerlaubnis in die USA. Erstmals konnte er nun auch in diesem Land seine Stücke, vor allem *Mistero buffo*, zeigen und veranstaltete zahlreiche Workshops an Universitäten. Die Preise und Auszeichnungen, die Fo in diesen Jahren erhielt, sind kaum noch zu zählen. Seit Ende der achtziger Jahre schreibt er auch wieder für das Fernsehen. Immer wieder inszeniert Fo auch Opern, so in Amsterdam (1989), Paris (1992) und Pesaro (1994). An der Comédie-Française inszenierte er 1990 Molières Komödien *Der Arzt wider Willen* und *Der eingebildete Kranke*. Beide Inszenierungen waren große Erfolge. 1991 trat er mit *Mistero buffo* in Moskau auf. Die Verleihung des Nobelpreises 1997 war der Höhepunkt in der Karriere dieses außergewöhnlichen Theatermenschen. Es war die Anerkennung einer künstlerischen Lebensleistung durch jenes kulturelle Establishment, dem Fo sich so lange verweigert hatte.

Literatur

Behan, T.: Dario Fo: revolutionary theatre. London 2000
Dort, B.: Dario Fo, ein epischer Schauspieler. In: Travail théâtral XV. April-Juni 1974, S. 112–117
Farrel, J. u. A. Senderi (Hrsg.): Dario Fo: stage, text, and tradition. Carbondale 2000
Farrel, F.: Dario Fo & Franca Rame. Harlequins of the revolution. London 2001
Fo, D.: Kleines Handbuch des Schauspielers. Mit einem Beitrag von Franca Rame. Frankfurt a. M. 1989
Ders.: Meine ersten sieben Jahre und ein paar dazu. Köln 2004
Gysi, B.: Dario Fo. Theater, Politik, Kultur. Hrsg. v. S. Heinrichs. Berlin 2000
Heer, H. (Hrsg.): Dario Fo über Dario Fo. Köln o. J.
Hirst, D. L.: Dario Fo and Franca Rame. London 1989
Jungblut, H.: Das politische Theater Dario Fos. Frankfurt a. M. 1978
Klett, R.: Die Satire ist die Waffe des Volkes. In: Theater heute 8/1977, S. 33 ff.
Klüver, H.: Dario Fo. Biographie. Hamburg 1998
Nepoti, R. u. M. Cappa: Dario Fo. Rom 1997
Ortolani, O.: Dario Fo. Theater und Politik. Berlin 1985
Seidel, U.: Dario Fo und die italienische Komödientradition. Marburg 1995

Giorgio Strehler: Politisches Theater ist «menschlicheres Theater»

«Immer ging es uns in erster Linie um die Beziehung des Menschen zur Gesellschaft seiner Zeit.»
G. Strehler, 1958

Die Gründung des Piccolo Teatro della Cittá di Milano am 14. Mai 1947 war ein epochales Ereignis in der italienischen Theatergeschichte. Nach einigen missglückten Versuchen bereits in den dreißiger Jahren war es das erste «teatro stabile» in Italien, das diesen Namen wirklich verdient. Auch existierte nun erstmals in Italien eine Schauspieltheater-Bühne von Weltrang, die den großen italienischen Opernhäusern, allen voran der Mailänder Scala, künstlerisch zumindest ebenbürtig war. 1991 wurde das Piccolo durch ein Gesetz gar zu einem «Theater von nationaler Bedeutung» erklärt.

Dieses Theater ist das Lebenswerk von Giorgio Strehler. Zusammen mit dem Schauspieler Paolo Grassi (1919–1981) hat es Strehler in einem ehemaligen Kino in der Via Rovello in Mailand gegründet und prägt den Geist dieses Hauses und dessen künstlerisches und sozialpolitisch hochambitioniertes Profil bis heute. Als Eröffnungspremiere brachte er Maxim Gor'kijs *Nachtasyl* heraus, zwei Wochen später Goldonis *Arlecchino. Der Diener zweier Herren*. Beide Stücke zusammen signalisierten das Programm, das Strehler und Grassi vorschwebte. Ein «nationales Volkstheater» sollte es sein mit einem volkserzieherischen Auftrag, das großes Welttheater, zumal sozialkritische Dramatik, und populäre Unterhaltung auf höchstem künstlerischem Niveau verband. Unstrittig war es Theater mit klarer sozialistischer Tendenz. Da dieses Konzept, das letztlich auf ein großes Publikum, vornehmlich auf die Arbeiterschaft hin angelegt war, in den beengten Räumlichkeiten in der Via Rovello – das einstige Kino hatte nur 613 Zuschauerplätze – kaum zu realisieren war, fanden bald auch Aufführungen in Schulen und Fabriken der Mailänder Vororte statt. Von 1966 bis 1968 bespielte das Piccolo Teatro ein zweites, mit 1800

Plätzen weitaus größeres Haus, das Teatro Lirico, ebenfalls in Mailand. Strehlers Idee eines politischen Volkstheaters stand sowohl dem Théâtre National Populaire, wie es Jean Vilar in Frankreich betrieb, nahe als auch der deutschen Volksbühnen-Bewegung. So schien es beinahe zwingend, Strehler die Direktion der Berliner Volksbühne anzutragen, nachdem deren prominenter Leiter Erwin Piscator 1966 gestorben war. Strehler suchte jedoch nach Wegen, politisches Volkstheater in Italien zu verwirklichen. Aus diesem Grund zog er sich 1968 aus der Leitung des Piccolo zurück und gründete ein von ihm privat finanziertes Ensemble, die Gruppo di Teatro e Azione. Dadurch war er von den Produktionszwängen eines «teatro stabile» entbunden. Einige der Stars des Piccolo, darunter Marisa Fabbri, Milva und Franco Graziosi, schlossen sich Strehler an. Das Teatro e Azione sollte ein «Gemeinwohl-Theater» (G. Strehler) sein. Strehler brachte mit diesem Ensemble einige aufwendige Produktionen heraus, die er am Piccolo wohl kaum hätte realisieren können: so die italienische Erstaufführung von Peter Weiss' Stück *Der Gesang vom Lusitanischen Popanz* (1969) im Teatro Quirino in Rom, noch einmal Gor'kijs *Nachtasyl* (1970) in Prato und Brechts *Die heilige Johanna der Schlachthöfe* (1970) in Florenz und Mailand.

Mit der Inszenierung von Shakespeares *Lear* wurde die Rückkehr Strehlers 1972 ans Piccolo als ein künstlerischer Triumph des Regisseurs gefeiert. Strehler arbeitete nun auch an zahlreichen großen europäischen Bühnen als Gastregisseur: darunter bei den Salzburger Festspielen (1973, 1974), am Wiener Burgtheater und am Deutschen Schauspielhaus in Hamburg (1977). Von 1977 bis 1982 war er künstlerischer Berater der Mailänder Scala. 1983 übernahm er die Leitung des von dem französischen Kulturminister Jack Lang gegründeten Théâtre de l'Europe, das im Théâtre de l'Odéon in Paris untergebracht war. (Vgl. M. Brauneck: Die Welt als Bühne. 5, S. 146) Er inszenierte dort mit seinem Mailänder Ensemble Shakespeares *Sturm*. Die Arbeit an diesem Stück, das bei seiner «ganzen Suche nach Shakespeare – also nach dem ‹Menschen› und seiner ‹Geschichte› – immer auf geheimnisvolle Weise gegenwärtig war» (nach C. Dvořák: Passione Teatrale, S. 84), war für Strehler – «in unserer Zeit reiner Unterhaltung» – eine verzweifelte, auch eine «mutige» Geste, mit der er sich der Verflachung durch den Geist dieser Zeit entgegen-

B. Brecht: Leben des Galilei. Regie: G. Strehler. Piccolo Teatro di Milano 1963

stellte. Verflachung, «Ignoranz» und «Zynismus» beklagte er auch im Theater der «Jungen», einer Regisseursgeneration, die «von diesem Text nichts begriff oder ihn nur als Vorwand für irgendein infames Spiel zur Entweihung oder Entmythologisierung missbrauchte». Strehlers *Sturm*-Inszenierung war auch eine Reaktion auf die politischen Zeitumstände in Italien, die er als «apokalyptisch» bezeichnete. Es war die Zeit, «als Aldo Moro umgebracht wurde. Eine Apokalypse, in der sich alles vermischte und zugleich annullierte: Auflehnung, der in seinen Konsequenzen kalt kalkulierte Mord, politisches Ritual neben einer gleichzeitig erschreckenden Gleichgültigkeit.» (Nach C. Dvořák: Passione Teatrale, S. 86) Argumente wie diese, die Strehler im Zusammenhang einer Theater und Gesellschaft umfassenden bitteren Zeitdiagnose vortrug, ließen erkennen, was er meinte, wenn er davon sprach, dass «politisches Theater» ein «menschlicheres Theater» sein sollte.

Strehler galt inzwischen längst als einer der herausragenden europäischen Regisseure im Schauspiel und in der Oper, und er sah sich als Bewahrer einer von hohem Ethos getragenen Theaterkultur, vergleichbar der Haltung von Jacques Copeau und Louis Jouvet, den beiden Vorbildern. Dieses Ethos schien ihm gefährdet zu sein durch Beliebigkeiten und eine Regiewillkür, die er vielerorts wahrzunehmen glaubte.

Die künstlerische Erfolgsgeschichte des Regisseurs Strehler war das eine, das andere eine anhaltende, in den neunziger Jahren eskalierende Konfliktgeschichte mit der Mailänder Stadtregierung. Bei diesem Konflikt ging es um Subventionsgelder, im Wesentlichen aber um die permanente Verzögerung des zugesagten Neubaus für das Piccolo. Schließlich trug Strehler der Stadt seinen Rücktritt von der Direktion des Theaters an und schlug den französischen Kulturminister Jack Lang als seinen Nachfolger vor. Im Juni 1997 kam es zum endgültigen Bruch. Strehler übersiedelte nach Lugano. Luca Ronconi (geb. 1933), wie Strehler einer der herausragenden europäischen Schauspiel- und Opernregisseure, wurde sein Nachfolger als künstlerischer Direktor und führte die Tradition des Hauses fort. Es lag eine gewisse Tragik darin, dass der von Strehler so lange erkämpfte Neubau für das Piccolo Teatro di Milano nach 14-jähriger Bauzeit – nur wenige Monate nach Strehlers Tod 1998 – eröffnet werden konnte. Zum Piccolo gehörte die von Strehler 1981 gegründete Schauspielschule, die Scuola di Teatro. Heute besitzt das Piccolo drei Bühnen. Von allen italienischen Theatern erhält es weitaus die höchsten staatlichen Subventionen und ist zum Anziehungspunkt von Theaterenthusiasten aus aller Welt geworden. Nicht zuletzt ist dieses Theater ein kulturpolitisches Aushängeschild des Landes.

Seit der Gründung des Piccolo Teatro di Milano und angestoßen durch diesen kulturpolitischen Akt hat sich die italienische Theaterlandschaft wesentlich verändert. Strehler hatte seine internationale Reputation mit allem Nachdruck und großer Konfliktbereitschaft dafür eingesetzt, dass sich der Staat, die Provinzregierungen und die Kommunen nun auch in Italien für die Subventionierung der öffentlichen Theater in die Pflicht nehmen ließen. In nahezu allen anderen europäischen Ländern hatte dieser Prozess längst stattgefunden. Auch wurde ein Theatergesetz verabschiedet, das diesen Bereich arbeitsrechtlich ordnete und vor Intendantenwillkür schützte. Erst 1962 allerdings wurde in Italien das für die Theater geltende Zensurgesetz abgeschafft. Zensurähnliche Maßnahmen der Kulturadministrationen bestehen jedoch bis heute weiter.

Dennoch hatte das italienische Theater am Ende des 20. Jahrhunderts seinen Status im kulturellen Leben des Landes entscheidend verbessert. Der Mailänder Gründung eines «teatro stabile» 1947 folgten bis ins letzte Jahrzehnt des 20. Jahrhunderts etwa 25 weitere Gründungen von «teatri stabili», was vor allem zur Dezentralisierung des italienischen Theaterwesens beitrug. Auch freie Theatergruppen wurden durch ein Dekret von 1985 für ihr «Forschen und Experimentieren» staatlich gefördert. Der Zusammenhang von Politik und Theater war für Strehler nie nur eine Angelegenheit des Bühnengeschehens. Der Begriff des «Gemeinwohls» war es, der Strehlers Theaterpolitik wohl am konsequentesten beschreibt, vergleichbar einem Wort von Jean Vilar, der das Theater als eine «öffentliche Dienstleistung» («wie Gas, Wasser oder Elektrizität») bezeichnet hatte. (Vgl. M. Brauneck: Die Welt als Bühne. 5, S. 17)

Geboren wurde Giorgio Strehler 1921 in Triest. Nach seiner Schulzeit besuchte er eine Theaterakademie in Mailand und trat bald auch bei verschiedenen Theatergruppen als Schauspieler auf. 1941 wurde er zum Militärdienst eingezogen, schloss sich schließlich den Partisanen an und flüchtete 1943 in die Schweiz. Er wurde dort in einem Internierungslager festgesetzt, inszenierte aber mit einigen Mitgefangenen Einakter von Pirandello. Schließlich konnte er sich nach Genf absetzen, wo er unter dem Pseudonym George Firmy die Theatergruppe Compagnie des Masques gründete. Unter anderen brachte er mit dieser Compagnie die Uraufführung von Albert Camus' *Caligula* heraus. Nach Kriegsende ging Strehler nach Mailand zurück. Dort inszenierte er Stücke von Autoren, die in den Jahren des Faschismus nicht aufgeführt werden durften. Seit 1947 schließlich konzentrierte er seine Arbeitskraft auf sein neues Theater, das Piccolo Teatro di Milano. Neben seinen Schauspielern, genannt seien nur Marcello Moretti und Giulia Lazzarini – er selbst war mit der Schauspielerin Andrea Jonasson verheiratet –, waren die Bühnenbildner Luciano Damiani (geb. 1923) und Ezio Frigerio (geb. 1930) seine wichtigsten künstlerischen Mitarbeiter. Sie vor allem prägten die Ästhetik an Strehlers Theater: Damiani durch seine offenen, «unfertigen» Räume, oft mit wehenden Schleiern, die Grenzen auflösten; Frigerio durch seine malerisch inspirierten Ausstattungen.

Strehlers Theater war «Welttheater»: klar in der politischen Aus-

G. Strehler und G. Lazzarini in Elvira o la passione teatrale. Regie: G. Strehler. Piccolo Teatro di Milano (Studio) 1986

sage, in der Ästhetik von virtuoser Einfachheit. Beides, «Klarheit und Einfachheit», hatte er – so Strehlers Kommentar – von Brecht gelernt.

Gänzlich neu in der Auffassung von Theater in Italien war der analytisch-dramaturgische Zugriff des Regisseurs gegenüber den Stücken. Strehler verstand sich als Interpret des Autors und ging einen Weg, der Traditionsbewusstsein und experimentelles Arbeiten – künstlerisch wie auch sozialpolitisch experimentell – verband. Es waren die großen Dramatiker der Weltliteratur, deren Werke die Orientierungspunkte für seine Arbeit darstellten. In erster Linie waren es Shakespeare, Goldoni und Brecht, von denen es galt, die «Lektionen» zu lernen. Daneben standen Pirandello und Čechov. Als seinen Regielehrer bezeichnete er Louis Jouvet. Dessen Probenskizzen zu Molières *Dom Juan* (III, 6) von 1940 inszenierte er 1986 unter dem Titel *Elvira oder die theatralische Leidenschaft*. Es war eine Art Selbsterforschung seines «Schauspieler-Daseins». Peter Iden nannte das Projekt einen «Grundsatz-Diskurs» über das Theater. Und eine zweite Arbeit bestimmte Strehlers letzte Arbeitsphase: seine obsessive Auseinandersetzung mit Goethes *Faust*. 1989 und 1991 kamen davon *Frammenti* auf die Bühne. Strehler selbst spielte die Titelfigur. Für beide Projekte wählte er den intimeren Rahmen seiner Studiobühne. Für das *Faust*-Projekt hatte er Josef Svoboda (1920–2002) als Bühnenbildner verpflichtet. Zentrales Symbol von dessen «Faust-Raum» war eine große weiße Spirale, ein Symbol des Kosmos. Strehler nannte diese Arbeit die «Summe eines Lebens mit dem Theater».

Von allen Inszenierungen, die Strehlers weltweiten Erfolg als Regisseur begründeten, waren die immer wieder neu erarbeiteten Varianten von Carlo Goldonis Komödie *Der Diener zweier Herren* wohl die bemerkenswertesten. In keinem Stück manifestierte sich so überzeugend Strehlers Auffassung von einem aufklärerischen Volkstheater, das das Politische und die Unterhaltung so kongenial verband, wie in dieser Komödie des italienischen Klassikers. Den «Bruder» nannte er Goldoni und den «bedeutendsten Revolutionär der Theatergeschichte.» Letzteres zumindest war seine Sicht. Was Strehler an Goldoni bewunderte, war dessen scharfer diagnostischer Blick, mit dem dieser seine Gesellschaft, das Venedig seiner Zeit, sezierte, eine Übergangsgesellschaft von der Aristokratie in ein merkantiles bürgerliches Zeitalter. Dabei ging es Strehler um ein realistisches Konzept des «Typischen», für das wiederum Brecht das Vorbild war. Da Strehler seine Inszenierung ganz auf die

Figur des Dieners konzentrierte, an dem sich der soziale Konflikt – als das Signum dieser Zeit – aufs schärfste bricht, stellte er dessen Namen voran und nannte seine Inszenierung *Arlecchino servitore de due padroni.* In der Fassung von 1947 mit Marcello Moretti in der Titelrolle ging es hauptsächlich noch um eine Wiederbelebung der Commedia dell'Arte. Es war Strehlers Bekenntnis zur Tradition des «nationalen italienischen Volkstheaters». In den sechs späteren Fassungen – 1952, 1956, 1963 (seitdem mit Ferruccio Soleri in der Titelrolle), 1977, 1989, 1990 – arbeitete Strehler zunehmend die historischen Zeitumstände heraus, die das Verhalten seiner Titelfigur bestimmten, die sich immer stärker von der Masken-Vorgabe der Commedia dell'Arte löste, historisch und sozial «authentischer» wurde. In der letzten Fassung konfrontierte er Arlecchinos Traum von einer anderen, besseren Welt mit einer Zeit, in der das Merkantile das Leben gnadenlos beherrscht und deformiert hat.

Kaum ein anderer Bühnenkünstler seines Rangs engagierte sich auch so offen im politischen Leben seines Landes. 1979 und 1984 wurde Strehler als Vertreter der Sozialistischen Partei Italiens ins Europa-Parlament in Straßburg gewählt. Nach seinem Bruch mit den Sozialisten kandidierte er 1987 bei den italienischen Parlamentswahlen für die Unabhängige Liste der Kommunistischen Partei und wurde Senator. Für ihn war – so formulierte es Strehler selbst – Sozialismus eine «Lebenshaltung» von Jugend an.

Literatur

Aslan, O. (Hrsg.): Giorgio Strehler. Paris 1989
Battistini, F.: Giorgio Strehler. Rom 1980
Dvořák, C.: Passione Teatrale. Giorgio Strehler und das Theater. Berlin 1994
    (mit ausführlicher Bibliographie)
Fechner, E.: Strehler inszeniert. Velber 1963
Guazzotti, G.: Teoria e realtà del Piccolo Teatro di Milano. Turin 1986
Hirst, D. L.: Giorgio Strehler. Cambridge 1993
Lunari, L.: Il Maestro e gli alti. Genua 1991
Kranz, D. (Hrsg.): Positionen: Strehler, Planchon, Koun, Dario Fo, Långbacka, Stein.
    Gespräche mit Regisseuren des europäischen Theaters. Berlin 1981
Maier Schoen, P.-R.: Giorgio Strehlers Theater. Diss. München 1980
Mazzocchi, F.: Giorgio Strehler e il suo teatro. Rom 1997

J. W. v. Goethe: Faust, Frammenti parte prima. Regie: G. Strehler. G. Strehler als Faust, G. Lazzarini als Sorge. Piccolo Teatro di Milano (Studio) 1992

Moscati, J.: Strehler. Vita e opere di un regista europeo. Mailand 1985
Piccolo Teatro (Hrsg.): Il Piccolo Teatro d'Arte – quarent'anni di lavoro teatrale: 1947–1987. Mailand 1987
Porto, S.: Strehler e il teatro dell'europa. Mailand 1987
Strehler, G.: Für ein menschlicheres Theater. Frankfurt a. M. 1975

Chronologie des Theaters im 20. Jahrhundert

Die aufgeführten Daten informieren für den Zeitraum von 1900 bis 2000 über Uraufführungen wichtiger Theaterstücke, herausragende Inszenierungen und bühnenbildnerische Arbeiten, über Biographisches, Festivals, Theater- und Ensemblegründungen, theaterprogrammatische Schriften und Theaterpolitik. Die Reihenfolge der Daten innerhalb der Jahresblöcke entspricht nicht der zeitlichen Abfolge der Ereignisse.

1900 P. Behrens veröffentlicht die Schrift *Feste des Lebens und der Kunst*. Eröffnung des Deutschen Schauspielhauses in Hamburg. A. Strindberg: *Nach Damaskus* (UA, Stockholm); *Rausch* (UA, Stockholm). H. Ibsen: *Wenn wir Toten erwachen* (UA, Stuttgart). F. Wedekind: *Der Liebestrank* (UA, Zürich); H. Heijermans: *Die Hoffnung auf Segen* (UA, Amsterdam). E. G. Craig inszeniert *Dido und Aeneas* von H. Purcell in London. G. Hauptmann: *Schluck und Jau* (UA, Berlin); *Michael Kramer* (UA, Berlin). Manifest von R. Rolland: *Le Théâtre du Peuple*. A. Schnitzlers *Reigen* erscheint als Privatdruck. F. Nietzsche †. O. Wilde †.

1901 G. Fuchs' Festspiel *Das Zeichen* wird zur Eröffnung der Ausstellung «Dokument deutscher Kunst» in Darmstadt (Inszenierung: P. Behrens) aufgeführt. Eröffnung des Kabaretts «Die Elf Scharfrichter» in München. UA von H. v. Hofmannsthals *Der Tod des Tizian* (Künstlerhaus München) anlässlich der Totenfeier für Arnold Böcklin. H. v. Kleists Fragment *Robert Guiskard* (entstanden 1802/03) wird in Berlin uraufgeführt. G. Hauptmann: *Der rote Hahn* (UA, Berlin). G. d'Annunzio: *Francesca von Rimini* (UA, Rom); A. P. Čechov: *Drei Schwestern* (UA, Moskau, Regie: Stanislavskij). H. Bahr veröffentlicht den Essay *Die Überwindung des Naturalismus*. E. v. Wolzogen eröffnet das Kabarett «Überbrettl» als erstes deutsches Kabarett; M. Reinhardt eröffnet das Kabarett «Schall und Rauch»; Prinzregententheater in München eröffnet. F. Wedekind: *Der Marquis von Keith* (UA, München); St. Wyspiański inszeniert die Uraufführungen von Wickiewicz' *Totenfeier*.

1902 M. Maeterlinck: *Monna Vanna* (UA, Paris). M. Gor'kij: *Nachtasyl* (UA, Moskau); *Die Kleinbürger* (UA, St. Petersburg), beide Stücke in der Regie von Stanislavskij. F. Wedekind: *Der Erdgeist* (erste öffentliche Aufführung in Berlin), *Die Büchse der Pandora* erscheint; G. B. Shaw: *Frau Warrens Gewer-*

be (UA, London). V. Mejerchol'd trennt sich von Stanislavskijs Moskauer Künstlertheater und gründet die «Gesellschaft des neuen Dramas» als eigenes Ensemble, das bis 1905 besteht. Gründung der «National Dramatic Society» in Dublin. UA von G. Büchners *Dantons Tod* (erschienen 1835) an der Freien Volksbühne Berlin. M. Reinhardt eröffnet in Berlin das Kleine Theater (vormals «Schall und Rauch»). E. Zola †.

1903 G. B. Shaw: *Mensch und Übermensch*; C. Buysse: *Die Familie van Paemel* (UA, Amsterdam); L. Thoma: *Die Lokalbahn* (UA, Berlin); G. Hauptmann: *Rose Bernd* (UA, Berlin). R. Vallentin inszeniert Gor'kijs *Nachtasyl* an Reinhardts Kleinem Theater in Berlin mit G. Eysoldt als Nastja. M. Reinhardt inszeniert von Maeterlinck *Pelléas und Mélisande* und H. v. Hofmannsthals *Elektra* (Titelrolle: G. Eysoldt) am Neuen Theater Berlin. B. Björnsen erhält den Nobelpreis für Literatur. H. Irving übernimmt das Drury-Lane-Theater in London. I. Duncan veröffentlicht die Schrift *Der Tanz der Zukunft*. M. Reinhardt trennt sich von O. Brahm, wird Direktor des Kleinen Theaters und mietet (bis 1906) das Theater am Schiffbauerdamm.

1904 F. Wedekind: *Die Büchse der Pandora* (UA, Nürnberg). W. B. Yeats und Lady Gregory gründen das Abbey Theatre in Dublin. A. P. Čechov: *Der Kirschgarten* (UA, Moskau, Regie: Stanislavskij); M. Gor'kij: *Sommergäste* (UA, St. Petersburg). O. Brahm übernimmt die Leitung des Lessing-Theaters in Berlin. Gründung des Düsseldorfer Schauspielhauses durch Louise Dumont; I. Duncan gründet die «Duncan-Schule» in Berlin. L. Jessner wird an das Thalia Theater nach Hamburg verpflichtet. Gründung des Teatro Livre (Freies Theater) in Lissabon. V. F. Komissarshevskaja gründet in St. Petersburg das Dramatische Theater. A. P. Čechov †.

1905 Rückkehr Mejerchol'ds zu Stanislavskij; Vorbereitungen für die Einrichtung eines Studios am Moskauer Künstlertheater. G. B. Shaw: *Major Barbara*; *Mensch und Übermensch* (UA, London). E. G. Craig begleitet I. Duncan auf ihrer Europa-Tournee; Craigs Schrift *Die Kunst des Theaters* erscheint; A. Strindberg: *Totentanz* (UA, Köln). G. Fuchs veröffentlicht die Schrift *Die Schaubühne der Zukunft*. M. Gor'kij: *Kinder der Sonne* (UA, St. Petersburg). M. Reinhardt inszeniert Shakespeares *Sommernachtstraum* am Neuen Theater in Berlin und übernimmt die Leitung des Deutschen Theaters Berlin. Gründung des Irischen Nationaltheaters in Dublin. S. Jacobsohn gründet die Zeitschrift «Die Schaubühne». H. Irving †.

1906 G. Hauptmann: *Und Pippa tanzt* (UA, Berlin). Gründung des Kabaretts «Nachtlicht» (später «Cabaret Fledermaus») in Wien. V. Mejerchol'd geht an das Theater der Komissarshevskaja nach St. Petersburg. F. Wedekind: *Frühlings Erwachen* (UA, Berlin). A. Strindberg: *Die Kronbraut* (UA, Helsinki). A. Döblin: *Lydia und Mäxchen* (UA, Berlin). P. Claudel: *Mittagswende* (UA, Paris). G. B. Shaw: *Der Arzt am Scheideweg* (UA, London). Gründung des «Arbeiter-Theater-Bundes Deutschland» (ATBD). Reinhardt erwirbt das Deutsche Theater in Berlin und eröffnet die Kammerspiele mit H. Ibsens *Gespenster* (Bühnenbild: E. Munch). Stanislavskij gastiert mit seinem Ensemble in Berlin. A. Antoine übernimmt die Leitung des Odéon in Paris. H. Ibsen †.

1907 G. Feydeau: *Floh im Ohr* (UA, Paris). A. Strindberg und A. Falck eröffnen das Intime Theater in Stockholm. H. v. Hofmannsthals programmatischer Essay *Der Dichter und diese Zeit* erscheint. Gründung des «Vereins Münchner Künstler-Theater». A. Strindberg: *Ein Traumspiel* (UA, Stockholm); *Wetterleuchten* (UA, Stockholm). J. M. Synge: *Ein wahrer Held* (UA, Dublin). M. Reinhardt inszeniert Wedekinds *Marquis von Keith* an den Kammerspielen in Berlin. Eröffnung des Schiller-Theaters in Berlin. E. G. Craig entwickelt die Screens. A. Jarry †. St. Wyspiański †.

1908 E. G. Craig gründet die Zeitschrift «The Mask» und veröffentlicht den Essay *Der Schauspieler und die Übermarionette*. Stanislavskij lädt Craig nach Moskau ein. Stanislavskij inszeniert von M. Maeterlinck: *Der blaue Vogel* (UA, Moskau). Eröffnung des Münchner Künstler-Theaters mit Goethes *Faust*. A. Strindberg schreibt das *Memorandum für die Schauspieler des Intimen Theaters*; *Die Gespenstersonate* (UA, Stockholm); *Schwanenweiß* (UA, Helsinki); *Königin Christine* (UA, Stockholm). M. Reinhardt inszeniert in Berlin *Die Räuber*. Uraufführung von O. Kokoschkas *Mörder, Hoffnung der Frauen* in Wien. L. Thoma: *Moral* (UA, Berlin). Eröffnung des Hebbel-Theaters in Berlin.

1909 A. Appia entwickelt die «Rhythmischen Räume». G. Fuchs veröffentlicht die Schrift *Die Revolution des Theaters*. F. T. Marinetti veröffentlicht das Gründungsmanifest des Futurismus in Paris und das Theaterstück *Die elektrischen Puppen* (Paris). Abschiedsvorstellung von E. Duse in Berlin als Ellida in Ibsens Stück *Die Frauen vom Meere*. M. Reinhardt inszeniert am Deutschen Theater in Berlin *Faust I*, *Hamlet*, *Don Carlos* und *Der Widerspenstigen Zähmung*. Erste Saison der Ballets Russes unter Leitung von Diaghilev in

Paris. A. Schnitzler: *Komtesse Mizzi* (UA, Wien); F. Wedekind: *Zensur* (UA, München). F. Molnár: *Liliom* (UA, Budapest). L. N. Andree: *Anathema* (UA, Moskau). Das Teatro Español in Madrid wird zum ersten spanischen Nationaltheater erklärt. J. M. Synge †.

1910 Theaterbauboom in London. L. Bakst entwirft die Bühnenausstattung für Rimskij-Korsakovs *Shéhérazade* (Paris) und Figurinen für Stravinskijs *Feuervogel* für die Ballets Russes in Paris. R. Nelson gründet das Kabarett «Roland von Berlin». A. Strindberg: *Die große Landstraße* (UA, Stockholm). M. Reinhardts Arena-Inszenierung von H. v. Hofmannsthals *König Ödipus* in der Münchner Ausstellungshalle, im Zirkus Schumann (Berlin) u. a. J. Rouché übernimmt die Direktion des Théâtre des Arts in Paris und veröffentlicht *L'Art Théâtrale Moderne*. A. Schnitzler: *Anatol* (UA, Berlin und Wien), *Das weite Land* erscheint. H. v. Hofmannsthal: *Christinas Heimreise* (UA, Berlin). Bau des Festspielhauses Hellerau nach Plänen von H. Tessenow. V. F. Komissarshevskaja †. J. Kainz †. L. N. Tolstoj †.

1911 Der Schweizer Tanzpädagoge E. Jaques-Dalcroze übersiedelt nach Hellerau; Einrichtung der «Bildungs-Anstalt Dalcroze». Gründung der «Deutschen Volksfestspiel-Gesellschaft» in Berlin. G. Hauptmann: *Die Ratten* (UA, Berlin). Erste Ausstellung des «Blauen Reiters» in München. Verbotskampagne gegen F. Wedekind. C. Sternheim: *Die Hose* (UA, Berlin). F. v. Unruh: *Offiziere* (UA, Berlin). An der Dresdner Hofoper inszeniert M. Reinhardt die Uraufführung des *Rosenkavaliers* von R. Strauss, im Zirkus Schumann in Berlin Hofmannsthals *Jedermann* und Vollmoellers *Mirakel* in der Londoner Olympia Hall. E. G. Craig inszeniert in Moskau *Hamlet*. L. N. Tolstoj: *Der lebende Leichnam* (UA, Moskau). Ring-Uraufführung von A. Schnitzlers Stück *Das weite Land* an neun Theatern. Den Nobelpreis für Literatur bekommt M. Maeterlinck. Mejerchol'd inszeniert Musorgskijs *Boris Godunov* in St. Petersburg. Eröffnung der Münchner Kammerspiele unter dem Namen «Münchner Lustspielhaus». Gründung des experimentellen «Laboratoire de Théâtre Art et Action» in Paris. Eröffnung des Theaters der «Drammatica Compagnia di Milano».

1912 A. Schnitzler: *Der Reigen* (UA, Budapest, in ungarischer Sprache); *Professor Bernhardi* (UA, Berlin). E. Jaques-Dalcroze und A. Appia inszenieren für die Festspiele in Hellerau Glucks Oper *Orpheus und Eurydike*. P. Claudel: *Verkündigung* (UA, Paris). Gründung des Kabaretts «Simpl» in Wien. H. Thimig wird Direktor des Wiener Burgtheaters. Almanach des «Blauen

Reiters» erscheint in München. M. Reinhardt unternimmt mit seiner *Ödipus*-Inszenierung eine Tournee durch Osteuropa und nach Stockholm. Der Nobelpreis für Literatur geht an G. Hauptmann. O. Brahm †. A. Strindberg †.

1913 Eröffnung der «Armory Show» in New York. G. B. Shaw: *Pygmalion* (Uraufführung in dt. Sprache, Berlin). V. Mejerchol'ds Schrift *Über das Theater* erscheint. J. Copeau gründet das Théâtre du Vieux-Colombier in Paris. F. T. Marinetti veröffentlicht das Manifest *Das Varieté*. K. Malevič entwirft die Bühnenausstattung für die Aufführung von A. J. Kručonychs Stück *Sieg über die Sonne* in St. Petersburg, zusammen mit Majakovskijs Tragödie *Vladimir Majakovskij* als erstes futuristisches Theaterprojekt in Russland. F. v. Unruh: *Louis Ferdinand Prinz von Preußen* (UA, Darmstadt). Gründung der «Actor's Equity Association» in New York. C. Sternheim: *Bürger Schippel* (UA, Berlin). E. G. Craig veröffentlicht *Towards a New Theatre* und gründet die Theaterschule «Arena Goldoni» in Florenz. Gründung des Norske Teatre in Oslo. Uraufführung von G. Büchners Fragment *Woyzeck* (München). Uraufführung von I. Stravinskijs Ballett *Frühlingsopfer* (Choreographie: V. Nijinskij mit den Ballets Russes, Paris).

1914 Zusammenschluss der Neuen Freien Volksbühne mit der Freien Volksbühne und Eröffnung eines eigenen Hauses («Volksbühne») in Berlin. Begegnung von E. G. Craig und A. Appia in Zürich: A. J. Tairov eröffnet das Kammertheater in Moskau und inszeniert *Sakuntala* von Kālīdāsa. N. Gončarova: Bühnenausstattung zu Rimskij-Korsakovs *Le Coq d'Or* (Paris). C. Sternheim: *Der Snob* (UA, Berlin). E. B. Vachtangov übernimmt die Leitung des «Dramatischen Studios» in Moskau.

1915 Marinetti, Settimelli und Corra veröffentlichen das *Manifest des synthetischen futuristischen Theaters*. Prampolini veröffentlicht *Futuristische Bühnenmalerei und Choreographie. Technisches Manifest*. Italienische Futuristen veranstalten propagandistische Theateraktionen für die Kriegsbeteiligung Italiens. A. Strindberg: *Advent* (UA, München). C. Sternheim: *Der Kandidat* (UA, Wien). M. Reinhardt übernimmt die Direktion der Berliner Volksbühne. K. Schönherr: *Der Weibsteufel* (UA, Wien). Den Nobelpreis für Literatur erhält R. Rolland.

1916 A. Strindberg: *Nach Damaskus II und III* (UA, München). F. Werfel: *Die Troerinnen* (UA, Berlin). W. Hasenclever: *Der Sohn* (UA, Prag). F. Kortner prägt in der Titelrolle von Shakespeares *Der Kaufmann von Venedig* (Wien) ein neues Bild des Juden Shylock. UA von F. Hölderlins *Der Tod des Empedokles* (entstanden 1826) in Stuttgart. H. Ball eröffnet das «Cabaret Voltaire» in Zürich. Das Manifest *Die futuristische Filmkunst* erscheint. A. G. Bragaglia gründet die Zeitschrift «Le Chronache d'Attualità». Die erste Nummer der futuristischen Zeitschrift «Noi» erscheint (Redakteur: E. Prampolini). P. Schlenther †.

1917 P. Picasso: Bühnenentwurf zu Saties *Parade* (erstes kubistisches Bühnenwerk) für die Ballets Russes in Rom. Gründung des jüdisch-israelischen Theaterensembles «Habima» in Moskau. L. Pirandello: *So ist es – wie es ihnen scheint* (UA, Mailand). A. Kerr veröffentlicht *Die Welt im Drama*. P. Kornfeld: *Die Verführung* (UA, Frankfurt). H. Johst: *Der Einsame* (UA, Düsseldorf). O. Kokoschka inszeniert in Dresden seine Stücke *Mörder, Hoffnung der Frauen*; *Hiob*; *Der brennende Dornbusch*. R. J. Sorge: *Der Bettler* (UA, Berlin). H. Mann: *Madame Legros* (UA, München und Lübeck). W. Hasenclever: *Antigone* (UA, Leipzig). H. Walden und L. Schreyer gründen die «Sturm-Bühne» in Berlin. Eröffnung der «Galerie Dada» in Zürich. G. Balla: Bühnenentwürfe zu Stravinskijs *Fuochi d'artificio* für die Ballets Russes in Rom. G. Apollinaire: *Les Mamelles de Tirésias* (UA, Paris). G. Kaiser: *Die Bürger von Calais* (UA, Frankfurt); *Von morgens bis mitternachts* (UA, München); *Die Koralle* (UA, Frankfurt u. München). Marinetti veröffentlicht das *Manifest des futuristischen Tanzes*: Gründung der Salzburger Festspielhaus-Gemeinde in Wien. Copeau und Jouvet gastieren in New York mit dem Théâtre du Vieux-Colombier. O. Falkenberg wird künstlerischer Leiter der Münchner Kammerspiele. Die dänische Schauspielerin Betty Nansen übernimmt das Alexandra Theater in Frederiksborg unter ihrem Namen und leitet die Bühne ca. 25 Jahre.

1918 V. Mejerchol'd inszeniert Ibsens *Nora* und Majakovskijs *Mysterium buffo* in St. Petersburg. K. Malevič entwirft Figurinen für Majakovskijs *Mysterium buffo*. A. Stramm: *Sancta Susanna* (UA, Berlin). F. v. Unruh: *Ein Geschlecht* (UA, Frankfurt). S. Taeuber-Arp entwirft die Marionetten für *König Hirsch* von Gozzi (UA, Zürich). R. Goering: *Seeschlacht* (UA, Dresden). G. Kaiser: *Gas I* (UA, Frankfurt). E. B. Vachtangov inszeniert Maeterlincks *Das Wunder des heiligen Antonius* in Moskau. Aufhebung der Theaterzensur in Deutschland und Österreich. Erste Dada-Aktionen in Berlin. Eröffnung des Habima-Theaters in Moskau, Vachtangov übernimmt die Leitung. «Das junge Deutschland» (Monatszeitschrift des Deutschen Theaters Berlin) erscheint. E. Ziegel gründet die Hamburger Kammerspiele. S. Schmitt übernimmt die Intendanz des Bochumer Schauspielhauses. F. Wedekind †.

1919 E. Toller: *Die Wandlung* (UA, Berlin). K. Schwitters veröffentlicht das Manifest *An alle Bühnen der Welt*. C. Sternheim: *Tabula rasa* (UA, Berlin) und *1913* (UA, Frankfurt). J. Osterwa gründet die Theaterkolumne «Reduta» in Polen. L. Simonson u. a. gründen die «Theatre Guild» in New York. Das Weimarer Hoftheater wird in Deutsches Nationaltheater umbenannt. L. Jessner inszeniert Schillers *Wilhelm Tell* in Berlin, übernimmt die Intendanz des Staatlichen Schauspielhauses Berlin. G. Kaiser: *Hölle, Weg, Erde* (UA, Frankfurt). M. Gor'kij, A. Blok und L. N. Andrejev gründen das Maksim-Gor'kij-Theater in St. Petersburg. Die Genossenschaft Deutscher Bühnenangehöriger (GDBA) und der Deutsche Bühnenverein einigen sich über einen «Normalvertrag». L. Schreyer gründet in Hamburg die «Kampf-Bühne». Gründung des Bauhauses in Weimar, W. Gropius wird dessen Direktor. Verstaatlichung der Hoftheater in Deutschland. Gründung des christlich-nationalen «Bühnenvolksbundes». H. Johst: *Der junge Mensch* (UA, Hamburg). Gründung des «Proletarischen Theaters» in Berlin. M. Reinhardt inszeniert Shakespeares *Wie es euch gefällt* am Deutschen Theater. Azaris Manifest *Das futuristische Lufttheater* erscheint. E. Lasker-Schüler: *Die Wupper* (UA, Berlin). A. Riccardi veröffentlicht das Manifest *Das Farbentheater. Ästhetik der Nachkriegszeit*. H. Poelzig baut in Berlin den Zirkus Schumann zum Großen Schauspielhaus um, das Reinhardt mit der Inszenierung der *Orestie* (Aischylos) eröffnet. E. Barlach: *Der arme Vetter* (UA, Hamburg).

1920 Gründung des «Verbandes der Bühnenkünstler» in der Schweiz. L. Rubiner: *Die Gewaltlosen* (UA, Berlin). W. Hasenclever: *Die Menschen* (UA, Prag). El Lissitzky entwirft Figurinen für Kručonychs *Sieg über die Sonne* (UA, St. Petersburg). E. G. O'Neill: *Kaiser Jones* (UA, New York). S. M. Ejzenštejn entwirft die Bühnenausstattung für Majakovskijs *Mysterium buffo* (Moskau). Erste Internationale Dada-Messe (Berlin). Dada-Tourneen in Deutschland. Erste große Dada-Veranstaltung in Paris. Gründung des «Verbandes der Deutschen Volksbühnenvereine» in Berlin. Mejerchol'd proklamiert den «Theateroktober» (Moskau) und übernimmt die Leitung der Theaterabteilung des Volkskommissariats für Bildung. N. N. Evreinov (u. a.) inszeniert (u. a.) mit mehr als 30 000 Akteuren *Sturm auf das Winterpalais* (UA, Petersburg). P. Picasso: Bühnenentwurf zu Stravinskijs *Pulcinella* für die Ballets Russes in Paris. E. B. Vachtangov inszeniert Čechovs *Die Heirat* in Moskau.

A. J. Tairov inszeniert E. T. A. Hoffmanns *Prinzessin Brambilla*. F. v. Unruh: *Platz* (UA, Frankfurt). M. Reinhardt inszeniert *Hamlet* im Großen Schauspielhaus zu Berlin. Eröffnung der Salzburger Festspiele mit M. Reinhardts Inszenierung des *Jedermann* von H. v. Hofmannsthal auf dem Salzburger Domplatz. Reinhardt gibt die Direktion seiner Berliner Theater ab und verlegt den Schwerpunkt seiner Arbeit nach Österreich. E. Piscator gründet das «Proletarische Theater» in Berlin. Gründung des Théâtre National Populaire in Paris durch F. Gémier. Gründung der Wigman-Schule in Dresden als Zentrum des Ausdruckstanzes. L. Jessner inszeniert Shakespeares *Richard III*. (Berlin, mit F. Kortner in der Titelrolle, Bühnenbild: E. Pirchan). A. Schnitzlers Skandalstück *Der Reigen* wird erstmals vollständig aufgeführt (UA, Berlin). G. Kaiser: *Gas II* (UA, Brünn). E. Toller: *Masse Mensch* (UA, Nürnberg als geschlossene Veranstaltung).

1921 L. Pirandello: *Sechs Personen suchen einen Autor* (UA, Rom). Ch. Dullin gründet das Théâtre de l'Atelier in Paris. E. Toller: *Masse Mensch* (Berlin, Regie: J. Fehling). S. M. Ejzenštejn: Bühnenausstattung für *Der Mexikaner* (UA, Moskau). K. Čapek: *RUR – Russums Universal Robots* (UA, Prag); *Aus dem Leben der Insekten* (UA, Prag). E. Barlach: *Die echten Sedemunds* (UA, Hamburg). F. Léger entwirft Vorhang, Ausstattung und Kostüme für das Ballett *Skating Rink* von R. de Maré (Ballets Suedois). T. Hesterberg eröffnet das Kabarett «Wilde Bühne» in Berlin. A. Antoine veröffentlicht *Mes Souvenirs sur le Théâtre Libre*. O. Schlemmer: Bühnenbild zu Kokoschkas *Mörder, Hoffnung der Frauen* (UA, Stuttgart). V. Mejerchol'd übernimmt erneut sein Moskauer Studio, das jetzt «Erstes Theater der RSFSR» heißt. Balla entwirft die Dekorationen für den *Bal Tic Tac* in Rom. Marinetti veröffentlicht das *Synthetische futuristische Theater*; es erscheint sein Manifest *Taktilismus*. Marinettis und Cangiullos Manifest *Das Theater der Überraschung* erscheint. H. v. Hofmannsthal: *Der Schwierige* (UA, München). L. Schreyer übernimmt die Bühnenklasse des Bauhauses in Weimar. Marchi veröffentlicht in «Cronache d'Attualità» das Manifest *Futuristische Szenographie*. Stanislavskij inszeniert am Moskauer Künstlertheater Gogols *Revisor*. Eröffnung des Vachtangov-Theaters in Moskau mit Vachtangovs Inszenierung von Maeterlincks *Wunder des heiligen Antonius* (2. Fassung). A. J. Tairovs *Aufzeichnungen eines Regisseurs* erscheinen. Erneute Skandale um Schnitzlers *Reigen* in Berlin und Wien; *Reigen*-Prozess in Berlin. An den Hamburger Kammerspielen inszeniert E. Ziegel mit Schillers *Die Räuber* erstmals einen Klassiker in modernen Kostümen.

1922 V. Mejerchol'd inszeniert Crommelyncks *Der großmütige Hahnrei* (UA, Moskau); L. Popova entwirft dazu das Bühnenmodell. Mejerchol'd entwickelt das System der Biomechanik und gründet ein eigenes Theaterstudio in Moskau, das spätere Mejerchol'd-Theater. E. Toller: *Die Maschinenstürmer* (UA, Berlin), Bühnenausstattung von J. Heartfield. A. J. Tairov inszeniert Lecocqs Operette *Giroflé-Girofla* (Moskau). G. Baty gründet in Paris die Truppe «La Chimère». A. G. Bragaglia gründet das Teatro sperimentale degli Independenti in Rom. E. B. Vachtangov inszeniert *Der Dybbuk oder Zwischen zwei Welten* von An-Ski am Habima-Theater (Moskau) und *Prinzessin Turandot* von C. Gozzi am 3. Studio des Moskauer Künstlertheaters. G. Kaiser: *Kanzlist Krehler* (UA, Berlin). A. Bronnen: *Vatermord* (UA, Frankfurt). B. Brecht: *Trommeln in der Nacht* (UA, München). Internationaler Kongress der Künstler der Avantgarde in Düsseldorf. O. Schlemmer: *Das Triadische Ballett* (UA, Stuttgart). E. G. O'Neill: *Der haarige Affe* (UA, New York). Gründung des Majakovskij-Theaters in Moskau. H. H. Jahnn: *Die Krönung Richards III.* (UA, Leipzig); *Der Arzt. Sein Weib. Sein Sohn* (UA, Hamburg). Internationale Theaterausstellung in Amsterdam mit Arbeiten von Craig und Appia. J. L. Moreno gründet sein «Stegreiftheater» in Wien. M. Reinhardt inszeniert die Uraufführung von Hofmannsthals *Das Salzburger große Welttheater* in Salzburg. Aufführung des *Futuristischen mechanischen Tanzes* von Pannaggi und Paladini in Rom. Depèro eröffnet «Das Kabarett des Teufels» in Rom. B. Brecht erhält auf Vorschlag von H. Jhering den Kleistpreis. In Österreich wird das europaweit erste Schauspielergesetz verabschiedet. In Brüssel wird das Théâtre du Marais gegründet. F. Léger stattet das Ballett *Skating Rink* (Choreographie: J. Börlin) für die Ballets Suédois aus. J. Benavente erhält den Nobelpreis für Literatur. E. B. Vachtangov †.

1923 G. B. Shaw: *Die heilige Johanna* (UA, New York). Gründung der ersten Agitpropgruppe «Blaue Bluse» in Moskau und Beginn der sowjetrussischen Arbeitertheater-Bewegung. F. Kortner spielt den «Shylock» im *Kaufmann von Venedig* (Berlin). S. O'Casey: *Der Schatten eines Rebellen* (UA, Dublin). A. Appia veröffentlicht *L'art vivant ou nature morte?* und inszeniert *Tristan und Isolde* in Mailand. V. Tatlin: Bühnenentwurf von Chlebnikovs *Zangnesi* (St. Petersburg). N. Gončarova: Bühnenausstattung zu Stravinskijs *Les Noces* (Paris). A. J. Tairovs Schrift *Aufzeichnungen eines Regisseurs* erscheint in deutscher Übersetzung unter dem Titel *Das entfesselte Theater*; Tairov unternimmt mit dem Kammertheater eine Tournee durch Westeuropa. H. v. Hofmannsthal: *Der Unbestechliche* (UA, Wien). K. Schwitters: Dada-Tournee durch Holland; beginnt mit dem Merz-Bau in Hannover. S. M. Ejzenštejn inszeniert Tretjakovs *Höre, Moskau!* (Moskau). Ejzenštejn und S. Tretjakov inszenieren Ostrovskijs *Eine Dummheit macht auch der Gescheiteste* (Moskau). H. H. Jahnn: *Pastor Ephraim Magnus* (UA, Berlin). G. Kaiser: *Nebeneinander* (Berlin); G. Grosz entwirft dazu das Bühnenbild. B. Brecht: *Im Dickicht der Städte* (UA, München); Bühnenbild von C. Neher; Regie: E. Engel; *Baal* (UA, Leipzig). O. Schlemmer und L. Moholy-Nagy gehen ans Bauhaus. F. Léger: Dekoration für das Ballett *La création du monde* von R. de Maré (Ballets Suédois). S. M. Tretjakov: *Die Erde bäumt sich auf* (UA, Moskau). L. Jessner inszeniert Schillers *Wilhelm Tell* (Berlin, mit F. Kortner, Bühnenbild: E. Pirchan). Prampolini, Paladini und Pannaggi veröffentlichen das Manifest *Die mechanische Kunst*. S. Bernhardt †.

1924 L. Pirandello: *Jeder auf seine Weise* (UA, Mailand). G. Kaiser: *Kolportage* (UA, Berlin und Frankfurt). J. L. Moreno veröffentlicht die Schrift *Das Stegreiftheater*. J. Rouché veröffentlicht *L'Art théâtral moderne*. S. M. Ejzenštejn inszeniert Tretjakovs *Gasmasken* (Moskau). B. Brecht: *Leben Eduards des Zweiten von England* (UA, München, Bühnenbild von C. Neher). F. Kiesler entwirft das «Endlose Theater». Internationale Ausstellung neuer Theatertechnik in Wien; Depèro: *Mechanisches Ballett* (Mailand). F. Léger: *Le ballet mécanique* (Film); der Essay *Das Schauspiel: Licht, Farbe, bewegliches Bild und Gegenstandsszene* erscheint. K. Robischek gründet das «Kabarett der Komiker» in Berlin. V. Mejerchol'd inszeniert Ostrovskijs *Der Wald* (Moskau). P. Picasso: Bühnenentwurf zu Saties Ballett *Mercure* in Paris. A. Breton: *Manifeste du surréalisme*. P. Naville und B. Péret gründen die Zeitschrift «La Révolution Surréaliste» (Paris). Y. Goll: *Methusalem oder Der ewige Bürger* (UA, Berlin). E. Piscator inszeniert in Berlin A. Paquets *Fahnen* und die Revue *Roter Rummel*. M. Reinhardt eröffnet das Theater in der Josefstadt in Wien und die Komödie in Berlin und inszeniert in New York von Vollmoeller *Das Mirakel* (Bühnenbild: N. Bel Geddes). Zur Eröffnung des Theaters in der Josefstadt inszeniert Reinhardt von Goldoni: *Der Diener zweier Herren* mit Hugo, Helene und Hermann Thimig. O'Neill: *Gier unter Ulmen* (UA, New York). E. Barlach: *Die Sündflut* (UA, Stuttgart). Schließung von Copeaus Théâtre du Vieux-Colombier. H. Heijermans †. E. Duse †.

1925 Das Bauhaus übersiedelt nach Dessau; Einrichtung der Theater-Werkstatt durch O. Schlemmer; Band 4 der Bauhausbücher *Die Bühne im Bauhaus* erscheint. F. Léger veröffentlicht *Maschinenästhetik und geometrische Ordnung*. E. Prampolini zeigt in Paris sein «Magnetisches Theater», A. J. Tairov unternimmt mit seinem Kammertheater eine Tournee durch Westeuropa.

L. Pirandello übernimmt das Teatro d'Arte di Roma. K. Schwitters entwirft die «Normalbühne Merz». C. Zuckmayer: *Der fröhliche Weinberg* (UA, Berlin). G. B. Shaw erhält den Nobelpreis für Literatur. Piscator inszeniert für den Parteitag der KPD im Großen Schauspielhaus Berlin die Revue *Trotz alledem*.

1926 M. Ernst: Bühnenentwurf zu *Romeo und Julia* für die Ballets Russes in Monte Carlo. P. Mondrian: Bühnenmodell zu *L'Éphémére est éternel* von Seuphor. N. Gončarova: Bühnenausstattung zu Stravinskijs *Feuervogel* (Paris). E. Barlach: *Der blaue Boll* (UA, Berlin). F. Bruckner: *Krankheit der Jugend* (UA, Hamburg). V. Mejerchol'd inszeniert Gogols *Revisor* (Moskau). B. Brecht: *Mann ist Mann* (UA, Darmstadt, Bühnenbild von C. Neher). S. M. Tretjakov: *Brülle, China* (UA, Moskau, Regie: Mejerchol'd). S. O'Casey: *Der Pflug und die Sterne* (UA, Dublin) wird einer der größten Theaterskandale in Irland. M. Fleißer: *Fegefeuer in Ingolstadt* (UA, Berlin). F. Kiesler organisiert die «Internationale Theaterausstellung» in New York. A. J. Tairov inszeniert *Der haarige Affe* von O'Neill. E. Piscator inszeniert in Berlin Paquets *Sturmflut* und Schillers *Die Räuber*. L. Jessner inszeniert *Hamlet* (Berlin). A. Artaud, R. Vitrac u. R. Aron gründen in Paris das Théâtre Alfred Jarry. E. G. Craig entwirft die Bühnenausstattung und die Lichtprojektionen für H. Ibsens *Die Kronpätendenten* (Kopenhagen). In Österreich wird die Theaterzensur abgeschafft. S. Jacobsohn †.

1927 E. Piscator inszeniert E. Welks *Gewitter über Gottland* (UA, Berlin). V. V. Ivanov: *Panzerzug 14–69* (UA, Moskau). F. García Lorca: *Mariana Pineda* (UA, Barcelona). W. Hasenclever: *Ein besserer Herr* (UA, Frankfurt). J. Cocteau: *Orphée* und *Oedipe Roi* (Paris). C. Zuckmayer: *Schinderhannes* (UA, Berlin). G. Baty, Ch. Dullin, L. Jouvet und G. Pitoëff gründen das «Cartel des quatres». Gründung der «NS-Volksbühne» in Berlin. Gründung der Agitpropgruppe «Das Rote Sprachrohr» (Berlin). A. G. Bragaglia veröffentlicht die Schrift *Del teatro teatrale*. Eröffnung der Piscator-Bühne in Berlin mit E. Tollers *Hoppla, wir leben*. W. Gropius entwirft für E. Piscator das «Totaltheater». S. Schmitt inszeniert in Bochum erstmals in Deutschland alle Königsdramen von Shakespeare. I. Duncan †.

1928 G. Kaiser: *Die Lederköpfe* (UA, Frankfurt). C. Zuckmayer: *Katharina Knie* (UA, Berlin). R. Vitrac: *Victor oder Die Kinder an der Macht* (UA, Paris). E. G. Craig: Bühnenbild für *Macbeth* (New York). W. Kandinsky: Bühnenausstattung zu Musorgskijs *Bilder einer Ausstellung* (Dessau). F. Bruckner: *Die*

Verbrecher (UA, Berlin). B. Brecht: *Die Dreigroschenoper* (UA, Berlin, Regie: E. Engel, Bühnenausstattung von C. Neher). H. v. Hofmannsthal: *Der Turm* (UA, München, Hamburg, Würzburg) u. *Gestern* (UA, Wien). J. Giraudoux: *Siegfried et le Limousin* (UA, Paris). Gründung des faschistischen «Kampfbundes für Deutsche Kultur» (Berlin). Gründung des sozialistischen Schauspielerkollektivs «Gruppe Junger Schauspieler» (Berlin). M. Xirgu übernimmt die Leitung des Teatro Español in Madrid. M. Fleißer: *Pioniere in Ingolstadt* (UA, Dresden). P. M. Lampel:*Revolte im Erziehungsheim* (UA, Berlin). Gründung der Theatergruppe «Habima» in Tel Aviv. E. Piscator inszeniert Hašeks *Abenteuer des braven Soldaten Schwejk*, in einer Fassung von M. Brod und H. Reimann, Bühnenbild von G. Grosz. E. Terry †. A. Appia †. M. Sudermann †.

1929 W. Finck und H. Deppe eröffnen das Kabarett «Die Katakombe» (Berlin). Ö. v. Horváth: *Sladek* (UA, Berlin). Gründung der «Union Internationale de la Marionette» in Prag. P. M. Lampel: *Giftgas über Berlin* (UA, Berlin). Gründung des «Internationalen Arbeiter-Theater-Bundes» in Moskau. J. Giraudoux: *Amphitryon 38* (UA, Paris, Regie: L. Jouvet). F. Wolf: *Cyankali* (UA, Berlin). V. Mejerchol'd inszeniert Majakovskijs *Die Wanze* (Moskau). O. Schlemmer verlässt das Bauhaus. G. B. Shaw: *Der Kaiser von Amerika* (UA, Warschau). M. Larionov entwirft die Bühnenausstattung für Stravinskijs *Renard* in Paris. L. Moholy-Nagy: *Bühnenentwurf zu Hoffmanns Erzählungen* (Berlin). E. Piscator veröffentlicht zusammen mit F. Gasbarra das Buch *Das politische Theater*, inszeniert Mehrings *Der Kaufmann von Berlin* und *§ 218 (Frauen in Not)* von C. Credé, das nach der Berliner Premiere in mehr als 30 Städten über 300-mal aufgeführt wird, trotz heftigstem politischen und juristischen Widerstand. S. O'Casey: *Der Preispokal* (UA, London). Eröffnung des Max-Reinhardt-Seminars in Schönbrunn bei Wien. M. Reinhardt inszeniert Johann Strauß' *Die Fledermaus* am Deutschen Theater Berlin. Gründung der Schauspielergewerkschaft Equity in Großbritannien. H. v. Hofmannsthal †. S. P. Diaghilev †.

1930 A. J. Tairov unternimmt mit dem Kammertheater die dritte Tournee durch Westeuropa; inszeniert die russische Erstaufführung der *Dreigroschenoper*. L. Moholy-Nagy stellt das «Lichtrequisit einer elektrischen Bühne» in Paris aus. B. Brecht: *Die Maßnahme* (UA, Berlin); *Aufstieg und Fall der Stadt Mahagonny* (UA, Leipzig). O. Schlemmer inszeniert Schönbergs Oper *Die glückliche Hand* (Berlin). F. García Lorca: *Das Publikum* (erscheint im Druck erst 1976). E. Piscator gründet das «Schauspieler-Kollektiv» in Berlin. J. Copeau gründet die «Compagnie des Quinze». V. Majakovskij: *Das Schwitzbad* (UA, Moskau). A. Zweig: *Das Spiel um den Sergeanten Grischa* (UA, Berlin). P. Claudel: *Das Buch von Christoph Columbus* (UA, Berlin). In London wird Shakespeares *Othello* erstmals mit einem schwarzen Schauspieler in der Titelrolle aufgeführt. J. Cocteau: *Geliebte Stimme* (UA, Paris). E. Piscator inszeniert *Tai Yang erwacht* von F. Wolf in Berlin (Bühnenausstattung: J. Heartfield). F. Wolf: *Die Matrosen von Cattaro* (UA, Berlin). L. Pirandello: *Heute abend wird aus dem Stegreif gespielt* (UA, Königsberg). Depèro entwirft in New York die Kostüme für das Ballett *American Sketches* von Massine. E. Toller: *Feuer aus den Kesseln* (UA, Berlin). V. Majakovskij †.

1931 C. Zuckmayer: *Der Hauptmann von Köpenick* (UA, Berlin; Regie: H. Hilpert). H. Churman, L. Strasberg und Ch. Crawford gründen das Group Theatre in New York. Ö. v. Horváth: *Italienische Nacht* (UA, Berlin); *Geschichten aus dem Wiener Wald* (UA, Berlin; Regie: H. Hilpert). E. G. O'Neill: *Trauer muß Elektra tragen* (UA, Berlin). Gründung der «NS-Kampfbühnen». Gründung des Deutschen National-Theaters in Berlin. A. Artaud veröffentlicht die Schrift *Über das balinesische Theater*. L. Moholy-Nagy: Bühnenausstattung zu *Madame Butterfly* (Berlin). Gründung des sozialistischen Schauspielerkollektivs «Truppe 31» unter Leitung von G. v. Wangenheim. Barrault arbeitet mit Decroux in Charles Dullins «École de l'Atelier» das System des «Mime pure» aus. M. Reinhardt inszeniert in Berlin am Großen Schauspielhaus *Hoffmanns Erzählungen* von Offenbach. Die Schauspielerin St. Kadmon gründet in Wien das Kabarett «Lieber Augustin». E. de Filippo gründet in Neapel mit seinen Geschwistern Titina u. Peppino die Truppe «Il teatro umoristico de Eduardo Filippo». A. Schnitzler †.

1932 A. Artaud veröffentlicht das 1. Manifest *Das Theater der Grausamkeit*. B. Brecht: *Die Mutter* (UA, Berlin). E. Prampolini veröffentlicht das Manifest *Szenische futuristische Atmosphäre*. Ö. v. Horváth: *Kasimir und Karoline* (UA, Leipzig). G. Hauptmann: *Vor Sonnenuntergang* (UA, Berlin). C. Goetz: *Dr. med Hiob Prätorius* (UA, Stuttgart). F. García Lorca gründet die Wanderbühne «La Barraca». G. Gründgens brilliert in der Rolle des Mephisto in Goethes *Faust* (Berlin, Regie; L. Müthel). L. Schiller verwirklicht seine Idee des Monumentaltheaters in seiner Inszenierung von *Totenfeier* von A. Mickiewicz in Lwow. K. Jooss gewinnt mit seiner Choreographie *Der grüne Tisch* den Internationalen Choreographie-Wettbewerb in Paris. L. Dumont †.

1933 E. Mann gründet das Kabarett «Die Pfeffermühle» in München, emigriert in die Schweiz und eröffnet «Die Pfeffermühle» in Zürich. F. García Lorca: *Bluthochzeit* (UA, Madrid). A. Artaud hält in Paris den Vortrag «Das Theater und die Pest»; veröffentlicht *Das Theater der Grausamkeit* (2. Manifest). Gründung der nationalsozialistischen Besucherorganisation «Deutsche Bühne». Gründung des «Reichsbundes der deutschen Freilicht- und Volksschauspiele». Schließung des Bauhauses in Berlin. Gründung der Reichskulturkammer. H. Johst: *Schlageter* (UA, Berlin). F. T. Marinetti veröffentlicht das Manifest *Totaltheater für die Massen*. A. J. Tairov inszeniert Vičnevskijs *Optimistische Tragödie* (Moskau). F. Bruckner: *Die Rassen* (UA, Zürich). R. Valle-Inclán: *Göttliche Worte* (UA, Madrid). Tournee des «Jessner-Ensembles» in Belgien, in den Niederlanden und in England. Reinhardts *Faust*-Inszenierung in Salzburg. L. Müthel inszeniert am Staatstheater Berlin Schillers *Die Braut von Messina* (Bühnenbild: T. Müller). M. Reinhardt übereignet gezwungenermaßen sein Lebenswerk dem «Nationalvermögen Deutschland». Gründung des «Kulturbundes deutscher Juden». Lunačarskij †.

1934 J. Cocteau: *Die Höllenmaschine* (UA, Paris, Regie: L. Jouvet). Die Accademia Reale organisiert den Theaterkongress «Convegno Volta» in Rom. F. Léger: Dekoration für den Film *The Shape of Things to Come* nach H. G. Wells von A. Korda. Gründung der Truppe «Deutsches Theater Kolonne links» in Moskau. Gründung der Exiltheatertruppe «Studio 1934» in Prag. Erster Internationaler Schriftstellerkongress zur Verteidigung der Kultur in Paris. G. Gründgens wird Intendant des Preußischen Staatstheaters in Berlin; Zusammenarbeit mit den Regisseuren J. Fehling und L. Müthel, später auch mit K. Stroux und W. Liebeneiner und den Bühnenbildnern T. Müller und R. Gliese. H. Hilpert übernimmt die Direktion des Deutschen Theaters und der Kammerspiele in Berlin, Zusammenarbeit mit dem Regisseur E. Engel und den Bühnenbildnern C. Neher und E. Schütte. Eröffnung des Kabaretts «Cornichon» (Zürich). J. Littlewood und E. MacColl gründen das Theatre of Action in Manchester. F. García Lorca: *Yerma* (UA, Madrid). F. Wolf: *Professor Mamlock* (UA, Warschau). Erlass des nationalsozialistischen Reichstheatergesetzes; Einsetzung einer Reichsdramaturgie (R. Schlösser). E. F. Burian gründet in Prag die Bühne «Divadlo». Gründung des deutschen Exiltheaters «Studio 1934» in Prag durch H. Zinner u. F. Erpenbeck. Eröffnung des Kabaretts «ABC» in Wien. Den Nobelpreis für Literatur erhält L. Pirandello. H. Bahr †.

1935 A. Artaud: *Les Cenci* (UA, Paris). Gründung des «Federal Theatre Project» in New York. J. Giraudoux: *Der Trojanische Krieg findet nicht statt* (UA, Paris, Regie: L. Jouvet). F. García Lorca: *Doña Rosita bleibt ledig* (UA, Barcelona). Premiere von M. Reinhardts Film *Sommernachtstraum*. J. Fehling inszeniert in Hamburg *Don Carlos* (Schiller). T. S. Eliot: *Der Mord im Dom* (UA, Canterbury). M. Čechov gründet in England das Chekkov Theatre Studio. A. Roller †. A. Moissi †.

1936 Ö. v. Horváth: *Glaube Liebe Hoffnung* (UA, Wien). X. Schawinsky entwickelt sein *Specto-Drama* (North Carolina/USA). F. García Lorca: *Sobald fünf Jahre vergehen*. E. Toller: *Nie wieder Friede* (UA, London). Gründung des «New York Drama Critics Circle Award». L. Jessner inszeniert Shakespeares *Der Kaufmann von Venedig* in Tel Aviv. O'Neill erhält den Nobelpreis für Literatur. Verbot der Theaterkritik in Deutschland durch den «Erlaß zur Neuformung des deutschen Kulturlebens». H. Hilpert inszeniert Schillers *Don Carlos* (Berlin). L. Pirandello †. M. Gor'kij †. F. García Lorca †. R. M. Valle-Inclán †. M. de Unamuno †.

1937 L. Pirandello: *Die Riesen vom Berge* (UA, Florenz). B. Brecht: *Die Gewehre der Frau Carrar* (UA, Paris). A. Jarry: *Der gefesselte Ubu* (UA, Paris). Gründung des «New Bauhaus» in Chicago. K. Čapek: *Die weiße Krankheit* (UA, Prag). Gastspiel des Kabaretts «Die Pfeffermühle» mit Th. Giehse und E. Mann in New York. M. Reinhardt emigriert in die USA. J. Anouilh: *Der Reisende ohne Gepäck* (UA, Paris, Regie: Pitoëff). J. Fehling inszeniert am Staatstheater Berlin *Das Käthchen von Heilbronn* von H. v. Kleist und Shakespeares *König Richard der Dritte* (Bühnenbild: T. Müller). G. Gründgens inszeniert Lessings *Emilia Galotti* (Berlin). E. Engel inszeniert am Deutschen Theater Berlin Shakespeares *Coriolan* (Bühnenbild: C. Neher). N. Grieg: *Die Niederlage* (UA, Oslo). J. Giraudoux: *Elektra* (UA, Paris, Regie: L. Jouvet). A. Sandrock †.

1938 O. Waelterlin wird Leiter des Züricher Schauspielhauses; K. Hirschfeld wird sein Chefdramaturg. Th. N. Wilder: *Unsere kleine Stadt* (UA, Princeton). J. Anouilh: *Der Ball der Diebe* (UA, Paris). B. Brecht: Sieben Szenen von *Furcht und Elend des Dritten Reiches* unter dem Titel *99 %* (UA, Paris). A. Artaud veröffentlicht *Das Theater und sein Double*. K. Čapek: *Die Mutter* (UA, Prag). Schließung des Mejerchol'd-Theaters in Moskau. Gründung des «Freien Deutschen Kulturbunds» in London. E. Engel inszeniert am Deutschen Theater Shakespeares *Der Sturm* (Bühnenbild: C. Neher). H. Hilpert übernimmt nach Reinhardts Emigration die Intendanz des Theaters in der Josefstadt (Wien); inszeniert Raimunds *Der Bauer als Millionär* (Berlin). K. S. Stanislavskij †. Ö. v. Horváth †.

1939 Gründung des Exil-Theaterkollektivs «Four and Twenty Black Sheep» in London. E. Piscator gründet den «Dramatic Workshop of the New School for Social Research» (New York). Gründung des Exilensembles «Continental Players» (Hollywood). T. S. Eliot: *Der Familientag* (UA, London). J. Fehling inszeniert am Staatstheater Berlin Shakespeares *König Richard der Zweite* (Bühnenbild: T. Müller). G. Gründgens inszeniert am Staatstheater Berlin *Dantons Tod* (G. Büchner). E. Engel inszeniert am Deutschen Theater Berlin *Othello* (Bühnenbild: C. Neher). Einführung der Theaterzensur in Spanien. L. Müthel wird Direktor des Wiener Burgtheaters. W. B. Yeats †. G. Pitoëff †. E. Toller †. S. M. Tretjakov †.

1940 S. O'Casey: *Der Stern wird rot* (UA, London), Piscators «Dramatic Workshop» (New York) wird das Studio Theatre angeschlossen. P. S. Jacob gründet die Freie Deutsche Bühne in Buenos Aires. G. Gründgens inszeniert *Wie es euch gefällt* (Berlin). Gründung des schwedischsprachigen Lilla Teatern in Helsinki. E. Lothar gründet das Exiltheater Österreichische Bühne in New York. P. Behrens †. V. E. Mejerchol'd †.

1941 B. Brecht: *Mutter Courage und ihre Kinder* (UA, Zürich, Bühnenbild: T. Otto; Th. Giehse spielt die Titelrolle). Gründung der «Tribüne für Freie Deutsche Literatur und Kunst in Amerika» (New York). Gründung des Freien deutschen Theaters (New York). C. Neher: Bühnenausstattung zu Mozarts *Die Hochzeit des Figaro* und *Don Giovanni* (Wien). K. Koun gründet das Theatron Technis in Athen. E. Decroux gründet in Paris eine Pantomimenschule. H. Hilpert inszeniert in Berlin Shakespeares *König Lear* (Bühnenbild: C. Neher). G. Gründgens inszeniert am Staatstheater Berlin Goethes *Faust I*.

1942 Th. N. Wilder: *Wir sind noch einmal davongekommen* (New York, Regie: E. Kazan). G. Gründgens inszeniert am Staatstheater Berlin Goethes *Faust II*. J. Giraudoux: *Der Apollo von Bellac* (UA, Rio de Janeiro, Regie: L. Jouvet). C. Sternheim †.

1943 B. Brecht: *Der gute Mensch von Sezuan* (UA, Zürich); *Leben des Galilei* (Zürich, Regie: L. Steckel, Bühnenbild: T. Otto). P. Claudel: *Der seidene Schuh oder Das*

Schlimmste trifft nicht immer zu (UA, Paris, Regie: J.-L. Barrault). S. O'Casey: *Purpurstaub* (UA, Newcastle-upon-Tyne). L. Müthel inszeniert am Wiener Burgtheater Shakespeares *Der Kaufmann von Venedig* mit W. Krauss als Shylock mit offensichtlich antisemitischer Tendenz. F. Huchwälder: *Das heilige Experiment* (UA, Biel). G. Hauptmann: *Iphigenie in Aulis* (UA, Wien). J.-P. Sartre: *Die Fliegen* (UA, Paris). H. Hilpert inszeniert in Berlin Shakespeares *Viel Lärm um nichts* (Bühnenbild: C. Neher). A. Antoine †. M. Reinhardt †. V. I. Nemirovič-Dančenko †. O. Schlemmer †.

1944 A. Camus: *Das Mißverständnis* (UA, Paris). F. Werfel: *Jacobowsky und der Oberst* (UA, New York). J.-P. Sartre: *Hinter geschlossenen Türen* (UA, Paris). J. Anouilh: *Antigone* (UA, Paris). F. Léger: Sequenzen *La fille au cœur fabriqué* in dem Film *Dreams that money can buy* von H. Richter. L. Olivier spielt «Richard III.». Erlass zur Schließung der deutschen Theater (zum 1. September), gespielt wurde nur noch im Rahmen der Truppenbetreuung und für Arbeiter der Rüstungsbetriebe. F. T. Marinetti †. W. Kandinsky †. J. Giraudoux †.

1945 T. Williams: *Die Glasmenagerie* (UA, Chicago). M. Frisch: *Nun singen sie wieder* (UA, Zürich). A. Camus: *Caligula* (UA, Genf) in Regie von G. Strehler. Erste deutsche Nachkriegsinszenierung: Schönthaus Schwank *Der Raub der Sabinerinnen* (Berlin). E. de Filippo: *Neapel im Millionenrausch* (UA, Neapel). F. Bruckner: *Die Befreiten* (UA, Zürich). F. García Lorca: *Bernarda Albas Haus* (UA, Buenos Aires). J. B. Priestley: *Ein Inspektor kommt* (UA, Moskau). J. Giraudoux: *Die Irre von Chaillot* (UA, Paris). J. Hay: *Der Gerichtstag* (UA, Berlin); *Haben* (UA, Budapest). G. Kaiser: *Das Floß der Medusa* (UA, Basel). M. Chagall: Ausstattung für Stravinskijs *Feuervogel* für das American Ballet Theatre in New York. J. Littlewood, G. Raffles und E. McColl gründen in London das Kollektiv Theatre Workshop. Reform der Comédie-Française. M. Carnés Film *Kinder des Olymp* mit J.-L. Barrault in der Rolle des Mimen Baptiste. L. Jessner †. G. Kaiser †.

1946 G. Weisenborn: *Die Illegalen* (UA, Berlin). C. Zuckmayer: *Des Teufels General* (UA, Zürich). Gründung des Kabaretts «Die Schaubude» in München. J.-P. Sartre: *Die ehrbare Dirne* (UA, Paris). M. Frisch: *Die Chinesische Mauer* (UA, Zürich). A. Salacrou: *Die Nächte des Zorns* (UA, Paris). A. Jarry: *Ubu Hahnrei* (UA, Paris). E. G. O'Neill: *Der Eismann kommt* (UA, New York). J.-L. Barrault und M. Renaud gründen in Paris die «Compagnie Madeleine Renaud-Jean-Louis Barrault». R. Leonhard: *Geiseln* (UA, Berlin). Gründung des Teatro-

Estudio do Salitre in Lissabon. Gründung von fünf «Centres Dramatiques» in Frankreich. Barrault inszeniert Marivaux' *Falsche Vertraulichkeiten*. W. Langhoff wird Intendant des Deutschen Theaters in Berlin. Gründung der Zeitschrift «Theater der Zeit». Gründung der dänischen staatlichen Theaterzentrale «Arte». Gründung der Bregenzer Festspiele. G. Hauptmann †. L. Moholy-Nagy †.

1947 W. Borchert: *Draußen vor der Tür* (UA, Hamburg). M. Marceau erfindet die Figur des «Bip». T. Williams: *Endstation Sehnsucht* (UA, New York). J. Dasté gründet das «Centre Dramatique» in Grenoble. G. Hauptmann: *Agamemnons Tod* und *Elektra* (UA, Berlin). J. Genet: *Die Zofen* (UA, Paris). L. Strasberg, E. Kazan und C. Crawford gründen das Actor's Studio in New York. A. Gide: *Der Prozeß* (UA, Paris, Regie: Barrault). Gründung des Kabaretts «Kom(m)ödchen» in Düsseldorf. Gründung des Instituto Nacional de Bellas Artes in Mexiko. G. Strehler und P. Grassi gründen das Piccolo Teatro di Milano; Eröffnungspremiere M. Gor'kijs *Nachtasyl*. Erstmals inszeniert Strehler auch Goldonis *Der Diener zweier Herren* am Piccolo Teatro; diese Inszenierung wird in 26 Ländern und 100 Städten gezeigt. Gründung des Theaterfestivals in Avignon unter Leitung von J. Vilar. Gründung der Ruhrfestspiele in Recklinghausen. Gründung des Holland-Festivals. Gründung des Edinburgh International Festival of Music and Drama. Gründung der Otto-Falckenberg-Schule als Schauspielschule in München. H. Schweikart wird Intendant der Münchner Kammerspiele. W. Felsenstein wird Intendant der Komischen Oper Berlin. G. Gründgens wird Generalintendant der Städtischen Bühnen in Düsseldorf. A. Miller: *Alle meine Söhne* (UA, New York). B. Brecht: 2. Fassung von *Leben des Galilei* (Los Angeles, mit Ch. Laughton); Brecht übersiedelt von den USA nach Zürich).

1948 S. Dalí: Bühnenausstattung für Shakespeares *Wie es euch gefällt* (Rom). Ch. Fry: *Die Dame ist nicht fürs Feuer* (UA, London). B. Brecht veröffentlicht das *Kleine Organon für das Theater*; *Der kaukasische Kreidekreis* (UA, Northfield/Minnesota); *Herr Puntila und sein Knecht Matti* (UA, Zürich). B. Brecht und C. Neher: *Antigone des Sophokles* (UA, Chur). A. Camus: *Der Belagerungszustand* (UA, Paris). J.-P. Sartre: *Die schmutzigen Hände* (UA, Paris). F. Léger: Dekorationen für das Ballett *Les pas d'acier* von Prokof'ev. Gründung des Internationalen Theater-Instituts (ITI) in Prag mit Sitz in Paris. Gründung des Kabaretts «Die Insulaner» in Berlin. In Wien profiliert sich das Neue Theater in der Scala durch das Engagement zurückgekehrter Emigranten als politische Bühne. T. S. Eliot erhält den Nobelpreis. K. Valentin †. A. Artaud †. K. Martin †. P. Wegener †. K. Schwitters †. A. Kerr †. S. M. Ejzenštejn †.

1949 F. Dürrenmatt: *Romulus der Große* (UA, Basel). B. Brecht und H. Weigel übersiedeln nach Ostberlin und gründen das «Berliner Ensemble». Als erste Nachkriegsaufführung eines Stücks von Brecht in Westdeutschland inszeniert H. Buckwitz *Die Dreigroschenoper* (mit H. Albers als Mackie Messer) an den Münchner Kammerspielen. H. Schalla wird Intendant des Schauspielhauses Bochum. A. Miller: *Der Tod des Handlungsreisenden* (UA, New York). A. Buero Vallejo: *Geschichte einer Treppe* (UA, Madrid). H. Weigel spielt die «Mutter Courage» (Berlin/DDR). J.-L. Barrault veröffentlicht *Betrachtungen über das Theater*. Gründung des Kabaretts «Die Stachelschweine» in Berlin. L. Jouvet inszeniert *Scapins Schelmenstreiche* (Paris, mit J.-L. Barrault). E. Axer gründet in Warschau das Zeitgenössische Theater. J. Copeau †. M. Maeterlinck †. Ch. Dullin †. G. Fuchs †.

1950 M. Fleißer: *Der starke Stamm* (UA, München). B. Brecht: *Die Hofmeister* nach J. M. R. Lenz (UA, Berlin/DDR). Am Londoner Old Vic Theatre wird erstmals der gesamte Zyklus der Dramen Shakespeares aufgeführt (nach First Folio). J. Malík gründet in Prag das Zentrale Puppentheater. A. Sastre proklamiert das «Theater der sozialen Agitation» in Spanien. E. Ionesco: *Die kahle Sängerin* (UA, Paris). T. Williams: *Die tätowierte Rose* (UA, Chicago). Eröffnung eines Nationaltheaters in Island (beschlossen seit 1922). G. B. Shaw †. E. Jannings †. A. J. Tairov †.

1951 J. Beck und J. Malina gründen das «Living Theatre» in New York. C. Neher: Bühnenentwurf für Brechts *Die Mutter* (Berlin/DDR). B. Brecht/P. Dessau: *Das Verhör des Lukullus* (UA der Oper in Berlin/DDR). E. Ionesco: *Die Unterrichtsstunde* (UA, Paris). Gründung der Staatlichen Schauspielschule in Berlin/DDR). J.-P. Sartre: *Der Teufel und der liebe Gott* (UA, Paris). M. Frisch: *Graf Öderland* (UA, Zürich). J. Cocteau: *Bacchus* (UA, Paris). J. Vilar gründet das Théâtre National Populaire (TNP). E. Piscator kehrt nach Deutschland zurück. H. Buckwitz wird Generalintendant der Städtischen Bühnen in Frankfurt/M. Eröffnung des Kabaretts «Die Kleine Freiheit» in München. Gründung der Berliner Festwochen, der Festspiele in Bad Hersfeld und der Wiener Festwochen. In Avignon feiert G. Philipe Triumphe in der Rolle des Prinzen von Homburg in Kleists gleichnamigem Stück (Regie: J. Vilar). Wieland Wagner übernimmt zusammen mit seinem Bruder Wolfgang die

Leitung der Bayreuther Festspiele. G. R. Sellner wird Intendant des Landestheaters Darmstadt. L. Jouvet †.

1952 E. Ionesco: *Die Stühle* (UA, Paris). R. Rolland: *Robespierre* (UA, Leipzig). J. Tardieu: *Die Liebenden in der Untergrundbahn* (UA, Paris). F. Dürrenmatt: *Die Ehe des Herrn Mississippi* (UA, Zürich). A. Christie: *Die Mausefalle* (UA, Nottingham); das Stück wird in London bis heute en suite gespielt. Gründung des Maxim-Gorki-Theaters Berlin/DDR. G. Baty †. R. Vitrac †.

1953 T. Williams: *Camino Real* (UA, New York). S. Beckett: *Warten auf Godot* (UA, Paris, Regie: R. Blin). J. Anouilh: *Jeanne oder Die Lerche* (UA, Paris). A. Miller: *Hexenjagd* (UA, New York). E. Strittmatter: *Katzgraben* (UA, Berlin). E. Ionesco: *Opfer der Pflicht* (UA, Paris). M. Frisch: *Don Juan oder Die Liebe zur Geometrie* (UA, Zürich). F. Dürrenmatt: *Ein Engel kommt nach Babylon* (UA, München). J.-L. Barrault inszeniert P. Claudels *Christophe Colomb* (Paris). T. S. Eliot: *Der Privatsekretär* (UA, Edinburgh). A. Sastre: *Todesschwadron* (UA, Madrid). Gründung des Theater am Turm (TAT) in Frankfurt/M. Das Teatro María Guerrero in Madrid wird spanisches Nationaltheater. Eröffnung des ersten Kabaretts «Die Distel» in der DDR. Gründung des Teatro Experimental do Porto (TEP) in Porto. N. N. Evreinov †. B. Viertel †. F. Wolf †.

1954 Ch. Fry: *Das Dunkel ist Licht genug* (UA, Brighton). J.-P. Sartre: *Kean oder Unordnung und Genie* nach A. Dumas (UA, Paris). B. Brecht inszeniert mit dem Berliner Ensemble sein Stück *Der kaukasische Kreidekreis* (Musik: P. Dessau, Bühnenbild: K. v. Appen). Erstes Festival international de Paris (später: Theater der Nationen), organisiert vom Internationalen Theater-Institut (ITI). Wiedereröffnung der Berliner Volksbühne (DDR), Umzug des Berliner Ensembles in das Theater am Schiffbauerdamm. I. Bergman wird Intendant des Stadttheaters Malmö. Gründung der Festspiele im antiken Theater von Epidauros.

1955 C. Zuckmayer: *Das kalte Licht* (UA, Hamburg). T. Williams: *Die Katze auf dem heißen Blechdach* (UA, New York). G. Gründgens wird Intendant des Deutschen Schauspielhauses in Hamburg. K. H. Stroux wird Generalintendant am Schauspielhaus in Düsseldorf. O. Kokoschka: Bühnenausstattung für *Die Zauberflöte* (Salzburg). F. Dürrenmatt veröffentlicht die Schrift *Theaterprobleme*. J. Anouilh: *Ornifle oder Der erzürnte Himmel* (Paris). A. Adamov: *Ping-Pong* (Paris). T. Kantor gründet in Krakau das Cricot 2. Eröffnung des

Wiener Burgtheaters im wiederhergestellten Stammhaus mit großem Festakt und Inszenierung (Regie: A. Rott) von Grillparzers *König Ottokars Glück und Ende*. O. Werner wird gefeiert in der Titelrolle von Schillers *Don Carlos* (Burgtheater Wien, Regie: J. Gielen). E. Deutsch triumphiert in der Titelrolle von Lessings *Nathan der Weise* (Berlin u. a.; in zwölf Jahren mit mehr als 1000 Aufführungen in zahlreichen Ländern). P. Brook inszeniert Shakespeares *Hamlet* (London) mit P. Scofield in der Titelrolle. A. Polgar †. F. Léger †. P. Claudel †.

1956 L. Ahlsen: *Philemon und Baukis* (UA, München). E. G. O'Neill: *Eines langen Tages Reise in die Nacht* (UA, Stockholm). J. Osborne: *Blick zurück im Zorn* (UA, London, Regie: T. Richardson). P. Hacks: *Die Schlacht bei Lobositz* (UA, Berlin/DDR). A. Boal gründet das Teatro de Arena in São Paulo. F. Dürrenmatt: *Der Besuch der alten Dame* (UA, Zürich, Regie: Waelterlin, Bühnenbild: T. Otto; Th. Giehse spielt die Claire Zachanassian). D. Thomas: *Unter dem Milchwald* (UA, Edinburgh). Gründung des Kabaretts «Münchner Lach- und Schießgesellschaft». G. Strehler inszeniert in Mailand *Die Dreigroschenoper* von Brecht (Bühne: L. Damiani u. T. Otto). B. Behan: *Der Mann von morgen früh* (UA, London; Regie: J. Littlewood mit dem Theatre Workshop). G. A. Torstonogov wird Leiter des Großen dramatischen Theaters in Leningrad. The English Stage Company übernimmt das Royal Court Theatre (London). B. Brecht †. E. Prampolini †.

1957 E. Engel führt Brechts Inszenierung von *Leben des Galilei* zu Ende (Berlin/DDR, Bühnenbild: C. Neher). P. Kohout: *So eine Liebe*. E. G. O'Neill: *Fast ein Poet* (Stockholm). G. Gründgens inszeniert *Faust I* am Deutschen Schauspielhaus Hamburg und spielt den Mephisto (Bühnenbild: T. Otto). S. Beckett: *Endspiel* (UA, London). P. Zadek inszeniert die Uraufführung von Genets *Der Balkon* in London. R. Planchon gründet das Théâtre de la Cité in Villeurbanne. G. Strehler inszeniert in Mailand Brechts *Coriolan*. D. Fo und F. Rame gründen die Compagnia Dario Fo-Franca Rame. B. Brecht: *Schweyk im Zweiten Weltkrieg* (UA, Warschau). J. Osborne: *Der Entertainer* (UA, London mit L. Olivier in der Titelrolle). A. Adamov: *Paolo Paoli* (UA, Lyon, Regie: R. Planchon).

1958 M. Chagall: Ausstattung von *Daphnis und Chloe* für die Pariser Oper. H. Pinter: *Die Geburtstagsfeier* (UA, Cambridge). B. Behan: *Die Geisel* (UA, Manchester, Regie: J. Littlewood). S. Beckett: *Das letzte Band* (UA, London). H. Müller: *Die Korrektur* (UA, Berlin/DDR); *Der Lohndrücker* (UA, Berlin/DDR).

J. Cino gründet das Theater Caffe Cino in New York. L. Fialka und Vodicka gründen das «Theater am Geländer» in Prag. M. Frisch: *Biedermann und die Brandstifter* (UA, Zürich). P. Hacks: *Der Müller von Sanssouci* (UA, Berlin/DDR). G. Gründgens inszeniert *Faust II* am Deutschen Schauspielhaus Hamburg (Bühnenbild: T. Otto). J. Genet: *Die Neger* (UA, Paris, Regie: R. Blin). B. Brecht: *Der aufhaltsame Aufstieg des Arturo Ui* (UA, Stuttgart, Regie: P. Palitzsch). S. Morzek: *Die Polizei* (UA, Warschau). A. Wesker: *Hühnersuppe mit Graupen* (UA, London). A. und E. Radok gründen in Prag das Theater Laterna Magica.

1959 J. Grotowski und L. Flaszen übernehmen das «Theater der 13 Reihen» in Opole. E. Ionesco: *Die Nashörner* (UA, Düsseldorf, Regie: K. H. Stroux). J.-P. Sartre: *Die Eingeschlossenen von Altona* (UA, Paris). G. Gründgens inszeniert die Uraufführung von Brechts *Die heilige Johanna der Schlachthöfe* am Deutschen Schauspielhaus in Hamburg. Gründung der «San Francisco Mime Troupe». A. Wesker: *Die Küche* (UA, London). J. Anouilh: *Becket oder Die Ehre Gottes* (UA, Paris). J. Arden: *Der Tanz des Sergeanten Musgrave* (UA, Paris). F. Arrabal: *Picknick im Felde* (UA, Paris). J.-L. Barrault wird Direktor des Odéon in Paris, das als «Théâtre de France» das zweite französische Staatstheater wird. F. Dürrenmatt: *Frank der Fünfte* (UA, Zürich). E. Schall wird in der Titelrolle von Brechts *Der aufhaltsame Aufstieg des Arturo Ui* (Berliner Ensemble) gefeiert (über 500 Aufführungen). M. Béjart gründet in Brüssel das «Ballett des 20. Jahrhunderts». K. Hübner wird Intendant der Städtischen Bühnen Ulm (Zusammenarbeit mit P. Zadek u. W. Minks). K. Koun inszeniert in Athen von Aristophanes *Die Vögel*. G. Philipe †.

1960 H. Pinter: *Der Hausmeister* (UA, London). F. Wotruba: Bühnenausstattung zu Sophokles' *König Ödipus* (Wien). Gründung der Zeitschrift «Theater heute». J. Grotowski inszeniert *Mysterium buffo* (nach Majakovskij) und *Sakuntala* (nach Kālīdāsa). T. Rózewicz: *Die Kartei* (UA, Warschau). Bewegung des «Off-Off-Broadway»-Theaters in New York konstituiert sich. E. Strittmatter: *Die Holländerbraut* (UA, Berlin). Anlässlich der Internationalen Theaterwoche der Studentenbühnen in Erlangen hält W. Hildesheimer die Rede «Über das absurde Theater». A. Wesker: *Nächstes Jahr in Jerusalem* (UA, London). R. Noelte inszeniert in Berlin C. Sternheims *Die Kassette*. Großes Festspielhaus für die Salzburger Festspiele erbaut (Planung: C. Holzmeister). A. Kutscher †. A. G. Bragaglia †. C. Goetz †.

1961 F. Wotruba: Bühnenausstattung für Sophokles' *Antigone* (Wien). T. Kantor: Ausstattung für Ionescos *Die Nashörner* (Krakau). S. Beckett: *Glückliche Tage* (UA, New York). P. Zadek inszeniert in Ulm *Die Geisel* von B. Behan. P. Schumann gründet das «Bread and Puppet Theatre» in New York. J. Genet: *Die Wände* (UA, Berlin, Regie: Lietzau). Gründung der Royal Shakespeare Company unter Leitung von P. Hall, P. Brook und M. Saint-Denis. Living Theatre: Gastspiel beim Theater der Nationen» in Paris und erste Europatournee. M. Frisch: *Andorra* (UA, Zürich). F. Kiesler: Entwurf des «Universal Theatre». E. Stewart gründet das Café La Mama/Experimental Theatre Club (New York). H. Baierl: *Frau Flinz* (UA, Berlin). G. Grass: *Die bösen Köche* (UA, Berlin). O. Waelterlin †.

1962 E. Albee: *Wer hat Angst vor Virginia Woolf?* (UA, New York). E. Bond: *Die Hochzeit des Papstes* (UA, London). Gründung der «Lindsay Kemp Company» in London. G. Gründgens inszeniert in Hamburg *Don Carlos* (Schiller). F. Kortner inszeniert in München *Othello* (Shakespeare). E. Ionesco: *Der König stirbt* (UA, Paris); *Fußgänger der Luft* (Düsseldorf) J. Grotowski inszeniert *Akropolis* (nach Wyspiański); *Kordian* (nach Slowacki). K. Hübner wird Intendant in Bremen und P. Zadek Schauspieldirektor. J.-L. Barrault inszeniert in Essen Claudels *Christoph Columbus*. M. Walser: *Eiche und Angora* (UA, Berlin). F. Dürrenmatt: *Die Physiker* (UA, Zürich; Th. Giehse spielt die Mathilde von Zahndt). E. Piscator wird Intendant der Freien Volksbühne Berlin. Eröffnung des Lincoln Center for the Performing Arts (New York). H. Kipphardt: *Der Hund des Generals* (UA, München). G. R. Sellner wird Generalintendant der Deutschen Oper Berlin. Gründung der Schauspielbühne am Halleschen Ufer Berlin (ohne eigenes Ensemble). Gründung der spanischen Gruppe Els Joglars. P. Brook wird Mitdirektor der Royal Shakespeare Company und inszeniert *König Lear*. C. Neher †.

1963 G. Gründgens inszeniert *Hamlet* und beendet seine Intendanz am Deutschen Schauspielhaus Hamburg. O. F. Schuh wird Nachfolger von G. Gründgens. F. Wotruba: Bühnenausstattung zu Sophokles' *Elektra* (Wien). F. Kortner inszeniert in München *Richard III.* (Shakespeare). R. Hochhuth: *Der Stellvertreter* (UA, Berlin, Regie: E. Piscator). B. Barlog inszeniert in Berlin *Wer hat Angst vor Virginia Woolf?* (Albee). J. Chaikin und P. Feldman gründen das «Open Theatre» in New York. G. Moses und J. O'Neal gründen das «Free Southern Theatre» in New Orleans. M. Walser: *Überlebensgroß Herr Krott* (UA, Stuttgart). V. Havel: *Das Gartenfest* (UA, Prag). R. Blin inszeniert von Beckett *Glückliche Tage* (Paris) mit M. Renaud und J.-L. Barrault.

Die Royal Shakespeare Company zeigt in der Regie von P. Hall u. a. Shakespeares Königsdramen unter dem Titel *Der Krieg der Rosen*. B. Barlog wird Generalintendant der Staatlichen Schauspielbühnen Berlin. A. Everding wird Intendant der Münchner Kammerspiele. I. Bergman übernimmt die Leitung des Dramaten (Stockholm). L. Olivier wird Direktor des ersten englischen National Theatre in London und eröffnet das Theater mit *Hamlet*. J. Littlewood inszeniert mit großem Erfolg die Antikriegsrevue *Ach was für ein reizender Krieg*. G. Gründgens †.

1964 P. Weiss: *Die Verfolgung und Ermordung Jean-Paul Marats, dargestellt durch die Schauspielgruppe des Hospizes zu Charenton unter Anleitung des Herrn de Sade* (UA, Berlin, Regie: K. Swinarski; in London, Regie: P. Brook). H. Kipphardt: *In der Sache J. Robert Oppenheimer* (UA, Berlin, Regie: E. Piscator). M. Walser: *Der schwarze Schwan* (UA, Stuttgart). «The Living Theatre» emigriert nach Europa. E. Ionesco: *Hunger und Durst* (UA, Düsseldorf). B. Brecht: *Coriolan*-Bearbeitung (Berlin). Gründung des Hammamat Theater-Zentrums in Tunesien. A. Miller: *Zwischenfall in Vichy* (UA, New York); *Nach dem Sündenfall* (UA, New York). The Living Theatre: *Mysteries* (Paris). A. Mnouchkine gründet in Paris das «Théâtre du Soleil». J. Saunders: *Ein Duft von Blumen* (UA, London). E. Barba gründet das «Odin Teatret» in Oslo. J. P. Ljubimov übernimmt die Leitung des Taganka-Theaters in Moskau. W. Vostell veranstaltet für das Ulmer Theater das erste Happening in Deutschland: *In Ulm, um Ulm und um Ulm herum*. Gründung des Berliner Theatertreffens als Forum des deutschsprachigen Schauspieltheaters. J. Orton: *Seid nett zu Mr. Sloane* (UA, London). H. Moser †. S. O'Casey †. B. Behan †.

1965 T. Różewicz: *Die komische Alte* (Breslau). The Living Theatre: *Frankenstein*. J. Grotowskis «Theaterlaboratorium» wird nach Wrocław verlegt, er inszeniert *Der standhafte Prinz* (nach Calderón/Słowacki). Gründung des «Teatro Campesino» (Californien). R. Noelte inszeniert in Stuttgart *Drei Schwestern* (Čechov). F. Kortner inszeniert in München *Kabale und Liebe* (Schiller). P. Zadek inszeniert in Bremen *Frühlings Erwachen* von F. Wedekind (Bühne: W. Minks). P. Weiss: *Die Ermittlung* (UA, Berlin u. a. Orte). «Brecht-Dialog» des Nationalen Zentrums der DDR des ITI. Odin Teatret: *Ornitofilene*. R. Wilson gründet die «Byrd Hoffmann School of Byrds» (New York). H. Kipphardt: *Joel Brand* (UA, München). E. Bond: *Gerettet* (UA, London). B. Besson inszeniert *Der Drache* von J. Schwarz (Berlin/DDR). Ch. Marowitz inszeniert seine *Hamlet*-Adaption (London). R. Ten Cate gründet in

Amsterdam das Mickerytheater als Spielstätte für freie Gruppen aus aller Welt. J. Savary gründet das Grand Théâtre Panique (später: Grand Magic Circus). P. Palitzsch wird Schauspieldirektor am Staatstheater Stuttgart. Eröffnung des Theaters am Neumarkt in Zürich. S. Mrożek: *Tango* (UA, in serbokroat. Sprache in Belgrad). V. Havel: *Die Benachrichtigung* (UA, Prag, Regie: J. Grossman). J. Audiberti †. F. Kiesler †.

1966 Gründung des Verbandes der Theaterschaffenden der DDR. G. Grass: *Die Plebejer proben den Aufstand* (UA, Berlin). F. Dürrenmatt: *Meteor* (UA, Zürich). P. Zadek und W. Minks inszenieren in Bremen *Die Räuber* (nach Schiller). M. Sperr: *Jagdszenen aus Niederbayern* (UA, Bremen). 1. Frankfurter «Experimenta». P. Handke: *Publikumsbeschimpfung* (UA, Frankfurt); *Selbstbezichtigung; Weissagung* (UA, Oberhausen). T. Stoppard: *Rosenkranz und Güldenstern* (UA, Edinburgh). A. Gatti: *Öffentlicher Gesang vor zwei elektrischen Stühlen* (UA, Paris). F. Arrabal: *Die Nacht der Puppen* (UA, Paris). Gründung des Kindertheaters «Grips» in Berlin. J. Grotowskis erste Auslandstournee. P. Brook inszeniert *US* (London). Übersiedlung des Odin Teatret nach Holstebro/Dänemark. E. Engel †. E. G. Craig †. E. Piscator †.

1967 F. Arrabal: *Der Architekt und der Kaiser von Assyrien* (UA, Paris). P. Weiss: *Der Gesang vom lusitanischen Popanz* (UA, Stockholm). The Living Theatre: *Antigone* (Krefeld). J.-L. Barrault veröffentlicht *Mein Leben mit dem Theater*. J. Grotowski veranstaltet Workshops in New York und anderen Städten. M. Chagall: Ausstattung der *Zauberflöte* für die Metropolitan Opera in New York. S. Terayama: *Marie im Pelz* (UA, Tokio). Odin Teatret: *Kaspariana* (UA, Holstebro, Regie: E. Barba). A. Gatti: *V wie Vietnam* (UA, Toulouse). R. Schechner gründet die «Performance Group» in New York. M. Walser: *Die Zimmerschlacht* (UA, München). R. Hochhuth: *Soldaten* (UA, Berlin). P. Kohout: *August, August, August* (UA, Prag). S. Terayama gründet das Tenjosajiki-Theater in Tokio. H. Müller: *Ödipus Tyrann* (Berlin, Regie: B. Besson). K. Dejmek inszeniert *Die Totenfeier* von A. Mickiewicz in Warschau u. löst damit einen politischen Skandal aus. Gründung des Action Theater in München durch R. W. Fassbinder. Gründung des Belgrader Festivals BITEF. J. Papp gründet das Public Theatre (New York). H. Hilpert †.

1968 S. Terayama: *Werft die Bücher weg, geht auf die Straße* (UA, Tokio). T. Stoppard: *Der wahre Inspector Hound* (UA, London). M. Ceroli: Bühnenausstattung («hölzernes Theater») zu *Richard III.* (Turin). A. Calder: *Work in progress* (UA, Rom). J. Grotowski inszeniert *Apocalypsis cum Figuris*. D. Fo gründet die Truppe «Nuova Scena». P. Handke: *Kaspar* (UA, Frankfurt u. Oberhausen); *Das Mündel will Vormund sein* (UA, Frankfurt). M. Frisch: *Biografie. Ein Spiel* (UA, Zürich). P. Stein inszeniert Brechts *Im Dickicht der Städte* (München). P. Weiss: *Viet Nam Diskurs* (UA, Frankfurt). Protestaktionen in zahlreichen bundesdeutschen Theatern gegen die Notstandsgesetze. R. Foreman gründet das Ontological-Hysteric Theatre (New York). R. W. Fassbinder gründet das «antitheater» in München. P. Hacks: *Amphitryon* (UA, Göttingen). R. W. Fassbinder: *Katzelmacher* (UA, München). T. Dorst: *Toller* (UA, Stuttgart). Bread and Puppet Theatre: erste Europatournee. Performance Group: *Dionysius in '69* (New York). The Living Theatre: *Paradise Now* (UA, Avignon), veröffentlicht das «Avignon-Statement». Gründung der «Pip Simmons Theatre Group» in London. H. Lange: *Der Hundsprozeß* (UA, Berlin); *Herakles* (UA, Berlin). H. Müller: *Philoktet* (UA, München). «Radical Theatre Festival» in San Francisco. P. Brook veröffentlicht das Buch *Der leere Raum*. Aufhebung der Präventivzensur für die Theater in England. B. Besson wird Leiter der Volksbühne Berlin/DDR). J. Grotowski veröffentlicht das Buch *Für ein armes Theater*. J.-L. Barrault wird als Intendant des Théâtre de France abgelöst, weil er die Besetzung seines Theaters durch die rebellierenden Studenten geduldet hat. In Amsterdam wird das Shaffytheater als Spielstätte für freie Gruppen gegründet. In London gründet Ch. Marowitz das experimentelle Open Space Theatre. In Graz wird das Avantgarde-Festival «steirischer herbst» gegründet. T. Otto †. J. Fehling †.

1969 B. Brecht: *Turandot oder der Kongreß der Weißwäscher* (UA, Zürich). P. Stein inszeniert *Torquato Tasso* (Goethe) in Bremen. M. Schedler veröffentlicht *Sieben Thesen zum Theater für sehr junge Zuschauer*. F. Kortner inszeniert *Clavigo* (Goethe) am Deutschen Schauspielhaus in Hamburg. F. Arrabal: *Garten der Lüste* (UA, Paris). R. Wilson: *The Life and Times of Sigmund Freud* (UA, New York). Performance Group: *Macbeth* (New York). Gründung des «Squat Theatre» (Budapest; ursprünglicher Name: «Kasak Theater»). «The Woodstock Music and Art Fair» mit 500 000 Teilnehmern. Bread and Puppet Theatre: *Schrei des Volkes nach Speisung* (Boston), zweite Europatournee. Gründung des Syrischen Theaterfestivals in Damaskus. P. Hacks: *Margarete in Aix* (UA, Basel). P. Handke: *Das Mündel will Vormund sein* (UA, Frankfurt, Regie: C. Peymann). R. W. Fassbinder: *Preparadise sorry now* (UA, München). W. Bauer: *Change* (UA, Wien). Ö. v. Horváth: *Zur schönen Aussicht* (UA, Graz). P. Bausch übernimmt die Leitung des Folkwang-Balletts. G. Tabori beginnt mit seiner Regiearbeit in Europa: *Die Kannibalen* (Berlin). D. Fo: *Mistero buffo* (UA, La Spelzia). L. Ronconi inszeniert auf öffentlichen Plätzen und zahlreichen Gastspielen in Europa und in den USA eine Bearbeitung von Ariosts Epos *Der rasende Roland*. 1. Internationales Pantomimen-Festival in Prag. S. Terayama: *Das Verbrechen des Prof. Garigari* (UA, Tokio). H. Man in't Veld gründet die Gruppe «Het Werkteater» in Amsterdam. L. Raphael: *Che!* (New York). P. Hall wird Direktor des Covent Garden in London. M. Kimbrell gründet das «New York Street Theatre Caravan». S. Beckett erhält den Nobelpreis für Literatur. W. Gropius †.

1970 D. Fo und R. Rame gründen das Theaterkollektiv «La Comune» in Mailand. P. Weiss: *Trotzki im Exil* (UA, Düsseldorf). N. P. Rudolph inszeniert *Pioniere in Ingolstadt* (M. Fleißer) in München. F. Kortner inszeniert *Emilia Galotti* (Lessing) in Wien. R. Hochhuth: *Guerillas* (UA, Stuttgart). P. Stein übernimmt die Leitung der Schaubühne am Halleschen Ufer in Berlin; inszeniert *Die Mutter* (Brecht). P. Simmons inszeniert *Superman* (London). Th. Bernhard: *Ein Fest für Boris* (UA, Hamburg, Regie. C. Peymann). Performance Group: *Commune* (New York). D. Forte: *Martin Luther & Thomas Münzer oder Die Einführung der Buchhaltung* (UA, Basel). G. Strehler inszeniert in Florenz *Die heilige Johanna der Schlachthöfe* (Brecht). R. Wilson: *Deafman Glance* (UA, Iowa). P. Handke: *Der Ritt über den Bodensee* (UA, Berlin). D. Fo: *Zufälliger Tod eines Anarchisten* (UA, Mailand). The Living Theatre: Abschiedsvorstellung mit *Paradise Now* im Berliner Sportpalast. P. Brook gründet in Paris das «Centre International de Recherche Théâtrale». A. Mnouchkines Théâtre du Soleil erhält die Cartoucherie (Vincennes/Paris) als Spielort und zeigt die Kollektivproduktion *1789 – Die Revolution muß bei vollkommenem Glück enden* (UA, Mailand). A. Adamov †. F. v. Unruh †. F. Kortner †.

1971 W. Biermann: *Der Dra-Dra* (UA, München). R. Noelte inszeniert in Berlin *Totentanz* (Strindberg). P. Stein inszeniert *Peer Gynt* (Berlin). F. X. Kroetz: *Wildwechsel* (UA, Dortmund). Das Bread and Puppet Theatre nimmt an Antikriegsdemonstrationen in Washington/D.C. teil; Vorstellung des *Kreuzigungsumzugs* vor dem Capitol. P. Brook inszeniert Shakespeares *Sommernachtstraum* (London) und zeigt *Orghast* beim 5. Festival of Arts in Shiraz/Persien. R. W. Fassbinder: *Die bitteren Tränen der Petra von Kant* (UA, Frankfurt); *Bremer Freiheit* (UA, Bremen u. Hamburg). F. X. Kroetz: *Heimarbeit* (UA, München). E. Bond: *Lear* (UA, London). Der Sänger und Schauspieler V. S. Vysockij spielt die Titelrolle in der *Hamlet*-Inszenierung (Moskau) von J. Ljubimov. A. Ayckbourn wird Leiter des Stephen Joseph Theatre in Scarborough. H. Pinter: *Alte Zeiten* (London). L. Steckel †. J. Vilar †. H. Weigel †.

1972 P. Stein inszeniert in Berlin *Optimistische Tragödie* (Višnevskij); *Prinz Friedrich von Homburg* (Kleist, B. Ganz in der Titelrolle). F. X. Kroetz: *Stallerhof* (Hamburg); *Oberösterreich* (UA, Heidelberg). K. M. Grüber inszeniert in Berlin *Geschichten aus dem Wiener Wald* (Horváth). P. Zadek wird Intendant in Bochum und inszeniert *Kleiner Mann, was nun?* (Dorst/Fallada), *Der Kaufmann von Venedig* (Shakespeare). B. Strauß: *Die Hypochonder* (UA, Hamburg). Th. Bernhard: *Der Ignorant und der Wahnsinnige* (UA, Salzburg). Gründung der Gruppe «Jango Edwards and The Friends Road Show» in London. R. Wilson: *KA MOUNTAIN AND GUARDenia TERRACE* (Shiraz/Iran). U. Plenzdorf: *Die neuen Leiden des jungen W.* (UA, Halle). Festival «Théâtre des Nations» in Paris wird eingestellt. P. Brook unternimmt eine Theaterreise durch Afrika. Internationales Theatertreffen anlässlich der Olympischen Spiele in München. H. Forester gründet das «Dramatische Zentrum» in Wien. G. Strehler kehrt an das Piccolo Teatro in Mailand zurück. A. Mnouchkine inszeniert *1793: Die Revolution macht das Volk*. I. Nagel wird Intendant des Deutschen Schauspielhauses in Hamburg. H. Lietzau wird Intendant der Staatlichen Schauspielbühne in Berlin. Am Schauspiel Frankfurt/M. wird ein Mitbestimmungsmodell eingeführt. Erstmals wird der Begriff «Tanztheater» (von G. Bohner) eingeführt.

1973 H. Müller: *Horatier* (UA, Berlin/DDR); *Zement* (UA, nach Glackov, Berlin/DDR). E. Bond: *Die See* (UA, London). L. Ronconi wird Direktor der Theater-Biennale Venedig. T. Dorst: *Eiszeit* (UA, Bochum). K. Hübner beendet seine Intendanz in Bremen. K. O. Mühl: *Rheinpromenade* (UA, Wuppertal). G. Strehler inszeniert seine Shakespeare-Bearbeitung *Das Spiel der Mächtigen* (Salzburger Festspiele). P. Shaffer: *Equus* (UA, London). P. Bausch übernimmt die Leitung des Wuppertaler Tanztheaters. In Rom wird das feministische Theaterkollektiv *La Maddalena* gegründet. J. Neumeier wird Leiter des Hamburg Balletts. P. Hall übernimmt die Direktion des englischen Nationaltheaters als Nachfolger von L. Olivier.

1974 P. Zadek inszeniert in Bochum *Lear* (Shakespeare). H. Eisler: *Johann Faustus* (Tübingen). Th. Bernhard: *Die Jagdgesellschaft* (UA, Wien); *Die Macht der Gewohnheit* (UA, Salzburg). P. Stein inszeniert in Berlin *Sommergäste* (Gor'kij). P. Stein und K. M. Grüber inszenieren das «Antikenprojekt» (Berlin). C. Peymann wird Schauspieldirektor in Stuttgart. R. Hochhuth: *Lysistrate und die NATO* (UA, Essen und Wien). R. Wilson: *A Letter for Queen Victoria* (Spoleto). T. Stoppard: *Travestien* (UA, London). E. Bond: *Bingo* (UA, London). P. Handke: *Die Unvernünftigen sterben aus* (UA, Zürich). Gründung der Federación de Grupos Independientes in Spanien; R. W. Fassbinder wird Intendant des TAT in Frankfurt/M. Ch. Schroth wird Schauspieldirektor am Staatstheater Schwerin. P. Brook übernimmt für sein CIRT das Théâtre des Bouffes du Nord in Paris als Spielstätte. Das Het Werkteater in Amsterdam zeigt das Projekt *Abendrot*. S. Mrożek: *Emigranten* (UA, Paris, Regie: R. Blin). D. Fo: *Bezahlt wird nicht!* (UA, Mailand). J. Savary und sein Grand Magic Circus zeigen die Revue *Von Moses bis Mao*. M. Fleißer †.

1975 S. Beckett inszeniert in Berlin sein Stück *Warten auf Godot*. B. Strauß: *Bekannte Gesichter, gemischte Gefühle* (UA, Stuttgart). C. Peymann inszeniert in Stuttgart *Das Käthchen von Heilbronn* (Kleist). P. Zadek inszeniert in Hamburg *Die Wildente* (Ibsen). H. Müller: *Mauser* (UA, Austin/Texas). H. Pinter: *Niemandsland* (UA, London). J. Grotowski zieht sich vom Theater zurück, Einführung der «Special Projects». Festival «Theater der Nationen» erstmals unter der Leitung des Internationalen Theaterinstituts (ITI) in Warschau. K. M. Grüber inszeniert in Berlin *Empedokles. Hölderlin lesen*. A. Mnouchkine inszeniert *L'Age d'Or* (Vincennes). H. Müller: *Die Schlacht* (UA, Berlin, Regie: Karge/Langhoff). Th. Bernhard: *Der Präsident* (UA, Wien, Regie: E. Wendt). T. Kantor inszeniert das Projekt *Die tote Klasse* (UA, Krakau). G. Tabori leitet das Bremer Theaterlabor und inszeniert dort sein Stück *Sigmunds Freude* (UA). H. Heyme wird Intendant am Schauspiel Köln. Gründung des Festivals of Fools in Amsterdam. W. Felsenstein †. K. Swinarski †. Th. N. Wilder †. Th. Giehse †.

1976 C. Peymann inszeniert in Stuttgart *Die Gerechten* (Camus). B. Brecht: *Untergang des Egoisten Fatzer* (UA, Berlin). P. Zadek inszeniert *Othello* (Shakespeare) in Hamburg. Th. Bernhard: *Minetti* (UA, Stuttgart, Regie: C. Peymann). Die Stücke von D. Fo kommen auf die bundesdeutschen Bühnen. A. Corrado gründet das Gehörlosentheater «International Visual Theatre» in Paris. Odin Teatret: *Come! And the Day will be Ours*. E. Barba veröffentlicht das Manifest *The Third Theatre*. A. Boal veröffentlicht *Das Theater der Unterdrückten*. P. Hacks: *Ein Gespräch im Hause Stein über den abwesenden Herrn Goethe* (UA, Dresden). R. Wilson: *Einstein on the Beach* (UA, New York). Festival «Theater der Nationen» in Belgrad. Gründung des Ro-Theaters in Rotterdam durch F. Marijnen. Eröffnung des Teatre Lliuve in Barcelona als Zentrum experimenteller Theaterarbeit. F. Hollaender †.

1977 P. Zadek inszeniert in Bochum *Hedda Gabler* (Ibsen) und *Hamlet* (Shakespeare). C. Peymann inszeniert in Stuttgart *Faust I*, *Faust II* und *Iphigenie*. J. Flimm inszeniert *Der Untertan* (nach H. Mann) in Bochum. B. Strauß: *Trilogie des Wiedersehens* (UA, Hamburg). Th. Brasch: *Rotter* (UA, Stuttgart). K. M. Grüber inszeniert im Berliner Olympiastadion *Die Winterreise* (nach Hölderlin). R. Wilson: *I Was Sitting On My Patio This Guy Appeared I Thought I Was Hallucinating* (Michigan). Festival «Theater der Nationen» in Paris. Documenta 6 in Kassel gibt einen Überblick über die Performance-Entwicklung der siebziger Jahre. B.-M. Koltès: *Die Nacht kurz vor den Wäldern* (UA, Avignon), D. Fo und F. Rame: *Nur Kinder, Küche, Kirche* (UA, Mailand). L. Ronconi gründet das Theaterlabor in Prato als experimentelle Spielstätte. M. Wekwerth wird Intendant des Berliner Ensembles. H. Jhering †. E. Flickenschildt †. C. Zuckmayer †.

1978 G. Tabori inszeniert in Bremen eine *Hamlet*-Paraphrase, verlässt Bremen und arbeitet mit seinem Ensemble als freie Gruppe. M. Karge und M. Langhoff inszenieren in Hamburg *Prinz Friedrich von Homburg* (Kleist) und *Fatzer* (Brecht). Th. Bernhard: *Immanuel Kant* (UA, Stuttgart). P. Bausch inszeniert in Bochum *Macbeth* (nach Shakespeare). P. Zadek inszeniert in Hamburg *Wintermärchen* (Shakespeare). B. Strauß: *Groß und klein* (UA, Berlin). S. Terayama: *Directions to Servants* (UA, Tokio). Odin Teatret: *Millionen-Marco*. Squat Theatre: *Andy Warhol's Last Love* (UA, New York). A. Boal: Workshop in Santarcangelo di Romagna (Italien). Festival «Theater der Nationen» in Caracas. H. Müller: *Germania Tod in Berlin* (UA, München). T. Stoppard: *Night and Day* (UA, London). R. Noelte inszeniert Molières *Tartuffe* (Wien). H. Pinter: *Betrogen* (UA, London). G. Tabori: *Ich wollte, meine Tochter läge tot zu meinen Füßen und hätte die Juwelen in den Ohren* (UA, München). Th. Brasch: *Lovely Rita* (Berlin). R. Hoffmann übernimmt die Leitung des Bremer Tanztheaters. P. Bausch inszeniert mit dem Wuppertaler Tanztheater *Café Müller* u. *Kontakthof*. Offizielle Abschaffung der Zensur in Spanien.

1979 R. Wilson: *Death, Destruction & Detroit* (Berlin); *Dialog/Curious George* (Brüssel); *Edison* (New York). Festival «Theater der Nationen» in Hamburg. Ausstellung «Inszenierte Räume» von K.-E. Herrmann und E. Wonder im Kunstverein Hamburg. G. Tabori inszeniert in München *My Mother's Courage*. Benjamin Korn inszeniert am Thalia Theater in Hamburg *Fegefeuer in Ingolstadt* (M. Fleißer). Th. Bernhard: *Vor dem Ruhestand* (UA, Stuttgart, Regie: Peymann). E. Jandl: *Aus der Fremde* (UA, Graz). S. Terayama: *Das*

Schloß des Blaubart (UA, Tokio). H. Heyme inszeniert Sophokles' *Antigone* in Calcutta. M. Frisch: *Triptychon* (UA, Lausanne). P. Shaffer: *Amadeus* (UA, London, Regie: P. Hall). A. Mnouchkine inszeniert in der Cartoucherie *Mephisto* (n. dem Roman v. K. Mann). J. Flimm wird Intendant am Schauspiel Köln und eröffnet mit Kleists *Das Käthchen von Heilbronn* (mit K. Thalbach in der Titelrolle). H. Heyme wird Schauspieldirektor des Staatstheaters in Stuttgart. C. Peymann wird Intendant des Bochumer Schauspielhauses. Gründung der experimentellen katalanischen Theatergruppe La Fura dels Baus. J. Kresnik wird Ballettdirektor in Heidelberg. P. Brook zeigt in Avignon *Die Konferenz der Vögel*. Deutsche Erstaufführung von H. Müllers *Hamletmaschine* (Essen).

1980 R. Hochhuth: *Juristen* (UA, Hamburg). C. Peymann inszeniert in Bochum Goethes *Tasso* und von Th. Bernhard *Der Weltverbesserer* (UA, mit B. Minetti). Verschärfung der Diskussion über Subventionskürzungen an bundesdeutschen Theatern. Festival «Theater der Nationen» in Amsterdam. Gründung des mobilen Stadttheaters Theater an der Ruhr durch R. Ciulli und H. Schäfer. N.-P. Rudolph wird Intendant des Deutschen Schauspielhauses Hamburg. J.-L. Barrault übernimmt mit seiner Companie Renaud-Barrault das Théâtre du Rond-Point in Paris. P. Stein inszeniert *Orestie* von Aischylos (Berlin). G. Tabori inszeniert in München H. M. Enzensbergers Gesänge *Der Untergang der Titanic* (UA). P. Grassi †.

1981 P. Zadek und J. Savary inszenieren in Berlin die Fallada-Revue *Jeder stirbt für sich allein*. C. Peymann inszeniert in Bochum *Nathan der Weise* (Lessing). Festival «Theater der Welt» in Köln. J. Flimm inszeniert in Köln *Leonce und Lena* (Büchner). P. Chéreau inszeniert in Villeurbanne *Peer Gynt* (Ibsen). Th. Bernhard: *Am Ziel* (UA, Salzburger Festspiele). J. Savary inszeniert die Weltkriegs-Revue *Weihnachten an der Front* (Hamburg). P. Brook inszeniert *La Tragédie de Carmen* (Paris). J. Admiraal inszeniert mit Het Werkteater in Amsterdam *Du bist meine Mutter*. A. Lang inszeniert in Berlin/DDR Büchners *Dantons Tod* mit Ch. Grashof in der Doppelrolle des Danton und des Robespierre. P. Sodann gründet in Halle das «neue Theater» in privater Initiative. L. Lenya †. W. Mehring †.

1982 Drastische Erhöhung der Theatersubventionen in Frankreich. J.-P. Vincent wird Direktor der Comédie-Française. B. Strauß: *Kalldewey, Farce* (UA, Hamburg). Ablauf der Schutzfrist von A. Schnitzlers *Reigen*. K. M. Grüber inszeniert in Berlin Goethes *Faust* (mit B. Minetti) und Shakespeares *Hamlet* (mit

B. Ganz). H. Heyme inszeniert in Stuttgart Schillers *Demetrius*. H. Müller: *Quartett* (UA, Bochum). G. Tabori inszeniert *Medea* (n. Euripides) in Rotterdam. R. Wilson inszeniert in München *Die goldenen Fenster*. P. Handke: *Über die Dörfer* (UA, Salzburger Festspiele, Regie: W. Wenders). C. Peymann inszeniert Kleists *Die Hermannsschlacht* (Bochum, mit G. Voss als Hermann). G. Wolfram wird Intendant des Staatsschauspiels Dresden. J. Lang gründet in Paris das Théâtre de l'Europe, Leiter wird G. Strehler. B.-M. Koltès: *Kampf des Negers und der Hunde* (UA, New York). L. Norén: *Nacht, Mutter des Tages* (UA, Malmö). A. Everding wird Generalintendant der Münchner Staatstheater. A. Mnouchkine inszeniert Shakespeares *Richard II*. L. Strasberg †. P. Weiss †. R. W. Fassbinder †. H. Kipphardt †.

1983 A. Heller inszeniert in Lissabon das *Theater des Feuers*. P. Zadek inszeniert in München *Baumeister Solness* (Ibsen). Genet-Inszenierungen in Berlin (H. Neuenfels: *Der Balkon*; P. Stein: *Die Neger*) und Nanterre/Paris (P. Chéreau: *Die Wände*). Eröffnung des Théâtre de l'Europe in Paris. R. Wilson: *the CIVIL warS: a tree is best measured when it is down. Rotterdam Section* (Rotterdam). V. Braun: *Die Übergangsgesellschaft* (UA, Bremen). H. Müller: *Verkommenes Ufer Medeamaterial Landschaft mit Argonauten* (UA, Bochum). D. Dorn wird Intendant der Münchner Kammerspiele. G. Blanchine †. S. Terayama †.

1984 R. Wilson inszeniert in Köln *the CIVIL warS*. P. Zadek inszeniert an der Freien Volksbühne Berlin *Ghetto* (J. Sobol). J. Gosch inszeniert (mit U. Wildgruber) in Köln *König Ödipus* (Sophokles). G. Tabori inszeniert in München (mit T. Holtzmann u. P. Lühr) Becketts *Warten auf Godot*. P. Stein legt die Leitung der Berliner Schaubühne nieder und inszeniert an diesem Theater Čechovs *Drei Schwestern*. K. M. Grüber inszeniert an der Comédie-Française *Bérénice* (Racine). K. Pohl: *Das Alte Land* (UA, Köln). A. Mnouchkine (Théâtre du Soleil) inszeniert in Paris *Heinrich IV*. (Shakespeare). A. Lang inszeniert in Berlin/DDR Grabbes *Herzog Theodor von Gothland* u. Goethes *Iphigenie auf Tauris* als Doppelprojekt. L. Bondy inszeniert von A. Schnitzler *Das weite Land* mit M. Piccoli in Paris/Nanterre. L. Norén: *Dämonen* (UA, Stockholm). L. Perceval und G. Joosten gründen die Blauwe Maandag Companie. Das Theaterlaboratorium von J. Grotowski in Wrocław löst sich offiziell auf. E. de Filippo †. P. Dahlke †.

1985 Gründung eines amerikanischen Nationaltheaters in Washington/D.C. Das Festival «Theater der Welt» findet in Frankfurt/M. statt. P. Brook inszeniert in Avignon *Mahabharata*. F. X. Kroetz: *Bauern sterben* (UA, München).

Th. Bernhard: *Der Theatermacher* (UA, Salzburg). K. M. Grüber inszeniert (mit B. Minetti) *König Lear* an der Berliner Schaubühne. J. Flimm inszeniert in Köln (mit Th. Affolter) *Die Jungfrau von Orleans* (Schiller). Am Frankfurter Kammerspiel wird die Uraufführung von R. W. Fassbinders Stück *Die Stadt, der Müll und der Tod* von Demonstranten verhindert. L. Norén: *Nachtwache* (UA, Stockholm). H. Heyme wird Schauspieldirektor in Essen. Eröffnung der wiederaufgebauten Semper-Oper in Dresden. J. Flimm übernimmt die Intendanz des Thalia Theaters in Hamburg. P. Zadek wird Intendant des Deutschen Schauspielhauses Hamburg. W. Hinz †. K.-H. Stroux †. J. Beck †.

1986 L. Bondy inszeniert an der Berliner Schaubühne von B. Strauß *Die Fremdenführerin* (mit B. Ganz u. C. Kirchhoff). D. Dorn inszeniert an den Münchner Kammerspielen Shakespeares *Troilus und Cressida* (mit S. Melles, R. Boysen, Th. Holtzmann, H. Griem u. P. Lühr). Am Stuttgarter Staatstheater inszenieren A. Zinger S. Shepards Stück *Liebestoll* (mit S. Lothar u. U. Tukur) und N.-P. Rudolph Molières *Tartuffe* (mit H. M. Rehberg, U. Wildgruber u. Ch. Berndl). C. Peymann beendet seine Bochumer Intendanz und übernimmt die Leitung des Wiener Burgtheaters. H. Neuenfels wird Intendant der Freien Volksbühne Berlin. R. Wilson inszeniert am American Repertory Theater in Cambridge/USA von Euripides *Alcestis* und von H. Müller *Bildbeschreibung*, am Hamburger Thalia Theater von H. Müller *Hamletmaschine*. J. Flimm inszeniert am Thalia Theater in Hamburg Shakespeares *Hamlet* (mit Ch. Bantzer u. Th. Affolter). Stück des (Tschernobyl-)Jahres wird H. Muellers *Totenfloß*. E. Schleef inszeniert (n. Vorlagen von Aischylos u. Euripides) *Mütter* (Frankfurt/M.). Th. Bernhard: *Ritter, Dene, Voss* (UA, Salzburger Festspiele, Regie: C. Peymann). F. P. Steckel wird Intendant des Bochumer Schauspielhauses. G. Tabori übernimmt die Leitung des Wiener Theaters Der Kreis. G. Strehler inszeniert (zus. mit G. Lazzarini) am Piccolo Teatro di Milano *Elvia oder Die theatralische Leidenschaft* (L. Jouvet). K. M. Grüber inszeniert am Théâtre Bouffes du Nord in Paris *Die Rückkehr der Magd Zerline* (mit J. Moreau). P. Stein inszeniert an der Berliner Schaubühne E. O'Neills Stück *Der haarige Affe*. V. Ludwig inszeniert am Berliner Grips-Theater sein Musical *Linie I*. J. Genet †. K. Haack †. B. Gobert †. E. Wendt †. U. Erfurth †.

1987 Beginn der Theaterreform in der UdSSR. C. Peymann inszeniert am Wiener Burgtheater Shakespeares *Richard III*. (mit G. Voss). A. Breth inszeniert am Schauspielhaus Bochum J. Greens Stück *Süden*. P. Zadek inszeniert unter

Mitwirkung der Rockgruppe «Einstürzende Neubauten» am Deutschen Schauspielhaus Hamburg das Musical *Andi* (B. Driest, P. Raben, P. Zadek). R. Wilson inszeniert an der Berliner Schaubühne *Death, Destruction & Detroit II*. I. Bergman inszeniert am Stockholmer Dramaten Shakespeares *Hamlet* (mit P. Stormare). An den Münchner Kammerspielen inszenieren D. Dorn Goethes *Faust I* und A. Lang Racines *Phädra* (mit G. Stein) und Kleists *Penthesilea* (mit G. Stein). G. Tabori inszeniert am Wiener Akademietheater sein Stück *Mein Kampf*. In Stuttgart findet das Festival «Theater der Welt» statt. R. Wilson inszeniert am Stuttgarter Staatstheater H. Müllers *Quartett*, Chr. W. Glucks *Alceste* und Euripides' *Alcestis*, am Hamburger Thalia Theater *Parzival* (T. Dorst, R. Wilson). Deutsche Erstaufführung von S. Snajders Stück *Der Kroatische Faust* (Regie: R. Ciulli) am Theater an der Ruhr in Mülheim. A. Mnouchkine inszeniert am Théâtre du Soleil in Paris *Die Indiade oder Das Indien ihrer Träume*. P. Stein inszeniert an der Berliner Schaubühne Racines *Phädra* (mit J. Lampe). H.-J. Syberberg inszeniert mit E. Clever in der Titelrolle Kleists *Penthesilea* am Théâtre Bouffes du Nord in Paris. M. Bejart übersiedelt mit seiner Ballett-Companie nach Lausanne. In Brüssel wird das Ensemble Needcompany gegründet. Brand des Städtischen Opernhauses in Frankfurt/M. G. Mosheim †. B. Drews †. H. Qualtinger †. H. Schroth †.

1988 Moskauer Theatertage in München. P. Zadek inszeniert am Deutschen Schauspielhaus Hamburg die Urfassung von Wedekinds *Lulu* (mit S. Lothar u. U. Wildgruber, Bühne: J. Grützke). H. Müller inszeniert am Deutschen Theater in Ostberlin sein Stück *Lohndrücker*. J. Flimm inszeniert am Hamburger Thalia Theater F. Hebbels *Die Nibelungen* (Bühne: E. Wonder) und A. Schnitzlers *Liebelei* (mit L. Stolze). W. Minks inszeniert *Korbes* von T. Dorst am Deutschen Schauspielhaus Hamburg (mit J. Bierbichler). K. M. Grüber inszeniert an der Berliner Schaubühne E. Labiches *Die Affäre Rue de Lourcine*. F. Castorf inszeniert an der Berliner Volksbühne *Das trunkene Schiff* (nach P. Zech). E. Jelinek: *Wolkenheim* (UA, Bonn). B.-M. Koltès: *Rückkehr in die Wüste* (UA, Amsterdam). T. Kantor inszeniert *Ich kehre hierher nie mehr zurück* (UA, Mailand). P. Chéreau inszeniert in Avignon Shakespeares *Hamlet* (mit G. Desarthe). C. Peymann inszeniert Th. Bernhards Stück *Heldenplatz* am Wiener Burgtheater (UA). P. Zadek inszeniert Shakespeares *Der Kaufmann von Venedig* (mit G. Voss) am Wiener Burgtheater und erhält den Fritz-Kortner-Preis. E. Bessel †. S. Melchinger †. P. Lühr †. H. Hofer †. E.-F. Fürbringer †.

1989 In Moskau finden die (West-)Deutschen Theatertage statt. J. Flimm inszeniert am Hamburger Thalia Theater A. Čechovs *Platonow* (Titelrolle: H. Ch. Rudolph). L. Bondy inszeniert die Uraufführung von B. Strauß' *Die Zeit und das Zimmer* an der Berliner Schaubühne. B. Strauß erhält den Georg-Büchner-Preis. W. Schroeter inszeniert am Düsseldorfer Schauspielhaus *Medea* von H. H. Jahnn (Titelrolle: B. Nüsse). P. Stein inszeniert an der Berliner Schaubühne A. Čechovs *Der Kirschgarten*, in Rom Shakespeares *Titus Andronicus*. G. Strehler inszeniert in Mailand *Faust*-Fragmente (1. u. 2. Teil, Bühnenbild von J. Svoboda, Titelrolle: G. Strehler). A. Freyer inszeniert am Wiener Burgtheater Büchners *Woyzeck*. In Hamburg findet das Festival «Theater der Welt» statt. M. Bogdanov inszeniert am Deutschen Schauspielhaus in Hamburg Shakespeares *Hamlet* (Titelrolle: U. Tukur). A. Breth inszeniert am Schauspielhaus Bochum M. Gor'kijs *Die Letzten*. R. Berghaus inszeniert am Hamburger Thalia Theater Büchners *Dantons Tod*. K. M. Grüber inszeniert dieses Stück in Paris. Der tschechische Dramatiker und Bürgerrechtler V. Havel wird im Februar von einem Gericht zu einer neunmonatigen Gefängnisstrafe verurteilt; er erhält den Friedenspreis des Deutschen Buchhandels und wird im Dezember zum Staatspräsidenten gewählt. Ab Oktober Aufrufe und Demonstrationen von Schauspielern in der DDR für mehr Demokratie. Das restaurierte Hebbel-Theater in Berlin profiliert sich als Spielstätte für zeitgenössisches Theater, Tanz u. Musiktheater. I. Ehre †. Th. Bernhard †. S. Beckett †. B.-M. Koltès †. L. Olivier †. C.-H. Schroth †.

1990 J. Ljubimov (1984 ausgebürgert) übernimmt wieder die Leitung des Moskauer Taganka-Theaters. Umfassende Umstrukturierungen des Kulturbetriebs in der DDR, insbesondere der Theater und ihrer Verbände, in der Folge des Anschlusses an die Bundesrepublik. G. Tabori inszeniert am Akademietheater in Wien Shakespeares *Othello* (Titelrolle: G. Voss) und die Uraufführung seines Stückes *Weisman und Rotgesicht*. Die Freie Volksbühne Berlin feiert ihr 100-jähriges Bestehen. P. Handke: *Das Spiel vom Fragen oder Die Reise zum sonoren Land* (UA, Wien, Regie: C. Peymann). W. Schwab: *Die Präsidentinnen* (UA, Wien). J. Kresniks Choreographie-Theater *Ulrike Meinhof* (Bremen). L. Ronconi inszeniert von K. Kraus *Die letzten Tage der Menschheit* (Turin). Reform der Ruhrfestspiele unter der Leitung von H. Heyme. R. Wilson inszeniert am Thalia Theater in Hamburg *The Black Rider* (Titelrolle: D. Horwitz). T. Dorst erhält den Georg-Büchner-Preis. P. Zadek inszeniert am Akademietheater in Wien A. Čechovs *Ivanov* (Titelrolle: G. Voss. A. Winkler als Anna Petrovna). F. Castorf inszeniert am Deutschen Schauspielhaus in Hamburg Goethes *Stella*. Die Experimenta in Frankfurt konzentriert sich auf das dramatische Werk von H. Müller. P. Stein inszeniert an der Berliner Schaubühne B.-M. Koltès' *Roberto Zucco*. P. Brook inszeniert in Zürich Shakespeares *Der Sturm* (D. Bennent als Caliban). A. Mnouchkine beginnt am Théâtre du Soleil mit einem Atriden-Projekt. J. Grotowski eröffnet sein Centro di Lavoro in der Toskana. G. R. Sellner †. T. Kantor †. F. Dürrenmatt †.

1991 F. Castorf inszeniert am Deutschen Theater Berlin von H. Ibsen *John Gabriel Borkmann*. Von B. Strauß wird das Stück *Schlußchor* an den Münchner Kammerspielen von D. Dorn uraufgeführt (Bühne: J. Rose). Das Festival «Theater der Welt» findet in Essen statt. A. Mnouchkine inszeniert am Théâtre du Soleil in Paris *Iphigenie in Aulis* von Euripides. A. Freyer inszeniert am Wiener Burgtheater von Euripides *Phaëton*. C. Peymann inszeniert am gleichen Haus Goethes *Clavigo*. Am Akademietheater in Wien inszeniert G. Tabori sein Stück *Goldberg-Variationen* (mit G. Voss u. I. Kirchner). P. Brook erhält den Kyoto-Preis. K. Hübner erhält den Fritz-Kortner-Preis. P. Chéreau inszeniert von B. Strauß *Die Zeit und das Zimmer* am Théâtre de l'Odéon in Paris. Th. Langhoff wird Intendant des Deutschen Theaters Berlin. P. Stein wird Chef des Schauspiels der Salzburger Festspiele unter dem Intendanten Gérard Mortier. K. Schwarzkopf †. M. Frisch †. M. Graham †. K. Kinski †. U. Haupt †. H. Lietzau †. L. Bois †.

1992 C. Peymann inszeniert am Wiener Burgtheater *Macbeth* von Shakespeare (mit G. Voss u. K. Dene). An den Münchner Kammerspielen inszeniert D. Dorn Shakespeares *König Lear* (mit R. Boysen). A. Breth inszeniert am Burgtheater Wien von S. O'Casey *Das Ende vom Anfang*. J. Kresnik inszeniert als Tanztheater *Frida Kahlo* in Bremen. P. Stein inszeniert für die Salzburger Festspiele Shakespeares *Julius Caesar* (mit M. Benrath u. Th. Holtzmann). G. Tabori erhält den Georg-Büchner-Preis; G. Voss erhält den Fritz-Kortner-Preis. A. Mnouchkine schließt mit den *Eumeniden* von Aischylos ihren Atriden-Zyklus ab. F. Castorf wird Intendant der Volksbühne am Rosa-Luxemburg-Platz in Berlin. M. Beilharz, Intendant des Schauspiels Bonn, gründet dort zusammen mit T. Dorst das Autoren-Festival «Bonner Bienale – Neue Stücke für Europa». Umwandlung des Berliner Ensembles in ein privatwirtschaftlich geführtes Unternehmen unter Leitung eines Direktoriums. A. Breth wird Künstlerische Direktorin an der Berliner Schaubühne. Am Hamburger Thalia Theater inszeniert R. Wilson *Alice* von P. Schmidt und T. Weits (nach L. Carroll). H. Neuenfels inszeniert am

Burgtheater in Wien Kleists *Käthchen von Heilbronn*. M. Held †. G. Bohner †. K. Niehoff †.

1993 L. Haußmann inszeniert am Staatsschauspielhaus in München *Romeo und Julia* von Shakespeare. Das Land Berlin hat den schriftstellerischen Nachlass von B. Brecht erworben. Am Wiener Burgtheater inszeniert C. Peymann als Koproduktion mit dem Hamburger Thalia Theater P. Turrinis *Alpenglühen* (UA). L. Bondy inszeniert H. Ibsens *John Gabriel Borkmann* in Lausanne (Dramaturgie: B. Strauß, in der Titelrolle M. Piccoli). In Berlin wird das Schiller-Theater geschlossen. Am Wiener Burgtheater inszeniert D. Giesing *Oleanna* von D. Mamet. F. Baumbauer wird Intendant des Deutschen Schauspielhauses in Hamburg. Dort inszeniert Ch. Marthaler *Goethes Faust* $\sqrt{1+2}$ (J. Bierbichler in der Titelrolle). A. Breth inszeniert an der Berliner Schaubühne Ibsens *Hedda Gabler*. Am Deutschen Theater Berlin inszenieren A. Lang und V. Pfüller Corneilles *Der Cid*. R. Hochhuth: *Wessis in Weimar* (UA, Berliner Ensemble, Regie: E. Schleef). J. Kresnik: *Rosa Luxemburg – Rote Rosen für dich* (nach G. Tabori) in Berlin uraufgeführt. F. Schirmer wird Schauspieldirektor in Stuttgart. F. Marijnen wird Intendant der Schouwburg in Brüssel. Der Dramaturg D. Sturm erhält den Fritz-Kortner-Preis. H. Ch. Blech †. G. Bayrhammer †. F. Fellini †. G. Palucca †. J. M. Gorvin †. B. Ebinger †.

1994 P. Stein inszeniert in Moskau die *Orestie* von Aischylos. An der Berliner Schaubühne inszeniert L. Bondy *Die Stunde, da wir nichts voneinander wußten* von P. Handke (UA). J. Flimm inszeniert am Hamburger Thalia Theater *Die Wildente* von H. Ibsen. E. Jelinek: *Raststätte oder Sie machens alle* (UA, Wien). K. Pierwoß wird Generalintendant des Bremer Theaters. F. Castorf inszeniert als Doppelprojekt von Lauf/Jacoby *Pension Schöller* und von H. Müller *Die Schlacht* (Berlin). T. Dorst: *Herr Paul* (UA, Hamburg). G. Beelitz übernimmt die Intendanz am Nationaltheater in Weimar. F. Castorf erhält den Fritz-Kortner-Preis. J.-L. Barrault †. W. Schwab †. W. Schmidt †. E. Schröder †. H. Rühmann †. A. Fink †. K. Meisel †. M. Renaud †. E. Ionesco †. J. Osborne †.

1995 Schauspielhaus Dresden nach zwei Jahren Renovierung wiedereröffnet. P. Zadek und E. Mattes verlassen das Direktorium des Berliner Ensembles. L. Haußmann wird Intendant des Schauspielhauses Bochum. B. Wilms wird Intendant des Maxim-Gorki-Theaters Berlin. U. Tukur und U. Waller übernehmen die Direktion der Kammerspiele in Hamburg. W. Engel wird

Intendant des Schauspielhauses Leipzig. H. Müller inszeniert Brechts *Der aufhaltsame Aufstieg des Arturo Ui* am Berliner Ensemble. A. Mnouchkine inszeniert Molières *Tartuffe* (Wien). Ch. Marthaler inszeniert *Stunde Null oder Die Kunst des Servierens* (UA, Hamburg). K. Beier inszeniert von Shakespeare *Der Sommernachtstraum – ein europäischer Shakespeare* mit 14 Schauspielern aus neun Nationen (Düsseldorf). S. Kane: *Zerbombt* (UA, London). J. Fosse: *Der Name* (UA, Bergen). P. Brook inszeniert *Qui est là? –* eine Hamlet-Paraphrase mit Texten von Shakespeare, E. G. Craig, Mejerchol'd und Brecht (Paris). K. M. Grüber erhält den Fritz-Kortner-Preis. A. Manthey †. H. Müller †.

1996 150 Jahre Deutscher Bühnenverein. Festival «Theater der Welt» in Dresden. TAT (Theater am Turm) Frankfurt wird geschlossen. M. Wuttke wird Intendant des Berliner Ensembles (Rücktritt 1997). U. Schwab wird Intendant des Mannheimer Nationaltheaters. B. Ganz erhält als Nachfolger J. Meinrads den Iffland-Ring. B. Strauß: *Ithaka* (UA, München). P. Handke: *Zurüstungen für die Unsterblichkeit* (UA, Wien). R. Wilson/L. Reed: *Time Rocker* (Hamburg). H. Müller: *Germania 3* (UA, Bochum). P. Zadek inszeniert Čechovs *Kirschgarten* (Wien). K. Thalbach inszeniert Zuckmayers *Hauptmann von Köpenick* (Berlin). E. Jelinek: *Stecken, Stab und Stangl* (UA, Hamburg). U. Widmer: *Top Dogs* (UA, Zürich). M. Ravenhill: *Shopping & Fucking* (UA, London). E. Walsh: *Disco Pigs* (UA, Cork). J. Fosse: *Da kommt noch wer* (UA, Oslo). Das nach historischem Vorbild rekonstruierte Globe Theatre in London wird eröffnet. P. Stein erhält den Fritz-Kortner-Preis. E. Schellow †. M. Niklisch †. M. Wimmer †. M. Duras †. K. Paryla †. P. Pasetti †. W. Kerr (Doyen der New Yorker Theaterkritik) †. R. Berghaus †. J. Meinrad †.

1997 Die Direktion der Schaubühne Berlin teilt das Ende des Mitbestimmungsmodells und die Auflösung des Ensembles mit. D. Fo erhält den Nobelpreis für Literatur. T. Nunn wird Direktor des National Theatre London. Der ehemalige französische Kulturminister J. Lang wird Leiter des Piccolo Teatro (Mailand) als Nachfolger Strehlers (Rücktritt nach wenigen Monaten). Am Berliner Ensemble wird seit 1931 erstmals wieder Brechts Lehrstück *Die Maßnahme* aufgeführt. Aufführungen an zahlreichen anderen Bühnen folgen, darunter (1998) von H. Freytag am Schillertheater in Wuppertal. P. Handke: *Zurüstungen für die Ewigkeit* (UA, Wien). D. Loher: *Blaubart – Hoffnung der Frauen* (UA, München). L. Perceval inszeniert mit der Blauwe Maandag Compagnie *Schlachten!*, eine Collage aus Shakespeares Rosenkriegs-Dramen (UA, Gent). F. Castorf inszeniert an der Berliner Volksbühne von C. Zuckmayer *Des Teufels General* mit C. Harfouch in der Titelrolle. In Sarajevo erhält Castorf den Regiepreis des Internationalen Theaterfestivals für seine Inszenierung von H. Gibsons *Trainspotting*. H. Lohner wird als Nachfolger von O. Schenk Intendant des Theaters in der Josefstadt (Wien). Ch. Marthaler inszeniert Horváths *Kasimir und Karoline* (Hamburg). E. Jelinek erhält den Georg-Büchner-Preis. Ch. Marthaler und A. Viebrock erhalten den Fritz-Kortner-Preis. M. Mastroianni †. H. Quest †. K. Gold †. G. Strehler †.

1998 Nach 17-jähriger Bauzeit wird in Mailand der Neubau des Piccolo Teatro eröffnet, die Leitung übernimmt L. Ronconi. Mit zahlreichen Inszenierungen der Stücke von B. Brecht wird des 100. Geburtstags des Autors gedacht. In diesem Zusammenhang inszeniert B. Besson am Schauspiel Zürich *Die heilige Johanna der Schlachthöfe* mit K. Thalbach in der Titelrolle. E. Schleef inszeniert am Wiener Burgtheater *Ein Sportstück* von E. Jelinek und seine Version von *Salome* am Düsseldorfer Schauspielhaus; L. Bondy inszeniert in Lausanne *Phèdre* von Racine mit V. Dreville in der Titelrolle. D. Donnellan inszeniert in Avignon von Corneille *Le Cid*. Th. Ostermeier inszeniert in der Baracke des Deutschen Theaters in Berlin die deutsche Erstaufführung von M. Ravenhills Stück *Shoppen und Ficken*. H. Nitsch realisiert erstmalig eine mehrstündige Fassung seines Orgien-Mysterien-Theaters (100. Aktion) in Prinzendorf. S. Kane: *Gesäubert* (UA, London) und *Gier* (UA, Edinburgh). Th. Walser: *King Kongs Tochter* (UA, Zürich). L. Norén: *Personenkreis 3.1* (Umeå). Die spanische Gruppe La Fura dels Baus inszeniert das multimediale Projekt *F@ustv Version 3.0* (UA, Barcelona). L. Bondy wird Schauspieldirektor der Wiener Festwochen. Ch. Schlingensief veranstaltet in Berlin *Chance 2000 – Wahlkampfzirkus 98*. In Krakau findet das Festival des Internationalen alternativen Theaters statt. M. v. Mayenburg: *Feuergesicht* (UA, München). R. Boysen erhält den Bayerischen Theaterpreis. I. Nagel erhält den Fritz-Kortner-Preis. J. Bierbichler erhält den Gertrud-Eysoldt-Ring. T. Dorst erhält den Max-Frisch-Preis der Stadt Zürich. A. Freyer erhält den Preis des ITI (Zentrum Bundesrepublik Deutschland). H. Brenner †. B. Minetti †. E. Lang †.

1999 Das Festival «Theater der Welt» findet in Berlin statt; Festival «Theater der Nationen» in Zürich. C. Peymann wird Intendant des Berliner Ensembles, sein Nachfolger als Direktor des Burgtheaters in Wien wird K. Bachler; Th. Ostermeier, S. Waltz, J. Hillje und J. Sandig übernehmen die künstlerische Leitung der Berliner Schaubühne am Lehniner Platz. P. Zadek inszeniert im

Rahmen der Wiener Festwochen *Hamlet* mit A. Winkler in der Titelrolle und in Hamburg die dt. Erstaufführung von S. Kanes *Gesäubert*. T. Kühnel und R. Schuster inszenieren am Schauspiel Frankfurt *Faust*. L. Bondy inszeniert in Lausanne Becketts *Warten auf Godot*. St. Bachmann inszeniert in Basel *Merlin* von T. Dorst und am Deutschen Schauspielhaus in Hamburg *Jeff Koons* von R. Goetz. An dieser Bühne findet auch die deutsche Erstaufführung von *Schlachten* statt, von T. Lanoye und L. Perceval nach den «Rosenkriegen» von Shakespeare. F. Richter: *Gott ist ein DJ* (UA, Mainz). J. Kresnik inszeniert und choreographiert *Goya. Der Schlaf der Vernunft gebiert Ungeheuer* (UA, Berlin) u. von K. Kraus *Die letzten Tage der Menschheit* (Bremen, in einem ehemaligen U-Boot-Bunker). Mit Ausstellungen in Düsseldorf und Berlin wird des 100. Geburtstags von G. Gründgens gedacht. J. Flimm wird Präsident des Deutschen Bühnenvereins. Die San Francisco Mime Troup feiert ihr 40-jähriges Bestehen. S. Lowitz †. S. Kane †. R. Liebermann †. A. Everding †. B. Barlog †. W. Millowitsch †. U. Wildgruber †. H. P. Doll †.

2000 Das Berliner Ensemble wird unter Leitung von C. Peymann wiedereröffnet mit G. Taboris Projekt *Die Brecht-Akte*. Am Thalia Theater in Hamburg findet die Uraufführung von *POEtry* (L. Reed/R. Wilson) statt. I. Bergman inszeniert am Dramaten in Stockholm A. Strindbergs *Gespenstersonate*. M. Kušej inszeniert dieses Stück an den Vereinigten Bühnen in Graz. L. Ronconi inszeniert Calderóns *Das Leben ein Traum* und Strindbergs *Ein Traumspiel* am neuen Piccolo Teatro di Milano. Y. Reza: *Drei Mal Leben* (UA, Wien, Regie: L. Bondy). R. Pollesch: *Harakiri einer Bauchrednertagung* (UA, Bremen) und *world wide web-slums* (UA, Hamburg). M. Kušej, J. Kresnik und Ch. Schlingensief inszenieren in Graz *Schnitzler' Brain*. J. Fosse: *Besuch* (UA, Bergen) und *Winter* (UA, Stavanger). Der Dramatiker V. Braun erhält den Georg-Büchner-Preis. In Berlin wird das Heiner-Müller-Archiv *Transitraum* eröffnet. Beginn der Intendanzen: von T. Stromberg am Deutschen Schauspielhaus (mit fünf Premieren) und von U. Khuon am Thalia Theater in Hamburg; von Ch. Marthaler (mit *Hotel Angst*) am Züricher Schauspielhaus; von W. Schulz am Staatstheater Hannover; von M. Hartmann am Schauspielhaus Bochum und von F. Baumbauer an den Münchner Kammerspielen, dessen Nachfolger im Deutschen Schauspielhaus in Hamburg wird F. Schirmer. An der Schaubühne am Lehniner Platz in Berlin inszenieren S. Waltz *Körper* und T. Ostermeier *Gier* (S. Kane) als Beginn von Ostermeiers Theaterleitung. In Nürnberg wird das europäische Kindertheaterfestival «Panoptikum» veranstaltet. In Oberammergau finden die 40. Passionsspiele (Spielleitung: Ch. Stückl u. O. Huber) statt. P. Stein inszeniert ungekürzt Goethes *Faust. Erster und zweiter Teil* mit B. Ganz in der Titelrolle (anfangs vertreten durch Ch. Nickel), D. Hartinger als Margarethe u. R. Hunger-Bühler als Mephisto. Die Premiere findet in Halle 23 der Expo 2000 in Hannover statt, die Inszenierung dauert 20 Stunden. P. Zadek inszeniert am Wiener Burgtheater *Rosmersholm* von H. Ibsen. P. Brook inszeniert im Théâtre des Bouffes du Nord in Paris Shakespeares *Hamlet* mit A. Lester in der Titelrolle. M. Benrath †. S. Issaev †. P. Wesseley †. A. Buero Vallejo †.

Eine Auswahl

Klaus Amann
Robert Musil – Literatur und Politik
Mit einer Neuedition ausgewählter politischer
Schriften aus dem Nachlass (55685)

Aristoteles
Metaphysik (55544)
Nikomachische Ethik (55651)
Politik (55545)

Ruth Ayaß / Jörg Bergmann (Hg.)
Qualitative Methoden der Medienforschung
(55665)

Doris Bachmann-Medick
Cultural Turns
Neuorientierungen in den Kulturwissenschaften (55675)

Sabina Becker
Literatur- und Kulturwissenschaften
Ihre Methoden und Theorien (55686)

Claudia Benthien
Haut
Literaturgeschichte – Körperbilder – Grenzdiskurse (55626)

Claudia Benthien / Hans Rudolf Velten (Hg.)
Germanistik als Kulturwissenschaft
Eine Einführung in neue Theoriekonzepte (55643)

Claudia Benthien / Christoph Wulf (Hg.)
Körperteile
Eine kulturelle Anatomie (55642)

Hartmut Böhme
Fetischismus und Kultur
Eine andere Theorie der Moderne (55677)

Hartmut Böhme / Peter Matussek / Lothar Müller
Orientierung Kulturwissenschaft
Was sie kann, was sie will (55608)

Klaus Michael Bogdal / Kai Kauffmann / Georg Mein
BA-Studium Germanistik
Ein Lehrbuch (55682)

Helmut Brackert/Jörn Stückrath (Hg.)
Literaturwissenschaft
Ein Grundkurs (55523)

Eberhard Braun/Felix Heine/Uwe Opolka
Politische Philosophie
Ein Lesebuch. Texte, Analysen, Kommentare (55700)

Manfred Brauneck/Gérard Schneilin (Hg.)
Theaterlexikon 1
Begriffe und Epochen, Bühnen und Ensembles (55673)
Manfred Brauneck/Wolfgang Beck (Hg.)
Theaterlexikon 2
Schauspieler und Regisseure, Bühnenleiter, Dramaturgen und Bühnenbildner (55650)

André Breton
Die Manifeste des Surrealismus (55434)

Günter Buttler/Norman Fickel
Einführung in die Statistik (55645)

Jonathan Culler
Dekonstruktion
Derrida und die poststrukturalistische Literaturtheorie (55635)

Simone Dietz
Die Kunst des Lügens
Eine sprachliche Fähigkeit
und ihr moralischer Wert (55652)

Martin Esslin
Das Theater des Absurden
Von Beckett bis Pinter (55684)

Hannelore Faulstich-Wieland/Peter Faulstich
BA-Studium Erziehungswissenschaft
Ein Lehrbuch (55680)

Hannelore Faulstich-Wieland/Peter Faulstich (Hg.)
Erziehungswissenschaft
Ein Grundkurs (55692)

Uwe Flick/Ernst von Kardorff/Ines Steinke (Hg.)
Qualitative Forschung
Ein Handbuch (55628)

rowohlts enzyklopädie

James George Frazer
Der Goldene Zweig
Das Geheimnis von Glauben und Sitten der Völker
(55483)

Hugo Friedrich
Die Struktur der modernen Lyrik
Von der Mitte des neunzehnten Jahrhunderts bis zur Mitte
des zwanzigsten Jahrhunderts (55683)

Gunter Gebauer / Christoph Wulf
Mimesis
Kultur – Kunst – Gesellschaft (55497)

Manfred Geier
Das Sprachspiel der Philosophen
Von Parmenides bis Wittgenstein (55500)
Fake
Leben in künstlichen Welten
Mythos, Literatur, Wissenschaft (55632)

Hans-Jürgen Goertz (Hg.)
Geschichte
Ein Grundkurs (55688)

Renate Grasse / Bettina Gruber / Günther Gugel (Hg.)
Friedenspädagogik
Grundlage, Praxisansätze, Perspektiven (55698)

Rainer Grübel / Ralf Grüttemeier / Helmut Lethen
BA-Studium Literaturwissenschaft
Ein Lehrbuch (55667)

Sabine Hake
Film in Deutschland
Geschichte und Geschichten seit 1895 (55663)

Walter Hess
Dokumente zum Verständnis der modernen Malerei
(55410)

Anton Hügli / Poul Lübcke (Hg.)
Philosophie im 20. Jahrhundert
Band 1: Phänomenologie, Hermeneutik, Existenzphilosophie
und Kritische Theorie (55455)
Band 2: Wissenschaftstheorie und Analytische Philosophie (55456)

04/2009

rowohlts enzyklopädie

Johan Huizinga
Homo Ludens
Vom Ursprung der Kultur im Spiel (55435)

Sabine Huschka
Moderner Tanz
Konzepte – Stile – Utopien (55637)

Heiner Keupp u. a.
Identitätskonstruktionen
Das Patchwork der Identitäten in der Postmoderne (55634)

Dieter Lenzen
Vaterschaft
Vom Patriarchat zur Alimentation (55551)
Orientierung Erziehungswissenschaft
Was sie kann, was sie will (55605)

Dieter Lenzen (Hg.)
Pädagogische Grundbegriffe
Band 1: Aggression bis Interdisziplinarität (55487)
Band 2: Jugend bis Zeugnis (55488)

Hans-K. und Susanne Lücke
Antike Mythologie
Ein Handbuch (55600)
Helden und Gottheiten der Antike
Ein Handbuch (55641)

Ekkehard Martens/Herbert Schnädelbach (Hg.)
Philosophie
Ein Grundkurs. 2 Bde. (55457)

Reiner Matzker
Ästhetik der Medialität
Zur Vermittlung von künstlerischen Welten
und ästhetischen Theorien (55703)

Herfried Münkler (Hg.)
Politikwissenschaft
Ein Grundkurs (55648)

Maurice Nadeau
Geschichte des Surrealismus (55437)